Beccau · Geschichte Husums /
Stadtverfassung von Husum

Christian Ulrich Beccau

Geschichte Husums bis zur Ertheilung des Stadtrechts nebst der Stadtverfassung von Husum

Unveränderter Nachdruck der Werke
von 1840 und 1854

Verlag H. Lühr & Dircks
1988

Herausgegeben in Verbindung mit dem
Nordfriisk Instituut, Bredstedt/Bräist, NF
NF Reprint Nr. 4

CIP-Titelaufnahme der Deutschen Bibliothek

Beccau, Christian Ulrich:
Geschichte Husums bis zur Ertheilung des Stadtrechts nebst der Stadtverfassung von Husum / Christian Ulrich Beccau. – Nachdr. d. Ausg. 1840, 1854. – hrsg. in Verbindung mit d. Nordfriisk Instituut, Bredstedt, Bräist / St. Peter-Ording: Lühr u. Dircks, 1988
ISBN 3-921416-46-9
NE: Nordfriisk Instituut ⟨Bredstedt⟩: (NF Reprint: Nr. 4)

(Inh. Jürgen-Erich Klotz)
Westmarken 49
D-2252 St. Peter-Ording
Gesamtherstellung: strauss offsetdruck gmbh
6945 Hirschberg 2

Widmung

Ohne den ersten Hinweis durch Herrn Holger Borzikowski, die dann folgende und endgültige Anregung von Herrn Jürgen E. Dietrich und den besonderen Einsatz der Buchhandlung C. F. Delff und seiner Inhaberin, Frau Annegret v. Hielmcrone, alle in Husum, wäre dieser Reprint nicht entstanden.

Der unveränderte Nachdruck der beiden Arbeiten von Christian Ulrich Beccau wurde möglich durch die freundliche Überlassung der Original-Ausgaben aus den Beständen der Hermann-Tast-Schule in Husum.

Den drei oben Genannten und den Herren Reimer Vollersen als Direktor der Schule und seinem Bibliotheksleiter Dr. O. Poeppel gebührt für diese Hilfen herzlicher Dank!

Das umfangreiche Nachwort mit den Anmerkungen und Literaturhinweisen von Herrn Dr. Ulf Dietrich v. Hielmcrone hat diesen Nachdruck ganz wesentlich aufgeschlossen und für den gegenwärtigen Leser verständlicher gemacht. Der Verlag bedankt sich auch für diese Mitarbeit.

Inhaltsverzeichnis

Wichtiger Hinweis an den Leser

In dem vorliegenden Nachdruck
wurde die Originalpaginierung
übernommen. Korrekturen daran
hätten das Gesamtbild gestört.

Versuch

einer

urkundlichen Darstellung

der

Geschichte Husums

bis zur Ertheilung des Stadtrechtes;

von

Christian Ulrich Beccau.

Schleswig, 1854.

Theodor van der Smissen.

Gedruckt im Königl. Taubstummen-Institut.

Vorrede.

Indem ich dies Buch, das Erzeugniß einer unfreiwilligen Muße, der Oeffentlichkeit übergebe, fühle ich mich zuvörderst gedrungen, den geehrten Herrn Subscribenten, welche die Herausgabe so freundlich unterstützt haben, meinen herzlichsten Dank abzustatten; möge dies Werk ihnen nicht ganz mißfallen und wollen sie die verspätete Erscheinung, die zuerst in der langsamen Rücksendung einzelner Subscriptionslisten, dann aber auch darin ihren Grund hatte, daß der Druck wegen Entfernung des Druckortes sich gegen mein Erwarten verzögerte, gütigst entschuldigen.

Die Eintheilung des Werkes in die einzelnen Abschnitte gab der Stoff von selbst an die Hand und schließt mit der Verleihung des Stadtrechtes die erste Hauptperiode der Geschichte Husum's, wobei es sich wohl rechtfertigen wird, wenn ich einzelne Institute in den Anhängen, so weit es sich thun ließ, ohne in die spätere Stadtgeschichte zu tief einzugreifen, bis in die neuere Zeit durchgeführt habe; hierdurch wurde das sonst störende Zerreißen des Stoffes und öfteres Hinweisen vermieden.

Vorarbeiten waren wenig zur Hand; von meinen Vorgängern ist Laß wenigstens für die von mir behandelte Periode dürftig und daneben unkritisch, desgleichen Krafft, der außerdem nur die kirchlichen Verhältnisse behandelt. Der gewonnene Stoff mußte von vielen Seiten zusammengesucht werden und sind die Quellen in den Anmerkungen angegeben; daß in den Beilagen die bezüglichen Urkunden abgedruckt sind, wird der Geschichtsfreund kaum tadeln, wenn auch das Buch dadurch etwas stärker geworden, zumal da viele Urkunden bisher nicht gedruckt, andere in einzelnen Werken zerstreut, nicht Jedem zur Hand sein möchten.

Von den Handschriften hat eine Sammlung wahrscheinlich von dem Bürgermeister Michael Jovers, wenigstens befindet sich sein Namen auf dem Einband, mir eine nicht unbedeutende Ausbeute gewährt; sie ist in Großfolio offenbar von verschiedenen Abschreibern, ja scheint zum Theil aus einzelnen Handschriften zusammen gebunden, enthält sehr viele für die Stadt und Umgegend wichtige Documente und Urkunden aus dem Zeitraum von **1431 – 1726** doch nicht ganz in chronologischer Ordnung und wird von mir mit den Buchstaben M. J. citirt. Eine andere Sammlung des Stadtsecretairs August Giese aus der letzten Hälfte des 17. Jahrhunderts enthält Magistratsentscheidungen, Verfügungen und Berichte aus des Sammlers Amtsführung, konnte daher für die vorliegende Periode mir keinen großen Nutzen gewähren, wenn sie auch für die spätere Zeit von Interesse.

Die Beilagen anlangend, muß ich bemerken, daß die Sprache in denselben nicht immer correkt ist; an Genauigkeit fehlt es den ältern Abdrücken bei Laß und Krafft namentlich, sowie auch den Handschriften, welche von den Abschreibern zum Theil wenigstens modernisirt erscheinen und kommt Manches auf Rechnung der Unbekanntschaft mit der alten Sprache; doch hielt ich es für richtig, die Urkunden zu geben, wie sie vorlagen und Abänderungen für unzweckmäßig, die nur da vorgenommen, wo kein Sinn vorhanden und etwanige Verbesserungen sich von selbst leicht ergaben. Wo Originale mir zu Gebote standen, habe ich mich diplomatischer Treue befleißigt.

Sollte das Buch einigen Beifall bei gütigen Kennern und Freunden finden, dürfte die spätere Stadtgeschichte, wofür bereits manche Vorarbeiten gemacht, in einer zweiten Abtheilung folgen.

Trotz mehrfacher Durchsicht haben sich einige sinnentstellende Druckfehler bei der Correctur eingeschlichen, die ich nach dem Verzeichniß zu verbessern bitte; kleinere Uebersehen wird der günstige Leser entschuldigen.

Husum, im August 1854.

C. U. Beccau.

Inhalt.

Erster Abschnitt
bis zum Jahre 1460, dem Regierungsantritt Christian I.

Der alte germanische Stamm der Friesen, welcher fast die ganze Küste der Nordsee einnahm, bewohnte schon vor der beglaubigten Geschichte unter dem Namen der Nordfriesen den westlichen Rand des jetzigen Herzogthums Schleswig von der Widau bis zur Eider. Auf Inseln und hinter Sümpfen hausend, also durch eine unzugängliche Lage geschützt, mit dem Meere auf der einen Seite und mit ihren Nachbaren, die durch den Reichthum der Marschen angelockt wurden, auf der andern Seite in fortwährenden Kämpfen konnte ihre Liebe zur Freiheit nicht ersterben und vermochten sie bis tief in das Mittelalter hinein, ihre Unabhängigkeit zu behaupten, ja selbst als sie endlich im Laufe der Zeiten den übermächtigen Nachbarsfürsten unterlagen, gelang es ihnen, wenn auch nicht mehr mit den Waffen in der Faust und mit Leib und Blut, so doch durch rechtzeitige Geldopfer und Spenden (Donative) ihre persönliche Unabhängigkeit, die Freiheit ihres Grundes und Bodens, ihre volksthümliche Verfassung und althergebrachten Rechte zu schirmen nnd zu schützen. Außer den von den Nordfriesen hauptsächlich bewohnten Marschen und Inseln (Uthlande, Außenlande) rechnete man auch von Altersher die angrenzenden Geestdistricte Südjütlands unter dem Namen der Vorgeest zu Friesland; es waren dies die Karrharde im Ellemsysel, die Norder- und Südergoesharde, *) die jetzigen Ämter Bredstedt

*) Goes gleich trocken, die trockenen Harden im Gegensatz zu den Marschen; so die goese Elbe, die trockene Elbe, eine gose Kuh, die keine Milch giebt.

und Husum, im alten Istathesysel. Diese Harden der friesischen Vorgeest, die offen und ohne natürliche Schutzwehren waren, wurden indessen schon früh von den Dänischen Königen und den Herzögen mit Südjütland vereinigt, wie unter andern die Thatsache beweis't, daß sie zu den südjütländischen Sysseln gezählt werden und auch namentlich die beiden Goesharden zu der sogenannten praepositura major zwischen der Schlei und Eider gehörten, während die Uthlande, obgleich dem Bisthum Schleswig unterworfen, drei eigene Probsteien bildeten und nicht zum eigentlichen Herzogthum gerechnet wurden. Schon das alte Schleswiger Stadtrecht von 1201 *) unterscheidet zwischen Frysones de lege Frysonica und de lege Danica; erstere, die Marschfriesen erkennen gewissermaaßen die Könige von Dännemark als ihre Oberherrn an und zahlen ihnen eine unbedeutende Schatzung, doch aber nur dann wenn der Fürst, was in alter Zeit selten der Fall, im Stande ist, sie zur Zahlung zu zwingen, worüber es dann öfter zu blutigen Kämpfen kam, aus welchen die Uthlande nicht selten siegreich hervorgingen. Die Friesen der Vorgeest aber lebten unter Dänischem Rechte und wurden entschieden als Unterthanen des Herzogthums betrachtet, deshalb bezahlen sie nach der angezogenen Stelle des Schleswiger Stadtrechtes für eine in die Stadt gebrachte Last (laest-Fuder?) nur 6 Pfennige (Denare), die Marschfriesen aber als Fremde das Doppelte. **)

*) Aeltestes Schlesw. Stadtrecht, § 30. Lex bedeutet hier nicht gerade ein geschriebenes Gesetz, sondern im Sinne des Mittelalters ein bestimmtes Rechtsgebiet, den District, worin ein bestimmtes Recht Geltung hat.

**) Es ist bekannt, daß die Friesen sich darauf verstanden dem mit Meerwasser geschwängerten Torf (Terig) Salz abzugewinnen. Nach dem angeführten Stadtrecht war der Gewinn so umfangreich, daß ein bedeutender Handel damit getrieben wurde. Diese Art der Salzgewinnung ist sehr alt, schon die Isländischen Sagen erwähnen solcher Salzbuden unter dem Namen brennaestęllar. Die Fabrikation dauerte bis in die spätern Zeiten; die Porrenkoegsbeliebung von 1529, Beil. № 37, verbietet das Graben des Salztorfes nahe am Deiche; eine Husumer Hafenrolle aus

Wurden insoweit auch diese beiden Harden dem Herzogthum zugerechnet, so erhielt sich doch auch hier die Freiheit der Person und der Grund und Boden blieb freies Bauereigenthum; es gelang hier ebensowenig wie in den Marschen, einzelne Versuche in späterer Zeit von nicht erheblichen Folgen ausgenommen, dem Adel sich dauernd festzusetzen, auch liebten die Marschfriesen keinesweges steinerne Mauern und Burgen an ihren Grenzen und zerstörten solche bei der ersten besten Gelegenheit. Selbst die Geistlichkeit erwarb sich selten und auch dies nur in späterer Zeit Lansten und Hintersassen. Im Ganzen blühte sonach auch auf der Vorgeest ein freier unabhängiger Bauernstand, der nie, wie im übrigen Herzogthum die Hörigkeit kennen lernte. Auf diesem freien bäuerlichen Boden wuchs nun Husum nach und nach zur Stadt heran, nicht wie sonst gewöhnlich die Städte entstanden, in der Nähe einer Burg oder eines Klosters mit dem schirmenden Krumstabe, nicht einmal eine Kirche gab zum Anbau und zur Erweiterung des Ortes Anlaß, denn als die Husumer Gemeinde sich von der Mildstedter trennte und eine eigene Kirche erbaute, war der Ort in localer und gewerblicher Hinsicht bereits von städtischer Bedeutung. Durch die Lage und Umstände begünstigt entstand hier, so zu sagen, auf natürlichem Wege aus einem Dorfe allmählig eine Stadt, im Laufe mehrer Jahrhunderte alle einzelnen Stadien durchlaufend, sogar wieder rückwärts schreitend, bis endlich im Anfange des 17ten Jahrhunderts (1608) die Stadtgerechtigkeit im vollen Sinne des Wortes ertheilt wurde. Die allmählige Entwicklung des Ortes in diesen verschiedenen Phasen zu zeigen, ist der Vorwurf

---

dem 17ten Jahrhundert erlaubt die Einfuhr des Friesischen Salzes gegen eine geringere Abgabe. Nach Niemanns Landeskunde pag. 91 wurde zu Galmsbüll bis 1782 Salz gekocht. Auch bei Rödemis befand sich eine Salzkocherei, Langenb. Scr. Rer. VII. pag. 472. Suhm in den Noten zu Waldemars Erdbuch l. c. pag. 595 begeht den sonderbaren Irrthum die brennaestaellar durch magnum stallarium, einen mächtigen Staller zu erklären. — Ueber das Verfahren bei dieser Art Salzbereitung, Hansens Staatsbeschr. pag. 36.

dieses Werkes. Zur Vergleichung der Geschichte Husum's mit der allgemeinen Städtegeschichte verweise ich hier wie auch für die Folge auf meine Abhandlung: Geschichte der Stadtverfassung nebst Charakteristik des Stadtrechtes von Husum, in welcher indeß nur das rein Rechtsgeschichtliche berücksichtigt ist.*)

Bei diesem Bildungsgange liegt es in der Natur der Sache, daß Geschichte und Chronik über die erste Entstehung und das allmählige Fortschreiten des noch unbedeutenden Ortes schweigen und nur zufällig des Namens Erwähnung geschieht; darum fließen auch die Quellen der ältern Zeit so sparsam und sind für die Forschung mangelhaft. Um die Gründung und den Namen zu erklären flüchtet sich die spätere Zeit deshalb, wie auch sonst oft und gerne, in das Gebiet der Sage und erzählt uns diese: **) Als im Jahre **1089** eine schreckliche Wasserfluth die Marschländer heimsuchte und in derselben **20,000** Menschen umgekommen waren, blieb nur eine einzige Frau im Strande Namens Pelle mit ihren beiden Kindern am Leben; sie und ihre Tochter Worm begaben sich nach Pellworm, welches von ihnen beiden den Namen erhielt und wo sie aus Dankbarkeit für ihre Lebensrettung gerade am **25**sten Mai **1095** den stattlichen Kirchenthurm erbauten, der am **6**ten Mai **1611** bis auf eine Mauer zusammenfiel; nebenher bemerkt, steht diese Thurmmauer noch jetzt auf Pellworm und dient den Schiffen als Wahrzeichen. Pelle's Sohn dagegen, Husen genannt, dem die Nähe des Meeres und das salze Wasser einen Schreck für immer eingeflößt zu haben scheint, zog zur besseren Sicherheit auf die friesische Vorgeest, erbaute in einem lustigen Walde ***) ein Haus und errichtete eine

---

*) Gedruckt in Michelsens und Asmussens Archiv, Band II.

**) Laß Sammlung Husumscher Nachrichten pag. 17. Heimreich nordfriesische Chronik, Ausgabe von Falck I. pag. 259.

***) Daß die Vorgeest früher sehr waldreich gewesen, dafür fehlt es nicht an Beweisen. Viele Nachrichten setzen dies geradezu voraus, der Name Schobüll (Skovbüll), der öfter vorkommende Name Lund deuten darauf hin. Die noch uncultivirten Heiden zeigen deutliche Spuren von Eichwäldern.

Wirthschaft. Hier hatte er Gelegenheit durch viele Wohlthaten gegen seine von Haus und Hof durch die Fluth vertriebenen Stammesgenossen sich Verdienst und Ruhm zu erwerben und in dankbarer Erinnerung verewigte die Nachwelt den Wohlthäter in dem Namen Husum. Hüben wie darüben, im Norden wie im Süden verknüpft die Sage gerne mit dem Namen des Ortes und des Stammes den des ersten Gründers und umhüllt ihn mit Glorie und Ruhm. Möge auch diese Sage auf sich beruhen.

Will man den Namen eines Ortes erklären, so liegt es freilich sehr nahe zur Hand und ist eine leichte Arbeit denselben von einem Eigennamen abzuleiten und dessen selbstgeschaffenen Träger als Gründer und Stifter hinzustellen. Doch möchte dies in den wenigsten Fällen richtig sein und hat überall die Namenserklärung etwas Bedenkliches, da der Name oft von reinen Zufälligkeiten abhängt und die Erklärung um so mehr im Dunkeln bleiben muß, als erst spätere Jahrhunderte dieselben versuchen und dann schon zu den sprachlichen Schwierigkeiten die Verwischung der ältern Verhältnisse und Umstände hinzugetreten sind. Nicht ohne Scharfsinn leiten Dankwerth und Heimreich *) den Namen von dem Worte Aue und heim, hem **) ab, also Au'sheim, Au'shem, die an der Aue belegenen Wohnungen. Dafür möchte sprechen, daß in den alten Urkunden oft Husem, Husen statt Husum geschrieben wird und auch die an der Aue bei Rosendahl befindliche Brücke Hubrücke, d. i. Aubrücke, heißt. ***) Doch muß diese Ableitung wohl eine gesuchte genannt werden und die leichteste und natürlichste sich aus der hier herrschenden friesischen Sprache hernehmen lassen; darnach würde Husum ganz einfach der Mehrheitsdativ von Huus, Haus sein, also tho Husum, zu, bei den Häusern und ist in der Folge das tho weg-

---

*) Dankwerth Landesbeschreibung, pag. 138. Heimreich l. c. 162. 259.

**) heim, hem, isländisch, altdeutsch, Wohuung, dänisch hjem.

***) Au isländisch àr sprich ungefähr aur, davon friesisch Ouwe, Huwe; die Zusammenziehung und der Vorschlag H. erklärt sich leicht.

gefallen. *) Heimreich erzählt, es wären anfänglich drei Häuser gewesen, diese daher Dreenhusen genannt und später die erste Sylbe weggefallen. Ein Analogon für den einfachen Dativ giebt die plattdeutsche Sprache: so heißt das jetzige Lunden in Ditmarschen in älterer Zeit to Lin, zu den Linden. Auch konnten die auf vereinzelten Gehöften und Werften wohnenden Marschfriesen leicht dazu kommen, eine Mehrheit zusammengebauter Wohnungen in ihrer unmittelbaren Nähe vorzugsweise „die Häuser" zu nennen. Für die Richtigkeit dieser Ableitung spricht auch das freilich sehr viel spätere Stadtwappen, welches im gelben Felde drei mit blauem Plankwerk umgebene Häuser nebst den beiden aufrechtstehenden Schleswigschen Löwen, welche aus offnen Rachen die Zunge recken, führt. **)

Handelsleute und Fischer sind ohne Zweifel die ersten gewesen, die sich hier neben den ackerbauenden Vorgeestfriesen ansiedelten. Die gegen die Fluthen gesicherte, auch sonst günstige Lage des Ortes an der Grenze zwischen Marsch und Geest, in der Nähe schiffbarer und fischreicher Ströme, der Hever und der Milde, begünstigte den Austausch der verschiedenen Producte und beförderte Handel und Verkehr. Die Geest hatte Holz und Torf im Ueberfluß, dessen die Marsch als Bau- und Brennmaterial nur zu sehr bedurfte und sich dafür des Reichthums an Korn, Vieh, Butter und Käse leicht entledigte. Solche begünstigende Umstände mußten den Ort heben. Uebrigens soll auch der Husumer Sage nach die Fischerstraße die älteste sein und mag dagegen wenigstens nicht sprechen, daß die Häuser in derselben neueren Ursprungs sind; die ursprünglichen Häuser verschwanden und wurden durch leicht gebaute ersetzt, denn das Ansehen der alten Straße mußte sich mit der Ausdehnung des Ortes verlieren als am Markte und in dessen Nähe die großen alterthümlichen Häuser ent-

*) Heimreich I. 260. Damit stimmt überein Heinrich Ranzau Westph. Mon. I. pag. 56.

**) Das Wappen findet sich auf Meier's Grundriß von Husum bei Dankwerth pag. 78.

standen, deren fester, steinerner Bau und innere Einrichtung darauf hinweis't, daß ein bedeutender Handelsverkehr hier in älterer Zeit Reichthum und Wohlstand verbreitete.

Des Ortes geschieht, so viel ich habe finden könnnen, zuerst im Jahre **1252** Erwähnung; als König Abel in diesem Jahre seinen zweiten unglücklichen Feldzug, der mit seinem Tode auf dem Milderdamm endete, gegen die Eiderfriesen unternahm, wird eine Brücke bei Husum, Husumbro genannt. *) Steht diese Stelle auch mit andern bekannten Quellen über den Ort, wo Abel erschlagen wurde, in Widerspruch, so beweis't sie jedenfalls das Dasein Husums zu dieser Zeit. **) Das bekannte Erdbuch Waldemars II. enthält den Namen des Ortes nicht, sondern nur Hattstedt in der Südergoesharde; dagegen hat Langenbeck auf einer Karte, welche das Herzogthum Südjütland unter dem genannten König darstellt, Husum's Namen aufgenommen. Hiernach hätte der Ort schon vor **1240** existirt. ***)

Ueber das allmählige Anwachsen des Ortes im **13**ten und **14**ten Jahrhundert enthalten die Chronisten, wie sich erwarten und leicht erklären läßt, Nichts oder nur unzulängliche Muthmaaßungen. Meistens wird dem Untergange der Milderburg, einer an der Milde in der Marsch belegenen Feste, ein bedeutender Einfluß in Betreff der Zunahme der Bevölkerung zugeschrieben. ****) Eine nähere Betrachtung muß aber diese Ansicht als falsch abweisen. Allerdings verschwindet gegen das Ende des **13**ten Jahrhunderts diese Burg und zwar auf eine ziemlich geheimnißvolle Weise, doch kann ihr Untergang für die Bevölkerung und den Verkehr Husums von

---

*) Langenbeck Script. Rer. Dan. I. pag. 245 (Annal. Esrom.) Abel rex interfectus est in Iuthlandia juxta Husembro.

**) Christiani Schlesw. Holst. Geschichte 2. 323.

***) Langenbeck VII. pag. 520. 522.

****) Laß pag. 20. Heimreich pag. 259. Iven Knutzen Welchergestalt u. s. w. cap. 2. In meiner erwähnten Abhandlung folgte ich dieser Ansicht gleichfalls; bei der rechtshistorischen Tendenz derselben durfte dieser Punct damals ziemlich irrelevant sein.

keiner Bedeutung gewesen sein, denn sie war lediglich eine Schutzwehr der Eiderfriesen gegen die Geest hin, ein, um mich so auszudrücken, bloßer, befestigter Militairposten. Will man Gründe für das Emporkommen des Ortes in dieser Periode aufsuchen, so mögen dies bei dem Mangel bestimmter Thatsachen im Allgemeinen folgende sein. Der Sage, wie auch den wenigen historischen Nachrichten, welche wir darüber haben, nach, war das Husum benachbarte Mildstedt ein bedeutender Ort und wird in dieser Zeit selbst als eine Stadt bezeichnet. Die vielfältigen Fluthen, welche bei der noch in der Kindheit liegenden Kunst des Deich- und Wasserbaues die Uthlande öfter schwer heimsuchten, veränderten nicht allein vielfältig die Lage des festen Landes, sondern bahnten auch den Strömen und Binnenwassern einen andern Lauf. So wurde die Milde durch den Anwachs des jetzigen Binnenlandes, der Südermarsch, des Dammkooges, der Herrnhallig u. s. w. allnachgerade mehr eingezwängt und unschiffbar bis sie in einen Sielzug verwandelt wurde, der im Westen in die Husumer Aue mündet, statt wie früher der Mildestrom in die Treene. Schon zu König Abels Zeiten führte ein Damm von Eiderstedt (Dammkoog) aus nach der Milderburg und war diese, wie aus der Beschreibung einer Belagerung in der Mitte des 12ten Jahrhunderts in dem Kriege zwischen dem König Svend und seinem Gegner Knud hervorgeht, nur durch ein geringes Wasser von der Vorgeest getrennt. *) So wurde Mildstedt die Wasserverbindung abgeschnitten, aber auch nach einer andern Seite hin wirkten die Fluthen für Husum günstig. In der großen Fluth im Jahre 1300 fand das berühmte und berüchtigte Rungholt nebst mehreren anderen Kirchspielen in den Uthlanden ihren Untergang und verschwanden später in der großen Mandränkelse (1354) gleichfalls eine Reihe Ortschaften und Kirchen. Solchergestalt wurden Pellworm, die Lundenberger Harde und Eiderstedt auseinander gerissen und der schmale Heverstrom, über den ein einfacher Steg geführt haben soll,

*) Saxo Gram. ed. Stephan. pag. 260.

ein breites Revier, welches diesen Strom Husum näher brachte und eine bequeme Schifffahrt eröffnete. Nun mögen von dem untergegangenen Rungholt, welches der Sage nach ein bedeutender, wohlhabender und üppiger Ort war und dessen Glocken noch vor nicht langer Zeit bei stillem Wetter der Seemann oft im Meeresgrunde läuten hörte, so wie aus den Marschen überhaupt die den Fluthen entronnenen Bewohner, welche Haus und Land verloren hatten, sich in Husum als dem nächsten Orte niedergelassen haben. Auch wohl aus Mildstedt, dessen bessere Tage vorüber waren, übersiedelten sich Handels- und Geschäftsleute. Wird es doch gar den Husumern zum Vorwurf gemacht und glaubt Laß *) sie dagegen in Schutz nehmen zu müssen, daß sie die Verwüstung der Marschlande, welche ihnen die Schifffahrt erleichterte, nicht allein gerne sahen, sondern sogar befördert hätten. Dieser Vorwurf bedarf keiner Widerlegung, da der Wohlstand der Marschen eben den der Stadt bedingte, wie die spätere Geschichte zeigt und kann zu demselben nur der Umstand Veranlassung gegeben haben, daß die Husumer die Abdämmung der Reviere, namentlich die mehrfach beabsichtigte Ueberschlagung der Hever, durch welche die Schifffahrt nach Husum gänzlich aufgehoben wäre, zu verhindern suchten, in welcher Hinsicht sie sich denn auch später von den Landesfürsten bestimmte Zusicherungen und Privilegien zu verschaffen wußten.

Uebrigens begnügt Laß sich hier hauptsächlich mit der Aufzählung der einzelnen Fluthen, die jedoch in die Geschichte der Uthlande gehören. Im Jahre **1372** zählte der Ort nach Heimreich **) **220** Hauswirthe, die sich aber schwerlich, wie Laß will, nach der Zerstörung der Mildeburg vervielfältigt haben können, da diese damals längst verschwunden war. Ist

*) Laß pag. 21. Heimreich I. pag. 259. **M. Boethius de cataclysm. Nordst. pag. 97.**

**) Heimreich I. pag. 260. Diese bestimmte Zahl ist wahrscheinlich aus einer alten Mannzahlliste genommen, nach welcher die Heerespflichtigen in der Harde gestellt wurden.

***) **Laß pag. 20. Staatsb. Magazin IV. pag. 182. 446.**

es wahr, daß um diese Zeit, 1380, etwa drittehalb hundert Menschen in Husum gestorben sein sollen, so geschah dies schwerlich aus Mangel an Salz, welches reichlich in der Umgegend gewonnen wurde. Hat dies verhältnißmäßig große Sterben hier wirklich stattgefunden, so möchte es wohl etwas früher nach der Mitte dieses Jahrhunderts fallen, als unter Waldemar Atterdag die Pest unter dem Namen des schwarzen Todes im Norden und ganz Europa wüthete.

Gegen das Ende dieses Jahrhunderts tritt aber der Ort schon mit einiger Bedeutung hervor; er wird als aus zweien Dörfern Oster- und Westerhusum bestehend im Jahre 1398 erwähnt; letzteres ist offenbar der jetzt westlich vom Markte und der Kirche belegene Stadttheil, *) das erstere der östliche Theil, die Norder- und Süderstraße und ist nicht mit dem dicht an die Stadt im Osten grenzenden Dorfe zu verwechseln, welches gegenwärtig den Namen Osterhusum führt. Nach einer mir vorschwebenden Notiz wohnten hier, wie später, die vornehmsten Leute (ich bin aber außer Stande, die desfallsige Quelle anzugeben) weshalb die Lage der beiden Dörfer in der Nähe des Marktes gesucht werden muß Mit der Trennung von der Mildstedter Kirche in der ersten Hälfte des folgenden Jahrhunderts verschwinden beide Dorfschaften und bilden von da an nur eine Commüne. **) Ziemlich sicher läßt sich annehmen, daß schon jetzt der Hardesvogt hier, als dem bedeutensten Ort in der Harde seinen Sitz hatte und das Bundengericht hier gehegt wurde; eine bald zu erwähnende Urkunde setzt letzteres wenige Jahre später außer Zweifel.

Der langwierige fast dreißigjährige Krieg zwischen dem König Erich von Pommern und den jungen Grafen von Holstein über ihre Ansprüche auf das Herzogthum Schleswig war dem Orte ebenso ungedeihlich, als er für das Herzogthum verwüstend wurde. Er wurde mit abwechselndem Glücke ge-

---

*) Der ganze westliche Stadttheil, später Westerende, welches nicht auf die jetzt sogenannte Straße zu beschränken.

**) Laß pag. 22.

führt und waren die Eroberung und Vertheidigung der festen Schlösser zu Gottorff, Flensburg, Tondern, des bischöflichen Sitzes zu Schwabstedt, die Erbauung und Zerstörung der Friesenburg und der Feste Wiltspang bedeutende Episoden in demselben, weshalb der südliche Theil des Herzogthums und mit ihm die Vorgeest nebst Husum viel leiden mußten. Die Uthlande, inzwischen Unterthanen der schleswigschen Herzöge geworden, waren von der Grafen Mutter, der Herzogin Elibeth in ihrer Bedrängniß der Königin Magaretha mit mehreren andern Districten verpfändet. Diesen Umstand benutzten die Friesen, sich eine möglichst unabhängige Stellung zu erhalten und schlossen sich, die Verpfändung nicht achtend, unbedenklich an die Grafen, deren Macht sie weniger zu fürchten Ursache hatten als die des mit Dännemark vereinigten Schleswigs; sie gewährten den jungen Grafen eine bedeutende Stütze und blieben ihnen trotz mehrfacher Drangsale und Leiden treu. Im Jahre 1406 bereits machten die Eiderfriesen einen vergeblichen Angriff auf das Schwabstedter Schloß. Zu ihrer Züchtigung sandte der König 1410 von Flensburg ein bedeutendes Heer unter den Rittern Magnus Munk, Johann Scharpenberg, Niels Tueson und Hinrich Kaholt in die Vorgeest, deren Einwohner gleichfalls zu den Grafen hielten und wegen der Nähe der Marschfriesen wohl halten mußten. Dieses Heer durchzog plündernd und verwüstend die beiden Geestharden, raubte namentlich in den Oertern Husum und Bredstedt*) zahlreiches Vieh, streifte selbst in Eiderstedt hinein und lagerte mit reicher Beute auf dem Rückmarsche nach Flensburg bei dem Dorfe Eggebeck, keines Feindes gewärtig. Indessen war Graf Adolf von Schauenburg den Vettern zu Hülfe mit einem Heere aus Pinneberg über die Eider gerückt, woselbst 700 Friesen zu

---

*) Das chron. Eiderst. nennt ausdrücklich Husum und Bredstedt. Hamsfart, Langenbeck I. pag. 323 sagt: populantur agrum Brestadiensem et Husensem et vicina loca Frisiorum. Desgl. Peter Sax de rebus Fris. Westp. I. pag. 1361.

ihm stießen und überfiel nach dieser Vereinigung die arglosen Königlichen in ihrem Lager. In der Schlacht auf der Solleruper Heide wurde das ansehnliche Heer der Dänen aufgerieben, 1400 fielen, unter diesen Munk und Tueson, letzterer von der Hand des Haie Brodersen oder wie Andere ihn nennen, des Hunne Jessen aus Ockholm; unter den Gefangenen war Johan Scharpenberg und nur Kaholt erreichte mit den Trümmern des Heeres Flensburg. Doch schon im folgenden Jahre (1411) erzwang der König die Unterwerfung und Huldigung der Vorgeestharden, das Schloß Schwabstedt wurde in besseren Vertheidigungsstand gesetzt und gegen die Eiderfriesen die Friesenburg angelegt. Indessen schleiften diese 1428 bereits die verhaßte Burg, wobei der Hauptmann Reimer von Sehstedt mit dem größten Theil der Besatzung fiel. Unterwarf auch der König die Eiderfriesen 1419 abermals, so waren sie doch schon 1420 wieder auf Seiten der Grafen und leisteten zu einem großen Siege bei Tondern kräftige Hülfe. Von jetzt an bis zum endlichen Friedensschluß scheint die Vorgeest von weiteren Einfällen und Streifzügen verschont geblieben zu sein und fiel in dem Frieden mit dem größten Theil des Herzogthums und den Uthlanden an die Grafen. *)

Als Zwischenspiel in diesem Kriege tritt der Einfall der Ditmarscher in die Dreilande im Jahre 1414 mit seinen Folgen auch für Husum hervor. Es lagen die Ditmarscher mit ihren Friesischen Nachbaren vielfach in Fehde, keine aber hatte für Eiderstedt so traurige Folgen als diese. Die Ditmarscher waren während des erwähnten Krieges mit Erich von Pommern verbündet und mochte außerdem Grund genug zu Zank und Streit zwischen den kriegslustigen Nachbaren

*) Laß pag. 22. Heimreich I. pag. 221. Michelsen's Nordfriesland pag. 117. Dankwerth pag. 139. Hoier dännemarksche Geschichte pag. 82. Christiani 4. pag. 58. 62. 327. Letzerer meint, es werde Husum zuerst bei dieser Gelegenheit genannt, während er die Gründung eines Minoritenklosters, wie wohl irrthümlich, in das Jahr 1231 verlegt. Neuere Geschichte pag. 392. 412.

auf beiden Ufern der Eider sein. Als nun die Eiderstedter vier des Pferdediebstahls beschuldigte Ditmarscher auf Borgsand hängen ließen, unter diesen den Sohn einer angesehenen Familie, dessen Auslösung und Loskauf der Wittwe trotz hoher Anerbietung verweigert ward, brach bei den in ihren Landsleuten sich beleidigt fühlenden Ditmarschern der Grimm aus, sie fielen, als eben die Grafen außer Stande waren, Hülfe zu leisten, in Eiderstedt ein, schlugen nach einem unglücklichen Versuche die Friesen aufs Haupt und endete dieser Rachezug mit der Verwüstung des größten Theils der Dreilande und mit einem schmählichen Frieden. Zugleich trieb auf Pellworm wo er sich verschanzt hatte, der Seeräuber Kord Wiederich aus Ditmarschen sein Wesen und heerte und brandschatzte im Strande von der alten Pellwormer Kirche aus die Umgegend. Auch Husum und die Vorgeest blieb nicht verschont und verbrannten die Ditmarscher nicht allein die Wassermühle bei Husum, sondern auch die Kirche zu Mildstedt *). Zur Erinnerung an diesen Zug bewahrten die Ditmarscher folgende Verse:

De Watermöhle tho Husum bernede wy aff,
Dar verworven wy Priis und Ehre,
De Kercke tho Mildstede bernede wy aff,
Dat vorgewe uns Gott der Herre. **)

So wie diese Kriegsereignisse unmittelbar auf den Ort nachtheilig einwirken mußten, so war dies noch mehr mittelbar der Fall. Die ganze Umgegend war verwüstet und verheert, der Wohlstand der umwohnenden Bauern vernichtet, deshalb der Verkehr mit Husum auf das Nothdürftigste beschränkt. Der Handel wurde zerstört, namentlich der Verkehr mit den Ditmarschern, die damals schon in vielfältiger Verbindung mit

*) Ein gleiches Schicksal hatte die Mildstedter Kirche in dem sogenannten Polakenkrieg 1658, wobei alle in derselben aufbewahrten Documente, namentlich die, welche die Südermarsch betrafen, verloren gingen.

**) Neocorus von Dahlmann 1 pag. 491. Viethen Beschreibung von Ditmarschen pag. 298, Heimreich, Michelsen l. c.

Husum standen, gänzlich abgebrochen. Und dennoch müssen die beiden Dörfer Oster- und Westerhusum, welche Bezeichnung von jetzt an aufhört, sich bald wieder erholt haben, denn sie ermöglichen in wenigen Jahren ihre kirchliche Trennung von Mildstedt und bilden von nun an unter dem Namen Husum eine vereinigte Kirchengemeinde. Es mußte den beiden volkreichen Dörfern lästig werden, den weiten Kirchweg nach Mildstedt zu machen; vielleicht gab nicht minder die Unterbrechung des Gottesdienstes durch die Zerstörung der dortigen Kirche in der ebenerwähnten Ditmarscher Fehde den Husumern zu diesem Ausscheiden von der Mutterkirche die gewünschte Veranlassung. Dazu kam wohl das Gefühl der jetzigen Bedeutung des Ortes als Sitz des Hardesvogten und auch unbestritten des Bundendinges der Süderharden. Dies Ding bestand zu dieser Zeit aus zwölf Bunden unter dem Vorsitz des Amtmanns von Gottorf und der Leitung des Hardesvogten. Später in der Einleitung zum Weichbilde (1582) finden wir 36 Bunden.*) Diese zwölf Bunden waren wohl je vier aus den drei Hardeskirchspielen Mildstedt, Schwesing und Ostenfeld; um zu der angenommenen Zahl von vier Hardeskirchen zu kommen**) müßte Olderup hinzugerechnet werden, wogegen übrigens nicht unerhebliche Einwendungen erhoben werden könnten, weshalb ich letzteres lieber zu dem Hattstedter Birk zählen möchte. Die übrigen Bestandtheile des jetzigen Amtes Husum gehörten nicht zur Harde; Schwabstedt und Rödemis waren geistliche Stifter des Bisthums Schleswig; Hattstedt und Schobüll, wie schon bemerkt, wahrscheinlich mit Olderup zusammen bildeten ein eigenes Birk oder Mark.***) Die Hattstedtermarsch, wenigstens theilweise nach dem jetzigen Umfange, und Simonsberg sind die einzigen Reste der damals so mächtigen Lundenberger Harde im Strande.****) Daß übrigens das

*) Dreimal zwölf Bunden.

**) Falck's Handbuch Band 1. pag. 39.

***) Heimreich 1. pag. 329. Dankwerth pag. 139.

****) Einzelne Theile der jetzigen Hadstedtermarsch gehörten zu den untergegangenen Kirchspielen Lundenbergs, so unbezweifelt

Hardesding, welches, wie es scheint, nur einmal jährlich um und nach Pfingsten gehalten wurde, in Husum und nicht wie sonst gewöhnlich und herkömmlich bei der Hauptkirche der Harde, unzweifelhaft Mildstedt, gehegt wurde, beweisen nicht allein die gleich zu erwähnende Urkunde von 1431, sondern auch andere. Vielleicht verweilte schon jetzt der Herzog, wenn er zur Erledigung der innern Angelegenheiten im Lande reis'te, gerne in dem städtischen Orte, der ihm auch wegen der Belegenheit zu den Uthlanden bequem sein mochte. So verschötet Herzog Adolf 1434 *) alle seine Bunden und Lansten in dem Dorfe Ramstedt **) mit allem Zubehör an den Bischof Nicolaus zu Schwabstedt auf dem Südergoesharder Bundending zu Husum und ist diese Urkunde von dem Ritter Heinrich Rixdorf, Amtmann zu Gottorf sammt den zwölf Bunden besiegelt. Bei der Wichtigkeit, die jetzt der Ort gewonnen, mußte es den Einwohnern als ein Bedürfniß erscheinen, wenigstens in kirchlicher Hinsicht ein eigenes Gemeindewesen zu bilden, worin zugleich der Keim zu weitern Fortschritten lag.

Im Jahre 1413 sollen nach Laß ***) die Husumer den Bau einer eigenen Kapelle angefangen haben; möglich, daß damals die Unterhandlungen mit Mildstedt über die kirchliche Trennung begannen und durch die unruhigen Zeiten verzögert wurden. Lieber möchte ich hier einen Irrthum in der Jahreszahl oder einen Schreibfehler ****) annehmen, da Laß selbst

---

Ellerbüll, wo im Anfange des 17ten Jahrhunderts ein Seehafen, zu dem Kirchspiel Wartinghusen.

*) Laß pag. 24.

**) Graf Heinrich von Holstein hatte das halbe Dorf Ramstedt mit allem Zubehör bereits 1378 an den Bischof Johann zu Schleswig für 200 mℬ Pfennige verpfändet und letzterer einen Revers über die Einlösung ausgestellt. Falck's Sammlungen zur Kunde des Vaterlandes, Band 3. pag. 209. Ist wohl dieselbe Urkunde die im Schwabstedter Buch bei Westph. IV. pag. 3119 angeführt ist.

***) Laß pag. 23. 24.

****) Wahrscheinlich ist statt 1413 die Zahl 1431 zu lesen, aus welchem Jahre die Urkunden.

gleich nachher anführt, daß mit dem Bau der Capelle im Jahre **1431** der Anfang gemacht, während Heimreich in Uebereinstimmung mit Martin Holmer den Beginn des Bau's in das Jahr **1436** setzt. *) Dagegen spricht das Verzeichniß der bischöflichen Tafelgüter, angeblich aus dem Jahr **1436** nur scheinbar, wenn in demselben die Kirche zu Husum unter denen aufgeführt ist, die das cathedraticum bezahlen, wornach zu vermuthen wäre, daß schon vor **1448** die Kirche eine selbstständige Stellung gehabt haben müßte! **) Uebrigens

---

*) Heimreich 1. pag. 162. Martin Holmer Feuerpredigt. Vorrede pag. 2. 3.

**) In dem liber censualis Episcopi Slesvicensis bei Langenbeck VII. pag. 503 heißt es freilich:

Sequitur cathedraticum.

Sequentes ecclesiae debeant annuatim solvere in capitulo: Sundergusherde: Ostenuelde 12 solidos, Milstede 24, Husem 12, Hastede 24, Swesum 12, Oldorp 6, Treya 6. Obgleich aber in dem Eingange gesagt wird, dies Verzeichniß sei 1436 verfaßt, so kann dies sich nur auf den Anfang beziehen; offenbar ist es ungefähr 30 Jahr jünger, denn in demselben werden Verträge aus dem Jahr 1464 erwähnt. Wahrscheinlich wurde es im Laufe dieser Jahre zusammengetragen und löſ't sich dann leicht der Widerspruch, wenn pag. 473 Husum bei Aufzählung der Zehnten zur Mildstedter Parochie gerechnet wird, zu der es bis 1448 als Capelle und gewissermaaßen Filiale mit Recht gehörte und dann pag. 503 unter den Kirchen genannt wird, die das cathedraticum zahlen, also selbstständig waren. Nach dem Betrag der letzteren gehörte die neue Kirche nicht zu den größten der Harde. Übrigens wird später urkundlich nachgewiesen, daß 1448 erst die völlige Trennung von Mildstedt eintrat und wird 1446 bei den Eiderstedter Wirren ausdrücklich nur einer Capelle zu Husum erwähnt. Hiemit stimmt auch Dankwerth, welcher pag. 139 erzählt, daß, nachdem sie kurz vorher eine eigene Capelle erbaut, die Husumer 1448 völlig aus dem Kirchenverbande mit Mildstedt getreten. Dies „kurz vorher" paßt jedenfalls besser zum Jahre 1431 als 1413. — Als noch zur Parochie Mildstedt gehörig zehntete Husum zum Bischofstisch verhältnißmäßig bedeutend, nemlich 10 Heidscheffel Roggen Langenb. l. c. Später scheint Husum von dem Zehnten sich befreit zu haben, denn in einem Verzeichniß aus dem Jahre 1523 im Schwabstedter Buch, Westph. IV. pag. 3141

kann der Kirchenbau überall vor dem Jahre **1431** nicht stattgefunden haben, denn, nachdem die Husumer zu diesem Zweck die Erlaubniß des Bischofs Nicolaus zu Schleswig erlangt haben, genehmigten die Herzöge Adolf und Gerhard in einer Urkunde von **1431** am Sonntage nach Pfingsten den erst am Tage des heiligen Lucas selbigen Jahres mit Mildstedt abgeschlossenen Vertrag. Nach beiden uns erhaltenen Urkunden wird es den Dörfern Oster- und Westerhusum gestattet, zu Ehren des würdigen heiligen Kreuzes, der hochgelobten Jungfrau, Magd Maria und St. Lambertus, des heiligen Bischofs, eine eigene Capelle in Husum zu erbauen. Dagegen verpflichten sich die Vorsteher und Gemeinde vor dem herzoglichen Vogt Hinrich Rixdorf an den Kirchherrn zu Mildstedt **20** Mk. lübscher Pfennige als jährliche Rente in solcher Münze, wie sie zu Lübeck und Hamburg gang und gebe ist und in welcher ein guter Mann den andern bezahlt, auf St. Martenstag in einer Summe zu entrichten; fällt diese Rente nicht in den nächsten vier heiligen Weihnachtstagen, wird sie auf **40** Mk. verdoppelt, eine Verdoppelung, die als Conventionalstrafe im Fall säumiger Zahlung auch sonst häufig vorkommt. Sind dann diese **40** Mk. noch nicht am Sonntage vor der nächsten Fastnacht bezahlt, so soll der Gottesdienst schweigen und die Capelle geschlossen bleiben, bis die Zahlung geschehen. Für die Erfüllung dieser Verbindlichkeit verpfändet außerdem die ganze Gemeinde ihre sämmtliche Habe und Erbe. Die Herzöge, indem sie diesen Vergleich bestätigen, verleihen *) der neuen Gemeinde das Recht, ohne weitere Umstände einen jeden Eingesessenen, der zu dieser Rente pflichtig ist, im Säumungsfalle ohne Jemandes Einspruch zu pfänden und verzichten ausdrücklich auf die Lehnware **) für sich und ihre Erben.

---

fehlt Husum; bezahlte dagegen noch das cathedraticum mit 12 solidi, ibid. pag. 3142 und steht schon vor Mildstedt aufgeführt.

*) Von dem Selbstpfändungsrecht der Gemeinde und anderer Corporationen gegen ihre Mitglieder werden im Verlauf mehre Beispiele vorkommen.

**) Lehnware, laudeminum, etwa hier Bestallungsrecht mit der Be-

Von diesen beiden Urkunden *) ist die zweite, welche die Genehmigung der Herzöge enthält, bei Michelsen in seinem Nordfriesland im Anhange abgedruckt **), sprachlich richtiger als die von mir benutzte; ich habe indessen letztere vorgezogen, weil sie, wie die Vergleichung ergiebt, vollständiger ist und mehre Sätze hat, die nicht ohne Interesse und Bedeutung sind. Außer in einer mir vorliegenden handschriftlichen Sammlung aus dem Anfang des vorigen Jahrhunderts, welche dem Bürgermeister Michael Jovers zuständig war und viele die Stadt und die Südermarsch betreffenden Documente umfaßt, sind beide auch bei Krafft abgedruckt. ***) Im Allgemeinen muß ich über die von mir angezogenen Urkunden, sowohl die in Krafft und Laß bereits gesammelten, als die handschriftlichen bemerken, daß sie nicht sehr correct, meistens aber die Sprache und Schreibart ganz oder zum Theil durch den spätern Abschreiber modernisirt ist.

Nach Laß wurde die Vertragsurkunde zwischen Mildstedt und Husum mit dem neuen Siegel, welches den Husumern von den Herzögen verliehen war, versehen. Dies Siegel, welches nicht weiter beschrieben wird und wahrscheinlich verloren, kann nur das Kirchensiegel gewesen sein, denn die Südergoesharde war schon damals in dem Besitz eines Siegels zur Beglaubigung ihrer Urkunden und konnte als Hardessiegel schwerlich der nur kirchlichen Gemeinde zu Husum von den Herzögen verliehen werden. ****)

---

stallungsgebühr, eine bestimmte Abgabe, die der Lehnsinhaber, der Prediger für die Gemeinde in diesem Fall, dem Lehnsherrn, dem Landesfürsten bei dem Wechsel in den Personen beider geben muß; hier verzichten die Herzöge auf das Patronatrecht zu Gunsten der Gemeinde.

*) Beil. I. № 1. 2.

**) Michelsen pag. 210.

***) Krafft Jubelgedächtniß pag. 432.

****) Das Hardessiegel findet sich bei Laß pag. 29; es enthält allerdings, wie Heimreich 2. pag. 45 bemerkt, ein Pflugeisen, indessen wohl nicht den Buchstaben K zweimal mit einer Krone, sondern zwei andere mir unbekannte Embleme mit einer Krone und der Umschrift: „Sigillum Sudergoesherdae.“

Dieses späte Ausscheiden der Husumer Gemeinde aus dem Kirchenverbande mit Mildstedt und der Umstand, daß Husum keine der alten, so zu sagen ursprünglichen Hardeskirchspiele ist, erklärt mehre noch jetzt bestehende Verhältnisse; so die geringe Ausdehnung der städtischen Feldmark in Verhältniß zu der Bevölkerung und den übrigen Kirchspielen. Dagegen kann übrigens die Feldmark im Vergleich mit andern Städten, die in der Nähe eines Klosters oder einer Burg entstanden und nicht, wie Husum durch das allmählige Anwachsen aus einer Dorfcommüne eine große genannt werden, denn jene Städte hatten meistens gar keine oder nur eine sehr geringe und erwarben oder erweiterten ihren Landbesitz erst im Laufe der Zeit durch Kauf, Schenkungen u. s. w., so Kiel, Schleswig, Apenrade. *) Es ist begreiflich und lag im Interesse des Kirchspiels Mildstedt, daß so wenig wie möglich, aus dem Parochialverbande eximirt wurde und beschränkte sich deshalb die Exemtion allein auf die beiden Dörfer und ihre Feldmark. Daher schreibt es sich denn auch, daß das der Stadt nahe belegene Dorf Osterhusum, so wie das mit Rücksicht auf Mildstedt hiuter Husum liegende und an die Stadt gränzende Dorf Nordhusum noch jetzt zu dem entfernteren Mildstedt kirchpflichtig und nicht zur Stadtkirche eingepfarrt ist. Mit dem gleichfalls dicht vor der Stadt liegenden Dorfe Rödemis als zum Stifte Schwabstedt gehörig, hat es überall eine andere Bewandniß.

Obgleich nun in Husum eine eigene Capelle erbaut war, blieb die Gemeinde inzwischen noch mit dem Kirchspiele Mildstedt soweit in Verbindung, daß die Capelle als eine Filiale betrachtet wurde und die Mildstedter Geistlichen an derselben den Gottesdienst verwalten. Doch dauerte dies Verhältniß nicht mehr lange. Schon am Procustage des Jahres 1448 kam zu Mildstedt unter Genehmigung des Bischofs Nicolaus und des Vogtes (Amtmann) zu Gottorf Otto Spliet zwischen

*) Meine Abhandlung § 15. Von Erweiterungen der Feldmark durch Kauf, Schenkung u. s. w. findet sich bei Husum keine Spur.

dem Mildstedter Kirchherrn Hinrich Schriever *) und den Vorstehern der Capelle und der Gemeinde zu Husum ein neuer Vertrag zu Stande, nach welchem die völlige Trennung von der Mildstedterkirche durchgeführt wurde. Es verpflichtete sich hierin die neue Gemeinde dem Mildstedter Kirchherrn zu ewigen Zeiten in den 8 Michaelistagen 16 ℔ lübsch jährlicher Rente und der Kirche 4 ℔ zu bezahlen, jedoch unter der Freiheit letztere gegen ein Capital von 60 ℔ zu Martini abzulösen, wenn deshalb den Kirchgeschwornen zu Johannis Kündigung geschehen; ferner eine Wedeme (Pastorat) auf einem bequemen Platz zu erbauen und nebst dem Hofe im baulichen Stande zu halten, beim Genusse des Abendmahls dieselben Opfer, wie in Schleswig und Flensburg üblich, zu geben und die Kosten des Altars und des Gottesdienstes abzuhalten. Die Gemeinde stellt einen eignen von ihr besoldeten Küster an und entschädigt deshalb den Mildstedter mit 6 Scheffel Kornaussaat und einem Glockner Schipp Roggen, wogegen sie zu erwarten hat, daß der Kirchherr zu Mildstedt als ewiger Vicar entweder selbst oder durch einen Andern die Predigten, Sacramentaustheilung und alle kirchlichen Hundlungen beschaffen werde. Außer diesen übernommenen Verbindlichkeiten hat die Husumer Gemeinde keine weitere Verpflichtungen gegen die Mildstedter, wird gänzlich von derselben getrennt und erhält ihr eignes Kirchspielsrecht. **)

Dies Kirchspielsrecht gab nicht allein der Gemeinde die Befugniß, ihre kirchlichen und communalen Interessen selbstständig zu verwalten, sondern auch eine polizeiliche Gewalt und sogar die rechtliche Entscheidung in geringeren Streitigkeiten der Eingesessenen. ***) Bei der steigenden Bedeutung des Ortes mußte dieses Recht einen ziemlichen Umfang gewinnen, wovon sich mehrfache Spuren finden. Als ein Ueberbleibsel desselben ist ohne Zweifel das noch in späterer Zeit

*) Westph. Mon. IV. pag. 1492.

**) Laß 25. 29. Beil. I. № 3.

***) Eiderst. Landrecht 1. 8.

bestehende, selbstständige Gericht über Streitigkeiten wegen Kirchenstände und Begräbnisse anzusehen.

In Folge dieses Vergleiches wurden nun bei der Capelle zu Husum ein eigener Prediger und Küster angestellt und nicht lange hernach die Wedeme gebaut. Schon im Jahre 1496 lös'ten die Husumer nach vorher beschaffter Kündigung die 4 ℔ Rente durch Zahlung der festgesetzten 60 ℔ an den Kirchherrn Johann Tetens und die Kirchgeschwornen in Mildstedt ab. *) Dagegen weigerten die Husumer sich die im Jahr 1431 verschriebene Rente zu bezahlen und wurde der Kirchherr Tetens deshalb klagbar. Nachdem dieser Streit von beiden Partheien vor dem Herzog und seinen Räthen verhandelt war, wurde am Sonntage nach den heiligen drei Königen 1497 gegen die Husumer Gevollmächtigten entschieden und diese verurtheilt, die 20 ℔ Rente ferner zu bezahlen. **)

Herzog Adolf hielt sich in dieser Zeit schon häufig auf längere Zeit mit seinem Hoflager hier auf und schlichtete und entschied die öfter vorkommenden Streitigkeiten in den umliegenden Landen, namentlich den Uthlanden, deren Bevölkerung damals keineswegs zu den ruhigsten gehörte; aus diesem öftern Aufenthalt des Herzogs mit nicht geringem Gefolge läßt sich schließen, daß der Ort, dem eine herrschaftliche Burg fehlte, wohnliche Räumlichkeiten genug hatte, um die fürstlichen und andern zahlreichen Gäste zu herbergen. So kam hier in folgender Veranlassung eine Beliebung der Dreilande zu Stande, welche der Blut- und Familienrache, die damals verwüstend in Eiderstedt tobte, einigermaaßen ein Ziel zu setzen suchte. Als nemlich 1439 die Einwohner der Dreilande den Staller zu Everschop und Utholm Ebi Wunkens wegen der Gefangennahme von Pope Eiens Sohn aus dem Lande gejagt, seinen Sitz die Ebensburg zerstört hatten und ihn zwei Jahr

*) Beil. I. № 4. Kirchgeschworne in Mildstedt waren damals Thomas Petersen, Harm Momsen, Tönnies Gehelingk und Jens Lauren.

**) Beil. № 5.

außer Landes hielten, kam der Herzog Adolf **1442** nach Husum, ließ die Dreilande hieher vorladen und nöthigte sie den vertriebenen Staller wieder aufzunehmen, bedeutende Strafe zu zahlen und Uhrfehde zu schwören. *) Wahrscheinlich zu diesem Zweck, um die unruhigen Lande zu imponiren und zu zwingen, entbot der Herzog **1440** dreißig wehrhafte, geharnischte Männer von der Stadt Kiel, die sich zu Husum bei ihm einfinden, ihm und seinen übrigen Freunden folgen und acht Tage bei ihm bleiben sollten. **) Doch waren mit der geschworenen Uhrfehde diese Wirren nicht zu Ende; der Amtmann von Gottorf, Otto Spliet erschien **1445** mit starkem gewaffneten Gefolge auf einem Dingtage zu St. Peter, um Ruhe und Frieden herzustellen, ward indessen von den Einwohnern überfallen, einer seiner Knechte getödtet und sieben verwundet. Es behielt aber der Amtmann die Oberhand und machte acht Einwohner zu Gefangenen. **62** Männer büßten mit Leib uud Gut diesen Tumult, außerdem mußten die Dreilande im Ganzen und die meistbetheiligten Kirchspiele ansehnliche Summen als Sühnegelder bezahlen. Um diesen Unordnungen ein Ziel zu setzen, auch andere Angelegenheiten der benachbarten Gegenden zu schlichten, erschien abermals **1446** der Herzog mit zahlreicher Begleitung in Husum. ***) Auf seine Ladung standen des Donnerstags vor Pfingsten sieben Uhr Morgens die Rathleute der Dreilande einträchtig bei der Capelle zu Husum mit einer vollen Acht und mit einer vollen Wacht und ward in Gegenwart des Amtmanns Otto Spliet, der Staller Mewes Andresen von Eiderstedt und Ebi Wunkens von Everschop und Utholm unter Beirath und Zeugenschaft des Drosten Otto Pogwisch, der beiden Bürgermeister Eggard Boisen oder Bons und Wegede

*) Michelsen pag. 169 und Urkundenb. № 33. Peter Sax de reb. Fris. Westp. 1. pag. 1361.

**) Christiani Bd. 4. pag. 183. 336. Das Schreiben des Herzogs an die Stadt Kiel findet sich im N. Staatsb. Mag. 7. pag. 102, doch ist die Veranlassung nicht angegeben.

***) Chron. Eiderst. im Staatsb. Mag. 9, pag. 706.

Plate von Flensburg, des Bürgermeisters Myreck Menken von Schleswig, Gerdts von der Herberge, Amtmanns auf dem Berge (Flensburg) und vieler Ritter und Knappen vor dem Herzoge eine für die Dreilande einflußreiche Beliebung gewillkührt und von dem Herzoge bestätigt. *) Hiernach soll hinfüro in den Dreilanden Keiner, die Beamten und ihre Diener ausgenommen, innerhalb Landes gefährliche Waffen tragen bei Verlust von Leib und Gut an die Herrschaft und 40 ℔ Brüche dem Lande; bei gleicher Strafe soll jeder in und außer dem Hause den Kirchen-, Markt-, Haus-, Deich- und Pflugfrieden halten; Todtschlag ohne erweisliche Nothwehr wird ebenmäßig gestraft; für landflüchtige Todtschläger müssen die Verwandten einstehen väterlicher und mütterlicher Seite, doch können sie mit den Verwandten des Erschlagenen Sühne schließen, wenn sie sofort nach der That zwei Sale, die doppelte Mannbuße unverzögert anbieten und der Herzog und des Erschlagenen Verwandten den Verbrecher zu Gnaden annehmen; wer den gesühnten Verbrecher schädigt, verliert gleichfalls Leib und Gut und der, welcher wissentlich einen Todtschläger hauset und herberget, verwirkt dieselbe Strafe. Diese Beliebung wurde schon am Sonntage nach Pfingsten von den Dreilanden auf dem allgemeinen Dingtage zu Hemminghörn angenommen.

Gleichfalls tagten die Königlichen Räthe 1461 zu Husum, wie aus einem Schreiben **) derselben an den König hervorgeht, denn sie berichten, daß, als der Staller John Johnsen von Poppe Schweins, dessen Bruder und acht Ditmarschern in Garding erschlagen, die Mörder auf ihrer Flucht nach starker Gegenwehr von Claus Ratlou und Johnsens Söhnen in der Vollerwiecker Kirche gefangen genommen und nach Gottorf

*) Peter Sax Beschreibung von Eiderstedt. Mscrpt., daraus die Urkunde Beil. I. 6. Laß pag. 24. Heimreich 1. pag. 315. Rievesel Beschreibung der Stadt Flensburg pag. 133. Falck in den Sammlungen Band 3. pag. 264 führt zwei hierauf bezügliche Urkunden an.

**) Staatsb. Mag. 7. pag. 679.

geführet, Johnsens Söhne nun auf dem Tage zu Husum erschienen wären und um ihr Recht bäten. *)

Hiebei mag bemerkt werden, daß die Fürsten mit den Friesischen Harden bis ins 17te Jahrhundert eigene partielle Landtage hielten, auf welchen über die Beden und Abgaben verhandelt, Beschwerden vorgebracht und erledigt und vorkommende Streitigkeiten entschieden wurden. **) So erhellt aus einer Urkunde ***) von 1624, daß der Herzog Friedrich III. mit den drei Harden des Amtes Husum ****) über eine Steuer unterhandelte; die Harden bewilligten 10,000 ℛ︀ in sechs Terminen, wogegen der Herzog den Eingesessenen ihre Privilegien bestätigte und sie mit fernern Contributionen wegen der Schulden der fürstlichen Rentekammer zu verschonen versprach. Das Original dieser in dem Hattstedter Kirchenarchiv befindlichen Urkunde ist im Lauf der Zeit ziemlich defect geworden, deshalb der Abdruck nach einer neuern fidimirten Abschrift besorgt; das angehängte herzogliche Siegel in rothem Wachs nebst Capsel ist votrefflich erhalten.

Erwähnenswerth in dieser Periode ist, daß merkwürdigerweise in zwei uns erhaltenen Urkunden †) beide aus dem Jahre 1455 zweier Vögte zu Husum Erwähnung geschieht, des Tete Andersen und Hans Harstede, welche beide mit Länderein von dem Herzog ihrer getreuen Dienste halber belehnt und beschenkt worden. Fast möchte man zu der Annahme kommen,

---

*) Ueber diesen Stallermord Heimreich 2. pag. 332. Michelsen pag. 170.

**) z. B. Heimreich 1. pag. 322. 323.

***) Beil. I. № 7.

****) Diese drei Harden sind die eigentliche Husumer, Süder, die Hattstedter, Norder und die Lundenberger. Wenn Suhm in den Anmerkungen zu Waldemars Erdbuch bei Langenbeck VII. pag. 522 bemerkt, es bestehe das Amt Husum seit 1639 aus der Süder- und Nordergoesharde, so ist dies ein Irrthum; die Nordergoesharde bildet das jetzige Amt Bredstedt, die Südergoesharde aber zerfällt, wie bemerkt, in eine Süder- und Norderharde.

†) Michelsen pag. 222. Beil. I. 8. 9.

daß neben dem Hardesvogt ein besonderer Herzoglicher Vogt in dem Orte gewesen; dem aber widerspricht, daß in dem bald eines weitern zu erwähnenden Privilegiums Christians I., welches nur zehn Jahr älter ist, obgleich in demselben Husum ein Blek genannt wird, die Anstellung eines Vogtes als eine durchaus neue Einrichtung erscheint und dasselbe einen frühern Vogt in dem Orte nicht kennt. Die Gleichzeitigkeit beider Urkunden, da sie in dem Regestum Christians I. unter einer Nummer stehen und eine Jahreszahl haben, kann nicht bezweifelt werden und beziehen sich beide auf Schenkungen von Ländereien in der Hattstedter Marsch. Vielleicht läßt sich die Gleichzeitigkeit zweier Vögte in Husum folgendermaaßen erklären. Tete Andersen wird in der einen ausdrücklich Vogt der Südergoesharde genannt und macht keine Schwierigkeit. Hans Harstede aber wird wahrscheinlich Vogt in dem Birke Hattstedt, das, wie schon bemerkt, von der Harde getrennt war, gewesen sein *) und wohnte gleichfalls zu Husum und möchte deshalb die Conjectur für Hans Harstede, Hans Hatstede zu lesen nicht allzu gewagt erscheinen, da eine solche Benennung der Sitte jener Zeit entspricht. Tete Andersen übrigens, den auch Laß in dem Verzeichniß der Hardesvögte **) aber in verkehrter Zeitfolge aufführt, ist der erste bekannte Vogt der Süderharde und war noch während der Empörung unter dem Grafen Gerhard im Amte, denn es wurden die ihm verlehnten Ländereien in der Hattstedter Marsch wegen seiner Theilnahme an dem Aufruhr von Könige Christian I. wieder eingezogen und der Wittwe des Otto Spliet, Elisabeth geschenkt. ***)

Am Schlusse dieser Periode im December 1459 verstarb der letzte Herzog des Schauenburger Stammes, Adolf VIII. und beginnt mit seinem Nachfolger Christian I. ein neuer und wichtiger Abschnitt, wie für die Landesgeschichte so für die

---

*) Heimreich 1. 329.

**) Laß zweite Fortsetzung pag. 53. not.

***) Beil. I. 9. b.

Geschichte Husum's. In dem Vorhergehenden ist, so viel bei dem Mangel an nähern Quellen möglich war, gezeigt, daß der Ort schon eine gewisse Größe und Umfang hatte, daß er sich über die umliegenden Dörfer erhob und den Mittelpunct der Südergoesharde bildete. Herzog Adolf verweilte öfter hier und hielt Zusammenkünfte mit den Einwohnern der umliegenden Landschaften. Dies mußte zum Aufblühen des auch sonst vortheilhaft belegenen Ortes beitragen und erhellt aus dem Privilegium von 1465, daß es an städtischem Betriebe hier nicht fehlte, denn es finden sich schon Kaufleute, Brauer, Bäcker und andere Gewerbe vor. Deshalb mag Husum auch damals schon ein Blek oder Flecken genannt worden sein, ohne besondere städtische Rechte und Gerechtigkeiten gehabt zu haben.

Man wird bemerkt haben, daß ich den Bau der Capelle nur ganz obenhin im Vorigen berührt habe; um die Darstellung des Ganzen nicht zu unterbrechen und um sonst nöthige Wiederholungen und Hinweisungen zu vermeiden habe ich einzelne wichtige Institute in eigenen zusammenhängenden Schilderungen behandelt, die sich in den Anhängen finden, so die Geschichte der Kirche und des Kirchenbaues im Anhange I und wende ich mich hiernach zum zweiten Abschnitt.

Zweiter Abschnitt.

Von dem Regierungsantritt Christian I. bis zu dem Herzog Adolfs. 1460—1544.

Die Wahl des Königs Christian I. zum Herzoge im Jahre 1460 erfreute sich keinesweges der Zustimmung der Einwohner in Schleswig und Holstein, namentlich blieben die Marschen in beiden Ländern ihm abhold. Sie mochten die Ueberzeugung haben, jedenfalls es ahnen, daß ihre vom Zeitgeiste schon bedrohten Freiheiten leichter gegen den Herzog von Schleswig und den Grafen von Holstein aufrecht erhalten würden als gegen die Macht des vereinigten Königsstaates. Die Privilegien der Dreilande wurden freilich unbedingt bestätigt, aber der ungewohnte Vorbehalt, mit welchem dies für die Strandharden geschah, erregte nicht minder Unzufriedenheit als die oft und wiederholt geforderten Beden, eine Unzufriedenheit, deren leicht entzündbarer Funke vorläufig unter der Asche glühte, bald aber in offenem Aufruhr ausbrach.*) Für Husum, welches seiner Nähe und Verbindungen wegen jede Erschütterung der Uthlande mitfühlen mußte, wurde diese Zeit verhängnißvoll, wenn es auch anfänglich von dem Könige begünstigt wurde und, wie es scheint, auf dessen Seite stand; denn als der Staller Lorenz Leve im Strande des Königs Ungnade sich zugezogen, unterstützten 1463 die Einwohner Husum's Otto Spliet und Hinrich Breide bei der Erstürmung der Stallerburg zu Morsum kräftig; Leve wurde, obgleich er anfänglich die Husumer zurückschlug **), zu Gottorf, doch wohl nicht lange gefangen gehalten; in Freiheit gesetzt, befand er sich in dem Aufruhr entschieden auf des Königs

*) Michelsen pag. 101. 172. 173.

**) Chron. Eider. im Staatsb. Mag. 9. 709.

Seite. Inzwischen erhielt er in dem später so unglücklichen Edlef Knudsen einen Nachfolger im Amte. *)

Der König zeigte sich dagegen dem Orte gewogen, denn er erließ für sich und seine Erben dem Stifte St. Jürgen binnen Husum in einer Urkunde vom Mittewochen nach Himmelfahrt **1465** unter der Bedingung, daß nur Priester und Hülfsbedürftige in das Stift aufgenommen würden, für alle die Güter, welche Herzog Adolf demselben geschenkt hatte, alle Abgaben, Unpflichten und Renten. **) Aus dieser Stiftung ist das jetzige Gasthaus hervorgegangen. ***)

Viel bedeutender als diese Begünstigung eines geistlichen Stiftes hätte für das Aufkommen des Ortes und die Förderung der Verfassung ein in dieser Zeit von dem Könige ertheiltes Privilegium werden müssen, wäre nicht dieses im Laufe weniger Jahre wieder verloren gegangen, so daß es kaum wohl zur Anwendung, geschweige denn zur Ausbildung derjenigen Keime kam, welche für die baldige Entwicklung eines städtischen Wesens in demselben lagen. Es verlieh nämlich der König den Einwohnern zu Husum auf ihren Antrag in einer noch erhaltenen Urkunde eine Reihe von Gerechtsamen, welche dem Orte gewissermaaßen die Stadtgerechtigkeit, das Weichbild im ältern Sinne des Wortes gaben und sehen wir durch dies Privilegium den Ort am Schlusse des Mittelalters auf einer Stufe, von welcher die meisten Städte ihre Entwicklung bis zur vollkommenen Ausbildung der Stadtgerechkeit in früherer Zeit begonnen hatten. Uebrigens schweigen Laß, Dankwerth ****), wie auch die sonstigen Chronisten

---

*) Peter Sax Mscpt. — Heimreich 1. pag. 284. 335.

**) Laß pag. 29. Forts. pag. 47. Beil. I. № 10.

***) Ueber das Gasthaus vergleiche Anhang II.

****) Dieser Schriftsteller bemerkt jedoch pag. 140 in der Landesbeschreibung, daß Husum vor vielen Jahren freilich nicht den Namen einer Stadt erlangt, doch ein eigen Gericht, ein Birkding, gehabt, später aber dem Südergoesharder Bundengericht wieder zugelegt sei; weiter weiß er aber von dieser wichtigen Begebenheit nichts.

hiesiger Gegend über diese Urkunde und ist ihnen ihr Dasein vollkommen unbekannt; dies darf aber nicht befremden und erklärt sich aus der Geschichte der nächsten Jahre, deun es ist mehr als wahrscheinlich, daß der König nach Unterdrückung des Aufstandes mit der Entziehung der ertheilten Freiheiten auch das Document, auf welches diese Freiheiten begründet waren, den Husumern nahm. Wenn Laß *), der diesen Aufruhr nur obenhin behandelt, als Folge und Strafe desselben auch der Beraubung der Privilegien gedenkt, so können darunter nur diese gemeint sein, weil außer den wenigen kirchlichen Freiheiten der Ort bis jetzt, so viel historisch bekannt, keine andern als diese hatte und wohl nicht gut haben konnte.

Trotz des Schweigens der einheimischen Quellen und Chronisten kann aber die Existenz dieser Urkunde und die Ertheilung der darin enthaltenen Privilegien nicht bezweifelt werden. Der Herr Geheimjustizrath Michelsen in Jena, früher Professor in Kiel, hat dieselbe dem sogenannten Regestum Christian I., einem originalen Staatsprotocolle, in welchem viele Urkunden aus der Zeit dieses Königs und seiner Vorgänger, so weit sie damals practische Geltung haben, gesammelt, entnommen und in seinem Nordfriesland abdrucken lassen. **) Der Urkunde fehlt freilich die Jahreszahl, deren ziemlich genaue Bestimmung jedoch nicht schwer wird. Michelsen nimmt für dieselbe nach der Stellung im Regestum ungefähr **1465**. Für die Richtigkeit dieser Annahme sprachen außerdem manche Gründe. Zu dieser Zeit waren die Streitigkeiten des Königs mit seinen Brüdern über den Besitz des Herzogthums Schleswig und der Grafschaft Holstein einigermaaßen beigelegt oder schienen es wenigstens und konnte der König sich als den alleinigen Herrn im Herzogthum ansehen. Erst zwei Jahre früher, wie oben bemerkt, hatten die Husumer den König gegen den Staller Lorenz Leve im Strande kräftig unterstützt und um die Geneigtheit des für den Besitz

*) pag. 32.

**) Michelsen Nordfriesland, Urkundenbuch № 45, hier Beil. № 11.

der Uthlande jedenfalls wichtigen Ortes zu gewinnen, mochte er auf der Einwohner Ansuchen das Privilegium ertheilen, so wie er auch in diesem Jahre das St. Jürgen Stift von Abgaben befreite. In keinem Fall aber kann die Ertheilung viel später geschehen sein, denn schon 1466 hatte der Graf Gerhard vorzüglich in den Marschen einen bedeutenden Anhang gewonnen, wird aber bald darauf von dem König genöthigt, das Land zu räumen. Nach diesem Jahre war für den letzteren gewiß kein Grund mehr vorhanden, die Befestigung eines Ortes zu gestatten, der den schwierigen Marschen so nahe lag, dessen Einwohner, wie die Folge beweist, nicht zuverlässig und dessen noch so leichte Schutzwehren bald darauf der Empörung zu einem Stützpuncte dienten. Hiernach kann die Annahme des Jahres 1465 nicht viel über das Ziel schießen.

Es besteht nun diese interessante Urkunde, so wie sie erhalten, aus zwei verschiedenen Theilen, nämlich den ertheilten Privilegien selbst und der daran geschlossenen Bitte derer von Husum um die Ertheilung derselben. Ihr Inhalt wird hier einer näheren Betrachtung unterzogen werden müssen.*) Die in demselben enthaltenen Freiheiten und Gerechtigkeiten bestehen nun zuerst darin, daß das Blek Husum einen von dem König gesetzten Buvogt (etwa Stadtvogt, besser entsprechend das Dänische Byvogt) erhält, der aus den Einwohnern**) genommen, ihnen in allen Sachen zu Recht helfen soll, im Namen des Königs (von unserntwegen) doch ohne Ansehen der Person. Dann sollen die Einwohner zwölf fromme biderbe Leute diesem Vogt zur Seite wählen, die mit ihm richten sowohl über Arme als Reiche. Obgleich die Bitte der Husumer nur dahin geht, der König möge ihnen diese zwölf aus den Einwohnern setzen, so wird ihnen hier mehr gewährt als sie bitten, da

*) Wegen des allgemein Rechtsgeschichtlichen in Betreff das Städtewesen, meine Abhandlung § 8 sq.

**) Man scheint zu der Zeit Gewicht darauf gelegt zu haben, daß der Vogt ein Eingesessener, so z. B. bei Rendsburg in dem fast gleichzeitigen Privilegium von 1460 C. C. H. 3. pag. 812.

ihnen die Wahl überlassen bleibt, ein Beweis der noch vollkommen anerkannten Freiheit der Gemeinden. Die Zahl zwölf wird wohl genommen, weil das Südergoosharder Bundengericht, so wie überall die Gerichte dieser Gegend aus zwölf Mitgliedern bestanden und meistentheils noch bestehen. Wenn dem Vogte auferlegt wird, den Einwohnern behülflich zu sein bei dem Mahnen ihrer Schulden innerhalb und außerhalb des Blekes, so kann mit Bezug auf auswärtige Schuldner hier freilich an eine Verwendung des Vogtes bei den fremden Gerichten gedacht werden, eher aber wohl an das Recht im Betretungsfall böswilliger Schuldener oder deren Eigenthum innerhalb des Weichbildes mit Arrest zu belegen, ein Recht, welches auch bei andern Städten *) vorkommt; später wird dies Arrestrecht für Husum auf den Fall beschränkt, wenn nachgewiesen wird, daß der Husumer Einwohner bei dem Gerichte des Schuldners vergeblich sein Recht gesucht hat. **)

Mit oder in dem Weichbilde wurde einem Orte in früherer Zeit gewöhnlich das Befestigungsrecht ertheilt und mochte eine Befestigung für eine aufblühende, wohlhabende Gemeinde in jenen unruhigen und gewaltthätigen Zeiten nothwendig genug sein. Deshalb baten auch die Husumer das Blek mit Gräben und Wällen ***) oder einem Zaun zu befestigen, es wird ihnen indeß nur ein Spylzaun oder Hakelwerk mit solchen Thoren gegen die Heerstraße, die zu einer derartigen Befestigung gehören, bewilligt, um sich gegen Räuber und Mörder zu schützen, also nur eine leichte Befestigung. Dem König war es bei der bekannten Stimmung der Uthlande wohl bedenklich ****),

*) z. B. bei Crempe C. C. H. 3. pag. 281. Heiligenhafen ibid. pag. 1270.

**) Vergl. zum Jahre 1583.

***) Hiernach scheinen die Wälle in der Mitte des 15ten Jahrhunderts zu den Befestigungswerken der Städte gehört zu haben. Anderer Meinung ist Falck Handbuch 1. pag. 312.

****) Auch Heinrich Rantzau meint, daß wegen der Nähe der Eiderstedter, deren Abfall, und der Ditmarscher, deren Einfälle beständig zu fürchten, Husum nicht befestigt und erst in so später Zeit zur Stadt erhoben. Westph. Mon. 1. pag. 56.

daß hier ein stark befestigter Ort entstände; auch wurde wohl den einzelnen Orten ursprünglich überall nur eine leichte Befestigung zugestanden, denn in einem Privilegium für die Stadt Itzehoe *) von 1305 ist auch nur von einer solchen, von Pfählen, Pallisaden und Plankwerk die Rede, später folgten dann den Umständen nach Mauern, Gräben und Wälle.

Dem Vogte mit den Zwölfen wird ferner die Verwaltung der Markt- und Gewerbepolizei übertragen und ihnen gestattet, Willkühren über Maaß und Gewicht, Handel und Gewerbe, Krämer, Baken, Brauen und was dem gleich **) zu machen, auf die Uebertretungen derselben Brüchen zu setzen, die sie erheben und von welchen die Hälfte an den König fallen, die Hälfte zu des Blekes Verbesserung verwandt werden soll. Ausgenommen sind aber ausdrücklich alle diejenigen Brüchen, welche seit lange dem König gehören, woraus nun weiter folgt, daß dem Blek der Blutbann, die Criminalgerichtsbarkeit nicht verliehen wurde und diese bei dem Amtmann, dem Königlichen Vogte als Vertreter des Fürsten verblieb. Nach dem Inhalt der Bitte scheint es, als wenn die Einwohner außer den zwölf Richtern andere zwölf für die Verwaltung der Marktpolizei wünschten, doch wird von dem Könige für beides nur eine Behörde bestimmt, sonst wäre hier zugleich eine richterliche und administrative Behörde, Rath und Deputirtencollegium, eingeführt.

Für die Ertheilung dieser Privilegien soll das Blek dem Könige und seinen Erben jährlich zu ewigen Zeiten 300 Mk. lübsch geben, in welche Summe jedoch dasjenige eingerechnet ist, was die Einwohner als Hardeseingesessene jährlich zu leisten pflichtig gewesen und liegt ihnen außerdem ob, dem Amtmann zu Gottorf, wenn er des Königs wegen nach Husum kommt,

---

*) C. C. H. 3. pag. 515, 518. 520. ut civitatem Etzeho postibus et plaucis videlicet firmare studeantur. Jedoch wird Crempe schon 1333 eine starke Befestigung gestattet. ibid. pag. 279.

**) Ein Beweis, daß hier schon damals Handel und Gewerbe betrieben wurden.

Gasterei *) zu halten, aber unter dem Vorbehalt diese Privilegien zu vermehren oder zu vermindern. Die Bitte um Ertheilung des Flensburger oder Schleswiger Rechtes, d. h. des dort geltenden, bereits schriftlich aufgezeichneten Rechtes wird nicht bewilligt, ebenso wenig das erbetene Birkrecht verliehen. Nach letzterem scheint es, als wäre ein sonst freilich nicht weiter bekanntes Birkrecht im Herzogthum vorhanden und in Geltung gewesen. Gewöhnlich wurden bei der Verleihung des Weichbildes das geschriebene Recht einer ältern Stadt übertragen; da dies hier nicht der Fall, auch das Birkrecht **) nicht ertheilt, so blieb in Husum das Jütsche Low und neben demselben Friesisches Recht und Herkommen geltend.

In Folge dieser Privilegien schied nun das Blek gänzlich aus der Harde, wurde von derselben eximirt; es ist dies freilich nicht ausdrücklich in der Urkunde ausgesprochen, muß aber bald als eine natürliche Folge der Anstellung eines eigenen Vogtes und eines Rathes mit selbstständiger Gerichtsbarkeit angesehen werden und wird ferner dadurch bekundet, daß das Blek nicht mehr zu den Hardesabgaben beitrug. Nach Ertheilung dieser Privilegien kann der Ort erst im rechtlichen Sinne ein Blek, Weichbild genannt werden; die frühere Bezeichnung als Blek kann nur einen localen Sinn haben, so wie etwa jetzt in den gewerbfreien Districten manche Dörfer durch städtische Gewerbe im Aeußern einem Flecken ähnlich,

*) Es war eine allgemeine Pflicht der Gemeinden den Fürsten und dessen Beamte bei ihrer Anwesenheit zu bewirthen, eine nicht geringe Last, da dieses sich auch auf das Gefolge, selbst auf Jäger und Hunde erstreckte und die Fürsten sehr viel zur Erledigung der Regierungsangelegenheiten im Lande umherreis'ten. Diese Last wurde später gewöhnlich abgehandelt, so von Husum schon 1511.

**) Über Birkrecht: Rosenwinge Retshistorie, § 190. Meine Abhandlung § 14. Hattstedt bildete ein eigenes Birk; ein geistliches Birkrecht kommt in der Nordergoesharde bei Lütjenholm vor, scheint aber eher auf den Gerichtsbann, den District, als auf ein geschriebenes Recht sich zu beziehen. Westph. Mom. IV. pag. 3136. 3137.

auch wohl so genannt werden, ohne rechtlich mehr als Dörfer zu sein, so z. B. viele Orte in Ditmarschen. Husum war jetzt eine Immunität, Weichbild *) geworden und lagen in den ertheilten Privilegien die Grundzüge, aus denen sich gewiß bald die volle städtische Gerechtigkeit würde entwickelt haben, hätten die äußern Verhältnisse sich günstiger gestaltet; leider! trat das Gegentheil ein und hatte der König Grund genug nach wenig Jahren den fast ominösen Schluß der Urkunde, daß, wenn geschähe, was Gott abwenden wolle, und die Einwohner sich offenbar gegen ihn und das Land verbrächen, damit auch diese Freiheiten verbrochen sein sollten, in Anwendung zu bringen. Sie wurden nur zu bald verwirkt.

Um die für Husum so verhängnißvolle Katastrophe zu erklären, wird es nöthig, auf die allgemeine Landesgeschichte zurückzugehen; es ist schon bemerkt, daß der freie Bauernstand insbesondere die Marschen, die Wahl des Königs zum Herzoge ungern sahen. Es gewann dem Könige die Herzen des Volkes nicht, als wiederholt ungewohnt große Beden auferlegt und strenge eingefordert wurden und der König den Adel, um ihn sich gewogen zu erhalten, auf Kosten des gemeinen Mannes schonte, ja ihm in nicht geringer Anzahl Städte und Burgen verpfändete. Dazu kamen verschiedene Prätendenten, welche auf die Verlassenschaft Herzog Adolfs VIII. mehr oder weniger begründete Ansprüche machten. Gelang es auch dem Könige leicht, die Schauenburger Vettern, den Grafen Otto und seine acht Söhne mit 43,000 rheinischen Gulden zu befriedigen, in seinen beiden Brüdern Moritz und Gerhard von Oldenburg fand er hartnäckigere Miterben. Freilich ließen sich auch die Grafen von dem Könige um 40,000 Gulden und andere Opfer abkaufen; als aber nach Moritz Tode (1464) die Vergleichssumme noch immer unbezahlt blieb, wurde Graf Gerhard dem Königlichen Bruder ein dreister, beschwerlicher Mahner, so daß letzterer bei fortwährender Geldverlegenheit außer Stande ihn zu befriedigen, sich genöthigt

---

*) Meine Abhandlung § 3.

sah, ihn zum Statthalter in den Fürstenthümern zu ernennen. Diese Stellung wußte Graf Gerhard trefflich für sich zu benutzen. Dem Adel abhold, schmeichelte er dem Bauernstande mit Erfolg; er zog von Kirchspiel zu Kirchspiel (**1468**), sammelte das Volk in den Schenken, trank ihm zu und redete freundlich und herablassend mit ihm; hinzeigend auf die schlechte Verwaltung des Adels in den verpfändeten Districten und Schlössern bewog er die Bauern zu einer freiwilligen Schatzung, die sie gern und reichlich gaben. *) Mit den bedeutenden Summen, die er auf diese Weise zusammenbrachte, lös'te er verpfändete Burgen und Städte ein, bezahlte einen Theil der Schulden des Königs und übernahm andere für sich. So durfte er sich als eigener Herr in den Fürstenthümern aufführen, besetzte die eingelös'ten Städte und Schlösser mit seinem Anhange und verschloß deren Thore sogar dem Könige. Ja hin und wieder ließ er sich selber huldigen und zeigte angebliche Briefe von dem Könige vor, in welchem er als Regent anerkannt wurde. Unter so bedrohlichen Umständen war die Gegenwart des Königs in den Fürstenthümern dringend nothwendig, sollten diese ihm nicht verloren gehen. Es gelang nun dem König, den Grafen wegen seiner Geldforderungen zu befriedigen und ihn zu zwingen nach geschehener Urfehde das Land zu räumen; Gerhard zog sich in die Oldenburgischen Erblande zurück (**1470**). Der König indessen traute dem Bruder nicht; um sich den Besitz der drei Lande Schleswig, Holstein und Stormarn zu sichern, schloß er mit den Lübeckern und Hamburgern in demselben Jahre zu Segeberg ein für die Unterthanen sehr drückendes Bündniß **) und mußte trotz der Entfernung des Grafen schon in den Elbmarschen die Huldigung mit Waffengewalt und mit Hülfe der Hansestädte erzwingen.

*) Der Staller der Dreilande Tete Feddersen brachte 6400 mℓ und jeder Bauer versprach nach seinem Vermögen, 10 mℓ darüber und darunter.

**) Beil. I. № 12.

Graf Gerhard war jetzt aus dem Lande, das Volk hatte dem Könige gehuldigt und die Ruhe schien hergestellt, aber es glühte ein gefährlicher Funke unter der Asche. Man konnte den volksfreundlichen Grafen um so weniger vergessen, als das Land den schweren Druck der Königlichen Amtmänner und Vögte fühlte. Die vornehmsten Männer in den Elbmarschen und in den Uthlanden, hier wohl hauptsächlich der Staller Edlef Knutsen im Strande, standen mit dem vertriebenen Grafen in ununterbrochener Verbindung, reizten und luden ihn zur Rückkehr ein unter dem Versprechen, Leben und Gut für ihn zu opfern und mit ihm die Fürstenthümer zu erobern. Und Graf Gerhard war nicht unerbittlich. Im Spätsommer **1472** landete er mit einigen **90** Mann, vielem Kriegsgeräth und Holz zum Bau von Blockhäusern in Husum, dessen erst eben eingerichtete Befestigung mit den Marschen im Rücken einen trefflichen Stützpunct für das fernere Unternehmen abgeben konnte. Sofort waren die friesischen Harden mit dem Staller Edlef Knutsen und die Landschaft Stapelholm in vollem Aufruhr und huldigten dem Grafen; auch die Kremper und Wilstermarscher erhoben die Fahne der Rebellion. Aber der König, inzwischen gewarnt, war nicht müßig gewesen; rasch zog er und ehe die Kriegsflamme um sich greifen konnte, mit bedeutender Kriegsmacht unterstützt von seinen Bundesgenossen, die Hamburger sandten **600** Mann, Lübeck **500** Schützen und Mecklenburg **500** Reuter, den treugebliebenen Eiderstedtern unter ihrem Staller Tete Feddersen und dem frühern Staller im Strande Lorenz Leve*) nach dem Orte der Gefahr. Die Aufrührer wurden überrascht, das Unternehmen mißlang und schnell wurde die Empörung unterdrückt. Nur mit genauer Noth, ohne daß er vorher eine Schlacht gewagt, entwich der Graf, dessen Entkommen der König nicht ungerne gesehen haben

*) Dieser soll den König gewarnt und den Anschlag des Grafen früh verrathen haben; nach Beendigung des Krieges wurde er wieder Staller und mit vielen Ländereien vom Könige beschenkt, so daß er sein Gut Morsum im Strande zu einem Besitz von 800 Demat machte.

soll, mit 6 seiner Anhänger in schleuniger Flucht durch Holstein. Sein Hauptanführer Hennecke Wulf rettete sich gleichfalls nach Ditmarschen, wo er später erstochen wurde. In der kurzen Zeit von reichlich drei Wochen war der Krieg beendigt.*)

Traurig und verhängnißvoll waren die Folgen dieses Aufruhrs; viele Theilnehmer an demselben wurden landflüchtig und in den Fürstenthümern eine große Anzahl Besitzungen der Betheiligten eingezogen und verwüstet. Dem Geiste der Zeit gemäß aber forderte das Verbrechen grausame, blutige Opfer zur Sühne. Eine Reihe angesehener Männer aus dem Strande, den Dreilanden, Stapelholm und Husum, es sollen 70 an der Zahl gewesen sein, büßten mit dem Tode und auf dem sogenannten Klingenberg in Husum hielt der Scharfrichter eine reiche Ernte und mag dies Trauerspiel wohl dem berüchtigten Stockholmer Blutbade an die Seite gestellt werden, wenn auch hier nicht so viele hohe und berühmte Namen verbluteten. Nur eines einzigen Mannes Namen nennt die Chronik und erzählt dessen Schicksal mit Wehmuth und dieser Mann ist der früher gewaltige Staller Edlef Knutsen im Strande. Ihm schnitt der Henker bei lebendigem Leibe das Herz aus und mußte, indem er ihn mit dem zuckenden Herzen auf den Mund schlug, ihm die Worte zurufen: Sieh hier, dein Verrätherherz! Dann wurde er geviertheilt und auf vier Räder gelegt. Glücklicher endete sein ungenannter Schwiegersohn unter einem Schwertstreiche. ***)

*) Michelsen pag. 175. Heimreich 1. pag. 279. Über den ganzen Aufstand und des Grafen Benehmen, Reimar Kock, der übrigens dem Grafen nicht günstig gestimmt. Staatsb. Mag. 7. pag. 108. Hamelmann, Oldenb. Chronik pag. 270. Pontanus bei Westph. II. pag. 821.

**) Der Klingenberg liegt am westlichen Ende der Fischerstraße der Kalkbrennerei gegenüber; dieser noch vor Jahren oft genannte Name scheint jetzt in Vergessenheit zu kommen.

***) Das chron. Eider. sagt: vnde andere vele vth dem Strande worden de Koppe affgehowen vnde van Husum vnde van Lundenberge vnde van Stapelholm vnde etlike van Eiderstede, de var erlos, lantlos vnde gutlos vmme worden.

Husum aber war der Heerd, der Ausgangspunct des Aufruhrs gewesen, deshalb konnten hier die Folgen um so weniger ausbleiben. Der König wollte den Ort an allen vier Ecken anzünden und soll dies eine geheime Bedingung der Hamburger, unter der sie dem König Hülfe leisteten, gewesen sein und zwar weil sie von dem aufblühenden Orte in ihrem Handel sich bedroht und beeinträchtigt sahen. Der schon angeführte Vertrag *) sagt zwar nichts davon, dagegen behaupten dies fast einstimmig die hiesigen Chronisten und der Lübecker Reimar Kock, dem die Urkunden der Stadt zu Gebote standen und der seine Chronik für den Rath zu Lübeck schrieb, erzählt ausdrücklich, daß die Hamburger dem Könige unverzüglich Hülfe, nemlich 600 Mann zugesagt, sich aber beklagt hätten, daß das Weichbild **) Husum ihnen in vielen Dingen zum Verfange wäre, worauf der König verheißen, wenn sein Bruder vertrieben, wolle er das Weichbild zerstören. ***) Obgleich die Hamburger ihn, den die Untreue eines erst vor wenigen Jahren von ihm begünstigten Ortes tief erbittern mußte, reizten Husum zu zerstören, so wurde doch das Schrecklichste abgewandt. Der Amtmann Peter von Ahlefeld, andre Große und vorzüglich der Staller Tete Feddersen aus Eiderstedt baten für den Ort. Die Husumer zogen demüthig dem erzürnten Könige mit dem Allerheiligsten entgegen, an welchem traurigen Zuge der Staller Tete Feddersen Theil genommen, und erflehten Verzeihung; ****) ihnen wurde verziehen und die Zerstörung unterblieb, aber dennoch traf den Ort des Unglücks und der Strafe genug.

*) Beil. I. № 12. a.

**) Schon auswärts wurde also Husum damals ein Bleck genaunt.

***) Reimar Kock im Staatsb. Mag. 7. 129: De Hamborger makeden sik nicht lange to söken offte to wegerigen, laveden önem voort mit der Hast 600 Mann to Schepe to toschicken vnd klagenden, wo dat Wickbölt Husem der Stadt Hamborg in velen Dingen to verfange were. De Konink lavede den van Hamborg, wen se sinen Broder vorjaget hedden, so wolde he dat Wickbölt vergan laten vnd tobreken.

****) Peter Sax Beschreibung, Mscpt.

Die Strafe des Ortes, denn damals wurden namentlich wegen Aufruhr und Hochverrath nicht bloß die einzelnen Betheiligten, sondern auch die Gemeinde und mit ihr Schuldige und Unschuldige bestraft, bestand nun zuvörderst in der Entziehung aller Privilegien. Laß erwähnt dieses Umstandes, aber ohne im Entferntesten anzudeuten, worin diese bestanden. Es können offenbar nur die eben erwähnten, im Jahre 1465 ertheilten gewesen sein, denn einmal sind außer diesem keine als etwa einige wenige auf kirchliche Rechte sich beziehende bekannt und können dann die entzogenen sich nur hauptsächlich auf die politischen Rechte der Gemeinde bezogen haben. Mit den Privilegien nahm der König ohne Zweifel auch die Urkunde zurück, auf welche sie begründet und durch welche sie ertheilt waren, weshalb es sich denn leicht erklären läßt, daß der spätern Zeit dieselben unbekannt blieben. Hierdurch ging für Husum die eigene Gerichtsbarkeit verloren, der Ort trat wieder unter das Hardesgericht, die Exemtion hörte auf und das Befestigungsrecht wurde eingebüßt; die erst eben angelegte Wehr von Pallisaden und Pfahlwerk nebst den Thoren wird zerstört sein, wenn dies nicht schon in dem Kriege geschah. Es mußte eine Brandschatzung von 30,000 ℳ bezahlt werden, um welche die gänzliche Zerstörung abgekauft wurde, eine für die Zeit große Summe, die drückend genug gewesen sein mag, die anderseits aber von dem damaligen blühenden Wohlstande des Ortes den Beweis liefert. Ferner wurden eine große Anzahl Häuser der theils landesflüchtigen, theils hingerichteten Verbrecher confiscirt und andere mit einer jährlichen Gesammtsteuer von 200 ℳ für alle Zeiten belegt, und diese auf die einzelnen Grundstücke nach der muthmaaßlichen Betheiligung der damaligen Inhaber repartirt. Diese Steuer besteht zum Theil noch fort und wird von dem Stadtsecretariat gehoben, während alle übrigen Hebungen von der Kämmerei beschafft werden. Nach einer mir beikommenden Orts gütigst mitgetheilten Liste *) ist der Betrag indeß von 200 ℳ auf 92 ℳ ½ ß

*) Beil. I. № 12. b.

gesunken. Dies erscheint auf den ersten Blick auffallend, da selbst in den Fällen, wenn die Häuser abgebrochen worden, die Abgaben den wüsten Plätzen verblieb, wie das Beispiel auf der Liste im ersten Quartier (Nr. 8. 9.) zeigt. Zu vermuthen möchte sein, daß namentlich in der ersten Zeit die Abgaben durch ein Capital abgehandelt oder von den Königen und Herzögen an Zahlungsstatt für ein entsprechendes Kapital an Private oder Corporationen überwiesen worden. Von letztern wird gleich nachher ein Beispiel erwähnt, denn als der Herzog Friedrich im Jahre 1507 von den Vorstehern der Vicarie zum Rosenkranz ein Haus, welches Wilhelm Stracke dieser Vicarie und den grauen Brüdern vermacht, für 219 ℔ kaufte, überwies er statt der Bezahlung dieser Summe der Kirche 14 ℔ 2 ß Rente von der Rebellensteuer. Mit diesem Ausdruck wird die Abgabe noch jetzt im Munde des Volkes bezeichnet, officiell heißt sie jetzt, wohl weil dieser Name im Lauf der Zeit unangenehm auffallen mußte, herrschaftliche ewige Rente oder Erdhäuer; sie ist aber wegen des letzteren Namens nicht mit der sonstigen Erdhäuer zu verwechseln, welche eine ganz andere Begründung hat und z. B. wegen Ueberlassung städtischer Gründe, Erlaubniß zu Ausbauten, wovon später Exempel vorkommen, bezahlt wird.

Ueber den vollen Umfang der stattgehabten Confiscationen, welche von dem Könige verhängt wurden, fehlen zwar nähere und ausführliche Nachrichten, indessen läßt sich derselbe aus den einzelnen Schenkungen des Königs an seine Anhänger schließen, über welche sich noch Urkunden in dem schon erwähnten Staatsprotocolle Christians I. finden. *) So erhielt der Bischof von Schleswig Nicolaus, Vike Schmidts, genannt Verwers, Haus süden der Kirche, welches dieser des Aufruhrs wegen verbrochen, als Geschenk; Otto Wallstorp Volken Verwers Haus nordwest der Kirche, Hennecke Wallstorp des landflüchtigen Johann Kone's Haus, Ivo v. Siggen das des vertriebenen Detlef Hanß, Detlef v. Siggen,

*) Michelsen Urkundenbuch № 51. — Hier Beil. I. № 13.

Untervogt zu Gottorf das des vertriebenen Jeß Tukeß im Westerende, Siewart Eggardes das des vertriebenen Laurens Gonnens im Osterende, Henneke Ratlau das des Claus Aleke, der die vereinbarte Sühne nicht bezahlt hatte, Peter von Ahlefeld 9 ℔ Rente in Lüdecke Baken's und 2 ℔ Rente in Peter Kleinschmidts Haus, welche dem landflüchtigen Schiffer Boie gehörten, dann die Häuser des Schmiedes Laurens Poppens, des Konoth westen der Kirche, doch ausgenommen die Rente der Kirche und der Kirchendiener, des Peter Kleinschmidts südwest von der Kirche, des Eler Schreyen, des John Detlefs im Westerende, des Hinrichs zum Eggersee, des Diedrich Glasemachers im Osterende und der Weßholt daselbst; der Büchsenschütze Wyneke ein Haus im Osterende bei St. Jürgen, der Schreiber Gottfried Heyse das des vertriebenen Volquard Verwers im Osten der Kirche, Henneke Ratlau noch 45 ℔ Rente, die der vertriebene Jes Tukeß in Hinrich Hanß Haus besaß und Claus Ratlau des landflüchtigen Schiffer Boie's Haus im Süden. Alle diese Schenkungen sind aus den Jahren 1472—76 und haben nicht alle eingezogeneu Häuser und Grundstücke umfassen können, wie schon aus dem Folgenden hervorgeht.

Weil es in solchen unruhigen Zeiten überall nicht ganz ordnungsmäßig hergeht und jeder gerne zugreift, waren mit den Häusern zum Theil auch alle Pertinenzien und Renten und so auch das Eigenthum der Anhänger des Königs mit eingezogen und wieder verschenkt. Dies gab zu Verwicklungen und Reclamationen Anlaß und wurden in einzelnen Fällen die Confiscationen widerrufen. Obgleich, sagt eine Urkunde aus dem Jahre 1473, wegen des Aufruhrs alle Häuser und Renten in Husum dem Könige verbrochen sind, so soll doch der tüchtige Knecht Sievert Eggardes die 100 ℔ Hauptstuhl und 7 ℔ Rente in Werneke Beckers Haus behalten, die ihm der selige Hans Degener darin angewiesen. *) Neben

*) Beil. I. № 14.

bei bemerkt, blühte im 13ten bis 15ten Jahrhundert eine Familie Degener in Dännemark,*) ob dieser Hans Degener zu derselben gehörte, wird sich wohl kaum nachweisen lassen, doch spricht dafür, daß der Wittwe des Hans Degeners wegen des Hauptstuhls und der Rente in Volken Verwers Haus, welches dem Knappen Otto Wallstorp geschenkt war, von dem Könige entschädigt wird. Gleichfalls erfahren wir aus derselben Urkunde, daß diese Wittwe des Hans Degeners, Namens Hillike zur Parthei des Königs gehörte, wenigstens hielt sich der letztere während seiner Anwesenheit in Husum in ihrem Hause auf und schenkte ihr 200 ℔ für die Bewirthung (den guten Willen) und die aufgewandten Kosten.**)

Dem Geiste und den strafrechtlichen Ansichten dieses Zeitalters gemäß war es indeß gestattet sich von der Strafe des Verbrechens loszukaufen. Oben ist schon ein Fall der Art vorgekommen, daß Claus Aleke's Haus eingezogen und dem Henneke Ratlau geschenkt wurde, weil er gegen Eid und Gelübde das gesetzte Sühnegeld nicht bezahlt hatte. So wird dem wahrscheinlich landflüchtigen Hinrich Schröder 1475 gegen Auszahlung einer nicht genannten Summe an Peter von Ahlefeld gestattet seinen Hals zu lösen und werden ihm alle seine Güter freigegeben, namentlich auch die Renten in Diederich Glasemachers, Hinrich Kanngießers, Taleke Gosmanns und Hans Anderß Häusern zu Husum. Auch den beiden Söhnen des Albert Goldschmiedes, Hans und Michel, wird ein Rest der vereinbarten Sühne auf die Fürbitte einiger getreuen Anhänger des Königs in demselben Jahre erlassen und werden sie der Halslösung quitt und ledig erklärt und ihnen ihre Güter innerhalb und außerhalb Husum losgegeben.***) Anzunehmen ist, daß mehre landesflüchtige Aufrührer sich auf diese Weise von der Strafe losgekauft.

*) Christiani 2. pag. 486 Cofod Ancher danske Lowhist. pag. 160. 161.
**) Beil. I. № 15.
***) Beil. I. № 16. 17.

Der Inhalt dieser Urkunden ist auch insoweit besonders für Husum interessant, als sich daraus ersehen läßt, nicht allein welche Theilnahme diese unglückliche Empörung hier fand, sondern auch, daß der Ort schon eine bedeutende Ausdehnung damals hatte, indem darin fast alle jetzt vorhandenen Straßen vom Osterende bis zum Westerende, die Neustadt ausgenommen, welche später erst angebaut wurde, angedeutet sind; der Süderstraße, die freilich bei dieser Gelegenheit nicht ausdrücklich genannt ist, wird gleich nachher Erwähnung geschehen. Dann aber wird auch durch diese Urkunden außer Zweifel gesetzt, daß hier schon damals der städtische Verkehr vorherrschte, denn es werden als Hauseigenthümer Schmiede, Kleinschmiede, Goldschmiede, Kanngießer, Gläser, Bäcker, Schiffer u. s. w. angeführt.

Die Confiscation hatte sich, und dies ist nicht minder interessant in dieser Periode, aber nicht bloß auf die weltlichen Güter erstreckt, sie war sogar auf die Kirchengüter ausgedehnt wurden, welche indeß der König, Gott, der Mutter Maria und allen Heiligen zu Ehren im Jahre **1475** zurückgiebt. Wir sehen aus dieser Urkunde, *) daß die kaum 30 Jahr von Mildstedt gänzlich getrennte Kirche schon bedeutende Güter innerhalb und außerhalb des Blekes hatte; dem frommen Sinne des Zeitalters entsprachen Schenkungen mit warmer Hand und Seelengaben an Kirchen und Stiftungen, darum bereicherten diese sich schnell und dann ließen auch die Priester nicht lange auf sich warten. Deshalb kann es nicht auffallen, wenn wir schon jetzt und bald nachher verschiedene Vicarien in der Kirche treffen und die Geistlichen zu einer Brüderschaft, einem Kalande, vereinigt.

Die ältesten Privatschenkungen an die Kirche, soweit sie bekannt und die betreffenden Documente erhalten sind, stammen aus dieser Zeit. In einer Acte vom Marientage **1470** überläßt Laurentius Bolte, Priester und ewiger Vicar an der Kirche zu Husum dem also schon dort befindlichen Kalande 7 ℔

*) Beil. I. 18. Michelsen Urk. № 58.

jährlicher Rente in einem Hause zu Husum und zu Bredstedt und erklärt ferner, daß die beiden Häuser, welche er bewohnt, nach seinem Tode seinen Nachfolgern an der Vicarie zufallen sollen, doch behalten Hartwig Becker und seine Wirthin Gretje die Wohnung mit dem Flämischen Schornstein, so lange sie leben. In einer andern Schenkung aus dem Jahre **1477** bekennt er, wie er vor Zeiten schon auf dem Südergoesharder Ding dem Kalande zu Husum **100** ℳ verschötet und aufgelassen, welche in seinem Hause nebst der unbebauten Toft in der Süderstraße osten des Pastorats belegt sind und welches Haus Hartwig Becker bewohnt; jetzt verschötet er dem Kalande das ganze Haus mit Zubehör, doch unter der Bedingung, daß der Kaland während seines Lebens keine Heuer oder Rente davon haben soll, sondern nur er allein und daß Hartwig Becker und seine Wirthin Gretje *) nach seinem Tode nicht mehr als **5** ℳ Rente geben. Die erste Urkunde erwähnt des Hardesgerichtes nicht, denn damals **1470** war das Blek eben eximirt und hatte eigene Gerichtsbarkeit; aus der zweiten von **1477** ist ersichtlich, daß das Hardesding nicht in, wie die früher angeführten Documente über die Kirchentrennung von Mildstedt beurkunden, sondern vor Husum gehalten wurde. Es war eine natürliche Folge der Exemtion von **1465**, daß das Hardesding außerhalb Husum gehalten werden mußte, so wie eine Folge der Entziehung der Privilegien, daß der Dingplatz dort wenigstens noch eine Zeitlang blieb, denn nicht sehr viele Jahre später wird das Ding urkundlich wieder in Husum gehalten.

Von den **1470** geschenkten **7** ℳ Renten ist eine Mark in dem Hause des Lüdecke Konot auf der Süderseite der Twiete belegt; wenn nun dies Haus in der erwähnten Schenkung des Königs an Peter v. Ahlefeld **1475** **) als Westen der Kirche bezeichnet wird, läßt sich mit ziemlicher Gewißheit schließen, daß dasselbe an dem südlichen Ende der jetzigen Twiete liegen

*) War dieser Hartwig Becker vielleicht auch ein Vicar? Die hiesige Familie Becker zeichnete sich zur Reformationszeit aus.

**) Beil. I. № 13.

muß. Der in der andern Urkunde bezeichnete unbebaute Toft in der Süderstraße ist wohl der an der Probstenwohnung belegene Garten, der dem Lehrer der höhern Schule zuständig.*) Die Sandmänner, Bunden und Lansten der Harde haben zur Bestätigung und Zeugniß mit des Hardesvogten Hans Broders Genehmigung und Geheiß neben des Ausstellers Siegel dem Schenkungsbrief das Hardessiegel angehängt.

Laß bemerkt bei dieser Gelegenheit, daß der erwähnte Hans Broders der älteste Hardesvogt sei, von dem man Nachricht habe; dies widerspricht den früher von mir angezogenen Urkunden, nach welchen schon 1455 Tete Andersen als Vogt der Südergoesharde vorkommt und wegen Theilnahme an der Empörung bestraft wird.**) Freilich kennt auch Laß, Tete Andersen als Vogt, setzt ihn aber mit Unrecht nach Broders.***) Uebrigens wird Hans Broders öfter in den Urkunden dieser Zeit genannt; er ist unter denen, welche der König wegen ihrer Dienste, die sie nicht im Kriege (buten dem Velde) erworben, in den Adelstand erhebt; in diesem Adelsbrief von 1461 wird er noch nicht als Hardesvogt bezeichnet,****) dagegen erscheint er als solcher in einer Urkunde, vermöge welcher der Staller Tete Feddersen 1466 dem Domcapitel in Schleswig 40 ℔ Rente zu Seelenmessen für seine beiden Söhne vermacht.†) Broders hielt sich von der Empörung fern und wird nebst seiner Frau von dem König mit den Gütern des Kampen Knutzen in der Hattstedtermarsch 1473 beschenkt, die dieser Knutzen wegen seiner Verrätherei verbrochen.††)

War nun auch die Absicht der Hamburger, welche auf die völlige Zerstörung Husums gerichtet war, nicht vollkommen erreicht, so war der Ort doch durch den Aufruhr und dessen Folgen so gut wie zu Grunde gerichtet und verdankt er sein

*) Laß pag. 26. 27. Beil. I. № 19. 20.

**) Beil. I. № 9.

***) Laß zweite Fortsetzung pag. 53 not.

****) Beil. I. № 21.

†) Michelsen Nordfriesl. Urk. № 46.

††) Beil. I. № 22.

schnelles Wiederaufblühen nur seiner günstigen Lage und der Energie seiner Einwohner, zumal da unter diesem Könige nichts geschah um demselben wieder aufzuhelfen. Im Gegentheil mußte die Anlegung einer Zollstätte **1480** dem Aufkommen desselben eher schädlich, als vortheilhaft werden, da die Uthlande des Zolles neu und ungewohnt waren, er denselben trotz ihrer bestätigten Privilegien auferlegt war und sie ihn nur gezwungen und mit Widerstreben bezahlten. Der Königliche Kammerknecht *) Ewerhart Bouweling wurde als der erste Zöllner auf Lebenszeit mit einer jährlichen Besoldung von **50** ₰ ernannt, die er aus den erhobenen Zollgeldern zu seiner Befriedigung vorausnehmen darf. Auch wird ihm erlaubt sich für eine Schuld des Königs von **210** ₰ aus den erst eingehenden Zollgeldern bezahlt zu machen und ist er niemand Rechnung abzulegen verpflichtet, als dem Könige und der Königin. **) Diese beiden schenken ihrem neuen Zollverwalter das Haus süden der Kirche, welches der Schiffer Boie verwirkt, mit allem Zubehör erblich. Dies Haus war somit in dem kurzen Zeitraum von acht Jahren (**1472—80**) in die vierte Hand gekommen. Nach der Confiscation hatte der König Boie's Haus dem Claus Natlau ***) geschenkt, der es wieder an Peter von Ahlefeld und dieser es an den König verkauft hatte. ****) Hieraus kann man mit ziemlicher Wahrscheinlichkeit schließen, daß die Grundstücke zu dieser Zeit eben keinen großen Werth hatten, welches aus den erwähnten Umständen leicht erklärlich, da die Bevölkerung durch Hinrichtungen und Flucht vermindert, durch Confiscationen und Auflagen verarmt war.

---

*) Knecht hat in der damaligen Sprache nichts Herabwürdigendes, ist im Gegentheil die Bezeichnung eines edlen Standes.

**) Daß in diesen Urkunden die Königin neben dem König genannt wird, erklärt sich leicht dadurch, daß der König die Königin Dorothea gegen das Ende seiner Regierung mit den Herzogthümern belehnt hatte. Dahlmann Geschichte von Dänemark, Bd. 3. pag. 329.

***) Beil. I. № 13.

****) Beil. I. № 23.

Als König Christian am 22sten Mai 1481 gestorben war, trat Johann die Regierung für sich und im Namen seines unmündigen Bruders Friedrich in den Herzogthümern an. Ihm wurde zu Husum am Montage vor Lucien 1482 nicht allein von den Südergoesharder Eingesessenen, sondern auch von den benachbarten Uthlanden unter großen Feierlichkeiten gehuldigt *) und den letztern ihre Privilegien und Freiheiten bestätigt. Die Confirmation derselben ist für die Dreilande von dem Könige für sich und seinen Bruder am Sonntage nach Lucien ausgestellt in dem Bleke Husum. **) Für Husum findet sich in keiner Sammlung eine ähnliche Confirmation, wohl aus dem Grunde, weil für dies Blek keine Privilegien mehr nach dem Aufruhr vorhanden waren. Der Name eines Blekes war also dem Orte trotz der Beraubung der Privilegien geblieben und der König hielt sich nach dieser Dreilander Urkunde mehre Tage in Husum auf. ***)

Die einheimischen Chronisten ****) erzählen: Die Verbindung Husum's mit dem Süden nach Rödemis wurde früher durch einen Damm mit einer Brücke vermittelt, welcher westlich von der hohlen Gasse aus über die Aue nach dem breiten Wege, dem Brückenwege, führte. Als die Rödemiser indeß das Vorufer westlich von diesem Wege eingedeicht und 1468 ein neues Siehl in den Deich gesetzt hatten, riß 1483 eine starke Fluth den neuen Deich mit dem Siehle ein, wodurch die große Wehle bei dem jetzigen halben Mond entstand und viel Land durch aufgeschwemmte Sanderde †) verdorben, auch

---

*) Das chron. Eider. sagt: tho Husum ingebracht mit groter Procession mit loffwardigen Sacramenten.

**) Peter Sax Mscpt.

***) Laß pag. 33. — Lackmann 1. pag. 109. — Heimreich 1. pag. 320.

****) Laß pag. 33. Heimreich 1. pag. 260. Iven Knutzen cap. 7. Letzterer ist hier nach eine gutenm Manuscript citirt; ein Abdruck befindet sich bei Camerer, der aber sehr mäßig.

†) Einzelne Fennen in dieser Gegend sind allerdings mit einer Sandlage überschüttet, wie sich gerade bei Anlage der Eisenbahn zeigt. Dies Sandgerölle scheint aber eher dem Binnen-

der Damm und die Brücke nach Husum unbrauchbar wurde. Deshalb ward ein neuer Damm, Deich, der jetzige, gerade von Husum nach der Rödemiser Vorgeest 1486 geschlagen. *) Daß in alter Zeit eine Brücke aus der Marsch nach Husum geführt habe, beweis't die vorher angeführte Stelle bei Langenbeck, wo im Kriege Abels gegen die Eiderstedter von einer Brücke, Husumbro, die Rede. **) Doch muß schon vor 1486 ein vollständiger Deich von den Rödemisern nach Husum gelegt sein, denn bereits 1432 verpflichtet sich der Bischof Nicolaus von Schleswig gegen die Grafen Adolf und Gerhard auf deren Verlangen diesen Deich im nöthigen Falle wieder durchzustechen. ***) Hiernach scheint freilich der Deich erst neulich überschlagen worden zu sein. Welchen Grund übrigens die Grafen zu diesem Vertrage haben konnten, ist nicht klar, vielleicht fürchteten sie das Aufstauen des Wassers bei hohen Fluthen zwischen Rödemis und Husum zum Nachtheile letzteren Ortes, vielleicht ein erleichtertes Eindringen der Ditmarscher von Eiderstedt aus nach der Friesischen Vorgeest, dem durch das Abwerfen einer Brücke leichter gehemmt werden konnte, als durch das gefährliche Durchstechen eines Deiches.

Die königliche Gunst wandte sich jetzt dem Orte allgemach wieder zu. Die Königin Wittwe Dorothea schenkte dem Kalande zu Husum ein Capital von 1100 Mk., um solches, wie es ihm beliebte, auf ewige Zinsen zu setzen, wogegen der Dechant und die Deputirten dieser geistlichen Brüderschaft sich verpflichteten, auf ewige Zeiten Messen, Vigilien und Gottesdienst zu halten, auch Almosen zu geben und andere fromme

---

wasser zugeschrieben werden zu müssen, als dem Meere, weil der Sand keinesweges rein, sondern mit vielen Steinen vermischt ist.

*) Das chron. Eiderst. setzt das Jahr 1489.

**) Langenbeck Scr. 1. pag. 245.

***) Falck Sammlungen Bd. 3. pag. 209. Doch muß in diesem Deich eine Brücke gewesen sein, denn als der Hardesvogt Berend Frodsen die Halligen und Fennen hatte abgraben lassen, ging das Bondengericht aus dem Hause des Vogtes Claus Plog zu Poggenburg zur Brücke zwischen Husum und Rödemis und wurde selbst zwölfte beschworen, daß der Strom und die Aue

Werken zu verrichten.*) Der Bischof Hilderich von der Wisch genehmigt dies und legt den Geistlichen bei Strafe des Bannes die Erfüllung dieser Verbindlichkeiten auf, denen Allen einen 40tägigen Ablaß verheißend, welche an diesem Gottesdienst Theil nehmen.**) Ein solcher 40tägiger Ablaß kommt häufig vor und wurde durch die Theilnahme an der Messe und dem innigen Hersagen dreier Paternoster und Ave Marias erworben. Nicht außer Acht zu lassen ist für die damaligen politischen Verhältnisse der Herzogthümer, daß die Schenkungsurkunde nicht allein mit der Königin eigenem Siegel, sondern auch dem Siegel ihres damals noch unmündigen Sohnes Friedrich versehen war und des letztern Titel in derselben aufgeführt sind. Es befand sich hiernach schon 1486 eine bedeutende Anzahl Geistlicher an der Husumer Kirche, da dieselben zu einer Brüderschaft vereint einen Dechanten und Deputirte haben. Es darf uns also nicht Wunder nehmen, wenn wir einige Jahrzehnte später zur Zeit der Reformation 24 Vicare finden. Ueber das Schicksal dieser 1100 Mk. kurz Folgendes. Im Jahre 1529 nach hier durchgeführten Reformation entband König Friedrich den Kaland von den übernommenen Verpflichtungen und überwies das Kapital dem Gasthause zu seiner Einrichtung. Dessenungeachtet wußte sich der Kaland in dem Besitz desselben so wie anderer geistlicher Güter zu behaupten, selbst als nach der Reformation verschiedene Geistliche schon verstorben waren, bis Christian III. 1533 diese Summe zur Gründung der Schule anwies, doch unter der Bedingung, daß von den Zinsen die damals im Gasthause lebenden 10 Armen jährlich bis zu ihrem Ableben 3 Mk. erhielten.****)

---

zu St. Peter, dem Bischofe und nach Rödemis zu Dinge gehörten. Dies geschah 1525. Westph. Mon. IV. pag. 3150.

*) Beil. I. № 24.

**) Beil. I. № 25.

***) Beil. I. № 26.

****) Beil. I. № 27. Vergl. im Anhange: Gasthaus. Die vorangeführten vier Documente 24—27 finden sich bei Krafft Jubelgedächtniß pag. 584 und M. J.

Das erste Vorrecht, mit welchem nach der Empörung die Husumer begnadigt wurden, ertheilte ihnen der König Johann am 31sten Decbr. 1488 nemlich Zollfreiheit für alle eigenen Waaren, sofern sie dieselben nicht mit Auswärtigen in Gemeinschaft haben, in Maskopie.*) Wahrscheinlich erkauften sie diese Freiheit nach dem Beispiele der Eiderstedter und Nordstrander für eine bestimmte Geldsumme, obgleich die Urkunde hievon nichts sagt. Jedenfalls ist dies der erste Wiederanfang der Berücksichtigung städtischer Interessen, obgleich der Ort jetzt wieder zu der Harde gehörte. Herzog Friedrich, nachdem er mündig geworden und ihm bei der Landestheilung die Südergoesharde, Eiderstedt und Nordstrand zugefallen, auch ihm in diesen Landen gehuldigt**), fügte diesem am Tage St. Briccius 1495 ein andres Privilegium zu Gunsten der Kaufleute und Krämer des Blekes Husum bei, nach welchem kein fremder Kaufmann mehr als drei Markttage im Jahr mit seinem Kram ausstehen und Waaren feil haben soll, wie auch, daß kein Hopfenführer, so lange er noch Pferde und Wagen bei sich hat, weniger als ein halbes Drömpt und nachdem er diese zurückgeschickt, nur seinen ganzen Vorrath auf einmal verkaufen dürfe***), wodurch allerdings dem Kleinhandel fremder Kaufleute Einhalt gethan werden konnte. Wenn Laß hier bemerkt****), es sei Husum bei dieser Gelegenheit zuerst ein Blek genannt, so ist dies ein Irrthum. Aus den erwähnten Urkunden geht hervor, daß es schon viel früher als Blek bezeichnet wird. †)

Im Anfange des 16ten Jahunderts finden wir den Ort schon wieder im aufblühenden Wohlstande, denn die Einwohner fanden sich veranlaßt, eine Luxusverordnung zu erlassen; sie machten nämlich in Gegenwart des Hardesvogten Walke

---

*) Beil. I. № 28 aus M. J.

**) Die Bestätigung der Nordstrander Privilegien ist datirt, Husum am Abend unserer lieben Frauen 1495. Heimreich 1. pag. 320.

***) Beil. I. № 29.

****) Laß pag. 35. not. 8.

†) Über das um diese Zeit angelegte graue Kloster, vergl. Anh. III.

Witzen eine vom Herzog Friedrich bestätigte Beliebung, nach welcher Wöchnerinnen ihre Kinder mit nicht mehr als sechs Frauen in die Kirche zur Taufe bringen, auch nur von sechs Personen begleitet Kirchgang halten sollten; Gildebrüder und Gildeschwestern dürfen mit Ausnahme der Verwandten eines Verstorbenen nur einmal jährlich opfern, ein Bräutigam gar nicht, die Braut aber nur Montags während der Hochzeit mit ihren Beisitzern und vier Jungfrauen dem Kirchherrn 3 Schillinge als seine Gerechtigkeit auf den Altar legen bei einer Brüche von drei Mark an die Herrschaft und drei Pfund Wachs an die Mutter Maria.*) In dieser Beliebung darf man wohl kaum mehr als einen Ausfluß des Kirchspielrechtes suchen, jedes Kirchspiel wenigstens in dieser Gegend hatte eine ziemlich ausgedehnte Polizeigewalt über die Commünemitglieder und war zur Erlassung von Strafbestimmungen berechtigt, wie sich vielfach nachweisen läßt. Die Strafen bestanden oft in einer Tonne Bier an die Gemeinde und wenn hier die Brüche von drei Mark an die Herrschaft fallen soll, erscheint dies eher als eine Beschränkung. Bei der Ausdehnung und Vergrößerung der Gemeinden erweiterte sich dies Recht der Kühr allmählig und umfaßte nach und nach alle Verwaltnngszweige, es ging dann meistens auf die Vorsteher über, da es beschwerlich sein mußte, in einer großen und volkreichen Gemeinde die einzelnen Mitglieder bei jeder Gelegenheit zusammen zu rufen. Auf ähnliche Weise geschah es auch in Husum und üben die Vorsteher schon vor der Ertheilung des Weichbildes bedeutende Verwaltungsrechte aus. So überläßt der König **1527** die Lehnware der St. Jürgensvicarie den Rechensleuten und Gasthausvorstehern **) und verleiht ihnen das Recht einen Prädicanten anzunehmen; ebenfalls schließen die Vorsteher kurz nach der Reformation einen Vergleich mit den noch lebenden Vicaren.***)

*) Laß pag. 39. Die Tonne Rocken galt 1505, 8 ß, Weizen 9 ß, Gerste 4 ß, Hafer 2 ß.

**) Früher bei der Trennung von Mildstedt wird in den Urkunden die ganze Gemeinde erwähnt.

***) Laß pag. 44. 45.

Unklar ist es, welche Gildebrüder und Schwestern in der Beliebung von **1504** gemeint sind, da sich keine Spur einer eigentlichen Gilde außer dem Kalande findet; wahrscheinlich muß an letztere gedacht werden, da in einer Kalandsgilde auch Laien und ehrbare Frauen aufgenommen wurden *), doch sehen wir später, daß schon **1526** Handwerkszünfte und Gilden vorhanden waren.

1506 stiftete der Herzog eine Vicarie von den Einkünften und Almosen, welche der Capelle zum heiligen Kreuze vor Husum zustanden; diese Einkünfte betrugen im Ganzen nur **11** Mark und reichten nicht aus zur Erhaltung der Capelle, der Wohnung des Priesters und des Gottesdienstes. **) Deshalb gab der Vicar Thomas Keppen oder Keppar diese Vicarie auf, die bald darauf ganz einging und deren Einkünfte **1526** von dem Könige dem St. Jürgen Stifte zugewiesen wurden. Solche Capellen bestanden gewöhnlich aus kleinen Häuschen mit einem Heiligenbilde, hier wohl dem Kreuze, und waren zum Messelesen bestimmt; oft wurden sie reichlich beschenkt und nach und nach unter günstigen Umständen in Kirchen verwandelt. Der mittlere Theil der Hauptkirche war hier gleichfalls dem heiligen Kreuze geweiht und darf nicht mit dieser Capelle verwechselt werden; sie lag vor Husum wahrscheinlich nach Osten hinaus, wo sich später ein Siechenhaus befunden haben soll und worin sie vielleicht verwandelt wurde, als das St. Jürgensstift allein zur Aufnahme Verarmter benutzt wurde.

Im nächsten Jahre **1507** kaufte der Herzog von den Kirchenvorstehern der lieben Frauenvicarie zum Rosenkranz ***) ein Haus für **219** Mark Lübsch, welches ein gewisser Wilhelm Stracke dieser Vicarie und den grauen Brüdern vermacht hatte; statt der Kaufsumme überwies er der Kirche

*) Vergl. die Kalandsordnung zu Stintebüll im Strande bei Heimreich 1. pag. 141 und eine Reihe Kalandsartikeln bei Claeden Mon. pag. 474. 603. 671.

**) Laß pag. 39. 44. Heimreich 1. pag. 408.

***) Diese Vicarie war an der Hauptkirche.

14 ℔ 2 ß ewiger Zinsen von der Rebellensteuer, welche Rente nach der Urkunde in acht verschiedenen Häusern radicirt war.*) Hieraus erklärt sich, wie durch solche und ähnliche Ueberweisungen die Rebellensteuer nach und nach auf den jetzigen Stand gebracht ist. Merkwürdig ist ein unter dem Rentenkauf versteckter Zinsfuß von beinahe 7 pCt.**) Außerdem beweis't die Erwähnung eines Hauses bei dem Dinge, des Hans Schröder'schen, daß schon damals wieder die Dingstätte in Husum war und hier Ding gehalten wurde.***)

Der Deichbau zur Gewinnung neuer Koege wurde von diesem Herzog mit besonderem Eifer und großer Strenge betrieben und von seinen Nachfolgern nicht minder eifrig fortgesetzt, wodurch die umliegenden Gegenden, insbesondere auch die Geestharden in hohem Grade beschwert und belastet wurden. Das ging so weit, daß namentlich auf Nordstrand, wo die Deichslast überdies groß und die nachbarliche Hülfe entfernt war, viele Einwohner sich durch Auswanderung diesem Zwange zu entziehen suchten, weshalb der Herzog 1512 den Reichen und den Armen dort bei Strafe und Verlust ihrer Güter verbot auszuwandern.****) Wie die Unvermögenden durch den Deichbau gedrückt wurden, zeigt das Beispiel eines armen Husumer Einwohners, welcher der Erzählung nach bei der Ueberdeichung des Padeleker Koeges 1531 einen Sack mit Erde liefern sollte, weil er aber keinen Sack hatte, sich damit half, daß er auf einige Strohseilen zuerst Busch, dann Erde legte und dies Bündel so lange wälzte, bis es fest wurde. Diese

---

*) Die Urkunde bei Krafft pag. 586, hier Beil. I. № 30.

**) Bei Westph. Mon. IV. pag. 3133 kommen 12 pCt. um diese Zeit vor.

***) Daß mindestens 1517 schon die Dingstätte zu Husum war, zeigt eine Urkunde bei Westph. Mon. IV. pag. 3137, nach welcher zu Husum binnen den vier Dingstöcken Jochim Pleß, Heinrichs Sohn, seine vier Güter und Lansten zu Süderholz, eins zu Oster-, eins zu Westerohrstedt und eins zu Oldersbeck verkauft.

****) Bei Michelsen pag. 281 findet sich dies Verbot.

gewalzte Erde erfüllte ihren Zweck ebenso gut als die eingesäckte und soll zu der für den Deichbau wichtigen Erfindung der Walzen Veranlassung gegeben haben. *) Wurden nun freilich auch bei diesem Deichbau die Husumer Bürger, wie die benachbarten Districte belästigt, so zogen sie von demselben gewiß auch wiederum bedeutenden Gewinn. Das Eindeichen der vielen Koege in der nächsten Nachbarschaft während dieses Jahrhunderts als des Damkoeges, Magarethenkoeges, Darigbüll, Leligheit, Padelecker, Lundenberger Koeges, Herrnhallig u. s. w. mußte dem gewerbtreibenden Orte Vortheil und Verkehr bringen, da sowohl für den Deich- und Schleusenbau, als für die Arbeiter Husum der gelegenste Platz war, um die erforderlichen Materialien und Bedürfnisse zu beziehen. Auch gaben die neuen Koege den Einwohnern Gelegenheit, sich leicht und billig Ländereien in denselben zu erwerben.

Die Einwohner osten vom Westerende, dem jetzigen Haupttheil der Stadt, der schon damals für den vornehmsten galt, hatten bisher nie Sandleute, Neffninger und Bunden zu dem Hardesding gestellt, wohl weil diese Einwohner von Anfang an Handel und Verkehr trieben, somit nicht in die eigentliche bäuerliche Gemeinde gehörten und ursprünglich in dem Verhältnisse von Insten und Heuerlingen zu den Grundbesitzern standen. Sie wurden durch die Umstände der wichtigere Theil des Orts und scheint es, daß sie angehalten wurden an der Besetzung des Hardesgerichtes Theil zu nehmen und sie sich deshalb bei dem Herzoge beschwerten, denn es wurde ihnen ihre hergebrachte Freiheit, einen weitern Grund als das Herkommen giebt die Urkunde nicht an, bestätigt. **) Bloß das Westerende wurde von dieser Freiheit ausgenommen und wird dies daher rühren, weil sich hier die ursprüngliche Dorfsgemeinde befand, ein Umstand, welcher die Wahrheit der Sage unterstützt, daß die Fischerstraße und deren Umgebung der älteste Theil der jetzigen Stadt sein soll.

---

*) Iven Knutzen cap. 6.

**) Laß pag. 39. Beil. I. № 31. M. J.

Nach dem Privilegium von **1465** *) waren die Husumer dem Herkommen nach verpflichtet, dem Amtmann von Gottorf oder dem Drosten von Südjütland, wenn er in Geschäften reis'te, freie Gasterei und Herberge (Tehringe und Aflegeringe) zu gewähren; desgleichen dem Landesfürsten überall herkömmlich, meistens jedoch war diese letzte Pflicht auf drei Tage (Nächte) beschränkt und lag wohl so ziemlich allen Commünen der Zeit ob. Bei den häufigen Reisen der Fürsten und höhern Beamten, indem damals die wichtigeren Sachen persönlich an Ort und Stelle abgemacht zu werden pflegten, war diese Bewirthung keine geringe Last, zumal sie auf das zahlreiche Gefolge, selbst auf Jäger und Hunde ausgedehnt wurde. **) Die Gemeinden suchten deshalb diese Beschwerden, um so mehr, als ein Mißbrauch von Seiten der Berechtigten in jener Zeit nicht ausbleiben konnte, gegen eine bestimmte Geldsumme abzuhandeln, und oft mit Erfolg. Den Husumern gelang solches in diesem Jahre (**1511**) bei der Anwesenheit des Herzogs in Husum und wurden sie der Gasterei des Amtmanns für eine Summe von **370** ₰, die sie jährlich mit der Winterbede bezahlen sollten, ledig und kauften die Zahlung des Herzogs auf drei Nächte für **150** ₰ ab, die sie sich jährlich auf Pfingsten zu entrichten schuldig bekennen und sollten deshalb von aller andern Zulage in der Hinsicht frei sein, es wäre denn, daß das gemeine Land (die Landstände) etwas bewilligte. ***) Diese Urkunde weis't auch auf den Umstand hin, daß die Landesfürsten mit den nicht auf den Landtagen vertretenen Districten über die Abgaben unterhandelten und gewöhnlich zwei Beden zu Martini, Winterbede, und zu Pfingsten bewilligt wurden.

---

*) Beil. I. № 13.

**) Übrigens scheint die Last über verschiedene Commünen vertheilt gewesen zu sein, denn den Kirchspielen Schwesing und Ostenfeld lag die Verpflegung der Jäger und Hunde ob. Aus der Abhandlung dieser Pflicht wird das noch unter den Abgaben dieser Kirchspiele vorkommende Jägergeld entstanden sein.

***) Beil. I. № 32. Laß pag. 40. bestätigt von Johan Adolf 1592. Beil. I. № 55.

Auch erhellt aus diesem Document, daß Husum der Harde gegenüber eine ziemlich unabhängige Stellung gehabt haben muß, da es allein diese Gasterei abkaufte. Das Hattstedter Birk befreite sich gleichzeitig von dieser Beschwerde. Die jetzigen Stadtrechnungen haben noch einen Ausgabeposten für Herrn- und Drostenzehrung, welcher jetzt 169 Rthlr. 27 ßl. beträgt.

Zu Gunsten der Gemeinde verfügte der Herzog Friedrich bei seiner Anwesenheit in Husum mit seinen Räthen 1516 auf die demüthige Bitte der Rechensleute der gemeinen Einwohner, daß keiner in Husum von Abgaben und Unpflicht befreit sein solle, als Harmen Hoyer und der herzogliche Münzmeister Jürgen Drewes; würden andere vermöge Briefe und Siegel eine solche Befreiung ansprechen, so solle darüber rechtlich entschieden werden. *) Bemerken muß ich hiebei, daß in dieser Urkunde nur des Münzmeisters Dreves Erwähnung geschieht, nicht Harmen Hoyers; letztern aber nennt Laß, **) der offenbar dieselbe Urkunde vor Augen hatte, bei dem sie aber nicht abgedruckt ist. Möglich, daß der Abschreiber meines Manuscripts den Namen Hoyers übersehen hat, denn dessen Befreiung kann, wie in der Folge gezeigt wird, nicht bezweifelt werden. Die nachbarsgleiche Abhaltung der Communelasten war an und für sich jedem Orte in dieser Zeit wichtig, da der Adel sich häufig in den Städten Grundstücke erwarb und seine Gerechtsame auch auf diese auszudehnen suchte, für Husum jetzt um so viel wichtiger als viele Häuser durch die Confiscationen und Schenkungen im vorigen Jahrhundert in die Hände Adeliger, Ritter und Knappen gekommen waren. Der genannte Münzmeister Dreves war nach dieser Urkunde ein herzoglicher Beamter, denn dem Herzoge und nicht dem Orte stand das Münzrecht zu. ***) Die Münze aber blieb hier nicht lange, denn schon im Jahre 1522

---

*) Beil. I. 33. M. J.

**) pag. 40. not.

***) Laß pag. 41. Dankwerth pag. 141. Falck Handbuch 2. § 80.

wurde sie nach Schleswig verlegt.*) Es tritt aber hervor, daß der Herzog den Ort, wo er konnte, gerne begünstigte und hob. Nach Jacobi Oligeri Museum regium cum an. Johannis Lorenzii **) soll ein hier geprägter Thaler auf der einen Seite das Bildniß des Herzogs mit der Unterschrift: Jmago ducis Slesw. & Holsatiae, auf der andern die Worte: Moneta nova argentea Husumensis haben. ***)

Um diese Zeit müssen die Handelsverbindungen mit den Ditmarschen hier nicht unbedeutend gewesen sein. Obgleich die Ditmarscher **1506**, einige Jahre nach ihrem Siege über den König Johan, ihren Landsleuten Güter in Eiderstedt, Nordstrand und in Husum bei **60** ℔ Brüche zu kaufen und verzollen verbieten, so bedingen sie sich doch in einem Vergleich vom Jahre **1523** mit dem Könige Friedrich und dem Herzoge Christian die Zollfreiheit für ihre Güter aus, die sie im Bleke Husum kaufen und verkaufen. Beide Fürsten gestehen ihnen dies zu, jedoch unter der Bedingung, daß sie im treuen Glauben handeln und mit fremden Gütern in ihrem Namen den Zoll nicht verkürzen. ****)

Ein für die Geschichte des ganzen Landes folgenreiches Ereigniß trug sich im Jahre **1523** hier zu. Als der Herzog, der öfter in Husum verweilte, sich gleichfalls hier bei seinem Schwiegersohn Harmen Hoyer aufhielt, wurde ihm von demselben kecken Ritter Mogens Munk, welcher dem König

*) Nach einer bald zu erwähnenden Urkunde von 1526 scheint wenigstens in diesem Jahr der Münzmeister noch in Husum gewohnt zu haben. 1529 aber war das Münzhaus bereits an Martin Bussert übergegangen.

**) Hafniae 1726.

***) Über die Münzen unter Friedrich I. Holbergs Reichshistorie 2. pag. 275. Die Husumer wird hier nicht erwähnt.

****) Viethen Beschreibung pag. 333. 334: Der baven Privilegien Wy se (die Ditmarschen) sammtliken und besonders, so dat se mit ehren Güdern in Unsem Bleke Husum gantzliken scholen Tollefry wesen, jedoch dat se med guden truwen handeln willen und scholen in ehren Nahmen mit frembden Gelde und Güdern Uns in Unsern Tolle nicht to kortende.

Christian II. den Absagebrief des Jütländischen Adels in seinem Handschuh zurückließ, am 20sten Januar in Harmen Hoyers Haus die Königskrone angetragen. Bekanntlich nahm der Herzog dieselbe an und zog von Husum zur Huldigung nach Wiburg. Hiebei begleiteten ihn die Eiderstedter, Strander und Vorgeestfriesen nebst den Husumern und leisteten ihm keine geringe Hülfe gegen Christians Parthei.

Insofern nun dies Hoyer'sche Haus, in welchem Herzog Friedrich die Dänische Krone empfing, hiedurch gewissermaaßen eine historische Bedeutung hat, wird es nicht unangemessen sein, hier kurz die Geschichte desselben, so weit die Quellen reichen, einzuschalten. Es war, an der Ecke der Neustadt und der Langenharmstraße belegen, in früherer Zeit ein adeliges Freihaus und wurde nebst drei freien Wohnungen von dem Herzog Friedrich dem Obersten Harmen Hoyer, der mit einer natürlichen Tochter des Herzogin Catharina vermählt war, zum Geschenk gemacht. Dieser Bewohner, welcher den Beinamen langer Harmen führte, gab der anliegenden Straße den Namen. Wenn die Sage diesen Hoyer den Erbauer des Hauses nennt, so ist dies nicht ganz richtig, da das Haus schon 1472 vorhanden gewesen sein muß, weil es mit unter die Häuser aufgeführt ist, welche die Rebellensteuer bezahlen; indessen mag es von ihm neu aufgebaut und eingerichtet sein. Es kam im Erbgang an seinen Sohn Harmen und seinen Enkel Casper Hoyer, Staller in Eiderstedt, der es 1594 an seinen Vaterbruder Harmen Hoyer verkaufte. Des letztern Sohn Hans Adolf Hoyer verschleuderte seine Güter und gerieth in Concurs. Die Herrschaft lös'te nun das im Erbgang an Hans Adolf gekommene Haus von den Creditoren, worauf es zwei Jahr später von der Herzogin Auguste im Umschlag 1606 mit allen Freiheiten und Gerechtigkeiten, einem freien Weinkeller, 14 Buden, Hof und Garten nebst einem freien Gange nach der Fischerstraße an Bürgermeister, Rath und Gemeinde zu Husum für 5000 ℛ à 33 ß, die in fünf nach einander folgenden Umschlagsterminen mit je 6 pro Cent Zinsen bezahlt werden sollten, verkauft wurde und bestätigte der Herzog

Johan Adolf diesen Verkauf in einer eigenen Urkunde.*) In diesem Kaufbriefe werden freilich die Freiheiten und Gerechtigkeiten der Grundstücke mit übertragen, aber nur der Gemeinde und soll diese nicht berechtigt sein, dieselben später an andere Privatpersonen zu überlassen, ausgenommen jedoch die Freiheit des Weinkellers, welche der Gemeinde gestattet wird auf den Keller des neuerbauten Rathhauses zu übertragen. Der Herzog verspricht noch ausdrücklich, in Husum Keinem wieder mit einer Freischenke zu begnadigen und gestattet auch dem Rathe die Schenkfreiheit gegen eine jährliche Abgabe an Bürger zu überlassen. Das Wichtigste für den Weinkeller war, daß die in demselben verschenkten, so wie auch die daraus verkauften fremden Weine und Biere accisefrei eingeführt werden durften. Es soll der Wirth in diesem Keller verpflichtet gewesen sein, jedem Gaste für einen Blaffert oder 2 ₰ so viel Bier vorzusetzen, als ihm zu trinken beliebte, doch durfte der Zecher den Keller nur nach dem Hofe hinaus etwa Bedürfnisses wegen verlassen, ging er nach der Straße, verließ also das freie Gebiet, so mußte er nach der Rückkehr abermals 2 ₰ erlegen, wenn er forttrinken wollte. Möglich, daß diese Verpflichtung mit der Accisefreiheit zusammenhing und der Wirth durch dies Aequivalent hinlänglich entschädigt wurde; obgleich es in der ältern Zeit an wenigstens für uns jetzt sonderbaren und auffallenden Einrichtungen nicht fehlt, also auch diese stattgefunden haben kann, so möchte ich doch eher glauben, daß diese Erzählung eine Erfindung der spätern Zeit ist, um den Namen des Freikellers zu erklären.**) Später ging das Haus aus dem Besitz der Gemeinde in das Eigenthum von Privaten, aber ohne die Gerechtigkeiten, welche an die Stadt fielen, über; die Schenkfreiheit wurde auf den neuen Rathskeller übertragen. Uebrigens hatte sich dies Haus bis in die neueste Zeit in seiner ehrwürdigen, alterthümlichen Form ziemlich erhalten und wurde seiner Merkwürdigkeit halber

---

*) Beil. I. № 34. 35.

**) Laß pag. 80.

oft von Fremden besucht. Noch die Könige Friedrich VI. und Christian VIII., letzterer im Jahre 1845 begnadigten während ihrer Anwesenheit in Husum dies für ihren Ahnherrn so wichtige Gebäude mit ihrem Besuche. Leider! wurde es bei dem großen Brande im Sommer 1852 ein Raub der Flammen und vollständig zerstört. *)

So wie der Herzog Friedrich dem Orte gewogen gewesen war, blieb auch der König Friedrich I. demselben günstig und verlieh ihm manche Vorrechte, unter andern in einer am Mittwochen nach Quasimodo 1526 zu Gottorf ausgestellten Urkunde.**) In dieser ertheilt er den Einwohnern die Freiheit, daß ihre Waaren für alle Zeiten nicht mit Accise belegt werden sollten, es wäre denn, daß die Landschaft und Gemeinde der Fürstenthümer aus beweglichen Gründen eine allgemeine Acciseauflage für nothwendig erachteten, alsdann sollten die Einwohner nach Gelegenheit und Verhältniß geben. Es läßt sich vermuthen, daß diese Accisefreiheit abermals, obgleich die Urkunde hievon nichts erwähnt, von den Husumern erkauft wurde, so wie die Strander und Eiderstedter kurz vorher diese Freiheit auf demselben Wege erworben hatten. Husum indessen behielt sie nicht lange. Auch genehmigte der König die Einverleibung der Neustadt und der Häuser, die bei dem grauen Kloster gebaut waren oder noch erbaut würden, in das Blek, wogegen letzteres es übernahm, dasjenige an die Herrschaft zu bezahlen, was diese Häuser an die Harde zu leisten pflichtig gewesen, nämlich jährlich 4 ℳ 8 ß und nahmen von da die Neustädter Theil an den Freiheiten und Beschwerden Husum's. Merkwürdig ist schon jetzt die Benennung Neustadt, da doch erst 1603 dem Orte die Stadtgerechtigkeit verliehen wurde. Es scheint hiernach, daß Husum schon jetzt factisch als Stadt betrachtet wurde, jedenfalls war es in mancher Rücksicht von der Harde geschieden und erfreute sich einer selbstständigen Verwaltung der innern Ange-

---

*) Der jetzige Besitzer ist der Lohgerber Scheel.

**) Beil. I. № 36. M. J.

legenheiten, wie namentlich aus dieser Urkunde hervorgeht. Aus dieser spätern Vereinigung der Neustadt erklärt sich auch die Thatsache, daß in dem Verzeichniß der Rebellensteuer sich keine auf der Neustadt liegenden Häuser befinden; nur ein einziges Haus in dem untern Theil der Neustadt und zwar in der Nähe der Großstraße (Quart. 6, Nr. 175) ist nach der Liste mit dieser Steuer belegt. Hieraus läßt sich schließen, daß der untere Theil der jetzigen Neustadt bis an die Fischerstraße übrigens schon vor 1472 und 1526 zum Bleke gehörte und nur der obere Theil jetzt einverleibt wurde. Wahrscheinlich wurde daher früher in der Gegend des jetzigen Quickmarkts *) der Viehmarkt, welcher Markt diesemnach damals also norden vor der Stadt belegen war, gehalten und bildeten die 14 Buden des Hoyerschen Hauses die Westseite der Neustadt bis ungefähr an die Fischerstraße.

Gleichfalls wurde es in dieser Urkunde ferner dem Bleke bestätigt, daß außer dem Hoyer'schen Hause und der Wohnung des Münzmeisters kein Haus von den Communalabgaben durch Privilegien befreit werden solle. Dann wurde es allen Handwerkern erlaubt, sich ohne weitere Gilde- und Amtskosten niederzulassen und ihr Handwerk zu treiben, wenn sie wie andere zu den allgemeinen Lasten beitrugen. Kein Einwohner ferner, der nicht mit scheinbarer That Leib und Gut verbrochen hat, soll wegen eines geringern Verbrechens gefänglich eingezogen (nicht gestocket und geblocket werden), wenn er 100 ℔ besitzt und Bürgen stellt. Zur Beförderung der Schifffahrt und des Handels wurde schließlich auferlegt an der Aue bei der Schiffbrücke ein Bollwerk (Hövet) anzulegen, gleichfalls eine Wippe oder Krahn und eine Waage einzurichten und wurde zu diesem Zwecke erlaubt, zur Gewinnung des Raumes die Häuser **) bis an die hohle Gasse wegzubrechen. Dagegen wird dem Orte die Einnahme von dem

*) Quick gleich Vieh, dänisch: Quæg.

**) Diese Häuser lagen vermuthlich vorne an der Schiffbrücke, da sie als am Wasser belegen bezeichnet werden.

Krahne für die ein- und ausgehenden Waaren, nämlich von jeder Last fremder Kaufmannsgüter 1 ß, von einem Faß mit Kramgut 1 ß, für ein Packen Laken ebenfalls 1 ß, von 1000 Wittlingen 1 Witte und so ferner nach Beschaffenheit der Güter zur Unterhaltung dieser Anstalten auf 20 Jahre überlassen; die Ueberlassung dieser Einnahme wurde im Lauf der Zeit von den verschiedenen Landesherrschaften verlängert. *)

Aus der Einleitung zum Weichbilde von 1582 scheint hervorzugehen, daß die Gemeinde unter der Regierung dieses Königs um Ertheilung der Stadtgerechtsame wiewohl vergebens nachgesucht. Jedenfalls beweisen die eben erwähnten Privilegien, daß schon jetzt in Husum Handel und städtische Gewerbe vorwalteten und die Gewerke sich bereits zu Zünften und Innungen gebildet hatten; unzweifelhaft hatten die sogenannten vier Aemter: Schuster, Schneider, Schmiede und Bäcker, wohl die ältesten Gewerbe hier, zur Zeit dieses Königs geschriebene Artikel mit Zunft- und Gilderechten. **) Um diese Zeit muß Husum im raschen Aufblühen gewesen sein und hier ein bedeutender Wohlstand geherrscht haben. Dies beweisen spätere Testamente und Vermächtnisse und hatten die Einwohner namentlich einen reichen Besitz an Ländereien in den umliegenden Marschen. Aus einer Beliebung des Porrenkoeges in dieser Zeit, 1529, welche Herzog Philipp 1589 bestätigte ***), ist ersichtlich, daß die Einwohner Husum's einen überwiegenden Besitz im Porrenkoege hatten. Nach dieser Beliebung stellt Husum zusammen mit Nordhusum zu den acht Deichedigern und zwei Dinghörigen die Hälfte, die andere Hälfte der Norden, wahrscheinlich Schobüll und Lundenberg. Der Koeg besaß der Zeit drei Häuser im Westerende zu Husum.

---

*) Laß pag. 42. Bis zu 1853 stand der Krahn an der Schiffbrücke; in diesem Jahre mußte dies alte Gebäude schon den Einsturz drohend abgebrochen werden.

**) Die Polizeiordnung, Th. II. tit. 1. deutet dies ziemlich bestimmt an. — Über die Zünfte in Husum, Anl. IV.

***) Beil. I. № 37 M. J.

Obgleich ich eine Geschichte der kirchlichen Verhältnisse in Husum nicht schreibe und diese außer meinem Plane liegt, so kann ich hier doch die Einführung der Reformation nicht außer Acht lassen, um so mehr, als diese wie überall so auch hier nicht bloß auf die kirchlichen Dinge von Einfluß war. Sehr bald nach Luther's kühnem und begeisternden Auftreten in Wittenberg brach sich die neue Lehre im Herzogthum Schleswig mit raschem Erfolge Bahn und war Husum der erste Ort, wo sie gepredigt wurde, schnell Anklang fand und auf eine gemäßigte Weise durchgeführt wurde. Schon im Jahre **1522** *) hielt Hermann Tast, Vicar an der Marienkirche, ein geborner Husumer, kein unmittelbarer Schüler Luther's, aber durch dessen Schriften dem Lutherthum gewonnen, hier Predigten im Sinne der Reformation und erfreute sich bald des Beifalls der angesehensten Einwohner und der Menge. Freilich vermochten es anfänglich noch die katholische Partei und die Priester ihm das Betreten der Kanzel in der Hauptkirche zu wehren, indessen räumte ihm ein angesehener Bürger Matthias Knutzen **) das Hintergebäude in seinem Hause in der Süderstraße, das er einer Capelle gleich hatte einrichten lassen,

---

*) Noch im Jahre 1522 stiftete Sievert Junge zu Husum eine katholische Vicarie zu Ham auf Nordstrand, wohl die letzte in dieser Gegend; sie war fundirt mit 30 ℳ Rente jährlich und 40tägigen Ablaß. Westph. Mon. IV. pag. 1494. 3189.

**) Die Familien Knutzen und Becker waren sehr angesehen am Orte und erwarben sich um die Reformation große Verdienste. Unser Matthias Knutzen, der Sohn des Hans Knutzen zu Husum und seiner Ehefrau Geseke einer natürlichen Tochter Friedrich I. war zu Husum geboren und erzogen; er wurde später Rathmann in Kiel, beschenkte die dortige und die Husumer Schule und starb dort in hoher Achtung am 19ten Febr. 1559 in einem Alter von 64 Jahren. Nach seinem Epitaphium in der Kieler Nicolai Kirche erwarb er sich große Verdienste um die dortigen Prediger und das Gasthaus, war ein Gönner der Studirenden, eine Zuflucht der Armen, Vater der Wittwen und Waisen, Freund der Religion und des Staates. Westph. Mon. IV. pag. 3359, wo sich auch ein Portrait von ihm und seiner Frau findet.

für seine Predigten ein. Bald aber konnte der beschränkte Raum die Menge der Zuhörer nicht fassen und so entschloß sich Tast, seine Predigten unter freiem Himmel und unter einer Linde *), wie dies zu der Zeit, als die katholische Partei noch im Besitz der Kirchen war, öfter geschah, zu halten. Es stand diese Linde, die Tochter genannt, an der Südseite des Kirchhofes beim Stegel und soll am Ende des 17ten Jahrhunderts umgefallen sein; eine andere mit dem Namen der Mutter befand sich noch zu Krafft's Zeiten (1723) an der Norderseite des Kirchhofes in der Gegend der jetzigen Mädchenschule. An Anfechtungen allerlei Art von Seiten der katholischen Partei konnte es freilich unter diesen Verhältnissen nicht fehlen und weil Angriffe auf Tast's Leben befürchtet wurden, hielten es seine Anhänger auch für gerathen, ihren Lehrer bewaffnet von seinem Hause nach dem Kirchhofe und zurückzubegleiten. Doch scheinen keine ernsthafte Störungen und Auftritte vorgefallen zu sein. Diese Hindernisse waren von geringer Bedeutung und konnten den Fortschritt der Reformation nicht hemmen, zumal Tast unter den katholischen Vicaren selbst in Dietrich Becker (Theodorus Pistorius) und Franziskus Hamer die kräftigste Unterstützung fand und König Friedrich schon 1524 das bekannte Toleranzedict erließ, nach welchem Niemand, er sei Lutheraner oder Papist, seines Glaubens wegen, den er selbst vor seinem Gewissen zu verantworten habe, bei schwerer Strafe verfolgt werden durfte. Durch das freie Geleit, welches der König den aus Deutschland, insbesondere aus Wittenberg kommenden Studirten gab, so wie durch die Erlaubniß, die neue Lehre ungehindert zu predigen gewann der Fortschritt der Reformation. Was aber der König wegen der politischen Verhältnisse im Königreiche nicht wagen durfte, that sein Sohn Christian als Statthalter in den Fürstenthümern, indem er sich offen und ohne Scheu für

*) Die Linde war im Norden ein geheiligter Baum und diente vielfach als Versammlungsort, um Geschäfte abzumachen und Gemeindebeschlüsse zu fassen.

Luther erklärte. Unter diesen günstigen Verhältnissen mußte sich Tast's Anhang in Husum bald vergrößern und eine feste Stellung gewinnen; schon 1524 konnte er außerhalb, namentlich in Garding und Flensburg *), reformirend auftreten.

In wenigen Jahren war hier der Sieg der Reformation friedlich und ohne Blutvergießen entschieden. Die Bettelmönche, die, wie es scheint, auch hier während der kurzen Zeit ihres kurzen Aufenthalts sich die Gunst des Volkes nicht erworben hatten und dem Frieden nicht trauten, schlichen sich einzeln bis auf zwei geborne Husumer davon und ließen die leeren Mauern des kurz vorher gegründeten Klosters zurück. Vielleicht nahmen sie, wie anderswo geschah, die Kostbarkeiten und Documente mit, die später verschleudert wurden und zu Grunde gingen, woraus sich denn der Mangel an urkundlichen Nachrichten über dies Kloster leicht erklären läßt. Die Vicare an der Hauptkirche dagegen, in das Unvermeidliche sich fügend, wohl auch, weil sie die fetteren Pfründen zu schätzen wußten, schloßen schon 1527 mit der Gemeinde einen Vergleich, in welchem sie auf das Lesen der katholischen Messen und Abhaltung der Vigilien verzichteten, die Gemeinde sie aber jeder Verpflichtung entließ, welche ihnen bei Gründung der einzelnen Stiftungen auferlegt war. Evangelische Messen zu halten war ihnen gestattet, doch sollten sie zu diesen nicht gezwungen werden, dagegen verbleiben ihnen für ihre Lebenszeit alle Renten und Einnahmen aus den Kirchengütern unbeschränkt und ungeschmälert. Die Rechensleute und die dazu Verordneten machen sich in diesem Vergleich verbindlich, die Vicare in den stipulirten Rechten zu schützen und ihnen in jeder Rücksicht behülflich zu sein. So wie einer der Vicare abstirbt, fällt sein Antheil der Einkünfte an die Armen. Die Vicare verpflichteten sich außerdem noch, alle Verschreibungen über geistliche Güter zu überliefern, auch alle Einkünfte, über welche keine Documente vorhanden, den Gemeindevorstehern anzugeben und aufzeichnen zu lassen und die Einnahmen sichere

*) Aus diesem Grunde wird Tast irrthümlich als Prediger in Flensburg aufgeführt. Claeden Mom. pag. 766.

und unsichere unter sich gleichmäßig zu theilen. Die Verschreibungen sollen sie einem sichern angesehenen Bürger der Gemeinde zum Besten zu treuen Händen übergeben und zu diesem ihre Zuflucht nehmen, wenn die Renten nicht eingehen. Gleichfalls behalten die Schullehrer und Küster ihren Antheil an den Einnahmen unter denselben Bedingungen, wie die Vicare. Und weil sie sich also der Gemeinde gutwillig gefügt, wird ihnen für ihre Lebenszeit Freiheit von allen bürgerlichen Lasten und der Einquartirung zugesichert. Diesen Vergleich hat König Friedrich zu Gottorf am Sonntage nach Martini **1527** auf Ansuchen und Bitten des Otto Wyrickſen und Nicolaus Iding geistlicher Seits und Matthias Knutzen und Henning Becker weltlicher Seits gebilligt und bestätigt. Schon vorher hatte der König, nämlich in den Pfingsten, der Gemeinde die Lehnware zu St. Jürgen mit dem Rechte, dort einen Prädikanten, der die Seelsorge der Armen verwaltet, anzunehmen überlassen. **)

Mit diesem Vergleich war das Uebergewicht der Reformation gesichert, der Katholicismus verlor allen Einfluß und war zum allmähligen Absterben verdammt. Die katholischen Einrichtungen wurden aufgehoben oder verschwanden und die Güter wurden zu andern Zwecken verwandt. So schenkt der Herzog Christian **1533** außer den **1100** ℔, welche die Königin Dorothea **1480** ***) dem Kalande geschenkt hatte, sämmtliche Kalandsgüter und deren Einkünfte, welche an das Gasthaus gekommen waren, der Schule, jedoch mit dem Vorbehalt, daß die zehn Armen, welche bisher von den Einkünften unterhalten waren, bis zu ihrem Tode davon jährlich **3** ℔ Renten genießen sollen. Ein gewisser, weiter nicht bekannter Johan Möller scheint in dem Besitze sämmtlicher Kalandslehen gewesen zu sein, denn es wird ihm in einer früher schon erwähnten Urkunde †) auferlegt, alle Briefe und Verschreibungen den

*) Beil. I. № 38. Krafft pag. 438 M. J.

**) Beil. I. № 39. M. J.

***) Vergl. bei 1480.

****) Beil. I. № 40. Krafft pag. 587.

†) Beil. I. № 27.

Rechensmännern und Kirchgeschwornen zu überliefern, doch soll das Vermögen erst nach seinem Tode an die Schule fallen; aus dieser letzten Bestimmung läßt sich fast vermuthen, daß dieser Johan Möller zu den Vicaren in Husum gehörte.

In Folge des erwähnten, zwischen der Gemeinde und den Pfründeninhabern 1527 abgeschlossenen und von dem Könige bestätigten Vergleich sollten nach dem Absterben der einzelnen Vicare die Einnahmen an das Hospital oder Gasthaus zur Unterhaltung der Armen fallen. Hierin traf indessen der König Christian III. eine Aenderung, denn er verfügt 1542 auf den Antrag der Kirchgeschwornen, Rechensleuten und Gemeindevorsteher, weil das Gasthaus schon eine ziemliche Einnahme hatte und die der Prediger nur mäßig war, daß die Einkünfte, welche im Besitz der noch lebenden Vicare waren, nach deren Tod der Gemeinde zur Unterhaltung der Kirche und der Kirchendiener verwandt werden mögen, doch sollen die bereits dem Gasthause angefallenen Einnahmen der verstorbenen Vicare dieser Anstalt verbleiben. Diese am Freitage nach Judica ausgestellte Acte *) zählt die noch lebenden Vicare nebst ihrer Einnahme auf, nämlich Thomas Keppar oder Keppens, Inhaber der Vicarie der 10,000 Ritter, mit 28 ℋ 1 ß Rente, Franz Hamer, Inhaber der des heiligen Leichnams mit 30 ℋ, Hermann Tast der des St. Michaels mit 32 ℋ 8 ß, Joachim Brandt der des St. Lamberts mit 25 ℋ 13 ß, Luder Knutzen **) der der heiligen Getrude mit 15 ℋ 13 ß, Wilhelm Koch zu St. Johannis Baptistä mit 13 ℋ jährlicher Rente und was Conrad Hochgrefe, Canonicus zu Schleswig besitzt, wozu noch für jeden zu seinem Theil aus den gemeinschaftlichen Einkünften 21 ℋ jährlich kommen, eine nicht unbedeutende Einnahme in jener Zeit. ***) Außer diesen sieben gehörten zu den derzeitigen Vicaren noch

*) Beil. I. № 41. Krafft pag. 448. M. J.

**) Ein Luder Knutzen zu Husum kommt 1512 bei Westph. Mon. IV. pag. 3135 vor.

***) Eine Mark lübsch in der Zeit ist ungefähr auf den Werth von 10 mℋ jetzt zu rechnen.

der bereits 1533 verstorbene Dietrich Becker und die in dem Vergleiche von 1527 genannten Otto Wyricksen und Nicolaus Iding, wahrscheinlich auch der eben vorher genannte Johan Möller; es sind uns somit 11 Vicare und außerdem die Vicare zum Rosenkranz und zum heiligen Kreuz urkundlich bekannt. Setzt man nun voraus, daß, wie auch die Urkunde erwähnt, inzwischen nämlich während des Zeitraumes von 1527—1542 verschiedene Vicare verstorben sind, auch vielleicht der eine oder andere unter den obwaltenden Verhältnissen sich von Husum entfernte, so gewinnt die Annahme, daß bei dem Beginn der Reformation sich an der Kirche 24 Vicare befunden haben, große Wahrscheinlichkeit, wenn sich dafür auch keine Urkundlichkeiten beibringen lassen. Mit dem letzten Vicar wird in Husum der letzte Katholik verstorben sein. *)

Die Reformation war vollendet und mit Recht wurde der verdienstvolle Herrmann Tast der erste Hauptprediger; erst spät verheirathete er sich mit seiner Haushälterin Gertrud, weil er sich lange mit Zweifeln über die Berechtigung der Priester zum Ehestande trug; aus dieser Ehe erzeugte er zwei Söhne, von denen der eine in Riga ein tragisches Ende erlebte. **) Bei dem Könige stand Tast in großem Ansehen, war eine Zeitlang von 1439—45 Probst im Strande, wenigstens auch bis 1547 Probst im Amte Husum ***), war neben den Hauptpredigern in Schleswig, Flensburg und Hadersleben berechtigt zur Theilnahme an der Bischofswahl, so wie er sich bei der Entwerfung der ältesten Kirchenordnung von 1542 bedeutende Verdienste erwarb. Er übernahm eine hervorragende Stelle in den kirchlichen Streitigkeiten, welche namentlich der Ketzer Melchior Hoffmann ****) hier im Lande

*) Über die Reformation in Husum, Krafft pag. 119 ff. Laß pag. 43.

**) Krafft pag. 119.

***) Als solcher hat er Kirchenvisitationen in Hattstedt gehalten; die von ihm revidirten Kirchenrechnungen sind mit seiner Unterschrift im dortigen Archiv vorhanden.

****) Das Nähere über die Hoffmannschen Streitigkeiten bei Krafft pag. 113. 440.

erregte, jedoch ohne denselben in einer Zusammenkunft in Flensburg eines Bessern zu belehren und von seinen Irrthümern zu überzeugen. *) Tast starb **1552**, seine Wittwe in einem Alter von **90** Jahren erst **1589** **). Der Leichenstein, der das Grab dieser ehrwürdigen Gebeine deckte, ist bei dem Abbruch der Kirche schmählich verloren gegangen. Sein eifriger Genosse bei dem Reformationswerke Dietrich Becker war als erster Archidiakonus schon **1533** verstorben; dem letztern folgte als Archidiakonus der bisherige Diakonus Franz Hamer; dieser gab hier das erste Beispiel der Priesterehe und starb **1553**.

Die Uebertragung der Güter von den katholischen Vicarien und Stiftungen auf andere Institute nach der Reformation scheint die Erben der ursprünglichen Stifter veranlaßt zu haben, weil nun allerdings die Vermächtnisse nicht mehr dem ersten Willen derselben gemäß verwandt wurden oder verwandt werden konnten, theils diese Vermächtnisse selbst zurückzuhalten oder wohl gar zurückzufordern, theils auch die Rentenzahlung zu verweigern. Desgleichen fanden sich die Schuldner der katholischen Kirche unter den jetzt veränderten Umständen veranlaßt, die Zahlung ihrer Verbindlichkeiten zu umgehen und hinaus zu schieben, Thatsachen, die in solchen Zeiten leicht ihre Erläuterung finden. Hierdurch fand sich der König bewogen, am Tage der Kreuzerhöhung **1530** zwei Mandate zu erlassen. In dem ersten befiehlt er, daß alle Güter und Almosen, die vorher Verwandte der Kirche, den Vicarien und dem Gasthause vermacht hatten, von den Nachkommen ungekränkt auch nach eingetretener Religionsveränderung bei der Kirche und dem Gasthause bleiben und die Zinsen und Einkünfte davon an die Kirchengeschwornen und Vorsteher berichtigt werden sollten. Nach dem andern wird den Kirchengeschwornen und Vorstehern das Recht beigelegt, die Schulden und Renten der Kirche und Stiftungen

*) Holberg Reichsgeschichte 2, pag. 239.

**) Laß pag. 71.

innerhalb und außerhalb Husum binnen 15 Tagen zu mahnen und sich dann durch Geld oder Pfändung bezahlt zu machen; den Amtmännern, Vögten und Hardesvögten, wie auch Bürgermeistern und Rathmännern der Städte wird aufgegeben, den Husumer Vorstehern hierin in Gemäßheit dieses Mandats ohne Verzug behülflich zu sein. *)

Nach dem Tode König Friedrich I., den 10ten April 1533, trat bekanntlich sein Sohn Christian III. sofort für sich und seine unmündigen Brüder die Regierung in den Fürstenthümern an. Am Ostermontage 1534 wurde ihm unter freiem Himmel bei den beiden Windmühlen vor Husum für sich und seine Brüder von den Eiderstedtern, Strandern, Lundenbergern und den Eingesessenen der Südergoesharde gehuldigt. Später bestätigte er in einer zu Husum am Donnerstage nach Invocavit ausgestellten Urkunde **) den Rechensleuten, Vorstehern der Kirche und des Gasthauses sammt der ganzen Gemeinde des Blekes Husum im Allgemeinen freilich nur und unter Vorbehalt der landesherrlichen Hoheit sämmtliche Vorrechte und Freiheiten, die von seinen Vorfahren, insbesondere von seinem Vater ertheilt waren, doch so als wenn sie wörtlich in die Urkunde aufgenommen wären und zwar um mannichfaltiger getreuer Dienste willen, die sie gutwillig gethan haben und noch thun werden; es leidet wohl kaum einen Zweifel, daß diese getreuen Dienste meistentheils in Geldleistungen bestanden haben. Daß neben den Amtmännern und Vögten, denen geboten wird, die Husumer in diesen ihren Rechten nicht zu beeinträchtigen, auch die Zöllner genannt werden, deutet darauf hin, daß der Ort bis hiezu noch im Besitz der Zollfreiheit war. ***) Bei seiner damaligen Anwesenheit entschied der König

---

*) Beil. I. № 42. 43. Diese beiden Mandate befinden sich bei M. J. nur dem Inhalte nach angeführt, jedoch mit Datum und Unterschrift.

**) Beil. I. № 44.

***) Im Jahre 1543 war dies nicht mehr der Fall, denn in einem Landregister von diesem Jahr ist unter den Einnahmen aufgeführt: de Tolle tho Husum vnd sust im Lehen ane den Tollen tho Gottorp mit 800 m℔.

an demselben Tage in einer Streitsache zwischen den Gemeindevertretern als Klägern einerseits und Berend Frodsen als Beklagten andererseits, welcher vermöge besonderer Privilegien Anspruch darauf machte, von allen Abgaben und Haltung der Einquartirung frei zu sein. Die Entscheidung fiel gegen ihn aus, weil die Husumer urkundlich nachwiesen, daß vermöge des ihnen von Friedrich I. ertheilten Privilegiums Niemand als Harmen Hoyer und der weil. Münzmeister Dreves im Bleke Abgabenfreiheit genießen solle und dann auch, weil er gleich andern Einwohnern kaufte und verkaufte. Diesemgemäß wurde Berend Frodsen verurtheilt, nachbarsgleich die Abgaben zu tragen. *)

Wegen der schwierigen und kriegerischen Zeitumstände zu Anfang der Regierung dieses Königs wurden starke Rüstungen erforderlich; deshalb ließ er im Jahre **1535**, nach andern **1536** aus jeder Kirche in Eiderstedt eine Glocke nach Husum bringen, um Geschütz daraus gießen zu lassen. Auch von der Husumer Kirche wurde ein gleiches Opfer gefordert, doch von den Hausfrauen dadurch abgewandt, daß sie, wie einst im Alterthum ihr Geschmeide zum Loskauf der Glocke hergaben. So berichtet Laß nach der Erzählung der Vorfahren, scheint aber an der Wahrheit dieser Geschichte einigen Zweifel zu haben; wir aber überzeugt, daß die Frauen im Stande sind, noch größere Opfer zu bringen, nehmen die Sache, wie sie erzählt wird, gläubig als Wahrheit. **)

---

*) Beil. I. № 45. Die Adeligen, zu denen der tüchtige Berend Frodsen gehörte, ließen sich damals gerne in den Städten nieder und trieben bürgerliche Gewerbe, besonders Handel, wobei sie ihre Privilegien gegen die städtischen Behörden in Anspruch nahmen, wie Beispiele in den Städten Schleswig und Flensburg genugsam beweisen. Berend Frodsen war übrigens Hardesvogt der Südergoesharde, wie aus einer Urkunde von 1522 erhellt; als er mit den Husumern den obigen Streit hatte, war indeß er es nicht mehr, sondern Lambert Dirichsen. Westph. Mon. IV. pag. 3139. 3151. Andere adelige Familien als die Fresen, Pleß, Knutzen, Hoyer, Paysen wohnten gleichfalls hier. cf. W. l. c.

**) Laß pag. 50. P. Sax, Mscpt. Heimreich 2. pag. 394.

Die mit der Religionsänderung verbundenen, wenn auch in den Fürstenthümern nicht gewaltsamen Erschütterungen, noch mehr die politischen Verhältnisse im Königreiche, wo es erst nach langem Kampfe dem Könige gelang, sich den Thron zu sichern, so wie die Zustände des benachbarten Deutschlandes lenkten im Anfang seiner Regierung die Aufmerksamkeit von den innern Angelegenheiten dieser Lande ab und somit auch von Husum. Deshalb konnte während der kurzen Periode seiner alleinigen Herrschaft, bis zu 1544, für Husum wenig oder gar nichts geschehen und ist aus seiner Regierungszeit nichts weiter zu bemerken, wenn es auch aus mehreren Urkunden ersichtlich, daß der König sich öfter hier aufgehalten. Nur einer großen Feuersbrunst, die Husum am Himmelfahrtstage 1540 heimsuchte, muß Erwähnung geschehen. Durch dieselbe wurde das ganze Westerende in Asche gelegt. Die Zahl der zerstörten Gebäude wird auf 100 angegeben, doch beschränkt Heimreich die Zahl der Häuser auf 40. Veranlassung zu diesem Unglück soll eine Magd gewesen sein, welche in dem Eckhause der hohlen Gasse und der Hans Backsen Straße heiße Asche ausgeschüttet. *) Mit dem Ausdruck Westerende scheint in der früheren Periode der ganze westliche Theil Husums begriffen zu sein, nämlich die Wasserreihe, Langenharmstraße, Fischerstraße und das jetzige Westerende. Die jetzige Hans Backsen'z, s. v. Dreckstraße, soll früher Hans Marschnersstraße genannt sein.

Das Einzige, was noch hier zu bemerken wäre, ist, daß der König im Jahre 1543 oder 1544 hier zu einem unbekannten Zwecke eine Anzahl Truppen versammelte, wie aus einem Ausgabenverzeichniß dieser Jahre hervorgeht, nach welchem der königliche Rechnungsführer vier Knechten, welche zu dem Hardesvogten Harmen Wiehe in das Burglager zu Husum gesandt waren, auf Befehl Kai Rantzau's jedem einen Gulden, zusammen 6 ℳ, auf seine Besoldung gegeben hatte. **)

*) Laß pag. 50. Heimreich 1. pag. 273. Dankwerth pag. 139.

**) N. Staatsb. Mag. 6. pag. 285.

Dritter Abschnitt.

Von dem Regierungsantritt Herzog Adolf's bis zur Ertheilung des Weichbildes, 1544—82.

Diese Periode und die nächstfolgende bis nach Ertheilung des Stadtrechtes war für Husum unbezweifelt die glänzendste; in diesen Zeiten blühten Handel und Gewerbe und mit ihnen der Wohlstand des Ortes freudig auf und die ersten Fürsten des Gottorfischen Hauses begünstigten Husum in vieler Rücksicht. Aus der allgemeinen Geschichte ist bekannt, daß König Christian III. im Jahre **1544** mit seinen mündig gewordenen Halbbrüdern Johan dem Aeltern und Adolf die Fürstenthümer theilen mußte und daß dem ersteren in seinem Antheil Nordstrand, dem letztern Eiderstedt und mit der Südergoesharde Husum zufiel. Mögen nun immerhin die wiederholten Theilungen der Herzogthümer für das Land im Allgemeinen von schädlichen Folgen gewesen sein, für das Blek Husum waren sie in den ersten Zeiten von günstigem Einfluß.*) Unter der Regierung des Herzogs Adolf und seiner Söhne wurde Husum ausnehmend begünstigt und erreichte in rascher Stufenfolge das endliche Ziel, so daß es mit dem Anfang des folgenden Jahrhunderts in die Reihe der Städte vollständig eintrat. Sieht man ab von einer persönlichen Vorliebe, die Herzog Adolf für Husum bei vielen Gelegenheiten äußerte, so lag es daneben in der Politik der Gottorfer Herzöge ziemlich klar vorgeschrieben, die einzelnen Orte in ihrem Antheil auf alle mögliche Weise zu heben und Städte zu schaffen,

*) Im siebenzehnten Jahrhundert traten freilich auch hier die nachtheiligen Folgen hervor.

wie solches bei Tönning und Garding geschah und später in der Gründung Friedrichstadts hervortritt, da ihnen in diesen neuen Städten die Herrschaft ungeschmälert verblieb, während sie die Oberhoheit in den alten Städten mit den übrigen Fürsten gewissermaaßen theilen mußten. Für Husum war Adolfs Regierung die glücklichste Periode und wenn man sonst das Sprichwort, es ist nicht mehr wie zu Herzog Adolfs Zeit, auf den Herzog Adolf VIII. von Holstein bezieht, so deuten die Husumer es noch dankbar auf Herzog Adolf von Gottorf. Außer dem Zuge gegen Ditmarschen, führte er nur einen Vertheidigungskrieg in seiner langen Regierung, indem er den Herzog von Braunschweig, der die Holsteinische Grenze bedrohte, über die Elbe zurücktrieb. Im Uebrigen stillte er seine Kriegslust in Deutschland unter den Fahnen des Kaisers als Niedersächsischer Kreisoberst und erwarb seinen Kriegsruhm nicht auf Kosten des eigenen Landes. Leider zeigte sich schon hier bei den regierenden Brüdern die entgegengesetzte Politik, denn während der König Theilnehmer an dem Schmalkaldischen Bunde, wenn auch kein eifriger war, befand sich der sonst protestantische Herzog auf Seite der Kaiserlichen, eine Politik, die sich wohl nur dadurch entschuldigen läßt, daß die Herzöge von Gottorf als die Schwächern gegen die Uebermacht der Könige im Auslande eine Stütze suchten, so jetzt bei der katholischen Partei, später bei dem Schwedischen und Russischen Hofe. Den Unterthanen und besonders den protestantischen Predigern war indeß diese Politik des Herzogs ein Stein des Anstoßes und äußerte sich darüber die Stimmung ziemlich unverhohlen. Als einst der Herzog aus den Niederlanden, wo er unter Alba gedient hatte, glücklich nach Husum zurückgekehrt war, ließ der Pastor Bokelmann sich in seiner Gegenwart von der Kanzel also vernehmen: Wir danken billig dem allerhöchsten Gott, der unsern gnädigsten Landesfürsten mit guter Gesundheit wieder anhero geholfen; aber wem hat er gedient? dem Teufel und seiner Mutter! Als nun der Herzog bei Tafel gegen Bokelmann die Bemerkung machte: Vater, es gab stark Bier in der Kirchen, und dieser erwiederte: gnädigster

Herr und Fürst, ich kann nicht anders als nach Gottes Wort und meinem Gewissen reden, äußerte der Herzog nur: nun, nun, bleibet auch dabei, und hielt den Pastor Bokelmann nach wie vor in seiner Gunst; eine Geschichte, ebenso ehrenvoll für den Herzog als für den Prediger.*)

Bald nach geschehener Landestheilung wurde dem Herzoge von den Eiderstedtern und den Eingesessenen der Südergoesharde (**1545**) gehuldigt und wurde gleich nach der Huldigung der vierte Mann zum Kriegsdienst ausgehoben. Im folgenden Jahre **1546** bestätigte Adolf in einer zu Husum nach Reminiscere ausgestellten Urkunde die Privilegien und verlieh der Gemeinde, da die erste zwanzigjährige Frist abgelaufen war, die Einnahme des Krahns vorläufig auf zehn fernere Jahre **). Die Chronisten erzählen von einer großen Pest im Lande in diesem Jahr, von welcher auch die Husumer stark mitgenommen.

Zum zweiten Mal in diesem Jahrzehnt und zwar am Sonntag Jubilate **1549** legte eine Feuersbrunst einen großen Theil der Stadt in Asche. Unvorsichtige Knaben schoßen unter der Predigt nach einem Raben, welcher auf dem strohgedeckten Stalle des Pastors Johannes Hamer saß. Das Dach des Stalles fing Feuer und dies verbreitete sich bei einem starken Nordostwind mit reißender Schnelligkeit und zerstörte die Häuser von der Süderstraße an auf beiden Seiten der Krämerstraße ***), an der Schiffbrücke, der Süderseite der Großstraße bis zur Kleikuhle. Mit diesem Brande verbindet die Chronik die Geschichte von einem frommen Kaufmann in der Krämerstraße. Als nämlich das entfesselte Element sich seinem Hause näherte, sprang er mit Elle und Waage

*) Krafft pag. 129.

**) Heimreich 1. pag. 342. Laß pag. 52. — Diese bloße Bestätigung befindet sich in einer handschriftlichen Urkunde (M. J.) d. d. Husum am Donnerstage nach Reminis. A. 1546.

***) Diese Straße hieß früher die Waterstraße und wird noch jetzt bei hohen Fluthen überschwemmt; sie ist nicht mit der Wasserreihe zu verwechseln.

unter dem Arm auf die Gasse und flehte mit gefalteten Händen zu Gott, daß, wenn er je durch falsches Maaß und Gewicht seinen Nächsten wissentlich betrogen habe, da möge auch sein Haus abbrennen, wo nicht, verschont bleiben und siehe da! des ehrlichen Mannes Gebet wurde erhört, die Flammen zogen vorüber und sein Haus, das einzige in der Krämerstraße, blieb verschont. Die Chronik meint, es sei dieser Kaufmann, Meinke Graveley *) war sein Name, ein seltner Vogel gewesen, auf dem die bekannte Bibelstelle, gleich wie ein Nagel in der Wand zwischen den Steinen stecke, also die Sünde zwischen Käufer und Verkäufer, keine Anwendung finde. **)

Dieser schnell auf einander folgende zwiefache Brand veranlaßte den Herzog und seine Räthe unter Zuziehung des Hardesvogten Harmen Wiehe und der Rechensleute eine Feuerordnung nebst mehreren andern polizeilichen Verfügungen zu erlassen. Es ist diese Ordnung von dem Herzoge am Tage Maria Lichtmeß **1550** confirmirt und die erste von der sich hier am Orte Nachricht findet. Nach derselben darf Niemand sein Haus, Kathe oder Stall mit Stroh oder Reth decken, sondern nur mit Lehm ***); die vorhandenen Strohdächer sind innerhalb 4 Jahren abzunehmen und nach dieser Bestimmung einzurichten, auch in gleicher Frist alle Wohnungen mit Schornsteinen zu versehen. Rechensleute und Quartiersmänner sind verpflichtet, viermal im Jahre alle Feuerstätten, Schornsteine Backöfen und Malzdarren zu untersuchen und die nöthigen Ausbesserungen zu veranlassen. Alte Kathen, der Aufenthalt heimathslosen Gesindels, sollen abgebrochen und das letztere

*) Die Graveley kommen namentlich als Mitglieder der Schützengilde vor; ein Küster dieses Namens in der Geschichte des Pastors Neocorus.

**) Laß pag. 53. Peter Sax Westph. 1. pag. 1373.

***) Die Abschaffung der Strohdächer in den Städten ist schon früh Gegenstand der Gesetzgebung gewesen; so befiehlt der Herzog Gerhard 1402 der Stadt Schleswig alle Strohdächer zu entfernen und die Häuser mit Steinen oder Lehm zu decken. Noodt's Beil. I. pag. 181.

entfernt werden. Schiffsballast darf nicht in die Aue, sondern nur süden des Bollwerkes ausgeworfen werden; der Straßenkoth ist außerhalb des Blekes zu fahren und darf bei Strafe von **10** ß nicht nach dem Viehmarkt gebracht werden. Jeder Neubau ist dem Hardesvogten anzuzeigen und hat dieser darauf zu sehen, daß Niemand zu weit aus oder seinem Nachbarn zu nahe baue, sondern die Häuser in grader Linie aufgeführt werden. Daß diesen Bestimmungen, insbesondere den baupolizeilichen, schlecht nachgelebt, beweis't der Anblik der Straßen und der Umstand, daß erst in der neuesten Zeit die letzten Strohdächer entfernt sind. Befanden sich auch in den Haupttheilen des Blekes schon massive steinerne Häuser, so sehen wir doch, daß viele feuergefährliche Kathen wahrscheinlich an den Enden der Straßen vorhanden waren, die außerdem fremdem Gesindel zum Aufenthalt dienten. Die Verfügungen in Betreff der Backöfen und Malzdarren weisen auf einen starken bürgerlichen Betrieb hin, so wie die gleich folgende Böttcherbeliebung auf das Bestehen einer Böttcherzuuft.

In Betreff der Richtigkeit des Maaßes und Gewichtes *) namentlich über die verschiedene Größe der Tonnen wurde vielfach um diese Zeit Beschwerde geführt. Um diesem Unwesen abzuhelfen, wandten die Rechensleute und Vorsteher sich an den Hardesvogt Harmen Wyhe, der hierüber eine Untersuchung anstellte. In Folge fernerer Unterhandlungen verpflichten sich 'die Böttchermeister gegen den Hardesvogt und die Rechensleute in einer eigenhändig unterschriebenen Beliebung **1552**, daß sie alle Tonnen genau nach der Husumer machen und mit einem Zeichen versehen wollen; zur Beaufsichtigung der Tonnen wählten die Rechensleute und Quartier-

---

*) Laß pag. 55. giebt die hier üblichen Maaße und Gewichte also an: eine Tonne zu trocknen Waaren soll halten 36 Stübchen, eine halbe 18 Stübchen. Diese Tonnen werden gehäuft und enthalten 8 Schipp. Eine Tonne Bier enthält 24 Stübchen und ein Stübchen 8 ℔ Wasser. Das gewöhnliche Trojanische Gewicht ist ein Pfund zu 33 Loth Cölnisch. Gold, Silber, Seidenzeug, Kräuter werden nach Cölnischem Gewichte gewogen.

meister einige aus dem Böttcheramt Bevollmächtigte, welche für die unrichtig befundenen Tonnen Brüche an die Obrigkeit und an das Amt zu erkennen befugt sind und werden die vier Amtsälterleute bei ihrem Eide verantwortlich gemacht, diese Brüchen richtig aufzuführen, zu berechnen und nicht zu verschweigen. Die Einwohner dagegen dürfen von nun an keine Tonnen mehr bei einem Pfuscher machen lassen, doch bleibt es ihnen unverboten, Bänder zu kaufen und ihre Tonnen durch ihre Dienstleute binden zu lassen. Die Husumer Biertonne soll zehn Bänder haben, eine Tonne Kakebiller *) oder andern fremden Biers nicht mehr denn acht und werden solche mit zehn Bändern angetroffen, steht es den Böttchern zu ungehindert zwei Bänder davon abzuschlagen. Diese Vereinbarung führte nicht zum Ziele und rissen, insbesondere weil die Tonnen oft von nassem Holz gemacht worden, neue Unrichtigkeiten ein. Deshalb wurde im Jahre **1557** von den Rechensleuten und Quartiermeistern Namens der Gemeinde beschlossen, in jedem Quartier eine Tonne von trockenem Holz mit eisernen Bändern zu halten; diese wurde bei dem ältesten Quartiersmann aufbewahrt und jedem gegen Erlegung von **2** ₰ zum Gebrauch geliehen, für welche Einnahme diese Tonne unterhalten wurde. Von dem Rechensmann, der die Steuern einhebt, soll alle Jahr ihre Richtigkeit untersucht werden. Diese Normaltonnen waren mit einem Brandzeichen, dem Buchstaben **H** in einem Kreise versehen. Wie hier außer den vier Aemtern schon die Böttcher vor Ertheilung des Weichbildes zu einem Amte vereinigt, erschienen etwas später die Leinweber und Kürschner (**1561**).

Es liegt außer dem Zweck dieser Darstellung die kirchengeschichtlichen Verhältnisse zu erörtern und mag es deshalb genügen zu bemerken, daß das von den drei Landesherrn **1555**

---

*) Eckernförder Bier, dies hieß früher Quackeltheis; weil es ziemlichermaaßen getrunken ein frisch gut Geblüt und fröhliche Leute gab, nannte es ein Cardinal Raimund wegen seiner Eigenschaft (ventris fluxu affectus) Cacabella, welchen Namen es behalten. Westph. Mon. III. pag. 1778.

gemeinschaftlich erlassene Edict wider Sectirer, Schwärmer und Wiedertäufer auch hier bekannt gemacht und an die Kirchenthüren geheftet wurde, so wie ferner, daß die Streitigkeiten zwischen dem Hamburger Prediger Westphahl und Calvin über die Sacramente, welche ganz Norddeutschland in Bewegung setzten, auch hieher wirkten und die Husumer Geistlichen nach dem Beispiel anderer Städte veranlaßten, ein Glaubensbekenntniß zu Gunsten Westphahls abzugeben und diesem zuzusenden (**1556**). *)

Im Jahre **1557** wurde hier zu Husum auf Befehl des Königs Christian und seiner herzoglichen Brüder Johan und Adolf das für die Marschen so wichtige Spadelandesrecht von erfahrnen und der Deichsachen kundigen Männer, deren Namen freilich nicht erhalten, entworfen und zum Gesetz erhoben, welches als solches jetzt noch, doch wohl nur formelle Gültigkeit hat. Falck **) setzt irrthümlich die Abfassung unter Adolf VIII., also ungefähr hundert Jahre früher. Er scheint zu dieser Annahme durch Heimreich's Anmerkung zum ersten Artikel verführt, die sich offenbar nicht auf das ganze Spadalandesrecht***), sondern nur auf diesen ersten Artikel bezieht, in welcher er darauf hinweis't, daß diese Bestimmung, wornach alles Land in einem Koog, da eine große Fluth übergangen, Demat Dematsgleich zu Deich und Dämmen im Guten und im Argen pflichtig, schon zu Herzog Adolfs VIII. Zeiten von Männern im Strande und Eiderstedt beliebt und später durch gerichtliche Entscheidung anerkannt ist. Fast bei jedem Artikel bemerkt Heimreich, daß der Inhalt auf Gewohnheit, Herkommen und ältere Entscheidung beruhe. Auch Peter Sax in seiner handschriftlichen Beschreibung von Eiderstedt erklärt, die Bestimmungeu seien aus freier Vernunft und langer Observanz

*) Laß pag. 55. Krafft pag. 127 und im Anhange pag. 450, wo sich diese confessio Ministrorum Ecclesiae, quae est Husi, findet.

**) Handb. 1. pag. 437.

***) Den gedruckten Ausgaben sowohl bei Heimreichs Nordstrander Landrecht, Ausgabe 1670 pag. 101 als im C. St. Sl. 1. pag. 390 fehlt die Zeitangabe.

geflossen, setzt aber die Abfassung des Statuts in das Jahr **1552**; **1557** indessen dürfte doch das richtige sein. *)

Detlef Ebsen oder Ebbesen, in den Besitz des sogenannten Herrenhauses, der frühern Münze, gekommen, gerieth über den Umfang und die Ausdehnung der dem Hause zustehenden Freiheiten mit den Rechensleuten und der Gemeinde in Streit, so wie auch, weil er seinen Gartenraum nach dem Kloster hin klosterwärts erweiterte. Bei seiner Anwesenheit in Husum **1554** entschied der Herzog nach Vernehmung beider Parteien, daß Ebbesen nach dem Inhalt der ihm und seinen Besitzvorwesern ertheilten Privilegien des Königs Friedrich und des Herzogs sich jeden Uebergriffes zu enthalten habe und seinen Gartenraum nicht weiter auszudehnen, als derselbe jetzt abgegrenzt und besteckt sei, daneben aber auch, daß er und seine Erben, wenn sie bürgerliche Nahrung oder Kaufmannschaft betrieben, gleich andern Einwohnern, nachbarsgleich zu contribuiren hätten. **) Unter diesem osten am Rathhause belegenen Hause ***) führte vermittelst eines bedeckten Ganges, des jetzigen kleinen Schwiebbogen, welchen die Sage zu einem unterirdischen Gewölbe gemacht, ein schmaler Weg nach dem frühern Kloster hinauf, der früher von den Mönchen zum Verkehr mit der Stadt benutzt und der wahrscheinlich auch deshalb angelegt war ****); für letzteres spricht die Localität. Das Kloster war aber jetzt längst eingegangen und mag dieser Umstand dem Ebbesen einen scheinbaren Grund abgegeben haben, den ganzen Gang sich anzueignen und einzuziehen; hiegegen indessen erhob die Gemeinde ihrerseits Einspruch, da sie sich desselben zum täglichen Verkehr seit undenklichen Jahren bediente. Dieser neue Streit wurde **1556** †) von

*) cf. Heimreich 1. 420. Laß pag. 57. Lackmann Bd. 1. pag. 475. 490. Holberg 2. 401.

**) Beil. I. № 46.

***) jetzt Quart. 2, № 1. Des Nachbars Haus im Westen, später mit zum Rathhaus verwandt, gehörte damals Kord Erdmann, das im Osten Hans Barms.

****) Vergl. Anhang V.

†) Laß pag. 25, not. 57.

den Rechensleuten unter Zuziehung der Grundediger dahin entschieden, daß der Gang in einer Breite von acht Fuß bis an Kort Erdmann's Stall der Gemeinde zugesprochen wurde, dagegen dem Ebbessen der freie Tropfenfall, aber nicht das Recht den Gang zu bebauen. Hier erscheinen die Rechensleute mit den Grundedigern als ein eigenes Gericht, welches über Grenz- und Grundstreitigkeiten zu entscheiden hatte. Dasselbe besteht zur Zeit noch und findet von dessen Aussprüchen Berufung an den Magistrat statt. In älterer Zeit hat es sich offenbar selbstständig neben dem Hardesding durch das Bedürfniß ausgebildet und sich in etwas veränderter Form erhalten; sowohl in dem Weichbilde, als in dem Stadtrechte findet es sich in dem Titel: „Beweisung durch Augenschein" *).

Uebrigens läßt die Geschichte dieses Hauses, welches nach der Erwerbung des Hoyerschen durch die Gemeinde das einzigste privilegirte Grundstück in der Stadt blieb, und die Reihenfolge der Besitzer urkundlich bis in die Gegenwart hinabführen und halte ich es nicht für überflüssig dies hier kurz anzudeuten, wozu ich durch gütige Mittheilung der dies Haus betreffenden Urkunden in den Stand gesetzt bin. Diese, auf welche ich hier Bezug nehme, sind mit ihren angehängten Siegeln wohl erhalten, im Besitz der jetzigen Hauseigenthümer und namentlich in sprachlicher Rücksicht dadurch interessant, daß sie den wechselnden Kampf der hochdeutschen und plattdeutschen Sprache im 16ten Jahrhundert zeigen. Als, wie erwähnt, die Münze nach Schleswig von hier verlegt war, belehnte der König Friedrich am Montage nach Martini 1529 den fürstlichen Baumeister Marten Bussert mit diesem Hause, welche Belehnung Herzog Christian 1531 Mittwoch nach Michaelis bestätigte. Als König genehmigte derselbe für sich und seine unmündigen Brüder 1543 Donnerstags nach Viti den Verkauf durch Marten Bussert an Detlef Ebbessen, ge-

*) Stadtrecht 1. 29. Gerichtsordnung Beil. II. Th. 2. tit. 15. Es wird jetzt gebildet aus dem Stadtsecretair, dem Kämmerer, einem Senator, den zwei Edigern und zwei Taxatoren.

nannt „de olde", nachdem das Grundstück in Gegenwart einiger fürstlichen Räthe aufgelassen und verschöttet war; nach seinem Regierungsantritt confirmirte Herzog Adolf den 4ten Juli 1552 diesen Verkauf, sich und seinen Erben jedoch das Verkaufsrecht vorbehaltend, welcher Vorbehalt in den frühern Urkunden fehlt. Dieser Herzog erwarb dasselbe später selbst von Ebbessens Erben für eine Pfandsumme von 3000 ℔ und 300 ℔ aufgeschlagener Zinsen, worauf Philipp es an den Präsidenten Gerhard Steding, Erbgesessenen zu Bramstedt *), für dieselbe Summe überließ; in den Kaufgeldern wurden jedoch 1000 Gulden gekürzt, welche Herzog Friedrich dem Steding als Gnadengeld geschenkt und 1000 ℔, um welche es wegen der niedergebrochenen Ställe, verfallenen Böden, Dächer und Stackwerks nach vorgängiger Besichtigung geringer geschätzt war und wird nur der Rest von 800 ℔ gegen Quittung baar bezahlt**); die Ausfertigung des Kaufcontractes welche bisher auf Hindernisse gestoßen war, wurde erst den 21sten Januar 1591 durch Herzog Johan Adolf vollzogen. Die Stedingschen Erben, Wittwe, Kinder und Enkel verkaufen es laut Kaufcontract vom 1sten Mai 1624 an die Herzogin Auguste für 6000 ℔ mit den Buden und Kellern. Die verwittwete Herzogin Maria Elisabeth überließ dasselbe ihrem Korn- und Küchenschreiber Lorenz Clausen, der zugleich Landschreiber auf Nordstrand war, auf Lebenszeit zur Wohnung; weil es aber sehr verfallen, bestimmt Herzog Christian Albrecht 1671, daß die nothwendigen Reparaturen nach Clausens Tode von seinem Dienstnachfolger seinen Erben ersetzt werden sollen, weshalb eine vorherige Taxation zur Beurtheilung der Reparaturen durch verordnete Commissarien verfügt wird Inzwischen verkauft die Herzogin dasselbe dem Clausen für 500 ℛ︀, welches der Herzog bestätigt; diese beiden Documente sind resp. den 4ten und 14ten Juli 1681 zu Husum und Gottorf

*) Schröders Topographie von Holstein: „Bramstedt".
**) Nach dieser Berechnung war damals der Gulden gleich 1 ℳ 8 β.
***) Beil. I, № 46, a.

ausgestellt *). In demselben Jahr reversirt sich der Nachbar im Osten Christian Petersen Wandmacher dahin, daß, wenn ihm der Landschreiber gestattet, längs der Peselwand zur Bequeumlichkeit seiner Brauerei und Malzerei Wassertonnen einzusetzen, er daraus keine Gerechtigkeit herleiten und sie auf Anfordern sogleich wegnehmen will. Den Erben des Besitznachfolgers Joachim Erich Clausen suchten Rath und Deputirte bürgerliche Lasten aufzulegen, doch entschied das Obergericht auf Gottorf gegen den Rathsverwandten Jacob Matthiesen und den Deputirten Gäntzel als Syndici der Stadt mit Bezug auf die beigebrachten Urkunden unterm 3ten März 1732 dahin, daß die Erben bei ihrer hergebrachten Freiheit zu lassen, sofern in dem Hause nicht bürgerliche Nahrung getrieben werde **). In den Jahren von 1735 bis 1740 erwarb der Secretair Johan Greve käuflich erst die Hälfte und dann die übrigen 3/6 Theile von den Clausenschen Erben und wurden ihm sowohl der Kauf als die hergebrachten Freiheiten von den Königen Christian VI. und Friedrich V. bestätigt. Nach einem Kanzleischreiben vom 25sten December 1762 kann das Haus aber auf Befreiung von außerordentlicher Einquartirung keinen Anspruch machen und ist hiebei dem Magistrat unterworfen ***). Nach erlangtem Verzicht der Rentekammer auf das Vorkaufsrecht erstand der Weinhändler Johan Homann 1770 dies Haus von den Erben des Greve in öffentlicher Auction für 5000 ₰ und ist dasselbe bisher in dem Besitze der Homannschen Familie verblieben. Vermöge der erwähnten Freiheiten stand das Haus unter dem Obergerichte ****), welches Recht durch die allgemeine Verfügung vom 29sten Juli 1850 aufgehoben, dagegen haben die übrigen Freiheiten die Allerhöchste Bestätigung erhalten.

---

*) Beide sehr gut erhalten und sehr schön geschrieben, sind mit goldnen Initialen verziert.

**) Beil. I, № 46, b.

***) Beil. I, № 46, c.

****) Chronol. Sammlung von 1785.

Als eine natürliche Folge des Ausscheidens Husum's aus dem Mildstedter Kirchenverbande hätte man auch die völlige Trennung der Feldmarken erwarten müssen; letztere indessen erfolgte nicht vollständig und blieben bis in das nächste Jahrhundert (1619) hinein die Husumer und Nordhusumer Feldmarken in Gemeinschaft, weshalb denn auch beide Feldmarken einen gemeinschaftlichen Schüttkoven hatten; über diesen entstanden Streitigkeiten und verglichen sich die Rechensleute den 25sten October 1556 mit den Nordhusumern dahin, daß letztere ihren Antheil an den Schüttkoven machen und unterhalten sollten, wogegen sie ein für allemal fünf Gulden Münze empfingen und die Hegensleute beider Feldmarken einen Schlüssel zu demselben haben sollten. Hieraus erklärt sich, daß noch der Schüttkoven gemeinschaftlich von beiden Communen benutzt wird.

1558 erließ der Herzog eine Marktordnung, in welcher es allen Fremden verboten wurde, auf dem Markte und in den Straßen des Blekes Korn, Butter und andere Lebensmittel zum Nachtheil der Einwohner aufzukaufen, auch den Schiffern ihre Fische, ehe und bevor die Einwohner versorgt wären, an einen einzigen Einheimischen oder Fremden zu verkaufen und sollten sie jedenfalls mit dem Verkauf der Fische in Quantitäten vier Tage warten, um den Husumern Gelegenheit zu geben, sich mit diesem Arkikel zu versorgen. Die Husumer selbst gingen hiebei noch einen Schritt weiter und beliebten unter Zustimmung des Amtmanns Heinrich Rantzau und zwar in der Kirche **), daß keiner dem andern zum Ver-

*) Unter Fischen sind hier selbstverständlich die damals selbst auf fürstlicher Tafel beliebten Stock- und Klippfische zu verstehen, womit sich die Haushaltungen auf längere Zeit zu versorgen pflegten.

**) Die Kirchen wurden in älterer Zeit sehr oft zur Berathung weltlicher Dinge von den Gemeinden benutzt und zwar das Schiff, welches nicht zu dem eigentlich geweihten Theile gehört. Hielt doch noch in viel spätrer Zeit ein Buchhändler während des Marktes in der Kirche seinen Verkauf.

fange Korn und Lebensmittel außerhalb des Blekes bei nahmhafter Strafe aufkaufen dürfe.

In demselben Jahre fürchtete man an den Küsten der Außenlande namentlich Eiderstedts einen feindlichen Einfall von Seeräubern, weshalb die benachbarten Harden zum Schutze der bedrohten Puncte aufgeboten wurden und zogen die Husumer mit den Lundenbergern drei Fahnen stark nach Garding; statt der Seeräuber erschien indeß eine friedliche Handelsflotte von 17 Segeln an der westlichen Spitze Eiderstedts bei Süderhöft und wurden dadurch die Vertheidigungsanstalten überflüssig. Laß *) wenigstens setzt diese Begebenheit in das Jahr 1558, Heimreich dagegen in das Jahr 1572. Für die erstere Annahme spricht, daß damals sowohl wegen der Helgolander Streitigkeiten als auch wegen des bevorstehenden Krieges mit Ditmarschen sich Raubgesindel auf der See gesammelt haben mag, wie denn auch schon früher die Ditmarscher sich der Hülfe der Seeräuber bedienten, um während der Kriege die Küsten zu beunruhigen. Für Heimreichs Angabe möchte sich sagen lassen, daß, obgleich die Grumbachschen Händel 1567 beendigt waren, dennoch die Töchter Christian II. noch ihre Ansprüche auf das Königreich und die Herzogthümer nicht aufgegeben hatten und mindestens den König und die Herzöge beunruhigten. Daß man diesem Einfall große Bedeutung beilegte, geht daraus hervor, daß der Herzog Johan mit seinen Truppen bereits von Hadersleben nach Kropp, die Schleswiger bis Treia gekommen waren, um diese Seeräuber abzuhalten. **)

Wegen der Unterbringung, Einquartirung der Soldknechte bei den Bürgern wurde von den Rechensleuten und Quartiersmännern eine Beliebung (1559) gefaßt, daß das mittelste, jetzt das 2te, osterste, 3te, süderste, 4te Quartier und die Neustadt je 8, das reiche, das jetzige erste Quartier, dem Umfange nach das kleinste, welches den 8ten Pfennig weniger gab, je 7, das westerste je 4 Knechte unterhalten solle, eine Bestimmung, die den Umständen nach verändert werden konnte.

---

*) Laß pag. 58.

**) Heimreich 2, pag. 24.

Für die Commüne wichtige Bestimmungen vereinbarten in demselben Jahre die Rechensleute, Kirchgeschwornen und Gasthausvorsteher in Gegenwart des Hardesvogten Harmen Wiehe und des Pastor Bokelmann auf dem Gasthause, welches vor der Erbauung des Rathhauses der allgemeine Versammlungsort der Gemeindevorsteher war und es zum Theil noch geblieben ist. Diese Bestimmungen, welche das Gemeinwesen des ganzen Ortes betreffen, zeigen deutlich, daß die Gemeinde durch ihre Vorsteher eine ausgedehnte Autonomie in der innern Verwaltung übte. Hiernach sollen nur unbescholtene Männer zu den Communalämtern, die alle ohne Gehalt sind, erwählt werden; sie sind auf ihre Verwaltung zu beeidigen und sollen so vermögend sein, daß sie einen Vorschuß von 100—200 ℔ leisten können; allein dürfen sie keine Veränderung in der Verwaltung treffen, sondern nur in Uebereinstimmung mit den sämmtlichen Rechensleuten, Kirchgeschwornen und Gasthausvorstehern und ist in wichtigen Fällen mit dem Hardesvogten *) und Quartiersmännern Rücksprache zu halten. Diese Commünevorsteher, Rechensleute, Kirchgeschworne und Gasthausvorsteher wählen alter Gewohnheit nach unter Zustimmung des Hardesvogten und mit dem Rathe der Aeltesten und Gescheutesten in der Gemeinde **) den Hauptprediger, doch dürfen sie dazu nur einen solchen wählen, an dem der Superintendent nichts auszusetzen haben kann. Dieselben sollen mit Beistand der Quartiersmänner jeden Einzelnen zu Martini nach seinem Vermögen zur Schatzung ansetzen und mit diesem Ansatz jedes Gemeindemitglied friedlich sein; zeigt er sich in der Zahlung säumig, so haben die Quartiersmänner im Namen der Rechensleute das Recht zu pfänden und das Pfand bei nicht gesche-

*) Wenn Laß hier pag. 60 statt des Hardesvogten den Magistrat nennt, so ist dies verfrüht, da noch gar kein Magistrat vorhanden war.

**) Aus diesen Ältesten und Gescheutesten der Gemeinde ist hier, wie anderswo, später der große Bürgerausschuß und das Deputirtencollegium hervorgegangen; die Wittigsten kommen auch sonst als berathende Mitglieder in den ältern Gemeinden vor.

hener Einlösung zu verkaufen.*) Ein Giebelhaus giebt zu einer einfachen Schatzung 8 ß, ein kleines Haus 4 ß und muß der Eigenthümer für den Miethsmann einstehen. Die Gemeinde-, Kirchen- und Gasthausrechnungen werden zu Weihnachten in Gegenwart des Predigers und Hardesvogten abgelegt und in einer Lade verwahrt. Das Gemeindewesen hat zu den Kirchenlasten nichts beizutragen als die Hälfte zur Unterhaltung und Stellung der Stundenglocke, wohl weil diese nicht allein der Kirche, sondern auch dem ganzen Orte diente. Die Gasthausvorsteher vertheilen unter die Armen die Einnahmen des Klingbeutels und des Armenkastens. Ist am Schlusse seiner Amtsführung einer der Rechnungsführer in Vorschuß, so erhebt er denselben sofort von seinem Nachfolger und genießt billige Zinsen, wenn derselbe ein halbes Jahr hinsteht; ein Kassebehalt ist sofort auszukehren und schon nach einem Vierteljahr zu verzinsen. Leihen Vorsteher Gelder an unsichere Personen aus, so ist dies auf eigene Gefahr und darf keiner ohne Zustimmung der sämmtlichen zwölf Vorsteher Capitalien verzinslich aufnehmen. Restanten sollen binnen 15 Tagen eingemahnt werden oder die Vorsteher sich in ihre Güter immittiren lassen. Kein Vorsteher darf bei willkührlicher Strafe auf geschehene Ansage aus den Versammlungen bleiben.

Ueber die Wahl des Hauptpredigers ist hier bestimmt; die des zweiten geschah damals von den 12 Quartiersleuten unter Zustimmung des Pastoren und Hardesvogten; die Schullehrer wurden von den Rechensleuten, der Küster von den Kirchgeschwornen gewählt; diese erhalten sämmtlich von den Rechensleuten aus den verschiedenen Registern ihr Salair, nur der Küster muß nach einer Liste selbst seine Besoldung einfordern.

An der letzten Ditmarscher Fehde, die mit der Unterwerfung dieses Landes endete, nahm auch ein Husumer Aufgebot, welches aber bei dieser Gelegenheit sich nicht großen Ruhm

---

*) Des den Gemeinden, auch Gilden und Zünften zustehenden Pfändungsrechtes ist schon erwähnt und wird ferner vorkommen.

erworben zu haben scheint, Theil. Bestimmt an der Eider bei Erfde und Tielen Wache zu halten, ließen sich die vereinigten Husumer, Mildstedter, Ostenfelder und Hattsteder unter ihrem Hauptmann Jürgen Knutzen von Husum und dem Fähndrich Ketel Harring *) von Horstedt gelüsten über die Eider zu gehen und begannen in dem Dorfe Wallen, Kirchspiels Tellingstedt, zu rauben und brennen. Einige Ditmarscher in dem benachbarten Dorfe Swinhusen, dasselbe Schicksal fürchtend, gingen nach Neocorus selbst elfe, nach Heimreich indeß 50 an der Zahl unter Hans Lübkens, spätern Kirchspielvogtens zu Delve, Anführung und Aufmunterung ihren Feinden dreist entgegen. Als diese ihre Hakenbüchsen erfolglos abgeschossen, stürmt Lübkens muthig auf sie ein und tödtet ihnen etwa ein halbes Stieg, worauf die Vorgeestfriesen in Verwirrung gerathen, ihre Fahne im Stich lassen und die Flucht nach der Eider zu ergreifen; indeß erschwert die eingetretene Ebbe ihr Entkommen. Ein Theil erreicht die Böte, von denen eins überladen untersinkt, ein anderer Theil wendet sich gegen Scheppern, von den Ditmarschern verfolgt, die inzwischen durch 3 aus Delve und 25 von Tielenbrücke verstärkt wurden. Die Niederlage der Friesen war vollständig und sollen nach Heimreich 400 größtentheils in der Eider umgekommen sein; ist auch diese Zahl vielleicht übertrieben, so war der Verlust doch sehr bedeutend, da allein 18 Hauswirthe aus Horstedt umkamen.

Dem Fähndrich Ketel Harring wird die Schuld dieses Unglücks beigemessen, da er bei dem ersten Anblick der Ditmarscher die Fahne wegwarf, zur Flucht ermahnte und sich selbst über die Eider rettete. **) — Ein minder gefährliches Loos in

---

*) Hauptleute und Fähndriche des Aufgebots finden sich noch viel später und Heimreich erzählt bei Musterungen in der spätern Zeit mit Liebe, vortrefflich commandirt und sich stattlich unter der Fahne ausgenommen. Noch im 17ten Jahrhundert war Simon Petersen in Husum Fähndrich, wie dessen Epitaphium in der Kirche ausweis't.

**) Neocorus 2, pag. 186. Heimreich 1, pag. 347. Viethen pag. 360. Laß schweigt gänzlich über diese Niederlage.

diesem Kriege traf die Frauen der Husumer Bürger Jürgen Laters, Augustin Ferbers und Jürgen Warms, die, als sie, um ihre Männer auf der Wache zu besuchen und ihnen reine Wäsche zu bringen, längs der Eider hinfuhren, den Ditmarschern in die Hände fielen, aber nach einer kurzen Gefangenschaft in Heide mit der Besiegung der Ditmarscher bald ihre Freiheit wieder erlangten.

Zwei Jahre nach der angeführten Beliebung von 1559 fanden sich die Kirchgeschwornen veranlaßt, mit der Gemeinde dahin eine Vereinbarung *) zu treffen, daß letztere, wenn die Kircheneinkünfte zur Unterhaltung der Kirchen und des Kirchenornates nicht ausreichten, zutreten, auch zu der Besoldung der Kirchen- und Schuldiener in einem solchen Falle beitragen, sowie die Schul- und Wittwengebäude ohne Zulage der Kirche unterhalten wolle. Auch versprach die Gemeinde sich angelegen sein zu lassen, die Einkünfte der Kirche und ihrer Diener zu verbessern und einen etwanigen Ueberschuß zum Besten armer Studirender und zu einer Bibliothek zu verwenden. Diesemnach waren die Einkünfte der Kirche nicht im besten Zustand und wurde zu deren Verbesseruug gestattet, den Ziegeleibetrieb zum Vortheil der Gemeinde und der Armen zu erweitern und das dazu erforderliche Material frei und ohne alle Abgaben zu kaufen; der Kirche und dem Gasthause sollte es unbenommen bleiben, mehre Ziegelhöfe anzulegen, dies Recht aber, wenn die Kirche es nicht benutzen wollte, konnte dann nur der Commüne und keinem andern sonst übertragen werden. Auf diese Weise erhielten die Kirchen und das Gasthaus gewissermaaßen ein Monopol für die Ziegelbrennerei.

Ziegelhöfe befanden sich früher bei dem Bleke drei; die sogenannte Mönkenziegelei süden am Mönkewege war längst, vermuthlich in Folge der Reformation eingegangen und der Platz unter den daran liegenden Häusern vertheilt, wofür an die Kämmerei eine jährliche Erdheuer bezahlt wird. Dieser

*) Diese Vereinbarung ist nach Laß, pag. 63, von Herzog Adolf confirmirt am Sonnabend nach Himmelfahrt 1561.

Ziegelhof gehörte dem grauen Kloster. Ein andrer der Kirche zuständiger befand sich an der Stelle des jetzigen Schützenhofes und wurde wegen Feuerfährlichkeit bei seiner Lage in der Süderstraße abgebrochen. Ein dritter, im Westerende vor der Fischerstraße belegen, gehörte der Gemeinde und hatte das Gasthaus darin nur das Eigenthum eines Viertels. Es vereinigten sich nun 1561 unter Beistimmung des Hardesvogten die Rechensleute, Kirchgeschwörnen und Gasthausvorsteher dahin, daß die Kirche von dieser Ziegelei die Hälfte erwarb und das Gasthaus das andere Viertel zukaufte. Aber selbst der Vortheil des Monopols konnte es nicht bewirken, daß dies Geschäft von den Eigenthümern, da das Brennmaterial und die Arbeit theurer wurden, auf eine ergiebige Weise betrieben wurde, sondern es fand eine Einbuße statt, weshalb denn 1577 die Quartiersleute bewilligten, daß die Einwohner das 1000 Steine mit 8 ℔, Auswärtige aber mit 10 ℔ bezahlen sollten. Hieraus scheint hervorzugehen, daß der Preis für das Fabrikat von den Commünevorstehern bestimmt wurde.

Eine etwas auffallende Erscheinung ist, daß Husum unter den Städten aufgeführt wird, die an dem Flensburger Landtage 1564 Theil hatten; es findet sich unter dem Huldigungseide in den Landtagsacten zwischen Schleswig und Eckernförde Husum mit aufgeführt *) Falck macht die Bemerkung, daß die Anführung Husums hier auf einem Irrthum beruhe **) was unbezweifelt richtig ist, denn an den Landtagsverhandlungen kann der Ort, der noch zur Harde gehörte, erst ungefähr 40 Jahr später in die Reihe der Städte trat und bei dieser Erhebung zur Stadt ausdrücklich von der Landstandschaft ausgeschlossen wurde, nicht Theil genommen haben, um so weniger als dem Orte zur Zeit die dazu nöthige Vertretung, der Bürgermeister fehlte, der gewöhnlich hin die Städte auf dem Landtage zu repräsentiren pflegte. Nebenbei ist zu bedenken, daß, wenn wirklich Landtagsdeputirte für das Blek erschienen und

*) Staatsb. Mag. 10, pag. 962.

**) Falck Handb. 2, pag. 213. not.

zugelassen wären, diese auffallende Abweichung von dem Herkommen gewiß nicht unbemerkt vorübergegangen wäre, zumal da sowohl vor als nach dieser Zeit die friesischen Harden mit den Landesherrn über den Beitrag zu den Abgaben und Erledigung etwaniger Beschwerden selbstständig unterhandelten, wie schon früher angeführt. *) Andrerseits aber ist dieser Irrthum zu merkwürdig **), als daß demselben nicht etwas Thatsächliches zu Grunde liegen sollte; da indessen jede Andeutung hierüber fehlt, so bleibt es nur übrig, aus andern historischen Umständen denselben, wo möglich, aufzuklären. Husum war um diese Zeit ein sehr bedeutender Handelsort und hatte gerade seine blühendste Periode; es stand nicht allein mit den Nordseestädten in vielfacher Verbindung, sondern auch mit der Ostsee. In Betreff dieses letztern Verkehrs stießen sie zu Flensburg, welches ungerne das Emporkommen der Nachbarstadt sah, wegen der freien Durchfuhr auf Schwierigkeiten, welche zu verschiedenen Beschwerden und Weiterungen bei den Landtagen und Landgerichten Anlaß gaben und, wie weiter unten erzählt wird in dem nächsten Jahrzehnt von beiden Seiten mit großer Lebhaftigkeit betrieben wurden. Nun möchte zu vermuthen sein, daß diese Streitigkeiten schon 1564 in Frage standen und deshalb die Husumer durch Abgeordnete bei dem Flensburger Landtage Beschwerde führten um diese Hindernisse zu beseitigen, was denn Veranlassung gab, die Husumer Abgeordneten als Landtagsdeputirte für Husum mit zu verzeichnen; dies dürfte um so viel mehr Wahrscheinlichkeit für sich haben, als die damaligen Landtagsacten nur aus privaten Sammlungen und Aufzeichnungen bestehen. ***)

---

*) Beil. I, № 7.

**) Hegewisch, N. Geschichte 3, pag. 71. bemerkt ausdrücklich, daß Husum, Tönning und Garding noch keine städtische Rechte hatten, also an den Landtagen keinen Theil nahmen.

***) Übrigens wird in einem Landregister von 1543 unter den Städten schon Husum als die zweite nach Schleswig aufgeführt. N. Staatsb. Mag. 3, pag. 76. Man war also schon gewohnt, den blühenden Ort als eine Stadt anzusehen.

Freilich kommen im folgenden Jahrhundert mehre Beispiele vor, daß die Stadt zum Landtage geladen wurde, damit hat es aber eine andere Bewandniß.

Von 1566 bis zum Jahre 1582 wüthete auch hier, wie in den Herzogthümern eine pestartige Krankheit, die Spanische Sippe genannt; sie äußerte sich in giftigen Blattern und Geschwulst unter der Zunge, meistens einen tödtlichen Verlauf nehmend. Sie war in diesen Jahren mehr oder minder stark und soll hier im Ganzen 1500 Menschen hingerafft haben, eine Zahl, die wohl glaublich, da nach einem Todtenregister von 1582 in diesem einem Jahre allein 617 Menschen starben. *) Während dieser Zeit war, wie es scheint, der Verkehr mit Husum in der Umgegend verboten, denn nach einem Brüchregister wurden 1582 Dietrich Reimers, Sönke und Hinrich Holmers in Schwabstedt, weil sie trotz des Verbotes bei Androhung des Verlustes ihrer Güter während der Zeit der Pestilenz in Husum gewesen waren, jeder zu 15 ₰ Brüche verurtheilt. **)

Als eine Merkwürdigkeit zum Jahre 1572 ***) wird erzählt, daß ein Verwalter auf dem Herzoglichen Meierhofe im Dammkoege an dem westersten Galgen bei dem Fischteiche des spätern Bürgermeisters Luth am Kuhsteig wegen Betrug und Unterschleif in einem doppelten Galgen mit seinem Fuchspelz gehängt sei. Dieser Verbrecher hieß Boie Peters und war aus Nordstrand gebürtig. ****) Es scheint als habe er den Hardesvogt Matthias Paysen beschuldigt, Steine aus den herzoglichen Gebäuden in seine eigenen Wohnungen verbaut und den Statthalter Moritz Rantzau, dies geduldet zu haben, weshalb er des Diebstahls wiederum angeklagt und verurtheilt worden.

In dem Bleke hatte sich die Verfassung vor Ertheilung des Weichbildes (1582) so ungefähr ausgebildet, daß an der

*) Laß pag. 64. 164. Christiani N. G. 2, pag. 418.

**) Staatsb. Mag. 9, pag. 774.

***) Wegen des Schloßbau's, der in dieser Zeit begann, Anh. V.

****) Peter Sax de rebus. Westph. 1, pag. 1373.

Spitze der Gemeinde vier Rechensleute standen, denen aus jedem der vier Quartiere zwei Quartiersmänner beigegeben waren, die, als nach der Vereinigung der Neustadt mit Husum das Blek in sechs Quartiere getheilt wurde, auf zwölf vermehrt wurden. Die Rechensmänner hatten die Hebung der Steuern und Abgaben, das Recht der Pfändung gegen säumige Bezahler, die Aufsicht über Maaß und Gewicht, und die innere Polizei. Mit den vier Kirchgeschwornen und den vier Gasthausvorstehern, oft auch unter Zuziehung der Vorsteher der Armenkiste und der acht Aelterleute der vier Aemter bildeten sie unter der Aufsicht des Hardesvogten und des Amtmanns den Verwaltungsrath, setzten die Steuern und Schatzungen, beschafften die Einquartirung, sorgten für die Wachen im Orte und führten die Beschlüsse der Gemeinde aus. Sämmtliche Vorsteher waren verpflichtet zu Weihnachten jeden Jahres im Gasthause, vor der Erbauung des Rathhauses der öffentliche Versammlungsort, in Gegenwart des Predigers und Hardesvogten über die Einnahme und Ausgabe Rechnung abzulegen und geschieht noch heut zu Tage die Rechnungsablage der Registervorsteher im Gasthause. Alle diese Beamte waren unbesoldet und nur die Rechensmänner von dem Bürgerschatz, dem Wächtergelde und dem Burwerke (den Hand- und Spanndiensten) einzig und allein wegen ihres Amtes frei. Seit **1550** waren schon Rottmeister, welche unter den Quartiersmännern die Aufsicht in ihrem Bezirk hatten.

Indem ich jetzt zu dem wichtigsten Abschnitt in der Geschichte Husums mich wende, zur Ertheilung des Weichbildes, glaube ich die allmählige Entwicklung, so weit es die Quellen und Urkunden gestatteten, dargelegt zu haben. Es ist gezeigt, wie der Ort schon im vorigen Jahrhundert einen bedeutenden

*) Die Dorfsvorsteher, Bauervögte im Amte Husum heißen noch jetzt Rechensleute. Die Eintheilung eines Bezirks in vier ist eine uralte und ursprüngliche; so bestand die alte Harde gewöhnlich aus vier Kirchspielen, Trinten, das Kirchspiel wieder aus Viertel; letztere Eintheilung hat sich bis jetzt im Kirchspiel Mildstedt erhalten.

Schritt zur Erlangung städtischer Gerechtsame gethan, aber auch, wie diese Privilegien in Folge der Empörung nach kurzer Zeit verloren gingen und Confiscationen und Strafen Husum dem Untergange nahe brachten. Das Blek aber erholte sich bald durch seine günstige Lage und einzelne Privilegien der Herzöge, Handel und Schifffahrt blühten wieder auf, Handwerker bildeten schon Zünfte und Innungen, Vieh- und Wochenmärkte wurden gehalten. War der Ort auch noch der Harde dingpflichtig, so stellte doch der größte Theil keine Bunden und Sandmänner zum Dinge; es tritt überall ein mehr städtisches Wesen vielfach und bedeutsam hervor und zeigt sich in einer ziemlich selbstständigen Verwaltung, vielleicht als eine allmählige Ausbildung des Kirchspielrechtes, und in einer freien Autonomie, die ohne desfällige Privilegien und Exemtionen wohl kaum anders gedeihen konnte als auf freiem selbstständigem Boden fern von Adelsherrschaft und Hörigkeit. Schon seit **1465** wird Husum ein Blek genannt, bald nachher, wie es im Aeußern einer Stadt ähnlich war, auch für eine Stadt angesehen und Stadt genannt. Wie hier sich schon ein blühender, städtischer Betrieb gebildet haben muß, bekunden nicht allein die angeführten Handwerksgilden, sondern insbesondere die Polizeiordnung von **1582**, welche diese als vorhanden voraussetzt. Insbesondere aber war der Handelsbetrieb und die Schifffahrt sehr bedeutend. Ueber den Umfang und die Ausdehnung fehlen zwar genaue Nachrichten, aber es läßt sich auf denselben aus einzelnen Umständen und Andeutungen mit Sicherheit schließen. Die Anzahl der Seeschiffe, ohne die kleinen Fahrzeuge, welche den Verkehr mit den Inseln und Küsten vermittelten, war, wie Nachrichten aus dem nächsten Jahrhundert bestimmt darthun, in dieser Periode vierzig; den Umfang des Handels zeigt deutlich die Bauart der alten Häuser, deren Ursprung in das **15**te und **16**te Jahrhundert zurückgeht, mit ihren weitläuftigen Kellern und weiten Räumen. Vorzüglich blühten die Malzereien und Brauereien, für welche die Polizeiordnung *) sorgsame Bestimmungen giebt und wurde

*) Theil 2, 14. 15.

dieser Handel hauptsächlich nach Emden, Ostfriesland und Holland betrieben. Schon bei der Darstellung der Rebellion von **1472** ist nachgewiesen, daß die Hamburger das Aufblühen des Ortes gefährlich für ihren Verkehr hielten und die freilich abgewandte Zerstörung zur Bedingung ihrer Hülfe bei dem Könige machten. Auch die Stadt Flensburg sah ungerne die Ausdehnung des Husumer Handels und legte der Durchführung der Waaren von und nach der Ostsee Hindernisse in den Weg, worüber eine lange Reihe vieljähriger Streitigkeiten entstanden, die einiges Licht über den damaligen Handelsverkehr geben. Nach den Verhandlungen in diesem Streit bezogen schon im **15**ten Jahrhundert die Husumer viele Waaren aus der Ostsee über Flensburg, wogegen die Flensburger auf dieselbe Weise mit der Westsee über Husum in Verbindung standen. Als nun später bei den Landestheilungen Flensburg unter Königlicher Hoheit kam, fand diese Stadt sich veranlaßt, Husum die freie Durchfuhr der Ostseewaaren zu verweigern und bedienten sich die Husumer des sehr nahe liegenden Mittels der Repressalien, wohl nicht zum Vortheil beider Orte, indem sie den Flensburgern die Durchfuhr von und nach der Westsee verboten.*) Da, wie es scheint, ein Schreiben des Herzogs und des Königlichen Statthalters den Husumern den freien Paß für ihre Waaren durch Flensburg zugestand, eine Sache die, wie die Flensburger sich ausdrücken, ihrer Stadt zum äußersten Nachtheil und Verderben gereichen würde, beschlossen im Jahr **1575** der Rath und die Vierundzwanziger Flensburgs sich hierüber bei dem Könige zu beschweren, damit diese Durchfuhr Husum nicht gestattet würde; sollten sie auch der Husumer Durchfuhr dagegen entrathen, so wollten sie solches der Zeit und Gelegenheit anheim geben und auf andere fügliche Mittel trachten; von einem dieser Mittel weiter unten. Für diesmal wollten sie jedoch dem Schreiben des Herzogs und des Statthalters gehorsamen und die Durchfuhr der Husumer

*) Dankwerth pag. 105. **Seelen Mon.** pag. 165. **Claeden** pag. 188. **Rievesell** pag. 188.

Güter gestatten, aber nur aus freundlichem, nachbarlichem Willen und daß hierdurch keine Gerechtsame gestattet werde. Unterm 11ten July sandte die Stadt Flensburg ihren Bürgermeister Pommerering nebst den Senatoren Gerd von Oesede und Jürgen Steffensen in dieser Angelegenheit zum König Friedrich II., um ihre vermeintlichen Rechte zu vertheidigen und muß es ihnen gelungen sein, ein Verbot gegen die Husumer Durchfuhr zu erlangen, denn Husum ward veranlaßt den Flensburger Rath zu einem Landgerichtstage nach Kiel zu stevnen, vorzuladen; von diesem Gerichte wurde indeß den 10ten April 1578 die Ladung annullirt und in die erste Instanz verwiesen, die Sache also nicht entschieden und war somit der Streit keineswegs zu Ende.*) Die Flensburger griffen inzwischen zu einem Mittel, welches im Falle des Gelingens dem Zwecke vollkommen entsprochen und sie von der Husumer Durchfuhr ganz unabhängig gemacht hätte; sie erlangten nemlich 1579 eine Königliche Concession, zu Ockholm in der Nordergoesharde Königlichen Antheils, auf eigene Kosten einen Hafen anzulegen und sich somit einen freien Verkehr mit der Westsee zu sichern. Dieser Hafenbau wurde den Flensburgern indessen zu kostspielig und waren sie genöthigt 1585 dem König das Werk zu überlassen, wobei sie bitten, daß sie gegen Ausheimische und Fremde wegen des Zolles etwas unterschiedlich verschont und begegnet werden möchten. Dies Hafenproject muß indeß bald gänzlich aufgegeben worden sein, denn es findet sich später keine Spur mehr davon. Daß auch die Husumer einen andern Weg suchten, geht aus der Polizeiordnung **) hervor, denn sie gestattet gegen Erlegung der gewöhnlichen Zölle, Tonnen- und Bakengelder die freie Durchfuhr der Transitgüter, jedoch nach solchen Städten nur, wo den Husumern ein Gleiches gestattet wird; daß diese Bestimmung namentlich Flensburg im Auge hat, kann wohl nicht bezwei-

*) Für die Verfassung wäre es interessant zu wissen, auf welche Weise Husum in diesem Proceß vertreten gewesen; indeß geben die Quellen hierüber nicht einmal eine Andeutung.

**) Theil II, 5.

felt werden, um so weniger als der Herzog eine Verbindung zwischen Husum und Eckernförde, also ganz durch den Herzoglichen Antheil, herstellig zu machen verspricht. Indeß entstanden später auch mit Eckernförde hierüber Differenzen und die Flensburger blieben beharrlich bei ihrer Weigerung. Es wurde dieser Streit bis ins nächste Jahrhundert fortgesetzt, so daß noch Herzog Friedrich III. sich bewogen fand unterm 21sten July 1624 zu verfügen, daß, wofern die Flensburger Husum die freie An- und Ausschiffung, auch Durchfuhr der Waaren verweigerten, ihnen dies auch zu Husum nicht verstattet werden solle.*) Zur Umgehung dieser für beide Städte schwerlich vortheilhaften Maaßregel schlossen nun die Kaufleute in beiden Städten wechselseitig scheinbare Handelsverbindungen, unerlaubte Mascopeien, um dadurch als für ihre eigenen Waaren die freie Durchfuhr zu erlangen. Wegen einer solchen unerlaubten Mascopei wurden im December 1637 ein Husumer und ein Flensburger Kaufmann fiscalisch angeklagt und obgleich sich beide mit Unwissenheit entschuldigten und um milde Bestrafung baten, fand der Flensburger Magistrat sich nicht veranlaßt gegen das Anerbieten einer Summe von 100 ℛ︀ für jeden, diesen Proceß niederzuschlagen.

Die glänzende Periode, in welcher sich Husum am Ende dieses Jahrhunderts befand, dauerte nicht lange; in Folge des dreißigjährigen und des Schwedischen Krieges, des Emporkommens der benachbarten Städte Friedrichstadt, Tönning, Garding, insbesondere der großen Fluth im Jahre 1634, in welcher fast ganz Nordstrand unterging und ein großer Theil der Marschen verwüstet wurde, kam der Wohlstand rasch ins Sinken, worüber klägliche Schilderungen vorliegen; doch gehören diese dem nächsten Jahrhundert an. Hier wird es nicht unangemessen sein, mit der Schilderung des gelehrten Heinrich Rantzau's, die er in seiner Beschreibung Cimbriens 1590 **) giebt, zu schließen, wo Husum, wie es scheint, mit besonderer

*) Laß pag. 90.

**) Westph. Mon. I, pag. 56.

Vorliebe vor andern Städten glänzend dargestellt wird. Der Ort ist reich, heißt es, weit berühmt, mit Flensburg wetteifernd; in demselben befinden sich zahlreiche Bürger, Künstler und Handwerker aller Art; es giebt hier weite überseeische Handelsverbindungen, glänzende Häuser, eine fruchtbare Umgegend mit üppigen Viehweiden und ist der Ort begünstigt durch die Nähe der schiffbaren Ströme Eider und Hever. Für seinen Handel hat es einen berühmten Hafen und bringen die Schiffer aus Holland, Zeeland, England, Schottland u. s. w. eine Menge Waaren dahin, die über Flensburg nach der Ostsee gebracht und gegen von dorther kommende ausgewechselt werden, so daß die Westsee mit der Ostsee durch Husum verbunden wird. Die Bürger sind meistens gebildet und human, in den Wissenschaften nicht unerfahren und wenden ein großes Geld auf die Studien und auf Gelehrte und schicken ihre Söhne auf eigene Kosten auf die Universitäten. Die Diener des Wortes begegnen sie mit der schuldigen Achtung und Liebe und sorgen ganz vorzüglich für ihre Armen, zu welchem Zwecke bestimmte Männer angestellt sind, welche die Wohnungen der Armen regelmäßig besuchen und jedem die erforderliche Unterstützung in Geld reichen. Die Stadt innerhalb weniger Jahre durch Glück und Reichthum, wie ihr Aeußeres zeigt, in einem blühenden Zustande wächst durch die Menge der Häuser zu einem solchen Umfang, daß sie unter allen Städten des Herzogthums beinahe die größte, wenn nicht schon ist, doch binnen Kurzem sein wird und besitzen die Bürger eine große Anzahl Schiffe, die sie mit ihren eigenen Waaren befrachten. *)

*) Eben so vortheilhaft drückt sich ein andrer gleichzeitiger Schriftsteller, Chyträus in Sax. pag 83, über Husum aus.

Vierter Abschnitt.

Von der Ertheilung des Weichbildes bis zur Verleihung des Stadtrechtes. 1582—1608.

Durch die Ertheilung des Weichbildes wurde der Versuch gemacht eine neue und feste Ordnung in das Gemeindewesen zu bringen. Es giebt die Einleitung zu diesem Statute eben kein erfreuliches und schmeichelhaftes Bild von der damaligen Gerichtsverfassung und Rechtspflege, enthält indeß manche interessante Züge und Andeutungen. Wir sehen aus derselben, daß die Vorfahren des Herzogs das Südergoesharder Bundengericht nach dem Flecken Husum zu dessen Bequemlichkeit und Vortheil verlegt hatten und die Fleckenseinwohner dieses Gerichtes gebrauchen sollten. Die Zeit, wann dieses geschehen, wird nicht näher bezeichnet, ebensowenig gesagt, wer von des Herzogs Vorfahren diese Veränderung getroffen, aber es ist anzunehmen, daß dies schon unter der Regierung des Königs Johan oder in den ersten Jahren des Herzogs Friedrich I. geschehen sein muß, denn schon zu des letztern Zeiten waren Klagen erhoben, daß das, was zum Gedeihen des Fleckens dienen sollte, zu dessen Nachtheil und zur Behinderung des gewerblichen und kaufmännischen Verkehrs ausfiel. Urkundlich ist in der frühern Darstellung nachgewiesen, daß schon vor 1472 das Hardesding zu Husum gehalten, in der nächsten Zeit nach der Empörung aber vor, bald nachher wieder in Husum gehegt wurde.

Die Fleckenseinwohner trugen bei dem Herzog Beschwerde darüber, daß das Recht fast so gut wie gänzlich verweigert wurde, denn einestheils würden gerichtshängige Sachen bis ins neunte Jahr auf die unverantwortlichste Weise verschleppt, anderntheils aber blieben wohlgewonnene Urtheile jahrelang ohne Execution. Dem Flecken war es außerdem keine geringe Last, daß derselbe nicht allein die vorige Besoldung der Bunden abhalten, sondern sie auch überflüssiger Weise mit Speis und Trank versehen mußte, welches dann wieder herbeiführte, daß die Gerichtsbunden oft mehr im trunkenen Muthe als mit wohlbedächtigem Sinne die Sachen entschieden und auf Kosten des Fleckens wochenlang zehrten. Zum großen Schaden des Ortes scheuten sich deshalb fremde Kaufleute hier Geschäfte zu machen, noch mehr aber sich niederzulassen, da selbst die einfachsten Schuldklagen erst in langwierigen Prozessen und nicht, wie an andern Orten nach Gastrecht rasch erledigt wurden. Eine auffallende Erscheinung ist es jedenfalls, daß der Ort, wo das Gericht gehalten ward, einseitig und ohne Zuthun der Harde die Besoldung und den Unterhalt der Bunden abhalten mußte; fast könnte daraus geschlossen werden, daß dem Flecken theilweise wenigstens die Gerichtseinkünfte zufielen, doch fehlt darüber jede Andeutung und wird man wahrscheiulich den mit der Gerichtssitzung namentlich in älterer Zeit verbundenen Verkehr dem Orte als Ersatz angerechnet haben. *)

Die Hardeseingesessenen dagegen beklagen sich, daß sie von einem Tage zum andern in Husum liegen, ihr Hauswesen und ihre Wirthschaft versäumen müssen, eine Klage, die um so begründeter erscheinen muß, als das Gericht jetzt aus dreimal zwölf Bunden bestand, wohl je zwölf aus den drei Kirchspielen Mildstedt, Schwesing und Ostenfeld, während in früher Zeit nur die einfache Zahl von zwölf Bunden vorkommt und alle vier Wochen Dingtag war. Als ein großer Übelstand wird es daneben von dem Herzog bezeichnet, daß hier nicht, wie in den benachbarten Harden der Hardesvogt an der Findung

*) Wie stark die Frequenz in alter Zeit an dem Gerichtsort war, erhellt aus dem Schwabstedter Buch, Langenbeck Script. VII. pag. 464, wo es von dem Schwabstedter Burgding heißt: Dicebatur ab antiquis, quod die sabbati bene quingenti homines consueverunt venire ad placitum und dies wurde zweimal wöchentlich gehalten.

des Urtheils Theil nimmt, sondern die Bunden allein die Entscheidung haben, die sich durch Gift und Gabe bestechen, durch Drohungen und Gewalt einschüchtern lassen und dann, wenn eine Sache lange hingezogen, dieselbe über Hals und Kopf gegen alles Herkommen und Gebrauch entscheiden. Ein nicht minderer Mißbrauch war ferner, daß zwischen geringen und wichtigen Sachen kein Unterschied gemacht wird und die Entscheidung von Prozessen über Gegenstände zu einem Werth von 3—4 ℔ den Bunden großen Zeitverlust und den Partheien unverhältnißmäßige Kosten verursachen, zumal da die Appellation unbeschränkt ist. Nebenbei sei hier bemerkt, daß noch jetzt in den Bundengerichten des Amts Husum die Bunden, so wie in Eiderstedt und den Friesischen Harden die Rathmänner der Form nach allein entscheiden und der Staller oder Landvogt nur das Directorium im Gerichte hat; in der Wirklichkeit gestaltet sich die Sache jetzt begreiflicherweise anders. *)

In dieser Einleitung wird nun darauf hingewiesen, daß die Ditmarscher und Eiderstedter ihr eigenes Recht und Gerichtsverfassung haben; dies ist eine hinlänglich bekannte Sache; wenn aber erwähnt wird, daß auch die Lundenberger, Simonsberger und Padelecker Harde ihr eigen sitzend Recht haben, so ist von einem Particularrecht dieser Harden nichts bekannt; unbezweifelt aber galt in dieser Harde, wie in dem ganzen Nordfriesland mit Ausnahme Eiderstedts das Nordstrander Landrecht und ist unter einem besondern sitzend Recht nur ein abgesondertes Hardesding, das Lundenberger Hardesgericht zu verstehen.

In den Außenlanden ist bekanntlich das Jütsche Low nie zur Geltung gekommen, dagegen schon früh in den Vorgeestharden; **) aus dieser Einleitung aber wird ersichtlich, daß die Anwendung desselben hier mit den altfriesischen Gewohnheiten und Herkommen einen schweren Stand und Kampf hatte

*) Die Form des Urtheils ist: In Sachen u. s. w. erkennen die Bunden des Süderharder Bundengerichtes u. s. w.

**) Heimreich 1, pag. 305. Christiani 4, 253.

und beides neben einander, wie es scheint, ziemlich willkührlich bestand, woraus sich ein sonderbares Gemengsel bildete und da, wo diese beiden Quellen nicht ausreichten, was in dem kaufmännischen und gewerblichen Verkehr gar nicht selten vorkommen mußte, die Richter ohne einen leitenden Faden in Zweifel und Verlegenheit waren und nach Gutdünken heute so, morgen anders entschieden.

Bei dieser allerdings etwas unerquicklichen Schilderung der damaligen Volksgerichte und Rechtspflege mag jedoch nicht außer Acht gelassen werden, daß schon zu der Zeit die auf den deutschen Universitäten gebildeten Juristen im Lande großen Einfluß gewonnen hatten und den volksthümlichen Einrichtungen nicht günstig waren; auch nahmen es die Eingesessenen der Harde wohl eben wie die des Fleckens mit der Darstellung ihrer Beschwerden nicht so ganz genau, da eine Trennung des schon städtischen Ortes von den Landgemeinden im beiderseitigen Interesse liegen mochte. Um eine gedeihliche Veränderung des geschilderten Zustandes bitten deshalb die Bauern der Harde, bitten die Kaufleute, Ämter und Handwerker des Blekes, wie sie schon zu König Friedrichs I. Zeiten gebeten haben, welcher, obgleich nicht abgeneigt, an der Ausführung verhindert. Herzog Adolf trennt nun den Flecken von der Harde und ertheilt ersterm das Weichbild nach angehörtem Bedenken seiner fürstlichen Räthe, jedoch auch unter Zuziehung eines Ausschusses der Gemeinde, ein Beweis, daß damals noch die Stimme des Volkes gehört wurde, während bei dem zwanzig Jahr später ertheilten Stadtrecht von einer beiräthigen Gemeinde nicht mehr die Rede.

Die Gerechtsame, welche dem Orte durch das Weichbild verliehen wurden, sind in zwei verschiedenen Statuten, einer Gerichtsordnung und einer sogenannten Reformations- und Polizeiordnung enthalten; es kann nicht zweifelhaft sein, daß beide in dem Jahre 1582 erlassen sind; das etwas spätere Stadtrecht nennt dies Jahr ausdrücklich und Laß *) bemerkt,

*) Laß pag. 66, womit H. Rantzau übereinstimmt. Westph. Mon. I. pag. 56.

sie wären den 19ten Febr. 1582 in der Kirche publicirt. *) Indeß ist es merkwürdig, daß in keinem Exemplar der mir vorliegenden vier Handschriften, worunter ein mangelhaftes, aber sehr altes, bei den Verleihungsurkunden das Jahr und der Tag der Erlassung angegeben ist, indem sie sämmtlich mit einem „so geschehen etc." schließen, was ebenmäßig bei der Bestätigungsurkunde über den Gebrauch des Wisbyer Seerechtes der Fall, wie schon der Herausgeber des Corpus Statutorum bemerkt, **) der eine wohl jetzt verlorne Handschrift aus dem Husumer Stadtarchiv benutzte. Beide Ordnungen sind bisher nicht gedruckt. Bei der Gerichtsordnung kann es kaum auffallen, daß sie nicht gedruckt wurde, da dieselbe sich unzulänglich zeigte, bald bedeutende Veränderungen erlitt und der Flecken sich um die Ertheilung der vollen Stadtgerechtsame bemühte, einzelne Gerechtsame erweitert und fester bestimmt wurden und Herzog Johan Adolf schon den 29sten September 1592 und später unterm 10ten August 1598 die Verleihung der Stadtgerechtigkeit zusicherte, mithin diese Ordnung kaum zur practischen Geltung gelangt zu sein scheint; ***) merkwürdiger aber ist dieser Umstand bei der Polizeiordnung, von der nur zwei Titel die kirchlichen Verhältnisse betreffend bei Krafft ****) abgedruckt sind, da dieses Statut neben dem spätern Stadtrechte lange seine Gültigkeit behielt, bis es durch die veränderten Verhältnisse unpractisch geworden. Der oder die Verfasser oder Concipienten beider Statute, die übrigens mit dem Ditmarscher und Eiderstedter Landrechte große Ähnlichkeit haben und nebst dem spätern Stadtrecht mit Grund zu einer Familie gerechnet werden können, sind bisher nicht bekannt und werden bei dem Schweigen der Quellen wohl kaum sich ermitteln lassen; mit Sicherheit aber läßt sich annehmen,

*) Dankwerth pag. 140. St. R. I. 1. C. St. Slesv. 2, pag. 565, not.

**) C. St. Slesv. 2, pag. 700. Auch die originalen Artikel der Schützengilde, unbestreitbar von 1586, haben diesen Mangel. cf. Schützengilde, Anh. VI.

***) C. St. Slesv. 2, pag. 555. Beil. I, № 56.

****) Jubelgedächtniß pag. 461.

daß der damalige Gottorfische Kanzler Adam Traziger, *) der das volksthümliche Recht zu schonen pflegte, bei der Abfassung dieser Statute betheiligt gewesen ist.

Die Gerichtsordnung zerfällt in drei Theile; der erste ordnet in 5 Titeln die Besatzung des Gerichtes, der zweite aus 27 Titeln bestehend enthält die Prozeßordnung, der dritte von Titel 1—69 das Civilrecht, von 70—90 Bestimmungen über Schadenersatz und Brüchen für solche Vergehen und Verletzungen, die nur im Fall der Privatklage gerügt worden, aber der Brüchen wegen, die eine bedeutende Einnahme der Landesherrschaft und der Commünen ausmachten, klagend verfolgt werden mußten, weshalb dann niemand seine Klage und seinen Schaden verschweigen durfte und von Titel 91—107 sehr dürftige criminalrechtliche Normen für Verbrechen, bei welchen das Gericht von Amtswegen mit öffentlicher Strafe einschreiten mußte, wenn auch ein Privatankläger überall nicht auftrat. Sehr viele der einzelnen Titel erscheinen in der Form als landesherrliche Verordnungen, indem sie, gewissermaaßen die Motive als Einleitung vorausschickend, mit den Worten „So setzen, ordnen und wollen wir 2c." beginnen und sind in dieser Form vielfach in das spätere Stadtrecht übergegangen. Obgleich nun sowohl in der Einführungsurkunde zu diesem Statut als auch in der besondern Einleitung zu dem dritten Theil ausdrücklich erklärt wird, daß die folgenden Rechtsbestimmungen christlich, billig, der Vernunft und nicht minder in den vornehmsten Puncten dem Dänischen Lowbuch gemäß, so läßt sich doch nicht verkennen, daß das gemeine Recht schon einen bedeutenden Einfluß geltend gemacht, wie dies namentlich bei dem Prozeß und dem Civilrechte der Fall. Bei den prozessualischen Bestimmungen konnte der Einfluß der ältern Landgerichtsordnung von 1572 kaum umgangen werden und mußte das ältere Eiderstedter Landrecht, auf welches, so wie auf Gewohnheitsrecht und Herkommen ausdrücklich hingewiesen

*) Neocorus nennt ihn 2, pag. 254 plattdeutsch Drathteher, Drathzieher.

wird, Berücksichtigung finden. Von dem Einwirken der Caroline (1532) zeigt sich im Criminalrecht kaum eine Spur, da im Ganzen das Statut die mit derselben unvereinbare Mannbuße beibehält. Ein näheres Eingehen auf das Zusammentreffen der verschiedenen Rechtsquellen in diesem Statut dürfte für die vaterländische Rechtsgeschichte von Interesse sein, würde aber die Grenzen dieses Buches überschreiten, weshalb hier nur auf einzelne Eigenthümlichkeiten bei der allgemeinen Betrachtung dieser Statute aufmerksam gemacht werden kann. In sprachlicher Rücksicht will ich nur bemerken, daß das Original in plattdeutscher Sprache abgefaßt war. Von den vier Handschriften, die mir vorliegen, ist indeß nur eines in dieser Sprache geschrieben und leider! defect; die andern scheinen von dem jedesmaligen Abschreiber in die Sprache seiner Zeit übertragen. Auch Westphalen hatte nur eine neuere Handschrift vor Augen, als er auf diese Statute Bezug nahm. *)

Durch die Ertheilung des Weichbildes wurde der Ort von der Südergoesharde und dem Bundengericht eximirt, der Gewalt des Amtmannes und des Hardesvogten entzogen und dem Flecken die Gerichtsbarkeit in allen bürgerlichen und peinlichen Sachen innerhalb des Bezirkes verliehen. **) Dieser Bezirk des Fleckens ist schon durch ein vom König Friedrich gegebenes, vom Herzog bestätigtes Privilegium bestimmt; dies Privilegium von 1526 ist schon früher angeführt; durch dasselbe wurde die Neustadt dem Flecken einverleibt, wobei denn selbstfolglich eine Grenzbestimmung nöthig wurde, jedoch blieb die Grenze zwischen Husum und Nordhusum unbestimmt und wurde erst im folgenden Jahrhundert durch einen Rezeß vom Jahre 1609 regulirt. ***) Die nothwendige Folge der Exemtion von der Harde war die Bildung eines eigenen Gerichtes für das Weichbild; dies eigene Gericht wird angeordnet und

---

*) Westph. III. praef. pag. 87. not. 9.

**) Gerichtsordnung I. 1. Über den Begriff von Weichbild, Meine Abhandlung § 3 und 8.

***) Laß pag. 83.

soll demselben sein starker freier Lauf ohne Jemandes Hinderung gelassen werden und eine Appellation nur an den Landesherrn und zwar unmittelbar stattfinden. Der Herzog ernennt den Gerichtsverwalter, Präsidenten, welcher die Klagen in bürgerlichen und peinlichen Sachen entgegenzunehmen hat, die Ladungen erläßt, bei den Entscheidungen im Rathe die Stimmen sammelt, also das Directorium hat und die Execution veranlaßt. Die persönliche Freiheit der Einwohner wird dahin gesichert, daß der Präsident keinen Einwohner beschweren (in bürgerliche Haft bringen) darf, der sich auf die Entscheidung des Gerichtes beruft und soll überall der Präsident keinen Prozeß mit der Execution anfangen; selbst in peinlichen Fällen ist bei genugsamer Bürgschaft das gefängliche Einziehen untersagt. Die Rechtspflege wird diesemnach von dem Präsidenten nebst Rath und zwar im Namen des Herzogs verwaltet und gehandhabt, eben so die Polizei nach der gegebenen Ordnung, wobei der Präsident das Recht auf die Brüchen, welche der Gerichtsschreiber zu Register zu bringen hat, für den Herzog wahrnehmen muß. Für das Aufblühen und das Wohl des Ortes hat gleichfalls der Gerichtsverwalter Sorge zu tragen, so wie Handel und Gewerbe zu befördern, damit fremde Kaufleute hier Verbindungen anknüpfen und namentlich die Niederländer von der Niederlassung nicht abgeschreckt werden! *) Darum soll er nicht allein ein rechts- und prozeßkundiger Mann sein, sondern auch in Gewerbe und Kaufmannschaft bewandert. Bei vorkommenden schwierigen Fällen, die er mit dem Rathe zu entscheiden sich nicht getraut, hat er unmittelbar an den Herzog zu berichten und Bescheid zu gewärtigen.

---

*) Die Religionsstreitigkeiten in ihrem Vaterlande bewogen viele Niederländer zur Auswandrung; die Herzöge nahmen diese reichen und gewerbfleißigen Auswandrer gerne auf, wie diese Bestimmung, und die spätere Gründung Friedrichstadts beweis't. Die Könige scheinen eine entgegengesetzte Politik beobachtet zu haben und zwar wegen religiöser Scrupel, wie die Ausweisung Johan's von Lasco und seiner Schicksalsgenossen ergiebt. Holberg 2. pag. 391.

Dem Präsidenten zur Seite steht der Rath, ein Collegium aus acht von dem Herzog auf Lebenszeit ernannten Mitgliedern, welches an der Entscheidung der Rechtssachen und der Verwaltung der Polizei, worunter man die ganze innere Verwaltung verstand, Theil nimmt; diese Mitglieder sind mit Bewilligung der Gemeinde für ihre Mühwaltung von allen bürgerlichen Lasten, die den Flecken betreffen, frei, auch von der Einquartirung, aber nicht von den gemeinen Landesabgaben. Die Gemeinde hat sich verpflichtet auf eigene Kosten für die Versammlungen des Rathes ein Rathhaus zu bauen. Der Gerichtsschreiber, welcher über alle gerichtlichen Acte und die Verhandlungen des Rathes ein genaues Protocoll und über die Brüchen ein Register zu führen verbunden ist, wird gleichfalls von dem Herzog ernannt; über seine Besoldung soll später Bestimmung getroffen werden, doch wird ihm die Ausfertigung und Abfassung aller schriftlichen Documente zugewiesen und darf Niemand sonst sich mit der Abfassung solcher Documente abgeben, da diese an sich schon ungültig; für einzelne Fälle sind in der Gerichtsordnung die Sportuln festgesetzt.

Nach Ableistung der vorgeschriebenen Eide wurden Matthias Paysen zum Präsidenten, Hans Tetens, Tönnies Bonfeldt, Jacob Paulsen,*) Henning Hagge, Michael Boysen, Jochim Blome, Broder Dose und Theophilus Emminga zu Räthen und der Notar Otto Schmidt zum Gerichtsschreiber ernannt.

Das Unterpersonal des Rathes bildet ein beeidigter Frohn- oder Gerichtsbote, dem außer bestimmten Sportuln als Besoldung dasjenige zugesetzt wird, was früher der Diener gehabt hat, welcher den Rechensleuten aufwartete, außerdem sechs Dreger, starke, vermögliche Leute, die auf Befehl des Rathes Missethäter und Frevler einfangen müssen, den ersten

---

*) Von den Nachkommen der alten städtischen Geschlechter findet sich in der spätern Zeit keine Spur außer daß die Nachkommen des Rathes Jacob Paulsen die Raths- und Bürgermeisterwürde bekleideten; der letzte dieses Geschlechtes, A. F. Paulsen, war Senator, dann zweiter Bürgermeister und starb in Hamburg 1849, nachdem er Husum einige Jahr vorher verlassen.

Angriff thun, und für jeden Gefangenen 6 ß erhalten, die unter ihnen gleich vertheilt werden. Sie haben auch die Wachtdienste, wie in der Polizeiordnung verfügt, *) zu leisten, dagegen ein ausschließliches Recht auf den Transport aller Waaren innerhalb der Stadt mit ihren Dregerkarren von und zu Schiff, von Böden und Kellern und darf sich Niemand außer ihnen dieses Transportes anmaßen, nur steht es den Ortseinwohnern frei durch ihre eigenen Leute und Fuhrwerk ihre eigenen Waaren fortzuschaffen. Aus diesen sechs Dregern **) sind später die jetzigen sechs Nachtwächter mit fester Besoldung entstanden, welche indeß nur die Wachen und die niedern Polizeidienste leisten. Das ausschließliche Recht auf den Transport der seewärts kommenden Waaren ist ihnen entzogen und auf eine Gilde von Brückenleuten übergegangen, deren Mitglieder jetzt das Commercium bestellt, früher wohl die Schiffer und Kaufleute durch ihren Vorstand, der zugleich das Hafen-, Tonnen- und Bakenwesen ***) beaufsichtigte.

Bei der Strenge der Criminalstrafen älterer Zeit war der Scharfrichter eine sehr nothwendige Beigabe der Gerichtsbarkeit; auch dieser wird ernannt und soll mit seinem Gesinde in dem Stockhause wohnen und zur Einnahme die Sportuln haben, welche der frühere Stockmeister ****) gehabt, daneben auch die Rackerei. Die Atzungsgelder für die Gefangenen sollen ihm in der Polizeiordnung bestimmt werden †) und muß er für seine Gefangenen mit dem Leben haften. Der erste Büttel, welcher angenommen wurde, erhielt nach Jacob Blome's

*) Obgleich die Gerichtsordnung hier auf die Polizeiordnung hinweis't, enthält diese hierüber, wie in mehren andern Fällen keine Bestimmung.

**) In Flensburg bestand ein eigenes Dregergelag, Dregergilde, worin nebst mehren vornehmen Personen auch der Scharfrichter Mitglied war. Claeden Mon. pag. 467.

***) Über das Tonnen- und Bakenwesen, Anh. VII.

****) Ein Stockmeister vor der Ertheilung des Weichbildes deutet wohl darauf hin, daß dem Orte vermöge des Kirchspielrechtes die Verwaltung der niedern Polizei zustand.

†) Auch hierüber fehlt in dem genannten Statute die Bestimmung.

Cämmereirechnung von 1582 ein Handgeld von 7 ß. *) Die Gemeinde verpflichtet sich dagegen zwei Gefängnisse, eins im Keller für die peinlich Angeklagten, ein andres im ersten Stockwerk für Schuldgefangene, Frevler und Muthwillige zu erbauen, wie auch die damals nicht geringen Gefängnißapparate, wozu namentlich Folterwerkzeuge gehörten, auf eigene Kosten anzuschaffen. Die Wohnung des Scharfrichters mit den Gefängnissen existirt noch am Ende der Norderstraße dem Kuhsteig gegenüber und ist noch im Besitz der Nachkommen der Familie Möller, in denen das Scharfrichteramt bis in die neuste Zeit forterbte; jetzt ist es eingegangen. Der Kuhsteig führte zur Gerichtsstätte und dem Schindanger.

Nach diesem neuen Statut soll der Proceß, von dem hier nur ein kurzer Abriß gegeben werden kann, mit der Ladung beginnen, bevor jedoch diese abgegeben wird, der Gerichtsverwalter, dem die Entscheidung in Sachen bis 4 ℔ allein zusteht (Theil 2, Tit. 25), die gütliche Erledigung versuchen; mißlingt diese, wird der Beklagte in Sachen bis 10 ℔ mündlich durch den Frohnboten, in größern schriftlich zum nächsten Gerichtstage, der jede zweite Woche, von 14 Tagen zu 14 Tagen Dienstags Morgens 8 Uhr beginnt, vorgeladen. Nachdem der Präsident das Gericht mit der Hegungsformel in Gottes und des Fürsten Namen eröffnet und Frieden bei 30 ℔ Brüche geboten **) hat, stellt der Kläger seinen Antrag mündlich, nur in weitläuftigen und wichtigen Sachen schriftlich, worauf dem Beklagten aufgegeben wird, seine Einwendungen und zwar alle auf einmal am nächsten Gerichtstage vorzubringen und so ferner bis zur Duplik, bei welchem Verfahren auf bescheinigte Ursache, jedoch nur einmal Dilation gegeben werden darf (tit. 1 — 4). Ungehorsames Ausbleiben des Beklagten hat im ersten und zweiten Termin nur Kostenerstattung zur Folge, im dritten aber ein verurtheilendes Erkenntniß; bei der Contumaz des Klägers erfolgt schon im ersten Termin

*) Laß pag. 67, not.

**) Der feierlichen Hegung erwähnt das Stadtrecht nicht mehr.

die Freisprechung des Beklagten (tit. 10). Nach abgegebenem Beweiserkenntnisse haben Kläger und Beklagter ihre Zeugen zum nächsten Gerichtstage vorladen zu lassen, in demselben auch ihre Urkunden zur etwanigen eidlichen Diffitirung vorzulegen und sind nur bei dem schriftlichen Verfahren Interrogatorien verstattet; darauf hat nach Eröffnung der Zeugenrotuln die Schlußhandlung an einem Gerichtstage statt (tit. 12, 13, 14, 17). In schwierigen Sachen steht es dem Rathe frei, die Entscheidung zur reiflichern Erwägung bis zum nächsten Gerichtstage auszusetzen (tit. 18), auch wohl, wie schon bemerkt, eine Entscheidung unmittelbar bei dem Landesherrn nachzusuchen. Zur Einnahme des Augenscheins werden mit zweien Rathsmitgliedern bei Grenz- und Landstreitigkeiten die vier Grundediger, bei Streitigkeiten über Gebäude drei Eingesessene committirt, deren Gutachten vollen Beweis giebt (tit. 15). Wegen der vielfachen Mißbräuche werden die Zwölfmanneneide abgeschafft, dagegen die richterlichen und Entscheidungseide eingeführt, die in eigener Person und nur in Nothfällen durch einen Specialbevollmächtigten abzuleisten sind (tit. 16). Der Gerichtsverwalter kann, wenn keine Parthei sich auf die Eidesleistung einlassen will, einer unter Erwägung sämmtlicher Umstände von Amtswegen den Eid auflegen. Merkwürdig ist hier die verhältnißmäßig frühe Abschaffung des Zwölfmanneneides, denn obgleich die Gesetzgebung es sich angelegen sein ließ, denselben in Abgang zu bringen, so widerstrebte dem das Volk in dem Herzogthum und kommt noch im ersten Viertel des folgenden Jahrhunderts, z. B. 1612 in der Schluxharde derselbe vor. *) Auch im peinlichen Recht tritt der Reinigungseid an die Stelle dieses Eides bei mißlungenem Beweise (Theil 3, tit. 76, 77). Auffallend kommt der Gefährdeeid hier nur bei der Appellation vor (tit. 25).

*) Staatsb. Mag. 7. 248. 300. C. St. Sl. 2. 583. Dreyer Abhandlungen Th. 3. pag. 1380. In Flensburg ward noch 1617 der Zwölfmanneneid geleistet. Nievesell pag. 117.

Nach rechtskräftigem Urtheil wird auf Anhalten des Siegers der unterliegenden Parthei durch drei auf einander folgende Gebotsbriefe, gegen welche aber keine Verantwortung stattfindet, bei einer steigenden Brüche von 18 ß, 3 ℔ und 40 ℔ die Gelebung des Erkenntnisses auferlegt; dann aber bei einer Klage über liegende Gründe der Kläger von dem Gerichtsschreiber eingewiesen; in Schuldsachen tritt dagegen zuerst die Pfändung in die bewegliche Habe ein und, wenn diese nicht zureicht, Einweisung in die Grundstücke bis zur Befriedigung. Im äußersten Fall trifft den Schuldner Gefängnißstrafe, aber auf Kosten des Klägers, welche auf einen Sechsling, einen halben Schilling, für den Tag bestimmt sind (tit. 22). Bei verweigerter Rechtspflege will der Herzog auf Beschwerde des Klägers den Rath zur Erfüllung seiner Pflicht anhalten (tit. 24). Die Appellation kann stehenden Fußes oder innerhalb zehn Tagen eingelegt werden, doch hat der Appellant zuvor den Gefährdeeid zu leisten und muß innerhalb sechs Wochen bei dem Kanzler die Ladung nicht allein bewirken, sondern dieselbe durch den Gerichtsboten und zwei angesessene Bürger als Zeugen dem Gegner mittheilen (tit. 26).

Fremden steht bei liquiden oder sofort liquide gemachten Forderungen das Gastrecht zu; nach diesem wird der Beklagte verurtheilt, den Kläger innerhalb drei Tagen zu befriedigen oder sichere Bürgschaft zu stellen; geschieht dies nicht, tritt gefängliche Haft ein; die Appellation ist hier ausgeschlossen (tit. 23).

Die Gerichtsgebühren betragen für den Präsidenten zwei pCt.; außerdem werden frivole Processe neben der Kostenerstattung mit einer Brüche von einem Schilling für die Mark bestraft (tit. 19—21). Die Sporteln des Gerichtsschreibers und des Frohnboten sind in den einzelnen Titeln für die besondern Handlungen bestimmt. Gerichtsferien treten ein in der Weihnachtswoche, der heiligen und Osterwoche, der Pfingstwoche, in der Erntezeit vom 1sten Juli bis zum letzten August und in den beiden Jahrmärkten (tit. 5).

Statt der Ladung kann der Kläger auch den Proceß mit Gebotsbriefen (a mandato) beginnen; in diesem Verfahren wird dem Beklagten auf Anhalten des Klägers von dem Gerichtsverwalter Namens der Landesherrschaft in dreien Befehlen bei einer Brüche von resp. 18 ß, 3 ℳ und 40 ℳ geboten, den Kläger binnen 14 Tagen zu befriedigen oder sich zu verantworten; verantwortet er auch den letzten 40 Marksbrief nicht, wird er von dem Gerichte für sachfällig, zu den Kosten und den sämmtlichen Brüchen schuldig erkannt und die Sache executionsfähig. Indeß ist die angedrohte Brüche nur eine Ungehorsamsstrafe, weshalb, wenn der Beklagte sich auf den ersten Gebotsbrief verantwortet und dann der Kläger durch Ladung die Sache in den ordentlichen Weg Rechtens bringt, die Brüche nicht in Betracht kommt, ebenso wenig wie in dem Fall der Gelebung; verantwortet er sich auf den zweiten oder dritten, fällt er wegen seines Ungehorsams nur in die angedrohten Brüchen der nicht verantworteten Gebotsbriefe; wegen frivolen Streitens kann indeß auch der sachfällige Kläger in diese Brüchen verurtheilt werden (tit. 1). Nach tit. 23 im dritten Theil der Gerichtsordnung scheint es fast, als hätte man mißbräuchlich die Zahl dieser im Herkommen begründeten Gebotsbriefe über drei ausgedehnt, denn es wird hier ausdrücklich untersagt, mehr als drei abzugeben. Uebrigens hat sich das Institut der Gebotsbriefe jedoch in verschiedener Form in dem Amte und in der Stadt Husum, so wie in Eiderstedt und dem Gebiete des Nordstrander Landrechtes bis auf den heutigen Tag erhalten, indeß wird die angedrohte Brüche nicht mehr exquirirt.*) Merkwürdig ist, daß das Weichbild vor Abgebung des Gebotsbriefes einen Versuch zur Güte vorschreibt, so wie nach unverantwortetem abgelaufenem dritten die ordentliche Ladung beider Partheien zur gerichtlichen Publication des Urtheils, das für den Beklagten nur verurtheilend lauten kann. Das Stadtrecht erfordert richtiger beides nicht.

*) Über die Gebotsbriefe in Eiderstedt, vergl. Cornils im Staatsb. Mag. 3, pag. 47.

Der letzte Titel dieses zweiten Theils (tit. 27) handelt merkwürdigerweise von den Deichrechten in den Marschländern; als Commüne hatte aber der Flecken weder Deiche noch Marschland, vielmehr bestand die Feldmark aus Geestländereien und einigen wenigen Dematen salzer Gräsung, unbedeichten Marschlandes an der Aue. Allerdings mußten die Husumer damals an den vielen Eindeichungen, welche die Herzöge mit allzu großem Eifer zur drückenden Beschwerde der anliegenden Geestdistricte betrieben, Theil nehmen, außerdem hatten die einzelnen Bürger bedeutende Besitzungen in den Marschen, aus diesem Grunde und weil derselbe sich im Eiderstedter Landrecht vorfand, mag dieser Titel hier Aufnahme gefunden haben; in dem spätern Stadtrecht ist er folgerichtig weggefallen. Sein Inhalt bezieht sich auch nur auf polizeiliche Bestimmungen, wie die Natur der Deicharbeiten sie erfordern; es sollen in solchen Streitigkeiten die Deichgreven und Geschworne nach einer kurzen Verhandlung entscheiden und gilt von ihrem Ausspruche keine Appellation, jedoch bleibt jeder Parthei die Ausführung ihrer Gerechtsame im ordentlichen Weg Rechtens vorbehalten. Man sieht leicht, daß dieser Titel mit der Gerichtsbarkeit des Husumer Rathes in gar keinem Zusammenhang steht.

In Betreff der civil- und criminalrechtlichen Bestimmungen muß ich auf die Gerichtsordnung selbst verweisen (Th. 5) und will nur bemerken, daß in den beiden Schlußartikeln (108, 109) alle dem Vorgehenden entgegenstehenden Rechtsbestimmungen und Gewohnheiten und von der Landesherrschaft sich das Recht vorbehalten, den Umständen nach zweckdienliche Veränderungen zu machen; von der Anwendung subsidiärer Rechtsquellen, wie am Schlusse des Stadtrechtes, wo die gemeinen Kaiserlichen Rechte als solche ausdrücklich anerkannt werden, ist hier noch keine Rede.

Die mit der Gerichtsordnung gleichzeitig erlassene Reformations- und Polizeiordnung besteht aus zwei Theilen; der erste bezieht sich auf die kirchlichen Verhältnisse, der zweite auf die markt- und gewerbpolizeilichen und enthalten resp. 10 und

21 Titel. Abgesehen von den verschiedenen örtlichen Verhältnissen stimmen die einzelnen Titel fast wörtlich mit der Eiderstedter von 1591 überein und kann als deren Mutter die Husumer angesehen werden, jedoch fehlen natürlich in ersterer eine Reihe Bestimmungen, welche sich auf städtische Verhältnisse beziehen und in der Husumer solche, welche die landschaftlichen Verhältnisse angehen. Auch hier erklärt in einer Einleitung, welche die Eiderstedter nicht hat*), der Herzog, daß dieselbe auf gründlichen Bericht, befundener Gelegenheit und der Umstände Consideration mit dem Rathe und Gutachten des insonderheit hiezu verordneten Ausschusses der Gemeinde erlassen. Diese, wie bemerkt, ist bisher nicht gedruckt, und wird ihr Inhalt hier im Allgemeinen eine kurze Erwähnung finden müssen, weil derselbe einen ziemlichen Blick in die derzeitigen Verhältnisse giebt.

Anlangend nun zuvörderst das Kirchenwesen, so steht dem Pastor, dem ersten Prediger, wie seit Einführung der Reformation die Aufsicht über die Kirche und die Schulen in dem Flecken zu, jedoch können neben dem Pastor Gerichtsverwalter und Rath dies Recht auch ausüben, aber die Inspection des Bischofs oder Superintendeten des Herzogthums ist für Husum ausgeschlossen, auch hat sich die Stadt diese Freiheit später und zwar bis in das 18te Jahrhundert hinein erhalten. Der Pastor mit den übrigen Geistlichen an der Kirche bildet das Consistorium, welches als erste Instanz namentlich in Ehesachen entscheidet und welche Instanz bei Vermeidung von Strafe nicht übergangen werden darf, es wäre denn, es wolle das Consistorium selbst wegen Schwierigkeit der Sache einen solchen Fall durch einen förmlichen Beschluß an das Oberconsistorium in Schleswig bringen und verweisen. An letzteres steht den Partheien die Appellation frei, weshalb das dortige Domcapitel angewiesen ist, eine Appellationsordnung, die aber wohl nie erschienen, zu entwerfen. Die Execution in bei ihm anhängigen Sachen hat das Husumer Consistorium. Zu den

*) C. St. Sl. I, pag. 136.

Einnahmen der Geistlichen gehören die herkömmlichen Opfer an den hohen Festtagen Weihnachten, Ostern und Pfingsten und erhält von diesen der Pastor zwei, die Capellane den dritten Theil. Die Kirchgeschwornen sind verpflichtet, die Wohnungen auf Kosten der Gemeinde in Stand zu halten und hat der Präsident darüber zu wachen, daß dies geschieht. Wiedertäufer und Sectirer sollen die Prediger auf gütlichem Wege von ihrer Schwärmerei zu bekehren suchen, beharren sie aber hartnäckig in ihrem Irrthum, sind sie des Landes zu verweisen und wird die Landesherrschaft im Fall der Rückkehr sie strafen. Verboten sind gleichfalls Winkelpredigten, Conventikul und heimliche Austheilung der Sacramente. Während der Predigt sollen die Gemeindemitglieder nicht auf dem Kirchhofe umher spatziren, noch weniger in den Schenken und Krügen sitzen oder Handel und Gewerbe treiben; der Frohnbote hat hierüber zu wachen und die Uebertreter, Wirthe und Gäste, dem Gerichtsverwalter zur Brüche anzuzeigen. Die Geistlichen haben auch ihrerseits sich eines ordentlichen und sittlichen Lebenswandels zu befleißigen, dürfen in den Gassen nicht in auffallender Kleidung umherlaufen, in den Krügen nicht sitzen zu zechen, sich raufen, spielen u. s. w.; in der Kirche sollen sie das Christenthum predigen, nicht aus Privatleidenschaft schimpfen und schmähen und die Kanzel zu einer Hohlhippelschule machen. Ueber ihren Wandel und ihr Leben wacht der Pastor und hat dieser und das Ministerium nebst dem Gerichtsverwalter und der Gemeinde das Recht *) unwürdige Diener der Kirche ihres Dienstes zu entsetzen (tit. 1—4).

Sündige Mitglieder und solche, die der Gemeinde Anstoß geben, soll der Pastor erst allein ermahnen, demnächst in Gegenwart der Capellane und einer glaubwürdigen Person, erst wenn dies Mitglied von seinem sträflichen Wandel auch dann noch nicht abläßt, wird die öffentliche Kirchenbuße verhängt und will es sich zu dieser beharrlich nicht verstehen, wird der

---

*) Von diesem Recht ist in einem Fall gegen Neocorus Gebrauch gemacht. Siehe am Schlusse dieser Periode.

Kirchenbann ausgesprochen, doch nur nach Beobachtung dieses vorgeschriebenen Verfahrens und darf derselbe nicht aus Leidenschaft oder Rachsucht ausgesprochen werden (tit. 5). Nach einigen unbedeutenden Bestimmungen über die Kirchengebäude und Kirchhöfe (tit. 6) folgen sehr strenge Maaßregeln gegen die Bettelei. Die einheimischen Armen, kranke, schwache und alte Personen erhalten von den Kirchengeschwornen dasjenige zur Unterstützung, was unter der Predigt mit dem Säcklein oder der Bedetafel (Klingbeutel) gesammelt wird, auch können sie von dem Gerichtsverwalter die Erlaubniß erhalten, bei den Thüren zu betteln und zwar durch das Bettelzeichen, einen von ihm unterschriebenen Zettel mit dem Namen des Bettlers. Fremde Bettler dagegen werden sofort von dem Büttel oder Prachervogt über die Grenze gebracht, im abermaligen Betretungsfall von dem Präsidenten verurtheilt zur Speisung einiger Tage bei Wasser und Brod im Gefängniß und nachdem sie das Land verschworen, das ist, Urfehde geleistet, aus dem Weichbild gewiesen. Kehrt ein solcher zum dritten Mal zurück, ist er mit dem Tode durch das Schwert zu strafen; da aber bei ihm die Vermuthung dafür spricht, daß er andre Verbrechen begangen, ist er zuvor peinlich zu befragen. Arbeitsfähige gesunde Manns- und Weibspersonen, die aus Faulheit, ohne Zeichen bettelnd sich im Lande umhertreiben, sind einzuziehen und nach Gottorf zu schicken, wo sie nach Befund der Sachen einige Zeit in Eisen geschmiedet und zu öffentlichen Arbeiten verwandt werden; für Eiderstedt ist in diesem Fall die Strafe des Halseisens verfügt. Anleitung der Kinder zum Betteln wird an den Eltern mit Wasser und Brod, an den Kindern, wenn sie schon alt genug sind, mit Ruthenstreichen durch den Büttel bestraft (tit. 7).

In allen andern Fällen, die hier nicht erwähnt, soll die von den drei Landesherrn für das Herzogthum Schleswig gemeinschaftlich erlassene Kirchenordnung (von 1542) zur Anwendung kommen und wird der Gerichtsverwalter und Rath angewiesen, sich in schwierigen und zweifelhaften Fällen an den Herzog zu wenden, der dann nach eingeholtem Gutachten des Oberconsistoriums eine Entscheidung geben wird. Strenge wird untersagt, daß die weltlichen Behörden sich weiter als vorgeschrieben in geistliche Angelegenheiten mischen und die Geistlichen umgekehrt in weltliche (tit. 10).

Der zweite Theil enthält Anordnungen über Handel und Gewerbe; zuerst werden dem Flecken die nach der Originalurkunde von 1526 Mittwochen nach Quasimodo vom König Friedrich ertheilten Freiheiten und Privilegien, die schon vom König Christian III. und Herzog Adolf selbst früher bestätigt sind, abermals confirmirt, so wie alle hergebrachten ehrbaren und nützlichen Gewohnheiten und Gebräuche, namentlich auch die Artikel der vier Aemter (Schuster, Schneider, Schmiede, Bäcker), aber unter Vorbehalt des landesherrlichen Rechtes, dieselben abzuändern. Nachdem hier etwas auffallend in Titel 2 wegen der Gotteslästerung auf die Gerichtsordnung verwiesen, werden die Bestimmungen des Reichsabschiedes von 1520 über den Wucher und wucherliche Contracte wörtlich aufgenommen, jedoch unter der ausdrücklichen Protestation, daß das Weichbild Husum als Pertinenz des freien Herzogthums Schleswig dem heiligen römischen Reich nicht angehörig *) (tit. 3). Dann werden dem Weichbilde zwei freie achttägige Jahrmärkte erlaubt, welche am Sonntage nach Pfingsten und am 21sten September Mittags 12 Uhr beginnen, während welcher acht Tage aller Handel und Wandel frei ist, auch allen und jeden, nur nicht Criminalverbrechern, wohl aber bösen Schuldnern, die sonst in den Flecken nicht kommen dürfen, freies Geleit zugesichert wird; die Haltung dieser freien Märkte soll dem handelnden Kaufmann allenthalben bekannt gemacht werden (tit. 4). Aller Art Waaren darf jeder gegen Erlegung der üblichen Abgaben an Zoll, Tonnen- und Hafengelder u. s. w. frei seewärts aus und ein durch Husum führen, jedoch soll diese Freiheit nur den Einwohnern von solchen Oertern gestattet sein, wo die Husumer wieder dasselbe Recht genießen, eine Beschränkung, die sich wohl ganz insbesondere auf die

*) Eiderst. P. O. im C. St. Sl. I. pag. 162. — C. C. St. I. pag. 113. — Falck Handb. I. pag. 408, not.

früher erwähnten Irrungen mit Flensburg bezieht. Bei see- und landwärts eingebrachten, nicht zur bloßen Durchfuhr bestimmten Waaren bleibet den Husumern zwei Sonnenscheine, zwei Tage, das Vorkaufsrecht. Wegen der von der Ostsee kommenden Waaren soll es zwischen Husum und Eckernförde gleich und billig gehalten werden (tit. 5). Nach alter Gewohnheit wird jeden Donnerstag *) ein Wochenmarkt gehalten; an diesem Tage müssen alle Producte auf den Marktplatz zwischen der Kirche und der Straße zum Verkauf gebracht werden und ist es Niemand gestattet, den Landleuten außerhalb des Fleckens entgegen zu gehen und dem gemeinen Mann zum Schaden die Producte vorweg aufzukaufen. Uebertreter dieser Vorschrift hat der Marktvogt dem Gerichtsschreiber zur Brüche anzuzeigen. Sobald es Tag ist, wird auf dem Markte von dem Vogt ein Wisch aufgesteckt und bleibt bis 11 Uhr stehen; so lange er steht, darf kein Fremder kaufen. Wer von den Einwohnern vor 11 Uhr ein Fuder Korn käuft, ist verpflichtet jedem Mitbürger, der es verlangt, bis zu einem Heidtscheffel für den Kaufpreis abzulassen und zwar bei einer Mark Brüche; auch soll Niemand selbst oder durch seine Kinder und Diener vor 11 Uhr für einen Fremden aufkaufen lassen. Kommt ein Bauer, das Gesetz zu umgehen, nach 11 Uhr zu Markte, darf er nicht mehr verkaufen, sondern soll seine Producte bis zum nächsten Markttag einsetzen und dann zu allererst auf den Markt bringen (tit. 6). Außer diesem einzigen Wochenmarkttage darf kein Fremder Waaren auf dem Markte aushöckern, sondern nur die Einwohner (tit. 7). Der Gerichtsverwalter hat in Obacht zu nehmen, daß Reisende nicht von den Wirthen übervortheilt und ausgeschnitten werden und wird die Erlassung einer Taxe in Aussicht gestellt, welche bestimmt, wie viele Gerichte der Wirth geben und was er für Herberge, Pferde, Futter u. s. w. nehmen soll (tit. 8). Accise soll nach einem im vorigen Jahr publicirten Mandate von Wein, Meth, Branntwein und fremdem Bier gegeben werden; die

*) Später sind drei Markttage: Dienstag, Donnerstag u. Sonnabend.

Krügerei ist ein erlaubtes Geschäft, doch ist jeder Krüger bei seinem Eide und bei Strafe des Meineides verpflichtet, alle vier Wochen von den ausgezapften Getränken dem Accisemeister die Accise richtig zu bezahlen, worüber letzterer ein Register zu führen hat; von dem eingebrauten Bier geben die Einwohner für den eigenen Gebrauch keine Accise, die Krüger jedoch von jeder ausgezapften Tonnen 2 ß. Winkelkrügerei ist verboten und jeder, der eine Wirthschaft hält, muß der Aufsicht wegen seinen Namen bei dem Accisemeister einzeichnen lassen (tit. 9). In Betreff des Maaßes und Gewichtes wird vorgeschrieben, daß der Gerichtsverwalter und Rath Normalmaaße, eine eiserne Elle, die an einer Kette hängen soll, kleinere Maaße, Tonnen und Pfunde anschaffen soll, nach welchem alle übrigen der Einwohner regulirt werden müssen. Der Herzog selbst will einen Waagemeister beeiden und anstellen, der alle größeren Waarenquantitäten zu wiegen und darüber ein Register zu führen hat und für jede 100 ℔ von dem Käufer eine Abgabe von einem Schilling erhält; der Rath soll zu diesem Zwecke die größern Gewichte als Schiffpfunde, Centner und Liespfunde anschaffen und ist jeder Einwohner verpflichtet, die in größeren Quantitäten gekauften Waaren auf dieser öffentlichen Waage wiegen zu lassen, weshalb denn Niemand in dem Besitz dieser größern Gewichte sein darf. Stückweise, z. B. Käse, kann jedoch jeder kaufen ohne wiegen zu lassen, ausgenommen Butter in Tonnen bis Achteln, weil dabei vielfach Betrug mit unterläuft. Die Bestimmungen über die Tonnen und Baken, so wie über die Handwerker und Zünfte (tit. 10 — 18) werden in den Anhängen bei der Darstellung dieser Institute erwähnt werden und will ich hier nur Einzelnes anführen. Den Schustern wird der Preis für ihre Arbeiten festgesetzt, z. B. für ein Paar Mannsschuhe mit doppelten Sohlen 20 ß, für Frauenschuhe 8 ß, Kinderschuhe 10 ß, Kniestiefeln 28 ß u. s. w., wogegen ihnen denn freilich auch das Vorkaufsrecht auf die Häute zu gleichfalls bestimmten Preisen zugesichert wird. Bei den Bäckern ist zur Zeit ziemliche Ordnung, doch soll der Gerichtsverwalter öfter zwei

Mitglieder des Rathes und zwei aus der Gemeinde umherschicken und das Brod wiegen lassen; wo es zu leicht befunden wird, soll es zu Gunsten der Armen confiscirt werden; eine gleiche Commission hat die Brauer zu überwachen und nach dem Preis der Gerste den des Biers zu bestimmen; wer schlechtes Bier braut, wird in Brüche gesetzt und darf nicht eher wieder brauen, bis diese bezahlt ist. Brauen und Malzen darf nicht vereint betrieben werden; wer braut darf nicht malzen und umgekehrt; die Fälschung des Malzes mit Hafer und überhaupt die Production schlechten Malzes wird mit 20 ß Brüche bestraft.*) Den Pelzern und Gerbern wird das Vorkaufsrecht auf Schaaf- und Lämmerfelle in dem ganzen fürstlichen Gebiete zugestanden und den Hausleuten untersagt, diese an fremde Aufkäufer zu verhandeln. Die Goldschmiede dürfen nur vierzehnlöthiges Silber verarbeiten, solches, aus welchem nach der Münzordnung des heiligen Römischen Reiches die Thaler geschlagen werden und sind verpflichtet, ihre Arbeiten mit einem Zeichen zu versehen. Die Zahl der Barbiere soll nicht vermehrt werden und einer den ersten Verband haben, damit von den Verwundungen gehörige Anzeige gemacht und die Brüche nicht verschwiegen wird **). Quacksalberei und das Umhertragen von Arzeneien ist verboten, doch darf der Gerichtsverwalter einem Subjecte, welches gute Zeugnisse hat, den Verkauf von Arzeneien und die Behandlung der Kranken erlauben (tit. 19). Der übermäßige Luxus bei Hochzeiten und Kindtaufen wird beschränkt und die Zahl der Gäste nach der Größe des Brautschatzes bestimmt; der Marktvogt hat auf die Beobachtung dieser Vorschriften zu achten; desgleichen ist auch der Luxus in Kleidung und Geschmeiden untersagt (tit. 20). Weil aber allen Gebrechen nicht auf einmal abgeholfen werden kann, behält sich die Herrschaft im Schlußartikel die Verbesserung des Statuts vor und ermahnt zur strengen Haltung und Handhabung desselben.

---

*) Da der Malzhandel ein sehr bedeutender Erwerbzweig im Orte war, mußte viel daran gelegen sein, daß gute Waare versendet wurde.

**) cf. Eiderst. Landrecht 4, 5. 4.

Neben der Gerichts- und Polizeiordnung wurde dem Flecken zu gleicher Zeit auch der herkömmliche Gebrauch des Wisbyer Seerechtes bestätigt. Der handschriftlichen Bestätigungsurkunde und so ist sie auch im Corpus Statutorum abgedruckt, *) fehlt gleichfalls Jahreszahl und Datum, übrigens bezeugen alle Schriftsteller, daß diese Confirmation gleichzeitig mit der Ertheilung des Weichbildes geschehen sei. **) Es hatte dies alte, aus 72 Beliebungen bestehende und nach der Stadt Wisbye benannte Statut in allen Handelsstädten Norddeutschlands und Dännemarks sich Geltung verschafft. ***) In Husum und auf den umliegenden Westseeinseln war es lange vor 1582 in Anwendung, weshalb jetzt auch nur der Gebrauch desselben von dem Herzog Adolf bestätigt wird, wie aus der Begnadigungsurkunde hervorgeht. Da dasselbe bei den Seefahrern allenthalben allgemeine Anwendung gefunden, so kann es nicht als etwas Besonderes angesehen werden, daß es in Husum und in der Umgegend Eingang fand. Merkwürdig aber ist es, daß es sich hier im Gebrauch erhielt, obgleich das Seerecht Friedrich II. von 1561 und das vierte Buch des Gesetzes von Christian V. sonst im ganzen Herzogthum recipirt wurde. Auch in Tönning hat sich dasselbe in beschränktem Umfange neben dem Dänischen und Hamburger Seerecht in Gebrauch erhalten. ****)

Mit Bestimmtheit läßt sich annehmen, daß die Einführung dieses Seerechtes allmählich durch die Schiffer und die Schiffergilde geschah; diese oder ihre Aelterleute wurden in streitigen See- und Schiffssachen, deren Aburtheilung die Partheien schwerlich einem Bundengerichte anvertrauen mochten, wahrscheinlich zu einer compromissarischen Entscheidung angerufen; was war nun natürlicher, als daß diese Richter bei dem

*) 2. pag. 675.

**) Laß pag. 66. Heimreich 2. pag. 45. Dankwerth pag. 140. In mehren mir vorliegenden Handschriften befindet es sich zwischen der Polizei- und Gerichtsordnung.

***) Rosenvinge, Einleitung zu den neuseeländischen Gesetzen.

****) C. St. Slesv. 3, 2te Abth., pag. 9. not.

Mangel sonstiger Normen die Regeln des ihnen in der Fremde als practisch bekannt gewordenen Wisbyer Rechtes zu Grunde legten und darnach enschieden? Leicht bildete sich hieraus nun ein ständiges Gericht im Laufe der Zeit, zumal da in älterer Zeit die Rechtspflege in vielen Fällen bei dem Volke stand und war mit diesem Gericht der Anwendung des Wisbyer Seerechtes die Bahn gewiesen. Das hiesige Seegericht, über dessen Zusammensetzung das Statut selbst keine Bestimmungen enthält, bestand aus vier Kaufleuten und vier Schiffern und wurde in dem Hause des Tonnen- und Bakenmeisters gehalten, der zugleich das Protocoll führte; 1582 hatte aber der Präsident, später der Bürgermeister den Vorsitz, welcher auch die Ladungen zn demselben abgab. Für Husum bildete es die erste Instanz, von dessen Ansprüchen unmittelbar an den Herzog appellirt wurde. Die Appellationssolennien wurden vor dem Magistrat geleistet, bei dem auch die Execution stand. Ueber die ältere Zeit vor 1582 fehlen alle Nachrichten. Die Gebühren waren für jedes Mitglied 12 ß, für den Bakenmeister 1 ℳ 8 ß und für das Erkenntniß 12 ß. Für die Inseln war das Husumer Gericht eine Art Oberhof, die dritte Instanz; in streitigen Sachen auf den Inseln wurden dort herkömmlich von den Partheien vier Schiffer als Schiedsrichter erwählt, welche ihre Entscheidung abgaben; war eine Parthei mit dem Ausspruch dieses sogenannten Halbseefahrenrechtes nicht zufrieden, so fand eine Berufung an das volle Seerecht auf der Insel Oland statt, welches aus acht Schiffern bestand, von welchen wiederum die Appellation an den Oberhof in Husum ging. *)

Dies Seegericht war noch zu Laß **) Zeiten, also gegen das Jahr 1760 in voller Wirksamkeit, so wie auch der Instanzenzug dahin, weshalb er von demselben als einer allgemein bekannten Sache keine weitere Nachricht giebt. Wie lange es aber nachher bestanden, habe ich nicht in Erfahrung

*) Heimreich 2. pag. 44. C. St. Slesv. 2. pag. 676. not.

**) Laß pag. 122.

bringen können. Es scheint mit dem Ende des vorigen Jahrhunderts zugleich mit den Seegerichten auf den Inseln allmählig in Abnahme gekommen und in Vergessenheit gerathen zu sein. Das Protocoll dieses Gerichts habe ich nicht auftreiben können, wahrscheinlich ist es aus Unachtsamkeit längst verloren. In der handschriftlichen Sammlung des Michael Jowers ist ein Fall der Wirksamkeit desselben angeführt, dessen ich hier kurz erwähnen muß. Das Schiff „Gotteshand," mit Weizen nach Lissabon **1708** befrachtet, hatte Haverie gelitten. Zur Entscheidung der hierüber entstandenen Streitigkeiten hatten alle übrigen Interessenten an ein unparteiisches Seegericht zu Husum provocirt, welches auch von dem Bürgermeister berufen und mehre Tage fortgesetzt war. Der mitbetheiligte Rathsverwandte Claus Reiher in Tönning war ordnungsmäßig per subsidiales geladen, weigerte sich zu erscheinen und ließ dem Husumer Magistrat durch den Tönninger erklären, wie er nur in seinem Wohnort bei dem competenten Gerichte zu Recht stehen wolle. Ueber diese Weigerung ward bei der herzoglichen Regierung Beschwerde erhoben und angeführt, daß die beschwerenden Interessenten den größern Theil ausmachten, das Schiff nicht nach Tönning gehöre und Haverie in Frage stehe, welche nach Seerecht und Seegewohnheit zu entscheiden, worauf die Regierung **1710** kurz weg entscheidet, Claus Reiher habe sich auf vorhergehende Ladung dem Husumer Seegericht zu sistiren und unter Vorbehalt der Appellation dort rechtliche Entscheidung zu gewärtigen.

Durch die Verleihung des Weichbildes wurde Husum jetzt zum zweitenmal und zwar für immer von der Harde getrennt; wenn Falck *) hier einen eigenthümlichen Begriff des Wortes Weichbild findet, so hat er insoweit Recht, als Weichbild hier einen mit städtischen Gerechtsamen versehenen Flecken bedeutet, eine Bedeutung, in welcher das Wort indeß in der Periode nach dem Mittelalter gewöhnlich gebraucht wird; in älterer Zeit freilich bezeichnete es die Ertheilung voller städti-

*) Handb. I. pag. 25. not. 23.

scher Gerechtsame und wurde durch die Verleihung der Ort zur Stadt erhoben; es erhielt dann neben dem landesherrlichen Vogt die neue Stadt einen von der Gemeinde erwählten Bürgermeister und Rath. Da aber in Husum der von dem Herzog ernannte Gerichtsverwalter und zum Theil der Rath verpflichtet waren neben dem Interesse der Commüne auch das landesherrliche, namentlich in Betreff der Brüchen wahrzunehmen, so bedurfte es hier keines Vogtes mehr, wie denn auch sonst der Stadtvogt allgemach in Abnahme kam.

Der Flecken oder das Weichbild war jetzt ohne Mittel der Landesherrschaft, dem Herzoge, nicht mehr dem Amtmanne unterworfen, indeß verwalteten Präsident und Rath im Namen des Herzogs die Rechtspflege in bürgerlichen und peinlichen Sachen unbeschränkt, sie übten die Polizeigewalt und lag ihnen die ganze Verwaltung der Commüneangelegenheiten ob; sie beaufsichtigten den Handel und Verkehr, die Gewerbe und Gewerke und hatten die Ausübung der Marktpolizei, so wie denn auch der Rath berechtigt war, sowohl polizeiliche als administrative Verfügungen zu erlassen. Neben dem Rathe konnte die frühere Communalverwaltung durch die Vorsteher der einzelnen Localinstitute nicht mehr bestehen und wurden diese meistentheils auf ihre Vorsteherschaft beschränkt; das Amt der Rechensleute mußte neben dem Rathe ganz wegfallen und blieben wohl nur die Quartiersmänner, aus denen sich unter dem Stadtrecht das Deputirtencollegium bildete.

Obgleich nun bei der Abfassung der Statute dem Herkommen Rechnung getragen wird und der Concipient das hergebrachte und volksthümliche Recht so ziemlich schonte, obgleich es ausdrücklich ausgesprochen wird, daß die einzelnen Rechtsbestimmungen christlich und dem Jütschen Low gemäß seien, so läßt sich doch nicht verkennen, daß das gemeine Recht auf diese Statute schon bedeutend eingewirkt hat. In Ansehung der prozessualischen Normen mußte schon von selbst dieser Einfluß unabweisbar sein, da die ältere Landgerichtsordnung kurz vorher erlassen, nicht unbeachtet bleiben konnte. In den civilrechtlichen Bestimmungen machte die Doctrin des gemeinen

Rechtes sich um so eher geltend, als die alten Rechtssätze des Jütschen Lows und die Friesischen Gewohnheiten und Herkommen nur für die einfachen ländlichen Verhältnisse maaßgebend sein konnten, nicht aber für die verwickelten Zustände des kaufmännischen und gewerblichen Verkehrs ausreichten; daneben in der practischen Anwendung der auf deutschen Universitäten gebildete Gerichtsvorstand, dem am Ende doch in schwierigen Fällen die Entscheidung anheim fiel, seine gelehrten Rechtskenntnisse zur Geltung zu bringen suchte und, wenn ihn das dürftige Localstatut im Stich ließ, nur zu gerne zu dem gemeinen Rechte seine Zuflucht nahm. So wird es aber auch erklärlich, daß schon nur einige zwanzig Jahre später das Stadtrecht die gemeinen kaiserlichen Rechte als subsidiäre Quelle ausdrücklich anerkennt und aufnimmt. Beruft doch schon die Polizeiordnung sich bei der Bestimmung über den Wucher auf den Deutschen Reichsabschied von 1520 und die kaiserliche Münzordnung, wenn auch eine politische Verwahrung bei dieser Gelegenheit dagegen eingelegt wird, daß das freie Herzogthum Schleswig dadurch als Pertinenz des Deutschen Reiches angesehen werden könnte. Das Institut der Privatbußen blieb in dem Statute noch im weitesten Umfang stehen und folgte hiebei der Verfasser offenbar mehr den altfriesischen Rechtssätzen als dem Jütschen Low, wie eine Vergleichung der betreffenden Artikel in der Gerichtsordnung mit denen des ältern und neuern Eiderstedter und des Nordstrander Landrechtes ergiebt. Von einem Einwirken der mit der Mannbuße im klaren Widerspruch stehenden Caroline findet sich, wie bemerkt, nur in einigen wenigen Bestimmungen eine geringe Spur.

Wie gewöhnlich bei durchgreifenden Veränderungen sich bald Mängel zeigen, so geschah es auch hier. Schon gleich nach der Publication dieser Statute fanden der Rath und die Gemeinde sich veranlaßt um die Erläuterung und Erklärung einiger Puncte, so wie um Erweiterung einiger Gerechtsame bei dem Herzog einzukommen und erfolgten bereits unterm 16ten März 1582 zwei herzogliche Resolutionen *), durch

*) Beil. I. № 47. 48. M. J. bei dem sich auch die Anträge der

welche verschiedene Verlangen der Gemeine theils ihre Erledigung fanden, theils aber auch abgewiesen wurden.

Zum Bau des Rathhauses auf eigene Kosten, hatte, wie schon bemerkt, nach der Gerichtsordnung die Gemeinde sich verpflichtet; da dieser Aufwand aber jetzt, weil namentlich auf den Bau und die Unterhaltung von Schleusen und Bollwerk in den letzten Jahren 9000 ℳ aufgewandt waren, über ihre Kräfte ging und sie sich außer Stande sah, das Rathhaus nebst einem Keller zur Wein= und Bierschenke und eine neue Waage zu bauen, nahm sie deshalb die Hülfe des Herzogs in Anspruch. Dieser entschuldigt sich deshalb zur Zeit noch und räth zur vorläufigen Aushülfe den vordern Theil von dem Hause des Gerichtsschreibers Otto Schmidt in Miethe zu nehmen und es als Wohnung des Präsidenten und zur Gerichtssitzung zu benutzen; die geringe Heuer ließe sich dann leicht durch eine Sammlung *) in der Gemeinde aufbringen. Die Waage dagegen würde sich am besten in Theophilus Emminga's Wohnung an der Schiffbrücke einrichten lassen, deshalb möge Präsident und Rath mit ihm um eine billige Heuer handeln und daß er zugleich gegen ein billiges Salair die Verwaltung der Waage übernehme; über die Einnahme soll er dann dem Herzog Rechnung ablegen und aus derselben seine Besoldung und Heuer einbehalten. Um Husum zu einem Stapel und einer Niederlage zu machen, indessen wohl auch um die Einkünfte zu vermehren, soll nicht allein alles Korn, was zu Husum aus= und eingeht, bei der Schiffbrücke dem Käufer zugemessen, sondern auch alles Korn, was in den umliegenden Gegenden von Husumern oder Fremden gekauft wird, nach Husum gebracht und dort erst vermessen werden, es mag zu Lande oder zu Wasser kommen. Als Meßgeld wird bestimmt für jede Tonne schweren Korns 1 ß, für Haber ½ ß. Zur

---

Gemeine befinden, auf welche im Texte zur Erläuterung Rücksicht genommen.

*) Sammlung hier wohl gleichbedeutend mit Ausschreibung, wie noch jetzt Collecte, Collectengelder hier am Orte.

Anschaffung von Maaßen und Gewichten will der Herzog für einen Vorschuß sorgen, der aus der ersten Einnahme gedeckt werden soll.

Der in der Gerichtsordnung allerdings unbestimmt gehaltene Titel über das Gastrecht wird dahin beschränkt, daß dieses nur den Fremden zustehen soll, in deren Heimath auch den Husumern das gleiche Recht zu Theil wird und können die Unterthanen in den herzoglichen Harden dasselbe nicht beanspruchen, sondern müssen sich des ordentlichen Rechtganges bedienen. Ueber die Vertheilung der Sporteln will der Herzog Bestimmungen treffen, wenn erst Erfahrungen darüber vorliegen, wie viel einkommt. Den Dregern, denen in der Gerichtsordnung für die Ergreifung eines Missethäters nur 6 ß, jedem 1 ß zugesetzt ist, mag der Präsident und Rath nach bester Gelegenheit die Einnahme erhöhen und ihnen etwa das bewilligen, was früher die Knechte des Hardesvogten erhalten haben. Die Bestimmung der Polizeiordnung, daß ein Bürger, welcher ein Fuder Korn auf dem Markte kauft, auf Verlangen seinem Mitbürger davon für den Einkaufspreis bis zu einem Heidtscheffel, hier einer Tonne gleich gestellt, überlassen muß, wird dem Rathe gestattet zum Besten der Armen und Nothdürftigen auch auf das Getreide auszudehnen, welches zu Schiffe aus den umliegenden Gegenden zum Verkauf gebracht wird.

Fremde, die sich niederlassen wollen, müssen sich bei dem Gerichtsverwalter melden und dem Herzog einen Eid leisten, für welchen eine Formel dem Rathe mitgetheilt; ein Fremder welcher ein Giebelhaus bewohnen will, muß vor der Niederlassung 2 ℳ, für ein schlechtes Haus oder eine Bude 1 ℳ, ein Kellerbewohner 8 ß erlegen und trägt jeder dann die Lasten nachbarsgleich; bloße Einlieger bezahlen jährlich 4 ß, für welche der Wirth haftet. Bei dieser Gelegenheit verfügt der Herzog, weil viele, Eingeborne und Fremde ihm noch keinen Eid geleistet, daß alle Angesessene und Heuerlinge zur Eidesleistung angehalten werden sollen. Wegen der Bettler soll es bei den Bestimmungen der Polizeiordnung sein Bewenden halten.

Die Einwohner sahen es wohl ungerne, daß die Höcker aus den benachbarten Städten, wo ihnen ein gleicher Verkehr nicht gestattet war, die hiesigen Wochenmarkte besuchten und glaubten diesem vermöge eines Privilegiums vom König Johan und der Polizeiordnung steuern zu können; hierauf erklärt jedoch der Herzog, daß die Wochenmärkte innerhalb der durch die Polizeiordnung gesetzten Grenzen frei bleiben sollen. Ebensowenig fand der Antrag um Aufhebung der Accise auf Bier und Wein Erhörung, vielmehr nimmt der Herzog hievon Veranlassung die Erlegung der Accise einzuschärfen und soll keinem Gastwirth oder Krüger erlaubt sein, Bier und Wein zu schenken, bevor er bei dem Accisemeister Richtigkeit getroffen. Der Gerichtsverwalter soll hierüber wachen und wird die Umgehung der Accise mit Confiscation bestraft; die Dreger mußten auf Befehl des Gerichtes die confiscirten Waaren in das Armenhaus, wohl das Gasthaus, zu dessen Gunsten die Confiscation geschah, bringen. Die Verfügung der Polizeiordnung, daß von jedem Wagen auf dem Markte ein Schilling gegeben werden muß, wird dahin erläutert, daß dies nicht von jedem Wagen zu verstehen sei, sondern daß das Gewicht in Betracht kommen solle. Der Herzog dagegen läßt es sich gefallen, daß die Verfügungen in Betreff der Kirchendiener auf die Schuldiener angewandt werden und gestattet dem Rathe diese so anzuwenden.

Ferner erklärt der Herzog, daß die publicirte Gerichtsordnung ein gleichmäßiges Recht sein und keine Ausnahmen stattfinden sollen und verspricht mit denen von Eckernförde zu handeln. Da hier der Antrag der Husumer fehlt, erscheint dies nicht ganz klar, bezieht sich aber unbezweifelt auf die damaligen Handelsverhältnisse. Wir haben früher gesehen, daß die Flensburger den Husumern die freie Durchfuhr wehrten und daß darüber ein noch unentschiedener Streit obschwebte. Die Husumer suchten deshalb der Flensburger Durchfuhr zu entrathen, wie die Flensburger der Husumer und wandten letztere sich nach Eckernförde, wie denn auch in der Polizeiordnung eine Verbindung für Husum mit der Ostsee über diese

Stadt in Aussicht gestellt wird. Der Herzog begünstigte unbezweifelt diesen Handelsweg, der ganz durch den herzoglichen Antheil ging. Nun aber wurden auch hier den Husumern wegen der freien Durchfuhr Schwierigkeiten gemacht, wenigstens sind solche Streitigkeiten aus dem folgenden Jahrhundert bekannt. Um nun diesem Uebelstande abzuhelfen, will der Herzog mit Eckernförde handeln. Man sieht auch hier übrigens, wie damals der Verkehr von allen Seiten mit Hindernissen und Hemmnissen zu kämpfen hatte.

In Anbetracht seiner vielen sonstigen Geschäfte wünschte der Rath, dem die Geschäfte der Rechensleute ziemlich natürlich zugefallen waren, daß einer oder zwei Rechensleute bestellt werden möchten, welche die Einnahme und Ausgabe des Weichbildes beschafften und die Aufsicht über die Kirchen, Schulen und andere öffentliche Gebäude und Bauten führten; der Herzog schlägt dieses ab und verfügt, daß einer aus dem Rathe dies Geschäft übernehmen und am Schlusse des Jahres Rechnung ablege.*)

Es scheint, daß um diese Zeit Husum zum dritten Male von einer Feuersbrunst heimgesucht sei, obgleich weder Laß noch Heimreich dieser erwähnen.**) Denn aus diesem Grunde befiehlt der Herzog, daß stetige Nachtwächter an gelegenen Orten gehalten werden, die nebenher auch den nächtlichen Muthwillen auf den Gassen hindern können und daß Rettungsanstalten, namentlich Wasserkufen, Leiter, Haken und Eimer angeschafft, Fuhrleute bereit gehalten und die Quartiere sich mit ihren Waffen auf den Ruf der Sturmglocke in ihre Ordnung stellen und einfinden. Der Herzog behält sich die Genehmigung dieser Feuerordnung vor.

Schon im Jahre **1583** wurden vor dem Rath und der Gemeinde mehre Beschwerden erhoben, deren Abhülfe sie, so wie die Abänderung verschiedener rechtlichen und polizeilichen Normen und sonstige Erleichterungen erbaten. Hierüber wurde

---

*) Der erste Kämmerer war Jacob Blome. Laß pag. 67.

**) Der Zeitgenosse Heinrich Rantzau bemerkt übrigens, daß Husum dreimal vom Feuer sehr gelitten habe. Westph. I. pag. 56.

vom Herzog erst zwei Jahre später, unterm 6ten Sept. 1585 *) verfügt. Die beiden ersten betreffen die Tonnen und Baken in der Hever und kommen bei diesem Institute am gehörigen Orte in Betracht. **) In Rücksicht der übrigen ist Folgendes bemerkenswerth.

In dem Fahrwasser der Aue hatte sich eine der Schifffahrt sehr hinderliche krumme Bucht gebildet; nun hatten sich hiesige Kaufleute erboten, dieselbe auf ihre Kosten durchgraben zu lassen und wollten sie für den Durchstich von den Schiffen so lange eine Abgabe für die Benutzung heben, bis ihre Unkosten gedeckt sein würden. Der Herzog billigt dies Unternehmen nicht, weis't dagegen den Präsidenten und Rath an unter Zuziehung von Sachverständigen einen Kostenanschlag zu machen und demnächst zu veranlassen, daß die Gemeinde auf ihre Kosten diesen Durchstich bewerkstelliget; dagegen soll jedes Schiff, welches diese neue Fahrt benutzt aus und ein von jeder Last sechs Pfennige geben, wer aber diese nicht, sondern die alte Fahrt benutzen will, was in Jedes Belieben steht, ist von der Abgabe frei. Eine vertraute beeidigte Person soll dies Lastgeld erheben und dem Rath und den Vorstehern der Gemeinde Rechnung ablegen. Der Gewinn soll auf die Unterhaltung des Bollwerks am Husumer Tief und sonst nützlich am Strom verwandt werden.

Demnächst werden auf Antrag der Gemeinde einige rechtliche Bestimmungen in der Gerichtsordnung abgeändert, Abänderungen, die nicht ohne rechtgeschichtliches Interesse sein dürften. Im Titel 15, Theil 3, war nur ganz allgemein bestimmt, daß der ältere Pfandgläubiger dem jüngern vorgehe. Hiernach mußten selbstfolglich die ältern Pfandgläubiger unangesehen, daß sie Fremde waren, vor den Einwohnern mit jüngern Pfandverschreibungen den Vorzug haben. Hierüber aber finden letztere Veranlassung eine Beschwerde zu erheben, namentlich in Betreff derjenigen Fremden, in deren Heimat ihnen ein

*) Beil. I. № 49. M. J. bei dem sich auch die Supplication der Husumer findet, die im Texte mit berücksichtigt wird.

**) Anh. VII.

gleiches Vorzugsrecht nicht zugestanden wurde. Der Herzog geht auf diese Beschwerde ein und gestattet dem Weichbilde ein merkwürdiges jus retorsionis, indem er bestimmt, daß die Fremden mit älteren Pfandverschreibungen nur dann vor den jüngern der Eingesessenen den Vorgang im Weichbild haben sollen, wenn letzteren dasselbe Recht an dem Wohnort der erstern gewährt wird; wo dies nicht der Fall, müssen die Fremden mit älteren Pfandverschreibungen zurückstehen. Dies Retorsionsrecht soll das Weichbild aber nur so lange anwenden, bis der Herzog mit der benachbarten hohen Obrigkeit, wohl den andern Landesherrn sich verglichen und andere Anordnung gemacht. Im Stadtrecht ist von dieser Beschränkung nicht mehr die Rede.

Nach dem 15ten Titel war über die ehelichen Güterverhältnisse in Folge der Anwendung des Jütschen Lows verfügt, daß von dem gemeinschaftlichen Vermögen, samenden Gut, nach dem Tode des einen Ehegattens der überlebende nur einen Sohnestheil in beerbter Ehe behält. Der Rath findet diese Bestimmung hart und unzweckmäßig, wenn der überlebende Ehegatte die in seiner blühenden Jugend erworbenen Güter in einem solchen Umfang in seinem Alter, wo er nichts mehr erwerben kann, hergeben soll, so wie denn auch schon Beispiele vorhanden, daß dies Recht von den Kindern gemißbraucht werde und zur Verschwendung führe. Nach auch hier eingeholtem Bedenken seiner Räthe und aus beweglichen Ursachen ändert der Herzog dies dahin ab, daß das Gut in zwei gleiche Theile gelegt, der überlebende Ehegatte davon nach Dänischem Rechte die eine Hälfte erhält, von der andern den besten Kindestheil und das Uebrige aber unter den Kindern vertheilt wird. Aus dem Jütschen Low läßt sich diese Theilungsweise nicht begründen und ist jedenfalls das Recht beider Ehegatten auf den besten Kindestheil der andern Hälfte merkwürdig. Das spätere Husumer Stadtrecht gestattet neben der Hälfte dem Manne nur ein Voraus (praecipium) *). Eher dürfte diese

---

*) Stadtrecht 2. 17, 4.

Theilung dem Schleswiger und Eckernförder Recht namentlich in Rücksicht des dort der Frau unter dem Namen Morgengabe zukommenden Erbtheils entsprechen. *)

Wegen des Braukschatzes bestimmt der Titel 21 ganz allgemein, daß die Frau wegen ihres Brautschatzes vor allen Gläubigern bei dem Tode des Mannes den Vortritt habe, es möge letzterer vor oder während der Ehe seine Güter verpfändet haben. Dies unbeschränkte Vorrecht des Brautschatzes wird nun besonders den Kaufleuten und Gewerbtreibenden hinderlich und beschwerlich, indem es ihren Credit schwächt. Es wird deshalb durch die herzogliche Entscheidung dahin beschränkt, daß die Frau nur die Erstigkeit gegen die Schulden ihres Mannes haben soll, die der Mann während der Ehe ohne ihre Einwilligung und Mitwissen gemacht; waren aber seine Güter schon vor Eingehung der Ehe verpfändet oder verschuldet, so haben diese Gläubiger vor dem Brautschatz den Vorzug. Insofern indeß durch die vorhergehende Satzung über die eheliche Erbfolge die allgemeine eheliche Gütergemeinschaft eingeführt war, widersprechen dem offenbar diese Bestimmungen über den Brautschatz. Das spätere Stadtrecht hat deshalb folgerichtig auch gar keine Bestimmung in Betreff des Brautschatzes aufgenommen; wohl aber finden sich solche noch im Eiderstedter Landrecht, **) jedoch wurde das Recht des Brautschatzes auch hier schon durch eine fürstliche Constitution von 1604***) als mit der allgemeinen Gütergemeinschaft in Widerspruch aufgehoben.

Die Polizeiordnung bestimmt in Titel 15 Theil 2 um die für Husum so außerordentlich wichtigen Handelszweige, die Brauerei und Malzerei controliren und die Erzeugung guter Waare überwachen zu können, daß beide Geschäfte als Handelsbetrieb nicht in einer Hand sich befinden dürfen, doch steht es jedem Handelsmann frei zum eigenen Bedarf zu malzen

---

*) Schlesw. Stadtrecht, cap. 10. Eckernf. Stadtrecht, cap. 12. 3.
**) Landrecht II. 20.
***) C. St. Slesv. I. pag. 227.

und zu brauen; wenn nun die vier Aemter durch den Rath bei dem Herzog darauf antragen lassen, daß ihnen das Malzen und Brauen neben ihrem Handwerk freigegeben werde, so kann sich dieses offenbar nur auf die Production zum Handelsbetrieb beziehen. Vor der Polizeiordnung scheinen demnach Brauerei und Malzerei auch von andern Handwerkern betrieben zu sein und beweis't dies, daß der Handel mit Bier und Malz in einem sehr bedeutenden Umfange geblüht haben muß. Der Herzog will hierüber indeß noch nicht entscheiden, sondern verlangt von dem Rathe ihm den Entwurf einer Ordnung vorzulegen, wie sich dies am besten zum Nutzen der Gemeinde einrichten ließe; nach deren Erwägung soll fernere Anordnung ergehen.

Ueber die Verfälschung der Weine findet der Rath gleichfalls Anlaß ernste Klage zu führen und trägt um Genehmigung eines Mittels zur Abstellung dieses Uebelstandes an. Der Herzog, dem hierüber auch Klagen von Hohen und Niedrigen zu Ohren gekommen und der diese Fälschung, wodurch Leib und Leben vieler Leute zum Verderb und der gemeine Mann zum Untergange gebracht, für höchst strafbar erklärt, billigt das von dem Rathe vorgeschlagene, allerdings in unsern Augen etwas seltsame Mittel um diesem Uebelstande abzuhelfen und verordnet hiernach, daß Keiner, der mit Rheinischen Weinen im Großen handelt oder sie im Kleinen ausschenkt, mit Französischen Weinen handeln und diese auszapfen darf und umgekehrt; wer dawider sich vergeht, dem werden die Weine genommen und in das Armenhaus gebracht oder auch zu Gunsten desselben nach Gutdünken des Rathes verkauft, außerdem aber der Uebertreter mit Brüche bedroht. Ob dieses Mittel den erwünschten Erfolg gehabt hat, ist wohl zu bezweifeln. Gleichfalls wird es noch bei willkührlicher Strafe verboten, zu Amsterdam oder an andern Orten vorsätzlich vermischte Rheinweine zu kaufen und wieder auszuschenken oder zu verhandeln.

Weil die Einwohner sich ferner darüber beklagen, daß es ihnen zu ihrem Bedarf und insbesondere zu ihren Bauten an Eichenholz fehle, verspricht der Herzog, welcher übrigens meint, daß der Holzkauf in Norwegen schon freigegeben, wenn er durch den ersten Schiffer, der dahin geht, von dem Gegentheil gründlichen Bericht erhalte, auf ferneres Anhalten der Gemeinde zu Husum sich bei dem Könige von Dännemark für die Freigebung des Holzhandels in Norwegen zu verwenden. Diese Notiz beweis't, daß damals schon die Wälder der Umgegend sehr verwüstet gewesen, jedenfalls das erforderliche Bauholz nicht mehr zu liefern im Stande waren, deshalb das starke Eichengebälke in den alten Häusern, die wohl meistens in diesem Jahrhundert erbaut sind, nicht aus den einheimischen Forsten, sondern aus Norwegen herbei geholt. In demselben Gesuch hatte die Gemeinde abermals um Aufhebung der Accise von dem eingebrauten Bier gebeten, wodurch die Einwohner sehr beschwert wurden, weil die Leute aus der Umgegend aus Scheu vor dieser Accise jetzt ihr Bier von Bredstedt und andern Orten holten; sie finden aber hiermit kein Gehör und mag dieser Accisendruck nicht wenig dazu beigetragen haben, daß die Bierbrauereien nach und nach eingehen mußten, worüber im folgenden Jahrhundert vielfältige Klage geführt wird.

Obgleich der Herzog früher wohl auf ihr Ansuchen einzelnen seiner Unterthanen erlaubt hatte, ihre Ländereien und Marschgüter, so wie auch Häuser und Höfe in den Städten und Flecken an Adelige zu verkaufen und zu verpfänden, so fand er dies doch für die Zukunft bedenklich und verbietet in einem den 6ten July 1585 zu Husum erlassenen Mandat *) den Einwohnern des Weichbildes solche Veräußerungen und Verpfändungen an Adelige und soll jeder seine Grundstücke nur an Personen gleichen Standes veräußern. Außerdem daß ein solcher Verkauf an Adelige für ungültig erklärt wird, sind die Uebertreter mit willkührlicher Strafe Andern zum Beispiel bedroht. Insofern der Adel seine Freiheiten und Privilegien auch auf die neuerworbenen Grundstücke in den Städten und auf dem Lande auszudehnen sich bestrebte, wurden solche Erwerbungen bürgerlichen und bäuerlichen Eigenthums

*) Beil. I. № 50. M. J.

ebensowohl der Landesherrschaft als den Gemeinden nachtheilig und verursachten eine Reihe weitläuftiger Prozesse, wie die Geschichte aller Städte zeigt und wir hier schon bei Berend Frodsen gesehen haben. Der Adel bestrebte sich gerade um diese Zeit, auch in den Städten Grundstücke zu erwerben um an den Vortheilen derselben Theil zu nehmen ohne die Lasten tragen zu wollen. Uebrigens wurden auch für andere Städte ähnliche Verfügungen erlassen.

Die Gemeinde hatte an der Aue bei Gelegenheit des Bollwerksbaus zur Unterhaltung des Tiefes *), einen angeworfenen Platz gewonnen; derselbe erstreckte sich von dem Schleusenflügel aus Osten bis an Claus Barms Bollwerk und Gartenraum in einer Länge von 72 Fuß. Diesen Raum mit dem bei Peter Bartels Haus von der Gasse an bis zur Schleuse verkauften Präsident und Rath an die vier Nachbaren, deren Höfe und Gartenraum daran grenzten, für die Summe von 500 ℔ Capital, die bis zum Abtrage mit 30 ℔ an die Kämmerei verzins't werden mußten. Auf die Käufer ging dabei die Pflicht über, das Bollwerk bis zu ewigen Tagen auf eigene Kosten nachbarsgleich zu unterhalten, dagegen durften sie den Platz in Gemeinschaft bebauen, mußten aber zwischen diesen Gebäuden und der Schleuse einen Raum von 24 Fuß frei lassen, den sie jedoch ungehindert benutzen konnten, so lange er nicht zur Schleuse verwandt wurde. Zu Laß Zeiten gehörten von diesen Häusern, die in der Krämerstraße belegen, zwei dem Peter Klingenfeld, eins dem Bäcker Hans Johansen und das vierte Christian Jowers. **)

Nach einer zwei und vierzigjährigen Regierung starb am 1sten October 1586 ***) Husum's Wohlthäter und Beschützer, Herzog Adolf. Ihm folgte in einer nur bis zum 15ten Juny 1587 dauernden kurzen Regierung sein ältester Sohn Friedrich, der zweite dieses Namens; ihm ward am 15ten Febr. 1587

*) Dies Tief scheint hinter der Schleuse gelegen zu haben; wurde es vielleicht als Spülbassin gebraucht?

**) Laß pag. 68.

***) Über die um diese Zeit errichtete Schützengilde, vergl. Anh. VI.

von den Eingesessenen des Strandes und der Südergoesharde zu Husum gehuldigt, bei welcher Gelegenheit ihm die erstern einen vergoldeten Schauer (Becher, Trinkgeschirr) mit Kleinodien schenkten. *) Von den Ständen der beiden Fürstenthümer wurde ihm bekanntlich gar nicht gehuldigt und konnte er deshalb auch die Landesprivilegien nicht bestätigen. Es scheint indessen auch nicht, daß er die Privilegien des Weichbildes, wahrscheinlich wegen seines bald nach der Huldigung erfolgten Todes, bestätigt hat, wenigstens findet sich darüber keine Urkunde bei Michael Jovers, in dessen Sammlung sich sonst die Confirmationsurkunden sämmtlicher Fürsten finden. Während seines kurzen Lebens ist für Husum nur zu erwähnen, daß er die Wassermühle vor Husum neu erbauen ließ **) und dem Theophilus Emminga und dessen Ehefrau auf ihre Lebenszeit das Privilegium ertheilte außer dem Keller im Hoyerschen Hause allein eine Weinschenke zu halten. ***) Dieser Emminga, der Name scheint auf Ostfriesischen Ursprung hinzudeuten, dessen schon mehrfach Erwähnung geschehen, war ein angesehener Mann in dem Weichbilde, Mitglied des Rathes während des Weichbildes, Kaufmann und Weinschenk. In den städtischen Magistrat 1603 kam er wohl nicht wegen seines Alters. Er war 1542 zu Wittenberg geboren und starb den 25sten Januar 1606 zu Husum; merkwürdig ist er gewissermaaßen durch seine Gevattern, als welche Luther, Bugenhagen und Melanchthons Hausfrau genannt werden. ****)

Dem Bruder und Nachfolger Friedrich II., Philipp, wurde im Jahre 1587 von den Einwohnern Husums und den umliegenden Gegenden gehuldigt, obgleich ihm ebenfalls von den Landständen Schwierigkeiten in den Weg gelegt und die Huldigung verzögert wurde; auch von ihm findet sich keine Confirmation der Husumer Privilegien wahrscheinlich auch wegen seiner kurzen Regierungszeit (bis 1590) und seiner Stellung

*) Heimreich 1, pag. 421.

**) Heimreich 1, pag. 260.

***) Beil. I. № 34.

****) Laß pag. 80.

zu den gemeinen Ständen. Er aber schärfte für das Weichbild aufs Neue, weil fremde und einheimische Kaufleute zur Umgehung des Gesetzes und zum Verfang der Einwohner es sich beikommen ließen, wie nicht allein der Rath klagend berichtet, sondern auch der Herzog aus täglich vorkommenden Geschichten weiß, ehe die Producte zu Markt gebracht, dieselben vorweg aufzukaufen, in welchem Fall dann der Verkäufer im Einverständniß mit dem Käufer durch das Verlangen hoher Preise, andere Käufer abzuschrecken wußte, das Verbot, daß Gast nicht mit Gast handeln dürfe in einem zu Kiel den 15ten Mai 1588 *) erlassenen Mandate aufs ernstlichste ein. Es wurde den Fremden aufs strengste untersagt, den Vorkauf zu üben und dem Rathe die Macht gegeben in Uebertretungsfällen die Waare so lange anzuhahlten, bis die Brüche bezahlt war. Dies Marktprivilegium ist der Stadt 1592, 1611, 1624 und ferner bestätigt, scheint aber bald aus dem einen, bald aus dem andern Grunde seinen Zweck nicht erreicht zu haben und möchte es auch wohl nie gelingen, namentlich in theuren Zeiten durch Beschränkung des freien Marktes den Stadteinwohnern Erleichterung zu verschaffen.

Das Amt des Präsidenten während der kurzen Dauer des Weichbildes scheint ein verhängnißvolles gewesen zu sein und war einem schnellen Wechsel der Inhaber unterworfen. In der Gerichtsordnung wurde, wie schon bemerkt, Matthias Paysen zu diesem Amt ernannt, war also der erste; es ist nicht recht klar, ob dies der Vater, welcher nach einem Epitaphium in der alten Kirche bis 1592 Hardesvogt der Südergoesharde und zwar 27 Jahre hindurch gewesen, oder dessen Sohn gleichen Namens, der den Grundstein bei Beginn des Schloßbaues legte, war; überwiegende Gründe sprechen für den letztern, vorzüglich weil bei Einführung der Trennung des Weichbildes von der Harde die Vereinigung beider Aemter in einer Person sehr unangemessen erscheinen mußte. Jedenfalls war dieser Matthias Paysen nur sehr kurze Zeit im Amte

*) Beil. I. № 51.

denn ihm folgte Johann Möller, den Heimreich *) irrthümlich den ersten Präsidenten nennt; dieser starb aber bald auf einer Legationsreise im Jahre **1583** bis **1584** nach Spanien. **) Darauf wurde **1586** ein Holsteinischer vom Adel Gerhard Steding, Erbgesessener auf Bramstedt, zu diesem Amt ernannt, aber schon **1592** aus unbekannten Gründen entlassen. Wahrscheinlich in der Voraussetzung der bevorstehenden Ertheilung des Stadtrechtes wurde inzwischen das Präsidentenamt ganz abgeschafft und die Aufsicht über das Weichbild dem Amtmann zu Gottorf Heinrich Blomen anvertraut, unter welchem das frühere Rathsmitglied Jacob Paulsen als Vicepräsident fungirte; jedoch im Jahre **1598** die Präsidentur dem Leipziger Doctor Philipp Meurer übertragen, der aber das Amt sehr mäßig verwaltete und **1603** bei Ertheilung des Stadtrechtes entlassen wurde. Dieser schnelle Wechsel in der Person des höchsten Ortsbeamten kann dem Gedeihen Husum's schwerlich sehr förderlich gewesen sein und um so minder als die Wahl Stedings und Meurers keineswegs eine glückliche war.

Um diese Zeit machte eine Bande Strauchdiebe, welche ganz in der Nähe haus'ten, die Umgegend des Weichbildes und besonders die Landstraßen unsicher. Anführer derselben war Hans Frodsen, des früher erwähnten Hardesvogten Berend Frodsens Sohn, welcher im Jahre **1537** ***) einen Streit mit dem Blek über seine behauptete Freiheit von Abgaben hatte. In einer erhaltenen Urkunde vom **20**sten Oct. **1571** verlieh der Herzog Adolf diesem Hans Frodsen, Berendson aus Gnade wegen seines Vaters für sein Haus und seinen Hof in Husum, belegen zwischen Paul Knutzen auf der Oster und Früdde Frodsen auf der Westerseite, Freiheit von Ueberschatz, Einquartirung, wie auch von der Theilnahme an dem Husumer Aufgebot und

*) Westph. Mon. I. pag. 1531.

**) Der Herzog sandte diesen mit seinem Rathe Paul Cypräus zum König Philipp II. wegen einer sehr bedeutenden Schuldforderung, welche der Herzog Adolf aus dem Niederländischen Kriege unter Herzog Alba an den König hatte. Christ. N. G. 2, pag. 481.

***) Beil. I. № 52.

erhielt er eine gleiche Begnadigung für seinen Hof und drei Kathen in Osterhusum zwischen Otto Rathlow und dem Mühlenwege. Zum gewöhnlichen adeligen Roßdienst aber bleibt er pflichtig und sollen diese Freiheiten auch nicht auf seine andern Bundenbesitzungen ausgedehnt werden. Trotz des wiederholt bestätigten Privilegiums im Bleke keine Befreiungen weiter zu bewilligen, geschieht dies dennoch hier. Treibt Frodsen indeß in seinem Hause zu Husum Kaufmannschaft und bürgerliche Gewerbe, so soll er nachbarsgleich wie andere Einwohner zu den Abgaben des Blekes beitragen. Für die erhaltenen Befreiungen überläßt er dem Herzog seine zwei Lansten zu Wittbek mit Zubehör, Acker, Wald, Wisch u. s. w. Es geht hieraus hervor, daß dieser Frodsen einen bedeutenden Grundbesitz gehabt haben muß; nichtsdestoweniger kam er in Verfall und gerieth in Concurs; aus diesem kaufte Herzog Adolf das Haus und den Hof in Husum und befriedigte die Creditoren. *) In diesen seinen zerrütteten Umständen griff Frodsen zu dem verzweifelten Gewerbe eines Stegreifritters: er sammelte eine Anzahl Gesindel, haus'te mit demselben auf seinem Vorwerke Immenhof genannt, kaum eine Viertelmeile von Husum zwischen der Wassermühle und Rosendahl **) inmitten der drei Heerwege nach Tondern, Flensburg und Eckernförde, befestigte dasselbe mit Wällen und Plankwerk und brandschatzte die Reisenden, welche rechts und links an seinem Schlupfwinkel vorbeiziehen mußten. Von seinen Freveln ist nur die Ermordung eines Bremer Kaufmanns Dirk Vaget und dessen Dieners bekannt, die in der Nähe des Hollingstedter Holzes **1587** jämmerlich erschlagen, beraubt und dort verscharrt wurden. Die Leichen dieser Unglücklichen in Folge der spätern Untersuchung aufgefunden, sind auf dem Kirchhofe zu Husum christlich bestattet und ein Epitaphium aus Sandstein in der alten Kirche erhielt die Erinnerung an diese That. Im Jahre **1588** wurde dies

---

*) Beil. I. № 53.

**) So Laß; der Sage nach muß übrigens der Hof nördlicher gelegen haben, nach dem Sietlande; wenigstens werden dort noch Spuren von demselben nachgewiesen.

Raubnest angegriffen und zerstört; während es Frodsen mit einigen seiner Genossen gelang sich durch die Flucht zu retten, fielen ihrer vier der Gerechtigkeit in die Hände, von denen zwei auf dem Walle hinter dem Schlosse auf's Rad geflochten worden, zwei unter dem Schwerte des Nachrichters büßten. *)

Ueber das Geschlecht der Frodsen, auch Frützen, Früdsen, Folgendes. Dankwerth hat ihrer in dem Verzeichniß der adeligen Familien nicht erwähnt **); Glieder dieses Stammes aber kommen in der Geschichte öfter vor. Es scheint, daß sie zu denjenigen Friesischen Geschlechtern gehörten, deren mehre vom Herzog Adolf VIII. und dem König Christian I. in den Adelstand erhoben wurden; auch deutet der Name auf einen Friesischen Ursprung, so wie sie denn auch Besitzungen in der Wiedingharde haben; außer dem mehrfach erwähnten Berend Frodsen, wird ein Johann Frodsen, vielleicht unser Hans, unter den Adeligen genannt, welche **1564** auf dem Landtage zu Flensburg gegenwärtig waren. ***) Ein Benedict Frodsen erbietet sich **1592** den in Flensburg wegen Todtschlags verurtheilten Berend Magnussen mit der ansehnlichen Summe von **15,000** ℔ vom Tode zu lösen, doch schlagen der Vater des Ermordeten Tade Hansen und seine Freunde diese Sühne aus. ****)

Herzog Adolf schenkte das aus dem Concurse der Frodsen gekaufte Haus nebst dem Hofe in Husum seiner Gemahlin Christina, geborene Landgräfin zu Hessen, welche es als Wittwe unter Beirath ihrer Räthe wieder dem damaligen Canzler Hieronimus Schultze überließ. Unter Genehmigung des Herzogs Philipp erhielt der Canzler für sich und seine Nachkommen von dem Rath und der Gemeinde für **100** ℔ und **20** ℔ jährlicher Rente in Betreff dieses Grundstücks die adeligen Freiheiten zugestanden, jedoch unter der Verpflichtung, keine

*) Laß pag. 69.

**) Dankwerth pag. 16.

***) Staatsb. Mag. 10, pag. 965.

****) Seelen Memorab. pag. 161. Über einzelne Glieder dieses Geschlechtes und deren Besitzungen, N. Staatsb. Mag. 1, pag. 858; 3, pag. 73; 4, pag. 837. 38; 6, pag. 267.

neuen Buden und Keller anzubauen. *) Laß bemerkt, daß die 20 ℔ Rente auf die Schulen verwandt werden sollen, in dem angezogenen Documente ist hierüber nichts gesagt, jedoch geht aus der Ueberschrift des gleich zu erwähnenden Erkenntnisses von 1605 hervor, daß der Schule diese Rente zugefallen. Die Vereinbarung zwischen dem Kanzler und Rathe ist datirt zu Gottorf den 8ten, die herzogliche Bestätigung den 9ten Januar 1589; in derselben Urkunde werden auch gewisse Ländereien des Kanzlers im Damkoeg, noch zu Laß Zeiten Kanzlers Hof genannt, mit ähnlichen Freiheiten begnadigt. Wie aus dem Vergleich erhellt, hofften die Husumer durch den Kanzler manche Vortheile zu erlangen, hatten sie vielleicht schon erlangt, namentlich sollen sie seiner Verwendung die Erneuerung des Privilegiums, daß Gast nicht mit Gast handeln solle, zu verdanken haben. Später kam das Haus an Conrad Wulff Hoyer **), der sich weigerte die 20 ℔ Rente zu bezahlen und auch eine Bierschenke angelegt hatte; auf eine Klage des Rathes zu Husum wurde er 1605 durch eine Entscheidung des Herzogs nicht allein verurtheilt, die Bierschenke sofort abzuschaffen und sich für alle Zukunft des Schenkens zu enthalten, sondern auch unter Kostenerstattung die Rente zu entrichten, wobei im säumigen Fall dem Rathe die Immission gestattet wurde ***).

Als eine Merkwürdigkeit aus dem Jahre 1588 erzählt Laß, daß ein Linienflieger, Seiltänzer, auf einem Seile von dem Trallwerk des damals 324 Fuß hohen Thurms bis nach der Twiete, wo er Vorsichts halber ein Bett hatte hinlegen lassen, heruntergefahren, und am 24sten Sept. es 24 Stunden hinter einander Blut geregnet habe ****).

*) Beil. I. № 53. M. J. Laß pag. 70.

**) Aus dem Husumer Schützenbuch geht hervor, daß ehe das Rathhaus erbaut wurde, die Schützengilde dies Wulf Hoyersche Haus zu ihrem Feste benutzte. Im folgenden Jahrhundert kam dasselbe in den Besitz des Amtinspectors Marcus Lüders.

***) Beil. I. № 54. M. J. Laß pag. 79.

****) Laß pag. 69. Heimreich 1. pag. 368.

Auch der Herzog Philipp regierte nur eine kurze Zeit und starb am 18ten Octbr. 1590; ihm folgte in der Regierung sein Bruder Johan Adolf, welcher nach geschehener Erbhuldigung *) wegen der vielen getreuen Dienste, insonderheit der Kriegsfolge, die sie seinem Vater gutwillig und gerne gethan und auch ihm thun würden, auf dem Schlosse zu Husum den 15ten Juni 1592 dem Rathe und der Gemeinde alle ihre Privilegien, Freiheiten und althergebrachten Gewohnheiten bestätigte **). Aber er erweiterte, jedoch nicht unwahrscheinlich gegen eine Abfindungssumme ***), ihnen ihre Rechte auf ihr Ansuchen, indem er die gesammte Accise, weshalb sie schon früher vergeblich gebeten, von allen Weinen, eingebrautem und fremdem Bier, Meth und allen Getränken aufhob, nur sollte von jedem Ohm Wein, welches zu Husum angeschifft und durchgeführt wurde, der althergebrachte Zoll von 4 ß gegeben werden. Auch bestätigte er dem Weichbilde die Einnahme des Krahns, welche sein Bruder Friedrich, nicht König Friedrich I., wie Laß ****), dies mit einem ähnlichen Vorgang 1526 verwechselnd, angiebt, schon auf 30 Jahre zu verleihen versprochen hatte, in demselben Umfang, so daß der Herzog davon keine Abgabe erhielt, weil derselbe baufällig geworden und auf Kosten der Gemeinde dagegen neu und ansehnlichermaaßen aufgebaut wurde. Die Gerichtssportuln wurden nunmehr dem Gerichte überlassen, davon aber die Brüchen ausgenommen, welche nach altem Herkommen dem Landesfürsten zustanden.

Der Präsident Gerhard Steding war nach kurzer Amtsführung, jedenfalls schon vor dem 29sten September 1592,

*) Hiernach scheint es, daß die Herzöge die Friesischen Harden als erbliche Provinzen betrachteten, während die Stände der Fürstenthümer wenigstens der Form nach ihr Wahlrecht zu behaupten suchten.

**) Beil. I. № 55. M. J. wo der Inhalt der Privilegien angeführt.

***) Darauf deutet Lackmann 2, pag. 102, not. 19, indem er bemerkt, der Herzog habe sich mit den Husumern wegen des Kaufhandels verglichen.

****) Laß pag. 71.

entlassen; es ist unbekannt, aus welchen Gründen, vermuthlich aber wegen schlechter Amtsführung. Der Rath gerieth hierdurch in große Verlegenheit, da sich die Sachen und Händel häuften und es ihm an einer der Leitung der Geschäfte gewachsenen Person fehlte, indem das ganze Collegium jetzt nur aus Bürgern bestand. Bei dieser Sachlage wandte derselbe sich an den Herzog, auf das frühere Verhältniß hinweisend, als der Ort noch unter der Aufsicht des Gottorfer Amtmanns gestanden, und bat um Abhülfe, wahrscheinlich daneben auch um die Verleihung der Stadtgerechtigkeit, damit dieser schwankende Zustand ein Ende nehmen möge; vermuthlich wurde, da der Herzog in Person anwesend war, Manches mündlich verhandelt und die erbetene Verleihung der Stadtgerechtigkeit zugesagt. In einem am obengenannten Tage auf dem Schlosse zu Husum erlassenen Mandate *) erklärt nun der Herzog, wie, seitdem schon geraume Zeit das Präsidentenamt erledigt, die Geschäfte sich allerdings sehr gehäuft und allerhand Unrichtigkeiten eingerissen, welches nicht zum Gedeihen der Stadt Husum, hier zum erstenmal Stadt genannt, sein können; deshalb wolle er das Amt eines Präsidenten und Vicepräsidenten abschaffen und weil es, wie der Rath behauptet, vor Zeiten so gewesen, die Stadt, wie andere Städte, der Aufsicht des Amtmanns zu Gottorf und Steinhorst, Hinrich Blome, unterlegen; er weis't den Rath an, sich in wichtigen Fällen an diesen zu wenden, so wie er denn auch geneigt sei, Bürgermeister und Rath zu verordnen, mithin Husum zur Stadt zu erheben. Indessen ehe es so weit kam, verfloß noch ein Jahrzehnt und muß die Sache auf unbekannte Schwierigkeiten gestoßen sein. Obgleich nun auch das Vicepräsidentenamt abgeschafft wurde, so ist doch wohl mit Laß **) anzunehmen, daß Jacob Paulsen vielleicht als ältestes Rathsmitglied dies Amt führte, mindestens die Geschäfte des Präsidenten versah, wie später erhellt; wurde doch nach wenigen Jahren selbst das Präsidentenamt wieder eingeführt, wie die Folge zeigen wird.

*) Beil. I. № 56. M. J.

**) Laß pag. 71.

Wie bemerkt, hatte die Gemeinde die Kosten des Rathhausbau's übernommen und schon Herzog Adolf zu diesem Zweck ein Haus, worin früher Wirthschaft betrieben und welches den Namen des Engels führte, geschenkt. Johan Adolf bestätigt, wie sein Bruder dies bereits gethan, den **29sten** Juni **1593** diese Schenkung.*) Nach der Urkunde hat es den Anschein, als habe der Präsident Steding sich unrechtmäßiger Weise dies Haus angemaßt, es abbrechen lassen und sich in den Besitz der Materialien gesetzt, denn der Herzog verspricht, er wolle dafür sorgen, daß dieser das Holz, Kalk und Steine wieder herausgebe. Der Gemeinde wird von dem Herzog aber aufgegeben, unter dem Rathhaus einen Fahrweg für Pferde und Wagen nach dem Schlosse hin frei zu lassen; dies geschah, indem der noch jetzt unter dem Rathhause befindliche große Schwibbogen eingerichtet wurde; früher war der kleine Schwibbogen unter dem Stedingschen Hause der einzige Weg für Fußgänger nach dem Schlosse, der übrigens schon seit dem Barfüßerkloster bestand. Obgleich somit ein Platz für das künftige Rathhaus gewonnen war, wurde doch erst, nachdem die Gemeinde zur Erweiterung desselben das daran liegende Haus eines Reifschlägers gekauft hatte, am **16ten** April **1601** der Grundstein gelegt und der Bau durch den Baumeister Peter Mastricht aus Tönning unter der Aufsicht des Kämmerers Eler Lobedanz am Allerheiligen Abend desselben Jahres vollendet. Die Kosten des ganzen Bau's betrugen **8836** ℳ **9** ß **5** ₰.**)

*) Beil. I. № 57.

**) Laß pag. 74, giebt hierüber aus des damaligen Kämmerers Rechnung vom Jahre 1601 folgende Specification

die Arbeitsleute bekamen	1523 mℳ	11 ß	— ₰
für Bretter und Holz ist bezahlt . .	829 „	5 „	9 „
für Mauersteine	1335 „	11 „	6 „
für gehauene Steine	149 „	6 „	— „
für Pfannen und Ziegeln	319 „	14 „	8 „
für Kalk	1016 „	10 „	6 „
für Eichenbretter	308 „	7 „	— „
an extra ordinar. Ausgaben . . .	1178 „	15 „	— „
1593 für Materialien	273 „	8 „	— „
1594 annoch	1900 „	— „	— „
	8836 mℳ	9 ß	5 ₰

Vicepräsident und Rath überließen 1594 dem Schmiede Hans Paulsen auf der Neustadt süden des Sothes den auf der norder Seite seines Hauses belegenen Platz gegen eine jährliche Erdhäuer von 2 ₰, damit dieser Platz, der 12 Ruthen lang, oben 14 Fuß und unten bei dem Fahrwege 3 Fuß breit angegeben wird, von ihm rein gehalten werde; geschieht dies nicht, so fällt er der Gemeinde wieder zu und darf auch der Besitzer nie die Sothsäule verrücken. Dem Knud Teting gleichfalls auf der Neustadt, wurde eine jährliche Erdheuer von 6 ß auferlegt, weil er ohne Erlaubniß nach der Straße hin eine neue Fensterlucht eingesetzt hatte, wo vorher keine gewesen war. Zu Laß *) Zeiten gehörte das erste Haus dem Hans Casimir Ingwersen, das letztere der Wittwe des Tobias Krüger.

Auf den Grund eines vermeintlichen Privilegiums des Herzogs Philipps von 1589 behaupteten die Einwohner Eiderstedts das Recht des freien Verkehrs und Handels auf dem Husumer Wochenmarkt zu haben; die Husumer stellten dieser Behauptung ihre Privilegien, namentlich daß bei ihnen Gast mit Gast nicht handeln dürfe, entgegen. Hierüber entstanden zwischen den beiden Partheien Streitigkeiten, die endlich durch einen Vergleich, welchen der Herzog unterm 21sten Juli 1595 genehmigte, erledigt worden. Durch diesen Vergleich wurde der Streit dahin entschieden, daß die Eiderstedter gleich den Husumern das Recht haben sollten, auf dem Markte Pferde, Ochsen, Kühe, Jungvieh und gedörrte Fische zu ihrem eigenen Gebrauch vor den Fremden zu kaufen, den Husumern aber das Vorkaufsrecht auf alle andern Waaren mit Ausnahme der freien Jahrmärkte, während welcher ein ganz freier Verkehr stattfindet, verblieb **)

Die Geldverlegenheit der Landleute, insbesondere der Marschbewohner, muß um diese Zeit sehr groß gewesen sein; hiezu mögen eines Theils die Zeitverhältnisse im Allgemeinen

---

*) Laß pag. 72.

**) Dieser Vergleich findet sich dem Inhalte nach im C. St. Slesv. I. pag. 187, unverkürzt bei M. J. handschriftlich.

Veranlassung gewesen sein, andern Theils aber auch gewiß die großen Deichslasten, mit welchen die Bewohner damals bebürdet wurden. Von den Husumern wurde diese Verlegenheit benutzt zu argen Wuchergeschäften, indem sie den Bauern gegen baares Geld selbst ein Jahr vorher das Korn abkauften, oft um und unter dem halben Preis, z. B. die Tonne Gersten für einen Gulden oder einen Thaler, wenn es zur Zeit der Lieferung das Doppelte und mehr kostete. Um diesem wucherlichen Unwesen, welches allerdings den Ruin des bedrückten Landmannes herbeiführen mußte, zu steuern, erließ der Herzog und zwar speciell für Husum ein strenges Verbot (den 9ten Decbr. 1597) *) und bestimmte, daß in solchen Fällen der Käufer das Korn zu den zur Zeit der Lieferung marktgängigen Preisen von seinem Schuldner annehmen müsse, dagegen sich für den Vorschuß eines halben Jahres als Rente einen Schilling, den eines ganzen Jahres zwei Schillinge berechnen könne; wenn hiewider gehandelt und durch List oder Betrug derartige Contracte oder Handel abgeschlossen würden, diese nicht allein kraftlos und ungültig sein, sondern auch die Hälfte der vorgeschossenen Gelder confiscirt und dem Herzoge zufallen solle. Nach dieser Verfügung wurde also ein Zins von 12½ pCt. gestattet, während sich sonst die Rente auf 6 pCt. jährlich stellte.

In demselben Jahre wurde in der Person des Doctors Philipp Meurer aus Leipzig der letzte Präsident ernannt und in Gegenwart des Rathes von dem Herzoge in Pflicht genommen. **) Die eben erwähnte Urkunde vom 9ten Decbr. gedenkt auch schon des Präsidenten wieder, indem der Herzog demselben die Beobachtung der Verfügung über den wucherlichen Kornhandel anbefiehlt. Gleichfalls in diesem Jahr wurde die schon früher erwähnte krumme Bucht in der Aue durchstochen, wohl auf Kosten der Gemeinde ***), wie die Landesherrschaft 1583 angerathen hatte.

---

*) Beil. I. № 58.

**) Laß pag. 73.

***) Heimreich 1, pag. 80.

Eine um diese Zeit eingetretene Theurung *) veranlaßte von Seiten des Raths um **1598** ein Verbot der Kornausfuhr; dieses mußte wegen der Verbindung mit den kornreichen Marschen auf den Handel Husums und auf die Brauereien und Malzereien nachtheilig wirken, mehr aber war dies noch der Fall, als der Herzog den Husumern den Handel mit Malz nach Emden hin strenge untersagte. Der Grund hiezu war, daß die Bürger von Emden seit **1596** mit ihrem Grafen Enno, welcher mit Johan Adolf's Schwester Anna vermählt war, in den Streit lagen. Diese Schwägerschaft gab dem Herzog Veranlassung zu dieser Maaßregel, die, wie solches denn gewöhnlich, weniger zum Nachtheil der Emder als der eigenen Unterthanen ausschlug. **) Weil nemlich die Emder nun von Husum ihren gewöhnlichen Malzvorrath nicht erhielten, lehrte die Noth sie selbst Malz produciren, was ihnen in der Nähe des fruchtbaren Ostfrieslandes eben nicht schwer werden konnte; den Husumern wurde für alle Zukunft eine bedeutende Erwerbsquelle verstoft und mußte die Wirkung um so empfindlicher werden, als dieser Handel sich nicht allein auf Emden, sondern auf ganz Ostfriesland erstreckte. Von diesem Zeitpunct an leitete man den Verfall der Brauereien und Malzereien in Husum wenigsteus her.

Merkwürdigerweise glaubten die Einwohner durch die Haltung der beiden freien Jahrmärkte in Schaden und Nachtheile zu gerathen, sie beantragten deshalb eine Abänderung und wurde ihnen durch ein fürstliches Mandat vom **26**sten Juni **1598** ***) dahin gewillfahrtet, daß der Pfingstmarkt ganz aufgehoben wurde und nur der Herbstmarkt, der auf die acht Tage nach Bartolomäus verlegt ward, bleiben solle. Laß erwähnt dieses Umstandes gar nicht, Heimreich ****) hingegen

*) Nach Laß pag. 73, not., kostete in diese Theurung die Tonne Rocken 12 ℳ, Weizen 8 ℳ, Gerste 5 ℳ, Hafer 28 β; eine Tonne Gutbier 5 ℳ 8 β. 1595: Saatgerste $2\frac{1}{2}$ ℛ, Weizen 4 ℛ, Saatrocken 7 ℛ, Bohnen $2\frac{1}{2}$ ℛ, Hafer 1 ℛ, Bier $2\frac{1}{2}$ ℛ.

**) Hamelmann Oldenb. Chr. pag. 481. — Lackmann II. pag. 141.

***) Beil. I. № 59.

****) Th. 1. pag. 427.

bemerkt nur, daß die Abschaffung der Jahrmärkte beantragt, aber der Herzog dabei Bedenken getragen. Da das herzogliche Mandat vorliegt, läßt sich die vorläufige Abschaffung des Pfingstmarktes nicht bezweifeln, jedenfalls aber scheint der alte Zustand bald wieder hergestellt zu sein, obgleich hierüber nichts vorliegt. Das Stadtrecht *) spricht schon wieder von zwei Märkten und ebenso wird in den erneuerten Artikeln der Schützengilde von **1619** des Pfingstmarktes erwähnt. In diesem Jahr (**1598**) wurde, wie schon früher bemerkt, von dem Herzoge abermals versprochen, dem Weichbilde das Stadtrecht zu verleihen. **) — Als betrübter und kläglicher Unglücksfall wird zu diesem Jahr angeführt, daß ein hiesiger Bäcker aus der Süderthür der Wassermühle gefallen und jämmerlich zwischen den Rädern zerquetscht wurde.

Die Sitten dieser Zeit waren, abgesehen von einzelnen rühmlichen Ausnahmen noch roh und ungeschlachtet; die verschiedenen, gewiß damals nothwendigen strengen Strafen in den Statuten dieses Zeitalters gewähren eben kein erfreuliches Bild von dem gesellschaftlichen Zustande; Selbsthülfe, Zweikämpfe, Niederschlag, heimliche Ueberfälle, Verwundungen u. s. w. waren so ziemlich an der Tagesordnung; bestimmen doch die eben angeführten Artikel der Schützengilde, daß bei den Festen nach der Mahlzeit die Brüder ihre Dolche und Messer an die Schaffner abgeben müssen, um Blutvergießen zu verhindern. Der Adel, insbesondere die Junker, welcher jetzt oft Veranlassung hatte, in den Städten sich niederzulassen oder sich zu versammeln und aufzuhalten, gingen mit keinem lobenswerthen Beispiele voran. Allerlei Excesse und Muthwillen wurden meist nächtlicher Weile begangen, die Bürger insultirt, in ihre Wohnungen geschossen, Fenster eingeschlagen und derlei Unfug und Uebermuth mehr getrieben. Darüber kam es zu ärgerlichen Auftritten und Raufereien, oft zu vollständigem Tumult und Aufruhr, da die Polizei schwach und die Bürger, um sich

*) Stadtrecht 1. 17.

**) Laß pag. 76. C. St. Slesv. 2, pag. 554.

ihrer Haut zu wehren, gleichfalls zu ihren Waffen griffen. Blutige Scenen der Art waren namentlich zu Kiel vorgefallen, desgleichen in Flensburg. Diesem Unwesen zu steuern, hatten schon Christian IV. und Herzog Philipp unterm 24sten September 1588 eine Verordnung gegen die Tumultuanten, gegen Gewalt und Muthwillen erlassen, die einzige gemeinschaftliche aus Philipps kurzer Regierungszeit; sie beruft sich, nebenbei bemerkt, auf den Landfrieden von 1495. Auch in Husum muß dies Unwesen stark eingerissen sein; der öftere Aufenthalt des herzoglichen Hofes auf dem Husumer Schlosse zog natürlich viele Adelige in das Weichbild und dem Rath mochte es an Kraft, vielleicht auch an Muth fehlen, gegen diese vornehmen Frevler aus den höheren Ständen, wohl gar die Diener des Hofes mit der gehörigen Entschiedenheit aufzutreten. Der Herzog fand sich daher veranlaßt, gegen die Tumultuanten, sie seien vom Adel, Hofdiener oder andern Standes, ein Mandat zu erlassen (den 23sten Aug. 1600) *) Aus demselben ist ersichtlich, daß zu Zeiten in dem Weichbilde mit üppigem Schießen, Ueberfall der Nachtwächter **), Ausschlagen der Fenster und anderm unziemlichem Gebahren eitel Muthwillen getrieben wurde; der Herzog sei aber nicht gemeint, solches zu gestatten, weder denen vom Adel, noch Hofdienern, noch andern Standes; er gebietet deshalb dem Präsidenten und Rath, bei Verlust ihrer Privilegien und Freiheiten, insoferne Jemand vom Adel, Hofdiener oder andern Standes es sich beikommen ließe, solchen Muthwillen zu üben, denselben sofort zu bestricken oder in gefängliche Haft zu bringen und ihn ohne Ansehen der Person nach dem Weichbildrechte gleich andern Mitbürgern zu bestrafen. Würden aber solche muthwillige Frevler sich zusammenrottiren und widersetzen, so daß

---

*) Beil. I. № 60. M. J.

**) Die Nachtwächter scheinen der Zeit eine stehende Zielscheibe des Muthwillens gewesen zu sein. Mir schwebt vor in alten akademischen Gesetzen die ganz trockene Bestimmung gefunden zu haben, ne occidas nocturnas vigilias, als wäre es da Mode gewesen gelegentlich einen Nachtwächter todtzuschlagen.

die Stadtdiener nicht stark genug wären, um sie zu überwältigen, soll die Sturmglocke gezogen werden und auf deren Ruf die Bürger mit ihrem Gewehr zum Beistand sich einfinden; was bei solcher Vertheidigung und Gegenwehr auch geschehe, es soll nicht bestraft und gebüßt werden. Man sieht, das Treiben muß ein arges gewesen sein.

Zur Sittengeschichte mag noch bemerkt werden, daß in der Fastenzeit des folgenden Jahres (**1601**) der Rector Oldenburg und der Conrector Meier unter dem Thurm in der Kirche vier Tage hinter einander die Comödie Susanna von ihren Schülern aufführen ließen zur Ergötzlichkeit des Publikums, aber zum Anstoß der Geistlichen, insbesondere des Pastors Neocorus, der doch sonst eben kein Feind des weltlichen Treibens war. Diese Schülerspiele waren damals sehr im Gebrauch und beliebt und fanden überall statt, so auch in Flensburg, wo jedoch auf dem Schlosse und dem Rathhause gespielt wurde. Am Aergsten machte es wohl hierin der Pastor Sleidanus, unter dessen Direction die Schüler im Chor des Dom's zu Schleswig die Andria des Terenz in derber Natürlichkeit aufführten. *)

In der Gerichtsordnung war es nicht vorgesehen, wie es mit der Auslösung eines Pfandes unter den verschiedenen Creditoren zu verhalten sei und entstand öfter Streit darüber, wenn ein Gläubiger die ältern Creditoren ausgelös't, das Pfand für eine gewisse Summe angenommen oder zu seiner Befriedigung wieder an einen Dritten verkauft hatte und nach einer Reihe von Jahren, nachdem Verbesserungen auf das Pfand gemacht waren, ein jüngerer Creditor mit seinen Ansprüchen, obgleich er lange geschwiegen, hervortrat. Für diesen Fall bestimmte nun in einer Disposition vom **20**sten Jan. **1601** **) der Herzog, es könne der jüngere Creditor nur innerhalb dreier Jahre nach geschehener Immission, Verkauf oder Proclamirung das Pfand ansprechen. Nach dieser Zeit erwerbe der fernere

*) Claeden Mon. pag. 441. Staatsb. Mag. 10, pag. 599.

**) Beil. I. № 61.

Käufer oder der ältere Creditor von dem Rathe das volle Eigenthum und einen erb- und eigenthümlichen Besitz. Diese dreijährige Frist gilt ohne Unterschied für Gegenwärtige und Abwesende, doch nur insoferne letztere von dem Vorgange Kenntniß erlangt haben oder erlangt haben konnten. Diese Bestimmung ist in das spätere Stadtrecht übergegangen.*)

Die Fleischschrangen auf dem Markte bei der Kirche waren schon früher von den Rechensleuten erbaut und mußte jeder Schlachter für die Benutzung eine jährliche Miethe von einer Mark geben. Der Rath ließ nun einen Brodschrangen mit zehn Laden einrichten, wofür die Bäcker jährlich **12** ß bezahlen, aber die Kosten der Unterhaltung selbst tragen mußten; übrigens durften diese nur aus den Schrangen, nicht aus dem Hause ihr Brod verkaufen; ähnlich war es in Flensburg, wo die Bäcker auch nur aus den Brodhäusern, nicht aber aus den Wohnungen verkaufen dürfen.**) Im Jahre **1601** im Juli ließ der Rath außer diesen auch noch Fischschrangen erbauen in welchen die Fischhändler gegen eine jährliche Miethe von einer Mark an die Kämmerei ihre Waare feil haben mußten.***) Diese sämmtlichen Schrangen befanden sich an und bei der Kirche in der Nähe des Marktes, wie gewöhnlich an andern Orten und hatten für das Publicum manches Bequeme. Zu bemerken ist hiebei, daß weder die Fischhändler noch die Fleischer eine Zunft hatten; letztere erwarben erst im **19**ten Jahrhundert die Zunftgerechtsame.

Das Weichbild entsprach, wie wir gesehen haben, nicht den davon gehegten Erwartungen und den vorhandenen Zuständen, mochte dies nun in dem dürftigen Statut selbst liegen oder in den Persönlichkeiten, denen die Leitung der Angelegenheiten anvertraut war; der häufige Wechsel der Präsidenten, es waren, wie bemerkt, in der kurzen Zeit von **1582** bis **1603** vier und ein Vicepräsident, unter denen Steding und Meurer abgesetzt wurden, weis't darauf hin, daß ein höchst

---

*) Stadtrecht 3. 18.

**) Rievesell pag. 250.

***) Laß pag. 74.

mangelhafter Zustand stattgefunden. Der Herzog entschloß sich endlich dem Flecken die volle Stadtgerechtigkeit zu ertheilen und geschah dies in einer den **20**sten April **1603** *) unterschriebenen und besiegelten Urkunde, an deren Schluß der Ort der Ausstellung nicht genannt ist, weshalb wohl zu vermuthen, daß sie in Husum selbst ausgestellt sei. In dem Eingange dieser neuen Confirmation wird angeführt, daß auf demüthiges unterthäniges Bitten des Rathes und der Gemeinde, obgleich durch die Ertheilung des Weichbildes und sonstiger Privilegien schon Zunahme im Handel und Gewerbe verspürt, der Herzog sein Versprechen, womit er sie schon den **10**ten August **1598** vertröstet, den Ort zu einer Stadt zu erheben, erfüllen wolle. Deshalb verordnet er, daß der Flecken mit dem Namen und der Gerechtigkeit einer Stadt begabt, eine Stadt nur geschrieben und genannt und der Name eines Fleckens für die Zukunft gänzlich abgethan werden soll. Die neue Stadt wird nun, schon zum dritten mal, der Aufsicht des Amtmanns zu Gottorf auf ewige Zeiten entzogen, das Präsidentenamt gänzlich abgeschafft und statt dessen zwei Bürgermeister, die jährlich in der Amtsführung abwechseln, nebst acht Rathleuten, welche die Obrigkeit und das Gericht bilden und nur der Landesherrschaft unmittelbar unterworfen, angestellt. Diesem Rathe steht die volle Gerichtsbarkeit sowohl in bürgerlichen als in peinlichen Sachen, desgleichen die Execution zu. Es wird versprochen das Weichbild bei dieser Verwandlung in ein Stadtrecht zu verbessern und durchzusehen, **) auch die localen Grenzen der Jurisdiction festzusetzen. Die ersten Bürgermeister und Räthe werden von dem Herzog ernannt, doch für die Zukunft soll dem Rath die Wahl zustehen und zwar so, daß, wenn einer der Bürgermeister mit Tode abgeht, dafür ein Mitglied des Rathes und wenn von dem Rathe einer verstirbt, von dem Rath ein Mann aus der Bürgerschaft, der Gott fürchtet, wahr-

---

*) Beil. I. № 62. M. J. Abgedruckt findet sich dieselbe im N. Staatsb. Mag. 1, pag. 574 und theilweise C. St. Sl. II. pag. 701.

**) Das verbesserte Stadtrecht erhielt Husum 1608.

haftig und dem Geize feind, erwählt, von dem Herzog bestätigt und nach der im Stadtrecht vorgeschriebenen Formel in Eid und Pflicht genommen wird. Die Bestellung eines Stadtsecretairs, der auf die Brüchsachen Achtung haben, über Alles Protocoll führen und in dessen Gegenwart alle Gerichtssachen und sonstige Angelegenheiten berathschlagt und verhandelt werden sollen, behält der Herzog sich und seinen Erben vor. *) Dem regierenden Bürgermeister wird die Entscheidung und Execution in liquiden Sachen, die durch klare Brief und Siegel oder unverwerfliche Zeugen sofort bescheinigt werden, sofern sie nicht 10 Mark belaufen, übertragen**) und findet hier keine Berufung statt. Zur Ergötzung für ihre Mühe bewilligt der Herzog den sämmtlichen Rathsmitgliedern vorläufig auf vier Jahr den dritten Theil aller Brüchen in bürgerlichen Sachen und den gleichen Theil der Accise, die trotz der erst 1590 ertheilten Befreiung wieder eingeführt wird und verspricht eine ewige Begnadigung mit dieser Einnahme, wenn er in dieser Zeit ihren Fleiß und ihre getreue Aufwartung verspürt; die Brüchen in peinlichen Sachen reservirt sich der Herzog.***) Wegen der vielfältigen Klagen, daß den Bürgern auf dem Lande sowohl von den Schuldern als den Richtern in richtigen und gestandenen Schuldsachen das Recht und Execution verzögert oder gar verweigert wird, ertheilt er den Bürgern ein privilegium arresti, doch soll der Bürger in diesen Sachen erst den Beweis beibringen, daß er an dem Wohnorte des Beklagten zu zweien verschiedenen Malen sein Recht gebührlich gesucht, erst dann kann von dem Bürgermeister der Kummer vergönnt werden, der jedoch gegen genügsame Bürgschaft ohne Verzug wieder aufzuheben.****) Schulden halber darf kein Bürger in die Frohnerei zur Haft gebracht werden, sondern nur in ein mit eisernen Stangen versehenes Gemach auf dem Rathhause ohne Anlegung von Ketten und Schlössern; nur wer

*) Vergl. Stadtrecht 1. 2, 5, 4, 1.

**) Stadtrecht 1. 3.

***) Stadtrecht 1. 32.

****) Stadtrecht 3. 52.

ein verschriebenes Einlager nicht gehalten, soll zur Strafe die erste Nacht in der Frohnerei zubringen, wird aber die übrige Zeit in die Schuldkammer auf dem Rathhaus eingesperrt. *) In der Stadt sollen künftighin keine Freihäuser mehr privilegirt werden und würde Jemand in Zukunft ein solches Privilegium sich erschleichen, so wird dies im Voraus für ungültig erklärt. Die Befreiung von der Accise, welche überdies schon in Abgang gekommen, wird nunmehr ausdrücklich aufgehoben. Die sämmtlichen Privilegien und Freiheiten der Stadt nebst den Confirmationen sollen auf ferneres Ansuchen in Schleswig gedruckt werden; dies ist **1608** allein mit dem Stadtrecht geschehen. Dem Bürgermeister, welcher das Wort hat, wird aus besonderer Gnade das alte gewöhnliche Stättegeld von den Krämern in den Jahrmärkten zugestanden, daß er es für seine Versäumniß in seiner Haushaltung gebrauchen möge. **) Diese Bestimmungen sind nach angehörtem Bedenken der fürstlichen Räthe, des Beiraths der Gemeinde oder eines Ausschusses wird hier nicht mehr gedacht, festgesetzt, jedoch vorbehältlich der landesherrlichen Hoheit, Regalien und Abgaben. Am Schlusse folgt noch die wichtige Erklärung, daß die Stadt nicht unter die gemeinen Privilegien der Fürstenthümer begriffen, sondern eine herzogliche Stadt bleiben soll, womit denn jede Betheiligung an den Landtagen abgeschnitten. Diese Beschränkung hatte bei der damaligen Stellung der Landtage wohl kaum eine große Bedeutung mehr. Uebrigens waren bekanntlich alle neuern Städte, Glückstadt, Tönning, Garding, Friedrichstadt von der Vertretung der Fürstenthümer ausgeschlossen.

Der vierte und letzte Präsident war allem Anschein nach schon vor der Ertheilung dieser Stadtprivilegien abgegangen, denn die Urkunde erwähnt nur eines Antrags abseiten des Rathes und der Gemeinde, nicht des Präsidenten, wie sonst gewöhnlich, jedenfalls aber wurde er mit der Ertheilung dieser Privilegien entlassen. Der Magistrat ward bis zur Erlassung

---

*) Hier folgende Verfügungen über Tonnen und Baken im Anh. VII.

**) Auch Stadtrecht 1. 32.

des Stadtrechtes **1608** nur interimistisch und nicht vollständig besetzt, denn die herzoglichen Räthe Clement Badendorf und Dr. Wilhelm Schaffenroth als Commissaire führten den **10**ten Mai **1603** Broder Dose und Detlef Lüth als Bürgermeister und nur drei Rathsmitglieder aus der Bürgerschaft Detlev Lewensen, Hinrich Ströming und Johan Paulsen in ihre Aemter ein und ist wohl nicht anzunehmen, daß die Mitglieder des Weichbildrathes ohne Weiteres blieben. *) Erst mit dem Stadtrechte **1608** wurde die vorgeschriebene Zahl der acht Räthe vollzählig ernannt. **)

Die kurzen Jahre bis zur Verleihung des verbesserten Stadtrechtes bieten nur noch wenige Momente dar. Nach dem unfreiwilligen Abgange des Pastors Neocorus, von dem weiterhin die Rede sein wird, wurde der Magister Andreas Tetzlevius, Rector zu Bordisholm, nach gehaltener Probepredigt von der Gemeinde zu dessen Nachfolger erwählt (**10**ten Juni **1604**). Dieser zeichnete sich durch sehr lange, daher vermuthlich auch langweilige Predigten eben nicht zur Erbauung der Kirchengänger aus. Um ihn an die Flüchtigkeit der Zeit und an das rechte Maaß zu erinnern, ließ die Bürgerschaft in der Kirche der Kanzel gegenüber einen Stundenzeiger einrichten; indeß beachtete der eifrige Redner auch dies Zeichen der Zeit nicht; man erfand daher einen andern Ausweg, es versprach ihm nemlich die Bürgerschaft alljährlich zum Herbst einen feisten Ochsen unter der Bedingung, seine Predigt nicht über eine Stunde auszudehnen. Laß ***) bemerkt, dies Mittel habe angeschlagen, wäre aber als gutes Accidenz leider! wieder aus der Mode gekommen. Der Consistorialrath Krafft ****) freilich nimmt gewaltigen Anstoß an diesem etwas naiven Auswege und meint bei der Aufführung der Comödie Susanna sei den Bürgern während der vier Tage die Zeit nicht lang geworden; er sucht den Pastor Tetzlevius zu entchsuldigen, weil er an

*) Laß pag. 77.

**) Stadtrecht 1. 2.

***) Laß pag. 78.

****) Krafft Jubelgedächtniß pag. 145.

seiner vom Satan besessenen Frau ein schweres Hauskreuz gehabt und seine Rechtgläubigkeit über alle Zweifel erhaben sei. Sei dem nun wie ihm wolle, die Bürger fanden weder in dem Hauskreuz, noch in der Rechtgläubigkeit für seine langen Predigten einen genügenden Entschuldigungsgrund.

In diesem Jahr wurde das Hochgericht, welches früher hinter Bürgermeister Luths Fischteich auf dem westersten Berge vielleicht dem vor mehren Jahren abgetragenen Rottberge, bei dem Kuhsteige gestanden, nach dem Narrenthal verlegt und dort von den Bürgern und den Hardeseingesessenen am 31sten August errichtet! schon am 5ten September wurde es durch die Erhängung eines auf Anklage der Eiderstedter zum Galgen verurtheilten Diebes, wie die Chronik sich ausdrückt, eingeweiht. *) Um diese Zeit 1603 — 4 wüthete abermals eine starke Pest am Orte, welche oft an einem Tage 15 Menschen hinraffte; wenn Laß behauptet, es wären hier in einem Jahr 1000 Menschen an dieser Krankheit gestorben, so kann dies nicht von der Stadt allein verstanden werden, denn die von ihm selbst abgedruckte Sterbeliste giebt die Todten in dem Jahr auf die allerdings hohe Zahl, jedoch nur auf 332 an. **) Am 5ten August 1605 wurde Natke Kruse, der etwa 15 Jahre vorher Dietrich Lather und zwei andere erschlagen hatte, von Hay Lützen in der Twiete erstochen. Der Folgen dieser Todtschläge wird nirgends erwähnt und ist daher wahrscheinlich, daß die Strafen noch durch die Mannbuße gesühnt und abgewandt wurden und deshalb nur auf die zufällig eingetretene Vergeltung hingewiesen wird.

Schließlich muß hier noch das Schicksal zweier Männer geistlichen und weltlichen Standes erwähnt werden, deren Streitigkeiten kein besonders günstiges Licht auf die damaligen Zustände werfen. Ihre Feindschaft setzte die Stadt in nicht geringe Bewegung und ihrer beider Schicksal wurde fast gleichzeitig mit der Einführung der Stadtgerechtsame entschieden;

---

*) Laß pag. 79. Heimreich 2, pag. 45.

**) Laß pag. 164.

es waren der Pastor Magister Johannes Neocorus und der Präsident Philipp Meurer. Letzterer ein Sohn des damals berühmten Professors der Medicin, Wolfgang Meurer in Leipzig stand als Doctor der Rechte wegen seiner großen Gelehrsamkeit in hohem Rufe. Er ward 1588 Syndikus in Hamburg; die Umstände, welche ihn bewogen dies Amt schon 1596 aufzugeben und mit der Präsidentenstelle in einer kleinen Stadt zu vertauschen, sind nicht klar, lassen sich indessen aus seinem Betragen in Husum vermuthen. Seine Bekanntschaft mit dem gelehrten Heinrich Rantzau empfahl ihn dem Herzog Johan Adolf, von welchem er unter dem Titel eines Geheimraths und Vicekanzlers zum Präsidenten in Husum ernannt wurde. Seine Titel und Ansprüche scheinen keineswegs mit seiner hiesigen Stellung und Einnahme im Gleichgewicht gewesen zu sein; dem frühern Syndikus einer Hansestadt konnte das bescheidene Amt eines kleinstädtischen Präsidenten nicht genügen. Seine Amtsführung und sein sittliches Betragen gaben zu gegründetem Tadel Anlaß, insbesondere mißbrauchte er seine Amtsgewalt und machte für seine Einkünfte zu großen Aufwand. Diese Umstände mögen seine Dienstentlassung begründet und herbeigeführt haben. Neocorus nun fand sich veranlaßt, die Uebergriffe und Ausschweifungen des Präsidenten nicht allein öffentlich zu tadeln, sondern selbst von der Kanzel aus zu rügen; freilich wurde die Kanzel in damaliger Zeit oft zu solchen Zwecken gebraucht oder gemißbraucht, wie das frühere Beispiel des Pastor Bokelmanns gegen Herzog Adolf beweis't, nur nahm Meurer diese Anzapfungen und Vorwürfe nicht mit der herzoglichen Ruhe und Gutmüthigkeit hin und kühlte wieder seinen Muth an Neocorus, der es denn auch nicht fehlen ließ, Gelegenheit zu wohlbegründeten Angriffen zu geben. So entstand zwischen den höchsten Trägern der geistlichen und weltlichen Würden Haß und Feindschaft, welche zum Verderben beider führten und die Gemeinde in Partheien spalteten. Der Präsident bedrohte einen Uhrmacher in der Stadt mit Gefängniß, Neocorus fand sich bewogen diesem in dem Pastorate Schutz zu gewähren, indessen respectirte Meurer das angemaaßte

Schutzrecht des Pastors keineswegs und ließ den Uhrmacher durch die Griper, die Rathsdiener, Dreger, auffangen und in die Frohnerei zur Haft bringen. Neocorus gab seinen Schützling keineswegs auf, sondern besuchte ihn in seinem Gefängnisse und als er von dem Küster Bartelt gewarnt wurde, daß er nicht wieder hingehen möge, weil Meurer gedroht habe auch ihn dort zu verhaften, beachtete er diese Warnung nicht, sondern kehrte trotzig in die Frohnerei zurück und ließ dem Präsidenten durch den Scharfrichter Blasius sagen, er wäre jetzt da, er möge ihn einschließen. Meurer trug jedoch hiebei Bedenken und Neocorus, nachdem er eine Zeitlang in der Frohnerei gewartet hatte, kehrte unangefochten und triumphirend nach Hause zurück. Mag es sein, daß der Präsident gegen den Uhrmacher seine Befugniß überschritt, mag es sein, daß Neocorus von dessen Unschuld überzeugt war, erbaulich für das Publicum, ehrenhaft für die Partheien war dieser Streit nicht, bei dem der Scharfrichter und Küster die Zwischenträger spielten, ebensowenig war es der einzige und mit demselben die Sache nicht zu Ende.

Johannes Neocorus *) war ein geborener Husumer aus niederm Stande, sein Vater war ein Dreger; er wurde nach vollendeten Studien zuerst Rector in Hadersleben, dann, nachdem Pletzius **), Prediger am Schleswiger Dom, die Berufung nach Husum ausgeschlagen hatte, auf die Empfehlung des Amtmanns Blome zu Gottorf an die Stelle des vom Schlage gerührten und verlähmten Johannes Hamer ***) hieher berufen und ohne Wahl angenommen. Er hielt am 4ten April 1595 seine Antrittspredigt. Nicht ohne Talent und mit einer volksthümlichen Beredtsamkeit begabt, scheint er von streitsüchtigem,

*) Geboren den 27sten December 1566, nicht mit dem bekannten Ditmarscher Chronisten zu verwechseln und auch nicht mit ihm verwandt.

**) Pletzius stand sehr bei dem Herzog in Gunst; bei einem Gelage auf dem Husumer Rathhause führte der Herzog ihm seine Gemahlin zum Tanz zu und tanzte mit einem Glase in der Hand vor.

***) Ein Sohn des ersten lutherischen Diaconus zu Husum.

heftigem Character gewesen zu sein und erregte, außer mit dem Präsidenten vielfache Händel in der Gemeinde, mit dem Rathe und seinen Collegen. Ohne Zweifel trug seine hier am Orte bekannnte Herkunft viel dazu bei, ihn von Anfang an in eine verkehrte Stellung zu bringen; aber auch sein sittlicher Wandel war keineswegs musterhaft und dem eines christlichen Lehrers entsprechend; er gab der Gemeinde vielfältig Anstoß und Aergerniß.

Schon bald nach seinem Dienstantritt gerieth er mit seinen Collegen über die Opfer in Streit. In der Polizeiordnung war bestimmt, daß von den vorgeschriebenen Opfern der Pastor als erster Prediger zwei, die andern Geistlichen den dritten Theil genießen sollten. Dies Verhältniß scheint inzwischen abgeändert, wenigstens suchte der Rath **1597** den Neocorus zu bewegen, die Opfer mit seinen Collegen geradedurch zu theilen, wogegen denn jeder in der Fastenzeit auch eine Predigt halten sollte. Neocorus ging hierauf nicht ein, jedoch wurde dieser Streit **1598** dahin beigelegt, daß er die Hälfte der Opfer erhielt, dagegen nach alter Gewohnheit, was er zu thun bisher sich geweigert, viermal wöchentlich in den Fasten predigte. Seinen Haß gegen Meurer, dessen Mitwirkung er wohl dies Resultat zuschreiben mochte, verhehlte er auch im bürgerlichen Leben nicht, und übte beständig seinen Witz an ihn; schalt ihn einen Narren, behauptete, daß die Bauern von ihm seine Kinder bezahlt haben wollten, verglich ihn, weil er rothe Hosen trug, mit einem Storch, nannte diesen wiederum den Richter mit rothen Hosen, sagte, wären alle Lügen Latein möchte Meurer Cicero's Vater sein und was der Art unziemliche Spöttereien mehr waren. Solche Aeußerungen, die er eben nicht verheimlichte, wurden natürlich dem Präsidenten hinterbracht und dadurch die gegenseitige Stimmung nicht besser. Es lag ziemlich nahe, daß Meurer den Einfluß seiner Stellung benutzte, um sich an seinem Gegner zu rächen und gab dieser seinerseits Blößen genug, so daß der Streit zuerst zu Neocorus Verderben ausschlug. Schon im Monat Juli **1601** fanden Präsident und Rath sich veranlaßt, von dem ihnen nach der Polizeiordnung zustehenden Rechte Gebrauch zu machen, der einzige Fall, in welchem es hier zur Anwendung gekommen, und den Pastor seines Amtes zu entsetzen. Dieses Urtheil wird etwas sonderbar eine wohlmeinende Erinnerung des Präsidenten und Rathes an den Magister Neocorus genannt.*) In demselben werden zur Begründung dieses Schrittes Thatsachen angeführt, deren Wahrheit sich wohl nicht gut bezweifeln läßt und somit auch nicht, daß der Rath im vollkommenen Rechte war, wenn man auch geneigt sein möchte, manches dabei auf Rechnung des Meurers zu bringen. Wir sehen aus diesem Urtheil, daß der Rath gewissermaaßen zu diesem äußersten Mittel genöthigt wurde, da vielfältige Warnungen selbst von höherer Hand bei Neocorus nichts fruchteten und der Rath nur zögernd diesen Schritt that, damit ihn nicht der Vorwurf treffe, mit geistlichen Personen unglimpflich umzugehen. Hierin beurtheilte der Rath seine Zeit richtig, denn selbst hundert Jahr später trägt Krafft kein Bedenken entschieden seines Vorwesers Parthei zu nehmen, obgleich sich das Urtheil rechtfertigen läßt. Sieht man auch ab von dem Vorwurf, welcher jedenfalls in jener Zeit dogmatischer Spitzfindigkeiten große Bedeutung haben mußte, daß Neocorus, wie es heißt, aus eitler Ruhmsucht und um Etwas voraus zu haben, Neuerungen in den Kirchendienst einführte, die anerkannte Kirchenordnung und Agende bei Seite schob, den Pochenius dem Luther über den Kopf setzte, daß er bei der Taufe und der Trauung nicht nach Luther's Vorschrift sich richtete und anders taufte und traute als die übrigen Geistlichen, wodurch Aergerniß und Verwirrung in der Gemeinde entstanden und solche Abweichungen für Ketzereien galten, so lag doch ein gewichtiger Grund darin, daß er die Beichte und Buße benutzte, um Leute zu zwingen, für ihn und in seinen Angelegenheiten falsches Zeugniß abzulegen. Entschuldigt die derbere Sitte und Sprache damals auch manchen Ausdruck in seinen Kanzelvorträgen, so sprach er doch zu leichtfertig und unehrerbietig von Frauen und Jungfrauen. Noch größern Anstoß

*) Beil. I. № 63.

gab er aber durch seinen Wandel, indem er alles that, was die Kirchen- und Polizeiordnung den Geistlichen verbot und möge man für ihn hier in der Zeit eine Entschuldigung suchen, weil diese Verbote überall ein nicht sehr erbauliches Leben eines großen Theils der Geistlichkeit bekunden, so trieb er doch ohne Zweifel die Sache auf die Spitze. In unschicklicher Kleidung stolzirte er, nach dem Urtheil, auf der Gasse von Haus zu Haus, war ein leidenschaftlicher Liebhaber vom Spiel und leichtfertiger Gesellschaft, führte, um sie zur Hand bei jeder Gelegenheit zu haben, stets Würfel in der Tasche, betrank sich nicht allein in geselligen Gelagen, sondern in den Krügen und Schenken, ja er hatte sogar den Charfreitag durch Saufen entweiht, sich als ein Held darin bewiesen und sich dessen offen gerühmt. Deshalb, weil ihm keine Zeit zum Studiren übrig blieb, schüttelte er die Predigt aus dem Aermel, brachte die Zeit mit Schelten und Lästern hin und machte die Kanzel zu einer Hohlhippelschule. *) Rechnet man hiezu noch ein für ihn als verheiratheten Mann doppelt anstößiges Verhältniß zu einer berüchtigten Person, welches in dem Urtheile nur angedeutet, damals aber bekannt gnung gewesen sein mag, da er ohne Schaam und Scheu es nicht einmal bemäntelte,

---

*) Dies in der Norddeutschen Sprache auffallende Wort kommt in den kirchlichen Gesetzen dieses Zeitalters mehrfach vor, z. B. in der Eiderstedter Polizeiordnung 1 art. 5, 5; der Husumer 1. 4, und scheint von den Deutschen Theologen hier eingeführt zu sein; jetzt ist es aus der Sprache verschwunden. Es bedeutet schelten, lästern, Possen treiben. Die Ableitung ist nicht sicher; hohlhippen. tellen. eine Art Kuchen, Waffeln gewesen sein. Kuchen spielten in der ältern Zeit eine große Rolle bei allen Gelegenheiten und wurde damit ein bedeutender Handel getrieben, meistens von Weibern und Kindern. Diese hatten auf den Märkten ihre festen Stände und wo diese Kuchenhändler zusammenkamen, mag es an Lärm, Lästern und Possen nicht gefehlt haben, daher Hohlhippeln, wie wir von Fischweibern, Hökerweibern u. s. w. sprechen. Placentarius bedeutet im Latein des Mittelalters sowohl Kuchenkrämer, als Thor, Narr, Possenreißer. Schlesw.-Holst. Anz. von 1757.

diese Person immer als täglicher Gast bei sich auf der Stube hatte, mit ihr allein in der Küsterei und in dem Kirchengewölbe lange Zeit verweilte, ja daß er sich gar unanständiger Angriffe auf die Schürzen ehrbarer Frauen und Jungfrauen schuldig machte und sogar bei der Austheilung des heiligen Sacraments sein leichtfertiges Betragen nicht zu zügeln vermochte, so muß man, wäre auch nur ein Theil dieser Beschuldigungen wahr, sagen, daß sein Maaß voll und der Rath im Rechte, als er seine Entsetzung verfügte.

Indessen hatte Neocorus einen nicht geringen Anhang in der Bürgerschaft und verdankte er diesen wohl theils der Opposition gegen Meurer, theils einer gewissen Popularität, welche sich solche Charactere, wenn es ihnen an Geschicklichkeit und Rednergaben nicht mangelt, bei dem gemeinen Mann ziemlich leicht erwerben. Sowohl er selbst als eine Anzahl Bürger wandten sich an den Herzog, um die Absetzung rückgängig zu machen, doch scheint es nicht, daß man es wagte, ihn gegen die gemachten Anschuldigungen zu vertheidigen, sondern stützten sich die Bürger nur auf den Umstand, daß es wegen der Pest nicht möglich wäre, so bald einen tüchtigen Prediger wieder zu erhalten und baten auch nur, ihn noch eine Zeitlang im Dienste zu behalten. Unterm 20sten Juni 1603 *) gewährte der Herzog freilich nicht ohne großes Bedenken diese Bitte und nicht des Neocorus, sondern der Bürgerschaft wegen, bestätigte im Uebrigen das Urtheil des Rathes ausdrücklich und erlaubte nur, daß er bis Ostern 1604, nachdem er zuvor von der Kanzel eine vorgeschriebene Abbitte gethan und unter der Bedingung, daß er sich alles ärgerlichen und anstößigen Lebenswandels enthalte, im Dienste bleiben möge.

Neocorus verstand sich zu dieser schweren Abbite, wobei er allerdings eine große Characterlosigkeit zeigte, um so mehr, als er, während dies Ungewitter über seinem Haupte schwebte, keine Ruhe halten konnte. Meurer war, wie bemerkt, schon vor, jedenfalls bei Verleihung der Stadtgerechtigkeit seines

*) Beil. I. № 64.

Amtes entlassen. Dem gefallenen, gedehmüthigten Feinde Schonung zu beweisen, war nicht die Sache des Neocorus; seine Gereiztheit mochte durch einen unangenehmen Beinschaden (ein böses Bein, weshalb für ihn auf der Kanzel eine Klappe zum Niedersetzen angebracht war) außerdem gesteigert sein. Als nach der Verleihung der Stadtgerechtsame eine kirchliche Feier am Sonntage Jubilate statthatte, hielt er zu Ehren des neu eingesetzten Magistrats eine Predigt und benutzte diese zugleich, obwohl es ihm strenge untersagt war, zu Schmähungen gegen den abgesetzten Präsidenten, den er schon vorher in einer Eingabe an den Magistrat schwer angegriffen hatte. Der Beleidigte wandte sich klagend an das Oberconsistorium und wurde von diesem abermals die Absetzung verfügt nebst Verurtheilung in die Kosten (**28sten Mai 1603**) *) und ihm nur wie angeführt, die Verwaltung des Amtes bis Ostern künftigen Jahres gestattet. So hatten sich denn beide gewiß nicht ohne große eigene Schuld um ihr Amt gebracht. Neocorus predigte am **11ten April 1604** zum letzten Mal, worauf ihm nach Beendigung dieser Predigt auf herzoglichem Befehl im Namen des Raths durch zwei Männer und den Küster Thomas Graveley sein Amt feierlich aufgekündigt und ihm befohlen wurde, noch vor nächsten Sonntag das Pastorathaus und das herzogliche Gebiet zu räumen. Am Sonnabend verließ er, von einer Anzahl Bürger, es sollen ihrer **30** gewesen sein, unter Rührung und Thränen begleitet, mit Frau und Kindern durch die Krämerstraße die Stadt und begab sich nach Rödemis, wo ihm der Herzog Ulrich, Bischof zu Schleswig und Schwerin, Bruder Christian IV., welcher damals gerade mit Johan Adolf wegen Gefälle im Rödemisser Koege, der Südermarsch, in Zwistigkeit war, vorläufig eine Freistätte gewährte und ihn später zu seinem Hofprediger in Bützow ernannte. Wenn Krafft und Martin Holmer davon reden, die Widersacher des Neocorus habe das Gericht Gottes getroffen, so läßt sich dies wohl nur aus einer Partheilichkeit für ihren Amtsvorweser

*) Beil. I. № 65.

erklären und führen sie kein Beispiel dieser angeblichen Gottesstrafe an, ja Krafft erwähnt der angezogenen Actenstücke, die Laß aufbewahrt, mit keinem Worte. Neocorus Schuldlosigkeit zu behaupten, möchte nach dem Angeführten zu gewagt erscheinen. Noch bei seinem Abzuge *) zeigte er sich dem herzoglichen und Magistratsbefehle widersetzlich und hielt gegen das Verbot an dem Thore vor Husum auf Rödemisser Gebiet eine gewiß nicht glimpfliche Abschiedsrede, weshalb die ihn begleitenden Bürger in eine Brüche von 6000 ₰ verurtheilt wurden. Sein Vorgänger im Amte, der Emeritus Johannes Hamer sah diesem traurigen Auszuge von seiner Wohnung aus in der Krämerstraße mit weinenden Augen zu und brach in die Worte aus: „Nun, das haben meine Augen noch sehen sollen, der Herr wird es richten!" Der alte 76jährige Mann wurde von diesem Anblick so ergriffen, daß er sich vom Fenster abwandte, niederlegte und am selbigen Abend starb. **)

---

*) Später noch besuchte er von Rodemis aus die Husumer Kirche um seinen Nachfolger predigen zu hören und nahm seinen frühern Kirchenstuhl ein, was ihm sehr verübelt wurde.

**) Laß pag. 73. 77. 171. Krafft pag. 143. Martin Holmer pag. 10. Lackmann 2. pag. 214.

Anhang I.

Der Kirchenbau und das Kirchengebäude. *)

Nachdem Husum durch den Vergleich von 1431 sich von der Mildstedter Mutterkirche getrennt hatte, wurde nach Laß **) in demselben Jahr, nach Andern***) wohl minder richtig 1436, mit dem Bau einer eigenen Capelle begonnen; diese bildete den ostersten Theil der alten Kirche und wurde erst 1495 ganz vollendet, während schon der Bau des mittleren Theils mit dem sogenannten niedrigen Gewölbe 1470 angefangen und dieser schon 1474 vollständig ausgebaut war. Bei der zunehmenden Vergrößerung des Ortes wurde eine fortwährende Erweiterung des Baus nöthig und der westerste Theil, der Unterbau des Thurm's mit dem Gewölbe von 1495 bis 1500 fertig gemacht. Dies beweist eine Inschrift, welche, obgleich 1594 übertüncht, an dem letzten Bogen in der Kirche sich befand und uns von Jacob Sax****) in seinem Diario erhalten; sie lautete:

Anno mileno quingenteno domini
Haec templi textudo fuit perfecta sacrati
Campensis manibus Walteri, nomine divo
Rexit Johannes Daniam tunc temporis clarus
Rex cui frater erat Dux Holsatiae Friedericus,
Pastor Johannes Tetens fuit atque Magister,
Tutores Wessel fuerunt Beckmannque Johannes,
Aedificant Otto Pais Hilmarus quoqe Buren.

Anno domini 1470 hoc templum Dei est testudine ornatum. Help Jesus und Maria.

---

*) Martin Holmer Feuerpredigt, Schleswig 1669. Vorrede Staatsb. Mag. 10 pag. 902. Laß pag. 156 und zu den einzelnen Jahren.

**) Laß pag. 24.

***) Heimreich I. pag. 167 Dankwerth pag. 139. Holmer pag. 3. Meine Geschichte pag. 16.

****) Jacob Sax zu Flensburg geboren, wurde 1580 Prediger zu Olderup, 1586 Diaconus, 1605 Archidiaconus zu Husum und starb 1616.

Im Jahre 1506 wurde unter dem Herzoge Friedrich die Spitze des Thurms gerichtet und 1507 mit Kupfer gedeckt; inzwischen waren 1506 die Glocken gegossen und in den Thurm gebracht. Schon Laß bemerkt, daß dieser westerste Theil der Kirche zwar zierlicher und künstlicher gebaut als der übrige, aber schwerlich dauerhafter und mag dieser Umstand in späterer Zeit mehr erkannt und den gänzlichen Abbruch des Thurms und der Kirche veranlaßt haben. Der Thurm hatte ursprünglich eine Höhe von 324 Fuß. Die große Glocke, eine der größten in den Herzogthümern, hat als Inschrift:

Sum Regina Poli, virgo Maria tonantis
Inclytaque mater, quae gero tempore nomen
Eterno. Calcans demonis astusque superbi
Destruens et validas acherontis conterens flammas.
Post annos mille quingentos sex Dominique
Fecit Magister de campis numine Divo
Schonenburg, Johannes de Wou pariter cum Arnoldo.

Die mittlere trägt folgende Verse:

Per te vocentur Anna fidelis ubique
Calliditas Sathanae procul pellatur ab Ede
Post annos mille quingentos sex Dominique
Fecit etc.

Eine dritte wurde erst 1569 gegossen; diese hing an der Norderseite außerhalb des Thurms und diente als Stundenglocke: ihre Inschrift war:

De Seegen des Herrn macket rick ane moy
Ao. 1569 Jar Godt my Michel Dibber,
Dat is wahr.

Nach dem Thurmbrande im Jahre 1602 wurde sie in den Thurm gebracht und als Wächterglocke gebraucht; später erhielt sie einen Riß und ward von dem Husumer Glockengießer Armowitz 1729 umgegossen; ihr Gewicht ist 2561 ℔ und die Inschrift:

Hier dient' ich Kirch' und Stadt in 160 Jahren,
Da mir ein kleiner Ritz den Klang und Dienst benahm,
Kein' Kosten wollt' an mir die Kirche länger sparen,
Von Armovitzen's Guß ich neuen Klang bekam,

und auf der andern Seite:

Nicolaus Baron von Gersdorff, Ritter,
Präsident und Amtmann zu Husum.

Diese drei Glocken befinden sich sämmtlich in dem neuerbauten jetzigen Thurm.

Nach vollendetem äußern Bau der Kirche und des Thurms wurde der innere Ausbau eifrig fortgesetzt und an der Verschönerung gearbeitet. Der Bau der Sakristei und des schönen Chors wurden 1510 ausgeführt; an der vordern Seite der erstern las man:

Na Christus Gebord föftein Hundert und teyn
Gade to Lave und Marien de Jungfruen reyn
Ist gebuwet das Chor und Sacristeyen
Gott wolle se alle van Sünden freyn
Und möte wesen al eren Lohn
De dat hebben begunt und vordan Hülpe tho dohn.

Die schönsten aber und die berühmtesten Zierden waren die von dem Meister Hans Brüggemann, Holzschneider und Maler; er verfertigte 1520 die an der Norderseite des Altars befindliche Monstranz, ein kostbares Schnitzwerk aus Eichenholz in Form einer Pyramide mit dem Muttergottesbilde. Sein ausgezeichnetestes Werk aber war das weit berühmte Altarblatt, woran er von 1521 an sieben Jahre soll gearbeitet haben. Dies Blatt ist ganz aus in Oel gesottenem (um den Würmerfraß abzuhalten) Eichenholz verfertigt und enthält Darstellungen aus der biblischen Geschichte, mit unzähligen, schön geschnitzten, charakteristischen Figuren. Ist es richtig, was Holmer *) erzählt, daß der König Christian II. mit seiner Gemahlin Isabella den Künstler bei der Arbeit besucht und sie dem Könige die einzelnen schönen Bilder und Figuren zeigte und erklärte, weshalb Brüggemann die Portraits des königlichen Paares auf die Pfeiler an beiden Seiten anbrachte, so kann dieser Besuch jedenfalls nicht in das Jahr 1529 fallen, sondern muß vor 1523 gewesen sein. Ueberall möchte man sich versucht fühlen, die Verfertigung des Altarblattes etwas früher zu setzen, da dasselbe während der Reformationswirren und namentlich in den ersten Jahren war es auch begonnen, schwerlich vollendet worden wäre, um so mehr, als die Lutheraner die Verehrung der Mutter Gottes und der Heiligen als einen Götzendienst ansahen. Indeß beklagt schon Holmer, daß die Brüggemannschen Werke sehr beschädigt wären; die Monstranz ist beim Abbruch der Kirche verloren gegangen, das Altarblatt ward auf die unverantwortlichste Weise verwahrlos't; in einer öffentlichen Auction kam es in Privathände, stand lange in einer Gesellenherberge, bis später das Gasthaus es um einen geringen Preis ankaufte. Dieses überließ es der Schwabstedter Kirche, wo es sich zur Zeit noch befindet, aber natürlich in einem sehr beschädigten Zustande. Möge der Rest desselben der Zukunft mindestens erhalten werden.

*) l. c. Derselbe Besuch wird auch bei der Verfertigung des Bordisholmer Altars erzählt, der 1521 vollendet sein soll. N. Staatsb. Mag., Band I, pag. 270, wo sich auch eine Beschreibung des Bordisholmer, jetzt Schleswigschen Altares findet.

Bekanntlich verfertigte derselbe Meister ein ähnliches Altarblatt für die Bordisholmer Kirche, welches sich jetzt im Schleswiger Dom befindet. Uebrigens ist von Brüggemanns Leben und Umständen wenig mehr bekannt, als daß er in Husum geboren und dort in großer Armuth starb; Heinrich Rantzau *), der 1590 schrieb, kannte noch seine Grabstätte zu St. Jürgen in Husum; darnach ist die gewöhnliche Annahme, daß er zu Eiderstede bei Bordisholm gestorben, zu berichtigen. Der Sage nach hatte er der Stadt Lübeck noch einen schönern Altar zu verfertigen versprochen, weshalb aus Neid Bordisholmer Mönche ihm ein Gift beigebracht, welches seine Augen schwächte, daß sie ihm bis an sein Lebensende thränten und ihm jede Arbeit unmöglich wurde. Wohl mögen Brüggemanns Augen von der angestrengten feinen Arbeit mit dem Meisel geschwächt gewesen sein und wohl mag er um den Untergang seines Glaubens manche Thräne vergossen haben, denn mit dem Katholicismus wurde auch über seine Kunst der Stab gebrochen und mit seiner Kunst hatte er sein Leben zu beweinen.

Bei dem Jahre 1522 giebt Laß **) an, der fürstliche Hardesvogt Hans Knudsen habe norden an der Kirche eine Capelle gebaut, welche Knudsens Capelle genannt sei. Indeß ist von einem Hardesvogt Knudsen nichts bekannt, auch dieser von Laß selbst in dem Verzeichniß der Hardesvögte ***) nicht angeführt, dagegen um diese Zeit ein Hardesvogt Walke Witzen, von welchem wir anderweitig wissen, daß er bei den Eindeichungen in den Marschen sehr thätig war; so erhielt er in dem Magarethenkoeg, der 1511 überschlagen wurde, für seine Mühe und Arbeit 6 Demat Land und wurden ihm auf seine Bitte, weil er der heiligen Catharina zu Ehren eine Capelle erbauen wollte, zu diesem Zwecke noch 3 Demat geschenkt ****). Es liegt die Vermuthung deshalb nahe, daß Walke Witzen die Capelle erbaute und diese bei irgend einer Veranlassung einen andern Namen erhielt, da die Knudsens eine sehr angesehene Familie in Husum waren und ihren Einfluß für die Reformation verwandten.

Die Größe und Pracht der Kirche †) läßt sich daraus abnehmen, daß dieselbe 18 Altäre zählte, welche in Folge der Reformation auf einen einzigen Hauptaltar beschränkt wurden.

---

*) Westph. 1 pag. 42. 56.

**) pag. 41.

***) Laß 2. Fortſ. pag. 53, — Anhang V.

****) Iven Knutzen cap. 5. Heimreich 1, 270. 2, 329.

†) templum elegantissimum sagt Heinrich Rantzau, Westph. I., 56.

Eine Orgel, welche sehr gerühmt wird und die außer dem Pedal drei Claviere und **25** Stimmen, fast sämmtlich von Blei, nur **6** von Zinn hatte, wurde der Kirche von dem Herzog Adolf und seiner Gemahlin geschenkt. Auf der einen Seite stand das herzogliche Wappen und darunter: **Adolph van Gotts Gnade Erbe zu Norwege, Hertzog zu Slesvigk, Holstein, Stormarn vnd der Ditmarschen, Grave zu Oldenburg vnd Delmenhorst**; auf der andern Seite das Wappen seiner Gemahlin: **Christina van Gotts Gnade geborne Landgravin zu Hesse, Hartzogin zu Slesvigk Holstein vnd der Ditmarschen, Grevin zu Oldenburgk vnd Delmenh.** und auf den **4** Pfeilern die Jahreszahl **1573**. Auf dem Boden des Rückpositivs befand sich das Husumer Wappen mit der Zahl **1632**, wahrscheinlich bei einer Reparatur hinzugefügt.

Am Montage vor Pfingsten **1602** wurde bei einem starken Nordostwind Morgens **2** Uhr die Spitze des Thurms auf einer Länge von **84** Fuß herabgeworfen, zertrümmerte fünf Leichensteine auf dem Kirchhofe und riß die halbe Stundenglocke mit herunter. Den **19**ten Juni **1604** wurde die neue Thurmspitze gerichtet, welche eine Länge von **95** Fuß hatte, so daß jetzt die Thurmhöhe **335** Fuß betrug. Nach einer in dem Knopf des Thurms bei dem Brande **1669** gefundenen kupfernen Platte war der Baumeister Jürgen Bahrenburg von Stade und die Kirchenvorsteher der Zeit Henning Lather, Ewert Reckel, Thomas Hagge und Harmen Hansen. Die an die Stelle der zertrümmerten gegossene neue Glocke trägt eine darauf bezügliche Inschrift in folgenden Reimen:

Even hundert und tve Jahr
Der Husumer Thorn gestanden war
Da dorch erschrecklich Wind und Storm
Gefallen ys de Spitze vam Thorn,
Gewesen in de Länge grot
Gerade veer und achtig Voth,
Des Manndages vor dem Pfingstfest
Dit Ungewedder ys geweß.

Ohne dem Gebäude irgend Schaden zu thun, traf der Blitz am Sonntage nach Invocavit **1634** den Thurm während der Frühpredigt und fuhr den in der Kirche versammelten Zuhörern von der westersten Thür bis zum Altar über den Kopf ohne Jemand zu verletzen. In diesem Jahre schenkte die Herzogin Auguste, eine Prinzessin von Dänemark, der Kirche eine neue schöne Kanzel, dem Altare ein Meßgewand nebst Kelch und Decke. Ein Taufbecken von gegossenem feinem Messing, getragen von den vier Evangelisten und mit Bibelstellen verziert, verehrte der fürstliche Rath und Amtsverwalter Markus Lüders; dies Becken trägt die Aufschrift: Marcus Lüders fürstel. Schleswig-Holsteinischer Rath und Amtsverwalter zu Husum Ao. DCXLIII; der dazugehörige Deckel war von feinem Holzschnitzwerk in Form einer Krone und konnte auf- und niedergelassen werden. Die Taufe ist der neuen Kirche glücklich erhalten und (vielleicht nebst den Altarkelchen und ein paar Kronen) das einzige, was sich aus der alten in die neue Kirche hinüber gerettet hat.

Die neue Thurmspitze stand nur 65 Jahre; am 29sten April 1669 zog bei vorher ganz angenehmem Wetter ein Gewitter über die Stadt, der Blitz schlug in den Thurm, der Abends um 11 Uhr in hellen Flammen loderte und bei starkem Südostwinde die Stadt mit einer Feuersbrunst, und zunächst die Kirche bedrohte. Dem Heldenmuthe eines Zimmermanns, dessen Namen diesmal die Chronik dankbar aufbewahrt, Hans Otzen gelang es, dem Feuer Einhalt zu thun und größeres Unglück abzuwenden. Eben von einer Hochzeit nicht ganz nüchtern nach Hause gekommen, hatte er kaum eine halbe Stunde geschlafen, als er von dem Wassermüller und dem Feuerlärm erweckt, sogleich zu Hülfe eilt. Er springt rasch aus dem Bette, aber die Frau will ihn nicht gehen lassen, fleht um Gottes Willen und bringt sogar seine Kleider auf die Seite. Doch sie muß die Kleider herausgeben und mit seiner Axt auf dem Rücken klettert er in den brennenden Thurm bis an 30 Fuß von der Spitze hinauf; hier glaubt er das Feuer zu bezwingen; da ihn aber niemand unterstützt, steigt er tiefer hinab und arbeitet mit seinem Bruder Paul und zweien andern bis er die Thurmspitze durchhauen. Vergeblich bemüht er sich, den obern Bleiboden zu retten, er muß sich darauf beschränken den untern zu schützen; hier krönt der Erfolg seine Anstrengung, obgleich geschmolzenes Blei auf ihn herabträufelt und er oft seinen Kopf unter den heißen Glocken bergen muß und der Boden unter seinen Füßen schmilzt; unverzagt wirft er die herabfallenden Feuerbrände mit den Händen fort und gießt unter fortwährender Arbeit und Gefahr Wasser und Milch unausgesetzt in die Flammen. Er schreibt der Milch stärkere Löschkraft als dem Wasser zu und aus der Stadt und Rödemis wird alle Milch auf den Thurm gebracht. Die Glocke schlug eben eins und mit diesem ihren letzten Schlage sank die Thurmspitze und die Glocke, sie aber glücklicher setzte sich auf die Viertelstundenglocke und blieb erhalten. Mit diesem Fall war der Rest des Thurms und der Kirche gerettet; hätte das Feuer das Holzwerk ergriffen, es wären beide verloren. Noch immer aber stand der Held dieser traurigen Nacht immitten der Flammen, sie wehrend und löschend. Die Thurmspitze war inzwischen auf das Kirchendach gefallen und auch dies begann zu brennen. Doch gelang es mit Feuerhaken und Leitern, vorzüglich aber durch die große Spritze das Feuer zu bändigen. Um drei Uhr glaubte man die Gefahr vorüber, eine Wache auf dem Thurm wurde bestellt nnd mancher von der Arbeit erschöpft, hatte sich zur Ruhe gelegt, als plötzlich abermals die Sturmglocke die erschreckte Bevölkerung zusammenrief. Verborgenes Feuer war in die untern Theile des Thurms gekommen und griff wieder um sich, wurde aber bald gelöscht, als die Kupferbedeckung abgerissen war. Der unerschrockene Zimmermann Hans Otzen hatte viele Blasen an den Händen und zwei Brandwunden von geschmolzenem Blei an dem Halse davon getragen; er und seine Helfer wurden nach Gebühr von dem Magistrat belohnt und belobt. Martin Holmer, der als Augenzeuge diesen Brand uns geschildert, hält dem Ehrenmann eine kräftige Lobrede, er scheint aber mit der demselben gewordenen Belohnung nicht ganz zufrieden gewesen zu sein, indem er die Aeußerung eines anwesenden Holländischen Schiffers anführt: Soude dat wel een Mensch syn, de dar boven in het Füer staet? soude dat in Amsterdam geschehen syn, men soude den Mann **1000** Dahler unde een Ampt geven, dat he sin lewedage soude genoech hebben. Die in dem Knopf befindlichen Papiere und Schriften wurden bei dem Herabfallen der Spitze von dem Pöbel vernichtet und nur die oben erwähnte kupferne Platte gerettet. Erst im Jahre **1731** wurde über dem Gitter ein Verdeck mit einem goldenen Knopf gesetzt von **12** Fuß hoch, in welchem Zustande der Thurm bis zum Abbruch verblieb; er hatte jetzt nur eine Höhe von **252** Fuß *)

Von Reparaturen an den Kirchengebäuden finden wir erwähnt, daß **1656** ein Mauermeister aus Oldensworth das Kirchengewölbe für **80** ℛ︀ reparirt habe; **1705** wurden die Kirchenböden weiter hinausgesetzt und in dieser Veranlassung verfügt, daß, wer Kirchenstände daselbst gehabt und sie sich jetzt nicht von neuem zuschreiben ließe, derselben zu Günsten der Kirche verlustig sein solle. **1713** wurde von dem Kirchenbaumeister Lubbe Hatthiesen der obere Boden der Orgel gestützt, die Kanzel mit grünem Laken neu beschlagen und ein Stundenglas für die Kanzel angeschafft. **1743** wurde dreiviertel einer einfachen Schatzung ausgeschrieben und mußte an die Vorsteher des Prädikantenregisters bei Einsammlung der

*) Laß Fortſ. pag. 103 und eine handschriftliche Bemerkung in meinem Exemplar der Feuerpredigt.

Predigergelder bezahlt werden, wofür die Orgel und die Stadtuhr ausgebessert wurden; ebenfalls wurden zur Ausbesserung der Orgel (1747) 36 ℛ verwandt und 1749 eine neue Kirchenuhr von einem Uhrmacher aus Apenrade für 450 ℛ verfertigt *).

Außer den gewöhnlichen Kirchenständen, die Einzelnen überlassen wurden, konnten sich auch die Einwohner das Recht erwerben, Gestülte in der Kirche selbst zu erbauen und zu verzieren. Hierdurch erwarb freilich die Kirchencasse eine Einnahme, es mögen aber diese Bauten eben nicht zur Verschönerung des Innern beigetragen haben, da sich hiebei eitle Prunksucht in Ueberladung und Schnörkeleien geltend machte, wie der Anblick anderer alten Kirchen zur Genüge zeigt. So erwarb 1703 ein Herr Köpke das Recht, auf eigene Kosten sich einen Kirchenstand einzurichten, doch nicht höher als bis an die oberste Thürangel, wofür er eine jährliche Recognition von 2 ℛ zahlen und sich verpflichtete, daß derselbe bei einem Sterbefall binnen 4 Wochen wieder gefestet werde, widrigenfalls der Stand unentgeltlich der Kirche heim fiel. 1706 erhielten Achatius Hermann, Johann Jensen, Johann Feddersen und Joachim Clausen ebenfalls verschiedene Kirchenstände gegen eine jährliche Recognition von 1 ℛ und ein Festegeld der Kirchenordnung gemäß bei dem Uebergang an Fremde von 3 ℛ und Blutsverwandte von 1 ℛ. Für eine jährliche Abgabe von 2 ℛ erhielt Bürgermeister Ipsen die Erlaubniß sich einen großen Kirchenstuhl zu bauen, der aber von Fremden mit 6 ℛ, von Verwandten mit 3 ℛ gefestet werden mußte. Für die Osewaldschen vier Kirchenstände wurde 1707 eine jährliche Recognition von 2 ℛ und ein Festegeld von resp. 8 und 6 ℛ bestimmt. Die Joverschen Gestühlte zahlten nach einer Bestimmung von 1716 eine jährliche Abgabe von 2 ß, das Festegeld aber in männlicher und weiblicher Linie betrug 6 ℛ. Unter ähnlichen Bedingungen erwarben Peter Jansen, Friedrich Wandmacher (1716) und Harmann eigene Kirchenstände. Mit der Kirche wurden diese Gestülte abgebrochen und die Gerechtsame der Besitzer hinfällig.

An Kunstwerken, Denkmälern, Bildnissen, Epitaphien und andern Gegenständen fanden sich in der Kirche etwa folgende:

Auf der einen Seite des Altars stellt ein Gemälde die Fußwaschung der Jünger und darüber, wie Jesus mit seinen Jüngern das Osterlamm ißt, mit der Umschrift: Legis accompletio und auf der einen Seite: I H S Exoritur benedictione plene lunæ Ecclesia und der andern: Χ Ρ Σ Vergente

*) Laß zu diesen Jahren.

ad occasum Justitiae sole Jesu Christi. Auf der Süderseite des Altars die Ostermahlzeit.

Predigerbildnisse waren:

1. Herrmann Tast. Unterschrift: aetatis 63 mortuus 1552, Reformator und erster evangelischer Prediger.

† 2. Peter Bockelmann, Unterschrift: Ista Petri Bockelmanni imago est. Hanc precor ad formam Christi refringe tuo. Anno Christi. Anno aetatis
1572. suae 68 etc.

Unterschrift:

Umbra Bockelmanni datur hic tibi, conspicienda
Membra cubant infra, Mens tenet astra poli
Quinque fuit lustris in coetu Pastor Husensi
Laus post fata ejus vivida semper erit.

3. M. Johann Hamer. Unterschrift: Praefuit huic Ecclesiae 38 annos, mortuus 1604 aetatis suae 76. Unterschrift: SeptVagInta Vbi seX annos VIXIsset haMerVs arripit aeternI gaVdIa Laeta PatrIs. M. J. H. fecit.

4. Peter Dankwerts nat. 1580, denat. 1652. Minist. 37 Jahr.

5. Johann Meier, Flensb. nat. 1575 denat. 1617. Minist. 15 Jahr.

† 6. Peter Nicolay nat. 1610, denat. 1688, Minist. 36 Jahr.

7. Johann Cröchel, nat. 1578, denat. 1652. Minist. 36 Jahr.

8. M. Johann Cröchel, nat. 1651 denat. 1665. in Ministerio 17 Jahr.

† 9. Peter Sibbersen, nat. 1655, denat. 1691. Minist. 10 Jahr 9 Monate.

† 10. Peter Richardi; oben: Petrus Richardi. Nat. 1639 denat. 1706. unten:

En radiat candor Pietas suada Parentis
In facie quaeris caetera clausa tenet.

† 11. Simon Rechelius. Ueberschrift: Sicut domino placuit factum est. Unterschrift: Simon Rechelius Husumensis Ministerii et Ecclesiae patriae an. 52. an der rechten Seite: in diaconatu an. 5. Natus 1628, links: in archidiaconatu an. 20. obiit 1713, unten: in Pastoratu 27 an. pictus 1689.

† Ueber diesen 11 Bildnissen stand Holmers in Lebensgröße, Ueberschrift: Mag. Martinus Holmer Schlesvici natus anno servatoris 1619 die 26 Maji. obiit aetatis 66. Ministerii et Pastoratus Ecclesiae Husumensis 33 an. Unterschrift: Domine! inferior sum cunctis misericordiis totique illi fidei, quam praestitisti servo tuo. Gen. 32, v. 10.

Im alten Chor über der Erde war das Begräbniß der Familie Wedderkopp mit der Inschrift

D. O. M.

Magnus Wedderkopp serenissimi Cimbrorum Ducis Regnantis Consiliarius intimus et Provincialis Praefectus in Tremsbuttel, Haereditarius in Steinhorst, Tangstede et Sehegarden hoc Monumentum sibi suisque posuit et de non alienando curavit 1701; auf einer großen eisernen Thür des Begräbnisses jedoch die Jahreszahl 1692.

Epitaphien, Gemälde und andere Zierden:

1. die Himmelfahrt Christi sehr schön gemalt. Oben: Ich bin die Auferstehung Joh. XI. Unten: Reverendissimus Illustrissimus Princeps ac Dominus, Dominus Joh. Adolph Postulatus Archi-Episcopus Bremens. et Electus Lub. Haeres Norwegiae Dux Schleswigae et Holsatiae etc. Magnifico Nobili ac Clarrissimo Jcto et negotiis gerendis solerrtissimi ingenii viro Hieronimo Schultz Cancelario suo dignissimo singularis favoris ac clementiae ergo poni curavit, qui cum vixisset 56 die 8. Maji Anno 1591 magno suorum moerore vita pie decessit.

2. ebenfalls die Himmelfahrt mit der Unterschrift: Nobili et Clarissimo V. D. Casparo Hoier, Domino in Hoiersworth, Praefecto Frisiae Eydorensis, quem summus Princeps Dominus Adolphus et illustrissimi F. C. F. ob candidioris animi probitatem, accuratam multiplicium rerum et eruditae doctrinae cognitionem atque Judicii acrimoniam et eloquentiam, secretiorum administrum esse voluerunt, in honorum et laborum cursu, diutina aegritudine oppresso XXII die Nov. 1594 pie defuncto: Anna Wolff in moestissima vidua et haeredes superotites, Marito et Parenti desideratissimo f. f. vixit annuos 54 mens. 3. dies 24.

Gott aber hat den Herrn auferwecket. 1 Corth. VI v. 14.

3. Die Kreuzigung Christi, unten: Anno 1591 den 27 Jan. ist der Ehrbare und vornehme Herr Henricus Beier gewesener Landschreiber in Nordstrandt in dem 31 Jahr hier binnen Husem sehlig in den Herrn entschlafen seines

Alters 64 Jahr und den 31. Jan. in dieser Kirchen im mittelsten Gange ehrlich begraben. Oben: Ich bin die Auferstehung und das Leben, wer u. s. w. Joh. 11. Unten noch: denn so wir glauben, daß Jesus gestorben 1. Thess. 4.

4. Das Begräbniß Christi, außer einigen Bibelsprüchen mit folgender Aufschrift: 1600 d. 29. Dec. entschlief seelig in den Herrn der Ehrbar, weiser Clemens Marquardsen, seines Alters 55 Jahr. Die Tugendsame Margaretha Clemens entschlief in Gott seel. ihres Alters 38 Jahr 1608 d. 28. Sept.

5. Das Höllenbild, von Kennern als ein Meisterstück gerühmt, enthielt die Verse:

O lieber Mensch bedenk die Höll,
Heb an ein neues Leben,
Errette heut noch deine Seel
Gott hat dir Frist gegeben,
Versäumest du die Gnadenzeit
So ist in alle Ewigkeit
Die Hölle dir bereitet.

Ein Engel hält aus der Luft ein Buch in Händen, worin stand: O ewig, ewig ist zu lang, hier glilt fürwahr kein Scherzen; und aus dem Munde eines in der Hölle liegenden Mannes gehen die Worte: Vater Abraham, erbarme dich mein; in einer Ecke: Elias Galli in Hamburg fecit 1705.

6. Ein Epitaphium mit der Inschrift: Christo servatori sacrum memoriae sempiternae Marci Lüderi Trium Serenissimorum Holsatiae Principum Secretarii Conilii et Satrapiae Hus. Praefecti justa inclyti et felicis 84 aetat. An. Husemo 1650 d. 4. Sept. Hora XI vespertina in coelum relati. Hac debiti honoris et amoris monumentum haeredes instituti et substituti poni curaverunt 1651.

7. Die Auferstehung Christi.

Schaw Leser alhie begraben sein
Der Gottselgen Christe Gebein
Berend von Münste und siner Frouwen 1592
Magareth dieselben hier rhouen 1582
Mit Anna ehrer Tochter zwar 1592
Everdt Recke vermählet wahr.
Sie rouhwen in Gottes Gnaden Schoß
Haben Friedt und Freudt unzählig groß

(2 Verse unleserlich.)

8. ein Gemälde des jüngsten Gerichts mit der Unterschrift: Gott zu Ehren und dieser Kirchen zur Zierrath hat Frau Anna Cröchels Wittwe, geborne Hansens dieses Gemälde setzen lassen im Jahr Christi 1725.

9. ein Postament, worauf der Heiland den Tod und Teufel unter die Füße tritt, auf dessen Fuß stand:

Joannes Ocksen sculptur et archidecht dell Arte Nobylissima in Amore e fatto queste opera vel Cyese Queste paese per memorya Ocke Lorenzen gewesener Bürgermeister dieser Gemeine gestorben 1617 seines Alter 58 Jahr. Maryna Ockens gestorben im gebührlichen Alter 1621. Magaretha Clasen eine Schwester Marina gestorben 1618 ihres Alters 72 Jahr. Gott erwecke alle Christglobige Seelen aus dem Dodt zum ewigen Leben. Amen.

10. Ein Epitaphium mit der Dreieinigkeit als ein ausgezeichnetes Malerwerk anerkannt. Aufschrift: Anno Domini 1573 d. 10. Juny is de Achtbare und wohlgelarde Conradus Wiege dem Herrn entschlafen sines Olders 57 Jahr. Unten die Verse:

Magaris haec caro posuit monumenta marito
  Unicus Henricus, filius atque patri
Hildeshemiae, cui Milvor stirps lumina vitae
  Hicque locum tribuit sacra quietis humus.
Nomine Conradus non Tantum re quoque talis
  Sed fuit, egregia mente fideque simul
Hausto Leucoreae pueris bis quinque per annos
  Danorum Regi profuit, huicque loco
Undenis binos lustris ubi junxerat annos.
  Mortuus est, vivit cui pius ac moritur
O mors, haec vita melior reparatio vitae est
  Perpetuae in Domino. Mors morere ergo pie.

11. Die Kreuzigung Christi:

Anno domini 1592 d. 14. Julii ist der Ehrbare und Wohlgelahrte Matthias Paysen allhier zu Husum und deren Harden im 27. Jahr gewesenen Fürstl. Hardesvagt in Christo seeligst entschlafen seines Alters im 72 Jahr, dem Gott gnädig sei. 1613 d. 12. Martz ist die Ehrbare und tugendsahme Catharina seel. Matthias Paysen's nahgelassene Wittwe in Gott dem Herrn gleichfalls entschlafen. D. G. G. S.

12. Die Geburt Christi, worunter:

Een Kind is uns gebahren
Een Sohn is uns gegeven
Dat wy nicht worden verlahren
Dadurch wy ewig leven.

Darüber die Kreuzigung Christi mit: Ick bin de Auferstehung. Joh. 11. und dann:

1602 heft Peter Pohnsen und sine Hußfruwen Catharina dit Epitaphium vor sick vnd erer beiden seeligen Oeldern als Hans Pohnsen und sine Hußfruwen Anna: Peter Bartscher und sine Hußfruwen Wefrucke thom Ehren setten laten, der Seelen in Gott rouwen. Anno 1606 d. 8. Jan. starb der Ehrbahre Peter Pohnsen D. G. G. S.; auf der einen Seite: Wilkem Plump starb 1617 den 22 Jan. im Alter 67 Jahr; darunter: ao. 1603 Peter Pohnsen heft dit laten setten; auf der andern Seite hascht der Tod eine muntere Jungfrau, hiebei:

Quam miser omnis homo muliebri sanguine natus
  Quam breve curriculum, quam breve tempus habet,
Vita, quid est aliud quam praesens Nuncia Mortis
  Terra quid ejusdem proh dolor? aegra domus
Certa manet quaevis et ineluctabilis hora.
  Sed latet. Extremam quamlibet esse puta.
Est ipsae sortis memor. O homo dirige facta
  Sic tua, ne Coelum mors tibi praecipiat.

wobei eine unleserliche deutsche Uebersetzung.

13. die Auferweckung Lazarus mit der Unterschrift: dem Ehrbahren Jens Topiesen der den 1. Novbr. 1642 seelig in Gott verschieden und allhier begraben setzet seine hinterlassene Wittwe Dorothea Jensens diese Grabschrift zur freundlicher und schuldiger Gedächtnüsse 1642. Sie ist gestorben 1669 ihres Alters 98 Jahr.

14. Das merkwürdigste und vorzüglichste aber war das Petersche oder Petraische Epitaphium. Es wurde in einer hölzernen Schranke aufbewahrt, der mit 2 Thüren versehen, worauf die 12 Aposteln in Lebensgröße mit beigefügten Namen gemalt. Es ist 1617 von dem Steinbildhauer Gebhard Tileken zu Boitzenburg verfertigt und in demselben Jahre in der Kirche aufgehängt und von schwarzem und weißem Marmor. Ganz oben steht:

Peter Nickelsen
Elsabe Olders Eheleute und Eltern
Nicolai Petraeus der heil. Schrift Doctor und des Ratzeburgischen Stiftes Generalsuperintendent.
Simon Petersen gewesener Rathsverwandter, Fähndrich und Bürger dieser Stadt.
P. Petersen Rathsverwandter und Bürger dieser Stadt
Anno Christi 1625.

An hohen Festtagen und wenn eine Leiche aus der Familie

begraben wurde, ward dasselbe geöffnet und präsentirten sich alsdann mit dem marmornen Epitaphium verschiedene schöne Bilder, so: ein brennendes Herz auf einem Altar, welches drei Brüder anfassen: 1625 tres fratres Germani, Nicolaus Simon et Petrus, Sed cor unum fraterno amore ardens. Der Leser wird mit den Worten angeredet: Viator subsiste, ut te alloquar. Hoc monumentum violabit arrodetque solus impius. Pius vero laudata filii in parentes, fratris in fratrem pietate integrum intaminatum tanqum consecratum relinquet et conservabit. Tu si impius es poenas justas et graves quomodo effugies. Si pius: o te felicem beatumque! hinc mortalitatis tuae memor. Deum vero porro constanter venerare et abi. Auf der einen Seite steht der Vater mit 5 Söhnen, auf der andern die Mutter mit 5 Töchter: Pater cum V Filiis et Mater cum V Filiabus, zur Linken: Deo omni potenti aeterno Trino et uni S. Petro Nickelsen an. aetatis 79 et Elisabeth Olders an. 59 aetatis, conjugibus parentis suis desideratis optime de se meritis et Simoni Petersen, Fratri suo dilect. quondam Signifero et Senatori (an. aetat.) hujus oppidi placide et beate in domino Jesu cui soli se in vita sua devoverant defunctis et in hoc templo ad fores meridionales orientem spectantes sub communi lapide sepulchrali magnae matris gremio impositis in eoque quiescentibus et gloriosam resurrectionem ad vitam aeternam opperientibus, Filius et Frater Nicolaus Petraeus. S. S. Theolog. et Philosoph. Doctor et Episcopatus Ratzeburgens. Superintend. General. lapideum hoc monumentum non moris sed memoriae eorum apud Posteros conservandae et pietatis, gratitudinis. affectionisque suae publice declarandae ergo J. L. H. S. anno aerae Christianae 1617 L. M. Q. P. S. E. erigendum curavit. Auf der rechten Seite das Verzeichniß der Familie:

Petrus Pater nat. 1524 die Cathar. mortuus 1603. d. 3. Febr. Elisabetha mater nat. 1531 denat. 1590. d. 7. April. liberi Decem.

Magaretha nat. 1559. mort. 1563.

Anna nat. 1561. mort. 1567.

Catharina nat. 1562. denat. 1597 d. 5. Octb. sine liberis.

Jngeburga nat. 1565. maritus Bern. Num. mort. 1593 d. 21. October liberi 3. Anna Naamannus, Petrus.

Nicolaus nat. 1569 d. 10. Septb. Conj. Cathar. Wincken Rostochi. 1594 ducta, mort. 1637. d. 5. Jan. P. P. Theol. Doct. ibidem 1600. d. 31. Aug. creatus, mort. d. 7 Jan. 1641.

Simon nat. 1571 d. 10 Nobr. mort. 1613 d. 7 Dec. Conj. Anna Andersen Tondereus. ducta 1606, mort. 1615. d. 14. Mart. liberi V Petrus, Elisab. Agatha, Andreas, Catharina.

Anna nat. d. 9. Jan. 1573 maritus Hay Lutzen, mort. 1638 d. 11. Dec. lib. XI. Detleff, Elisabeth, Elisab. Lütger, Jngeb., Jngeborg, Peter Jngeborg, Conrad, Broder, Anna.

Petrus nat. 1576 d. 8. Jan. Conj. Anna Lovedanz, dueta 1606. mort. 1616. Filia unica Elisabeth

Conrad nat. 1578. mort. 1582.

Johann nat. 1579. mort. 1582.

15. Ein altes Gemälde vom jüngsten Gericht war besonders wegen der alten Kleidertrachten merkwürdig mit der Inschrift:

Kamt her gi gesegenden mines Vaters ervet dat rike dat juw beredet is van anbegin der Welt und

Gath weg van mi gi vorflockeden in dat ewige
fuir dat bereded is den düvel und sine engel.

Nah bei dem Höllenbilde hing noch ein Gemälde mit der Inschrift: *)

Epitaphium admodum ingeniosi pueri Marci
eruditione et virtute ornatissimi Viri Georgii Nicolay
Filioli, miseranda morte interempti
Est tribus his Marcus jam fratribus additus alter
Quem puerum incautum proh dolor unda tulit
Unum vixlustrum moriens absolverat adhuc,
Et vicit multos tunc pietate senes
De puero semper pueri fuit hujus Jhesu
Sermo dedit miros ore subinde sonos
Vix dici credi postest (mihi cognita scribo)
Indolis huic dederat qualia dona Deus.
Eheu tam cito quod viuos excesserit olim
Eximius multis unde fuisset honor
At quia nemo postest debetque resistere fatis
Mors propera et tristis Marce ferenda tua est
Ut puero in terra delectaris Jhesu
Sic delectatur te super ille polum.

17. An den schon erzählten Mord **) erinnerte ein Epitaphium aus Sandstein mit dem Gleichniß von dem barmherzigen Samariter und der Inschrift:

---

*) Pontop. Marmora Danica II pag. 45 erwähnt von alten Denkmälern der hiesigen Kirche nur dieses.

**) Gesch. pag. 139.

ao. 1587 den 21 Debr. Is Dirck Vaget, Bürger van Bremen mit sinem Dener in Hollingsteder Holte jemmerlick ermordet, welke allhier begraben liggen. Gott verlene sy ene frölicke operstandinge.

In der Kirche vor dem Altar befand sich das Begräbniß und der Leichenstein des ersten Reformators Hermann Tast, so wie des berühmten Casper Dankwerth. Auf ersterm war eine Hand ausgehauen, welche aus hagelndem Himmel nach einem aus der Erde aufsteigenden Dunst und Rauch greift; die Inschrift war: Anno Domini 1551 den 11 Dag May starf de würdige Herr Hermann Tast Karckherr in Husem sines Olders in dem 61 Jahr. *) Neben diesem waren die Gebeine des sehr verdienten Hauptpredigers M. Johan Melchior Krafft auf seinen Wunsch gebettet. Dessen Leichenstein enthielt die Worte: M. S. Cinerem prope Hermanni Tastii Husumens. Patrii Sacelli Reformatores composto heic sunt die XXX Jul. An. M.D.CC.L.I ossa M. Johannis Melchioris Kraftii qui Wetzlariensis Extraneus tot inter alia Eccclesiae Husumensis inde ab Reformationis incunabulis restauravit Memoriam. Seine Nachkommen, Kinder und Kindeskinder ließen durch den berühmten Maler Reimers in Rendsburg ein Bildniß in Lebensgröße verfertigen und im December 1725 im Chor der Kirche aufstellen. † Ueber dem Bildnisse stehen ein Löwe, eine Taube und eine Schlange; auf der linken Seite des vergoldeten Rahmens von Bildhauerarbeit: Ohne Falsch wie die Tauben; unten: Effigiem Parentis Desideratissimi Tanquam intermoriturae nunquam pietatis μνημοσυνον P. C. Liberi et Nepotes aeternam obstrictissimi und bei dem Bildnisse: M. J. Melchior Krafft geb. An. 1673 den 11ten Jun. Compastor in Süderstapel 1698 Pastor zu Sandesneben 1706, Archidiaconus in Husum 1709, Hauptpastor und Inspector 1712, Consistorialrath 1736 Gestorben 1751 den 22. Juli. Alt 78 Jahr.

Ueber dem Altar hingen noch eine alte Fahnenstange, ein Degen und ein Paar Handschuhe, von denen es unbekannt ist, woher sie stammen. Außerdem soll noch das im Gasthause aufbewahrte Bild des Ritters St. Jürgen in voller Rüstung im Kampf mit dem Drachen, eine Bildhauerarbeit, aus der Kirche stammen; dies scheint zweifelhaft und möchte eher dem Gasthause, als einem dem St. Jürgen geweihten Stifte gehört

---

*) Laß, Fortſ. 2te pag. 9.

haben; es wurde dies im Anfang der dreiziger Jahre nach Kopenhagen gebracht. *)

Im Jahre **1807** wurde der Beschluß ausgeführt, die alte Kirche nebst dem Thurm abzubrechen; es mag als eine müßige Frage auf sich beruhen, ob die Baufälligkeit wirklich so groß gewesen, daß die Zerstörung dieses ehrwürdigen Gebäudes nothwendig, der Abbruch kostete Mühe und Arbeit genug und das Mauerwerk leistete kräftigen Widerstand; aber ernsten Tadel verdient die unverantwortliche Weise, wie die Kirchensachen verschleudert und zerstreut worden. Es ist schon bemerkt, daß Brüggemann's berühmtes Altarblatt nur durch einen Zufall gerettet wurde, und der Lüdersche Taufstein nebst einigen Altarkelchen und Kronleuchtern sind wohl die einzelnen Ueberbleibsel einer ältern Pracht, welche in die neue Kirche gekommen. Die kostbare Orgel, die schöne Kanzel sind zertrümmert, Denkmäler, Epitaphien und Gemälde theils zerstört, theils in die Hände von Privaten auf dem Wege der Versteigerung gekommen und gehen, wenn und wo sie erhalten, in den Rumpelkammern ihrem Untergange entgegen; nur einzelne Bildnisse der Prediger sind im Gasthause erhalten **), aber nicht Hermann Tast, welches spurlos verschwunden, so wie die ehrwürdigen Leichensteine, welche die Gräber berühmter Namen deckten; sie wurden für wenige Marken verkauft und zu profanen Baulichkeiten verwendet, wo vielleicht unter den Füßen eines Stallknechtes die letzten Spuren sich verwischen. Möchten da, wo sich im Verborgenen noch Reste namentlich der werthvollern Gemälde gerettet haben, wenigstens diese der Nachwelt erhalten werden.

*) Hus. Wochenblatt 1832, Nr. 4.

**) Es sind die mit einem † früher bezeichneten.

Anhang II.

Das Gasthaus oder St. Jürgenstift.

Der Heilige Georg, der Legende nach in Capadocien geboren, ein eifriger Heidenbekehrer und Besieger des Drachens, stand in der ganzen Christenheit als Patron und Schutzherr der Armen, Kranken und Unterdrückten in Ruf. Ihm waren deshalb alle Hospitäler und Armenhäuser geweiht und auch im Norden wird nicht leicht ein einigermaaßen bedeutender Ort getroffen werden, wo er nicht unter dem Namen St. Jürgen als Patron einer solchen milden Stiftung erscheint. So finden wir auch bei Husum schon verhältnißmäßig früh ein dem St. Jürgen geweihtes Armen- und Krankenhaus, welches auch wohl wie sonst zur Beherbergung der Reisenden diente. Aus einer vom Könige Christian I. am Mittwochen nach Himmelfahrt 1465 ausgestellten Urkunde *) ersehen wir, daß das St. Jürgenstift hier schon zu Herzog Adolf VIII. Zeiten, also jedenfalls schon in der Mitte des 15. Jahrhunderts vorhanden war. In derselben erklärt der König, daß er aus besonderer Gunst und Gnade, um seine und seiner Nachkommen Seligkeit willen alle zu St. Jürgen binnen Husum gehörigen Güter von aller jährlichen Rente und Unpflicht freigiebt, wie sie sein Oheim Adolf früher freigegeben. Als solche werden bezeichnet, die Güter, Häuser, Wohnungen und Kohlhöfe nebst Zubehör süden der St. Jürgens Kirche bis zur Aue, westen bis zur Querstraße und norden bis zum gemeinen Heerweg. Die Lage dieser Grundstücke läßt sich hiernach ziemlich genau bestimmen; es sind die Gründe und Wohnungen in der Süderstraße mit den sogenannten Lammer- oder Klosterfennen an der Aue, welche südlich von dem Gasthause liegen, die westlich von demselben belegenen Grund-

*) Beilage I, № 10.

stücke nebst dem Kirchhofe nach dem Plan*) hin, im Norden von der gemeinen Heerstraße, dem jetzigen Osterende begrenzt. Hiebei ist vorauszusetzen, daß diese Gegend damals nicht so bebaut war, wie sie jetzt ist, sondern aus einzelnen Häusern und Wohnungen bestand, wie denn überall die St. Jürgenstifte ursprünglich immer am Ende oder außerhalb der Stadt lagen, vorzüglich wohl um bei der häufigen Aufnahme der Aussätzigen die Ansteckung zu verhindern. Die Einkünfte dieser Güter sind zur Behausung und Unterhaltung von Priestern, Armen, Lahmen, Preßhaften und Kranken bestimmt. Weil die Priester für diese Messe lesen und ihnen die Sacramente austheilen mußten, waren diese Stifte gewöhnlich mit einer Capelle verbunden, die hier schon bedeutend gewesen sein muß, weil sie in der Urkunde eine Kirche genannt wird. Das Vermögen der Stiftung wurde durch Schenkungen und Seelengaben von Fürstlichen Personen und Privaten bald vermehrt**). So verwandte König Friedrich **I. 1526** die Einkünfte der von ihm selbst gestifteten Capelle zum heiligen Kreuze, deren Einkünfte zu ihrer Unterhaltung nicht ausreichten, dem Stifte zu***) und nachdem er schon als Herzog **1518** alle ertheilten Privilegien und Freiheiten bestätigt hatte, gab er nach der Einführung der Reformation **1527** die Lehnware der Stiftsvicarie freiwillig und aus Gnaden auf, indem er den Vorstehern das Recht verlieh dort zu jeder Zeit einen evangelischen Geistlichen anzustellen, der predigen und den Armen der ganzen Gemeinde die Sacramente austheilen sollte.****) Und hat das Stift auch jetzt noch einen Prädikanten, welcher Sonntagmittag den Insassen eine Predigt der Kirche halten soll.

Als nun fast im ersten Anfang der Reformation die grauen Brüder ihr Kloster verliefen, schenkte der König dieses mit Ausnahme des langen Hauses und Chors, welches die Fürsten vielleicht bei ihrer öftern Anwesenheit als Wohnung

---

*) Laß pag. 30 nennt hier neben dem Plan die Spiekerbarstraße; der Name ist jetzt verschwunden und habe ich von den ältesten Leuten keinen Aufschluß über dieselbe erhalten können. Sie muß in der Nähe des Plans gewesen sein.

**) Nach einer alten Notiz hatte das Stift seit 1488 ein Capital von 45 ℔ mit 3 ℔ Rente in einem Hause, welches später Jürgen Barm gehörte. Der Name des ursprünglichen Schuldners ist unleserlich. Dies ist wohl die älteste Nachricht von Capitalausständen.

***) Gesch. pag. 52.

****) Gesch. pag. 66. Beilage I, № 39.

benutzen mochten, der Gemeinde zum Unterhalt und zur Behausung der Armen. In Folge dieser Schenkung wurde nun das St. Jürgenstift mit dem Kloster verbunden; vielleicht ging ersteres an dem früheren Platze, wo die Wohnungen sehr verfallen waren, zur Zeit ganz ein oder wurde zur Aufnahme nicht zum Stifte gehöriger Armen benutzt, bis wegen des Schloßbaus (1573) es wieder nach dem frühern Platze zurückverlegt und dort neu aufgebaut wurde. Für die Vereinigung beider Anstalten spricht, daß unter dem Namen des Gasthauses, welche Bezeichnung auch noch jetzt geblieben, oder Hospitals nur eine Stiftung vorkommt und außer den Gasthausvorstehern ein Vorstand des St. Jürgenstiftes nicht genannt wird. Da indessen sich bald ergab, daß die Einkünfte zur Unterhaltung der 26 Armen, die aus dem St. Jürgenstifte übersiedelt waren, nicht ausreichten, beliebten die Rechensmänner, Kirchgeschwornen und ganze Gemeinde eine Gasthausordnung, wohl die erste, jedenfalls die älteste bekannte, die König Friedrich I. 1528, der in demselben Jahr 4 Demat Land des Stiftes von Deichen und Dämmen frei erklärte, bestätigte.*) Aus dieser Urkunde geht hervor, daß nicht allein Arme in diese Anstalt unentgeltlich aufgenommen wurden, sondern auch vermögende Leute sich in dieselbe einkaufen konnten, ja daß auf diesen Einkauf bei dem Ueberschlag der Einkünfte gerechnet wurde, denn es wird in der Einleitung hervorgehoben, daß unter den 26 Insassen kaum vier wären, die ihre Stellen redlichermaaßen gekauft haben. Diese Einkäufe waren später nicht selten und werden solche im Gegensatz zu den Armen Prövener, Präbendare genannt.

Nach dieser Ordnung sollen nur solche Arme aufgenommen werden, die in ihren jüngern Jahren in dem Orte sich redlich ernährt, Steuern und Abgaben getragen, durch Alter und Unglück in Armuth gerathen**), weshalb sie ein Zeugniß von ihren Amtleuten, Gilden, Quartiersmännern oder Nachbaren beizubringen haben. Behuf der Aufnahme sollen sie, einerlei ob Männer oder Frauen, Sonntags nach der Predigt, alswann die Vorsteher im Gasthause versammelt sind, mit zwei von den zwölf Quartiersmännern und zehn frommen, ehrlichen

---

*) Beil. II, № 1.

**) Ein noch in der Lade befindlicher Bericht des Consistorialraths Meyer an den Superintendenten Struensee von 1764 unter dem Titel: „historische Nachricht" bemerkt, daß auch damals statutenmäßig und herkömmlich nur Bürger und Bürgerfrauen, welche der Stadt Lasten getragen, aufgenommen werden konnten und ist dies im Allgemeinen wohl immer beobachtet.

Leuten*) erscheinen, damit diese ihre Armuth und ihren Lebenswandel bezeugen. Leichtsinnige Verschwender sind, wenn sie verarmen, nicht aufzunehmen, damit solche sich nicht auf diese Unterstützung verlassen und in ihrem schlechten Betragen bestärkt werden; doch ist ihnen aus christlicher Liebe in anderm Wege nothdürftig zu helfen. An allen Sonn- und Festtagen wird zur passenden Zeit eine Predigt im Gasthause gehalten, daß auch andere fromme Leute sich dort versammeln und zur Mildthätigkeit gegen die Armen ermahnt werden. Fremde Bettler jeder Art sind im Bleke nicht zu dulden; die Ortsarmen aber, welche entweder in dem Gasthause keine Aufnahme finden können oder sich mit Bitten an den Häusern behelfen wollen, können von den Vorstehern auf das Zeugniß guter Leute ein Bettelzeichen erhalten; einem Bettler ohne dies Zeichen darf kein Einwohner etwas geben und haben darüber die Quartiersleute zu wachen, daß diese angezeigt und mit Zuthun des Vogten ausgewiesen oder bestraft werden. Alle Freitage oder sonst an einem passenden Tage jeder Woche, gehen zwei Einwohner von Haus zu Haus und bitten Brod, Fleisch, Fisch und was sonst jeder geben will; desgleichen werden auch bei den Schrangen und Fischlauben Almosen gesammelt und was so zusammengebracht ist, wird dem Gastmeister überantwortet und ohne Widerspruch Alles für das Gasthaus verwandt.

Die Armen sind um Gotteswillen aufzunehmen, die Prövener aber sollen nach ihrer Gesundheit und ihrem Alter den Unterhalt bezahlen, weil, will man die Armen ernähren, die Reichen geben müssen. Die Kosten ihres Unterhalts sollen die Prövener jedenfalls decken, wegen der Wohnung können die Vorsteher billig und brüderlich sich mit ihnen vereinbaren; sie essen mit dem Gastmeister an einem Tische und erhalten täglich zwei gute Mahlzeiten, doch kann auch eine Uebereinkunft dahin getroffen werden, daß die Kost ihnen in ihre Wohnung gebracht wird und bestimmen sich im Allgemeinen ihre Ansprüche nach ihrem Contract, Prövenerbrief. In Krankheitsfällen sind sie auf jede Weise zu unterstützen, auch die, welche eigene Wohnungen haben und sowohl mit leiblicher als geistlicher Hülfe und Handreichung zu trösten. Alte, ehrbare, fremde oder einheimische, können sich eine Präbende kaufen und wollen sie dann das Gasthaus nicht beziehen, ist ihnen der Kaufpreis, der aber nach ihrem Tode an die Stiftung fällt, nach Brief und Siegel zu verzinsen; desgleichen

*) Diese Zahl der Gewährsmänner erinnert an den Zwölfmanneneid.

steht es auch Jedem frei, sich eine eigene Wohnung nach Bequemlichkeit zu bauen, die aber nach seinem Tode an das Gasthaus fällt; übrigens genießt er, falls er sie nicht bezieht, während seines Lebens die Miethe, jedoch hat der Miether nicht die dem Präbendare zustehende Freiheit von Abgaben und Schatzungen, sondern von seinem Betrieb gleich andern Einwohnern zu steuern. Der Nachlaß der Präbendare und Armen und was durch Testament und Schenkung an das Gasthaus kommt, soll jedoch mit dem Willen der Erben und nach Landrecht bei demselben verbleiben; liegende Gründe aber kann das Gasthaus durch Pfand und Käuf nur mit Bewilligung des Königs erwerben.

Die Wahl der vier Vorsteher steht unter Aufsicht des Landesherrn und Hardesvogten, den Kirchgeschwornen, den Rechensleuten, den zwölf Gemeindebevollmächtigten, Quartiersleuten, und acht dazu geforderten Mitglieder der Aemter *) zu und sind die Erwählten durch einen Eid auf diese Artikeln zu verpflichten. Die Vorsteher, welche sich bei ihrer Seligkeit verbindlich machen, Niemand um Gunst, Gaben oder Freundschaft in das Gasthaus aufzunehmen, haben alljährlich zu Weihnachten oder Neujahr vor ihren genannten Wählern Rechnung abzulegen, sowie Auskunft über den Bestand der Anstalt und ihre Bewohner zu geben und können an ihre Stelle nach Gelegenheit neue gewählt werden; sie sollen angesessene, verständige, fromme Leute sein und haben sich in wichtigen Fällen mit den beiden Vorstehern der Armenkiste, dem Hardesvogten und Rechensleuten zu berathen. Den Vorstehern steht auch die Wahl des Gast- oder Speisemeisters, der unter ihrer Aufsicht steht, dem sie heten und verbeden können, zu; dieser soll von gutem Ruf und der Landwirthschaft kundig sein, leitet die sämmtlichen häuslichen Angelegenheiten, namentlich den Feldbau, überwacht Küche und Keller, sorgt für die Speisung der Präbendare und hält das Gesinde, dessen Annahme und Entlassung ihm zusteht, in Ordnung, mit einem Worte, verwaltet die ganze Oekonomie des Hauses.

Entweder in Folge dieser neuen Ordnung oder auch anderer Umstände müssen sich die Einnahmen sehr bald ansehnlich verbessert haben, denn das dem Kalande von der Königin Dorothea **1488** geschenkte Capital von **1100** ℔, welches Friedrich **I. 1529** dem Gasthause überwiesen hatte, übrigens noch vorläufig in dem Besitz der lebenden Kalandsbrüder blieb, wurde von König Christian **III. 1533** zur Gründung

*) Unter diesen acht Mitgliedern der Zünfte sind die Aelterleute der vier Aemter wohl zu verstehen. Anh. IV.

der Schule verwandt unter dem ausdrücklichen Hinzufügen, daß die Einnahme des Gasthauses sich ziemlich verbessert habe *). Dagegen überließ dieser König demselben das von seinem Vater vorbehaltene lange Haus nebst Chor vom Reventer bis an den Wall, und behielt von den Gründen des grauen Klosters nur den Baumgarten **) (1537); desgleichen waren in den angezogenen Urkunden der Stiftung die Einkünfte der bereits verstorbenen Vicarie zugesichert; durch den Vergleich von 1542 ***) aber wurden die der noch lebenden katholischen Priester der Kirche und den Kirchendienern überlassen, wieder aus dem Grunde, weil das Gasthaus schon gute Einnahmen hatte. Außerdem ist schon in der vorhergehenden Geschichte bemerkt, daß die Vorsteher die Hälfte des Ziegelhofes 1561 erwarben und an der Wahl des Hauptpredigers Theil nahmen.

Bei der Uebersiedelung der Präbendare aus dem alten St. Jürgenstift, wo sich, wie gezeigt, von jeher eine Capelle befand, nach dem grauen Kloster, wurde dieses wohl ganz zur Aufnahme der Armen eingerichtet und auch die Kirche der Mönche zu Wohnungen verwandt. Da nun die meisten Insassen wegen Schwäche und Alter die entfernte St. Jürgenskapelle zu ihrer Erbauung nicht benutzen konnten, scheint es zur Abhaltung des Gottesdienstes an Raum gefehlt zu haben; wenigstens kann dieser Grund zum Theil den Umstand erklären, nach welchem beabsichtigt wurde, bei dem jetzigen Gasthause eine Kirche zu bauen. Welche Bewandniß es nun auch hiemit haben mag, die Thatsache steht unbezweifelt fest. In der bereits angezogenen historischen Nachricht, die freilich sonst sehr dürftig, erzählt der Consistorialrath Meyer, daß dieser Plan vorgelegen und er aus den Rechnungen ersehen, es sei zu diesem Zweck 1563 ****) eine öffentliche Sammlung in den Fürstenthümern veranstaltet, welche 616 ℳ 6 ß eingetragen. Aus dem Bau ist freilich nichts geworden, derselbe wahrscheinlich gar nicht begonnnen, wohl aus dem Grunde, weil schon wenige Jahre später Herzog Adolf an der Stelle des Gasthauses das Schloß zu erbauen beabsichtigte und deshalb die Stiftung wieder nach dem St. Jürgensplatz verlegte und daselbst das jetzige Gebäude zugleich mit einer Kirche neu aufbauen ließ.

---

*) Gesch. pag. 48, 49. Beil. I, № 24—27.

**) Beil. II, № 2.

***) Gesch. pag. 67, Beil. I, № 41.

****) Diese alte Rechnung habe ich nicht auffinden können; die vorhandenen gehen nur bis 1589 zurück.

Nemlich bereits im Jahre **1571** begann Herzog Adolf Vorbereitungen zur Erbauung des hiesigen Schlosses zu treffen und weil er dazu den Platz des frühern grauen Klosters ausersehen, wurde es nöthig, die ganze Anstalt zu verlegen. Damit nun die bisherigen Bewohner des Gasthauses anderweitig eine passende Wohnung erhielten, ließ er die alten verfallenen Armenhäuser im Osten des St. Jürgenkirchhofes nebst einem dabei belegenen und zu diesem Zweck angekauften Bürgerhause niederreißen und aus dem Material der abgebrochenen Klostergebäude ein neues Gasthaus, das jetzige, früher sogenannte lange oder weiße Haus erbauen. Es kam also die Stiftung wieder auf denselben Platz zurück, von wo sie ausgegangen war, auf den Grund des alten St. Jürgenstiftes. Es wird angemerkt, daß der fürstliche Hardesschreiber Eler Lobedanz, späteres Rathsmitglied, den Bauleuten wöchentlich ihren Lohn ausgezahlt.*) Officiell blieb der Anstalt der Name des Gasthauses, auch wohl Hospitals, St. Jürgen; in der Volkssprache wird es auch jetzt noch das Kloster genannt, entweder weil es aus dem Material des alten Klosters erbaut wurde oder weil man diesen Namen von den Klostergebäuden, in denen sich die Stiftung inzwischen befand, auf dieselbe übertragen hatte. Dieser Name des Klosters hat übrigens zur irrigen Annahme zweier Klöster hieselbst Veranlassung gegeben.**)

Die Einkünfte des Gasthauses bestanden hauptsächlich aus den im Lauf der Zeit gemachten Schenkungen und Vermächtnissen von Ländereien und Capitalien, die im Lauf der Zeit zu einem bedeutenden Vermögen angewachsen sind. Insbesondere zeigte sich die Gemahlin Johan Adolfs, die Herzogin Augusta, der Anstalt gewogen, denn sie schenkte derselben unterm **27**. Januar **1612** die Summe von **500** Species unter der Bedingung, daß zwei von ihr bestimmte Präbendare Aufnahme fänden und der jedesmalige Stadtsecretair zur Nachsicht der Rechnungen zugelassen würde, welches Recht sonst nur dem Hauptprediger zustand. Zwei Jahre später, den **11**. Februar **1614**, gab sie eine gleiche Summe, wodurch sie das Recht erwarb, eine oder zwei andere Präbendare an die Stelle der verstorbenen aufnehmen zu lassen.***) Dies Vorrecht ist später auf den jedesmaligen Amtmann übergegangen, dem es zusteht, die zwei erledigten Stellen nach eigener Wahl zu besetzen ohne dabei an die statutarisch erfor-

---

*) Laß pag. 64, Anh. V.

**) Vergl. Anh. III.

***) Laß pag. 85, 2. Fortsetzung pag. 23, Note.

derlichen Bedingungen für die Aufnahme gebunden zu sein. Andere, welche sich durch nicht unbedeutende Schenkungen und Vermächtnisse, verdient gemacht haben, sind der Bürgermeister Luth, Rathsverwandter Thomas Zimmermann, Bürgermeister Titus Axen, Amtsinspector Marcus Lüders, der Superintendent Peträus in Ratzeburg, Rathsverwandter Peter Petersen, Johann Hecklau, Goldschmidt Wicke, Rathsverwandter Lauterbach, der Statthalter Markgraf Friedrich Ernst von Brandenburg, Martin Holmers Wittwe, Bürgermeister Schnell, die Hollander, Thomas Thiele in Heide u. s. w. Eine andere nicht unbedeutende Einnahme war der Preis, um welche sich Einzelne entweder ganz in das Gasthaus einkauften oder nur das Recht erwarben, aus demselben ganz oder theilweise verpflegt zu werden, indem sie außerhalb wohnten. Dies Einkaufen scheint in der neuern Zeit in Abgang gekommen zu sein. Schon im vorigen Jahrhundert hörte der Unterschied zwischen den Prövenern, die mit dem Gastmeister an einem Tisch speisten, und den Armen, die für sich aßen, auf.

Einzelne Legate sind für ganz specielle Zwecke bestimmt, z. B. zu Strümpfen für die Alten von Lauterbach, für gewisse Mahlzeiten an einzelnen Tagen als Rinderbraten an Mariä Verkündigung, Himmelfahrt und auf Michaelis von Langheim, Zimmermann, Vollig, Bürgermeister, für Schweinsbraten am Ostertage von Luth, Lämmerbraten zu Pfingsten von Lauterbach und Gänsebraten zu Weihnachten, welche Gerichte noch jetzt gegeben werden.

Andere Einnahmen waren der Nachlaß verstorbener Präbendare, die Ueberschüsse aus der Wirthschaft, in älterer Zeit die gesammelten Gelder und Victualien, das Beckengeld und für Begräbnisse auf dem St. Jürgenskirchhofe, Miethe für die bei der Stiftung befindlichen Kutsche, für Ausleihen von Bratgeräthen, Kesseln, Grapen, Leuchter und andere Utensilien an Private zu Hochzeiten und Festlichkeiten. Auch kommen viele kleine Pöste als ewige Erdhäuer unter den ältern Einnahmen vor, die von dem sogenannten Rebellengeld an das Gasthaus auf die eine oder andere Weise gefallen sein mögen und zur Erklärung der Reduction desselben dienen könnten.

In früherer Zeit wurden von dem Gasthause die Ländereien zum eigenen landwirthschaftlichen Betriebe benutzt, das Geestland zum Ackerbau, die Marschländereien zum Heugewinn und zum Gräsen, nur einzelnes vermiethet; deshalb wurden Knechte und Mädchen für die Wirthschaft gehalten, mit der eine Brauerei für den eigenen Bedarf verbunden war. Die Erzeugnisse des Ackerbaues wurden zum Unterhalt der Insassen verwandt, das Ueberflüssige verkauft. Indessen kam man schon früh zu der Ueberzeugung, daß der eigene Betrieb, insbesondere als die Stelle des Speisemeisters einging und einer der Vorsteher, der nicht im Gasthaus wohnte, dies Amt jährlich verwaltete, nicht sehr vortheilhaft und im Ganzen ein besserer Ertrag erzielt werden könnte, wenn die Ländereien vermiethet würden. Nach alten archivalischen Nachrichten wurde von **1676 — 81** letzteres versucht, aber, obgleich nach Ausweis einer vergleichenden Uebersicht der Einnahme der verschiedenen Jahre sich ein günstiges Resultat herausstellte, wurde doch der Feldbau wieder begonnen und kam erst gegen die Mitte des vorigen Jahrhunderts in Abgang. Aus der Feldwirthschaft schreibt es sich her, daß die Prediger und Kirchenbediente Deputate an Talg, Butter u. s. w. erhielten, welche Abgabe freilich später in Geld verwandelt.

Dem Gasthause stand auch das alleinige Recht auf die Fischerei in der Aue an der Lammersenne zu, soweit letztere der Stiftung gehörte und sich die Stadtjurisdiction erstreckte. Diese muß damals ziemlich bedeutend gewesen sein, hauptsächlich in Betreff des Aalfanges und wurde durch Eingriffe Dritter beeinträchtigt. Auf den Antrag des Speisemeisters Lorenz Mumsen entschied der Herzog Friedrich **III.** am **4.** März **1445**, daß bei Strafe keiner dort fischen dürfe, als allein der Speisemeister. So lange das Gasthaus selbst den Feldbau betrieb, wurde der Ertrag der Fischerei wohl für die Haushaltung verbraucht, später jährlich verpachtet; im Jahr **1748** kostete der Aalfang noch **6** ℛ jährlich, **1779** nur **1** ℛ **8** ß und ging mit dem Ende des vorigen Jahrhunderts, weil er einen immer geringern Ertrag gab, ganz ein.

Die großen Zerstörungen, welche im **17.** Jahrhundert die Fluthen wiederholt in den Marschen anrichteten, führten allgemein eine große Höhe der Deichslasten herbei; für das Jahr **1642** waren diese außer den Hand- und Spanndiensten auf vier Reichsthaler das Demat gestiegen, eine enorme Höhe nach den damaligen Verhältnissen *); durch ein herzogliches Schreiben vom **19.** April desselben Jahres **) wird übrigens das Gasthaus für seine **18** Demat im Padelecker Koege von dieser Abgabe befreit, so wie von der vielleicht noch drückenderen Cautionsleistung und in Betreff der Fuhren nur so viel

*) 1629 brachte die ganze Lammersenne an Häuer nur 25 ℛ ein; das Demat Marschland im Padelecker Kog galt 9 ℛ an Miethe.

**) Beil. II, № 3,

von demselben verlangt, als ohne Versäumung des Ackerbau's geleistet werden könne.

Nach allen Berichten gab sich in diesem Jahrhundert ein großer Hang zu Ueppigkeiten im Essen und Trinken kund und waren Schmäuse und Zechgelage an der Tagesordnung, namentlich wurde bei den Zusammenkünften der Gemeindevorsteher ein verschwenderischer Aufwand getrieben, der nicht immer aus dem eigenen Seckel, sondern aus der Gemeindecasse bestritten wurde.*) Der Magistrat suchte diesem Einhalt zu thun und verfügte **1669**, daß die Vorsteher jeden Registers ohne ihre Frauen nur auf eine Mahlzeit zusammenkommen dürften, welche nur aus einem Schinken, Braten, Fisch nebst Suppe, Austern und Krebsen**) bestehen, nicht aber luxuriöse, ausländische Confitüren und Früchte aufgetischt werden sollten. Die angedrohte Strafe von **4** ℛ︁ℱ für Uebertretung scheint nicht viel geholfen- zu haben, denn schon **1676** mußte das Verbot wiederholt und die Strafe auf **10** ℛ︁ℱ erhöht werden.

Im Jahre **1709** machte das Gasthaus einen bedeutenden Erwerb von Marschländereien, indem es von dem überschuldeten Bürger Knud Schmidt drei Fennen in der Südermarsch, die große und kleine Deichstrenge und Voßhövet am Haikebüllerwege, zusammen **23** Dem. **3** S. **5** R. **3** F., à Demat **500** ℋ, für **11,761** ℋ **8** ß kaufte. Damals müssen die Vermögensumstände sehr günstig gewesen sein; einige Jahre später litten diese, wie die des ganzen Landes durch die Kriegsunruhen, noch mehr durch die gewissenlose Wirthschaft des Grafen Görtz unter der vormundschaftlichen Regierung, da dieser alle Beamtenstellen verkaufte und verpachtete und die Unterthanen durch hohe Abgaben ruinirte. Wie es scheint, blieben in den Jahren **1711**, **1712** und ferner die Kirchen- und Gasthausländereien einigermaaßen verschont***), doch litt auch das Gasthausvermögen bedeutend, wodurch der damalige Speisemeister Casimir Ingwersen bewogen wurde, die Speisung abzuschaffen und statt dessen jedem Prövener **1** ℋ wöchentlich an baarem Gelde zu geben, jedoch dauerte diese Neuerung nur vom **6**. März bis zum **30**. Septbr. **1713**. Durch die etwas spätern Fluthen ging der ganze Padelecker

---

*) Ein nicht erfreuliches Beispiel in Anh. VII.

**) Auster waren damals sehr billig, 500 kosteten damals hier 1 ℋ 8 ß; doch beklagt schon Laß pag. 128, daß sie zu seiner Zeit selten und theuer wären. Unter Krebsen sind hier die Purren, Kraut, Garnelen (Crongon vulgaris) zu verstehen, die in der Hever reichlich gefangen werden.

***) Beil. II, № 4.

Koeg zu Grunde, womit zugleich das Gasthaus die 18 Demat Land verlor. Es wird geklagt, daß in Folge dieser Fluthen 1721 die Einnahmen 1200 ℔ weniger, die Deichlasten allein dagegen 900 ℔ betrugen.

Nach der Fundationsacte und altem Herkommen stand den Vorstehern die Verwaltung allein zu, so wie das Recht über die Aufnahme zu bestimmen, nur war der Speisemeister verpflichtet, auf der Klosterrechnung genaue Rechenschaft zu geben und hatte der Magistrat nur eine Art Inspection durch eins der Rathsglieder. Es scheint nun der Rath mehrfach Eingriffe in die freie und selbstständige Verwaltung versucht zu haben, jedoch fand das Gasthaus bei den höhern Behörden den gebührenden Schutz. In einem Fall besonders wurden die Vorsteher zu einem langen und von beiden Seiten nicht ohne Animosität geführten Prozeß gegen den Magistrat gezwungen, der zu des letztern Nachtheil endete. Nach den im Archiv befindlichen Acten war der Fall folgender. Die Verwandten eines hiesigen Uhrmachers Pesenickel in Amsterdam ließen mit den Vorstehern um seine und seiner Frau Aufnahme in das Gasthaus handeln und boten zum Einkauf 800 ℔; der Speisemeister Lobbe Hatthießen machte hievon dem damaligen Inspector Michael Jowers die gehörige Anzeige, dieser meinte aber in Uebereinstimmung mit Hatthießen, daß die Summe zu gering und wohl 1200, wenigstens 1000 ℔ gegeben werden müßten. Inzwischen war große Ebbe in der Stadtcasse und diese nicht im Stande wegen sonstiger großen Lasten 900 ℔ herstellig zu machen, welche zur Auslösung eines zu Algier in Gefangenschaft gerathenen Husumers gesammelt, bei der Stadt deponirt und nun in Amsterdam ausbezahlt werden sollten, wo der Gefangene angekommen. Um diese zu decken, schloß der Magistrat ohne Wissen der Vorsteher mit den Amsterdamer Verwandten den Contract auf 800 ℔ für die Aufnahme der Pesenickels ab, wieß diese zur Deckung der 900 ℔ an, verlangte nun die Aufnahme Pesenickels und seiner Frau in das Gasthaus, verweigerte aber hauptsächlich aus dem Grunde des Geldmangels die Zahlung der 800 ℔ an den Speisemeister. Andererseits weigerte sich nun dieser in Uebereinstimmung mit den übrigen Vorstehern den Pesenickel aufzunehmen, weshalb der Magistrat Hatthießen einen Befehl unter Androhung von 40 ℔ Brüche beilegte und bei fortgesetzter Weigerung ihn durch einen Nachtwächter auspfänden ließ. Als Vorstellungen an den Magistrat gegen dies den Statuten und dem Herkommen widersprechende Verfahren nichts fruchteten, wandten die Vorsteher sich an das Obergericht auf Gottorf, von welchem unterm 3. Juli 1720 entschieden wurde, daß die Vorsteher bei ihren Rechten dem Herkommen gemäß zu belassen, namentlich diejenigen, welche in das Gasthaus aufgenommen zu werden wünschten, an sie zu verweisen wären, der Magistrat auch schuldig, dem Speisemeister die abgepfändeten Sachen ohne Entgelt zurückzugeben und die Kosten zu erstatten. Nachdem von dem Magistrat die Sache weiter fortgesetzt war, wurde ihm durch ein Erkenntniß vom **15.** Febr. **1721** *) bei **200** ℛ Brüche und unter Androhung militairischer Execution befohlen, die **800** ℳ an den Speisemeister nebst Zinsen auszuzahlen, wie auch die Kosten zu erstatten. Aus diesen Prozeßacten geht übrigens der klägliche Zustand der städtischen Finanzen klar hervor. Glücklicherweise scheint man sich während dieses Prozesses des Pesenickels und seiner Frau erbarmt und sie aufgenommen zu haben, denn schon in der Rechnung von **1720** finden beide sich unter den Präbendaren verzeichnet.

Die allgemeine Verordnung vom **10.** Octbr. **1738** mit der Declaration vom **3.** Juli **1739** verfügte, daß der Nachlaß Verarmter, welche in ein Armenhaus aufgenommen, ganz oder theilweise von dem Armenwesen unterhalten waren, dem letztern zufallen sollte, jedoch blieb es den Erben vorbehalten, die Verlassenschaft zu sich zu nehmen, wenn sie die aufgewandten Kosten ersetzten. Durch diese Verordnung wurden aber die hergebrachten Rechte der Hospitäler und Präbendenhäuser nicht berührt und blieb somit dem Gasthause das Recht an dem Nachlaß seiner Insassen, wie es in den alten Urkunden bestimmt war und bis jetzt geblieben ist, ohne daß die Erben solchen ansprechen können.

Wenn Laß zum Jahre **1750** bemerkt, der König Friedrich V. habe sich dem Gasthause gnädig gezeigt und **400** ℛ zum Geschenk gemacht, so ist dies nicht richtig. Dieser König verfügte nur durch eine Resolution vom **23.** Juni **1750** **), daß dem Gasthause eine Vergütung von **400** ℛ von den Finanzen ausbezahlt werden solle, welche das Kriegswesen seit länger wegen gelagerten Magazinkorns schuldig geworden, verwies aber in Betreff des Anspruchs wegen der zur Aufbewahrung von Fourage benutzten Ställe an den Magistrat, bestimmte dabei für die Zukunft, daß das Magazinkorn gegen eine Abgabe von einem Schilling für jede Tonne auf dem Gasthausboden gelagert werden, dagegen aber der Boden in Ordnung gehalten werden solle.

---

*) Beil. II № 5, 6.

**) Laß Forts. pag. 238, Beil. II, № 7.

Zu den Einnahmen gehörte auch der Ertrag des Klingbeutels in der Klosterkirche, während das bei dem Gottesdienste in der Hauptkirche gesammelte Geld in die Armencasse fiel. Als nun der Pastor Stresow **1753** die Einrichtung traf, mit den Präbendaren und Kindern in der Gasthauskirche Sonntags zwischen **2** und **3** Uhr Katechisationen zu halten, welche vielen Beifall fanden und den Besuch der Nachmittagspredigt in der Hauptkirche schmälerten, fanden die Armenvorsteher Veranlassung, wegen der Einbuße des Klingbeutels Beschwerde zu führen. Das Oberconsistorium wies indessen die Beschwerdeführer ab, indem es diese Einrichtung für heilsam und nützlich erachtete, obgleich freilich sonst Veränderungen im Gottesdienst nicht ohne allerhöchste Genehmigung eingeführt werden durften.

Bis zum Jahre **1759** wurde den Präbendaren Bier, Grütze, Heering und andere Kleinigkeiten geliefert; weil hiemit aber Mißbrauch getrieben und die Sachen außerhalb des Hauses verkauft wurden, ward nun diese Naturalleistung in Geld verwandelt, welches wöchentlich zur Befriedigung der kleinen Bedürfnisse, wie noch jetzt, an die Insassen ausbezahlt ward. Außerdem erhalten diese bei freier Wohnung und Feuerung nebst warmem Wasser aus der Küche eine sehr gute Mittagsmahlzeit an einem gemeinschaftlichen Tisch und steht es ihnen frei, was sie von ihrer Portion übrig lassen, mit auf ihr Zimmer zu nehmen und nach Belieben zu genießen. Die Anzahl der Präbendare wechselt nach den Umständen; die geringste scheint **11**, die größte **38** gewesen zu sein.

Zu bemerken möchte noch sein, daß wie jetzt das Gasthaus von seinen Ueberschüssen jährlich eine Summe an das Armenwesen abgiebt, es auf eigene Kosten **1763** die Frei- und Nebenschule erbauen ließ, welcher Bau nach darüber geführter Rechnung **1849** ℔ **10** ß kostete.

Wie schon in der Geschichte mehremal bemerkt, wurde schon in der ältesten Zeit, das Gasthaus, damals wohl in Ermangelung eines sonstigen passenden Ortes, zu den Versammlungen der Commünevorsteher benutzt, daher schreibt sich der Gebrauch der sogenannten Klosterrechnung, die auch jetzt noch und herkömmlich am ersten Montage nach heil. drei Könige im Gasthause gehalten wird. Es versammeln sich dann dort die Vorsteher der Register und legen über ihre Verwaltung im verflossenen Jahre Rechnung ab und zwar in Anwesenheit des Probsten als Hauptpredigers, des Bürgermeisters und Stadtsecretairs und des Kämmerers; nach geschehener Revision wird dann Quittung ertheilt. Zugleich werden hier Beschlüsse über die Kirchen-, Schulen-, Armen- und Gasthausangelegenheiten gefaßt und die Neuwahlen für die angehenden Vorsteher, deren Dienstzeit regelmäßig vier Jahr ist, vorgenommen; nach einer alten Sitte wird dem Neugewählten die Wahl durch den Kämmereidiener am ersten Abend angezeigt, welcher bei dieser Gelegenheit mit einem alterthümlichen Leuchter oder Laterne, die bereits dreihundert Jahr alt sein soll und nur zu diesem Zweck benutzt wird, versehen ist. Die Bewirthung während der beiden Rechnungstage (Montag und Dienstag), der dritte, der Mittwochen, ist vor ungefähr dreißig Jahren abgeschafft, hat der Speisemeister, de. im verflossenen Jahr fungirte und erhält er dafür eine wohl nicht ausreichende Vergütung. — Die Gasthauskirche wird außerdem zu einer Wochenpredigt in der Fastenzeit benutzt.

Anhang III.

Das Minoritenkloster.

Die Angaben über das Gründungsjahr dieses sogenannten grauen Klosters sind bei den Schriftstellern sehr verschieden und schwanken zwischen einem Zeitraum von reichlich drittehalbhundert Jahren. Laß *) setzt die Ankunft der Bettelmönche hier am Ort und den Beginn des Klosterbaues in das Jahr **1494** und ist diese Jahreszahl wohl die allein richtige, mit welcher mehrere der Zeit ziemlich nahe stehende Schriftsteller übereinstimmen **) oder nur um ein Jahr **1495** abweichen. Nach dem Cypräus wäre freilich das Kloster sehr alt und schon im Jahre **1232** von einem Bischof Eilbert auf Fühnen gegründet ***); dieser Angabe folgt Christiani, übrigens dabei mit sich selbst in einen auffallenden Widerspruch gerathend, indem er an einer andern Stelle freilich auch irrthümlich behauptet, es werde Husum zum erstenmal um das Jahr **1380** genannt. ****) Andere setzen die Jahre **1332**, **1432** und Laß sogar **1532**, Zahlen, die wohl nur auf einem Druck- oder Schreibfehler beruhen, indem dabei das Cypräische Jahr vor Augen schwebte; Peter Sax und Pontoppidan nehmen gleichfalls ohne urkundliche Begründung die runde Zahl **1400** an †). Die Angabe des Cypräus aber hat indessen nicht den geringsten historischen Boden und stellt sich auf den ersten Blick als unglaublich und unwahrscheinlich dar. Die Bettelmönche siedelten sich überall gerne an volkreichen Orten an und Husum war **1232** gewiß noch ein sehr unbedeutender Ort. Dann

---

*) pag. 35.

**) Alardus und Russe bei Westp. Mom. I. pag. 1861 und IV. pag. 1456, Krafft pag. 293.

***) Cypr. Annal. pag. 239 mit dem Laß pag. 65 not. übereinstimmt, in dem er seine frühere richtige Angabe außer Acht läßt.

****) Christiani IV., 327. N. Gesch. I. pag. 392. 412.

†) Heimreich I., pag. 352. Pontoppidan II., pag. 261. West. Mom. I., pag. 1373, IV. 1437. — Laß pag. 65.

ist nicht abzusehen, wie ein Bischof von Fühnen im dreizehnten Jahrhundert sollte dazu gekommen sein, in Nordfriesland ein Kloster zu gründen, wo überall Klöster und Mönche keinen Boden gefunden und wo die Friesen damals steinerne oder gar befestigte Gebäude weder in ihrer Mitte noch in ihrer Nähe duldeten. Dann muß hervorgehoben werden, daß es um diese Zeit keinen Bischof Eilbert auf Fühnen gab; der einzige Bischof dieses Namens soll in der letzten Hälfte des **11**ten Jahrhunderts gelebt haben, indeß beruht seine Existenz in der Geschichte auf der sehr berühmten, aber auch sehr dunkeln Stelle bei Adam von Bremen und können ums Jahr **1068** hier noch keine Minoriten gewesen sein. *) Ferner schweigen alle Quellen über dies Kloster in früherer Zeit, während doch gerade die Mönchsannalen der andern Klöster erwähnen und auch hier gewiß Veranlassung gewesen wäre, es neben dem unbedeutenden St. Jürgenstift oder sonst zu nennen. Wird die Gründung des Klosters kurz vor der Reformation **1494** angenommen, so erklärt sich das Schweigen der Quellen von selbst und ebenso der Umstand, daß wir fast von keiner einzigen Schenkung etwas wissen, außer daß Wilhelm Stracke demselben und der Vicarie zum Rosenkranz ein Haus vermachte, welches Herzog Friedrich **1507** von den grauen Brüdern und Kirchenvorstehern für **219** ℔ kaufte und dafür **14** ℔ **2** ß jährlicher Rente überließ **); desgleichen wird es nicht auffällig, wenn wir keine Spur von Besitzungen und Gründeigenthum des Klosters finden. Da schon **1522** die Reformation hier Wurzel faßte und die grauen Mönche, die sich außerdem der Volksgunst nicht erfreuten, schon **1527** das Kloster verließen, so war ihnen wenig Zeit gelassen, reiche Erwerbungen zu machen. Daher sind auch die Einkünfte des Klosters so gering, daß, als es in ein Armenhaus verwandelt war, sie nach der Reformation nicht einmal zu dem Unterhalt von **26** Armen ausreichten ***). Wenn von den sogenannten Lammer- oder Klosterfennen vermuthet ist, daß sie wohl Besitzungen des Klosters gewesen sein könnten ****), so beruht diese Vermuthung auf einer falschen Voraussetzung, denn diese Fennen gehörten schon zu Herzog Adolfs von

*) Pontoppidan Kirchengesch. I. pag. 136. Adam Bremens. De situ c. 210.

**) Beil. I., № 30.

***) Vergl. Gasthaus, Anh. II.

****) Kuß im Staatsb. Mag. 7, pag. 569.

Holsteins Zeiten dem St. Jürgen Stift *) und erhielten den Namen nur, weil das Stift nach dem Neubau aus den Materialien des grauen Klosters im Munde des Volkes Kloster schlechtweg genannt wurde **). Für die Richtigkeit der Jahreszahl **1494**, glaube ich, spricht mit Bestimmtheit das Siegel des Klosters ***); dieses stellt nemlich den heiligen Franziskus auf einem Bischofsstuhl sitzend dar, vor ihm stehend die Mutter Gottes mit dem Kindlein und hatte die Umschrift: **S. Conventus Husum. Fratr. Minor. de observant. An. Dom VI. XII.** an fundat. huj. Conventus. Dieses läßt sich kaum anders erklären, als daß das Siegel im **6**ten Jahr (des sechszehnten Jahrhunderts) angeschafft und zwar im **12**ten Jahre der Gründung des Convents, welches dann die Zahl **1494** als das Gründungsjahr ergiebt.

Von der Geschichte des Klosters während des kurzen Zeitraum seines Bestehens wissen wir nur, daß im Jahr **1505**, der Provinzialvicar Laurentius, Johannis Sohn, als er das Kloster zu Ripen reformirt hatte, hier ein feierliches Capitel abgehalten. ****) An dem Kloster ging nur zu schnell die Prophezeiung des ersten Priors in Erfüllung, daß hier, wo fromme Mönche beteten und sangen, bald leichtfertige Hofleute ihr Wesen treiben würden, denn wie schon früher bemerkt, bereits **1527** fanden sich die Mönche bis auf ein oder zwei geborne Husumer veranlaßt, aus dem Kloster heimlich davon zu schleichen. Da trotz der Reformation die andern katholischen Geistlichen hier ruhig bis an ihren Tod im Besitz ihrer Pfründen blieben, läßt sich vermuthen, daß die grauen Mönche Grund zu fürchten hatten, es werde sich ihr Loos nicht so günstig, wie das der Weltgeistlichen gestalten.

Dies Kloster, welches ungefähr denselben Platz einnahm, worauf jetzt das Schloß steht, lag vom Süden nach Norden und hatte den Garten, in dem sich noch Spuren von Fischteichen finden, den jetzigen Schloßgarten im Norden und Osten. Der Eingang, vor dem ein Kreuz aufgerichtet, war in dem südlichen Giebel, in dessen oberster Schulder †) eine Glocke hing, die zur Kirche und zur Messe läutetete. Gleich

---

*) Beil. 1, № 10.

**) Anhang II.

***) Laß pag. 65 not.; besser Heimreich bei **Westph. pag.** 1491.

****) Langenbeck **V**, **pag.** 523.

†) Schulder, wohl die durchbrochene Spitze des vordern Giebels; ähnlich wie in dem vordern Giebel des jetzigen Gasthauses, wo eine gleiche Einrichtung für eine Glocke befindlich.

rechts von dem Eingange befand sich die Wohnung des Priors, die Dekanei, dann folgten die Zellen der Mönche an beiden Seiten und ferner die Kirche in der ganzen Breite des Gebäudes. Norden der Kirche war der Reventer nach Osten; das Rĕfectorium nach Westen; aus diesem führte es an einem Brunnen vorbei nach der Küche. Westlich von dem Hauptgebäude lag der Kirchhof und daran einige Wirthsschftsgebäude, die sich bis an die Neustadt erstreckten. Die späteren Schicksale des Klostergebäudes finden bei dem Schlosse und dem Gasthause ihren Platz *).

Wenn sonst noch bei einigen Schriftstellern z. B. Pontoppidan und Heinrich Rantzau **) von einem Dominikanerkloster zu Husum gesprochen wird oder wenigstens von zweien Klöstern, so beruht dies auf einem Irrthum, denn es findet sich davon nicht die geringste Spur. Dieser Irrthum erklärt sich wohl daher, daß es in späterer Zeit eine bekannte Sache war, daß das graue Kloster des Schloßbaus wegen abgebrochen war; seitdem aber wurde, wie schon bemerkt, das St. Jürgen Stift gemeinhin, wie noch jetzt, das Kloster genannt; für einen mit den Verhältnissen Fremden lag es nun ziemlich nahe, zur Erklärung des letztern Namens zu einem zweiten Kloster seine Zuflucht zu nehmen, was um so leichter war, als auch hier ursprünglich eine geistliche Wohlthätigkeitsanstalt vorhanden.

*) Anh. II. und V.
**) Pontoppidan K. G. I., pag. 642. Westph. Mon. I., pag. 56.

Anhang IV.

Die Zünfte.

Die Entstehung der Städte beruhte hauptsächlich auf die Niederlassung von Handel- und Gewerbtreibenden an einem gelegenen Ort und ist in der vorhergehenden Geschichte gezeigt, daß dieses auch bei Husum der Fall war. So finden wir denn auch hier lange vor Ertheilung des Weichbildes (1582) eine Anzahl Kaufleute und Handwerker, zum Theil wenigstens schon dem Geiste und der Sitte der Zeit gemäß zu Zünften oder Gilden vereinigt, welche nicht ohne Einfluß auf die Communalangelegenheiten waren, wenn sie auch den Verhältnissen nach nie ein solches Gewicht gewannen, wie in den großen deutscheu Städten, wo sie in Opposition gegen den Rath und die Aristokratie nicht selten Unruhen erregten, die Verfassungen erschütterten oder veränderten. Das älteste historische Zeugniß von Gewerben in Husum giebt das Privilegium Christian I. 1465 *), welches ausdrücklich Krämer, Bäcker, Brauer und andre Handwerker nennt und diese der Aufsicht des Buvogten und Rathes unterordnet, ohne jedoch der eigentlichen Zünfte Erwähnung zu thun. Desgleichen beweisen die bei dem unglücklichen Jahr 1472 angeführten Confiscationen und Bestrafungen, daß die Anzahl der Handwerker keine geringe war, denn es werden Schmiede, Kleinschmiede, Goldschmiede, Gläser, Bäcker, Kanngießer u. s. w. genannt **). Daß diese Handwerker sich damals schon zu Gilden vereinigt hatten, möchte im Allgemeinen kaum zu bezweifeln sein, denn diese Vereinigungen waren zeitgemäß, doch wurden wahrscheinlich bei dem Umfange, in welchem der Ort in Folge der Rebellion bestraft ward, die etwanigen Artikel und Privilegien aufgehoben und vernichtet, möglich aber auch, daß diese erst

*) Gesch. pag. 32, Beil. I., № 11.

**) Gesch. pag. 43, Beil. I., № 13. 17.

eben nach und nach entstandenen Zünfte der Zeit nach überall eine landesherrliche Bestätigung ihrer Verbindungen nicht nachgesucht hatten. Indessen finden sich funfzig Jahr später unbestreitbare Beweise von Zünften, die schon mit großer Strenge eifersüchtig über ihre Rechte wachten und das Eintreten in ihre Genossenschaft erschwerten, wie aus dem Briefe Friedrich I. von 1526 *) erhellt, in welchem der König aus merklichen und beweglichen Ursachen verfügt, daß die Handwerker, welche sich im Bleke setzen, von allen Amts- und Gildekosten frei sein, jedoch die herrschaftlichen und Commüneabgaben nachbarsgleich tragen sollen. Nichtsdestoweniger erhielt sich der Zunftzwang und in der Polizeiordnung von 1582 (Th. 2 tit. 1) wurden den Zünften und namentlich den vier Aemtern mit ausdrücklichem Bezug auf die königliche Urkunde von 1526 ihre hergebrachten Rechte bestätigt. Insbesondere diese vier Aemter scheinen an der Verwaltung der Communalangelegenheiten Theil genommen zu haben, wenigstens wird den acht Aelterleuten ein Berathungsrecht in Gasthaussachen zugestanden, wie bei dieser Stiftung erwähnt. Bei dem damals noch nicht durchgebildeten Zustande des Gemeinwesens vor der Einführung des Weichbildes war der Einfluß der Zünfte als geschlossene und geordnete Glieder desselben gewiß ein unabweislicher und so werden neben den Vorstehern ausdrücklich auch die Handwerker genannt, welche um das Weichbild bitten. **) Ebenfalls sahen wir die Böttcher schon 1552 gewissermaaßen freilich innerhalb der Grenzen ihres Gewerkes mit einer polizeilichen Aufsicht über die Verfertigung und das richtige Maaß der Tonnen betraut ***). Als indessen das Weichbild und nachher das Stadtrecht in Wirksamkeit trat und in Folge davon die städtische Administration in eine geregelte Ordnung kam, mußte der zufällige Einfluß der Zünfte zurücktreten und konnte sich von da an ihre Thätigkeit nur auf die eigenen Angelegenheiten erstrecken. Wie dies denn in der Natur der Sache liegt, benutzten sie ihre Gerechtsame mehr zum eigenen Vortheil als zum Besten der Gemeinde. Daher werden aus dem Ende des 16ten und Anfang des 17ten Jahrhunderts häufige Klagen laut über das unbillige ungerechte Verfahren der Handwerker, die nur zu oft die billigeren und besseren, aber unzünftigen Gewerbsleuten böhnhasten

---

*) Gesch. pag. 60, Beil. I., № 36.

**) Gesch. pag. 102.

***) Gesch. pag. 77.

d. h. ihnen die Arbeit und das Handwerkszeug nahmen, wobei nicht immer die Schranken des Gesetzes innegehalten wurden. Desgleichen werden viele Beschwerden geführt über schlechte, vertheuerte und verzögerte Arbeit, so wie darüber, daß sie Arbeiten annahmen, dann dieselben aus nichtigen Gründen liegen ließen und die Arbeitgeber in große Verlegenheit brachten, um so mehr als die Zunftgenossen in Folge getroffener Vereinbarungen innerhalb der Zunft die Uebernahme der angefangenen Arbeiten verweigerten und sie an den ersten Annehmer zurückwiesen. Eine merkwürdige Klage über das Verfahren und den Uebermuth der Handwerker fanden sogar die Hofjunker und Diener des Gottorffer Hofes 1615 bei dem Herzog zu erheben sich veranlaßt.*) Die desfalls in die Amtsrollen aufgenommenen Bestimmungen waren hiegegen nicht ausreichend und wurden wohl selten strenge gehandhabt. Diesem Unwesen, diesen Mißbräuchen ein Ziel zu setzen, wurde der Herzog Johan Adolf bewogen durch eine Constitution vm 21sten August 1615 die Amtsgerechtigkeiten aufzuheben und sämmtliche Aemter in dem herzoglichen Theil frei zu geben**). Hiebei lag es nun in der Natur der Sache, daß einestheils diese urplötzliche Freigebung aller Gewerbe zu Unzuträglichkeiten, gewissermaaßen zu Ungerechtigkeiten führen mußte, andrerseits die in ihren Rechten verletzten Zünfte aber alles aufboten, um diesen Schritt rückgängig zu machen. Obgleich der Herzog Friedrich auf das Gesuch der vier Aemter um Wiedereinführung der Zunftgerechtsame noch unterm 2ten Novbr. 1620 entschied, daß jeder, der Zeugnisse über seine eheliche Geburt und sein gutes Verhalten, sowie auch einen Lehrbrief oder sonstige Bescheinigung, daß er das Handwerk erlernt, beibrächte und das Bürgerrecht erwerbe, sein Gewerbe ungehindert an jedem Orte gleich andern Meistern betreiben könnte ***), so wurden doch bald nachher, nemlich in den dreißigen Jahren, die Aemter wieder eingeführt und ihnen ihre Amtsrollen in etwas veränderter Form bestätigt, unter der ausdrücklichen Bemerkung, daß die gegebene Freiheit zu allerlei Confusionen und Ungelegenheiten Anlaß gegeben. Insofern nun in der neuern Zeit die Zünfte der allgemeinen Gesetzgebung unterworfen, hat die Geschichte derselben in Husum

---

*) Staatsb. Mag., Bd. 10. pag. 230.

**) Beil. II., № 8. Falcks Salmmlüngen, Band 3, pag. 378. Laß hat sie gekannt, aber nicht aufgeführt; sie findet sich in der handschriftlichen Sammlung von Jovers.

***) Beil. II., № 9.

kein specielles Interesse und würde in eine allgemeine geschichtliche Darstellung der Zunftverhältnisse gehören, sowie denn die Streitigkeiten mit den Landhandwerkern und über die Bannmeile in der spätern Geschichte der Stadt ihren Platz finden müssen, da sie die städtischen Gerechtsame Husums überhaupt betreffen. Indem ich mich nun zu den einzelnen Zünften, aus denen das Merkwürdigste der ältern Zeit hervorzuheben ist, wende, will ich hier nur noch bemerken, daß die allgemeine Constitution wegen Niederlassung der Handwerker, die das Bürgerrecht gewonnen, speciell für Husum unterm 8ten Oct. 1708 *) eingeschärft wurde, nichtsdestoweniger aber die Zünfte bis in die Gegenwart sich behauptet haben und ihre Artikel von dem jedesmaligen Landesherrn im Allgemeinen bestätigt sind.

Die vereinigten vier Aemter **) der Schumacher, Schneider, Schmiede und Bäcker gehörten, wenn sie nicht überall die ältesten waren, unbezweifelt zu denselben. Sie existirten nemlich nach der Polizeiordnung schon 1526 und sind die ältesten Artikel aus dem Jahre 1561, die aber auf frühere hinweisen, welche von dem König Christian III. schon bestätigt waren ***). Nach dem Inhalt dieser muß ein Gesell, der Meister werden will, ein Jahr gewandert und zwei Jahr im Orte gearbeitet haben, dann dreimal das Amt eschen, nemlich 14 Tage nach Ostern, Johannis und Michaelis; fernere Bedingungen sind freie eheliche Geburt, guter Ruf, Lehrbrief und Bürgerrecht; auch die Frau soll von freiem Stande, nicht leibeigen sein. Dann hat er sein Meisterstück zu machen, wie es heißt, dem Werkmeister seine Hand zu beweisen. Bei der Aufnahme erlegt er 4 ℔ an die Herrschaft, an die Gemeine, die Armen und das Amt je 3 ℔, außerdem eine Tonne Bier; ein auswärtiger Meister hat dasselbe zu leisten; der Meisterssohn giebt außer der Tonne Bier gar nichts, wer eines Meisters Tochter oder eine Wittwe heirathet, die Hälfte. Dann folgen Bestimmungen über das Verhalten der Meister und Gesellen; darnach soll der Gesell, wenn er von einem Meister angenommen ist oder den Weinkaufpfennig empfangen hat, bei dem Meister aushalten, sonst darf er am Orte nicht mehr in Arbeit genommen werden; kein Meister darf dem andern seine Gesellen abspannen, wer dawider handelt wird nach der Amtsbeliebung

*) Beil. II., № 10.

**) Die einzelnen Zünfte vereinigten sich oft zu einem großen Amte, so in Schleswig die Knochenhauer, Bäcker, Schuster und Gerber.

***) Beil. II., № 11.

gebrücht und von dem Amtmann oder Hardesvogt gestraft; die Meister sollen unsträfliche Arbeit liefern, wogegen die Rechensleute und Gemeindevorsteher zugestehen, daß unzünftige Handwerker nicht in den Häusern der Einwohner den Amtsmeistern zum Verfange arbeiten bei Brüche einer Tonne Bier und 15 ß an die Herrschaft; setzt sich ein solcher Gesell oder Handwerker muthwillig gegen diese Ordnung, wird er in das Stockhaus gebracht, mit 40 ß Brüche und sonst, wie recht, bestraft; ein Bürger oder Einwohner, der solche heimliche Handwerker für Geld arbeiten läßt, verfällt ebenfalls in eine Brüche von 15 ß und setzt er sich muthwillig dagegen von 40 ß. Jedes Amt hält zu Ostern und Michaelis Morgensprache, an welcher der Hardesvogt und einer der Rechensleute als Morgensprachsherrn *) Theil nehmen und in welchem alle Streitigkeiten der Zunftgenossen, Meister nnd Gesellen geschlichtet oder schließlich jedoch unter Vorbehalt der herrschaftlichen Hoheit, Gerechtigkeit und Brüchen entschieden werden. Die Aelterleute und dieser Rechensmann haben darauf zu achten, daß alle Bestimmungen der Artikeln gehalten und Niemand wider dieselben verkürzt wird bei Brüche von einem Gulden an die Herrschaft und an die Armen. So wie übrigens dem Amtmann, dem Hardesvogten und der Gemeinde das Recht reservirt wird, diese Artikel zu ändern, zu vermindern und zu vermehren, so behält sich der Herzog in der Bestätigung ebenfalls nicht allein dieses Recht vor, sondern auch dieselben nach Befindung der Umstände ganz aufzuheben. Im Allgemeinen haben die Rollen der übrigen Aemter einen gleichen Inhalt und wird im Folgenden nur das Abweichende angeführt.

Zum Vortheil der Schuster, zu denen auch die Pantoffelmacher gehören, darf Niemand als sie Schuhzeug von geschmiertem Leder feil haben; kommt dieser Fall vor, so wird dasselbe von der Obrigkeit mit Recht confiscirt zu Gunsten der Armen, doch ist ein Fremder billig erst vorher von dem Aeltermann zu warnen; wer dann muthwillig dagegen handelt, zahlt außerdem 15 ß Brüche und wird dem Rechte nach bestraft; dagegen sind die Schuster verpflichtet sowohl für Erwachsene als für Kinder Schuhe zu machen und zu flicken. Weil durch der Fremden Aufkauf Häute und Felle, damit aber auch die Schuhe vertheuert werden, darf kein Fremder mit Ausnahme der Einwohner des Blekes und in den Fürstenthümern, damit nemlich der inländische Kaufmann nicht beschränkt werde

*) Später sind der Bürgermeister, Stadtsecretair und ein Senator, der Kämmerer, Morgensprachsherrn.

und Schuster, Riemer und sonstige Einwohner, das Nothwendige billig erhalten können, diese Gegenstände aufkaufen. In der Polizeiordnung (Th. 2. tit. 12.) wird dies Recht dahin beschränkt, daß kein Fremder von Fastnacht bis zur Schlachtzeit, dem Herbste, Häute aufkaufen und ausführen darf; zugleich werden die Preise der Schuhe und Häute in diesem Titel bestimmt, nemlich ein Paar lakirte, niedrige Schuhe zu 8 ß; Männerschuhe mit doppelten Sohlen zu 10 ß, Frauen- und Mädchenschuhe zu 8 ß, Kniestiefeln zu 28 ß, hohe Stiefeln zu 5 Orksthaler, eine große Ochsen- oder Kuhhaut zu 4 ℘, eine mittlere zu 3 ℘, eine geringere zu einem Thaler, damals etwas über zwei Mark. Später setzte der Magistrat jährlich eine Taxe z. B. 1655 für eine Haut zu 40 ℔ à 2 ß, über 50 à 2½ ß, 60 à 3 ß, 70 à 3 ß 6 ₰, 80 à 4 ß. Ein Streit wegen des Rechtes mit Ausschließung der fremden Schuster selbst in den Jahrmärkten allein Schuhzeug feil zu haben, wurde noch 1736 zu Gunsten der hiesigen Zunft entschieden, auch den Zunftgenossen 1737 das Vorkaufsrecht auf Bork vor allen andern Einwohnern zugesprochen und 1755 bestätigt, dagegen aber durch eine Entscheidung des Magistrats vom 23sten July 1744 den Fremden das Aufkaufen der Häute in den Jahrmärkten gestattet *).

Für die Schmiedzunft, zu denen die Kleinschmiede, Büchsenmacher (Schwertfeger und Messerschmiede) **) gerechnet werden, ist das Verkaufen von grobem Eisenwerk Jedem untersagt, doch sind hievon Krämmerwaare, Nagel, Osemundt (?) und Stangen ausgenommen.

Die Bäcker, auch Grobbäcker, letztere bilden jedoch keine Zunft mehr, sind bei Strafe der Confiscation verpflichtet, das Brod nach dem Gewicht zu backen, welches Amtmann, Hardesvogt und Rechensleute nach den Kornpreisen bestimmen. Schlechtes und zu leichtes Brod wird nach der Polizeiordnung außer der Confiscation zu Gunsten der Armen mit Zunageln der Fenster und des Ladens bestraft, bis der Bäcker der Herrschaft aufgedungen, d. h. die erkannte Brüche bezahlt hat. Außer den Bäckern darf Niemand Brod feil haben. Der Rath ist angewiesen durch einige seiner Mitglieder die Bäcker zu beaufsichtigen.

Nachdem Johan Adolf diese Artikel den 29sten Septbr. 1599 bestätigt hatte, wurden sie durch die Constitution von 1615 gänzlich cassirt und aufgehoben, jedoch den vier Aemtern von Herzog Friedrich III. den 2ten September 1634 neue

*) Laß Fortſ. pag. 186, 2te Fortſ. pag. 303. C. C. St. 2, pag. 748.
**) Die eingeklammerten werden in den Artikeln von 1634 nicht mehr genannt.

ertheilt *), die nur wenig von den vorigen abweichen. So enthalten sie die Bestimmung, daß zu dem Meisterstück der Schuster und Schneider nur solche Arbeiten gewählt werden dürfen, die der neue Meister leicht absetzen kann, damit er nicht zu großen Schaden leide und daß er den Aelterleuten bei der Verfertigung des Meisterstücks nur ein paar Kannen Bier und einige Kringeln vorsetzen darf. Außer dem Herkömmlichen hat der junge Meister noch 6 ₰ an die neuerrichtete Schute zu geben und muß dies auch der Schwiegersohn des Meisters, wogegen der Meistersohn frei ist. Kein Meister, der schon einen Gesellen hat, darf einen zweiten annehmen, so lange die übrigen noch eines Gesellen bedürfen; auch soll keiner mehr als zwei Gesellen und einen Lehrjungen halten, darf aber in dem letzten halben Lehrjahr des ersten Jungen einen zweiten annehmen. Die Brüche für das Abspennstigmachen der Gesellen wird auf 3 ₰ festgestellt. Die Brüchen und andern Einnahmen des Amtes sollen bei den Zusammenkünften nicht verpraßt, sondern zinslich belegt oder zum Kornaufkauf zur gelegenen, wohlfeilen Zeit verwandt werden, um damit dürftige Genossen und deren Familien zu unterstützen. Jeder Böhnhase wird bestraft und der Bürger, der einen solchen bei sich arbeiten läßt.

In Betreff der Schneider, wozu auch die Ueberscherer gerechnet werden, mag noch bemerkt werden, daß es trotz ihrer wiederholten Beschwerde nach einer Resolution vom 21sten April 1754 den Bürgern gestattet blieb **), auch bei auswärtigen zünftigen Schneidern arbeiten zu lassen und hiebei zugleich bestimmt wurde, daß etwanige Contraventionsfälle nicht im förmlichen, sondern im summarischen Proceß zu erledigen. Ein poetisches Mitglied der löblichen Schneiderzunft erschien sogar als Abgeordneter 1752 in Kopenhagen und überreichte dem König Friedrich V. zu seiner zweiten Vermählung ein Gratulationsgedicht und bat bei der Gelegenheit im Namen der Zunft um Aufhebung dieser Resolution, aber ohne Erfolg, denn der König eröffnete dem Magistrat, daß es bei derselben sein Bewenden haben müsse, so wie es denn auch den Frauenzimmern unverwehrt, altes Zeug zu verarbeiten ***).

Den Kirschnern, Pelzern, wurden auf ihr Ansuchen vom Herzog Adolf am Montage nach Marienheimfahrt 1561 die Artikel der vier Aemter aus demselben Jahr verliehen und 1596 bestätigt. Diese Zunft ist hier gänzlich ausgestorben.

---

*) Beil. II., № 12.
**) Beil. II., № 13.
***) Laß Forts. pag. 195, 2te Forts. pag. 223.

In der Polizeiordnung wurde ihnen und den Gerbern ein Vorkaufsrecht auf die zu Markt gebrachten Schaaf- und Lämmerfelle bis 11 Uhr zugesichert, doch so, daß die Einwohner ihren Bedarf und nach 11 Uhr auch Fremde kaufen durften.

Die Leinweberzunft muß gleichfalls schon vor 1562 bestanden haben, welches daraus hervorgeht, daß Deputirte des hiesigen Weberamts, deren Namen freilich nicht genannt, in diesem Jahr an einen großen Webercongreß in Lübeck Theil nahmen. Hier waren damals Abgeordnete der Zünfte von Lübeck, Hamburg, Lüneburg, Wismar, Rostock, Stralsund, Greifswalde, Damme, Bützow, Steinburg, Piritz, Prenzlau, Gulnov, Griffenwalde, Rebbenitz, Pasewalk und Husum erschienen, ein Beweis, daß das Weberamt hieselbst in einem sehr blühenden Zustande und sehr vermögend gewesen sein muß. Auf dieser Zusammenkunft wurde unter dem Vorsitz der Lübecker Rathsmitglieder Vollmar Waderndorf und Johan Knepel eine Beliebung beschlossen, die jetzt für so große Umstände kaum wichtig genug erscheinen dürfte, welche vorzüglich auf das Betragen der Gesellen Bezug hatte und die zu beobachten sämmtliche vertretene Zünfte sich verpflichten. Nach derselben *) dürfen die Gesellen nur jede 14 Tage einen Krugtag halten, nicht heimlich von dem Meister weggehen, sondern müssen beim Abschiede mit einem Zeugniß versehen sein, ohne welches kein Meister in den genannten Städten einen Gesellen in Arbeit nehmen darf. Karten und Würfelspiel wird den Gesellen untersagt und die Lehrzeit auf wenigstens zwei Jahre festgesetzt. Kein Meister darf seinem Gesellen mehr als 6 ß über den verdienten Lohn vorschießen und ist zugleich verpflichtet dem wandernden Handwerksburschen eine Nacht Herberge zu geben.

Aus dieser Lübecker Beliebung geht, wie bemerkt, hervor, daß die hiesigen Weber schon vor 1562 eine Zunft gebildet und eine Zunftrolle gehabt haben müssen. Diese ältere ist aber verloren gegangen und datirt sich die älteste aus dem Jahre 1635 **), welche 50 einzelne Artikel enthält. Diese, wobei unbezweifelt die frühere zu Grunde gelegt, ist offenbar der Lübecker nachgebildet, wenn nicht gar wörtlich angenommen, welches nicht allein durch die erwähnte Verbindung mit dieser Stadt wahrscheinlich wird, sondern durch den zweiten Artikel völlig gewiß. Hierin wird nemlich unter andern Bedingungen zur Aufnahme in die Zunft erfordert, daß die Frau des aufzunehmenden Meisters echt und recht, Teutsch und nicht

*) Beil. II., № 14.
**) Beil. II., № 15.

Wendisch geboren sei. Letztere Bestimmung konnte für die hiesige Gegend gar keine Bedeutung haben, wohl aber für Lübeck, welches, wie die meisten der genannten Städte, mitten im Wendenlande lag *). Das Meisterstück besteht aus 10 Ellen Bühren und 10 Ellen ein elf Leinewand und für den Drellweber aus eben so vielen Ellen Drell. Die Receptionsgebühren sind 6 ₰ an die Herrschaft, 6 ₰ an die Schule, 24 ß an die Armen und 15 ₰ an das Amt; Meistersöhne und Schwiegersöhne zahlen weniger. Gesellenjahre drei, darunter ein Wanderjahr. Kein Meister darf mehr als 5 Stühle haben, nur die 4 Aelterleute 6. Dann enthalten diese Artikel strenge Bestimmungen darüber, daß die angenommene Arbeit zur versprochenen Zeit vollendet wird, so wie verschiedene über das Verhalten und Betragen im Amte und in den Zusammenkünften, worunter das Verbot bemerkenswerth, daß kein Meister oder Gesell mit bloßen Beinen zur Kirche, auf den Markt oder in den Krug kommen darf. Mit dem Amte ist, wie gewöhnlich, eine Casse zur Unterstützung der Kranken und Hülfsbedürftigen Genossen verbunden und wird schließlich noch die Aufrechthaltung der Lübecker Beliebung von 1562 vorgeschrieben, so wie alle nichtzünftigen Meister in der Stadt abgeschafft. — Später litt die Zunft sehr durch die Webereien, die in den nahen Dörfern angelegt wurden und entstanden darüber viele Streitigkeiten zwischen der Stadt und dem Lande, die indessen in der spätern Geschichte der Stadt ihre Erörterung finden müssen. Eine Declaration vom 19ten Nov. 1736 **) sichert der Zunft auch das alleinige Weben von Wollenzeug, welches ihr bestritten war.

Die ältesten Privilegien der Gläser sind aus dem Jahre 1549 und waren damals nur 5 Meister; im Jahre 1668 waren deren 12, welche sich vereinbarten ein geschlossenes Amt zu bilden; dies wurde ihnen unterm 28sten Septbr. gestattet und die Zahl der Meister auf 8, darunter zwei Aelterleute beschränkt. Das Meisterstück ist ein gemaltes Fenster.

Die Böttcher waren schon 1552 zu einer Zunft vereinigt, die ältesten Artikel sind verloren; Laß erwähnt solcher von 1564 und werden diese nach 1630 erneuert sein ***).

Die Artikel der Tischler sind aus dem Jahr 1697 ****); diese schreiben ausnahmsweise eine vierjährige Wanderzeit

---

*) Hiernach dürfte die Anmerkung bei Falcks Sammlungen, Bd. 3, pag. 390 zu berichtigen sein.

**) Beil. II., № 16.

***) Gesch. pag. 77. Laß pag. 127, Beil. I. № 48. 4.

****) Beil. II., № 17.

außer der Stadt vor und eine Arbeitszeit in der Stadt von zwei Jahren. Das Meisterstück besteht in der Verfertigung eines ausgezogenen Tisches nach gegebenem Riß, einer großen Kiste und einem Brettspiel; die Gebühren sind wie bei den übrigen, der jüngste Meister ist wie bei allen Aemtern der Bote, welcher auf Geheiß der Aelterleute das Amt ansagen und in den Zusammenkünften das Einschenken besorgen muß.

Die Reifschläger hatten nicht, wie Laß *) bemerkt, früher die Artikel des Flensburger Amtes angenommen, sondern sie waren Mitglieder desselben, denn als sie hier **1634** eine eigene Zunft errichteten und ihnen in **23** Artikeln Amtsgerechtsame ertheilt wurden, traten nicht sogleich alle der neuen Zunft bei, sondern blieben Genossen der Flensburger Innung, wie aus einem Schreiben **) des hiesigen Magistrats an den zu Flensburg vom **1**sten October **1651** hervorgeht, daß zwischen den hiesigen Meistern, von welchen indeß damals schon die Minderzahl Mitglieder der Flensburger Zunft war, Streitigkeiten obwalteten, indem letztere sich für älter und vornehmer hielten, so wie auch, daß die Flensburger Zunft sich als die allein berechtigte und privilegirte im Herzogthum ansah und die hiesigen Meister und Gesellen, was besonders für letztere auf der Wanderschaft zu Unannehmlichkeiten führte, als nicht vollberechtigt zünftig und ebenbürtig achtete, weshalb denn der Magistrat von dem Flensburger verlangt, daß er der dortigen Zunft aufgeben möge, die Urkunden und Documente, auf welche sie ihre Ansprüche zu stützen vermeine, hielbst vorzulegen, damit der Magistrat ein Urtheil darüber gewinnen könne, inwiefern diese Ansprüche begründet. Die Antwort der Flensburger auf dies Schreiben fehlt in der Sammlung Giese's, daher zu vermuthen, daß eine solche vielleicht gar nicht ertheilt, denn es ließ sich die hiesige Zunft von dem Herzog Christian Albrecht unterm **29**sten September **1664** abermals bestätigen und mag dadurch sowohl als durch das Absterben der hiesigen Flensburger Meister der Streit von selbst erledigt sein. Nach geschehener Revision und der Entfernung theils überflüssiger, theils veralteter Handwerksgebräuche, wurde die Zunftrolle unterm **29**sten Oct. **1742** und später bestätigt. Nach dieser hat die Zunft nur einen Aeltermann, der auch die Aufsicht darüber zu führen hat, daß die Meister gute Waaren einkaufen und insbesondere das Kabelgarn nicht von Heede, sondern von Hanf gemacht werde; bedingungsweise werden in

*) Laß, pag. 125.

**) Befindlich in einer handschriftlichen Sammlung von dem Stadtsecretair Aug. Giese.

den Artikeln Freimeister gestattet, dann vorgeschrieben, daß ein Meister nicht mehr als zwei Gesellen und zwei Lehrlinge halten darf und von dem zu Markt und zum Verkauf gebrachten Hanf oder Bast der eine nicht mehr als der andere kaufen soll, es sei denn sie vereinbarten sich gütlich anders. Die Aufnahmegebühren sind 6 ℛ𝓉 an die Amtslade; und zum Meisterstück die Verfertigung von 10 Seilen und einem Bund Reifen vorgeschrieben; die übrigen Bestimmungen die gewöhnlichen. Zu bemerken möchte sein, daß die alten Privilegien schon 1723 zur Bestätigung eingesandt waren, letztere aber erst 1742 erfolgte nach Anleitung eines auf königlichen Befehls vom Magistrat angefertigten Entwurfs und eingezogenem Bedenken der Statthalterschaft.

Schon in der Polizeiordnung (Th. 2. tit. 18) ist bestimmt, daß die Barbiere, weil eine ziemliche Anzahl vorhanden und sich schwerlich mehr mit dem Handwerk, wozu damals freilich die Chirugie im Allgemeinen gehörte, hier nähren könnten, nicht vermehrt werden solle. Aus diesem Grunde wurde das Amt ein geschlossenes und ist es bis jetzt geblieben, während alle übrigen Aemter offene sind. Die Zahl der Barbierämter ist acht, wovon jedoch eins eingegangen und sind diese Barbierstellen käuflich und erblich, weshalb einzelne wohl in die Hände Dritter übergehen und dann bis zum Ankauf durch einen qualificirten Erwerber ruhen. In dem gedachten Statut ist ferner vorgeschrieben, daß einer der Barbiere immer den ersten Verband haben und von allen Wunden und Schlägen dem Gerichtsverwalter Anzeige machen solle, damit die herrschaftliche Brüche nicht verschwiegen oder unterschlagen werde; aus demselben Grunde ist allen Barbieren bei ihren Eiden zur Pflicht gemacht, alle leiblichen Schaden anzuzeigen. *) Die Aeltesten bekannten, aber verlorenen Artikeln, 15 an der Zahl, wurden unterm 1sten Febr. 1609 bestätigt. Die jetzt formell gültige, von den Barbieren gefaßte Beliebung ist im Jahre 1738 confirmirt, aber natürlich in der Anwendung durch die Verfügungen der neueren Medicinalpolizei bedeutend beschränkt. Die wichtigsten Bestimmungen sind, daß eine Lehrzeit von 3 und eine Gesellenzeit von 6—8 Jahren zur Aufnahme erforderlich, dann ein Examen bei dem Stadtphysikus in Gegenwart eines Rathsmitgliedes, der beiden ältesten und des jüngsten Chirurgen; die Gebühren betragen 6 ℛ𝓉 an die Herrschaft, $1\frac{1}{2}$ ℛ𝓉 an die Stadt, $1\frac{1}{2}$ ℛ𝓉 an die Armen, 15 ℛ𝓉 an das Amt und 1 ℳ 8 ß für das Eschen. Das Meister-

*) Husumer Stadtrecht IV. 20. 2. Eiderst. Landrecht IV. 5, 3. 4. 5.

stück besteht in der Verfertigung einiger Pflaster und Salben; nach den älteren Artikeln von 1609 bestand es in der Bereitung des braunen Apostalipflasters, des grauen Pflasters, des grünen und des gelben Tractivs, der grünen, grauen und weißen Wundsalbe, des grünen Unguent, daneben in der Schärfung einer Lancette, Scheere und eines Messers und wer dieses nicht recht machte, mußte dem Amte eine Tonne Bier und einen Schinken geben. Die Chirurgie erscheint nach den Artikeln von 1738 noch als Hauptsache, das Barbieren wird als ein Accidenz angesehen, indessen hierauf der Zunft ein ausschließliches Recht für die Stadt und das Amt Husum gegeben, wie auch auf das Aderlassen. Der älteste der Zunft ist wortführender Aeltermann, der jüngste der Bote. Eine Wittwe kann das Geschäft durch einen Gesellen fortsetzen lassen, darf nur die vorhandenen Lehrlinge bis Ende ihrer Lehrzeit behalten und keine neue annehmen.

Die jüngste unter den noch existirenden Zünften ist das Schlachteramt, welches erst 1841 gebildet wurde. Die hiesigen Krämer vereinigten sich 1635 zu einer Innung, die indessen bald eingegangen zu sein scheint, wohl, weil die Kaufmannschaft in dem Commercium ihre Vertretung fand. Die Töpferzunft war schon zu Laß Zeiten erloschen; ihre Privilegien stammten aus dem Jahr 1609 und sicherten ihnen ein ausschließliches Recht auf den Handel mit irdenem Geschirr außer den Jahrmärkten und das alleinige Recht steinerne Oefen aufzusetzen. In Betreff der hier ausgestorbenen Kanngießer wurde 1737 vorgeschrieben, daß, wenn sie Gesellen und Lehrlinge halten wollten, sie sich in kein anderes Amt begeben dürften, als in das Kopenhagener um das Meisterrecht zu gewinnen.

Anhang V.

Das fürstliche Schloß.

Im Jahre 1571 begann der Herzog Adolf den schon lange gefaßten Plan an der Stelle, wo das seit der Reformation in ein Armen- und Gasthaus verwandelte Minoritenkloster stand, ein Schloß zu erbauen. Abgesehen von der Baulust und der Prachtliebe dieses Fürsten mußte ihm bei seinem öftern Aufenthalt hier am Orte eine geräumige Residenz nothwendig erscheinen und ging dadurch die Prophezeiung des ersten Minoritenpriors in Erfüllung. *) Es wurden deshalb die alten Klostergebäude abgebrochen. Da indessen König Friedrich I. und Christian III. diese Gebäude mit Ausnahme des Baumgartens dem Gasthause geschenkt hatten, ließ der Herzog zur Entschädigung hiefür auf eigene Kosten die osten vom St. Jürgens Kirchhofe belegenen Armenhäuser und Kathen so wie ein hinzugekauftes Bürgerhaus abbrechen und aus den Materialien des Klosters das jetzige St. Jürgensstift, das sogenannte weiße Armenhaus, Gasthaus, wiederum aufbauen, welches aus diesem Grunde gewöhnlich auch jetzt noch das Kloster genannt wird. Nothwendig wurde dadurch zugleich die Verlegung des bisher benutzten Klosterkirchhofes; dazu wurde ein hinter der Neustadt belegenes Landstück verwandt, die Leichen und Gebeine von dem alten Kirchhof dort bestattet und dieser neue Kirchhof am 16. Sonntag Trinitatis 1573 von dem Pastor Bokelmann feierlich eingeweiht. **) Als später das Schloß erbaut war, soll die Herzogin Auguste durch das häufige Vorbeiführen der Leichen aus dem Dorfe Nordhusum nach Mildstedt unangenehm berührt sein und deshalb der Dorfschaft Nordhusum das Recht verschafft haben, die Leichen auf dem

---

*) Holberg in seiner Reichsgeschichte, deutsche Uebersetzung Th. 2, pag. 512 nennt irrthümlich König Friedrich II. als Erbauer.

**) Nach Laß pag. 65 ist der neue Kirchhof groß 5 Sch. 11 Ruth., der bei St. Jürgen 5 Scheffel à 60 Ruthen.

neuen Husumer Kirchhoff zu bestatten. Obgleich zu Mildstedt kirchpflichtig hat die Dorfschaft Nordhusum bis zum heutigen Tage dies Recht zu einem Begräbnißplatz auf dem neuen Kirchhof behalten. Nur einmal wurde dies Recht (1777) unterbrochen; aus welchen Gründen gehört nicht hieher; jedoch befahl der König Christian der VII. schon unterm 22. Septbr. 1787 wieder, den Nordhusumern die Beerdigung auf dem neuen Kirchhof zu gestatten und verpflichtete die Stadtprediger die Namen der Todten in das Stadt-Todtenregister aufzuzeichnen. *)

Nachdem nun diese Vorbereitungeu getroffen und der Platz gereinigt, konnte mit dem Bau des Schlosses begonnen werden und legte der Sohn des Hardesvogten Matthias Paisen gleichen Namens mit Bewilligung der Bauleute und gegen ein herkömmliches Geschenk am 26. Febr. 1577 den Grundstein. Es wurde dieser Bau in fünf Jahren 1582 **) beendet und hat der Hardesschreiber das spätere Rathsmitglied Eler Lobedanz die Baurechnung geführt und die Arbeiter bezahlt; ***) wie er denn auch bei dem Neubau des St. Jürgensstiftes die Rechnung führte. Dieses Schloß mit seinen sieben Thürmen, zweien Flügeln, den Nebengebäuden und Gartenanlagen war eine Zierde der Stadt und der Umgegend. ****) Der Bau selbst aber ist zu jung und die Zeit war bereits zu protestantisch geworden, als daß sich an das Gebäude alterthümliche Sagen knüpfen könnten. Die Sage von einer eingemauerten Nonne in den Kellergewölben von dem alten Kloster her, welches nur Mönche zu Bewohnern hatte, entbehrt jeglichen Grundes, so wie ein menschliches Skelet, welches einmal in den Gewölben gefunden sein soll, wohl nicht mit dem Schlosse und dessen Bewohnern in Verbindung stehn kann und eher aus den Begräbnissen des eingegangenen Kirchhofs herstammt. Indeß hängt das Volk nun einmal gerne an große Baulichkeiten seine wunderbaren Mährchen und so wird denn hier erzählt, es führe von dem Schlosse aus der Zeit der Mönche noch ein unterirdischer gewölbter Gang unter dem jetzigen Rathhause durch nach der Marienkirche, dessen sich diese zum Besuch des Gottesdienstes bedient. Indessen hatte das Kloster erweislich geringe Einkünfte und bestand nur kurze Zeit und dürfte schon aus diesem Grunde

*) Chr. Sammlung 1787.

**) Alardus Westph. I pag. 1861 giebt irrthümlich das Jahr 1574 an.

***) Laß l. c.

****) Eine Abbildung bei Dankwerth pag. 78 und Thurach Vitr. Tab. 151, 152, 158, letzterer ist mir nicht zur Hand.

anzunehmen sein, daß ein so kostbarer und weitläuftiger Bau von den Mönchen nicht hat bewerkstelligt werden können; außerdem erscheint ein solcher Bau nutzlos, indem die Minoriten im Kloster selbst ihre Andacht verrichteten und wenig Grund und Veranlassung hatten, die Hauptkirche zu besuchen. Auch findet sich zwischen dem Rathhäuse und dem Schlosse keine Spur von einem solchen Gewölbe unter der Erde. Es verdankt diese Sage wohl folgenden Thatsachen seinen Ursprung. Wo jetzt da's Rathhaus steht, befanden sich, wie wir gesehen haben, zwei Häuser, das eines Reifschlägers und das Wirthshaus zum Engel; es war zur Zeit des Klosters dort noch kein Fahrweg nach der Neustadt hinauf, welcher erst bei dem Rathhausbau angelegt wurde, sondern zwischen dem einen dieser Häuser dem Engel und dem jetzigen Homannschen Freihause führte ein schmaler 8 Fuß breiter Gang *) von dem Kloster nach dem Markte hinunter und endete in dem kleinen Schwiebbogen, wie derselbe noch jetzt für Fußgänger neben dem großen Bogen unter dem Rathhause für Fuhrwerk besteht. Dieser bedeckte Gang konnte um so leichter zu der Sage Veranlassung werden, als er auf dem Kellergewölbe des Rathhauses ruht und in der Umgebung des Schlosses sich Mauerwerk und Gewölbe finden, die wohl theils von den Wirthschaftsgebäuden, theils von dem frühern Kirchhofe Ueberbleibsel sind. So knüpfte die Phantasie des Volkes diese beiden Enden durch einen abenteuerlichen unterirdischen Gang zusammen.

In der ersten Zeit nach der Erbauung diente das Schloß den Herzögen Adolf, Friedrich, Philipp und Johan Adolf bei ihrer öftern und längern Anwesenheit zur Residenz. Nach des letztern Tode wurde es der Wittwensitz seiner Gemahlin Auguste, Tochter des Königs Friedrich II., welcher hier 1639 starb und in vielen Herzen ein Andenken an ihre Wohlthätigkeit hinterließ; nach ihrem Tode wurde von Herzog Friedrich III. das Amt Husum gleichfalls als Witthum der Herzogin Marie Elisabeth verschrieben und residirte diese, obgleich sie sich öfter zu Gottorf aufhielt, auf dem Schlosse bis zu ihrem Ableben 1684. Das Andenken an diese Fürstin, Tochter des Churfürsten Johann Georg von Sachsen, ist durch die Stiftung des sogenannten Wittwenkleides erhalten, nach welcher Stiftung zwölf würdigen Wittwen alljährlich die Summe von 22 ℛ︁ zur Anschaffung eines Kleides nebst 5 ℛ︁ zum Schneiderlohn gereicht wird. Der jedesmalige Amtmann hat die

*) Von diesem Gang ist schon früher die Rede gewesen bei einem Streit zwischen dem Eigenthümer des Hauses D. Ebbsen und der Gemeinde.

Wahl dieser Wittwen, von denen zwei aus dem Kirchspiel Schwesing, sechs aus der Stadt Husum und vier aus dem Kirchspiel Mildstedt sein sollen und wird diesen das Geld auf der Amtstube ausbezahlt. *)

Schon zu Christian Albrechts Zeiten traten die Zerwürfnisse des Herzoglichen Hauses mit dem Königlichen zum großen Nachtheil für den Wohlstand des Landes offen hervor und führten zu den wiederholten Besetzungen des herzoglichen Antheils durch die königlichen Truppen und zur Entfernung des Herzogs aus dem Lande. Diese Umstände und daneben wohl der gedrückte Zustand der Herzoglichen Finanzen führten die Vernachlässigung des Schlosses herbei, so daß ein reisender Franzose **) um diese Zeit von demselben sagen konnte, daß es allerdings einigen äußern Schein und Glanz habe, aber inwendig wüst, ohne Meublen und von Niemanden bewohnt und daß der Garten von ihm in einem sehr vernachlässigten Zustande gefunden. ***) Als Grund führt dieser Reisende an, daß der Herzog von Holstein zu viele Schlösser habe, um sie alle unterhalten zu können; eine Bemerkung, die wohl glaublich, da die Herzöge fast in jeder Stadt des Herzogthums ein Schloß hatten. Vorzüglich im Anfange des achtzehnten Jahrhunderts muß das Schloß durch die Kriegsereignisse und die Einquartierung sehr gelitten haben und hörte mit der Incorporation des Gottorfischen Antheils überall auf, auch nur zeitweilig als Residenz fürstlicher Personen benutzt zu werden; es blieb unbewohnt, bis es später Wohnsitz der Amtmänner wurde, welche früher auf dem sogenannten Amtmannshofe ****) in Osterhusum ihre Wohnung gehabt haben sollen, später in dem sogenannten Herrnhause dem Schlosse gegenüber wohnten.

Im Jahre **1721** nach beendigtem Kriege und wahrscheinlich zur Einrichtung der Amtmanns-Wohnung wurde eine Reparatur des Schlosses vorgenommen, die am **30**. Juni begann und zu welcher ein Schieferdecker aus Kopenhagen gesandt wurde, der **1400** ℛ erhielt. Eine noch umfassendere muß **1750** stattgefunden haben, indem eine Menge Baumaterialien zusammen gebracht und zum Brennen des erforderlichen Kalkes ein Ofen außerhalb der Stadt unter dem sogenannten

---

*) Laß, 2. Forts., pag. 173, not.

**) Relations, pag. 411, 576.

***) Doch wurde noch unterm 27. Januar 1691 Christian Klingermann als Herzoglicher Gärtner für den Schloßgarten zu Husum bestellt. N. Staatsb. Mag., Bd. I, pag. 606.

****) Der jetzige Harringsche Hof in Osterhusum.

Galgenberg auf der Rödemisser Feldmark angelegt wurde.*) Bei diesen Reparaturen wurden wohl die sieben Thürme abgebrochen bis auf den mittleren, der bis in die neuere Zeit bestehen blieb. Uebrigens zeichnete sich nach einer mir gemachten Mittheilung **) bis gegen das Ende des vorigen Jahrhunderts der im Französischen Styl mit geraden Alleen und gleichmäßigen Quarres angelegte Garten durch Schönheit in seiner Art aus. Er enthielt Volieren, Treibhäuser, Blumenparthien und vorzüglich eine Menge schöner Obstbäume, von welchen noch Reste übrig, so wie in älterer Zeit Fischteiche, die jetzt ausgetrocknet. Von dem Interesse des jedesmaligen Amtmanns hing jetzt die Unterhaltung des Gartens, zu welchem mehre Kirchspiele dienstpflichtig, ab und mußte dies demselben nachtheilig werden, so daß er in seinen jetzigen Zustand gerieth.

In dem Schlosse selbst war der Corridor mit Schnitzwerk, Hirschgeweihen und Wappen verziert. In den Gemächern des linken Flügels, die zur Aufnahme fürstlicher Personen bestimmt waren, befanden sich die Portraits der fürstlichen Familie und wie in dem Rittersaal prächtige noch erhaltene Kamine mit marmornen Verzierungen. Die Wände des Rittersaals waren mit lebensgroßen Bildnissen aus dem Gottorfischen Hause bedeckt. Alle diese Gemälde, sofern sie einigermaaßen erhalten waren, wurden im Anfang der dreißiger Jahre in das nordische Museum nach Kopenhagen gebracht. Auch der sogenannte Margarethensaal, das jetzige Reithaus, enthielt eine Anzahl Gemälde, unter andern ein Portrait Carls XII., welches sehr gelobt wird; diese sind sämmtlich verschollen. In diesem Saal befand sich ein auf einem liegenden Löwen ruhendes Kamin mit Säulen und Gesimse von schwarzem Marmor und eine Figur in Lebensgröße, welche die Königin Magaretha vorgestellt haben soll und dem Saal, dessen Boden ganz mit weißen und schwarzen Marmor-Fliesen getäfelt war, den Namen gab. In dem linken Flügel gleichfalls befand sich die fürstliche Capelle, vor einigen Jahren erst zum Schlosse mit verbaut, aber längst ruinirt und verfallen. Der Kammerherr v. Schönfeld benutzte dieselbe wenigstens noch insoweit zum Gottesdienst, daß er in derselben mit seinen Hausgenossen communicirte; ***) für die Verrichtung dieser Handlung soll der

*) Laß, Fortſ., pag. 82, 241.

**) Schriftliche Mittheilung vom Herrn Justizrath v. Wardenburg.

***) Sonst besuchte dieser Herr regelmäßig die Stadtkirche und gab jedesmal ein 20Schillingsstück in den Klingbeutel; dies erzählen alte Leute.

Nachmittagsprediger der Stadt sechs Tagesgrift Klühn und 50 ℞ erhalten haben. In dieser Capelle befanden sich fünf Scheiben mit Glasmalereien von hohem Werthe und eine sehr gute Orgel; letztere wurde nach Kopenhagen gebracht und soll dort unausgepackt während des Bombardements 1807 vernichtet sein.

Die vor dem Schlosse liegenden beiden Häuser gehörten zu demselben, sind aber längst veräußert und in Privatbesitz übergegangen; das eine, bei dem sich die Wache der Dragoner und ein Pferdestall befanden, war das Cavalierhaus, das andere die Schloßpforte. Das Schloß selbst ist jetzt Sitz der Amtmänner.

Ich finde es hier passend so weit möglich die Reihenfolge der Hardesvögte und Amtmänner, welche streng genommen jedoch nicht in die Geschichte der Stadt gehören, beizufügen. In der frühern Zeit hatten die Vögte der Südergoesharde, welche zum Amte Gottorf gehörte, ihren Sitz, wie fast alle Urkunden ergeben, in dem Bleke; es heißt immer N. N., Hardesvogt zu Husum. Laß *) hat die Hardesvögte zusammengestellt, es muß aber die Reihenfolge etwas geändert und um einige Namen vermehrt werden, wobei ich bemerke, daß die Zeit ihrer Amtsverwaltung wegen Mangel an Quellen nur ungefähr angegeben werden kann. Der erste bekannte Hardesvogt, denn Hans Harstede muß wohl als gleichzeitiger Vogt des Birkes Hattstede gelten, ist Tede Andersen, jedenfalls seit 1455, wahrscheinlich bis 1472, weil er sich an dem Aufruhr betheiligte.**) Ihm folgte der Anhänger des Königs Christian I., Hans Broders um 1477; Hans Petersen, Nickel Topiesen, ermordet 1510, Walke Witzen, Berend Frotsen um 1522 ***), Bendix Bensen um 1529 ****), Lambert Dirichsen bis 1536 †), Herman Wiehe um 1553, Johan Hoyer um 1559, Matthias Paisen etwa von 1565 bis 1592, Henning Wieth um 1598, Herrmann Kulemann um 1603, Marquard Georg Angel oder Ungel, dankte 1630 ab, dann Matthias Paisen der jüngere und Robertus Janus, der letzte Hardesvogt, welcher 1639 bei dem Tode der Herzogin Auguste entlassen wurde.

Allgemeine Annahme ist, es sei die Harde im Jahre 1639 erst zu einem Amte erhoben ††). Indessen wurde schon während der Lebenszeit der genannten Herzogin, welche die Harde als Witthum besaß, ihrem Kammersecretair Marcus Lüders die

---

*) Laß, 2te Forts., pag. 53 not.
**) Vergl. erster Abschnitt am Ende und Beil. № 8, 9.
***) Westph. Mom. IV., pag. 31, 37.
****) Fabricius, N. Staatsb. Mag., Bd. 2, pag. 877.
†) Westph. Mom. pag. 3150.
††) Laß l. c. Suhm An. Lang. VII., pag. 578.

Oberinspection übertragen und die Harde in einer Urkunde*) von **1624** Amt genannt. Lüders behielt die Inspection bis **1642** und wurde kein Hardesvogt weiter ernannt. Der erste eigentliche Amtmann wurde darauf Ludwig von Ascheberg, welcher **1664** abdankte und trat während der Zeit der Herzogin Maria Elisabeth Peter Pauli an seine Stelle. Nach ihrem Tode wurde Graf Friedrich von Reventlow Amtmann, dem der Landrath von Wohnsfleth folgte; während der berüchtigten und gewissenlosen Wirthschaft des Grafen Görtz und seines Anhanges in dem Herzoglichen Antheil trat Wohnsfleth zurück und erkaufte der Geheimrath, Generalmajor Bannier **1711** die Amtmannsstelle, erzwang zur Deckung der Kaufsumme von den Eingesessenen ein sogenanntes freiwilliges Geschenk, don gratuit und verkaufte nach einem halben Jahre schon das Amt wieder an einen Herrn von Bassewitz für **8000** ℛ︀, welche Summe dieser auf gleiche Weise erpreßte, wodurch die Unterthanen schwer gedrückt und die Herzogliche Kasse nicht das Geringste gewann.**) Schon **1713** folgte auf Bassewitz der Geheimrath Christian von Sehestedt, welcher **1722** Stiftsamtmann auf Fühnen ward; von **1722** — **1735** der Geheimrath Kammerherr Nicolaus von Gersdorf, später Stiftsamtmann auf Seeland, demnächst nur auf ein Jahr der Geheim- und Landrath Lewin von Witzleben, nachher Landdrost zu Delmenhorst. Von **1736** bis **1749** der Conferenzrath Hartnack von der Lühe, welcher zugleich der erste Oberstaller in Eiderstedt wurde***) und blieb diese Würde seither mit der Amtmannschaft verbunden. Nach seinem Tode folgte der Oberhofmeister, Conferenzrath Friedrich von Reventlow, welcher schon **1752** verstarb, dann Conferenzrath Hans von Ahlefeld bis **1761** und der Kammerherr von Schönfeld bis **1799**. Nach dessen Ableben wurden die beiden Aemter Husum und Bredstedt unter einem Amtmann vereinigt, aber die Justizverwaltung zweien Landvögten übertragen****) und für beide Aemter der Kammerherr, später Geheime-Conferenzrath von Levetzow ernannt; dieser ging als Administrator der Grafschaft Rantzau ab, worauf **1826** der Kammerherr von Krogh ernannt wurde. Nach seinem Abgange hatte der Kammerjunker von Kaup seit **1848** während der politischen Wirren die Amtmannsstelle inne. Seit **1850** fungirt der Kammerherr W. Johannsen.

*) Beil. I, № 7.
**) Falck Sammlungen, Band I, pag. 104.
***) C. St. Sl. I, pag. 370.
****) Chronol. Sammlung 1800, № 7.

Anhang VI.

Die Schützengilde.

Das Entstehen dieser Gesellschaft fällt in die glücklichste Periode der Stadt gegen das Ende der Regierungsjahre des Herzogs Adolf. Schon im Anfange der achtziger Jahre des **16.** Jahrhunderts hatten sich eine Anzahl Einwohner vereinigt zu dem Zweck, sich mit dem Feuergewehr im Schießen nach der Scheibe zn üben. Die Uebungen mit dieser Waffe hatte bei dem damaligen Zustand des Kriegswesens, eine viel größere Bedeutung als gegenwärtig und mochten dieselben besonders für die Ausbildung der Hakenschützen, die bei dem Aufgebot der Vorgeestfriesen in der letzten Ditmarscher Fehde benutzt wurden, sehr zweckmäßig sein. Dem Zeitgeiste gemäß konnte eine solche Gesellschaft nur in der Form einer Gilde *) bestehen, welche sowohl bei dem Herzoge als auch bei dem Rathe willige Unterstützung fand. Zur Anlage einer Schießbahn war ein wüster Platz angekauft, auf dem früher eine der Kirche zuständige aber wegen ihrer Feuergefährlichkeit abgebrochene Ziegelei gestanden hatte. Hier wurde der jetzige Schützenhof erbaut und vor der Stadt im Osten eine Vogelstange errichtet. Die entworfenen Gildeartikel wurden von dem Rathe des Weichbildes genehmigt und **1586** von dem Herzoge bestätigt und zwar, wie es in denselben heißt, aus fürstlichem Gemüthe und gnädiger Affection, mit der er dieser Gemeinde insonderheit zugethan. Auffallend ist, daß, worauf schon bei den das Weichbild betreffenden Documenten aufmerksam gemacht, auch dieser Urkunde die nähere Bezeichnung

---

*) Aehnliche Gilden fanden sich fast in allen Städten, oft sehr alt, z. B. in Schleswig. Der gewöhnliche Name ist Papagoyengilde, daher die Vogelstange Papagoyenbaum. Dieser Name ward aber hier nicht gebräuchlich. — Die Rödemisser folgten dem Beispiele der Husumer; sie schoßen 1613 zum ersten Mal nach dem Vogel. Laß, pag. 86.

des Tages fehlt. Diese Artikel wurden später revidirt, namentlich auf eine neueingerichtete Todtengilde ausgedehnt und also erweitert, den 19. Mai 1619 von dem Herzog Friedrich III. bestätigt. Insofern nun diese Gilde nach fast dreihundert Jahren sich erhalten hat und fortblüht, sich der Theilnahme der allerhöchsten und hohen Herrschaften erfreute, halte ich es nicht für unangemessen, der Geschichte derselben in diesem Buche einige Blätter zu widmen, eine Arbeit, die dadurch erleichtert, daß mir die Einsicht in das Protocoll der Gesellschaft freundlich gewährt.

Das Protocoll ist, von dem Anfang der Gilde bis auf die Gegenwart, von dem jedesmaligen Gildeschreiber und nur selten lückenhaft geführt, in einem Bande vorhanden. Es enthält die ältern Artikel von 1586, deren 31, und die erneuerten von 1619, deren 48 sind. Ihr Hauptinhalt ist: zur Aufnahme wird erfordert christlicher Glaube, Unbescholtenheit, Selbstständigkeit und ein Hauswesen in der Stadt; von der letzten Bedingung wurde später oft abgesehen und Auswärtige unter Stellung ortsansässiger Bürgen aufgenommen. Weil der Schützenhof und die Erbauung der Vogelstange viel gekostet, zahlt jedes Mitglied bei dem Eintritt 5 ℳ 4 ß, zu dem silbernen Becher 1 ℳ, jährlich 5 ß zu den Scheibengewinnen und seit 1603, in welchem Jahr eine Todtengilde damit verbunden, 8 ß 3 ₰ zum Todtenlaken. Die nahen Anverwandte verstorbener Gildebrüder erlegen ein geringeres Eintrittsgeld. Einmal um Pfingsten oder Johannis wird jährlich ein solennes Vogelschießen gehalten, öfter das Uebungsschießen nach der Scheibe, welches von der Bestimmung der Gesellschaft abhängt. Das Vogelschießen beginnt Morgens um 8 Uhr mit dem Zuge vom Rathhause, vor Erbauung desselben von dem Gildehause, nach der Vogelstange und hat jeder Bruder sich zeitig bei Brüche einzufinden. Dem König stehen unter der Stange die drei ersten Ehrenschüsse zu, im Uebrigen bestimmt das Loos die Reihenfolge, welche bei Brüche und Verlust des Schusses zu beobachten ist. Damit durch unvorsichtiges Handhaben der Waffe kein Unglück geschieht, darf während des Schießens kein Getränk gereicht werden. Geschossen wird nur mit eigenen ungezogenen Gewehren und darf das Kaliber der Kugeln nicht größer sein als acht zu einem Pfunde. Als Gewinn erhält der König einen silbernen Becher zum Werthe von 5 ℛ︀, den der Magistrat jedesmal dazu hergiebt; die Gewinne für die abgeschossenen Flügel, Kopf und Schwanz bestehen in silbernen Löffeln, 2½ Loth schwer. Als Ehrenzeichen trägt der König einen vom Rathe geschenkten, vergoldeten silbernen Vogel an einer vergoldeten Kette, mit welchem er auf dem Platze von zweien zu diesem Zweck besonders abgeordneten Rathsmitgliedern oder den beiden beständigen Aelterleuten geschmückt wird, und behält diesen Vogel bis zum nächsten Schießen in seinem Hause, wofür er indeß Bürgschaft bestellen muß. Auf dem Rückzuge nach der Stadt geht der König zwischen den beiden Rathsmitgliedern als Ehrendeputirten oder den Aelterleuten und hat mit diesen den Ehrenplatz bei dem Festmahle. Während er König ist, bleibt er aus besonderer Vergünstigung des Rathes frei von Bürgerschatz, Wachtdienst, Buurwerk und den städtischen Lasten, so wie von allen Zulagen in der Gilde mit Ausnahme der jährlichen 5 ß. Wer dreimal nach der Reihe König wird, erhält den silbernen Vogel als Eigenthum, muß sich es aber gefallen lassen, daß der Rath denselben gegen den Schätzungswerth auslöst. Beim Einzuge in die Stadt darf wegen der Strohdächer nicht geschossen werden, doch kann jeder Gildebruder bei der Ankunft auf dem Markte einen Schuß thun, so wie bei dem Aufzuge nach dem Rathhause, wo die Büchsen abgegeben werden müssen. Die Ordnung im Zuge, wie bei dem Mahle richtet sich nach dem Loose und haben die Schaffer diese aufrecht zu erhalten, haben indeß darauf zu achten, daß nicht zwei Feinde neben einander zu sitzen kommen und muß sich jeder ihren Anordnungen fügen. Auf dem Rathhause werden zwei Tage mit Festessen und Tanzen gefeiert, aber nach dem Mahle werden, um Blutvergießen zu verhindern, Messer und Dolche an die Schaffer abgegeben und aufbewahrt. Der König wird mit sechs, der Fähndrich mit vier Brüdern vom und zum Hause geleitet, bei welcher Gelegenheit, um Mindervermögende nicht in Unkosten zu setzen, kein Tractament vorfallen darf. Vergehen wider die Ordnung bestraft die Gesellschaft mit Brüchen, schwerere mit Ausschließen aus der Gilde. Wer ohne Ursache aus der Gilde tritt, ist verpflichtet 10 ℛ℘ und 1 ℛ℘ an die Armen zu zahlen; wer Husum verzieht, erlegt 1 ℛ℘ und ½ ℛ℘ an die Armen, kann aber, wenn er für seine Gildeverpflichtungen ansässige Bürgen stellt, Mitglied bleiben. Auf Ansage der Aelterleute durch den Scheibenweiser, der zugleich Gildediener ist, haben sich alle Brüder an dem bestimmten Ort einzufinden. Nach jeder gehaltenen Festlichkeit werden sofort von den Aelterleuten und einigen ältern Mitgliedern die Kosten berechnet und von dem Schreiber erhoben. Verweigert einer die Zahlung der Beiträge oder der verwirkten Brüchen, so steht der Gilde das Recht zu, mit Erlaubniß des Bürgermeisters den Widersetzlichen zu pfänden*)

*) Aehnliche Pfanderlaubung kommen in kleinen Sachen in Ditmarschen vor.

und werden die gepfändeten Sachen, wenn sie bis dahin nicht eingelöst, am nächsten Stillfreitage verkauft und nach Deckung der Gilde der Ueberschuß zurückgegeben. Die Pfändungen werden durch vier Gildebrüder, Pfänder, die jährlich wechseln, vollzogen; dies nicht angenehme Amt waren die Mitglieder nach der Reihe zu übernehmen verbunden. Merkwürdig ist es, daß vorzüglich in den ersten Jahren dies Recht oft ausgeübt wurde, vielleicht weniger wegen der Beiträge als wegen der Brüchen. In den ältern Verzeichnissen ist es bei dem Namen im Protocoll angemerkt, daß der Inhaber gepfändet ist und bei dem Jahre **1618** ausdrücklich hervorgehoben, daß gar nicht gepfändet worden. Später werden mehre Jahre hindurch keine Pfänder ernannt dann kommen sie wieder regelmäßig vor, zum letzten Male **1709**; nach der Zeit scheint eine ordentliche Beitreibung auf gerichtlichem Wege eingetreten zu sein und wird **1760** so wie später der Schreiber ausdrücklich ermächtigt, die Beitreibung durch einen Anwald beschaffen zu lassen.

Dann sind die Gildebrüder verpflichtet, sich unter einander in Noth- und Krankheitsfällen vorzüglich in Pestzeiten *) gegenseitige Hülfe zu leisten und insbesondere die Leichen verstorbener Brüder und deren Angehörige zu Grabe zu tragen und zu begleiten. **) Streitigkeiten unter den Brüdern mußten sogleich vertragen und geschlichtet werden und war es ihnen streng verboten, sich einander aufzulauern. Seit **1607** hatte die Gilde zwei beständige Aelterleute und einen beständigen Schreiber, der zugleich die Kasse führt und wegen seines beschwerlichen Amtes von allen Beiträgen außer den **5** ß frei ist. Später ist das Schreiberamt wieder wechselnd. An dem ordentlichen Versammlungstage, dem Stillfreitag, wurden die Rechnungen nachgesehen, Beschlüsse gefaßt, Berathungen gehalten und die Wahlen der beiden jährlichen Aelterleute, des Fähndrichs, des Führers und des Rottmeisters vorgenommen; jede Rotte bestand außer dem letztern aus drei Gliedern je drei Mann. Die Würde des Fähndrichs ist nächst dem Könige die angesehenste.

Die Einnahmen der Gilde waren mehrer Art. Nach § **9** der revidirten Artikel bewilligte der Herzog zum jährlichen Schießen **48** ℔; der Rath schenkte den silbernen Vogel, gab jährlich zum Königsgewinn **5** ℛℳ und schoß zum Bau der

---

*) Die gegenseitigen Hülfsleistungen waren Hauptzweck der alten Gilden. Zur Zeit der Stiftung hatte eben die Pest aufgehört, welche 1603—1604 und 1617 gleichfalls wüthete.

**) Dieser Pflicht kam man in der Folge schlecht nach; in einer Ordnung von 1693 wurde sie aufs Neue eingeschärft.

Vogelstange 10 ℛ︎ℳ︎ her; die Landesherrn wiesen später zur Reparatur oder Neubau derselben das erforderliche Holz in den Waldungen an. Dazu kamen die Ein- und Austrittsgelder, der jährliche Beitrag zu dem Scheibengewinne von 5 ß für jedes Mitglied, die Brüchen, so wie Vergütung für die Benutzung der Schießbahn zu andern Zwecken, namentlich zum Verschießen von Sachen allerlei Art durch Nichtmitglieder und die Miethe für ein an dem Schützenhof belegenes Haus, welches später verkauft wurde. Außerdem hatten mehre Mitglieder der Gilde Vermächtnisse hinterlassen und Schenkungen gemacht, deren Zinsen zur Unterstützung von Wittwen und Kindern verarmter Gildebrüder verwandt werden sollten. Der Ertrag dieser Vermächtnisse war freilich nicht bedeutend, doch sind diese Capitalien verschwunden, ohne daß im Protocoll Aufschluß darüber zu finden. Nur in einem einzigen Fall ist bemerkt, daß ein Capital von 150 ℳ︎ zur Tilgung einer Gildeschuld mit Zustimmung der Schenker aufgenommen, wogegen sich aber die Gilde verpflichten mußte, 9 ℳ︎ 6 ß jährlicher Rente an dürftige Genossen oder deren Angehörige auszukehren. Im Ganzen scheint im Laufe der Zeit die ökonomische Lage der Gilde zufriedenstellend gewesen zu sein bis gegen das Ende des vorigen Jahrhunderts und in das jetzige. Jetzt war eine unordentliche Verwaltung eingerissen und bedeutende Schulden gemacht, wenigstens wurden unter dem Vorwande diese zu tilgen, in neuerer Zeit auf eine wohl kaum zu verantwortende Weise 1811, 1822 und 1832 die werthvolleren Inventarienstücke veräußert und die Gesellschaft der Auflösung nahe gebracht.

Die Gilde besaß nemlich außer zahlreichen zinnernen Tisch- und Küchengeschirren verschiedene kostbare Silbergeräthe; unter diesen war eine silberne Trinkkanne von der Stiftung her, eine silberne Tonne mit vergoldeten Reifen, ein Geschenk von Johan Langenbergs Söhnen, ein Becher, welcher 1650 für ein Geschenk des Herzogs Friedrich, an Betrag 80 ℛ︎ℳ︎, angeschafft war, der silberne und vergoldete Vogel des Raths nebst Kette und eine Anzahl kleinerer Becher und Schaalen, die aus silbernen Eintrittspfennigen der Mitglieder verfertigt waren. Bei dem Eintritt mußte jedes Mitglied einen silbernen Pfennig, wie es scheint, zu einem bestimmten Werth erlegen; diese Pfennige wurden aufgehoben und nach dem Tode oder Austritt der Mitglieder, wenn eine genügende Anzahl vorhanden, aus denselben silberne Geräthe verfertigt, auf welche die Namen der ausgeschiedenen Brüder zum ewigen Andenken eingravirt wurden. Es bildeten sonach diese Geräthe ein fortlaufendes Verzeichniß der Brüder. Als 1807 dieser

Pfennig abgeschafft und dafür eine Geldsumme von 4 ß bestimmt wurde, waren noch 34 solcher Pfennige vorhanden.

In den ersten Jahren nach der Stiftung wurde das feierliche Vogelschießen regelmäßig gehalten und hatten die Mahlzeiten und der Tanz in Privathäusern statt, nach der Erbauung des Rathhauses seit 1606 auf diesem. Ausgesetzt wurde dies Schießen wegen Absterben des Landesherrn und Mitglieder der herzoglichen Familie, in Kriegszeiten, wie im dreißigjährigen Kriege, im Schweden- und Polackenkriege, während der Streitigkeiten zwischen den Herzögen und der königlichen Krone, auch wohl, weil in dieser Zeit oft der Beitrag aus der bedrängten herzoglichen Kasse ausblieb. In dieser zuletzt bezeichneten unglücklichen Zeit scheint das Vogelschießen ganz in Abnahme gekommen zu sein und wurde 1709 die Vogelstange gänzlich abgebrochen. Für dasselbe trat ein solennes Scheibenschießen ein, während die Uebungsschießen, wie gewöhnlich, für das laufende Jahr bestimmt, auch wohl auf Privatvereinigung einzelner Mitglieder abgehalten worden, wie es sich bis in die Gegenwart erhalten. Die Gilde zählte während ihres fast 300jährigen Bestehens zahlreiche Mitglieder, nur vor etwa zwanzig Jahren schien dasselbe bedroht. Als nemlich, wie schon bemerkt, 1832 die letzten Inventarienstücke verkauft waren, beantragten die noch wenigen Mitglieder die Auflösung der Gilde, so wie die Theilung des übrigen Vermögens, welches wohl nur aus dem Schützenhofe bestand. Nur eine einzige Stimme war dagegen, die des Bürgers Johan Jochim Witt, seit 1790 schon Mitglied der Gesellschaft und gelang es ihm nach dem Austritt aller übrigen allein die Gilde zu erhalten und neue Brüder zu gewinnen, worauf dieselbe 1835 erneuert und die Artikel revidirt wurden. Seitdem ist ihr fernerer Bestand durch eine nicht geringe Anzahl Mitglieder gesichert und ermöchlichte die verjüngte Gesellschaft es aus der unverantwortlichen Verschleuderung des Inventars wenigstens den vom Herzog Friedrich 1650 geschenkten Becher zu retten, welcher wieder in den Besitz der ursprünglichen Eigenthümerin kam, wogegen es nicht gelang, für die Gilde den silbernen Vogel wieder zu erhalten, welcher einer Schleswiger Gilde von dem spätern Erwerber geschenkt sein soll.

Vorzüglich in der älteren Zeit erfreute sich die Gilde eines großen Ansehens und der Theilnahme der höchsten Herrschaften. 1586 schossen der Herzog Adolf und sein Sohn Friedrich mit nach dem Vogel, desgleichen 1616 Herzog Friedrich III. mit seinem Sohne Adolf nach der Scheibe und erhielt der Herzog einen Gewinn; beide wurden bei dieser

Gelegenheit stattlich von der Gilde tractirt, wozu jeder Bruder eine Mark hergab. 1641 setzte der Pfalzgraf August Friedrich bei Rhein einen vergoldeten silbernen Löffel zum ersten Gewinn beim Scheibenschießen, da er aber selbst den besten Schuß that, überließ er den Löffel dem nächsten Schützen am Ziele, dem Bürger Peter Koch. 1649 nahmen Herzog Friedrich und der Landgraf von Hessen in Gegenwart ihrer Gemahlinnen und Fräulein an dem Vogelschießen Theil, 1669 der Herzog Christian Albrecht mit seinem Bruder, dem Bischof Friedrich August, letzterer abermals 1674 und der Herzog 1690; 1691 schossen der Kammerherr von Wohnsfleth und der Kammerjunker von Lützelburg für den Herzog, den Bischof, deren Gemahlinnen und Fräulein. Unterm 4ten Septbr. 1845 genoß die Gilde die hohe Gnade, daß Sr. Königl. Majestät Christian VIII. durch eigene Unterschrift als Mitglied sich einzuzeichnen geruhte; zum Andenken an dies Ereigniß enthält das Gildebuch ein eigenes, sauber geschriebenes Blatt.

In dem Verzeichniß des Gildebuches finden sich die Amtmänner von Wohnsfleth, von Gersdorf, von der Lühe, von Reventlow, die Namen von Bardenfleth, Liliencron, Plessen, Stemann, Wardenburg und neben vielen Bürgermeistern und Rathsmitgliedern, Aerzten und Advocaten, anderweitig berühmte Männer, Matthias Paisen, Titus Axen, August Giese, Hecklau, Hertinghausen, Bensen, Lather, Laß, Krafft, ja sogar der Archidiaconus Rechelius und sind außerdem die angesehensten Familien der Stadt hier vertreten, die Andersen, Feddersen, Feldberg, von Herberg, Herr, Homann, Jovers, Knutzen, Petersen, Paulsen, Rheder, Sonderburg, Woldsen u. s. w.

Das Gildeprotocoll hat auch noch insofern einen Werth, als das Eintritts- und das Todesjahr der einzelnen Gildegenossen in der älteren Zeit treulich angemerkt ist, oft mit sonstigen Bemerkungen. So findet sich über einen Gildebruder folgende rührende Notiz: der gute Bartholomäus Gerritz, ist im Nordstrande in der erbärmlichen Wasserfluth 1634 zwischen dem 11ten und 12ten October in der Nacht ersoffen, den 21sten Januar 1635 wieder gefunden und am 25sten in der Kirchen bestätigt. Von einem Christian Friedrich von Herberg heißt es, er sei 1751 von einer alten Mauer überfallen und daran gestorben.

Anhang VII.

Das Tonnen- und Bakenwesen.

Handel und Schifffahrt waren, wie wir gesehen haben, die Hauptbetriebsquellen Husums besonders in der älteren Zeit und so mußte den Einwohnern sehr daran liegen, die möglichste Sicherheit in dem Fahrwasser herzustellen; deshalb wurde der Hevestrom schon früh, wenn auch spärlich mit Tonnen belegt und mit Baken ausgepríckt. Den ältesten, urkundlichen Beweis über diese Einrichtung finden wir in einer Verordnung des Herzogs Adolfs, datirt Husum am Marien-Himmelsfahrts-Tage 1561 *), welche später von Johan Adolf den 4ten März 1597 von Wort zu Wort bestätigt ist. Nach dem Inhalt dieser Urkunde ist die Einrichtung aber keinesweges neu, sondern wird nur wieder in's Leben gerufen und erhellt, daß schon zu König Friedrichs I. Zeiten, also im Anfang des 15ten Jahrhunderts, die Hever mit Tonnen und Baken versehen, dies indessen zum Nachtheil der Seefahrer und Kaufleute wieder in Abgang gekommen war. Im Jahre 1561 übernahmen es nun die Schiffer zu Husum auf ihre eigenen Kosten die Tiefen und Gründe mit Baken auszupricken und mit Tonnen zu belegen, diese im guten Stande zu halten, desgleichen darüber zu wachen, daß alljährlich von den dazu verordneten Leuten, wo möglich, dieselben zu Peterstag ausgelegt und acht Tage vor Martini aufgenommen werden bei Vermeidung einer willkührlichen Brüche an die Landesherrschaft und die Ortsarmen; vertreiben im Laufe des Sommers Tonnen oder Baken, so müssen sie bei derselben Strafe möglichst bald wieder hergestellt werden. Dagegen wird es den Schiffern gestattet, von jedem Schiffer, welcher aus dem Lande fährt oder von auswärts einkommt, für jede Last Gerste oder Malz 1 ß, von dem Kaufmann aber 6 ₰ zu erheben, welche Abgabe die Einwohner, weil sie die Kosten der Unterhaltung tragen, nur einfach, Fremde doppelt geben, wie es schon

*) Beil. II., № 18. Laß, pag. 63.

von Altersher und zu König Friedrichs Zeiten eingeführt gewesen. Es werden jährlich zwei beeidigte Tonnen- und Bakenmeister gewählt, welche darauf zu sehen haben, daß während der Seefahrt alles in Ordnung bleibt. Ueber die Einnahme und Ausgabe legen sie jährlich den Rechensmännern und den vier Schifferältesten Rechnung ab. Sollte sich in einigen Jahren herausstellen, daß die Einnahme die Ausgabe bedeutend überstiege, so kann die Abgabe um 1—3 Pfennige herabgesetzt, im umgekehrten Fall aber, jedoch nur mit Bewilligung der Landesherrschaft, der Gemeindevorsteher, Schiffer und Kaufleute, damit die Schifffahrt nicht übermäßig beschwert, erhöht werden. Ein etwaniger Ueberschuß ist nicht zum eigenen Nutzen, sondern zur Unterstützung verarmter Schiffer und Kaufleute zu verwenden. Wegen einer Zulage zur Unterhaltung verspricht der Herzog mit den Strandingern, damals Johan des Aelteren Unterthanen, eine Unterhandlung anzuknüpfen.

In Betreff dieser Einrichtung verfügt die Polizeiordnung (Th. 2, tit. 11), daß, weil die Sande vor der Hever sich oft verändern *) und das Fahrwasser unsicher machen, dort zwei Tonnen und Baken gesetzt werden sollen und befiehlt jetzt der Herzog, daß die Eingesessenen im Strande, welches nach Johan des Aelteren Tode Adolf zugefallen, und in Eiderstedt, weil sie davon gleichen Vortheil haben, wie alle andern in Gemäßheit der alten Rolle und bis eine Veränderung getroffen worden, das Tonnen- und Bakengeld bezahlen sollen.

Die umliegenden Inseln und Marschen verweigerten aber diese Abgabe für die Schiffe, welche freilich die Hever befuhren, aber in den Häfen Eiderstedts, des Strandes, zu Ockholmer und zu Ellerbüllsiel **) anlegten. Deshalb verfügte der Herzog auf desfällige Beschwerde der Husumer 1585, daß alle einheimische und fremde Schiffer, welche die Tonnen und Baken auf der Hever benutzten, auch die Abgabe unverweigerlich an die bestellten Einnehmer in diesen Häfen erlegen und diese Einnehmer sowohl dem Präsidenten zu Husum als den Eiderstedter und Strander Gevollmächtigten Rechnung ablegen sollten; was aber bei der Einnahme übergewonnen wird, soll auf die Unterhaltung der vornehmsten Baken als des Pellwormer Thurms im Strande und des Gardinger verwandt werden. Ueber die Art und Weise der Vertheilung,

*) Seit einer langen Reihe von Jahren hat sich das Fahrwasser vor der Hever ziemlich festgesetzt und keine merkliche Veränderung erlitten.

**) Ellerbüll, jetzt mitten in der Hattstedter Marsch, lag vor Eindeichung der neuen Koege an der Hever.

so wie die Unterthaltung der Baken haben sich der Amtmann Josias von Qualen, Caspar Hoyer und Jürgen Maase, Staller zu Eiderstedt und Nordstrand und der Präsident Johan Müller bei nächster Zusammenkunft zu berathen und ist hiebei besonders der Aufbau des Pellwormer Thurms zu berücksichtigen. *)

Der Versuch die Unterhaltung der Tonnen und Baken gegen Antheil an der Einnahme auf die umliegenden Districte mitzulegen, kam nicht zur Ausführung und veranlaßte den Herzog Johan Adolf auf Ansuchen der Husumer die von seinem Vater **1561** **) erlassene Verordnung ohne Abänderung **1597** zu bestätigen. Die Marschländer nemlich beschwerten sich, daß sie bei der Neuerung von **1585** ihren Privilegien und Freiheiten entgegen gar nicht befragt und gehört wären, dieselbe deshalb auch niemals in Observanz gekommen; auch hätten die Husumer ihre ganze Nahrung aus den Tonnen und Baken und kämen diese ihnen allein zu Gute, während die Marschländer sie wenig oder gar nicht benutzten und mit schweren Unkosten dagegen ihre Thürme unterhalten müßten, welche den Husumern mehr von Nutzen wären, als ihnen die Tonnen und Baken. Um diese Streitigkeiten ein für alle Mal zu erledigen, verfügte der Herzog bei Verleihung der Stadtgerechtsame **1603** ***), daß die Stadt Husum hinfürder die Tonnen und Baken einseitig, die Marschen ebenso ihre Thürme unterhalten sollten; dagegen erhebt die Stadt von den Schiffern, welche in ihrem Hafen anlegen, auch die Abgabe und bleiben die Schiffe, welche bloß die Marschhäfen besuchen, auf ewige Zeiten davon befreit.

Die Stadt machte indessen öfters Versuche dieser Bestimmung zuwider das Tonnen- und Bakengeld von den bloß die Marschhäfen besuchenden Schiffen eigenmächtig zu fordern und selbst durch Execution beizutreiben, so namentlich in einem Falle gegen den Pellwormer Schiffer Momme Johansen. Dies gab dem Kirchspiel Pellworm mit Bezug auf die Stadtprivilegien Anlaß zu einer Beschwerde und befahl darauf der Herzog Christian Albrecht folgerichtig, die Pellwormer bei ihrer Freiheit zu lassen und sie dawider nicht zu beschweren, stellte es jedoch der Stadt frei, wenn sie rechtsbegründete Ansprüche in dieser Veranlassung zu haben vermeinte, dieselben im ordentlichen Weg Rechtens auszuführen. Unvorsichtiger Weise ließ die Stadt sich auf den Rechtsgang ein, es fiel aber der Proceß zu ihrem Nachtheil aus, denn er wurde unterm **13.** März **1663**

*) Beil. I., № 49.
**) Beil. II., № 18.
***) Beil. I., № 62, 7.

dahin mit Vergleichung der Kosten entschieden, daß die Pellwormer in dem hergebrachten Besitz ihrer Freiheit zu belassen, so lange die Kläger nicht besser, wie geschehen, nachwiesen, daß die Beklagten zur Erlegung dieser Abgabe schuldig. *)

Glücklicher waren die Husumer dagegen mit Rücksicht auf die Participianten von Nordstrand. Es war bekanntlich die Wiederbedeichung eines Theils des in diesem Jahrhundert durch die Fluthen zerrissenen Strandes einer Niederländischen Gesellschaft vom Herzog Friedrich überlassen. In der Octroy vom 8/18. Juli **1652** **) war den Participianten unter andern auch die Freiheit von allen Hafen-, Tonnen- und Bakengeldern im herzoglichen Gebiet auf **14** Jahr nach Vollendung jeden Deichwerks zugestanden. Obgleich nun der Friedrichskoeg, der später wieder zerstört wurde, **1654** schon vollkommen eingedeicht und die **14** Freijahre verflossen waren, weigerten die Participianten sich, von den ein- und ausgehenden Schiffen die Abgaben zu erlegen. Der Herzog Christian Albrecht erkannte nun den **13.** Septbr. **1670** ***) und zwar bei früher angedrohter Brüche von **20** ℛ diesen Koeg, sowie auch den zweiten und dritten, wenn sie vollendet wären, hiezu schuldig und erlaubt, Widerspenstige durch Wegnahme des Steuerruders oder sonstige Zwangsmittel zur Zahlung des Bakengeldes und der verwirkten Strafe anzuhalten. Merkwürdig ist hier, daß die Nordstrander trotz der allgemeinen Freiheiten der Marschen zur Zahlung dieser Abgabe schuldig erkannt worden, die Pellwormer kurz vorher davon freigesprochen; dies mag darin seinen Grund haben, daß durch die Wasserfluth die Inseln Nordstrand und Pellworm getrennt waren, letztere allerdings den Thurm als Seezeichen unterhalten mußte, während die erstere als ein ganz neugewonnenes Land angesehen werden konnte, deren Rechte und Freiheiten durch die Octroy bestimmt wurden. Uebrigens finden wir später, daß auch den übrigen octroyirten Koegen diese Freiheit nicht zugestanden wurde.

Eine andere Streitigkeit über die Heverschifffahrt zu ungefähr derselben Zeit wurde gleichfalls zu Gunsten der Husumer entschieden. Der Stadt Tönning war es durch eine Verfügung des Herzogs Friedrich III. vom **20.** Febr. **1631** ****) wegen des kümmerlichen Zustandes des Schifferhauses und der Schifferarmen verstattet, von jedem Schiffe, welches die Häfen und Sielen der drei Lande besuchte, ein gewisses Lastgeld zu

---

*) Beil. II., № 19, 20, 21.
**) C. St. Sl. I., pag. 560, 568.
***) Beil. II., № 22.
****) C. St. Sl. III., 2. Abtheilung, pag. 31.

erheben. Der Tönninger Hafenmeister August Axen, ein geborner Husumer, verlangte diese Abgaben nun auch von den Schiffen, welche im Sieversflether und Uelvesbüller Siel anlegten und von da Korn u. s. w. zur Auffolderung nach Husum verführten, also den Binnenlandsverkehr vermittelten. Dies wurde den Husumern, welche mit der Nordküste Eiderstedts immer in vielfacher Verbindung standen, lästig und beschwerten sie sich deshalb bei dem Herzoge. Dieser resolvirte nun unterm **3.** März **1673** *) in dieser Angelegenheit, daß der Hafenmeister von Tönning nur von dem seewärts aus- und eingehenden Schiffen dieses Lastgeld zu fordern berechtigt sei, nicht aber von den Küstenfahrern.

Diese günstigen Entscheidungen konnten für das Aufkommen des Tonnen- und Bakenwesens von keinem großen Erfolg sein, da im Laufe der Zeit bei dem Schiffergelage die größte Unordnung eingerissen war. Es wurden nemlich die Gelder untreu verwaltet, zum Theil unterschlagen, zum Theil durch die Gurgel gejagt, oder gar unter die einzelnen Mitglieder als Privateigenthum vertheilt und dann der Bürgermeister und der Magistrat über die Ausgaben in der Rechnung getäuscht. Letztere, wie sie dies in Erfahrung gebracht, bedrohen die Schuldigen mit strenger Untersuchung und Strafe, erlassen aber vorläufig unterm **19.** Januar **1667** **) einen Abschied um dem Umwesen für die Zukunft zu steuern. Nach dieser Verfügung müssen alle Nichtschiffer aus dem Gelage ausscheiden und werden diesmal aus den wirklichen Schiffern, es scheinen ihrer damals nur vier gewesen zu sein, einer und aus den alten Schiffern gleichfalls einer (Michel Petersen und Hans Claussen) zu Aelterleuten ernannt, nicht wie sonst gewählt. Diesen wird es zur strengen Pflicht gemacht, für das Tonnen- und Bakenwesen zu sorgen und besonders dafür, daß sie zur rechten Zeit ausgelegt werden; die Ausgaben für die Zehrung einschränkt und das üppige Prassen abschafft ***), der Ueber-

*) Beil. II., № 23. Sämmtliche Urkunden sind aus M. J.; diese auch in Giese's handschriftlicher Sammlung, wo sich auch die ziemlich weitläuftige Beschwerdeschrift der Stadt Husum findet.

**) Laß, pag. 126. hat den 29. Januar 1665, die Urkunde bei Giese aber das im Text aufgenommene Datum. Beil. II., № 25.

***) Prassen und Schwelgen auf Kosten der öffentlichen Kassen war damals trotz vielfältiger Verbote sehr im Schwunge und wurde, wie schon angeführt, den Gasthaus- und andern Registervorstehern untersagt, wie es scheint, ohne großen Erfolg. Wenn es ein Trost sein kann, mag bemerkt werden, daß fast in allen Commünen, besonders den Städten, hierüber Klage geführt wurde.

schuß der Einnahme unter Zuziehung des Bürgermeisters und Kämmerers zinslich belegt und dieselbe nicht als Privatgut, welches unter die Mitglieder zur Theilung komme, angesehen werde. Ueberall liegt es ihnen ob, das Wohl der Schifffahrt und des Handels im Auge zu haben. Der Tonnenmeister, jetzt nur einer, dessen Besoldung zu bestimmen der Magistrat sich vorbehält, hat richtige Rechnung zu führen; die Einnahmen und Ausgaben genau und richtig zu verzeichnen, sowie den Anordnungen des Magistrats Folge zu leisten. Das Zehren und tägliche Saufen auf Kosten der Gilde wird verboten, ein mäßiger Trunk Bier bei mühsamer Arbeit unter Umständen gestattet, aber dies soll offen und ehrlich in der Rechnung aufgeführt werden, damit der Rath den Umfang beurtheilen kann, so auch bei der jährlichen Rechnungsaufnahme, für welche eine bestimmte Summe ausgesetzt werden soll. In der jährlichen Rechnung sind nicht allein die Tonnen- und Bakengelder aufzuführen, sondern auch die Zinsen der ausstehenden Capitalien und die sonstigen Einnahmen und wird, damit die jetzigen Aelterleute besser übersehen können, was Hand und Gurgel ihrer Vorweser übrig gelassen, der Stadtsecretair angewiesen, über die Obligationen und das Vermögen des Gelages ein Inventar aufzunehmen und was nicht sicher belegt ist, einziehen und anderweitig sicher unterzubringen. Wie mit den untreuen Verwaltern verfahren werden soll, ob sie zur Schadloshaltung anzuhalten, ob Andern zum Beispiel abzustraffen, darüber behält der Magistrat sich weitere Beschlüsse. Am Schlusse der Urkunde ist ausdrücklich bemerkt, daß dieses den neuen Verordneten zum Seegelage vorgehalten.

Später kam zu der Tonnen- und Bakenabgabe auch noch Hafen- und Brückengeld; weil die Stadt jetzt große Kosten auf die Aue, den Hafen und das Bollwerk wenden mußte, wurde auf Vorschlag des Magistrates nach dem Beispiel anderer Städte dies Hafengeld bei dem Herzoge in Vorschlag gebracht und von diesem **1696**, in welchem Jahr es zuerst eingeführt scheint, die Erhebung nach einer vorgelegten Rolle genehmigt. *) In der Joverschen Sammlung ist diese Rolle enthalten, welche sehr genau die Angaben von jeder Art Waaren specificirt, der indessen die Angabe des Jahres fehlt, doch kann es kaum bezweifelt werden, daß es die **1696** von Friedrich **IV**. genehmigte ist. Nach dieser Rolle sind noch nicht, wie später die Einwohner vom Hafengeld frei, ebensowenig wie sie in der Urkunde ausgenommen. Die Hebung dieser Abgabe hatte gleichfalls der Tonnenmeister, jedoch wurden

*) Beil. № 24.

beide Rechnungen getrennt geführt, da das Brückengeld der Stadtcasse, das Tonnengeld dem Schiffer- und Kaufmannsgelage, dem spätern Commerzium, zufiel.

Im Laufe der Zeit wurde das Tonnen- und Bakenwesen ausgedehnt und bedeutend verbessert, das Fahrwasser der Hever nicht allein, sondern bis zur Listertiefe hinauf betonnt und die Baken vermehrt. Auf den Antrag des Commerzcollegii *) und nach eingezogenem Gutachten des Statthalters wurde unterm **29.** Octbr. **1743** eine renovirte Tonnen- und Baken- wie auch Hafenrolle erlassen und in **30** Paragraphen die ganze Einrichtung geordnet. **) In der Rolle werden beide Abgaben für die alphabetisch aufgeführten Waaren bestimmt und bezahlen Fremde das zwiefache Tonnen- und Bakengeld gegen die Husumer, welche auch von dem Hafengeld frei sind. Der Tonnenmeister soll, statt wie früher von den Schiffern und Kaufleuten mit Wissen eines Bürgermeisters und Rathsherrn oder des Kämmerers jetzt von dem Commerzcollegio unter Zuziehung einiger verständigen Schiffer und Kaufleute gewählt, und er ordnungsmäßig in Eid und Pflicht genommen werden; er ist zugleich Hafen- und Brückenmeister, weshalb an der Wahl auch einige Mitglieder des Deputirtencollegii Theil nehmen; doch bilden beide Anstalten zwei verschiedene Kassen, das Hafengeld fällt an die Kämmerei, das Tonnengeld an das Commerzium.

Die Schiffer sind verpflichtet bei dem Einfahren vor Beginn des Löschens und vor dem Auslaufen über ihre Ladung eine richtige Angabe zu machen; falsches Declariren oder gänzliches Unterlassen wird das erste Mal mit **2** ℛ︀, dann mit **3** ℛ︀ und so ferner immer mit **5** ℛ︀ Brüche an die Armenkasse bestraft. Die Einwohner der Landschaft Eiderstedt, Helgolands und der umliegenden Inseln, Nordstrand einschließlich, sind in Betreff ihrer Landesproducte und ihrer Lebensbedürfnisse vom Tonnen- und Bakengeld frei, erlegen aber nach der Größe ihrer Fahrzeuge jedesmal **1** — **4** ß, die dem Hafenregister, weil es die kleinen Baken in den Binnenrevieren unterhält, zu berechnen sind; über diese Abgaben können die Schiffsführer sich auch für das ganze Jahr mit dem Rechnungsführer vereinbaren.

Letzteres ist der Tonnenmeister; er hat für die zeitige Ausbringung und Aufnahme der Tonnen und Baken (Peters-

---

*) 1731 wurden in allen Städten Commerzcollegien eingeführt, die indessen bald wieder eingingen; hier, wo es aus dem alten Schiffer- und Kaufmannsgelage hauptsächlich bestand erhielt es sich bis in die Gegenwart hinein.

**) C. St. Sl. II, pag. 753.

tag und acht Tage vor Martini) zu sorgen, sowie darüber zu wachen, daß dieselben während des Sommers in Ordnung bleiben, weshalb er das Revier ein oder zwei mal besichtigen muß, welcher Besichtigung einer der Aelterleute, deren Schiffer und Kaufleute jeder zwei haben, beiwohnt. Zum Herbst werden ein oder zwei Wintertonnen und zwei bis vier Treibbaken nach Aufnahme der Sommertonnen ausgelegt. Der Dienst des Rechnungsführers steht auf halbjährliche Loskündigung von beiden Seiten und hat er als feste Einnahme aus dem Tonnenregister 40 ℛ︎, aus dem Hafenregister 20 ℛ︎, daneben an Sporteln für jede Angabe der Einwohner 1 ß, von Fremden 2 ß und wenn er die Angabe für sie entwirft, resp. 2 und 4 ß. Seine Rechnung muß er zwei Monate nach Ablauf des Jahres vor dem Commerzium und den Beikommenden, denen, welche bei der Wahl concurriren, ablegen.

Der Ueberschuß des Hafen- und Brückengeldes ist auf die Reparatur des Hafens und der Brücke zu verwenden und muß das Tonnenregister nöthigenfalls von seinem Ueberschuß 100 ℛ︎ zu demselben Zweck hergeben; würde letzteres großen Schaden an Tonnen- und Baken leiden, soll die Stadtcasse, wenn diese so viel genossen, mit 1 — 300 ℛ︎ zu Hülfe kommen, sonst aber das Tonnen- und Bakenwesen der Commüne nicht weiter zur Last fallen. Der Ueberschuß desselben ist zu capitalisiren und zinslich zu belegen, indessen kann verarmten Schiffern und Kaufleuten, sowie auch der Mannschaft eines verunglückten Schiffes aus dieser Kasse, wenn sie dazu im Stande, eine Unterstützung von 10 — 20 ℛ︎ gereicht werden. Das Commerzcollegium hat die Aufsicht über beide Institute, doch darf ohne königliche Genehmigung keine wesentliche Veränderung getroffen werden.

Da jetzt das städtische Tonnen- und Bakenwesen sich über alle Reviere der Hever bis zur Lister- und Schmaltiefe hinauf erstreckte, waren in allen kleinern Häfen der Umgegend Untereinnehmer z. B. bei Südwesthörn, Wyk u. s. w. angestellt, denen nach einem Additament der Tonnen- und Bakenordnung vom 23. Novbr. 1757 *) bei allen Behörden gegen die Schiffer schleunige Rechtshülfe zugesichert ist. Die Einwohner der neuen octroyirten Koege des Festlandes suchten nach dem Beispiele Eiderstedts und der Inseln, dieser Abgabe sich zu entziehen, wurden aber unterm 3. Juni 1755 zur Leistung dieser Abgabe pflichtig erklärt. Nach einem Patente vom 19. Mai 1770 **) sind die Seefahrer verpflichtet, bei Strafe von 10 ℛ︎

*) Schl. Holst. Anzeigen 1757, pag. 841.
**) Chronolog. Sammlung, Jahrgang 1802, pag. 182.

mit der ersten Gelegenheit nach Husum zu melden, wenn sie eine Seetonne treiben oder an das Ufer geschlagen finden; die Bergung einer solchen wird mit 10 ℛ𝒮, ist Stein und Kette noch daran, mit 20 ℛ𝒮 belohnt; früher wurden angetriebene Seetonnen wie Strandgut behandelt, doch mußten sie Jahr und Tag, in welcher Frist der Eigenthümer sie zurückfordern konnte, liegen, ehe zum Verkauf geschritten werden durfte. *)

Mit den Einwohnern der Inseln Föhr und Amrum, die nicht zu den befreiten Districten gehörten, entstand sowohl über die Betonnung und Bebakung der Schmaltiefe als über die Abgaben Streit. Zur Erledigung desselben wurde eine Commission ernannt und nach eingenommenem Augenschein in dem schon erwähnten Additament von 1757 **) festgesetzt, daß die Stadt bei ihrem Rechte die Schmaltiefe zu betonnen und bebaken zu schützen, sowie bei den in der Tonnen- und Bakenordnung von 1742 bestimmten Abgaben, dagegen aber die Stadt in der Schmaltiefe zwei Tonnen und auf Marschnack zwei Baken, auch im Winter unterhalten und für die möglichste Sicherheit der Schifffahrt zu allen Jahreszeiten bei Verlust ihres Rechtes sorgen sollte. Außer dem Tonnen- und Bakengelde hat die Stadt dafür noch von dem die Schmaltiefe passirenden Schiffen für die Schiffsmannschaft und deren eigene Sachen jährlich eine nicht bedeutende Abgabe zu erheben. Durch ein Patent vom 13. April desselben Jahrs war auf frevelhafte Beschädigung und Entfernung der Tonnen und Baken Karrenstrafe gesetzt, diese wird auf Todesstrafe erhöht und diejenigen, welche solchen Frevel erfahren und nicht anzeigen, mit Zuchthaus- oder Karrenstrafe bedroht. Im Jahre 1845 ist das ganze Hafen-, Tonnen- und Bäkenwesen von der Regierung übernommen und das Commerzium wegen der Einnahme durch eine Geldsumme entschädigt.

*) C. St. Sl. I., pag. 586.
**) Chronol. Sammlung von 1757.

Beilagen I.

№ 1.

Vertrag der Dörfer Oster- und Westerhusum mit dem Kirchspiel Mildstedt. 1431.

Wy Bunden vnd gantze Meinheit Inwahnere der Dörpere Oster-Husum vnd Wester-Husum an dem Kerspele Mildstede belegen, bekennen vnd betügen apenbar an dissem Breve vor alle den gehenen, de ehn sehen edder hören lesen, dat wy alle mit Eindracht vnd mit der Hochgebornen Forsten vnser gnedigen Herrn, Herrn Aleffes vnd Gerdes, Hertzogen tho Schleßwig willen, wittschop vnd vollborth de de vorgeschreuenen vnse gnedigen Herren vor sick, ehre Eruen vnd Nahkomlinge dartho geuen vnd mit ehren apenen Brefen verschreuen vnd versegelt hebben, vns vnse Eruen vnd Nahkomlinge. Inwahnern der vorgeschreuen Dorpere Osterhusum vnd Wester-Husum, vnse stahnde Erue liggende Grunde vnd de stede vnd de Grunde dar wy vppe wahnhaftig sint mit aller thobeherungen, Rechtlich vnd Redeliken des Donnersdages negst vor Pfingsten des Jahrs, Alse hierna schreuen steiht: Up dem Dinge tho Husum sunder wedderspracke vor vnser verschreuene gnedigen Herrn, vogede tho Gottorff Hinrich Rixstorff Apenbahr hebben verpflichtet vnd Schuldenere macket in allen Articulen vnd stücken vnd in aller Wyse, Alse hierna schreuen steith. Alse dat wy, vnse Eruen vnd Nahkomlinge, Inwahnere der verschreuene Dorpen Husum, alle Jahr tho ewigen tiden scholen geuen dem Kerckherrn tho Mildstede vnd sinen Nahkomlingen tho der Capellen, da wy vorschreuene Inwahnere tho Husum na willen vnd vollbordt deß Ehrwerdigen in Gott Vaders vnd Herrn, Herrn Nicolay, Bischop tho Schleßwig vnd na Inholt siner Breve vnd Besteding darvp in des wirdigen hilligen Kreutzes vnd der Hochgelauenden Jungfrauwen Maget Marien vnd S. Lamberti des H. Bischopes Ehre buwen vnd sollen willen **20** Lübsche Mk. pennige Jährlicher Rente,

Alse tho Lübeck vnd Hambörch gange vnd geue sint vnd dar ein gudt Man dem andern im Lande tho Holstein mede voll dohn magk. Alle Jahr vp S. Martens Dach ahne Vertog in Rehdem Gelde thosahmende an einem Summen woll tho bethalende, wehret dat in Natiden, wy vnse Eruen vnd Nahkomlinge, Inwahnere tho Husum verschreuen 20 Mk. Lübisch Jährlicher Rente nicht bethalet hadden. In dem 4 hilligen Dagen tho Weihnachten negst na dem S. Martens Dage, Alse wy vns vnse Eruen vnd Nahkomlinge verpflichtet hebben, so scholen wy vnd willen vnse Eruen vnd Nahkomlinge Altohandt nah den 4 hilligen Dage tho Weinachten pflichtig wesen, de verschreuene Rente duppelt tho bethalende dem vorbenahmeden Kerckherrn vnd sinen Nahkomblingen; Also 40 Mk. penniges dersuluen Rente an Einem gantzen Summen, van welcke 40 Mk. Rente wy vns vnse Eruen vnd Nahkomblinge in allen Arctikuln vp de verschreuene Dinge verpflichtet vnd verbunden hebben, Alse verschreuen ist. Van den 20 Mk. vnd quemet denne, dat Gott verbode, dat wy vnse Eruen vnd Nahkomblinge, da pflichtig wehren tho bethalen, in der wiese Alß verschreuen ist. Wente vp dem Sonndage tho vastelauende negst darnah tho kahmende nicht bethaleden, So hebbe wy vor vns vnse Eruen vnd Nahkomblinge vervollbohret, dat man an den Kercken wor wy vnd vnse Eruen vnd Nahkomblinge edder etlicke von vns kamende werden. Schwiegen schall vnd so lange sunder Gadesdenst wesen scholen, dat wy vnse Eruen vnd Nahkomblinge de verschreuen 40 Mk. vullenkahmen bethalet hebben vnd forthin hebben wy vns vnse Eruen vnd Nahkomblinge vp dem vorschreuenen Dinge verbunden vnd verpflichtet, dat de vorschreuene Capelle vnser Kercken tho Mildstede neen Vorringk vnd schade wesen schall vnd dat wy' vnse Erven vnd Nahkomblinge Inwahnere thö Husum willen vnd scholen vnser vorbenahmen Kerken vnd vnsere Kerkherren tho Mildstede dohn all was wy ehn van Rechte pflichtig sint. Alle disse vorschreuenen Loffte vnd stücke hebbe wy bunden vnd Meinheit verschreuen vor vns vnse Eruen vnd Nahkomlinge Inwahnere tho Husum mit vnser verschreuen gnedige Herrn, Hertzogen tho Schleßwig Willen, Wittschop vnde Vollbordt vp de Erue liggende grunde vnd thobehoringe tho Husum, Louet schreuen vnd versegelt Ewich tho holdende Ahne Arch. Ock scholn wy vnse Eruen edder Nahkomblinge vnd willen vns nicht vnd Nemandt van vnsertwegen schall sick bekümmern mit der Lehnwahre dersuluen Capellen, deß tho groter Wittlichheit disser vorschreune stücke hebbe wy Bunden vnd gantze Meinheit, Inwahnern der Dorpere Oster-Husum vnd Wester-Husum vorbenahmen unse Insegell, des vns vnse gnedige Herrn Aleff vnd Gerdt, Hertzoge tho Schleßwig vorbenahmt nun tho disser tidt geuende sint, mit willen hanget an dissen Breff Nach Gades Borth **1421** Jahre an S. Lucas Dage des hilligen Euangelisten.

№ 2.

Herzogen und Graven Alffes und Gerdes Consensbrief und Confirmation aver der Osterhusumer und Westerhusumer Verdracht mit den van Mildstede in erbauung der Capellen to Husum, wat se dem Kerckherrn jährliches to geven sich verpflichtet und obligiret, up Gemeine Hardesdinge, wo hernach folget: *)

Wir von Gottes gnaden Alff und Gerdt, Herzogen zu Schleswig, Greve to Holstein, Stormarn und to Schawenburg, bekennen und betügen apenbar an desseme Breve vor alle de Genen, de ehm sehen edder hören lesen, dat mit unser Wittligkeit und vollborth, de wy vor Uns und Unse Erven vnd Nakamlinge dartho geven hebben und geven in Macht disses Brefes, Unsern treuen Lüden und Menheit in Unsern Dorpern Osterhusum und Westerhusum wahnhafftig, sich mit aller Eindracht ehren Erven und Nachkomlingen in tokammenden Tyden Inwahnern der vorschreven Unser Dorpern, ehre stande Erve, ligende Grunde, und de stede und Grunde, darup se wahnhafftig sint, mit allen Tobeherunge rechtligcken und redlicken des Donnersdages vor Pfingsten, up dem Dinge to Husum sunder wedderspracke Vor Unserm Vogede Heinrich Rixstorpen apenbahr hebben verpflichtet und Schuldenern macket in allen articuln und stücken und in allerwiiß alse hierna stehet, Also dat se alle Jahr to ewigen tyden scholen geven dem Kerckherrn to Mildstede und sine Nakomlinge to der Capellen, de de Vorstehers Unser Lüde Menheit in des würdigen, heiligen Creutzes und hochgelavede Jungfrauen, Magede Marien und S. Lamberti, des heilg. Bischops ehre buwen und setten willen, **20** Mk. lübsch Pennige Jährlicher Renten, alse to Lübeck und Hamburg gange und geve sind und dar ein gude Mann dem andern in dem Lande to Holstein mede vol dohn mag, alle Jahr up S. Martens Dag ohne Vortog in redem Gelde tosamende an einer

---

*) Die Ueberschrift bei Michelsen lautet: Dyt is de vulbordes Breff der Heren Hartogen Alues vnde Gerdes vppe de Capelle to Husem to buwende vnd wath de Inwahnern darsulueſt vorplichtet synt jarlikes to geuende eren Kerkhern alse **XX** Mk. lüb. pen. 1431. — Die mit gesperrter Schrift gedruckten Worte fehlen bei Michelsen.

Summen wol to betalende. Weer dat in natiden desülve unse Lüde und Menheit edder ehre Nakamlinge Inwahnern to Husum de vorschreven 20 Mk. lübsch Jährlicher Rente nicht betalet hedden, an den 4 hilligen tagen to Weinachten nechst dem S. Martens Dage, alse se sich verpflichtet hebben, so scholen se alltohandt na den 4 hilligen Dagen to Weinachten pflichtig wesen, de vorschrevene Renten dobbelt to betalende dem Kerckherrn und sine Nakamlinge vorbenombt, alse 40 Mk. lübsch pennige dersülven Münte an einer gantzen Summen, vor welche 40 Mk. se sick in allen articuln up den vorschreven Dinge to Husum verpflichtet und verbunden hebben alse vorschreven ist von den 20 Mk. Und quem et denne, dat Gott vorbede, dat diese vorschreven Unse Lüde vnd Menheit diese 40 Mk. van der tydt an, alse se de pflichtig wehren, to betalen, in der wyse alse verschreven ist, wente up den Sontag to Vastlavende nechst darna tokammende nicht betaleden, so hebben se dat vor willkohret, dat man an den Kerken, wor se edder etliche van ehn kamen werden, vor ehn schwiegen schal und so lange sunder Gades denste wesen scholen, dat se de 40 Mk. vollkamen betalet hebben und vort hebben wy und unse Erven up den vorschreven Dinge verbunden und verpflichtet, dat se willen doen dem Kerckherrn, Karcken und in der Kercken tho Milstede Erbeitl. also was se von Rechte pflichtig sint. Alle disse vorgeschrevene Loffte und stücke hebben desülve unse Lüde vor sick ehre Erven und Nakommlinge, Inwahnern to Husum mit unser Wittlicheite vnd vollbort *) schreven und versegelt ewig to holdende ahne Arch. Und Wy Alff und Gerdt Hertzoge nebenst unse Erben und Nakommlinge scholen und willen dem vorbenahmen Kerckherren edder sinen Nakommlingen dar nümmer ahne hindern; weret dat de vorbenahmen Unse Lüde, ehre Erven edder Nakommlinge behuff hedden to pfandende etliche Inwahnern to Husum, de to dem vorschrewen Gelde schuldig weren, det scholen se van Uns, Unse Erven und Nakommlinge wegen Macht hebben einen Islichen up sinen Andeel to pfandende sunder ander Orloff und scholen daran wedder Uns, Unse Erven edder Nachkommlinge edder Unse Vogede nicht doen. Ock scholen Wy und Unse Erven edder Nachkommlinge und willen Uns nicht und nemandt von Unsertwegen schal sick bekümmern mit Lehnware dersülven Capellen, des to grotern Wydheit dieser vorschreven stücke hebben Wy Alff und Gerdt Hert-

*) vppe de stande erue, liggende Gründe vnd thobehorunge tho Husem — hat Michelsen noch.

zoge und Greve Unse Insegel mit willen henget laten an diesen Breff. Na Gades Borth 1431 Jahr des Sontags na Pfingsten rc.*)

Alff und Gerdt.

№ 3.

Vertrag mit dem Kirchherrn Hinrich Schriver zu Mildstedt 1448.

Wy Nicolaus van Gades Gnaden Bischop tho Schleßwig vnd Otto Splitt Voget tho Gottorp, na willen vnd volbordt des Ersamen Herr Hinrich Schriuer Kerkherrn tho Millstede siner vnd siner Nahkomlinge van der enen vnd der vorstander der Capellen vnd gemeinen Inwahner binnen Husem, ehrer vnd ehrer Nahkomlinge van der andern sieden, hebben bedinget, macket vnd bestadigt ehren Eindracht vp der Kerspell Recht, der verschreuen Capellen binnen Husem vnd de Erues beiden Dehle. Alle Articuln mit irigem willen volbordeten vnd beleueden nach disser nachschreuen wiese dat de erg. vorstander vnd Inwahner alle Jahr scholen vthgeuen dem Kerckherren tho Millstede 16 Lübisch Mk. jahrlicker Ewiger Renthe Alse tho Lübeck vnd Hamborg gange vnd geue sint, Alle Jahr vththogeuende an den 8 Dagen tho S. Michaelis, vortmehr scholen de van Husem schicken dem Kerckherrn tho Millstede, de de Capelle regeren schall, binnen Husem ene Wedemen, dat solckes vp einer bequemen vhrigen stede woll gebuwet vnd de buwete mit de Haue in gudem wesende holden vnd tho Ewigen Tiden, ock scholen se desuluen Offerdagen holden, de Gades Lichnamb entfangen, Alse Wonheit is tho Schleßwigk vnd Flenßborg vnd de Kerckschwaren scholen alle, wat tho dem hohen Altar tho dem Denste Gades gehoret, bestellen. It. scholen de van Husem ehnen sundergen Koster holden, ehme lohnen vnd schicken Husinge vnd dem Koster tho Millstede, Alle de der seyen tho Felde 6 schepels Korns Jährichs geuen vnd licket Schipp Roggen.**) Item scholen de van Husem der Kercken tho Millstede 4 Mk. Ewige Jahrlicke Rente macken in Münte so vorsettet ist; Hirvp sint de van Husem nicht mehr verpflichtet tho Millstede den andern Prestern edder Köstern men Alse vorschreuen ist. Wanehr de van Husum willen de vorschreuen 4 Mk. Jahrlicker Rente wedder fry kopen mit

---

*) Dat Anno Domini MCCCCXXXI Dominica Oculi. Mich.

**) Eine Handschrift hat hier: en Dacker Schipp Roggen, statt licket Schipp Roggen.

60 Lübsche Mk. so dat se dat den Kerckeschworn verkündigen vp Johannis Dagh; darnach vp den 8 Dagen S. Marten vermögen 60 Mk. Lübisch mit allen nachstahenden Renten, jegen disse vorschreuen Articull scholen de van Husum nicht dohn. Men holden se mit allen Andern Breven geuen vp de Capellen tho Husem stede vnd fast. Hirvp will vnd schall de ehrbenandten Kerckherrn tho Milstede vnd Ewiger vicarius tho Husem den Inwahnern sulven edder vormittelst einen andern dortho Settene dohn, mit allen Sacramenten, Graffpredigken, Doden vnd Leuendigen, mit allen stücken als dem Kerckherrn bördt tho doende, den Kerspelluden alle disse vorbenandten Artikul vnd stücke, tho mehrer tücheniſſe vnd Widtlichheit hebben wy Nicolaus van Gades Gnaden Bischop tho Schleßwigk vnd Otto Splitt ehrbenompt vnse Insegell mit willen hengen laten an dissen Breff De geuen vnd schreuen ist an der Kercken Millstede nach der Borth x. 1448 Jahr am Dage Proci vnd Jacmaei u. s. w.

№ 4.

Quittung des Magisters Johannis Tetens über die Ablösung der 4 Mk. Rente. (1496.)

Ick Magister Johannes Detens, Dohm-Herr tho Schleßwig Kerckherr tho Milstede vnd Husem bekenne in dissem tegenwerdigen Brefe, dat in der Tidt, dohn de Capellen tho Husem mit willen gedehlet werdt vnd gescheden werdt in allen Kerspellrechten van der Kercken tho Mildstede mit Fründschop vnd volborde des Kerck-Herrn, Hr. Hinrich Schriuer, Se gedechtniß vnd alle de gehenen, de so dahne Handel vnd delinge Röhrende was, hebben levuntlicken gescheiden durch versegelte Breve darvp ludende, dat de Inwahnern tho Husum willen vnd scholen jahrliches verrenten der hilligen Kercken tho Milstede 4 Marck lübsch in den 8 Dagen S. Martini Sunder Jenniglicken wedderspracke, vnd wanner de Inwahnern tho Husèm sodahne jährlicke Rente willen entloset vnd entrichtet wesen, So scholen sodahne Inwahnern der Lasinge ein halv Jahr thovorn dem Kerckherrn tho Milstede vnd den Kerckschwornen semptlichen verkundigen, welckere Verkundigunge my M. Johann ehrbenandt vnd der Kerckschwornen by nahmen Thomas Petersen, Harm Momsen, Tonnies Gehelingk vnd Jens Lauren Apenbahret ist, durch bescheden Menner de dartho van der Meinheit geschicket wehren. In dem Jahr dohn men schreff na der Bordt vnsers Herrn tidt 1400 darna im 95. Jahre, vnd darna in dem negsten Jahre volgende in den

8 Dagen Martini de Bethalinge 60 Mk. lübsch hovetstoels mit der bedageden Rente vnd samptlicken tho genüge bedahn ist, worumb wy vorschreuen vollmechtige Vorwesern der vorbenahmden Kercken vor vns vnd vnse Nachkomlinge, sodahne Inwahnern des Kerspell Husum vnd ehre Nachkomlinge gebahren vnd vngebahren verlaten, Quitten vnd vhrigen vnd sodahne besegelde Brefen dervp Ludende kreneken vnd Machtloß macken. In Krafft vnd Macht disses Brefes vnd hebben dessen tho groter tüchenisse der wahrheit des gemeinen Carspells tho Milstede Insegell mit vnsen guten Willen hengen heten vor dissen Breff de geuen vnd schreuen ist, nach Borth vnses Leuen Herrn 1496. Am Auende Catharinae Virginis.

№ 5.

Entscheidung Herzogs Friedrich über die 20 Mk. Rente. 1497.

Wy Friederich van Gades Gnaden Erffgenahme tho Norwegen, Hertzog tho Schleßwig ock tho Holstein u. s. w. Dohn wittlick bekennen vnd betügen bekenbahr In vnd mit dissem Jegenwerdigen vnsern Breffen vor Als wehme, wo dat vp datu dessens vnses Brefes, vor vns vnd etzlichen vnsen Leuen getreuwen Rheden sin erschenen, de vollmechtigen vnser Leuen getreuwen Vnderthanen vnd Inwahnern binnen vnsem Blecke tho Husumb vnd hebben darsuluest dem verdigen Mester Johan Tetens, Kerck-Herrn tho Millstede vnd der Capellen tho Husum ock Jegenwerdig belanget vnd angespracken, wo dat de van Husem durch ehn vmb 20 Marck Lübsch Jahrliche Rente, ehme Jahrliges by Peen tho entrichtende vnd tho bethalende, der se sick mit Rechte ehme nicht vermeinden pflichtig tho beschwerlich belanget vnd angesprackeu vnd mit Flite Alse ehrem Landes-Fürsten vnd Herrn, Se by Rechte tho beholdende vnd det se derwegen van Ehme vnd sine. Nahkomlingen fürder mehr vnbeschweret mochten bliuen, Angefallen vnd gebeden, dartho dho weddervmb Mester Johannes Tetens Kerckherr obgenandt Antworde vnd sede: Wo dat so dahn 20 Marck Lübsch Jahrlicher Rente ehre Vorfahren tho Husem mennige Jahr thovorn ehren Kerckherrn thor tidt gewest, vnd ock ehme entrichtet vnd sick desuluen ehre Vorfahren des also vordan tho Ewigen Tiden deme Kerckherrn tho Milstede vnd der Capellen tho Husem tho Tidt synd verpflichtet hadden vns darbeneuen einem vnsern S. Vorfahren vnd Leuen Ohmen Herr Aleffen vnd Herr Gerdes Gebrodern, wandages Hertzogen tho Schleßwig 2c. der Gott gnedig sin, openen versegelten Breff

Ertogende, damit vnd in desuluen vnse S. Ohme bewilliget beleuet vnd beuolbordet, dat da van Oster-Husum vnd Wester-Husum de thor tidt by Leuende sick vnd ehre Nachkomlinge Inwahnern tho Husem sunder alle Wedderspracke vnd Inhalt dem Kercken-Herrn tho Milstede vnd synen Nahkomblingen tho Ewigen Tiden tho den Capellen tho Husem by Peen alle Jahr 20 Marck Lübsch tho entrichtende vnd tho bethalende wieders Inholts dessuluen ehren Brefes, So de hier van worden tho worden Einludes, mit dem rechten Hovetbrefe nahfolget vnd nahschreuen steit, verpflichtet hadden.

(Folgt Nr. 2 wörtlich.)

Welcke Sacken wy na mennigerley mehr Reden vnd Wedder-Reden beider Parte mit samste dersuluen vnser Reden dar Jegenwerdig by vns thor stede verhoret. Düplich avergewagen vnd darvp Recht vthgesprecken laten hebben, dat de obbenannte vnse Vnderthanen tho Husem vnd ehre Nahkomlinge tho Ewigen Tiden der bemelten vnser Leuen Ohme S. Hertzogen Alesses vnd Gerdes versegelten vnd beleveden Breff durch was de ock sulueſt by Macht befunden, von Worden tho Worden in Allermathen tho holden vnd gnug tho dohnde scholen verpflichtet vnd verbunden sin. Des tho Ohrkunde hebben wy vnse Secreth widtlick hengen hethen, benedden an dissen vnsen Breff. Gegeuen tho Gottorf nach Christi vnses Herrn Geborth 1497 am Sondage in der hilligen drey Konige achte Dage.

№ 6.

Willkühr der drei Lande.

Van Goddes gnaden, wy Alff Hertog tho Schleswig rc. bekennen apenbahr vnd betügen in dießem Breff vor Alß wehme, dat binnen Husumb in vnsen vnd etlichen vnses Rades Jegenwerdigheit, vnser dreier Lande Eiderstett, Euerschop vnd Vthholm Rhäde vnd Menheit Eindrechtigen willkührden vnd setten vmb Bestendigheit willen der Lande disse nachbeschreuene Stücke vnd articuln.

Thom Ersten setteden Se vnd willköhrden, dat Neen man binnen Landes scholn dregen Armböst, Ruytinge vnd howende Schwerdter vthgenahmen der Herrschop Ambtleute vnde ehre Denern bi Bröcke lives vnd gudes der Herrschop vnd 40 Mk. dem Lande.

Dernechst setten Se vnd willköhrden, dat ein Jßlick Man schall holden Kerckenfrede, Marcketfrede, Hußfrede, Dyckfrede vnd plochfrede vp vnd tho Huß by lieff vnd — — — — de der Herrschop vnd 40 Mk. Bröcke dem Lande.

Isset dat ock woll binnen Landes einen Man dodtschloge sonder Nodtwehre, de wytlich vnd bewyßlich wehre, nach ythsprőcke 4 Radthman vnd 8 secker Buren, in der Jegent wahnaftig dar de Dodtschlag schüde, de Handtdadige schall heben verbracken lieff vnd Gut an der Herrschop vnd 40 Bröcke dem Lande. Wan de Handtdadige ock beherdet werdt, so schall man em richten mit dem Schwerdte vnd de Herrschop schal heben sin howedelott vnd Andeel sines Gudes.

Werdt de Handtdadige ock landtflüchtig, so scholen des Vaders vnd Moderfründe bethern 2 sale vnd de Herrschop heben sin Howedelott vnd sin Andeel siner Güder vnd he bleve buten dem Lande, idt en sy, dat de Herrschop vnd des Doden Fründe endrechtigen eme tho gnaden nehmen, de twe sale scholen de Fründe tho beden vnvertögret, wan de schade geschehen ist vnd darvmb scholen se fredes neeten, woll de fründe der ock wat bawen dede de schall heben verbracken lieff vnd Gudt an de Herrschop vnd 40 Mk. Bröcke dem Lande. Husede vnd Hegede ock jennig Man wittlichen vnd mit Willen also danigen dodtschlager, de schall hebben verbracken an de Herrschop lieff und Gude vnd 40 Mk. Bröcke dem Lande.

Alle disse Stücke vnd vorgeschreuen articuln hebben de vorbenahmeden Riddern vnd Menheit der dryer Lande mit guden frien Willen vnbedvungen annahmen vnde willköhret vor sick vnd vor des Landes Inwahnern vnd Eruen gebahren vnd vngebahren tho Ewigen tyden tho holdende vnd wy Alff Hertog tho Schleswig hebben na Rahde vnses Rades vmme Frede vnd vmme Bestendigkeit willen vnser Landen sodahne vorbeschreuene articulen ock beleuet vnd bestediget, Stedigen, vollburdigen de Jegenwerdig in Krafft disses Breues vor vns vnd vnsen Eruen vnd Nachkomlingen tho Ewigen tyden thobliuende vnd hebben deß tho tücheniß vnd wittlichheit vnse Insegel mit den andern Insegeln der vorbeschreuen vnser dryer Lande endrechtigen hengen laten nedden tho dissem Breffe, der doch twe sint vnd wy einen hebben, den andern de vorbenöhmeden Ingesethenen vnd Inwahners vnser Landen; geschehen vnd geschreuen tho Husum na Gades Geborth 1446 des Donnerstags vor Pfingsten.

№ 7.

Von Gottes Gnaden Wir Friederich, Erbe zu Norwegen ꝛc. thun hiemit kundt vndt bekennen fur Vns, Vnsen Erben, Nachkommen vndt Nachfolgern in der Regierung gegen jedermann offentlich bezeugendt, demnach auf Vnser gnediges Vnd mündtliches angesinnen Vnndt aus denen dabei fürbrachten erheblichen Motiven Vns als dem Landesfürsten Vnse getreuwe gehorsame Vnderthanen, Sandtmannen, Bunden, Lansten Vndt semptliche Eingesessene der dreien Harden des Ambts Husum zehntausendt Reichsthaler sambt den Zinsen in Sechß jahren das gegenwärtige mit eingerechnet zur Vnterthänigen steur zu bezahlen gehorsamblich gewilliget, wie solches ihre Vnter den Hardeinsigeln Ausgegebene obligation mit mehren Ausweißet, daß Wir nicht allein alsolche gutwillige Bezeigung mit gnedigen gemüth angenommen, sondern auch dagegen bemelten Vnsern Vnterthanen der dreien Harden Eingesessenen ihre Habende privilegia rechten Vnndt gerechtigkeiten, freiheiten Vnndt vornünfftige gewohnheiten von neuen confirmirtet Vnndt bestetiget haben, Auch hiemit Vnndt in Krafft dieses abermals confirmiren Vnndt bestetigen auff masse Vnndt weiß wie solches hiermit am bestendigsten geschehen sollen.

Wir Hocherwelter Hertzog Friederich geloben Vnndt versprechen darüber für Vns Vnndt Vnsen (Erben) mit benamen Vnthertänige, gehorsambe einwilligung Vnndt bezeigung den obgenannten privilegiis, freiheiten, rechten Vnndt gerechtigkeiten un — — — ßig sein, dawider in vnziembliche consequentz oder Nachfolge nicht gezogen Vnndt das vorgedachte Vnsern getreuwen gehorsam — — — terthanen die Sandtleute, Bunden, Lansten Vnndt semptliche eingesessene mehrgenandter dreier Harden wegen mehr — — — auff Vn — — — fürstlichen Rentekammer hafftenden schulden hierüber mit ferner contribution keinesweges beschweret werden sollen.

Dessen zu Urkund haben Wir dießes mit Vnser Handt subscribiren Vnndt auffgedrucktem fürstlichen Cammer secrect befestigen lassen. Geben auff Vnserm Schlosse — — — torff am 6ten September Anno 1624.

Friederich.
(L. S.)

№ 8.

Hans Harstede vogede to Husum verlent de tyd sines leuendes dat Sommerlandt vppe denne Rade qwyt vnde frig, darto schat denst bede vnde pligt frig 1455.

Wy Alff ꝛc. Don witlick alßwenne, Alse vnse getruwe voged to Husem Hans Harstede etlike tyd van vns vor dre lüb. Mk. pen. jarlikes to hürc het hefft dat Sommerlandt vppe dem Rade, Des bekennen wy apenbahr in dessteme vnseme breve vor alßweme, dat wy vor vns vor vnse eruen vnde vnse nakomelinge mit vrieme willen vnde wolberandens modes deme süluen Hanse Harsteden vmme truwes vnde williges denstes willen den he vns gudwilligen bewiset vnde dan hefft, hebben ghelenet vnde lehenen jegenwardich in kraft desses breves de tyd synes leuendes dat vorben: Sommerlandt vppe denne Rade qwyd vnde fry to hebbende vnde to brukende na liffgedinges rechte, Reynerley Hüre darvan to geuen, furder hebben wy deme suluen Hanse de tyd sines leuendes qwyt vnde frig gegeuen van alleme denste, schatte, bede vnd plicht, de vns vnsen Eruen vnsen nakomelingen effte vnsen Amptlüden van vnser Herschoppe wegen van eme tokomen mochten. Des to tuge hebben wy vnse Insegel witliken laten hengen to desseme Breve, de gegeuen is na godes borth veerteynhundert in deme viffvndvefftigsten Jare ame Auende der hilgen dreier koninge.

№ 9.

Item in dersuluen wise vorlenet Tete Andersen ene wische de tyd synes leuendes qwyt vnde frig
pro ut sequitur.

Wy Alff 2c. Don wittlick alßweme, Alse vnse andechtige voget in Sundergusherde Tete Andersen etlike tyd van vns var teyn lüb. Mk. pen. jarlikes to hüre gehat hefft ene wissche in de Hastedemarcke belegen, Des bekennen wy apenbar in dessteme breve vor alßweme, Dat wy vor vns vor vnse Eruen vnde vor vnse nakomelinge mit vryeme willen vnde wolberadens modes deme suluen Teten Anderssen vmme truwes vnde williges denstes willen den he vns gudwilligen bewiset vnde gedan hefft, hebben ghelenet vnde lehenen jegenwerdich in krafft düsses vnses breves de tyd synes leuendes de vorgerorde wisch qwyt vnde fry to hebbende vnde to brukende na liffgedinges rechte, Neynerlye Hüre darvan to geuende. Des to tuge etc. datum ut supra.

b. Vor Elsabe Split zeligen Otto nagelaten wedewe. obtiuuit litteram super certo prato in Hastedemarsch sito, quod dominus contulit sibi ad dies vitae, per privationem cujusdam Tete Andersen, qui accusabatur de insultu facto contra dominum regem. Dat. Gottorppe die sancti Severini ep. Anno LXXII.

№ 10.

Privilegium und Breff Christerns des Olden vp St. Jürgens Grunde und Südern upt Osten binnen Husem gelegen.

Wir Christiern van Gottes Gnaden tho Dennemarck, Schweden Norwegen, der Wenden und Gothen König, Herzog tho Schleswig Grave tho Holstein, Stormarn, Oldenborch und Delmenhorst bekennen und betügen apenbahr vor alßwehme in dissen Unsern Breffe, dat Wy umb sonderger Gunst und Gnade und umb Saligheit willen Unser Erven und Nahkommlinge Seelen, gnedigliche in Kraft dieses Unses Breffes hebben frey gegeven alle sodahne Güder Sünte Jürgen binnen Husum thobehörende, de Unse sehlige leve Oheimb Herzog Alff ock frye gegeven hedde namentlich de Güder, Hüse, Wahnungen und Koelhave mit alle ehre Thobehöringe vp der Südersiden der Kercken bet to de Ouwe und Westen bet tho der Dwerstraten und Norden bet tho der gemeine Heerstraten belegene, alse nu mit Thuen, Plancken und allen ehren Thobehörungen begrepen sind, so doch dat up den vorberöhrten Güdern, Nemand sonder Prester und Arme, Lahme, Gebrekhaftige, Seeken wahnen schölen und geven darume alle sodahne vorberöhrte Gudern vor Uns und Unse Erven und Nakömmlinge fry und Uns, Unsen vorbewehreten Erven und Nahkömmlinge nene jährlicke Rente edder Unpflichte darin beholden. Tho Ohrkund und Witlyckeit hebben Wy Unse Königl. Secret laten hangen vor dessen Breff, de gegeven is tho Husum am Middewecken nach unsers Herren Himmelfahrtsdage nah Gahdes Geborth 1465 Jahr.

№ 11.

Privilegia der van Husum.

Wy Christiern ꝛc. don wittlick bekennen vnde betügen apenbar vor alle den jennen de dessen Breff zeen edder horen lesen, jegenwordigen vnde tokomenden, dat wy na Rade gutdunkende vnde vulbordt vnser leven getruwen Redere vnde vmme nütlicheide vnde bestandes willen vnses Landes vnde vnses blekes Husem, So hebben wy von sunderger gunst vnde togenegenden gnade, alse wy to den Inwonern vnses blekes Husum hebben, vor vns vnse eruen vnde nakomelinge to ewigen tyden en vnde eren nakomelingen gnedichliken desse nagescreven vryheit vnde rechtigcheit gegeuen, gunnet vnde togelaten, geuen gunen vnde tolaten en de also jegenwordigen in kraft desses vnses beues der vry vnde vngehindert to neten to gebruken vnde evichliken to beholden by sodann vnderscheyde alse hir na volget. Interste gunnen vnde tolaten wy, dat de vorgen. Inwonern vnses blekes Husem mogen vnde scholen enen buvogt hebben van eren egenen medebrodern vnde inwonnern, de mit en in deme bleke beseten vndé wonafftig is, den wy en setten scholen, de en rechtes in allen klagen vnde saken van vnser wegen behelpen schal. Vortmeer gunnen wy en vnde tolaten, dat se vth eren Inwonern scholen vnde mogen twelf vrame bederue lude kesen, de mitsampt deme buvogede over vnrechtuerdicheit scholen vnde mogen richten, dem armen sowol rechtes to behelpende alse dem Riken. Ock schal de buvoget, wanner se ere noth vor eme clagen, dat se van eren schuldnern nene betalinge erer schult krigen konnen, id sy buten edder binnen, en behulplik vnde bystendig wesen, dat se ere schult manen. Vortmeer gunnen wy vnde tolaten, dat se vnse blik Husum mit enem spyltune edder hakelwerke vor deve, rouern vnde mordern alveme buesten mogen vnde dore maken dar ghemene herstraden ingan vnde vth, de to solken spyltunn hören. Vortmeer gunnen wy vnde tolaten, dat se mogen eyn wilkor mit deme buvogede vnde den twelven de se also kesende worden maken oppe elen wicht wage brennen baken bruwen vnde deme gelik, Ock was se to donde vnde to latende gebeden vnde vorbeden in dat gemene beste, Dat welcker de deme buvogede vnde den twelven vorben. bauen sodane wilkar vnde gebot vngehorsam wurde, scholen vnd mogen se den broke alse se darop settende werden, van eme nemen, de helffte dessulues brokes to vns vnse eruen vnde nakomelinge, vnde de andere helffte to des vorgen. blekes beteringe vnde nüttichevt vnde behoff kommen schal, vthgenomen allen andern broke da alsus lange vns angerordt hefft de allenen to vns hernamals ock komen schal. Des scholen vns de erben. Inwoner to Husum vnde ere nakomelinge vnsen eruen vnde nakomelingen jarlikes to ewigen tyden geuen vnde vornogen Drehundert lüb. marck, darmede sodane gelt alse se vns jarlikes van des Hardes wegen geuende plichtig weren ingereknet wesen schal. Ock scholen se vnseme vogede to Gottorpe, wanner he bynnen ere blick van vnser wegen komende werdet, gasterie holden alse olde gewohnheyt is. Jedoch bouen alle beholden wy vns vnsen eruen vnde nakomelingen vullemacht desse bauenschreven privilegia vnde vriheyt to vormerende vnde to vormynrende na Rade vnses Rades. Beschege id ock dat de erben. Inwonern sick gegen vns vnde vnse lande apenbarliken verbreken, dat god vorbede, so scholen alle desse bavenschreuen vryheyde darmede vorbraken wesen.

Hierna volgen de bede der van Husem vmme desse baven screuen privilegia.

Gnedige leve Here, wy armen Juwer gnaden Inwonere to Husem bidden otmodigen denstliken, gy vns willen geuen vnde gunnen na Juwer guddunkent jenig rechte vnd vriheyt de wy mogen neten an vnsen rechtuerdigen saken.

Item wy bidden Juwe gnade tom ersten, gy vns willen setten enen buvoget dede mit vns in deme bleke wonet, deme wy stedest mogen soken vnde vnse noth klagen in affwesende Juwes Amptmannes.

Ock bidde wy, dat Juwe gnade willen kesen edder setten bynen in dessem bleke twelffe dede mit Juwer gnade eren voget mochten in rechtuerdigen saken over vnrechtuerdicheyt richten.

Ock gnedige Here bidde wy Juwe gnade, dat Juwe voget moge vns helpen wan wy vnse noth klagen dat wy van vnsen schuldenern mogen vnse schult buten vnde bynnen van den de vns schuldig sin, manen.

Item gnedige Here wy bidden Juwe gnaden dat gy vns willen gunnen dat wy vnse blick mogen beuesten vor deue, rouere vnde mordere, wo dessen blick scholen beuesten mit eneme grauen, waelle edder tun setten wy by Juwe gnaden.

Item wy bidden ock, offt Juwe gnade wille vns setten enne buvoget vnde twelff Inwonere, dat wy mit ene makeden ene willkor vppe willkore kopenschop elen wicht vnde wage kramerie backen vnde bruwen, dat de gennen de dem voge vnde den twelffen vngehorsam wurden, mochten den broke des willkors suluen beholden to vnses blekes nütlicheyt vnde behoff, buten bescheden alle broke dede Juwe gnade also lange anroret hefft vnde bort.

Gnedige leue Here, Juwe gnade wille vns geuen Flensborger recht, Sleßwiker recht edder Berckrecht, wes juwe gnade vnde Juwe Redere dünket nütte wesen sette wy al to Juwer gnaden vnd willen ock hoger edder syder nicht wesen men alse Juwe gnade wil. Gnedige leue Here was gy van vns wedder willen hebben na vnseme vormoge sette wy altomale by Juwen gnaden.

№ 12.

Vorbunt vnde nye wilkore gemaket twischen denne Heren koninge Christiern vnde den Steden Lubeke vnde Hamborch. 1470.

Wy Christiern ꝛc. bekennen vnde betügen apenbar vnde mit dessеme breve vor alßweme, wowol wy nicht alse ein koningk, men alse ein Hertog to Sleßwik Greue to Holsten vnde Stormarn vns van wegen der drier Lande *) Prälaten Ritterschop manschop Steden vnde vndersaten, mit den Ersamen Borgermesteren vnde Stadtmannen der Stade Lubeke vnde Hamborch, eren borgern, inwonern vnde undersaten lofflikenn vnde lefflikenn vorstriket vnde tohopegesatet hebben, darummen effte jemant sulker ergenannten Lande offte Stede borgere, inwonere offte vndersaten mitgewalt vnde wedder recht ouervallen edder benötigen wolde, dat vnser eyn deme andern darane truwelikenn bystan, hülpe don vnde vnser eyn deme andern vns wehern, volgafftlich wesen scholen, alse dat de breve darup vorsegelt vnder mer articulen clarlikenn vthwysen, jedoch wy nicht darto vorpflichtet scholen wesen, der van Lubeke edder Hamborch vppe der kronen van Engelande vnde Schotlande effte vppe des Heren hertogen van Burgundien vndersaten to volgende, noch ere Dage dar to besendende vnde de van Lubeke vnde Hamborch scholen ock vnvorplichtet wesen, vns vppe vnse Rike Dennemarken Sweden vnde Norwegen to volgende vnde vnse Dage dar to besendende, dergliken id en schege denne mit vnser beider willen. To merer orkunde vnde vorwaringe hebben wy vnse koninglike Secret witlicken nedden an dessen breff don hangen. **Datum in castro nostro Segeberge Anno domini LXX die Dionisii Ep. et Mart.**

№ 12. b.

Hebungsregister der herrschaftlichen ewigen Rente oder Erdheuer *pro* 1853.

№	I. Quartier.	℔	β	₰	№	II. Quartier.	℔	β	₰
1	Heinrich Lützen	—	7	9	6	Joachim Rittel	—	14	—
8	Jac. Friedr. Großkreutz				8	Christian Asmussen . .	3	1	—
	und Glommert . . .	—	6	6	11	J. A. Strauß	—	7	—
22	Wittwe Johannsen . .	—	7	—	16	Dr. Hansen	—	13	—
23	H. Esmarch	—	7	—	19	Franck's Erben	1	1	—
24	Pastor Martens	—	7	—	24	Hin. Petersen's Erben	3	14	—
28	Hans Petersen	—	4	9	25	H. Hansen	—	13	—
30	Werner	—	8	6	26	A. D. Willers	—	14	6
33	Jean Thoma	—	7	—	30	A. F. Möller	3	8	—
34	S. Woldsen's Wittwe.	—	5	—	31	H. Printz	—	10	—
		4	12	6		Latus . .	15	15	6

*) nicht Eiderstedt, Everschop, Utholm, sondern Schleswig, Holstein und Stormarn.

Nr.		Rthlr.	β	₰
	Transport	15	15	6
22	Hans Hinr. Hansen	4	11	6
23	Peter Simonsen	1	1	—
36	Nußbaum	—	14	6
42	Hen. Lassen	—	13	—
43	Grelstorff	—	12	—
44	Christ. Lembke	—	8	—
45	Nord- und Osterhusumer Schulcommüne	1	6	—
47	Paul Volquardsen	—	11	6
48	Joh. Hass	—	11	6
49	Boy Friedrichsen	—	11	6
58	Demois. Klinker	—	4	—
59	Hans Christ. Hansen	—	11	—
63	H. Carstens	—	4	—
64	A. R. Engel	—	5	6
65	Deckmann's Wittwe	—	5	6
66	Die Kämmerei	2	—	—
67	J. F. Claussen	—	10	—
68	Marten Lorenzen	—	4	—
74	Joh. Hossman	—	7	—
77	Johann Petersen	1	—	—
83	Duncker	—	7	—
84	Peter Petersen	—	8	6
87	Reimer Claussen	—	8	6
		35	15	—

IV. Quartier.

Nr.		Rthlr.	β	₰
14	Paul P. Meess	—	4	—
15	Asmus J. Knutzen	—	4	—
17	Chr. Fr. W. Brandt	—	7	—
18	J. P. L. Thießen	—	7	—
19	J. Jochimsen	—	7	—
20	J. H. Petersen	—	3	—
23	H. W. Lademann	—	3	—
25	Br. Paysen	—	7	—
134	A. N. Svenningsen	2	—	—
143	D. F. Rolffs	—	10	—
145	Die Stadtkämmerei	3	2	—
147	Jürg. Hinrichsen	—	13	—
149	Das Bürgerschulregist.	—	8	—
152	Maria M. Lassen	—	13	—
164	Ernst Maacks Ww.	—	4	—
166	Bürgermeister B. W. Feldberg	—	3	3
167	D. M. H. Jacobsen	—	3	3
168	J. Elens	—	5	6
169	C. Fr. Niese	—	10	—
174	J. W. Peters	4	9	—
188	Ingw. Woldsen	—	3	6
193	H. Asmussen's Erben	—	9	6
		17	8	—

Nr.	V. Quartier.	Rthlr.	β	₰
33	Senator G. F. Mummy	—	7	—
34	Derselbe	—	13	—
35	Hein. Hansen	—	9	3
37	Peter Jensen	—	3	3
38	Hans Hansen	—	5	6
41	Marten Woldsen's Erben	—	7	—
42	Joh. D. Gens	—	7	—
43	Joh. A. Pahl	—	13	—
45	Carl H. Moller	—	7	—
46	As. Livoni	1	—	6
47	Derselbe	—	7	—
48	Nic. Klock	—	3	—
50	Dor. Matzen	1	2	—
51	As. Livoni	1	—	—
53	Peter Jensen	7	9	—
74	Carsten Dehn	—	4	—
78	Hans Vogt	—	9	3
85	Peter Boysen	—	4	—
86	H. C. Ohlsen's Ww.	—	2	6
88	H. N. Petersen	—	4	—
89	Die hies. Armencasse	—	2	6
94	Hs. D. Scheel	—	7	—
95	M. Schmidt's Ww.	—	7	—
97	Hans Ovens Erben	—	3	—
105	P. F. Hansen	—	7	—
106	Ingwer Andresen	—	7	—
107	Die Armencasse	—	7	—
109	Joh. Friedr. Nannsen	—	3	—
111	Joh. Wiese's Erben	—	5	6
114	Posthalter Obermeyer	—	4	—
115	Maria El. Goldammer	—	2	6
116	Hans Selmer	—	1	9
117	Peter C. Petersen	—	8	6
118	Arrien Wallichs	—	8	6
121	Die Armencasse	—	8	6
122	Volq. H. Hasch	—	6	6
123	Theod. Andersen	—	3	6
146	Cornils Argens Ww.	—	5	—
		23	7	6

VI. Quartier.

Nr.		Rthlr.	β	₰
5	Hans Boysen	—	5	6
7	Hans A. Carstens	—	5	6
9	Peter Momm	—	3	3
11	Lorenz Lorenzen	3	1	—
13	H. Jac. Mannigs	—	7	—
14	Sar. J. Andresen	—	13	—
17	Gosch Hansen	1	7	—
24	Chr. N. Sonderburg	—	7	—
	Latus	7	1	3

Nr.		℔	β	₰
	Transport . .	7	1	3
28	Joh. F. Wiese . . .	—	7	—
29	And. Andersens Ww.	1	9	—
52	Asmus Hansen. . . .	—	7	—
175	Jens Nic. Jensen. .	—	5	6
	Die Stadtkämmerei wegen des Westerziegelhofes	—	7	9
		10	5	6

	℔	β	₰
6tes Quartier	10	5	6
5tes Quartier	23	7	6
4tes Quartier	17	8	—
2tes Quartier	35	15	—
1stes Quartier	4	12	6
	92	—	6

№ 13.

Christian I verkauft und verschenkt, die an ihn verfallenen Häuser und Landgüter, 1472 und in den folgenden Jahren.

Dem Bischoppe vnde sinen nakomen verlenet vnde gegeuen Bicken Verwers Huß to Husem dat he vorbraken vmme Heren Gerdes willen.

Wy Christiern ꝛc. don witlick vnde bekennen apenbar mit desseme vnseme apene breve, dat wy sodan Huß vnd Hoff mit syner tobehöringen bynnen Husem intsüden by der kerken belegen, dar Vicke Smyt anders genomet Verwersplach inne to wonende, dat vmme sodaner opreysinge vnde mistdaet willen alse he entgegen vns vnde vnse lande gedan hefft, mit rechte angefallen vnde togedelet is, gegünnt hebben vnde gegenwordigen günnen in kraft desses vnses breves to ewigen tyden to bliuende deme Erwerdigen in god vadern vnd Hern, Hern Nicolawese bischoppe to Sleßwick vnsem leuen getruwen vnde sinen nakomelingen, so dat de Here Bischoppe vnde sine nakomelingen sodanes Huses, hoves mit sinen tobehöringen to erem besten bruken mögen quyd vnde vryg sunder jemandes anspracke. Vorbeden hirumme allen vnsen amptmannen ꝛc. Dat. Bredstede ipso die Michaelis Arichangeli Anno LXXII.

Dersuluen geliken gegeuen Peter van Aleuelden vnde sinen eruen to ewigen tyden IX Mk. lüb. in Lütken Baken, de schipper to Husem vmme dersuluen sake willen vorbrack vnde twe Mk. in Peter Klensmedes Huse.

Wy Christiern ꝛc. don wittlick alßweme, dat wy van sunderger gunst vnde gnade wegen, so ock vmme langen truwen denstes willen als de düchtige vnse lewe getrume Amptmann to Gottorpe Peter van Aleuelde vns gedan hefft vnde noch vortam don mach, hebben wy öme sodann IX Mk. renten als schipper Boie de vmme siner vorrederie willen, alse he tegen vns gestempelt vnde dan hefft, landflüchtig geworden, vnde also mit rechte an vns gefallen, in Lüdeke Baken Huse vnde twe Mk. in Peter Klensmedes Huse bynnen Husum hadde gnedichliken ghegünnet vnde gegeuen günnen vnde geuen em vnde sinen Eruen gegenwordigen in kraft vnde macht desses vnses brewes to ewigen Tyden, vns nichtes darane beholdende, so dat he sodann Rente vnde hovetstoll to sinem besten hebben, bruken vnde beholden schal alse var forscr. is, sunder jemandes inseggent effte hinder in jeniger mate, vorbeden ernsthaftigen allen vnsen Amptmannen vnde alle den jennen, de unne vnsent willen don vnde laten scholen vnde willen, den erben. Peter van Aleuelde vnde sinen eruen hirane to hindernde edder hinderen to latende noch in jenigermate to vorunrechtende, vnder vnsen koningkliken Hulden vnde vngnaden. Det to orkunde ꝛc. ꝛc. Dat. Gottorpe die docis post Incocavit, Anno LXXIII.

Otten Walstorpen ervliken to ewigen tyden gegeuen Volken Verwers Huß to Husem dat he verbrack tegen mynen Heren.

Wy Christiern ꝛc. ꝛc. don wittlick, bekennen vnde betügen apenbar vor alßweme, dat wy van sunderger gunst vnde gnade wegen, so ock vmme langen truwen denstes willen, als de düchtige vnse leve getruwe man vnde Rad Otto Walstorpe vns lange tyd gedan hefft vnde noch vortan don mach, hebben wy em gnedichliken gegündt vnde gegeuen ervliken günnen vnde ervliken geuen em gegenwordigen in Kraft desses vnses breves sodane Huß vnde Hoffte mit siner Tobehöringe vor vnde achter; alse Volken Verwer to Husem plach to behörende vnde inne to wonende, in dat Nordwesten van der kerken belegen, dat an vns vmme sülker vorrederye vnde oprisinge willen, alse Volken worben. tegen vns vngutliken gedan hefft, mit rechte vorbraken vnde angefallen is. Dit vorben. Huß mit siner tobehöringe schal vnde math Otto vorben. ervliken to ewigen tiden vrig vnde vngehindert hebben vnde beholden vnde to siner besten gebruken sunder jemandes der vnsen hinder, vorbeden hirumme ernsthafftigen allen vnsen Amptmannen vnd vogeden to Gottorpe, gegenwordigen vnde tokomenden, vnde allen denjennen de vmme vnsent willen don vnde laten scholen vnd villen, dem erben. Otten edder sinen eruen hiranne to hinderende, bewere to don, noch in jenniger mate to vorunrechtende, vnder vnsen koningkliken hulden vnde vngnaden. Dat. Gottorpe am middeweken negest na Oculi Anno LXXIII.

Henneke Walstorppe

similem litteram patentem habuit, par dat., super quadam domo in dicto opido Husem in occidentali parte ecclesrae sita cum pert. quam quidam Johann Kone profugus habuit.

Juo van Siggen

krech enen breff oppe eyn Huß bynnen Husem erffliken to besittende, dat Detlef Hans vmme siner vorrederie willen van dar vordreven plach to behörende vnde inne to wonende. Cum inhibic. solit. Dat. Gottorpe am middeweken nach Invent. cruo. Anno LXXIII.

Peter van Aleuelde

krech enen breff oppe eyn Huß bynnen Husum erfflikent to besittende, dat Poppen Smede tobehörede vnde sin sone Laurens Poppenß inne wanende vmme siner vorrederie als Laurens dede van dar vordreven. Cum inhib. solit. Dat. Gottorpe ipso die Johannis ante portum Latinam. Anno LXXII.

Detleff van Siggem vnderfoget to Gottorpe

krech ene Breff oppe eyn Huß bynnen Husem in dem Westerende belegen erfflikent to besittende, dat Jes Tukest vmme siner vorrederie willen vordreven, plach to behörende vnde inne to wanende. Cum inhib. solit. Dat. Gottorpe die Sabatis ante Jubilate, Anno LXXIII.

Siuert Eggardes

krech enen breff oppe eyn Huß bynnen Husem achter vnde vor in deme Osterende belegen, dat Laurens Gunneß vmme siner vorrederyge willen vordreven plach to behörende vmme bede der düchtigen knapen Peter van Aleuelde Amtmann to Gottorpe vnde Laurens Leuen Stallers im Strande, omme willigen denstes en gedan, dat erfflikent to besiddende rc. Cum inhib. sol. Dat. Husum die Lune post Jubilate Anno LXXIII.

Clawes Ratlouwe

krech enen breff oppe eyn Huß mit siner tobehoringe in dat Süden belegen erfflikent to besittende, dar schipper Boye inne plach to wonende, dat vmme siner vorrederige willen varbraken. Cum inhib. sol. Dat. Ripen die Mercurii post Cantate LXXIII.

Henneke Ratlouwe

krech enen breff darinnen myn Here em gifft Huß vnde erue Klawes Aleke to Husem, nahdem he sodanen summen geldes dar he oppe gesettet war, nicht entrichtete tegen sine eede vnde Loff. Dat. Ratzenborch die Martis post Epiphan. dom. Anno LXXIIII.

Peter van Aleuelde

krech enen breff vpp huß vnde hoffte mit aller tobehöringe achter vnde vor alse dat belegen is to Husem in dat Westen van der kerken, dat Konoth plach to behörende vnde besiddende vnde vmme sine vorrederige vorbrack tegen mynen Heren, dat Peter erfflikent in ewigen tyden vnde sine eruen mogen keren, wenden wo en dat gelüstet vnde best bequvem is, by alsodan beschede, offt der Rente in demsuluen Huse effte hoffte were, da der hilgen kerken edder kerkendenere toqveme vnde inne vorpandet hadden, de schal Peter effte sine eruen sunder jenigerleye insage volgen laten. Cum inhib. sol. Dat. Gottorpe dominica octava visitac. Marie Anno LXXV.

Dergliken krech Peter erben. enen breff oppe Peter Klensmedes Huß bynnen Husem int Südwesten van der kerken ut in forma supra.

Dergeliken krech Peter enen breff vppe Eler Schreyen Huß bynnen Husem in forma u. s.

Dergeliken krech Peter erben enen breff oppe Jan Detleuest Huß bynnen Husem im Westerende belegen u. s.

Item ock krech Peter erben. enen Breff vppe sodan huß, hoffte vnde eruen als Hinrik tome Eggerse plach tobehörende in forma ut supra.

Item desulue krech enen breff vppe sulte gresinge, wysche vnde weyde als Hans Möller zeligen Katerinen siner Husfrouwen vnde eren kinderen tohörede, belegen in Hastedemarsch an mynen Here vmme siner vorrederye willen vorfallen, de erfflick to hebbnede vnde to brukende. Cum inhib. sol. Dat. Gottorpe die Pantheleon. Anno LXXV.

Item Peter van Aleuelde krech enen breff oppe Diderick glasemakers huß to Husem im Osterende, erfflick to beholdende. Cum inh. sol. Dat Ripen die Nicolai, Anno LXXVI.

Deme suluen noch enen breff vppe Wesholt hus to Husem im Osterende erfflich to besiddende. Cum inhib. sol. Dat. u. s.

Wyneke Büsseschütte

krech enen breff oppe eyn Huß to Husem im Osterende by Sünte Jürgen de tyd sines leuendes to hebbende. Dat. Ripen die sancti Nicolai. Anno LXXVI.

Henneke Ratlouwe

krech enen pappersbreff vppe XLV Mk. alse Jes Tukeß wandages hadde in Hinrick Hanß Huse dat de erben. Jes Tubeß dorch sine vorredrige tegen vnsen gnedigen Heren gedan, an vns vorfallen bynnen Husem belegen. Dat. Lümekloster am Sonauende an Cantate Anno LXXIII.

№ 14.

Hilike Hans Degeners nagelaten wedewe vppe eyns Huß to Husem, dat vorlenet warth so lange dat dat wurde geloset vor *IIIICL* vnde *XX* Mk. da se darinn hadde.

Wy Christiern 2c. bekennen vnde betügen apenbare vor alßweme, so alse Volken Verwers Huß bynnen Husem an vns mit rechte vorbraken vnde wy datsulue Huß deme düchtigen knappen Otto Walstorpen gegeuen hebben, alßdenne werdine Hillike Degeners mit erem werde Hans Degener zeliger dechtnisse in deme vorbenomden Huse etlike jarlike rente hadde, namelikеn drehundert lüb. Mk hovetstols vnde XX Mk. rente vnde wy der vorbenomden Hilliken vnser werdinne IIC Lüb. Mk. vor guden willen vnde vnkost vor vns gedan gnedichliken gegeuen hebben, willen wy nicht, dat de vorbenomde vnse werdine sodanke rente mit deme hovedstole vnde vnser gave er gegeven, in jeniger mate misten schal noch schaden deshaluen liden, So denne gemeynliken alle huse mit eren tobehöringen bynnen Husem van der oprisinge wegen tegen vns von den Inwonern dersuluest gedan, mit rechte an vns verfallen vnde wy erer mechtig sint, hebben wy hirumme gnedichliken gegünnt vnde gegeuen vnde jegenwordigen in kraft desses vnser breves günnen vnde geuen der vorben. vnser werdinnen sodan IIIICL lüb. Mk. hovetstolt vnde XX Mk. rente in dem Huse vnde hoffte, dar se nu in wonet, dar wandages Henning Degener inne to wonende plach, so lange er de vorben. summe vnde rente werden afgelöset. Vorbeden hirumme ernstafftigen allen vnsen Amptmannen vnd Vageden vnde sunderges vnseme Amptmann to Gottorppe vnde allen denjennen de vmme vnsent willen don vnde laten scholen vnde willen, de erbenomde Hilliken Degeners vnse werdinne an dessen rente vnde hovetstole in jenigermate to hindernde edder vorfank to donde, sunder van vnser wegen darby to beholende vnde ernstafftigen to beschermende vnder vnser Hulden rc. Dat. Segeberge am negest mandage na alle gades hilligen Dage Anno LXXII.

№ 15.

Siuert Eggardes weddergeuen *C* Mk. lüb. hovetstol vnde *VII* Mk. rente de vorbraken an myn Heren in Werneke Beckers Huß to Husem.

Wy Christiern rc. don wittlick alßweme, wowol alle huse vnde rente bynnen Husem vmme willen der oprisinge tegen vns van Inwonern dersuluest bescheen, an vns vorfallen vnde vorbraken sint, jedoch vmme sunderge gunst vnde guden willen vnde ock vmme lange truwes denstes willen als dise breffwiser vnse brodige knecht Siuert Eggardes vns lange tyd gedan hefft, hebben wy eme vnde sinen eruen gnedilikеn sodann hundert Mk. hovetstols vnde VII Mk. lüb. rente als he in Werneke Beckers huß hefft binnen Husem, de eme zelige Hans Degener darin vorwiset hadde, to beholdende gegünnet vnde to sinem besten als eme geleuet to brukende sunder jemandes hinder. Vorbeden hirumme 2c. Dat. Gottorpe am Donerndage na Letare, Anno LXXIII.

№ 16.

Hinrick Scröder ene quitancien op gude betalinge syner halslösinge vnde der weddergyfft syner rente de he in etliken huseren to Husem hadde 1475.

Wy Christiern 2c. don wittlick vnde apenbare alßweme, so als denne Hinrick Scröder bynnen Husem vmme sulker oprisinge als he vngudlich tegen vns dede, an sinen hals, liff vnde gud mit rechte an vns verfallen, vnde he synen hals wedder to lösende to eneme Summen geldes gesettet was, welkeren he vnseme leuen getruwen amptmanne to Gottorppe Peter van Aleuelde nu van vnser wegen vornoget vnde betalet hefft vnde sinen hals gelöset hefft, laten en darumme der halslösnige haluen qvit ledich vnde loeß vor vns vnse eruen vnde nakomelinge vnde als wy denne ock alle jarliken rente besaten vnde arresteret hebben, hebben wy eme vmme flitiger bede willen vnde siner willigen betalinge als vorscr. gnedichliken wedder loß gegeuen vnde jegenwardich loeß geuen alle sine Rente bynnen Husem, nämlich II Mk. geldes in Diderik glasemakers Huse, II Mk. geldes in Hinrik kannegyters Huse, I Mk geldes in Hans Anderß Huse. So dat he sulker Rente vnde alle syner güdern vry vnde vngehindert vortan als touorn bruken vnde besitten mach sunder jemandes der vnsen hinder. Vorbeden hirumme 2c. Dat. Gottorpeam Tage Panthal Anno LXXV.

№ 17.

De losgeuinge etliker nastanden geldes der halslösinge alze zeligen Albert Goltsmedes kindern to Husem noch vnbetalt hadden.

Wy Christiern 2c. don wittlick vnde apenbar vor alßweme. So als deme zeligen Dechtnisse Albert Goltsmyt Hans vnde Michael sine kindern to Husem vmme sulker oprisinge, als se tegen vns vngudlich deden, an er hals liff vnde gut mit rechte an vns vorfallen vnde so eren hals wedder to lösende to eneme summe geldes geset weren vnde de vnseme leuen getruwen Amptmanne to Gottorppe Peter van Aleuelde van vnserwegen en del vernöget vnde betalet hebben vnde dat nastandige deel hebben wy vmme flittiger bede willen etliker vnser leuen getruwen des genannten zeligen Albertes Goldsmeden nalaten Husfrowen vnde Hans vnde Michael eren kindern gnedich togegeuen vnde der Halslösinge haluen se qwid ledich vnde loeß in krafft desses vnses breves vor vns vnse eruen vnde nakomelinge vnde ene vort gnedichlich vorgünen, dat se aller erer güdern, buten vnde binnen Husem belegen, bewechlich vnde vnbeweglich, vry vnde vngehindert vortan alse touorn beholden, besidden vnde gebruken scholen vnde mögen, sunder jemandes der vnsen hinder. Vorbeden etc. Dat. Gottorppe am Sonauende na Panthal. Anno LXXV.

№ 18.

Der kerken to Husem vnde eren deneren vndergeuen alle jarlike rente vnde güdern dede vmme der oprisinge willen vorfallen weren an mynen Heren. 1475.

Wy Christiern 2c. 2c. Bekennen vnde betugen apenbar vor alßweme, So als denne vnlanged vorledes de gemene Inwanere to Husem vmme sulker oprisinge willen als se tegen vns deden, an liff, ere vnde gud vns gefellet vnde alle güdern bewechlick vnde vnbewechlick, ock alle rente bynnen Husem vns togedelet worden, hebben wy doch gode vnde siner moder Marien vnde alle godes hilligen to eren vnde to lave vppe dat de denst godes oppeholden vormert vnde nicht krenket werde, vmme sunderger gunst gnade vnde guder wetenheit willen, alle güdern bynnen Husem wesende, id sy in jarliken renten edder andern, de to ophＯldinge des denstes godes buten edder bynnen Husem gestliken personen tobehörende gnedichlicken in vnde mit krafft desses vnser breves ganz vnde all weddergeuen, vnd vnsen eruen vnde nakomelingen van wegen sulker vorgemelten oprisinge nichtes darinnen beholdende, Men de vry vnde vnvorworne slicht als touoren to beholdende vnde to gebrukende, Vorbeden hirumme ernstafftigen etc. Vnde hebben dar to tuge etc. Dat. Gottorpe die Sabat. post visit Marie. Anno LXXV.

№ 19.

Ich Laurentius Bolte ein Priester und ewiger Vicarius unsers lewen Fruen in erer kerken binnen Husem bekenne und do wittlick in desem minen gegenwardigen apenen Breve vor allen Jenen de ene sehen edder hören lesen, dat ick in Sundheit mines Lewendes und Vollmacht miner

Sinnen geve und uplathe dem Kalande to Husum um miner sele salichet willen und miner Oldern, Söwen ß ewiger jährlicher Rente. Den ist 1 ß Rente in Lüdeke Kono. tes Huse gelegen binnen Husum vp der Südersiden bi der vulen Twiten bi Claus Allekensten Huse vp dat Osten und bi Otto Paisen Huse up dat Westen; Item is in Peter Langenben's Huse binnen Bredsteden, dat Peter Koffte von Herr Friederike Pauls gelegen ꝛc. ꝛc. Ock hebbe ick Laurentius beschlaten ꝛc. ꝛc. meine Waninge beide dar ick nu ane wahne den Vicarien de na minem dode hebben mine Vicarien oft se willen derane wanen, men de waninge, da de flamsche Schorsten ane ist de schölen Hartwig Becker un Gretke in sine Wertume*) de tidt wor beede lewen ane brucken. Oft de Prester de mine Vicarie na min heft um guder endracht willen mit deme de in Hertwigs Huse wahnet, und siner egen Madlichkeit willen wolde nehmen den Hof dar harde bin in dat Westen den ick köffte von Hans Broders bauet. Oft dar wat ane is vor de beide Waninge den Willkür schal he den hebben: so schölen de twe Waninge bliven bi dem groten Huse und have, der Hartwig Becker nu ane wahnet. 1470 am Marien Tage.

№ 20.

Ick Herr Laurentius Bolte ein ewig Vicarius der Moder Christi Marien der ewigen Junkfrauen in erer Kerken tho Husem bekenne des dat ick in vortieden hebbe gegewen und verschötet in dem Süder-Gus-Hardischen Dinge in Gegenwardigheit des Ehrliken Mannes Hardes Voigt Hans Broders unde der Herdes Lüde hundert tho dem Denste Gades in dem Kalande tho Husem in minem Huse dar in Hartwig Becker ane wahnet, gelegen in der Süderstraten bi der Wedeme up dat Osten und Hinrich Carstens Huse up dat Westen, deß sülven glicken dho Ick Herr Laurentius Bolte wittlick bekennen und betügen apenbahr in dissen gegenwardigen apenen Brefe vor alle de Jennen, de ene sehen lesen edder hören lesen, dat ick an Vollmacht miner Sinnen und an Sundheit mines Levendes vrigeme wolberaden mode hebbe vorlenet, uppelaten und verschötet, vorlene, uplate und verschöte in dem Südergußhardischen Dinge vor Husem in Gegenwardigheit des Herdes Voigt ehrbenannt und der Herdes

*) Statt des unverständlichen „vn Gretke in sine Wartume" möchte richtiger wie in der gleich folgenden zu lesen „an Gretje sine Werdinne."

Lüde umme miner Seelen Salichet willen tho dem Denste Gades in dem Kalande tho Husum dat sülve gantze Hus, Stall und Hoffte mit ener vrigen Drüppen Valle alse dat nun bethunet, beplancket, beputtet und bepalet ist, den frigen Gangen bey dem groten Huse up dat Osten; ohne Jenicherlei tosegent edder Anspracke miner erven in sodanner sülver weise und bestandicheit alle der Stücke und Artikel da in dem ersten Breven up de erste Hundert Mark beschreven, verschötet und mit des Hardes Insegel besegelt sind. Hirvor wedder schölen und willen mi Herr Lautentio de Kalands Heren und de gantze Kaland hebbe in Hülpe, Vorderniße und besorgninge, alle vor mi des noed und behof is und se schölen wesen endrachtig mit den Inwahnern des Huses so verne ane tho verhastende edder se baver Recht und Redlicheit na uthwising des ersten Breves wor ane tho verplichtende, man se scholen en byständig wesen so tho vorderenden beschönnende und vor Dege Dingende wor in rechtstridigen Sacken se en des anmodende sin und behoeft hebben und de Inwahner des Huses schölen mit en endrächtig wesen und friedsam up dat in nakamenden tiden nene twiedracht werde twischen minen Nahkamen alse den Ewigen Vicariesen unser lieben Frauen Vicarigen unde den Werden edder Inwahnern des vorschrieven Huses, so mögen de Kaland den Willkür hebben und Macht to buwende den Vicarisen den na mi kamen up der Topst de is belegen zwische de Wedeme und des vorschreven Kalandes Huse vor de twe Waninge de sint belegen in den Have de minen Nakamen geven und thogeschreven sind. Wer da en Hus upgebuet in der tidt mines Levendes dar schal ick Herr Laurentius noch awer hebben darane tho wanende edder tho verhürende unde de Hüre up tho borende unde tho bruckende, alle dewile up derselven wüsten Tofft den Vicariesen nene Waninge ward gebauet, schal de Stede bliven by dem groten Huse ergenomt: In der tidt mines Levendes schal des Kalandes nene Hüre edder Rente upbören von dem groten Hüse, alleen Ick Herr Laurentius Hartig Becker und sine ehrliche Werdin Gretje schölen by der Tidt mines Levendes nicht mehr geven tho Rente Jahrlikes wan se hebben wante in desse gegenwertige tidt und na minem Dode, bi erer beider Levenden, nicht mehr den Vyf mark jährlicher Rente und holden dat Hus Stall und Hof in wesende, von eren egenen Gütern na der wise alse in den Breven tho vortiden geschreven und besegelt is, tho Wittlicheit und wahrhaftig tygnisse aller disser verschreven Stück und Artikel hebben wy Sandmanen, Bunden und Lansten in Südergustherde mit hetende und vulbort des ehrlicken Mannes Hans Broders dieses Hardes Vaget, unses

Herdes Insegel wittlichen hengen laten, an dissen Jegenwerdigen open Bref ock tho mehrer Wittlicheit und Tüchnisse hebbe ich Herr Laurentius Bolte min Insegel neden gehenget an dissen Bref, de gegewen is schreven na der Bort Christi Veerhundert in den Söven und Söventigesten dernechst in Cuntu (?) Bartholomävens Abend des hilligen Apostel Gades in dem Pfingsten ist geschehen de Schötinge.

№ 21.

Vrigbreue derjennen de dorch gunst vnde guden willen geadelt vnd vrigegeuen sint myt wapen buten dem velde dorch Hertogen Alffe vnd Koning Christiern. **1450—1479.**

— — — — — — — —

vor Hans Broderß

Item Hans Broderßz brach enen Breff, dat he de tyd sines leuendes schal denstloß wesen, vthgenommen vrymannen denst dar ock andre gudemanne vnde de gemenen landt myneme gnedigen Heren ane to doende pflichtig sint. Datum in castro Gottorpe seria prima post Jnvocavit Anno Domini MCCCCLXI.

№ 22.

Hans Broderßen

krech enen breff vor sick vnde sine Husfrouwen Anne vppe de güdern, de Kampen Knutzen plegen to behörende, an mynen Heren vmme vörrederye willen vorfallen, belegen in Hastedemark, de quitt vnde fry erer beider liff to besittende vnd wen se in krankheit vallen, scholen se vrig wesen van allem Herrndenste. Dat. Husum die Lune post Jubilate. Anno LXXIII.

№ 23.

Euert Bouwelingk vppe *L* Mk. jarlike Rente to syneme leuende vth dene tollen to Husem vnde tolnere to synde dersülues dewile he leuet. 1480.

Wy Christiern vnde Dorothea 2c. Don wittlick vnde apenbar vor alßweme, als wy denne eynen nigen tollen bynnen vnseme bleke Husem kortlik angesettet vnde vpgelecht hebben na lude vnser register daroppe gemaket, So hebben wy vnseme leuen getruwen Denern vnde kamerknechte Euerde Bouwelingk van sunder gunst vnde gnaden sulken vnsen tollen to Husem to vorwarende vnde toller to synde vnde dem tollen in allermate als des to donde is to börende vnde vortostande ernstlik beuolen, beuelen eme ock also jegenwerdigen vnde vmme sines truwen denstes willen als he vns beth herto truwelich gedan hefft vnde noch vortan don mach vnde schal eme jarlikes in vnde vth deme suluen tollen to Husem vefftich lüb. Mk. pen. gnedichliken gegunnet vnde gegeuen, gunnen vnde geuen eme de ock in krafft desses Breves, So dat desulue knecht vnse tollnere dar to Husem bliuen vnde sulke L Mk. penninge daruth hebben vnde innebeholden vnde van deme anderen vns richtige rekenschopp don schal alle jare, de tyd sines leuendes alluth van vns vnsen eruen effte nakomelingen vnaffgesettet vnde vnbehindert vnbesperret vnde ane alle argelist effte geuerde, vorbeden hirumme etc. Datum Segeberge ame auende corp. Christi Anno LXXX.

Euerhardt Bouwelingk

krech enen apenen besegelden papyrsbreff vppe IIC vnde X gulden, Alse myn Here eme wittlick schuldig is, De he wedder boren schal vth deme erstfallenden tolgelde to Husem. Ock hefft he kregen enen breff als he dar tolner is nemande rekenschopp to donde des tollen noch deme vogede to Gottorpe noch jemande anders sunder mynen gnedigen Heren, na eme myner gnedigen frouwen, eren kindern vnde eruen. Dat. Gottorpe die lune post Oswaldi Anno LXXX.

Euert Bouweling gegeuen eyn Huß to Husem erffliken.

Wy Christiern vnde Dorothea ꝛc. don wittlick vnde apenbare vor alßweme, alsdenne in der latest vorgangen oprisinge desser vnser lande tegen vns gescheen, eyn Huß mit alle siner tobehöringe bynnen vnse bleke Husem int süden van der kerken darsulues belegen enem geheten Schipper Boye tobehörende, vmme vorrederye willen de he tegen vns vngudlich gedan hadde, an vns vorbraken vnde mit rechte vorfallen was, vnde wy do datsulue Hus deme düchtigen knapen vnseme leuen getruwen Clawes Ratlouwen erfflich gegeuen hadden, de id denne söder der tyd deme düchtigen knapen Peter van Aleuelde, vnde desulue Peter id vns nu wedder vorkofft vnde geschötet hebben, na lude der breve dar allenthalben oppe gegeuen, So hebben wy nu van sundergen gunsten vnde gnaden ock vmme langen truwen denstes willen als desse brevwiser, vnse leue getruwe dener vnde kamerknecht Ewert Bouwelingh vns bethereto truwelich gedan vnde bewiset hefft vnde noch vorkan don schal vnde mach, eme dat vorscr. Hus mit alle siner tobehöringe erfliken gegeuen vnde geuen id eme so jegenwerdigen in crafft desses vnses breves, so dat he id vry vnde vngehindert vor sick vnde sine eruen to ewigen tyden hebben, beholden, bewaren, vorhüren, gebruken, vorkopen vnde na sinen willen dermede don mach als eme gelustet, sunder jemandes hinder effte inseggent. Vorbeden hirummen etc. Datum Segeberge am auende corporis Christi Anno LXXX.

№ 24.

Urkunden, betreffend die Schenkung der Königin Dorothea.

Wy Dorothea van Gades Gnaden tho Dennemarcken, Schweden u. s. w. Koniginne, Hertzogin tho Holstein u. s. w. bekennen in vnd mit dissen vnsem Breve vor Vns Vnse Eruen vnd Nahkomlinge, vor Als wehme, alst wy denne vmb vnser S. Leuen Herrn vnd Gemahlen, Konigen Christiern vnd Christoffern vnd vnser Leuen öldern Vader vnd Moder, Süstern, Frunde vnd andrer Herren vnd sonsten vnser Vorfahren Seele Saligheiten willen den Kahlands Herren tho Husum 1100 Marck Lübsche gegeuen hebben, de se in wisse Renten en Deel belegget hebben, en Deel noch beleggen wolden, davor tho Ewige tiden, Missen, Vigilien, Gades-Denste holden, Allmoßen geuen vnd andere milde Wercke dohn scholen, vnd willen nah Vthwiesinge der Fundacien, de de Herrn Decken vnd Deputaten vth den vorbenohmeden Kalende tho Husem vns vnd vnsen Eruen, darup hebben versegelt. So hebben wy ehn ock vorth gegunnet, vnd in Kraft disses Brefes gunnen, se sodahne Geldt, wohr vnd wanner ehn dat bestaden kan vnd mag, in Rente tho leggen, vnd offt ehn in tokahmenden Tiden, de Hovet-Summen wor worden vthgeloset, so vnd so vacken ehn das Noht worde, wedder in nye Renten anleggen mögen. Binnen edder buten Husem, im Strande edder in Eiderstede, effte wor ehn dat beleuet wiße tho beleggende, dar de Rente ewich moge bestahnde bliuen, vorbeden hierumb vnsen Amptlüden tho Gottorff, Stallern im Nordstrande vnd Eiderstede, Vogeden in Sundergoesharde, vnd Hasteder-Marcke, Buwhope (?) binnen edder buten Husem tegenwerdige wesende vnd thokahmende, vnd sonsten allen De vmb vnsen vnd vnser Leuen Sohns willen Dohn vnd Lathen scholen vnd willen de ehrbenahmeden Kalands-Herrn daran to verhindernde edder hindernde tho lathent. Men willen gi ehn in so dahnen Renten anthobeleggenden vnd angelecht tho mahnende, wor ehn des Noht vnd Behoeff ist forderlich wollen behulpen sin vnder vnser Hulden vnd Gnaden. Deß tho Ohrkundt hebben wy vnse Secreth mit des Hochgebahrnen Fürsten vnd Herrn Friedrichs Erffgebahren Königs tho Norwegen, Hertzogen tho Schleßwig ock Hertzogen tho Holstein, Stormarn vnd der Ditmarsen, Grafen tho Oldenborg vnd Delmenhorst, vnses leuen Sohnes Secreth wethlick heten hangen an dissen Breff. Gegeuen an vnsem Schlate tho Gottorff, Am Auende Laurentii Martyris Nach Christo vnses Herrn Geborth 1486 Jahr.

№ 25.

Wy Hellrich van Gades Gnaden, Bischop tho Schleßwig, bekennen in dissem Apenen Breve, Alß Deme de Durchlauchtigste Hochgebahren Forstin vnd Fraw, Fr. Dorothea, de Ricke Dennemarcken u. s. w. Vnse leue gnedigste Frawe, etzliche Huse, Erue, Rente vnd Landguder tho Husem vnd in Hattsteder Marcke belegen, verkofft, verschöttet vnd verlaten Rente vnd Geldt, Darvan kahmende thor Ehre Gahdes, tho vermehrende sin Gottlicke Loff vnd Allmosen den Armen tho geuende mildiglicken thogekent hefft. Darumb Ehre Koniglicke G. van vns vorth hefft begehret, wy solcke Summen mit ehren Renten in Geistlicke Beschermung nehmen vnd vorth sodahne Fundacien van dem Kahlande tho Husem, darvp vorsegelt, Beleuen, beuolborden, confirmiren vnd bestedigen wolden, Alß deme ehre Gnaden Begehr milde Innich vnd Redelick is, hebben wy solcke Summen mit den Renten nah vthwisinge der versegelten Brefe Darup allenthaluen gemacket in Geistlicke vnde vnse Beschermunge genahmen. Beleuen ock vnd beuolborden, confirmiren vnd bestedigen so dahne Fundacien, also vorschreuen is, van dem Kahlande tho Husem, ehren Gnaden darup versegelt, verbeden darumb by Penn des Bannes, dat Niemandt hernahmals disser vorbeschreuen Gühder in Geistlicke vnd vnse Beschermunge genahmen sick verdriste in Jenniger mathe, vnd dat vorth sodahne milde Gades Denste, so veelmehr van Jenigen S. Christenen Menschen worden besocht, Geuen wy allen vnd Ißlicken besundern, In der Formen gewohntlick der Kercken, de de Mißen vnd Stacien besoeken, de mit dissen Allmissen fundert sin, vnd vorth 3 Pater noster vnd 3 Ave Maria mit Innichheit sprecken, tho Ißlicker tidt, wen diße Mißen edder Stacien werden, der se Jegenwerdig sint, 40 Dage Afflats. Tho Ohrkundt hebben wy vnse Secretl hengen heten an dissen Breff de gegeuen is tho Schleßwig am Dage Laurentii Martyris Nach Christi vnses Herrn Geborth 1486 Jahr.

№ 26.

Wy Friedrich van Gades Gnaden u. s. w. Bekennen hiermit vor Vns vnse Eruen, Nahkommen vnd Jedermenniglicken. Nahdeme de Ehrsahmen vnse Leue getruwen Karckschworen, Reckens-Lüden vnd Gemeine Inwahnern vnses Fleckes Husem mit vnser Bewilligunge van dem Grawen Kloster dersuluest, welckes van den Monnicken verlathen, ein Hospital vnd Gast-Huß tho Vnderholdinge der Armen sick vndernehmen Anthorichtende, welckes doch ohne Merckliche Inkunfte vnd Jahrliche Rente nicht mag vnderholden werden, davan de Armen ehre Nohtdurfft hebben mochten, So hebben wy nu vth Königlicher Gude vnd Mildicheit, so wy tho densüluigen van Husem hebben, Ehnen gnediglichen gegünnet vnd nahgegeuen, Dat se de **1100** Marck Lübisch, So de Durchleuchtigste Fürstin Fraw Dorothea, etwan Koniginne tho Dennemarcken u. s. w. vnse Leue Fruwe vnd Mutter tho dem Kahlandt dersuluest tho Husem gegeuen tho Vnderholdinge der Armen vnd des Hospitals Annehmen, beleggen vnd tho der Armen Besten genehten vnd gebrucken mogen. Geuen vnd nahgeuen ehnen solckes in vnd mit dissem vnsem Brefe vnd der wegen de gedachten Kahlandsherrn mit solckem Gelde an de Kerckschwaren vnd Reckens-Lüden gewieset hebben, se ock hiermit Tegenwerdigen Alle ehre Thosage vnd Pflichten so se hochgemeldter vnser Leuen Fruwen vnd Mutter vns Alß dem Eruen, vor solcke **1100** Marck tho dohnde sich bewilliget vnd verschreven hebben, Inholt ehrer Brefe vnd Segel, gentzlichen vnd Alle quittiret verlegen vnd verlathen hebben. Vnd hebben des in Ohrkundt vnser Secrett hiran dohn hengen. Datum vp vnsem Schlate Gottorff am **22**sten Dage des Monaths Januarii Nach Christo vnses Herrn Geborth **1529**.

№ 27.

Wy Christian van Gades Gnaden, Erffgenahme tho Norwegen, Hertzog tho Schleswig u. s. w. Entbeden allen vnd Ißlichen vnsen Leuen, Getreuwen vnd sonderlich den Kahlands-Brodern Geistlich vnd Weldtlich binnen vnd buten Husem wohnhaftig vnse besonderge Gunst vnd fugen Juw gnedigen tho wethende. Dat de Ehrsamen vnse Leuen vnd getrewen Underdahnen, de Reckens-Lüde tho Husem vor vns erschenen sin vnd vns berichtet hebben, wo dat sick de Scholmeister vnd andere dersuluen Schol-Denern vth Geringigkeit ehrer Bohringe vnd vpkompste sick nicht darby vnderholden edder ernehren konden vnd vns darumb vnderdahnigen, Angefallen vnd gebeden, wy de andern Güdern, so noch by den Kahlands-Brodern beiden Geistlichen vnd Weldtlichen syn, bauen de Elffen **100** Marck welchern de Durchleuchtigste, Hochgebahren Fürstinne vnd Fraw, Fr. Dorothea, etwan Königinne tho Dennemarcken u. s. w. vnse Leue Fründliche Fraw vnd Elder-Moder tho den vorberörden Kahlande gegeuen, tho Versorginge vnd Vnderholdinge der Scholen vnd des Scholmeisters; ock dersuluen Denern, vnd dartho beschedenen muchten, daß wy ehme in Ansehent, dat solche ehre Bede Christlich vnd Billich vnd wy ock solches Als de Landes-Fürste tho fordernde vnd tho Bestediege schuldig, darmit de Jogend im Dwange, ehre Redlicheit vnd Dogenden vp getagen vnd vnderwieset werde, nicht hebben wethen tho weigernde. Vnd ist darmit an Juw allen vorgemeldten Kahlands-Brodern Geistlich vnd Weldtlich, so mit dissem vnsem Brefe ersocht vnd angelanget werden, vnse gudtliche Begehr, ock nicht weniger vnse Ernstliche Meinunge, dat gy stracks vnd vnuertogert, de vorangedragene Kahlands Güdern, Segeln vnd Brefe, klein vnd Groth mit aller Nachstendigen vnd Bedagenden Renten, wo vnd welcher Gestalt gy dersuluen by Juw hebben, den Ehrsamen vnsen Leuen getrewen vnderdahnen, den Recken-Lüden vnd Kerckgeschwornen Auerantworden vnd Juw des in keinem wegern, weigerlich macken, by Vermidunge vnser schweren Strafe vnd Vngnade, deme wy solche Güdern Alle mit einander mit sampt des Kahlands-Lehn nah tödtlichen Affgange des Jetzigen Besitters vnses Leuen getrewen Herrn Johan Möllers tho Vnderholdninge der Scholen vth beweglichen Ohrsacken nah Ludt vnd Inholt vnser Segel vnd Brefe, verteekent vnd tho geordent hebben. Ein jeder wert sick hierinne geborlich schicken so dat vns derwegen wieder Klagens tho Ohren nicht Noht sin darff. Dartho verlaten wy vns gantzliche vnd erkennen mit Gnaden gerne. Datum Gottorff vp Mandags nah Praesentationis Mariae Anno **33** vnder vnsem Secrett.

In potentia Domini Ivonis
Rewentouwen milite.

№ 28.

Privilegium des Tollens to Husum.

Wy Johann van Gotts Gnaden u. s. w. bekennen vnd betügen vor Vns, Vnse Eruen, Nakamlinge vnd alß wehme, dat Wy van sunderger Gunst vnd Gnade wegen den Gemenen

Inwahnern vnd vnse leuen getruwen vndersatten to Husum Gnädiglick gegönnet vnd gegeuen hebben van allen ehren egenen properen Güdern de ehnen semptlick efft besondern vnd nich andern ehren Matschopien edder Koplüden buten Husum wanhafftig tokamen vnd eigentlick togehören, to Husum Tollen frey to seyende vnd by older Wohnheit alse des Tollen halben to Husum by vnse Seehlg. Herrn vnd Vaders tyden gehabt vnd gebrucket hebben to bliuende vnd hiernamals nich plicktig to syende to Husum jenerlick tollen van ehren egenen properen Güdern in jenerlick mate to betalende, gönnen vnd geuen ehn dat jegenwärdig in vnd mit Krafft vnd macht duses Vnses Brefes, Verbeden hierumb allen Vnsen Amptluden, Vogeten vnd Tollnern tor tidt to Gottorp vnd Husum wesendt vnd allen den Jenen de vmb Vnserntwillen Doen vnd laten scholen vnd wollen de obgenanndten Vnsen leuen vnd getruwen Inwahnern to Husum hieranne to hindern, hindern to latende edder in Jeniger mate woran to vorunvrecktende. Vnder Vnsen Königl. Hulden vnd Gnaden. Datum to Flenßborg am. avende circumciss. Dom. Ao. 488.

Under Vnsen Signet.

№ 29.

Fürstl. Resolution wegen de Cramer vnd kooplüde vnd den Hoppenkog Anlanget ꝛc.

Wy Friederich van Gottes gnaden, Erfgenahm to Norwegen u. s. w. Tuen wittlicken bekennen vnd betügen apenbar in vnd mit düssen Vnsen Brefe vor alßwehme, dat Wy dorch sondere Gunst vnd Gnade vnd des Gemenen Besten willen Vnsen leuen getruwen Underdahnen, benamptlick den Cramern vnd Koplüden Vnses Bleckes Husum gnediglick hebben beleuet, geprivilegiret vnd begnadet, also dat nene frembde Cramern, de sy wol de sy, waterley Kopmanschap vnd Handel he gehanteret mit sine Crame vnd Kopmanschop binnen Husum dre Marckdages eenes des Jahrs utstann vnd ehre verkopen scholen, ock schol een Hoppenförer sinen Hoppen, den he to stede hefft, dewile he sine perde vnd wagen by sick hefft, benoden haluen Drömpten darsülueſt verkopen, vnd wenn he sine perde und wagen van sick geschicket hefft, so schalhe sinen Hoppen insampt vnd altohope vnd nig anders verkopen. Beleuen vnd beprivilegeren vnd begnaden, de gedachte Vnse vndersaten Cramern vnd Koplüde obgenannten Vnses Blekes also gegenwärdigen in Krafft vnd Macht düsses Vnses Brefes. Entbiden hiermede allen vnd jeglicken Vnsen Amptmann, Vogeten Hardesvogten denen

Vndersatten vnd Inwahnern Vnses Bleckes Husum de genannten Cramere vnd Koplüde an de berorten Fryheit vnd Begifftung nig to hindernde edder to verwreckende hindern vnd verwreckende to laten in jeniger mate vnder Vnsen Hulden vnd Gnaden. Datum to Gottorpe im Jahr Vnses Herrn Christi 1493 Jahr am Sonntage na Brixi vnder Vnsen anhangenden Signet.

№ 30.

Van Gades Gnaden Wy Friederich, Erffgenahme tho Norwegen Hertzog tho Schleswig u. s. w. Dohn widtlick Apenbahr in vnd mit dißem vnsem Brefe vor vns vnse Eruen Nahkomlinge vnd Alßwehmen, So alse wy drinne van den Vorstendern vnser Leuen Frawen Vicarie tho Rosenkrantz In vnser Leuen Frawen Kerken binnen vnsem Blecke Husum, S. Wilhelm Stracken Huß vp dat Osten Bandix Dirickssen, vnd desuluen Wilhelm Stracke Seelig tho vp genannten vnser Leuen Frawen Vicarien vnd den grawen Brodern tho Husem In sinem Testamente gegeuen hadde, vor 219 Marck Lübsch gekofft hebben, dat wy den ergenannten Vorstendern bauen beschreunne Vicarien Jetzundt syende vnd Nakommende vor sodahen 219 Marck Lübsch Houetstoels wedderumb vorlaten, verwißet vnd verschrewen hebben, verlaten verwißen vnd verschriven Jegenwordigen in Krafft disses vnses Brefes, thobestande dersulen Vicarie van vnsen Jahrliches opkahmenden verborder Hühre binnen Husum In hans Schröders Huß bi dem Dinge 4 Mark in Henning van Bühren Huse 5 Mark 2 ß 6 pf. In Meister Barholt Hertzenborgers Huse 4 Mark in Claus Ferwers Huse 8 ß in Ewert Glasemakers Huse 8 ß In Alert Mundes Huse 5 ß 4 ₰ In Claus Ketelsen Huse 8 ß In Michael Reimerßen Huse ein Mark, Summarum 14 M℔ 2 ß Lübsch.

Desulue vorgeschrevene Hüre van den Besittern der vorgenannten Hüser Jahrliches tho Behoeff der Vicarie ergenomt thomachende, vpthoböhrende vnd tho empfangende, Snnder vnse, vnser Eruen vnd Nahkomlinge offte Jemandes der Vnsen hinder edder bewehr, desses tho mehrer Tüchenüsse vnd Vastenheit hebben wy vnse Signet widtlicken heten hangen benedden an dissen Breff. Datum Gottorff am Dage Innocentium im Jahre 1507. (ist der 28ste December.)

№ 31.

Fürstl. Bref, dat de Husumer neene Sandlüde, Bunden und Nevinge sin scholen.

Van Gades Gnaden Friederich 2c. 2c. Tuen wittlick apenbar bekennende vor Uns Unse Erven Nakomlinge und alßwehme, So alß dene Unse lewen getruven Inwahnern Osten den westen Ende in Unsem Blecken to Husum wahnende betoher neene Sandlüde Nevinge edder Twölf Bunden uf Unsem Hardesdinge Sundergoesharde geholden hebben, dat Wy dorch sunderge Gunst und Gnaden Se und ehre Nakomlinge also vort an gnädigen daby beholden wöllen, dat oppemelde van Osten den Westenende in neenen tokammenden tyden Sandlüde, Nevinger edder 12 Bunden holden edder darto geeschet scholen werden, besondern de im westen Ende wahnen scholen sick darin allermaten by solken alse et bethero woentlick gewest, geholden und vorgedann hebben. To Ohrkundt und mehrer Tügnisse der wahrheit hebben Wy Friederich Herzog obgenanndt vor Uns und Unse Erwen und Nakommlinge Unse Fürstl. Secret witligken geheten henge beneden an düssen Bref. geben to Gottorff na der Bort Christi Unser Herrn 1511 Jahre des andern na der heiligen Jahres Dag.

№ 32.

Fürstl. Bref van Herrn Drosten Tehringe.

Wy van Gades Gnaden Friederich 2c. 2c. doen witlick apenbar bekennende in und mit düssem apenen Brefe vor Uns Unse Erwen, Nakomlinge und alßwehme, dat sick Unse leven getruven Untersaten in Sundergoesharde Husum und Hattstedtermarck to mehren tyden by Uns mit Klagen hebben vernehmen laten, ehn dat Kostgeldt to Behoef der Tehringe und aflagerungen, so dorch Uns der Nacht *) und Unsen Amtmann to Gottorp des Jahres geschehen und geholden werden fast to schwar und to neenen geringe afdrage falle, Uns anfallendt und demötig mit flite betende, Wy se dorch andern Middeln Uns badlick und ehn lidenlick der gemelten Beschwerunge mochten entlasten. Dewile Wy denne densülven georden, Unsen Undersaten in dessen und andere ehre Handlungen dorch sonderlicke Gunst und Gnaden, Toeeginge ock umb mannigfaldiger truwer und williger Deenste willen, de se Uns vormals

---

*) Soll wohl heißen „dree Nacht.“

bewisen und gedann hebben und se nahmals doen scholen und willen mit den besten gerne gnediglicken fördern, hebben Wy den Vorbenombden Unsen Untersaten gegönnet, togelaten und verschreven, dat se Uns vor sodane Kostgeldt Tehringe und aflageringe alle Jahr 370 M℔ mit der Winterbede und de andern 150 M℔ de se Uns vor de 3 Nächte, in welcher se Uns mit der geböhrlichen Notturfft versorget und geholden, togevende togesegt up Pingsten van der Hand bringen, entrichten, vergnögen und betalen scholen, to welcker 150 M℔ alle de, so betherto baven genömpte 3 Nacht Hörige gelegt hebben jewelck na sinen anthal ock toleggende verplicktet syn schal, men hier denne entboven neeerley Kostgeldt mer toleggende, sonder utgenamen, wat dat gemene Land deit to doende schuldig syn. Dat alle dock Unse Herrligkeit und Gerecktigkeit der Rehe und Schwyne Jagt in den Dörpern in Sondergoesharde belegen, de vorhenne desülven Jagt geholden hebben, to neeen Vorfange syn schall. Beholden Uns dock dit vorschreven dorch neeen Unse Amptlüde tor tydt syende in jenige mate to wandeln, gönnen to laten und vorschreven dat den vorbenomenden Unsen leven getruven Untersaten alse gegenwerdigen in Krafft und macht düsses Unses under Unsen hinneden angehengten Fürstl. Secret. Geben to Husum Middewecken na annunt. Maria na der Bort Christi 1511.

№ 33.

Fürstlicher Bref wegen der frien Huse.

Wy van Gades Gnaden Friederich ꝛc. ꝛc. bekennen und betügen apenbar in düsem Bref vor Uns, Unse Erwen, Nakomlinge und alßwehme. Dat vor Uns vnd Unse leven und getruven Räden, de Uns am Jahr Dag und Stede nedden beschreven by weren, syn erschienen de Ersamen Unse leven getruven Reckenslüde to Husum van wegen ehrer und gemenen Inwahnern darsülvest und mit Klagen berichtende, wo dat dasülvest to Husum vele weren, de sick verluden leten, fry to syende vor alle Unplickt, derwegen de Börden, de densülven van ehren gudern wegen binnen Husum mede to gehören mußten up sick nehmen und dragen, des se sick nicht wenig fölleden beschweret, Uns mit demödig Bede ansöckende, ehn darin mit den besten vortosyende, darto Wy Uns schuldig bekennen und hebben darup na geholdene Rade vor Recht afseggen laten, Dat nemand binnen Husum scholen fry, sondern verplicktet syn van sinen Güdern, stande Erwe und Grunde dasülvest to Husum davan sinen Nabaren boven und benedden van aller Beschwernisse, Borden jahrlichen plickten und Schatten naberlick to doende, utgenamen und gescheden de düchtige Unse leve getruve Jürgen Dreves, devile he Unse Müntmester is to Husum, de Wy mit Belevninge der von Husum ut sondergen Gnaden fry gegeben, de düsse Unse afgespackene Sententie schal unschadl. syn. Ock offt we mehr binnen Husum de Segel und Brefe hedden, dadorch se vermeinten fry to syende, dat se de vor Uns ertogen, darup wollen Wy Uns alß denne, de mit geböhrlicker antwort und se sick nicht hebben to beklagen affeggen und stillen. To Ohrkundt und mehre tügniß der Wahrheit hebben Wy Unse Secret witlicken heten hengen nedder an düsse Brefe to Husum na Christi Unser Herrn gebort **1516** Jahr middeweckens na Oculi in der hilligen Fasten.

№ 34.

Kaufbrief über Hans Adolff Hoyers Haus, Weinkeller und 14 Buden, Hoff und Garten.

Wir von Gottes Gnaden Augusta ꝛc. ꝛc. bekennen, öffentlich vor Uns, Unsere Erben und sonsten Jedermänniglich daß Wir Unser freies Haus mit dem dazugehörigen freien Weinkeller, **14** Buden, Hoff und Garten zu Husum, wie solches in beiden Seiten nach langen Harmen Straße und der Neunstadt in seinen Enden und Scheiden belegen mit einem freien Gange achter auß dem Garten nach der Fischerstraße zwischen Jens Hansen auf der westerserseite und Johann Wutken zu Hamburg seinen **4** Wohnungen auf der Osterseiten, und allen was erdt und nagelfeste ist, mit allen desselben von vielen Jahren darauf gewesenen adeligen Freiheiten, immunität und Gerechtigkeiten, das nemblich von solchem Hause, Weinkeller und **14** Buden, Hoff und Garten sampt allen was dieser Zeit dazu gehöret, nicht allein keine Gewontliche oder ungewontliche schatzung oder vorschatzung, wachtgelder oder andern unpflichten gegeben wird, besondern auch aller Jurisdiction und Gerichtszwang der Stadt Husum eximiret ist und sich anderer vom adell im Fürstenthumb Schleswig privilegien und Freiheiten zu erfreuen und aller bürgerlichen Nahrungen und Kauffmannschafften in gemelten Hauß und Buden eignes gefallens zu bebauen und bewohnen. Desgleichen auch ein Weinkeller unter dem Hauße allerhandt frembde Weine, frembde und ingebrauene Biere feil zu haben und dieselbe bei Fässern, Ohmen und halben Ohmen, Tonnen, Kannen und Quartieren so woll Inwohnern als Frembden Zoll und accisen frey zu verkauffen und verkauffen zu lassen, wie Wir dasselbe vor 2 Jahren ungefehr von Hans Adolffs Hoiers pfandhabenden Creditoren p. ex legitimo Titulo an Unß gelöset, gebracht und bishero ruwiglich innegehabt, besessen, geruhet (?) und gebrauchet haben, auch von Unsern Vorwesern Hermann und Caspar Hoiern, wie auch desselben nachgelassenen Sohne Hans Adolff Hoiern und obberürede seinen pfandhabenden Creditoren, in Specie aber Unsers freundl. Herrn vielgeliebten Gemahls Raths= und Amtmann auf Gottorff, den Ehrenvesten, Unsern lieben besondern Hinrich von Buchwaldten, zum Sierhagen und Mohlenkamp gesessen, genützet und gebraucht worden; den Erbaren und wollweisen Unsern lieben besondern Bürgermeistern, Rath und gantze Gemeine zu Husum und allen Ihren Nachkommen eines rechten wahren beständigen Erbkauffs vor 5000 ℛ jeder zu 33 ß gerechnet, bester und beständigster Form Rechtens Erblich und eigenthümlich verkaufft und überlassen, auch darauff obgedachte Käuffern und ihren Nachkommen heute dato in den würcklichen Besitz obbemelten Unsers freyen Hauses Weinkeller, 14 Buden, Hoffraumb und Gartens zu Husum, wie der abgemessen, beplandet betrüpfet und bepahlet ist, öffentlich immitiret und eingewiesen haben; Thun solches auch nochmahlen wissentlich und Krafft dieses Briefes, wie solches vermöge der Rechten zum Kräftigsten und beständigsten immer geschehen soll, kann oder mag, also und dergestalt, daß solche beregte Summa der 5000 ℛ sampt denne jedesmahls betragenen Renten 6 pro centum auf unterschiedliche terminen alß auf Umbschlag Ao. 1607 in den acht Tagen 3 Regum den 1ten Termin 1000 ℛ Haubtsumma mit der von dem vollen Kauffgelde 5000 ℛ belegten Jahres=Rente 300 ℛ, folgends aufm Umbschlag Ao. 1608 1000 ℛ Haubtsumma mit den von 4000 ℛ Hauptstuel verfallenden Zinsen 240 ℛ und also folgende Terminen 1000 ℛ Hauptstuel mit den jedesmahl restirenden und betragenden Jahres Renten bis zu voller gantzen Bezahlung, erlecht und bezahlet werden sollen, „besage der Uns von den Käuffern zugestellten sonderbaren Obligation und Schuldverschreibung und weil Wir dan mit solcher Ihrer Verschreibung genugsam versichert und befriediget, also sollen und mögen gedachte Bürgermeister und Rath und Gemeine zu Husum und alle Ihre Nachkommen, obbemeltes Haus mit dem Weinkeller und Buden und aller Zubehörige Freiheit und Gerechtigkeiten, jetzo und hinfüro geruhlig innehaben, besitzen und dasselbe ihres und ihrer Nachkommen besten gefallens nützen und gebrauchen, verkauffen, versetzen und verpfanden, auch sonsten damit thun und lassen sollen und mögen alß mit andern ihren eigenthümlichen wollerworbenen und er=

kaufften Gütern, dan Wir von Unß und Unsere Erben und dessen allen was obgemelt, hiemit gar und gäntzlich verziehen und begeben haben, verziehen und begeben Uns auch dasselbe allen und jeden nochmals wissentlich und wollbedachtlichen in Krafft dieses Briefes, also daß Wir und Unsere Erben jetzo und hinfüro zu ewigen Zeiten keine Ansprache, Recht oder Gerechtigkeit mehr daran haben oder Unß deroselben annehmen wollen, sondern mehrgedachte Bürgermeistern, Rath und Gemeine zu Husum und Ihre Nachkommen solchen Kauff nicht allein wie landsitlich gewehren, sondern auch durch Unsern Herrn Vielgeliebten Herrn Gemahl zu vereigenthumben und gegen Männiglich vor alle Zu- und Ansprüche noth- und schadloß halten zu lassen.

Und weilen auch weyland Herzog Friedrich Ao. 1587 sich verschrieben, daß nebst diesen Weinkeller nicht mehr alß noch einer zu Husum gehalten werden solle, welches privilegium auß dieser Hoyerschen Begnadunge hergeflossen, und damahlen Theophilo Emminga und seiner Hausfrauen auff ihr Lebenszeit consentiret worden, also wenn bemelter Theophilus Emminga sampt seiner Hausfrauen Todes verfahren, solche Begnadunge wiederum erlosen und mehrgedachtem Unsern Weinkeller kommen und fallen, sie sich derselben auch also forth auf solchen Fall zu erfreuen und gebrauchen haben sollen, Wir denn auch von jetzo an und zu immer wärenden Zeiten mit solchen und dergleichen freyen Schenken die Gemeine zu Husum zu schaden Niemandt soll hinfürder begnadet und befreyet werden, jedoch alles mit ausdrückliche Bedinge und Vorbehalt, daß obgedachte adelige Frey- und Gerechtigkeiten, so auff dem Hauße wie Weinkeller und Buden hafften, ewiglich bei gedachtem Rath und Gemeinen bleiben und Sie dieselben zu veralieniren oder auff andere privatpersohnen zu transferiren, mit nichten bemächtigt sein sollen, denn daß Sie die freye Schenke an Wein und Bier in Ihren jetzt neuerbauten Keller unterm Rathhause zu Husum mitzulegen und sich derselben ebenmäßig zu gebrauchen und diese Freyheit andern ihren Mitbürgern zu vergünstigen und zu lassen gut, fug und Macht haben sollen. Zu mehrer Sicherheit und fester Haltung alles desjenigen, was in dieser Unsrer Kaufverschreibung beiden Theilen zum Guten gesetzet worden ist, haben Wir diesen Unsern Kauffbrief durch Unsern freundlichen, hertzvielgeliebten Herrn Gemahl confirmiren und bestätigen lassen, auch vor Unß und Unsere Erben mit eigener Handt unterschrieben und Unsern angehengten Fürstl. Secret wissentlich besiegelt, geben auf Gottorff im 8 Tagen 3m Regum 1606.

№ 35.

Fürstl. Gnaden *Confirmation* auf der vorgedachten Kaufverschreibung.

Wir von Gottes Gnaden Johan Adolff ꝛc. ꝛc. Thun kund daß Unsere hertzl. Gemahlin Frau Augusta zu erkennen gegeben, waßmaßen dero freyes Hauß ꝛc. dem Rath und Gemeine zu Husum ꝛc. verkaufft laut Kaufbriefes Gottorp in 8 3m regum 1606. Weilen Wir nun umb ratification sodannes Contracts ersuchet, Alß haben Wir obgemelten Kaufbrieff seines wörtlichen Inhalts nicht allein tragender Landesfürstlicher Obrigkeit wegen in Gnade bewilliget, confirmiret und bestädiget, besondern auch Bürgermeister, Rath und Gemeinde zu Husum noch hierüber die besondere Freyheit gegönnet und gegeben, wofern ihnen ins Künftige gelegen und bequäm seyn möchte, die Freyheiten des erkaufften Hoyerschen Weinkellers auf ihren jetzt habenden Stadtkeller zu transferiren, daß Ihnen solches zu jeder Zeit frey stehen und nicht gehindert werden solle, da Sie auch vor Rathsam ansehen würden, einem jeglichen Bürger, so es begehrende vor eine gewisse abgifft frembde geträncke an Wein und Bier in kleiner Masse außzapfen zu lassen, so sollen Sie dessen gleichergestalt mächtig und desfalls von aller accise befreyet seyn, Wollen Wir auch hinfürder niemand mit sothaner Freyheit der Schencke begnaden und befreyen, besondern da dessen ins Künfftige und in nachzeiten auß Vergessenheit etwas geschehen oder eingewilligt würde, Soll dasselbe hiemit und in Krafft dieses jetzo alsdan und dan als jetzo cassiret und vernichtet und abgethan seyn und Mehrgemelte Bürgermeistern, Rath und Gemeinde zu Husum Sich dieses beschehenen Kaufcontracts in allen dessen puncten Inhalt und Meynunge bester Massen zu genießen und zu gebrauchen haben ohne Unsrer, Unsrer Erben und jedermänniglich Verhindern. Urkundl. geben auf Unserm Hause Husum den 20. Aug. 1606.

Johan Adolff.

Bei diesem Fürstl. Kauff- und confirmirte Briefe sind noch in einem convolut folgende ausculirte Copeyen Königl. und Fürstl. gegebener Frey-Confirmationen und Begnadungsbriefe, davon die Hauptoriginalen bey fürstl. Staller in Eyderstedt Herrn Herman Hoyern, dieweil sein und seiner Miterben privilegien und Freyheiten auff etzliche andere Güter denselben mit einverleibet, alß folget:

1. Konig Friedrich I. Regis Daniae Freybrief auf Casper Hoyers Haus, Land und Buden zu Husum Dato Kyl. Ao, 1537.

2. Hertzog Adolffs confirm. auf Haus und Weinkeller, Gottorp den 28sten Oct. Ao. 1576.

3. Hertzog Adolff confirm. und erweiderung voriger Begnadunge auf dasselbe Casper Hoyers Hauß, Buden und Weinkeller, item die freyen Güter im Margarethenkoeg und Hattstedter Marsch datum Gottorff Ao. 1582.

4. Hertzog Friedrich, Herzog Adolphi Sohns Bewilligung, daß neben dem Hoyerschen Weinkeller mehr nicht den einer soll gehalten werden. 9. Mart. 1587.

5. Hertzog Philips, Hertzogs Adolffen Sohns mandat und Patent, das auser Hoyerschen und Theophili Emminga's Weinkeller keinem Wein auszuschenken verstattet sein solle, den 19ten Aug. Ao. 1589.

6. Hertzog Johan Adolffs, Hertzog Adolffen Sohns Special confirmation, den 27. Aug. 1593.

7. Bescheid wegen Befreyung von accise, Gottorf den 3. Jan. Ao. 1599.

Herman Hoyers Stallers in Eyderstedt Revers wegen der hir vorgesetzten bey sich habenden Privilegien, daß mehr gemelten Hoyerschen Haußes, Weinkellers, Wohnungs und Ländereyen, dieweilen dieselben Er umb andrer seiner, seines Brudern und Schwagern privilegien willen, die in selbigen Freyheitbriefen mit begriffen, von sich zu geben, beschweret befunden, demnach in fide custoda fideliter zu behalten und zu jeder Zeit, wenn es die Noth erfordert und von Ihme begehret wird, solche originaliter zu ediren und communiciren sich verpflichtet. Datum Hoyerswort den 12. Aug. Ao. 1606.

Harro Fresendorff
not. et secret.
alhier.

№ 36.

Königl. Fürstl. Bref van abstellung der *accise* van Freyhüsern und dat niemandt sall gestocket und geblocket werden, der 100 Mk. reich ist.

Wy Friderich van Gottes Gnaden König etc. Doen hiemit Kund vor Uns Unse Erben und Nakommen und jedermanniglick apenbar bekennende, Na deme de Ersame Unse leve getruwen Undersaten, Reckenslüde und Gemene Ingesetenen Unses Bleckes Husum Unsen Vorfahren und Uns alle tydt gutwillig gewest, getruwelig gefolget, gedeenet, sick ehrlicken by Uns geholden und hinfürder by Uns Unsen Erwen und Nakamen, Hertzogen to Schleswig ock doen und holden werden, scholen und wollen und mögen und Wy Unsen getruwen Untersaten insonderheit den gutwilligen mit allen gunsten und Gnaden tom besten geneiget, warumb aus sondericken Gnaden und to eener schinbarlicken Danckbarkeit ehrer getruwen gutwilligkeit Wy de vorgemelte Inwahners Unses Bleckes Husum mit nafolgenden artickeln befreyet, begunstet und begnadet hebben, befreyen, begunsten und begnaden se ock dermede gegenwerdigen ut Fürstl. mackt und Ovrigheit alß ein Hertzog tho Schleßwig in Krafft disses Unses Brefes im mathen, wie folget:

1. Doen und legen Wy af de Accise, sodann se de hinfürder nicht mehr scholen dorffen geven to nenen tyden, idt were denn, dat ut mercklicken, bewеglicken Orsacken dorch gemeenen Landschop und gemeende in den Förstentomen eene accise upgesettet und bewilliget wurde, wenn dat also geschehe, scholen de van Husum alse gutwillige getruwe Untersaten sick denne den andern ingesetenen der Förstentohmbe darin na gelegenheit der tyden plickmätig schicken und holden und in dene nicht mehr alse de ander beschwert werden.

2. Schal de Nienstadt by dem graven Kloster belegen und darumb lang her gebavet und henförder in tokammenden tyden dato gebavet werden möge, dem Blecken Husum togeegnet, incorporiret, inverlivet und togegeven sin und bliven anhen to ehren jarlickes unplickten, uthgifften, Schattungen und uplagen und andern anfallenden Sacken na enes jedern vermögen und gelegenheit glick den andern binnen Husum wahnende to donende und gevende, jedock scholen de van Husum Uns und Unsen Erven und Nakommen baven ehre jarlicke plicht vöfte halbe Mark lübsch mehr geven alse vor disser Tydt to geven plegen, wennte Nienstadt dem Harde Sundergoesharde jahrlick to der jarlicken plicht 4½ Mk. L. geven pflegt und de vöffte halbe Marck L. scholen dem Harde wederumb jahrlick inbliven und gekortet syn und de Nienstеder scholen glick den andern im Bleke Husum wahnende gemeene privilegia, Freyheit und Begnadunge geneten.

3) Schal hirnamals binnen Husum nemant mehr fry gegeven werden alß der Müntmester tor tydt und Harmen Hoyer; de beeden scholen ehre Fryheit Verschrivinge und Begnadinge geneten.

4) So wollen Wy ock uth mercklicken bewеglicken Orsaken setten und ordiniren, dat hirnamals alle Ampte binnen Husum ahne alle Ampte effte Gilde kosten enen jeden Handwercker, de sick dar setten wollen to gebruckende fry syn scholen, doch nicht weniger Uns, Unsen Erwen und Nakommen to Schleßwig Unse Gerechtigkeit, de se Uns plichtig ock dem Blecke gemenen Man naberlickes Recht to doende, darin vorbeholden.

5. Willen Wy und gönnen dat de Bürger binnen Husum, de to unfall kamen und doch mit schinbarliche Daet Lif und Gut nicht verbracken hebben umb anderer Daet willen gefänglick in Isern effte Stocken nicht gesettet werden, sondern wo se Einhundert M. Lüb. Rick syn, Borgen geneten scholen, Alle düsse vorgeschrevene Stücke und artickeln gönnen und geven Wy ehnen, alß wor vorgeschreven der ewig to genetende und to gebruckende.

6. Gönnen und tolaten und befehlen Wy den van Husum dat Hövet by dem Water to buende, enen Krahn effte Wippen und Wage uptorichtende und in guden Stand to holden und der frembde Koopmann, de dar dan sine Güder up und afschepen werden, schal davan geven wo nafolget. Item van der Last Güder 1 ß van Packen Lacken 1 ß van Cramvat 1 ß en Dusen wittlings 1 Witten und wat af und an gefahren ward van andern Güdern davan schal gegewen werden na gelegenheit des Gudes, wat in den nechstfolgenden 20 Jahren na Dato düsses Brefes van solcken vorschrevenen Krahnen, Wippen effte Hovetgeldt inkompt, schal dat Bleck to erholdinge der vorgenomende Gebuwte innehmen und beholden, Wen averst de twinty Jahren verlegen, so Wy und Unse Erven dan fordern na Nottorfft und Unse gefallen to bestellende Mackt hebben und to dero Behoef des Ruhmes by dem Hovede, dar de Krahn, Wippen und Wage staen und de Güder leggen mögen scholen de Huse vor an dem Water hernegst by dem Hovede staende gebracken dalgelegt und weggenamen werden, wente an de Hahlegate darup allen und jeglicken Unsen lewen getruwen, Geistl. und Weltl. Räden, Amptmannen, Vogeten und Gemeenen Undersaten hirmit befehlende und ernstlick gebedende, de gemelten van Husum by solcken Unsen gegevenen Fryheiten, privilegien und Begnadinge, alles wo baven geschreven, nebst Uns to hende habende, verbidende und beschwerende daran nicht to verweldigen oder verhindern und dorch nemandts verhindern effte verweldigen laten Keineswegs by Vermidinge Unsen Ungnaden und ernstl. straffe. Des in Ohrkundt hebben Wy Unse Secret hiran heten hengen. Datum Gottorff am Mitwecken na quasimod. A. Dom. 1526.

№ 37.

Porrenkoegsbeliebung (1529).

Wittelig vnd apenbahr sy Jeglichen Watterley Standes de sien mögen, de dissen Breff sehen hören edder lesen, dat wie gemenen Kogs=Ediger in Nordhusumer=Koge beseten vnde dar Land edder Erwe innen hebben umme Beteringe willen deß sülwen Koges hebben nahfolgende Articuln in Jegenwerdigkeit, des Ehrbahren vnde vesten **Detleff** von Ahlefeld, Amptmann tho Gottorp, van Uns vnse Erwen vnd Naekomlinge, Edigers in dem sülwigen Koge, bewilliget, belewet en bevollbohret ock by Poen vnde Bröke darby angetekenet stede vnde vnverkrenkt tho holden angenahmen vnde vpgerichtet:

1. In dat Erste: de Land in disser Koge Errfte=Wiese edder Pandeswiese an sick gebracht vnde dat En Jahr lanck besetten vnde na Vermögen gedicket hefft vnde willens is dat sülwige tho bedicken, gelick sien Naber, de sülve schal mit nenen Landrechte van so dannen Land gedrewen werden, sundern dat schalle sien frie Erve na Erve bliewen, will aver Jemand solch verkofft edder verpandt Land besprecken, de schall dat binnen Jar vnde Dag dohn.

2. en Jeder de dar Land alse Erweswiese an sick gebracht hefft, wo beforen edder ock in natieden an sick bringen wurde, de schal vth sienen fryesten Güdern de he hefft, Sößtig Marck lübisch davor setten, dat he sülcke Land stede gelieck sienen Naber in guden bestendigen Dick beholden will, damit de Koge sienent halven nenen Schaden effte Nadele kamen schölen.

3. Wo averst jenige Schade offt Nadele dat Gott verbede dorch jemanns Versümnisse sinen bösen Dick halver dem Koge anqueme, alßdann schal de sülven sine Land dorch welckers Vorsümniß de Schade kompt ock de 60 Mk. Lübsch baven genömet, an de Gemene=Edigers vorfallen sien vnde schölen den de Greve vnde de Edigers, sampt den 12 Vullmechtigen des Koges tor tid we se solck Land antasten ock de 60 Mk. sonder Vertog an sick bringen vnde so vortan in des Koges beste, damit de Kog in guden Stande kamen moge.

4. Wedderumb schölen ock de Gemene Edigers, wan alse Nadele dem Koge ankamen, verpligtet sien, demsülven wedder na tho kamen to bedickende vnde in Bestand wedder to bringen.

5. Nemand schal nog binnen edder buten Dickes Soltwerck graven, dem Dick tho Schaden bi 40 Marck an Königl. Mayst. vnsern gnedigsten Herrn, vnde siener Konigl. Mayst. Erven vnde Nakömlinge verfallen sien.

6. Nemand schall vnder sien Egen edder Enes ander Dick=Fack Soltwerck graven 12 Roden vam Dick Spedtinge vnde sine Naber an sinnen Wege kenen Schaden don bie Bröcke 15 Mk. an den Könige vnde an den Dick=Edigers 1 Tonne Beer.

7. Were ock Jemand van de Edigers des Koges, deme sien Dick verdorwen vnde in Noht gekamen were, So dat he

de nicht wedder macken konde, sondern he muste en Speth-Kog hebben, alß den nae Besichtinge des Dickgrevens vnde Dick-Edigers demsülven den solcken Noht deit, Demath Demaths gelick en Speth-Kog macken bie Brocke **15** Mk. an den Koge vnde an de Edigers **1** Tonne beers.

8. Were ock Jemand willens sine Land to verkopen edder to verpanden de schal vnde mag he nemand verkopen, edder versetten, ahne dat de Koopmann, den de Dick-Richters nöghafftig sien vor **60** Mk., wat darjegen gedan wert, dat schall keen macht hebben.

9. Nemand schall in des andern Fenne siene Perde effte Quick schlaen buten desjennen willen vnde weten, deme de Fenne tho höret, bie Bröcke **15** Mk. an den Koge vnde den Bunden sien Schaden betalt.

10. De **5** Waningen in de Westerende binnen Husum stahn, vnde dem gemenen Koge tho hören, schölen de vant Norden tho der bede vnde Pligt hebben, de se de Köyigl. Mayst. geven, davör schölen se ock de Bu- vnde Beteringe holden to er egen profiet vnd besten.

11. Et scholen ock in dem sülven Koge sien **8** Dick-Ediger vnde **2** Dinghörige, de Helffte vant Norden, vnde de Helffte van Husum vnde Nordhusum, de scholen vmbgahn vnde richten nach Spadelands Recht.

Alle disse vorschrevene Articuln-Bevillinge vnde Belewinge gelaven wie gemene Kogs-Edigers vor Uns, vnsere Erven vnde Nakömlinge gestede veste vnde vnverkrenket bie **Poen** vnde Bröke wo bawen gemelt, tho holden. Tho welckes Orkundnis vnde mehren Tüchnisse der Wahrheit heb ick **Detleff van Ahlefeld** Amptmann vorgemelt mit mienen angebahrnen **Signet** thor Wittligkeit, dat solckes belewet, vnde in miener Jegenward williget is, vnde wie Matz Volquartzen, Walcke Witzen, Hanß Junsen, Hanß Dose, Volquard Bendixen vnde John Truelsen, Vnseren Insiegel witelig heben hengen benedden dissen Breff, de der gegewen vnde geschrewen ist Im Föfftein-hundertsten vnde Negen vnde Twinty Jar nae Christi Gebort am Dage des Herrn Himmelfahrts.

№ 38.

Confirmatio **Koningk Frederichs awer den Verdracht twischen den Vicarien vnd der Meenheit binnen Husem.**

Wy Frederich van Gots Gnaden, tho Dennemarcken u. s. w. Dhoen hirmit kundt vor mennichlicken bekennende,

Nachdeme de Gestlicke vnd Gemenheit vnses Fleckes Husem in ethlicken Errungen vnd Twedracht gestanden, vnd nu sick dersülvigen vnder eynander gudtlicken vnd in Fründschop vordragen, Derhalven ock vns wo billich, als ehren Landesfürsten, vmb vusern Consens, Bewilligung vnd Vulborth tho geuende, vnd derneffenst tho ratificerende durch ehre gestliche Vullmechtige, Als nemlich van den gestlichen Hr. Otto Wyricksen vnd Hr. Nicolaus Jdingk, van den Welthlichen Matthias Knutzen vnd Henning Becker bidtlicken angesocht vnd angeholten, Vnd wy nu solliche ehre angeschlagnen Artikell vor billich vnd gelickmetich achten, hebben wy ehnen tho Gnaden vnd gnediger Genegunge solcke Artikell de vor einige Belangende, vth Koningklicker vnd Fürstl. Overicheit vnd Gewalth approberet, ratificeret vnd bewilliget, wo dannen de Artikell wan Worden tho Worden hirna vollgen: Jnth erste schollenn vnd willen de Gestlichen ehre Misse, Vigilien vnd Seelenmissen in der Gemeenheit tho Husem gentzlich nalaten, des ehnen wedderumme de Gemenen sampt der Leue Patronen nageuen vnd vorlaten hebben de Vorpflichtunge darmede se, na Vormoge ehrer Fundatien der Missen haluen vorstricket sint. Willen se auerst Missen holden, so schollen vnd mogen se Euangelische Missen holden, doch dartho vngedrungen, des heeftt öhnen de Gemeene ehre genzlichen Renthe van Vicarien, Memorien, Consolatien, Brode vnd ewigen Missen de tidt ehrer Leuende vnbeworen gantz vnd alle folgen tho latende tho gesecht, vnd offte öhnen Hinder effte bewor in den genomeden Renthen begegende, Willen de Reckens-Lüde effte ehre dartho Vorordenthen neffenst öhren Vorbidder in tho manende behulplich sin. Vnd wanehr en van dene na dem Willen Gades vorsteruende Worth, scholn sin Andeel an de Notrofftigen Armen vorsteruen sin, van dem ersten beth thom lesten. Derwegen schollen de genanten Gestlichen ehre egene Segell vnd Breue, de vorgemelten alle ehre Gudern bedrapende, ock dar se nene Breue vphebben, alles wes de gemeenen Vicarien bikumpth vor de Vullmechtigen der Gemeene thor Reckenschup bringen, antekenen laten, vnd vnder sick gelick wisse vnd vngewisse Deelen vnd einem Jtzlicken sin Ampart tho deelen effte rekenen. Derna schall ein Jder van Vicarien einen loflwerdigen, beseten Borger, de van de Gemeene thom besten genochsam vor sodanne Breue erkanth, erwelen, vnd deme sine Breue, de ehme also tho sinem Deele anfallen, der Gemeene thom besten tho truwer Hand in Verwaringe awerandthworden, vp dat he, dar tho de Renthe tho vormaenende vnd tho vorbiddende Thoflucht hebben möge. Ock scholen de Scholemeister vnd Koster ehre Ampart hebben vth Memorien vnd Consolatien dem Vicarien gelick.

Vnde dewile sick der genannten Gestlichen der Gemeene also tho willen geschicket, hebben de Gemeene gelauet, dat se de Tidt ehrer Leuendelanck all vth allen Burger-Schatt schollen entfryet sin, vnd so vorth mehr Knechte tho Husum ingelecht werden, schollen se desulvuen ock tho holdende nicht beschwert sin. Vnd hefft ehnen ock de Gemeene disser Artikel Bewilligung von Jwer Kon. Majestät gelauet, welcke Artikell bauen beschrewen. Wy also ratificeren, approberen und confirmeren Jegnenwardigen in vnd mit dusseme vnseme Breue, also stets vnd vast tho bliuende ahne jemandes Vorhinderinge; Gebeden darup allen vnd Jßlichen, Gestlichen vnd Weldtlichen, Rahden, Amptlüden, Vogeden, Burgemeistern, Rademannen vnd Gemeenheiten hiemit ernstlichen, den gedachten van Husem, an sollicher Vnser Confirmation, Approbation vnd Ratification keene Indracht, Vorhinderinge edder Vorkortinge tho doende, Sunder darbi schütten vnd Handthauen beth an vns tho recht. Darahne geschüet vnse Menunge. Datum Gottorp Sondages na Martini Anno vöfftein Hundert sewen vnd twintich.

№ 39.

König Friedrichs Bref up de Vicarien S. Georg dem Prädicanten binnen Husem int Gasthuse.

Wy Friederich rc. Dohn hiermit kund vor Vns, Vnse Eruen, vnd sonst Menniglicken bekennende, dat Wy vth sonderlicke Gunst, Gnade vnd Thoneginge ock veelfoldiger getruwen Deenste willen, so Vns de gemeinen Inwahner Vnsers Flecks Husum gedahn vnd förder gern dohn schölen, mögen vnd willen, desüluen mit der Lehnwahre der Vicarien tho St. Jürgen binnen Husum, welcke Vns bet hertho tho verlehnende bygekahmen vnd thogestanden, gnädiglich verlehnet vnd begünstiget hebben. Verlehnen vnd begünstigen se darmede hiemit jegenwerdigen in Kraft dieses Unses Breves also, dat de Reckenslüde, sampt den Vorwesern des Gasthuses S. Jürgen solck Lehn einen Prädicanten tho Husum, wo de thor Tydt siende wert, so oft das Noht ist, de den Armen darsuluest versiende wart, in den Sacramenten vnd in dem Wercke Gades darmede verlehnen mögen, dat he davon siene Födinge vnd Vppenholt hebben möge. In Ohrkund mit Vnserm Secreten versegelt. Datum up Vnserm Schlate Gottorff nach der Geborth Christi vnsers Herrn im 1527 Jahr, Donnerstags in der Pfingsten.

№ 40.

Herzog Christian schenkt die Kalandsgüter der Schule zu Husum. 1533.

Wy Christian van Gots Gnaden Erffgenahme tho Norwegen, Herzog tho Schleßwig, Holstein u. s. w. Dohn kundt vor vns, De Hochgebohrne Fürsten, vnse Fründliche Leuen vnmündigen Brodern, vnser Allerseits Eruen vnd Nahkommlinge ock sonst vor Alß wehmen Apenbahr bekennende, dat wy vth Fürstl. Macht vnd Querigheit ock umb beweglicher Orsacke willen, damit de Jogent in guder Lehre, Dhwange ehre Redelicheiten vnd Dogeden In der Scholen tho Husum vpgetagen vnd vnderwieset werden möge. Alle vnd Ißliche Hovetstole Rente vnd andere Gudern, da de noch bauen de **1100** Marck Lübsch, welche de Durchlauchtigste, Großmechtige, Hochgebahrne Fürst vnd Herr, Herr Friederich, Weyland tho Dennemarcken König, Vnse Fründtliche Leue Hr. Vader, milde Gedechtnüsse vor de Armen in det Gasthuse tho Husem verteckendt, de de Kahlands-Brodern, Gestliche vnd Weldeliche darsuluest binnen vnd buten Husum noch vnder Handen hebben, belecht vnd vnbelecht, nichts darvan vthgenahmen, so beth hertho Husem gehörig gewesen, Jetzunder tho Einem Nüttlichen Christlichen Wercke, Gadesdenste vnd Gemenen Beste gelecht, bescheiden, verordnet vnd beschaffet hebben. Nemlich vnd also, dat alle desuluigen vorberörten Houetstole, Rente, Segeln, Brefe vnd Güdern, so bi den vorgemelten Kahlands-Brodern entholden sin, stracks vnd vnvortögerte, mit Aller Nachstendigen vnd bedageden Renten, In de Hende der Ehrsahmen, vnser Leuen getruwen Vnderdahnen, der Reckens-Lüde vnd Karckschwaren binnen Husem, tho Vnderholdinge der Scholen vnd der Scholen Denere scholen Anuerantwortet, vnd vor densüluen bestediget vnd angelecht werden. Geuen, leggen, bescheden, verordnen vnd schaffen Ids ock Ewich darbi tho bliuende, hiemit Jegenwerdigen in Kraft vnd Macht desses vnses Brefes, Ahne Bewehr effte Verhindering eines Idern, he sy Gestlich edder Weltlich, Jedoch vnd by deme Beschede, dat de Tein Jetzige verordnete Armen, ein jeder van Ehnen vth den vorberorden Güdern **3** Marck Lübsch Jahrlichs, dewile se leuen, hebben scholn, vnd wennehr einer van Ehnen in Gott verschedet, Alß denne schall sin Anpart stracks tho Behoeff der Scholen gebrucket vnd angelecht werden, beth so lange dat Gott se alle **10** van hier geeschet; Alßdenne scholn solche Geldt thosamende vor de Scholen vnd dersuluen Denern sin, vnd tho Ewigen Tiden daruor bliven. Wy hebben ock vth besunderen Günsten, gnedigen gegünth vnd Nachgeuen, wo wy ock int dissem vnsem Brefe geuen vnd Nahgeuen, dat alle die Jenigen, welche tho des Kahlandes Lehnen gehöret, nah dem Afffteruende des jetzigen Besitters, Hr. Johann Möllers, welcher ed Alles de tidt sines Leuendes beholden, stracks vnd ahne Middel tho Nohturfft vnd Behoeff der Scholen tho Husem, ock vullenkahmen vnd Ewiglich darbi bliuen vnd liggen schall, ahne Jenigen Inpaß, Jedoch so schall ock desuluen Johann Möller, nu vorth alle sine Brefe vnd Segeln, welcher vp de Inkumpst sines Lehns luden, den Reckenslüden vnd Karckschworen stracks auerantworden. Gebeden ock derumb hiermede gantz Ernstlich, dat Alle de Jenige, dar solche Bahringe, Rente vnd vpkomst bi bestahn edder belecht sin, desuluen stracks nah Afffteruen des vorbenahmten Johann Mollers an de Scholen tho Husem tho Vorsorginge dersuluen henforder geuen, bethalen vnd folgen tholatende. Darmede de Jogent in Vnderwiesinge vnd Lehre, Gestlicher vnd Weldtlicher Nohturfft, Doget vnd Geschicklichkeit desto flithiger vpgetagen werden moge; derhaluen willen wy ock Avermals ernstlicher Menunge hebben gebaden. Insonderheit allen vnd Ißlichen vnsern Jetzigen vnd thokamenden Amptmannen, Vogeden tho Gottorp ock sünst allen andern, de vmb vnserntwillen dohn vnd laten scholen vnd willen der Scholen tho Husum an solcher vnser vorgeschreuene Begnadinge vnd gegeuene Gerechtigkeit, kenerley Anfechtunge, Bewahr- edder Verhinderunge tho doende noch solches thogestadende. By Vormydinge vnser Schwaren Straffe vnd Vngnade; des tho Ohrkundt hebben wy vnse Secreth hiervnder widtlichen heten hangen. Datum Nah der Geborth Christi vnsers Herrn im 1533 Jahre Mandages nah Praesentationis Mariae.

Christian
m. p. p. r.

Ecc. t. H. Jven Reventlow
Ritter vnd Amptman vff Gottorff.

№ 41.

König Christian schenkt der Kirche die Einnahme der noch lebenden Vicarien 1542.

Wy Christian van Gotts Gnaden u. s. w. Dohn kundt hirmede vor vns vnse Vnmündigen Brodere, vnser Allerseits Eruen vnd sunsten Jedermenniglichen Apentlicken kundt vnd bekennen, Nachdeme vnse Herr vnd Vader Konig Friedrich S. Löfflicher vnd milder Gedächtnüsse, Alle de Vicarien in der Carspell-Karcken vnses Bleckes Husum mit dersuluen

Thobehörungen vnd Inkahmenden Renten, was dartho deputirt, Nah affsteruen der Possessorn tho dem Hospithal vnd vodinge der Armen, Allhier binnen Husum vermöge S. K. Maj. Breuen vnd Segelen, gegeuen, vnd wy Auer nun dorch de Karckgeschworen, Reckens-Lüde vnd Vorstender der Karcken vnd Gemeenheit alhie Bericht entfangen: Wo dat de Pastor vnd gemenen Kercken-Denere nicht mit genugsahmer Vnderholdung vnd Besoldunge versehen, Vnd derhaluen Se alß de Vorstender van wegen der gantzen Gemeenen gebeden, dewile doch dat Hospitall tho Födunge vnd Underholdunge der Armen mit einer themlichen Nohturfft versehen. Wy wolden Alle de Vicarien mit ehren Communen. Alß Consolatien Memorien, de noch nicht dorch Affsteruen der Besitter an dat Hospital gefeser (?) gefallen, vnangesehen, dat se van vnsem Hr. vnd Vader Konig Frederigen loblicher vnd milder Gedechtnüsse tho dem Hospitall vnd Fodinge der Armen gegeuen, nach Affsteruen der Possessorn tho der Kerken, darmede de Dener des Wordes vnd der Kercken hernahmahls so veel beter vnderholden vnd besoldet werden mochten, geuen darvp Wy ehnen, dewile nah dorch Doctor Pommeranum vnd anderer vnseren Gelehrten vorgerathen vnd guth angesehen, Alle disse nahschreuen Vicarien, Alse nemblich der 10 Dusent Ridder Vicarie, So Thomas in Besittunge hefft, de Jahrlicken 28 Lübesche Marck vnd 1 ß tho Rente gift. It. des hilligen Lichnams Vicarie, So ern Frantz Hamer in Besittunge, de Jahrlicken 30 Lübsche Marck tho Rente gifft, It. S. Michaelis Vicarie, So Ehrn Hermannus Thast in Besittunge, rentet Jahrlicken 32 Marck Lübsch vnd 8 ß, It. S. Lamberts Vicarie, So Ehrn Joachim Brandt In Besittunge, rentet Jahrlicken 25 Marck vnd 13 ß Lübsch, S. Gerdruts Vicarie, So Ehrn Luder Knutzen in Besittunge, rentet Jahrlicken 25 Marck 13 ß Lübsch, It. S. Johannes Baptisten Vicarie, So Ehre Wilhelm Kack in Besittunge, de Jahrlicken 13 Marck Lübsch rentet vnd Conradus Hochgreuen so wieth vnd fern sick de Inkunfften dersuluen erstrecken, dartho van einer Ißlicken der bauen genahmeden Vicarien van dem Commun Jeglicken 21 Marck Lübsch.. Na Affsteruen vnd Affgang der itz genandten Possessorn tho der Kercken vnd Gemeene, darmede se ehre Dener, so ehnen dat gottlige Wordt vorholden vnd predigen scholen, desto bether besolden vnd vnderholden mogen, thoegnet vnd gegeuen hebben. Geuen vnd verschrieuen ehn solcke obangetogede Vicaryen mit ehrn Communen alß Consolatien, Memorien u. s. w. Husern vnd andern Thobehörungen, hiermede vnd in Krafft disses vnses apenen Breues. Also dat desuluen nah Affsteruen der Possessorn tho Ewigen tiden bi der Kercken tho betherer Vnderholdunge der Kercken-Dener bliuen scholen, Ahne Jenige Verhinderunge, doch dat Alle dat Jenige So Ahne bauen Angeropede Vicarien tho dem Hospitall Fodinge vnd Vnderholdunge der Armen gegeuen vnd bether Ingekahmen, darby vnverrücklicken bliuen schall. Alles Ahne Gefehrde. Des tho Ohrkundt hebben wy vnse Kon. Secrett hirvor hangen vnd geuen lathen tho Husum Friedages post Judica Anno 1542.

Christian.

№ 42.

Königl. *Mandat*, dat de geistliche Güder und Almosen nicht zu abalieniren, noch an sich zu bringen.

Anno 1530 schreibet König Friedrich v. G. G. König to Dennemarck ꝛc., dat etlicke scholen syn, welche de geistlicke Güder und Almosen, so dorch ehre Freunde den Karcken, Vicarien, Gasthusen und to Behoef der Armen binnen Husum verteknet syn, alse ehre Erwe und sonst antotastende und an sick tobringende gedencken, befehlet dahero, dat se sodanne Güder unverrücket by den Gades Husen bliven laten scholen, ock alle naständige Zinsen und Ufkompt to rechter gewohnlicker tydt den Karckschwarnen und Vorständern der Armen im Gasthuse berichten bet to andrer Verordninge by Straffe ꝛc. Gottorff 1530 am Mandage na exultat. crucis.

Friedrich.

№ 43.

Königl. *Concessio*, dat de Geistl. Renten binnen 15 Tage to mahnen und mit gelde oder pande to betalen.

Anno 1530 hat König Friedrich v. G. G. to Dennemarck ꝛc. vergönnet, dat alle und ißlicke geistlicke Renten, welche der Karcken to Husum sampt den Gasthuse ock den Armen und Prädickanten dasulvst bykamen, beyde binnen und buten Husum belegen, dorch ehre Karckschworenen und Vorständer des Gasthuses mit 15 Dage fordern und mahnen laten mögen, befehlet also den Amptlüden, Vogeden und Hardesvogeden ock Borgermeister und Rathmannen der Städe, de mit düsen Brefe ersöcket werden, dem obgemeldten Karckschwarnen geistlicken Schulden halber, wenn se derowegen Forderung doen, to allen tyden 15 Dage aver de Schuldener to vergönnen und ehr na utgang solcker 15 Dage mit Gelde edder pande, so vele alß recht ist unvertöglick to verhelpen rc. Ohrkundlicken gewen Gottorff Mandages da exulat. crucis.

Friedrich.

№ 44.

Königl. *Confirmation* aller *Privilegien*.

Wy Christian van Gades Gnaden König to Dennemarck rc. doen hiermit kund vor Unß, Unse freundlicke lewen unmündigen Brodere, Unsen Samptl. Erwen und Nackommen ock sonst vor alß wehme, apenbar bekennende, dat Wy den Ersamen und vorsichtigen Unsen lewen getruven Reckenslüden, Vorständern der Karcken ock des Gasthuses sampt der gantzen Gemeenheit Unser Bleckes Husum umb mannichfoldiger angenehmen und getruven Deenste willen, So se Unse Vorfahren und sonderl. Unsen fründlicken lewen Herrn Vader König Friedrich Sehl. gedächtniß hiebevor und Unß namahls getruwl. und gutwillig allewege gedaen und henforder doen scholen und wollen, alle und ißlicke ehre Privilegien, Fryheiten, Segeln und Brefe, de ehnen dorch gemeldte Unse Vorfahren gnädiglick gegönnet und gegewen syn worden, hiemede ut fürstlicker Ovrigheit und macht also und so vele Wy to und in Rechte beste und kräftigst doen mögen. Gönnen ratificiren, confirmiren, approbiren und bestedigen in allen ehren Puncten und Artikeln glick efft se van worden to worden hierinnen geschrewen stunden, darup allen und ißlicken Unsen lewen getruven Geistl. und Weltl. Reden, Amptlüden, Vogeten, Tollenern und gemeenen Untersatten hiemit ernstlick gebedende, de gemelten Reckenslüde, Vorständer der Karcken ock des Gasthuses sampt der ganzen Gemeenheit Unses Bleckes Husum gegen solche ehre privilegien nicht to verkortende, verweltigende edder verunrechtende by vermidinge Unse ungnadigen schweren Ungnaden und Straffe, sondern se allewege lathen und darinne handhaben, beschermen und vorbidden willen daran geschieht Uns denne to Danck und Unse sonderlicke gantze ernste Meenung. Jedoch in allen Uns und Unse Erwen Unse Fürstlicke Ovrigheit darinnen vorbeholden. In Ohrkundt mit Unsen Secret bevestet. Datum Husum Ao. 1537 Donnerstages na Invocavit.

Christian.

№ 45.

Königl. *Sententz* gegen *Berendt Frodsen's* Freyheit.

Wy Christian van Gades Gnaden König to Dennemarck ꝛc. Doen hiermit kund jedermanniglick bekennende, dat Wy in bywesende etzlicker Unse leve getruven Rede in der Irrunge Sacken, so den Ersamen und vorsichtigen Unsen leven getruven Reckenslüden sampt den gemeenen Inwahnern Unses Blecks Husum alse Klegern an Einem und den düchtigen Unsen leven getruven Berendt Frodsen alß den Beklageden am andern dehl entwysen und wegen des Bleckesunplicht und utgifft ock mit den Holenden der Landes Knechte, dar sick denne desulue Berendt Frodsen betherto freventlich gegen gesettet und sick vernehmen leth, he were des van Olders hero van Unsen Vorfahren mit Segeln und Brefen entfryet worden, welcke Segel und Brefe Wy gesehen und doch nicht darin befunden dat he solcken vorberörten unplichten entfryet wesen scholde, sondern de vorgemelte van Husum hebben Uns Unses fründlicken leven Herrn Vaders Sehl. Gedächtnisse Segel und Brefe getüget, darin klarlick geschreven stund, dat niemandt binnen Husum frywesen schole, sondern alleene Harmen Hoyers und Sehl. Georgen Drewes Müntemester, dewile he vor enen Müntmester denede. Na gehörder Klage rede und antwort to Rechte sententziret, erkandt und affsprecken laten hebben, nademe desulve Berendt Frodsen solcke vorberörte unplicht nicht entfryet ist, und he glick andern Inwahnern to Husum kofft und verkofft, so schal he ock verplichtet syn van sinen Güdern, de he binnen Husum hefft alle unplicht to doende, sick in allermaten nabarlick to holdene alles van Rechtswegen. Datum Husum na der Gebort Christi Unses Herrn in Jahr 1537 Donnerstages na Invocavit under Unsem angehengten Secret.

Christian.

№ 46.

Hochfürstlicher Breff auf Olde Detleffs Haus 1554.

Wy Adolff von Gottes Gnaden Erbe to Norwegen ꝛc. Bekennen hiermit apenbar kegen alswehme vor Uns und Unsern Erben, Nachdeme Unse leve getruve Olde Detleff Ebsen in gegenwärtigkeit Unserer Rechensleute und Gemeinen Unsers Bleckes Husum an huden Dato vor Uns und Unsere Rahde im Gericht erschienen und vor Uns sine Brefe und Segel op sin Hus, so wandags das Herrenhus genömpt gewesen und he jetzunder bewahnet und an sick gekofft, unterthänige erklä=

rung gebeden: So hebben Wy solche Brefe und Segel, so van Unsern leven Herrn Vader König Friedrich to Dennemark und Norwegen Hochlöbl. und sel. gedächtnis derhalven gegewen, mit hohen flit und tidlichen Rahde bewagen, und willen vor Uns und Unse Erwen düsse gnedige erklaringe gedachter Königl. und Unsér eigen Bref und Segel und declaration gegeven, ernstlichen gehat und gesehen hebben, Eth schal Detleff Ebsen und sine Erwen und Besitter desselben Huses dem Erflichen Gebruck und Besitt nicht wieder verstahn, antheen, achten edder vorstahn scholen, denn solck Hus mit siner tobehöringe itzunder bepüttet, bepahlet und bestimmt is, und Unsers Herrn Vaders sel. Bref und Segel indem uthwiset und an densülvigen sick gentzlichen ersetigen laten und ferner mit siner Gartenruhme hinder sick nah dem Klosterwerts wieder in keenem Wege uthfahren, denn solcker Hoffruhm itzunder allenthalben bestacket und bethünet is, by Vormidinge Unser Ungnade. Eth schal ock gemelter Detleff Ebsen und sine Erwen dem Vordrage, so he mit Reckenslüden und der Gemeinen to Husum desfalls upgerichtet stracks angesichts Brevs ahne alle verlangunge Jemandts, de in sinen Bockstaven vorfattet, wircklich und mit der that nasetten; Wil ock Detleff Ebsen und sine Erwen in Unsern Blecken Husum, Karcken, Marckt, Straten, Möhlen und alle börgerliche gelegenheit Kopmanschop, Handel und Wandel gebrucken, so schal he und sine Erwen sonder Mittel naberlich doen und sich gehorsamlick holden und ertogen. Willen Wy vor Uns und Unse Erwen ernstlichen to geschehende vorlaten. Deß to Ohrkundt hebben Wy Unse Secret hieran hangen und geven laten. In Unsem Blecke Husum Donnerstages nah Judica Ao. D. 1554 Jahr.

Adolff.

№ 46 a.

Wir von Gottes Gnaden Johan Adolf 2c. Bekennen und thuen kundt für unß, vnsern Erben vnd nahkommen: Nachdem vnsere freundtliche vielgeliebte gnedige Frauv Mutter vnd freundtlicher nunmehr in Gott ruhender Bruder Herzog Friedrich Christmilder Gedechtnuß den Ernvesten vnserm Rhattpraesidenten zu Husum vnd lieben getruven Gerhardt Stedingh, zu Bramstette Erbgesessen des olden Detleff Ebßen in Husum gewesenes Haus (das Herrenhaus genantt) an. der weniger Zahl achtzig Sieben zugehandlett, wie das in seinen Grunden vnd orten vmbgriffen, besteinett und bepfalett ist, von dem Marcket zu Husum bis an die Gassen für vnser Schloß in das Norden sich erstreckende sambtt den Boden daselbste gelegen, welch Hauß ihme Gerhardt Stedingh auch alßbaldt wirklich geliefert vnd tradiret, dasselbige befahren vnd nach seiner gelegenheit darin gebavet vnd gebessert hatt, Darauff auch folgents vnser auch freundlicher lieber Bruder Hertzog Philips christmilder gedechtnusse auff vorgehabten Rhatt vnd Vnterhandlungh etzlicher Sr. Fr. G. fürnehmer Rhätte den Kauff mitt ihme Gerhardten Steding solches Haußes halben entlich geschlossen, Dergestaltt, Nachdem weylandt vnser gnediger Herr vnd Vater Herzog Adolff zu Schleßwig ꝛc. christsehliger gedechtnusse solch Hauß vor drey tausentt ℔ lübsch Pfandttsummen vnd drey hundertt ℔ auffgeschlagene Zinsen an sich gepråchtt, das vorerst an solchen Summen gekürtzet werden sollen Eintausent gulden, so weylandt vnser freundlicher lieber Bruder Herzogh Friedrich christmilder gedechtnusse ihme Gerhardt Stedingh wegen seiner getreuven Dienste alß ein gnadengeltt geschenckett: Zudeme, weil solch Hauß ahn niedergebrochenen Stellen, verfallenen Stacke, Bonen, Dächer vnd andere auff vorgehende besichtigung uff ein tausentt ℔ ringer geworden, daß dieselben ein tausentt ℔ auch darin abgekürtzett, aber der vbrige Rest nemblich achte hundert ℔ lübisch S. F. G. bezahlett werden sollten, welche bezahlungh dann geschehen vnd mitt genugksamer vns vorgebrachter Quitanzien S. F. G. Cammermeisters dargethan vnd bewießen wurden Dieweillaber der Kauffbrieff wegen vorgefallener Verhinderung damahls nicht verfertiget werden muegen, Alß hat vns gemelter Gerhardt Steding vnterthenigst angelangett vnd gebethen ihme nicht alleine solche Kauffbrieff vff solch sein erkaufftes Hauß mittzutheilen, sondern auch den angezogenen Contract vnd beschehenen Kauff gnedigst zu confirmiren vnd zu bestetigen neben der Frei vnd gerechtigheitt desselbigen Hausses, Wie ehr den auch zu Beweisung derselben Freiheitt vnsers gnedigen Hern Großvaters Kuning Friedrichs, daneben auch Kuning Christians vnd vnsers gnedigen Hern Vatters Herzog Adolffen allerseits christmilder hochseliger gedechtnusse vier vnterschiedtliche Segell und Briffe Ihrer Kunigl. G. Bavmeistern Marten Bussert vnde olde Detleff Ebsen gegeben, was in originali vorbrachtt vnd vorlesen hören: Alß haben wir vff vorgehapten Rhatt etzlicher vnsrer vornehmsten Rhete ihme Gerhardt Steding solche seine Bitte nicht zu verweigern gewust, confirmiren vnd bestetigen demnach hiemitt vnd in Krafft dieses vnsers versiegelten Brieffes für vns vnsere Erben vnd nachkommen solchen obangezogenen Kauff desselbigen Hausses wie derselbige von vnserer gnedigen lieben Fraw Mutter, vnsere Gottsedligen freundtlichen lieben Gebrüdern geschehen vnd vollzogen Derogestalt vnd alßo, das mehrgemelter Gerhardt Steding vnd seine Erben solch erkaufftes vnd wolbezahltes Hauß alß ihr eigenthumb, Erb vnd guett mitt allen darauff lautenden Frey- vnd gerechtigkeit, Kuninglichen vnd Fürstliche begnadungen ohne jemandts sonderlich der von Husum Inpaß oder Verhinderung eigenthumblich zu besitzen, zu genießen vnd zu gepráuchen, auch dasselbe ihes gefallens vnd gelegenheit nach wiederumb zu verkauffen zu verendern oder zu verbeuten, guete Funge vnd macht haben sollen, wie wir auch für vns, vnsere Erben vnd nachkommen, vns in derenselben nichtes vorbehalten, sondern ihme Gerhardt Steding und seine Erben dasselbige Hauß vnd Gartenraum für jedermännichliches Zu vnd ansprüche In vnd außerhalb Rechtens gewehren, dabey schützen vnd handthaben wollen, als wan es von vns selber erkaufft wehre; Bevehlen demnach vnserm Rhate zu Husum, so itzo ist oder künfftiger Zeit neben den praesidenten verordnet werden mochte, hiermitt ernstlich vnd wollen, daß sie gemelten Gerhardt Stedingh vnd seine Erben bey solchem beschehenem Kauffe des Hausses vnd darauff ruhenden Kuninglichen vnd Fürstlichen begnadungen, Frey vnd gerechtigkeitt vnverhindertt vnd vnturbirett pleiben vnd dessen allen ruhilichen genießen lassen, bey Vermeidung unserer Hohesten Vngnade. Dessen zu meherer Uhrkundt haben wir for vns vnsere Erben vnd nachkommen diesen Brieff mit eigenen Henden vnterschrieben vnd mit vnserm Fürstlichem anhengenden secret befestigen lassen, der gegeben ist vff vnserm Schlosse Kiell den 21sten Januarii Anno Tausentt fünffhundert vnd im Ein vnd Neuntzigsten Jahre.

J. Adolff, Herzog zu Holstein.

№ 46 b.

In Sachen Jacob Matthiesen, Rathsverwandten zu Husum und Conrad Gentzel deputirten Bürgers daselbst als constituirten syndicorum Bürgermeistern und Rath, auch Deputirten jetzt besagter Stadt Husum Klägern und Citanten eines entgegen und wider Lorenz Clausen J. U. candidatum für sich und als curatorem et de rato Caventem seiner Schwester Anna, dann der verstorbenen Oberstlieutnantin Maria Elisabeth Kossen nachgelassenen Sohnes und der übrigen Miterben, Beklagte und Citaten andern Theils in pcto. executionis von den bürgerlichen Stadts-oneribus;

Erkennen wir Christian der Sechste von Gottes Gnaden rc. auf angehörte mündliche Rezesse, producirte Documente und dann aller reifliche Erwägung für Recht, daß das questionirte Haus, so lange selbiges von solchen possesoren, welche keine bürgerliche Nahrung treiben, bewohnet wird, bei den landesherrschaftlichen concessionen und confirmationen nach wie vor zu lassen, mithin Beklagte und Citaten von den Klägern und Citanten deshalb wider Sie gemachte impetition zu absolviren, immaßen dann solchergestalt hiemit erkannt wird, compensatis expensis, von Rechtswegen. Publicatum im Ober-Gericht auf Unserm Schlosse Gottorff den 3ten Martii 1732.

L. S.

№ 46 c.

Wann Johann Greve zu Husum darüber, daß er vom dortigen Magistrat zu der seit 1768 obgewalteten extraordinairen Einquartierung gezogen worden, Beschwerde geführet und davon befreyet zu werden, allerunterthänigst gebeten, So ergehet darauf zum Bescheide, daß sein Gesuch bewandten Umständen nach nicht statt finde.

Uhrkundlich unterm vorgedruckten Königl. Insiegel. Gegeben Königl. Teutsche Canzelley zu Copenhagen den 25sten Dec. 1762.

L. S. Bernstorf.

№ 47.

Fürstlicher Gnaden Resolution und Bedenken auf deren von Husem S. F. G. übergebene Artikel.

1. Was anlanget das Rathhauß, weil nicht muglich itzo alsbalde und für der Handt durch einen Kauff ein Rathhauß zu wegen zu bringen, viel weniger ein Neugebaute auzurichten und zu beschaffen, ist S. F. G. Bedenken, daß der Praesident und Rath mit Otten Schmitten handeln, auf eines Jahres gebührliche Huhre seines vordern Hauses und das er die Wohnung bis auf weitere und bessere Verordnung zurücke nehmen wolle in dem abgesonderten Häuslein und kann in dem fordern Hause Rath gehalten und Recht gesessen werden und bis auf bessere Gelegenheit in demselben vordern Theil der Gerichtsverwalter auch seine residenz und Wohnunge haben; die Huhre, die's erste Jahr auszugeben, als solches ein geringe Geldt ertreget, wirdt die Gemeine aus einer gemeinen samblung zu thuende sich nicht beschweren, wurden

aber bessere Mittel künftiger Zeit sich ereugen, das die Gemeine damit mochte beschweret werden, das will die Zeit mitbringen und geben.

Was belanget die Wage sollen **Präsident** und Rath mit **Theophilo Emminga** handelen, weil sein Haus an der Schiffbrücken gelegen, das er des Wagemeisters Ampt verwalten und die Wage in seinem Hause haben wolle, dafür soll ihm ein jährliches billiges salarium gemachet werden, das er solch Ampt verwalten und von demselben Aufkunften S. F. G. jährlich Rechnung thete und hette von der Einkunft des Wagegeldes seine Verbesoldung einzubehalten, die Hausheuer, deren man sich mit ihnen vergleichen würde, solle der Besoldung miteinverleibet werden.

Und als den auch die publicirte Polizeiordnung disponiret und satzung giebt von der maße des getreydes, so soll mit den gekempeten Tonnen, Scheffeln und Schippen solcher disposition auch gefolget und alles Korn, was ausgeschiffet wird, an der Brücke dem Käufer zugemessen und geliefert werden und soll von jeder Tonnen weitzen, rocken und Gerste ein schilling lübsch, habern aber ein Sechsling zu Meßgelde werden bezahlt und wollen F. G. die anordnung thun und geben, das alle Lieferung allerhandt Getreidiges, welches den Husumern und dem frembden Kaufmanne verkaufft wird, zu Husum für die Schiffbrücke geschehen soll, unangesehen solcher Kauff in umbliegenden Landen und Harden wehre gemachet worden, denne F. G. einem Jeden, der Korn kauffen will, den Kauff will frei lassen sein, er werde denne gemacht an waß Orttern es sey, aber damit Niederlage und Stapel zu Husum sey, so soll alle Lieferung des Orts was gen Husum kompt um gemessen werden und es an den deputirten Ortte zur masse gebracht werden, also wie vorbereret davon zu maßgelde gegeben werden, welches zu verstehen, sowohl von dem Korn, was zu Lande alß zu Wasser ankumpt und sollen die andern Maeßen, es sey Tonnen, Scheffel, Schipp oder andere Maaße gantz und gar zu dem Kauffen und Verkauffen abgethan sein. Was die Bereitung der Wage und Gewichte auch Tonnen und andere Maeße kosten werden, das soll aus, dem Wage und Maeßgelde genommen werden und Wir wollen für der Hand Befehligk geven, woher die erste fürlagk zu nehmen. So viel angehet den Weinkeller, zeichnen F. G. denselben Punct zu weiter Bedenken.

2. Auf den andern Artik. erkleren F. G. sich dahin, das dehnen, bei welchen das Gastrecht nicht zu erlangen, auch zu Husum kein Gastrecht mitgetheilet, sondern die Gleichheit damit gehalten werden soll und werden auch F. G. eigen Unterthanen in den benachbarten Harden wenn sie Jemandts im Weichbilde Husum zu beklagen, nicht für frembde gehalten, sondern müssen dem ordentlichen Prozesse des Gerichtes folgen. Der Sportuln halber, wenn man eine Zeitlang vermerket, was einkommen kann, wollen F. G. der außtheilung halber auch billige Ordnung und maeße zu geben wissen.

3. Den dritten Art. lassen F. G. sich also wie derselbe gesetzt und fürgeschlagen, gefallen und müegen der Gerichtsverwalter und Rath solches zu bester Gelegenheit anordnen.

4. Den vierten Art. lassen F. G. wie der gesetzt ist, auch also passiren.

5. auf den fünften Art. setzen und wollen F. G. das alle diejenigen, die sich von frembden Orttern in Husum begeben und daselbst häuslich setzen und feuer und rauch halten wollen, sich bei unserm Gerichtsverwalter angeben und Uns und an Unsern Stadt Ihnen dem Gerichtsverwalter und Rath einen Eydt thuen sollen, Unsers Gerichtes Regiment und Policey-Ordnung zu gehorsamben und sich getreulich und from zu verhalten, wie denne ein sonderbarer Formull solches Eydes dem Präsidenten und Rathe zu dero Behueff zugestellet worden, und soll ein Jeder für dem Antritt solcher angenommenen häußlichen Wohnung zu der Gemeine Nutz und Beste, ob er ein Giebelhauß bewohnen wollte zwei marck, ob er eine schlechte Behausung oder Boeden bewohnen wollte ein marck und ob er seinen Sitz in einem Keller nehmen wollte, acht schillinge zu geben schuldig sein, vorthan aber soll er geben und thun Nabers gleich. Was die Inlieger anbelangend, so zu Husum ab und zu lauffen, soll jeder Inlieger des Jahres über vier schillinge geben und der Wirth für den Gast gehalten sein. Und alßdeme der Mehre und Großer Theil zu Husum S. F. G. mit Eyden und pflichten sich nicht verwandt gemacht, setzen und ordnen und wollen S. F. G. das alle Erblich und zu Huhre binnen Husum eingesessene, die selbst oder deren Eltern in F. G. gethaner Huldigung auch geschworen, sich mit Eydt und pflichten gegen Unß und an Unsere Stadt Unserm Gerichtsverwalter und Rathe nochmal mit Eyden und pflichten sich verwandt machen sollen. Was die Bettler anbelangen thuet, ist in der policey Ordnung maeße gegeben, wobei F. G. bleiben lässet.

6. Wollen F. G. das die wochen Marckte frei sein sollen und ein jeder seine Wahren, er sei Frembder hoecker, Handtwerckmann oder wehr es wolle, auf die wochen Marckte bringen und verkauffen muege, jedoch daß es mit dem Kauffen

und Verkauffen, wie solches in der policey ordnung in specie disponiret und gesetzet ist.

7. Wegen der accisen lassen es F. G. durchaus bei der disposition der publicirten policey Ordnung beruhen und soll der Gerichtsverwalter dem Accise Meister ernstlich ufferlegen darauf achtung zu geben, das nichts unterschlagen oder in fraudem der policey Ordnung begangen werde, es soll auch kein Gastgeber oder Krüger mechtig sein Eingebraute oder frembde Biehre oder Wein einzulegen oder auszuzapfen, er habe denn zuvor den gebrauchlichen Accise entrichtet, wehr dawieder handeln wird, soll von dem Gerichtsverwalter in die gebührliche Straffe genommen werden und das in das Armen Hauß zu Husum verfallen sein und alßbald durch die Dreger auf Befehlig des Gerichtsverwalters dahin gebracht werden.

8. Den achten Art. Von jedem Wagen ein schilling zu geben, haben F. G. verendert, nemlich auf das Gewicht und nicht auf die Wagen, wie auß S. F. G. resolution auff dem ersten Art. zu ersehen, dabei S. F. G. bleiben lassen.

Den Punct von den Kirchendienern

daß solche verordnung auch auf die Schuldienern eingebunden werde, lassen S. F. G. sich gefallen und sollen Praesident und Rath solches zu exequiren hiemit befehligt sein.

№ 48.

Fürstlich gnaden Bescheid auf der *sub nr.* 5 enthaltenen Art. *Anno* 1582 den 19. *Mart.*

1. auf den ersten punct der Schrifft, welche instituiret ist, folgen etliche Artic. wollen Fürstl. G. das die publicirte Gerichtsordnung und Recht ein durchgehend gleichmäßigk Recht sein und bei deme keine sonderung gemachet werden soll.

2. den andern punct lassen F. G. sich gefallen, worauf Sie auch mit dehnen von Eckelenföhrde zum fürderlichsten wollen handeln und rechten lassen.

3. auf den dritten punct erklehren sich F. G. dahin, weil die Reckensluede anstadt der Kammerer sein und solch ampt billig bedienen sollen, so will S. F. G. das solch ampt bei dem Rathe bleiben und jahrlich unter den Raths Personen umbgewechselt werden soll und das jahrlich dieselben Raths Personen so bei dem ampt gewesen und dasselbe bedient haben in ausganck des Jahrs dem Gerichtsverwalter und Rathe unstraffliche Rechnung thuen sollen, davon sie Uns auch jeder Zeit abschrifft zuschicken sollen.

4. Den lesten punct von den vier Embtern und Boetekern angehend lassen F. G. durchaus noch zur Zeit bleiben bei der publicirten policey Ordnung.

Es wollen aber F. G. dem Präsidenten und Rath hiemit befohlen haben, weil Feuers halben bei und in Husum nicht geringe Sorge zu tragen und merckliche Gefahr zu gewartten, daß sie eine Ordnung der Stettigen Nachtwachen an gelegensten Orttern, denne auch eine Ordnung auff Feuers Rettung mit demjenigen, was mit Wasserkuven, den Fuhrleuten, item Leitern, haken, Eimern nöthigk, auch was für Quartier mit ihren wehren und ihrer Ordnung auf den Sturmschlag sich samblen und in ihre Ordnung sich stellen sollen, verfassen und S. F. G. pro ratificatione zuschicken, damit künfftiger verderblicher Schaden von Feuers Noht, deme der Allmächtige Gott gnediglich abwenden wolle, verhütet werde, zudeme das auch durch die verordnete Wache vieler muthwillige, so bei Nachtzeiten bishero auff den Gassen geübt, hinforthan abgehalten werden muege.

Und ist sonsten F. G. Befehlich das in allen und jeden andern puncten, so itzo zu Husum antzuordnen, dem buchstäblichen einhalt und wortlichen disposition Ihrer F. G. publicirten policey ordnung, auch verordneten Gerichtsprocesse und Rechten gefolget und solche alles durch S. F. G. verordnete Gerichtsverwalter und Räthe ins Werck gerichtet werden soll. Sign. zu Gottorff den 19. Mart. Ao. 1582.

№ 49.

Auf eingekommene Supplication und daneben übergebene Puncte und Beschwerunge Praesidenten, Raths und ganzer Gemeinde des Weichbildes Husum

Geben Wir von Gottes Gnaden Adolff 2c.

1. 2. Anfangklich, so viele belangen thut, die beiden ersten puncta als von wegen des Tonnen und Bakengeldes, Sollen allen denjenigen Sehefahrende Leute sowohl Inländische als Frembde, so ihrer der Husumer Seh-Tonnen und Baken auff der Hever gebrauchen das gewöhnliche Tonnen und Bakengeldt erlegen, welches durch getreue dazu verordnete Leute eingenommen und jährliches im Beiseinde des praesidenten und Raths zu Husum, auch der Eyderstedtischen und Strandiger Gevollmächtigen aufrichtig berechnet und Register davon übergeben werden sollen, was dan von solchem Gelde zu unterhaltung der Tonnen und Baken uf der Hever jahrliches

erobert werden kann, soll werden angewandt die vornehmsten Baken als die Turme zu Pellworm, im Strande und zu Gardingen in Eyderstedt zu baulichem Wesen zu bringen und zu unterhalten auff maeß und weise wie Unser Amptmann auff Gottorff Josias von Qualen mit Unsere beide Stallere in Eyderstedte und Strande, auch Praesident zu Husum Casper Hoyern, Jürgen Maeße und Johan Müllern in nechster Ihrer Zusammenkunfft sich dessen wird vergleichen Und soll Unser Staller in Strande, wie auch die Gemeinen Unterthanen daselbst hiemit aufferlegt sein, mit allem ernste und Fleiße sich darhin zu arbeiten, daß der Pillwurmer Turm zu fürderlichster Gelegenheit wiederumb gebauet werden muege, welches dan Ihnen den Unterthanen im Strande in Gemein mit zum Besten gereichen thuet.

3. der dritte punct Durchgrabung der Krummen Bucht anlangend, ist Unser Gnedige Befehlig, daß praesident und Rath zu Husum neben Zuziehung anderer der Sachen verstendiger Leutte einen ungefehrlichen Ueberschlag machen, wie viel solch werck des durchgrabens Kosten wollte, worauf den der praesident und Rath mit der Gemeine zu handlen, daß sie für sich auff ihre unkosten solch werck an die Handt nehmen und verfertigen, alß soll dakegen ein jeder Frembder und einheimbischer, so sich solcher grufft gebrauchen und dadurch fahren wollte, von jedem Last in und hinauß sechs pfenninge zu erleggen schuldig sein, So aber jemandt daselbst nicht hindurch, sondern die Grufft umbfahren wollte, Stehet einem Jedem solches frey und bleibet mit angedeutetem ungelde billigk unbelegt. Es soll aber solch Geldt durch eine vertrauete dazu beeidigte Person ingenommen, jahrlich der Gebür nach für Praesidenten und Rath, auch Vorstehern der Gemeine auffrigtig berechnet auch in folgenden Zeiten zu unterhaltung des Bollwerckes des Husumer Tieffes und andere Gemeine Notturft am Strome zu Husum angewandt werden, damit die Gemeine derohalben mit sonderbarer Schatzung in künfftig nicht beschweret werde.

4. Zum Vierten angehend, wenn Jemand im Weichbilde Husum mit Tode abgehe und Schulden nachliese, sei der gebrauch gehalten, das die frembden, wenn sie die Eltere Schuldt und pfandtverschreibungen haben, den Einwohnern zu Husum sein vorgezogen, da doch an etlichen Orttern denen Husumern solches nicht widerfahren, sondern unangesehen sie die Eltern Verschreibungen haben, die Einwohnern mit ihren jüngern Pfandschafften dennoch Ihnen fürgezogen und sie zurücke gesetzet werden, haben Wir für billigk angesehen, daß es zu Husum gleichergestalt also gehalten werde mit denjenigen so

von den Orttern her sein, dar es denen von Husum begegnet und muegen sich die von Husum solches als des jus retorsionis so lange gebrauchen biß von Uns und andern der benachbarten hohen Obrigkeit derenthalben endtliche Vergleichung getroffen und andere anordnung gemachet worden, andere frembde aber, so sich solcher Gewohnheit wieder die von Husum nicht gebrauchen, die geniessen billigk vermuge Gemeiner und des Husumer Rechtens Ihrer prioritet.

5. Belangend den fünfften punct, daß im 15 Art. Husumer Weichbildes Rechtens vorstahen sei, Wan einer von den Eltern verstürbe, die mehr alß ein Kindt verließe, Nehme das überbleibende von dem samende Guete nur Sohnes Theil und soll das übrige unter den Kindern getheilet werden, haben Wir diesen punct auff vorgehabten zeitigen Rath und erholtes Bedenken Unserer Räthe aus sonderbaren erheblichen und beweglichen Ursacken derogestalt reformiret, wie Wir auch solches hiermittelst und Krafft dieses gethan haben wollen, das es dieses Falls solle bleiben bei der disposition des Lohbuches und denischen Rechtens, also daß das gantze Vater und Mutterguet, da eins verstürbe, zusammengelegt und nach denischen Rechte in zwei gleiche Theile getheilet werden soll, davon der Vater, wofern die Mutter vorher mit Tode abgegangen, die eine helffte nehmen soll, die andere Helffte soll den Kindern bleiben, deromaaßen daß gleich woll von demselben halben Theile der Vater auch ein Kindestheil dem besten Kinde gleich an sich zu nehmen und bleibet also daß übrige den Kindern alles wie vorgemelt, nach Ordnung und Gebrauch des Lohbuches und denischen Rechtens, deme dan auch in gleichen fellen durchaus gefolget werden soll, da der Vater versturbe und die Mutter bei leben bleibe, sonst bleibet es in andern fellen bei Verordnung Unsers Husumer Weichbildes Rechtens billigk.

6. den sechsten punct betreffend, daß im 21sten Art. des Weichbildes Husumer Rechtens von prioritet der Ehefrauwen Brautschatzes Fürderung mit diesen Worten disponiret (Stürbe auch einer der Schulden nachliese, so hat die Frau zu ihrem Brautschatze den vortritt für allen gläubigern, obgleich denselben des Mannes Guetter außdrucklich wern verpfendet, gewesen, ehe und zuvor daß der Brautschatz in dieselben Guetter gekommen) haben Wir gleichergestalt diesen punct aus sondern beweglichen Uhrsachen mit Rath Unserer Räthe dermaaßen limitiret und eingezogen, das die prioritet und erstigheit der Frauwen Brautschatz aus ihres verstorbenen Mannes Guettern für den andern creditoren zu nehmen, allein zu deuten und

verstehen sein soll, auf die Schulden so in stehender Ehe von ihrem Haußwirdt ohne ihr consens und mitwissent gemachet, deshalb sie denn für allen andern creditoren den Fürtritt haben soll, an denen Guettern, so ihr Manne im anfange ihrer Ehe und alß sie ihren Brautschatz eingebracht, frei und unverpfendet in Besitzt gehabt, die andern Guetter aber, so der Mann für angefangener Ehe und gehaltener Hochzeit, auch also für zugebrachtem Brautschatze von seinen Guettern verpfendet oder mit Schulden beschweret gehabt, hafften billigk den Gläubigern für ausgeliehene Summen und haben sich die nach erstichheit und alter ihrer Verschreibungen nach Recht daraus zu erhoelen.

7. Auff den Siebenten punct. das den 4 Embtern wiederumb erlaubet werden muege, zu malzen und zu brauwen, ist Unser gnediger Befehlig, das praesident und Rath dießfalls eine ungefehrliche Ordnung wie sie dem Gemeinen Nutz zu Husum am Nützlichsten und Treglichsten zu sein erachten, verfassen und auffs papier bringen und Uns ehester gelegenheit zu schicken, wollen Wir dieselbe reduciren, Erwegen und corrigiren und zu endern wissen, auch darauff ferner anordnen, was Wir für Rathsam befinden werden.

8. Zum Achten, das diejenigen so Reinische Weine schencken, keine Französische feil haben, die aber Französische einlegen wollten, keine Reinische auszapfen sollen, Erachten Wir die angestellte suchung bei diesem punct nicht allein für billigk sondern auch hochnöttigk Siutemahl Wir taglich erfahren, was von Menniglich hohes und niedrigen Standes personen Uns daher zur Klagen fürkommen, zu geschweigen, daß es zu Verderb vieler Leute Leibes und Lebens zu untergang des gemeinen Manns gereichen thuet, das ihnen Gutes für Böses, französische vor Reinische oder ja das noch ärger ist, vermischte, untaugliche Weine für gleich hohen Preiß verkauffet und ausgezapfet, welches dann an ihnen selbst nach Rechte höchstraffwürdig, demnach setzen, ordnen und wollen Wir hiermit und befehlen ernstelich, daß keiner in Unserm Weichbilde Husum, er sei auch wehr er wolle, der Reinische Weine schencken und auszapfen will, keine französische oder andere Landtweine einlegen, vielweniger feil haben soll, und hinwiederumb der französische oder andere Weine schencken will, soll sich gleichergestalt der Reinischen weine wiederumb bei gantzen Stücken, Ohmen oder bei Kannen oder bei Stubchen zu verkauffen gentzlich äussern und enthalten, wofern aber jemandes hier wieder gelüsten lassen und diese Unsere Verordnung freventlich überschreiten und darüber vertreten werde, dem sollen die ver-

botenen weine genommen und ins Armenhauß gebracht oder derselben zum Besten nach Gutdünken des Praesidenten verkaufft werden, vor welches der übertretter in Unsere willkührliche Straffe verfallen und derenthalben Uns aufzudingen schuldigk sein soll.

Gleichergestalt soll es auch gehalten werden, da befunden würde, das Jemand zu Amsterdam oder andern Orttern vorsetzlich vermischte Reinsche Weine an sich kauffen und dieselben auszuschencken oder andern hinwiederumb zuzuhandeln in Unser Weichbild Recht von Husum bringen wurde.

9. Zum Neundten, Von wegen des Eichenbauholtzkauffes in Norwegen zu Behuef der Bürger eigen Notturfft und Bauwercks zu Husum thun Wir Uns hiemit gnediglich erbieten, wofern der Holzkauff in Norwegen, wie Wir sonsten berichtet, noch nicht wiederumb loeßgeschlagen (dessen sich denn der Schiffer, so zum nechsten in Norwegen lauffen werden, eigentlich zu erkunden) das auf solchen Fall und gründliche relation Wir der Gemeine zu Husum auf ihrer weiter anhalten zu besondern Gnaden und Guten mit dem gebetenen promotorialien an die Königl. Maj. zu Dennemarcken gnediglich willfahren wollen. Uhrkundlich Unsers Fürstl. zu auffgedruckten Secrets und unterschriebenen Handzeichens, gegeben auf Unserm Schlosse Gottorff den Sechsten Monatstag September nach Christi Unsers Seligmachers Geburt in funffzehn hundert und fünff und achtzig.

Adolff.

№ 50.

Fürstlich *Mandat* das kein Bürger sein Marsch und Landgütern, auch Heuser und Höwe verkauffen oder verpfänden müge an einem vom Adel.

Wir von Gottes Gnaden Adolff ꝛc. Entbieten dem Ernbaren, Ehrsamen, Unserm Praesidenten und Rath und Gemeine Eingesessenen Unsers Weichbildes Husum Unsere Gnade und hiermit zu wissen, wie wohl Wir verschiener Jahren auf unterthanigst anhalten etlicher Unserer Unterthanen in Gnaden nachgegeben und bewilliget, daß Sie denen vom Adel Ihre Marsch und Landguettern sowohl auch in Unsern Stedten und Flecken Heuser und Hoefe verkaufen mügen, das Uns doch dasselbe ferner zu erlangen und zu gestatten nunmehr aus hochwichtigen Uhrsachen bedenklich fürfalt, Gebieten und Befehlen demnach Einem Jedern hiemit ernstlich und wollen, daß sich Niemandt unternehmen soll, hinfüro sein Landt und Erbguetter noch in den Stedten und Flecken Heusern oder Hoefe einem vom Adell zu verkauffen, noch zu verpfänden, anzubieten und anbieten lassen in keinerley weiße noch wege, besondern wofern Jemandes seine Guetter feill sein und dieselben zu verkauffen gedrungen werden muchte mit seinen Nachbarn oder sonsten seines gleichen standes Personen derentwegen Handlung fürnehme, würde sich aber der Ein oder ander diesem Unsern mandat wiedersetzen und seine Guetter angedüdeder maßen enteusern und verwenden, den oder dieselben wollen Wir mit willkührlicher Straffe dermaaßen zu belegen wissen, das andere darüber ein Beispiel zu nehmen, So soll auch solcher Kauff nicht desto weniger Krafftlos und von unwercken sein. In diesem wird sich ein Jeder demnach fürzusehen und Unsere Ungnade und Straffe zu vermeiden wissen; das meinen Wir ernstlich, Sint euch sonsten zu Gnaden und guten wollgeneigt. Uhrkundlich Unsers Fürstel. zu ent auffgedruckte Secret und unterschrieben Handtzeichens. Gegeben zu Husum den 6ten July Ao. Eintausend fünffhundert fünff und achtzig.

№ 51.

Fürstl. Gnaden Hertzogen Philipsen *Privilegium* das Gast mit Gaste in Husum außer den Jahrmarckten nicht handeln, kauffen und verkauffen soll.

Wir von Gottes Gnaden Philips 2c. fügen hiermittelst allen und jeden Kauffleuten und adventiren (?), welche unter Unserm Weichbild Husum nicht gesessen, sondern Frembde sein und sich bishero oder auch hinvorthan der Kauffenschafft gebrauchet oder gebrauchen müssen, zu wissen, Obwoll hiebevor Unsere lobliche Voreltern Christmilder gedächtnus, sonder Zweiffeln nicht aus geringen sorgfeltigen Bedenken zu Befürderung der Unterthanen, gedeylichen wollstande, Befehlige und Mandate ausgehen und publiciren lassen, wie und wesgestalt es mit den wochentlichen Marckten gehalten und was sich ein jeder sowoll Frembder als eingesessener gedachtes Unses Weichbildes mit dem Vorkauff zu erzeigen haben solle, So erfahren Wir doch nicht allein auß der Supplicanten vielseltigen Klagen, sondern auch auß den teglichen befindlichen Geschichten, das obberürte Unsrer löblicher Vorfahren wollmeinende constitutiones, Freyheit und mandata in nicht geringen mißverstand gezogen, zudeme auch beide Käuffer und Verkäuffer zu verfangk und verderb Unserer Unterthanen des Weichbildes ihre Kauffmannschafft also unter einander machen und halten, das überall den Eingesessenen des Weichbildes, wie billig der Vorkauff gebüret, das dochmannigmahl und ehe und bevor die Gueter auf den Marcket gebracht werden, der Kauff zwischen den Frembden geschlossen derentwegen dan und nur allein zum schein den eingesessenen die Wahren in solchen preiß gelobet und gesteigert werden, das die Einwohnern von dem Kauff abzustehen gedrungen werden, wann denn solches, wofern demselbigen länger zugesehen werden sollte, zu verderb und untergangk, auch eusersten Schaden mehrgedachten Unsern Unterthanen des Weichbildes Husum gereichen würde, denen doch die Wochen-Märckte allein znm besten verordnet sein, worüber dann allbereitz mannicher seiner Handtirung und Kauffschafft entsetzet, Frembde aber und die so nicht in Unserm Weichbilde Husum gesessen, doch mit dem Vortheil und gewinnste davon ziehen, Und Wir dan Uns zu erinnern haben, daß in allen andern umbliegenden Stedten dieses Fürstenthumbe vergönnet und zugelassen ist, von allen Wahren insonderheit auff den Wochen Marckte den vorkauff zu haben und Gast mit Gast zu handeln nicht gestattet, noch vergünnet wird, und wir nicht gemeint sein Ichtwas zu verhengen noch zu lassen, worüber offt mehrgedachte Unsere Unterthanen zu Husum Ihrer Nahrunge halber schaden und verderb zu empfinden, sondern vielmehr auß tragender Fürstlicher Obrigkeit, sorgfeltigkeit und Liebe kegen die Unserigen entschlossen sein, dasjenige zu ordnen und zu befehligen, was in sich selbst Christlich auch zu gedey und aufnehmen Unser Unterthanen zu Husum erspriеßlich sein möge. Demnach so ordnen und befehlen Wir hiermit und Krafft dieses Unsers ernstlichen mandati Euch allen und jeden außlendischen und frembden Kauffleuten und Händelern außerhalb Husum gesessen Euch hinfüro auf den Wochen Marckt des Vorkauffes mit Frembden gantz mit allen zu enteusern und zu enthalten und damit unsere eingesessene des Weichbildes Husum alleine gewehren zu lassen, werde sich aber befinden, das diesem Unserm Befehlig zukegen gehandelt würde, Unsen Unterthanen mit dem Vorkauffe durch Frembde einpaß und Verhinderung beschehe, den oder dieselben sollen Unser Praesident und Rath zu Husum Unsershalben darumb zu besprechen und anzuhalten, hier gnedigst befehligt sein, die Wahren auch so lange an sich nehmen, bis Er oder Sie solches Frevelshalber gebüßet und nach gelegenheit aufgedinget haben. In diesem wirdt sich ein Jeder selbst zu richten und für Schaden und unheil zu hüten wissen. Uhrkundtlich Unser zu

Endt auffgedruckten Fürstel. Secrets und undergeschriebenen Handtzeichens. Geben auff Schlosse Kiehl den 15ten Mai der weniger Tall achtzig und acht.

№ 52.

Vertrag zwischen Herzog Adolffen und Hanß Frodsen.

Wir Adolff von Gottes Gnaden ꝛc. bekennen hiemit öffentlich vor Unß, Unsere Erben und Nachkomblinge und sonst vor Jedermanniglichen, daß Wir Uns mit dem Ehrbaren Unsen getreuen Hanß Frützen, Berendtsohn zu Husum wahrhaftig nachfolgendergestalt verglichen und vertragen haben, nemlich also das Wir ihm und seinen Leibes Erben aus Gnaden seines Vatern Berend Frütsen Haus und Hoff binnen Husum zwischen Paul Knutzen auff der Oster und olde Früdde Früdsen auff der Westerseiten als das bepüttet und bepalet ist nebst allen seinen inhabenden Guettern (und was Er auch mit seiner vorrigen Begnadunge, so seine vorfahren von Königen und Fürsten erlanget, bekräftigen kann, daß soll ihm und seinen Erben dieser Unser Verschreibung halber auch unabbrüchlich sein) hiemit und in Krafft dieses Unses Briefes frei verschreiben thun, als das Er und seine Erben davon kein Ueberschatz geben dürffen, imgleichen daß es sich zutrüge, daß Knechte auf's Borchlager zu Husum verlegt würden sollten, daß Er und seine Erben als dan davon gefreyet sein sollen, zu dem wan die Husumer im Fall der Noth Knechte ausmachen mußten, Er und seine Erben solches zu thun nicht schuldig sein. Wan aber von der Ritterschaft der Roßdienst gefordert wird, wollen Wir Uns hiemit vorbehalten haben, so viel die deswegen zu thun schuldig, daß Sie dem Folge leisten sollen. Zu mehrer Begnadigung haben Wir ihm Hanß Frütsen und seinen Erben auch vergönnet und nachgeben, daß Sie die drey Käthner zu Osterhusum belegen zwischen Otto Rathlauen auff der Osterseite und dem Wege so nach der Mühle läufft, auff der Westerseiten, die jetziger Zeit bewohnen mit Namen Laß Petersen, Barber Tönischlägers und Görriß Rademacher mit ihren wurthstedten dazu gehörig frey haben und gebrauchen sollen und mügen und Ihres gefallens damit handelen, welche Käthner und Stedte Wir Ihnen hiemit auch wollen gefreyet haben und nebst seinem Hoffe so nechst dabei gelegen, legen möge, bey dem Bescheide aber, daß gleichwoll den Armen im Gasthause zu Husum, was Ihnen jahrlich davon gebüret, gegeben und entrichtet werden soll, im Kauffmanns Handel soll er und seine Erben der bürgerlichen Freyheit auch zu genießen haben, Sie sollen aber nichts destoweniger den Bürgerschatz so gesamblet wird, zu der jährlichen gewohnlichen pflicht, so die von Husum Uns als Ihrem Landesherrn zu geben schuldig sein, auch die Zulage zu Bollwerck und Predicanten zu geben schuldig und verpflichtet sein, Ihren Nachbaren gleich zu thun, darnechst auch von Ihren andern Bunden Guettern, wo Er und seine Erben dieselben unter Uns liegen haben, die nicht frey sein, Bunden-Retzel und Recht thun nachbarlich, für solche Unsere Ihnen Hanß Früdzen und seinen Erben erzeigte Begnadunge hat er für sich und seinen Erben die zwei seiner Lansten, so zu Wittbeck wohnhafftig sein, mit allen ihren zugehörigen alß er die in Besitz gehabt, Es sey an Acker, Wischen, Weiden, Holzungen, so zu den beyden Guettern gehörig und denselben auch von Recht beykommen mögen, auff Wittbecker Feldtmarckt belegen, welche er und die Lansten dazu gebrauchet haben, erblich und eigen für Uns und Unsere Erben wiederum verschrieben und verlassen, wie denn solches die verschreibung, die er Uns gegeben ferner thut außweißen, daß demnach ferner dieser Vertrag also und dargestalt von Uns Hertzog Adolffen Hoch gedacht also, wie hiebevor verzeichnet ist, bewilligt und vollbordet worden, haben Wir zu dessen mehrer Uhrkundt Unser Fürstl. Secret an diesen Brief thun hengen und Uns mit eigenen Henden unterschrieben. gegeben auf Unserm Schlosse zu Gottorff den **20.** Oct. **1571.**

Adolff.

№ 53.

Fürstl. Gnaden *Sententz* umb abschaftung Conrad Wulff Hoyers Bierschenken in Husum, *item Immission* in Haus und Hoffte wegen der Schulen nachstehende Zinse. *Ao.* 1605 den 9. Sept.

In Sachen mandati Poenalis executionis ad videndum Bürgermeister und Raths zu Husum an Einem contra Conrad Wulff Hoyern andern Theils wegen dessen, daß Er Hoiers nunmehr seiner an seinem Hause habende Privilegien und Gerechtigkeit möge priviret werden, weil er angezogene unterschiedliche mandaten und decreten nicht gelebet und die Bierschenke in seinem Hause nicht abgeschaffet, darnach daß Sie mögen in sein Haus und Hoff wegen der **20** Mk. ewige Rente laut des abgegangenen mandati immittiret werden.

Erkennen Wir Johann Adolff von Gottes Gnaden ꝛc. uf Conrad Wulff Hoyers in praefixo termino ungehorsamen Außenbleibens und bemeldten Raths producirte und vorgebrachte Notturfft in contumaciam hiemit für Recht, daß er Conrad Wulff Hoyer in Zeit 8 Tage den nechsten die Bierschenke gänzlich abzuschaffen schuldig sein soll, daferne er aber sich nach wie vor darin ungehorsam bezeigen und zu allen künfftigen Zeiten sich solcher Geschenke mehr unternehme, soll er Krafft dieses dann alß itzo und itzo alß dan aller an seinem Hause habende privilegien und Gerechtigkeiten priviret und entsetzet sein, wie ihn dan Wir auff solchen Fall hiemit priviren und entsetzen, auch vor Uns und Unsere Nachkommen die Klegern und ihre Nachkommen jeder Zeit bey dieser Sententz wirklich schützen und handhaben wollen.

Belanget den andern punct. Weile er den intimirten Mandato nicht gelebet und die restirenden Zinsen nicht erleget, soll der Rath hiemit in das angezogene Haus und Hof würklich immittiret sein, damit so lange zu schalten und zu walten bis die eingeklagten und restirenden Zinsen zu voller Genüge erleget, wie Er Hoier dan auch hernacher alle Zeit von Jahren zu Jahren die Zinsen laut des zwischen D. Hieronimo Schultze und dem Rathe zu Husum auffgerichteten Vertrags würklich abzutragen, Imgleichen den Klegeren die auffgewandten Unkosten nach Unserer moderation zu erstatten schuldig sein soll. von Rechtswegen. Uhrkundl. pronunciatum auf Unserm Hause zu Kyl den 5ten Sept. 1605.

№ 54.

Fürstl. *Confirmation* über den Vertrag zwischen dem Rathe und Gemeine zu Husum und *Doctori* Hieronimo Schultzen, Cancelern wegen seines freyen Hauses.

Wir von Gottes Gnaden Philips u. s. w. bekennen und thun kundt hiemit vor allermänniglich, demnach die Erbare und Weyse Unsere liebe getreue Rath und Gemeine Einwohnern Unsers Weichbildes Husum Einen und der Ehren Vester Hochgelahrter Unser Rath, Cantzler, Unser lieber Getreuer Hieronymus Schultze der Rechten Doctor anderntheils wegen der exemption Immuniteten und Freyheiten Unsers Kanzlers Hauses mit Unserm Consens und Fürwissen eine Vergleichung getroffen haben, nach fernern Inhalt des Vertrages von beiden Theilen versiegelt und das Datum stehet Gottorff den 8ten Januarii Ao. 89. Unß hierauff untertheniglich ersuchet und gebeten, Wir alß der regierender Landesfürst über die Unsern Kanzler allbereits von weylandt Unsern freundtlichen lieben Brudern, Hertzoge Friedrichen Christmilder gedechtnus und Uns auff obberürtes Hauß und dem angehörigen Landes im Damkoege außgegebene Freyheiten solcher contract umb mehrer Befestigung willen zu confirmiren und bestätigen und Wir dan solches Ihr suchen nicht unziemlich befinden, So haben Wir Ihnen Ihre Bitte gnädiglich gewilliget und solchen contract und vergleichunge auß fürstl. Macht und Gewalt Krafft dieses confirmiret und bestätiget, confirmiren und bestätigen denselben hiemit vor Unß Unsere Unmündige Gebrüder Erben und Unsern allerseits nachkommen; wie dasselbe auffs Kräfftigste geschehen kan oder mag, Wir auch und Unsere Erben sollen und wollen sie beyde Theile und Ihre Nachkommen bey solchem contract gnädiglich schützen und vor jedermänniglichs Eintrag und Beschwernuß vertreten und handthaben. Anfehlen und gebieten darauff Unsern Räthen und Ambtleuten, so itzo sein oder Künfftig sein werden, Sie beyde Theile bey solchem contract von Unserntwegen zu schützen und dawider Keinesweges zu handeln gestatten, so lieb einem Jeden ist Unsere Schwere Ungnade zu vermeiden. Uhrkundlich haben wir diese confirmation so zweyfach und Einem jeden Theile eine davon zugestellet, mit Unser Fürstl. Insiegel und Handtzeichens bekräfftigt, welches geschehen auff Unserm Schlosse Gottorff den 9ten Januarii Nach Christi Unsers lieben Herrn und Seligmachers Geburt im 1589 Jahr.

Folget der Vertrag, davon die berürte Confirmation meldet.

Zu wissen sey Jedermanniglichen, den dieser im 1589 Jahr 8ten Jan. verrichteter Vertrag vorkompt, ihn sehen, lesen oder vorlesen anhören, daß zwischen einen Erbaren Rath und der Gemeine des Weichbildes Husum Eines Theils und den Ehrenvesten Hochgelarten Herrn Hieronimo Schultzen, der Rechten Doctor, fürstl. Holsteinischen und niederländischen Canzler auff Marschhoff und Friedeburg Erbgesessen ander Theils Ein beständiger unwiederruflicher und ewiger Vertrag mit Gnädigen Consens und Bewilligung des Durchlauchtigsten Fürsten und Herrn Herrn Philippen Erben zu Norwegen u. s. w. Unsers Gnädigen Fürsten und Herrn getroffen und geschlossen worden wegen berürten Herrn Canzlers Hauß und Hofes in dem Weichbilde zu Husum belegen, derogestalt und also, Nachdeme Weylandt der Durchlauchtiger und Hochgeborner Fürst und Herr Adolff u. s. w. Christmilder Gedachtnus, solch des Canzlers Haus und gehoeffe, wie das anitzo erbauet ist von Hans Frützen als ein Freyhaus, so allbereit des überschatzes entfreyet gewesen, erkaufft, bar bezahlt und das Geldt Frützens creditoren und Gläubigern erlegen und entrichten lassen, folglich aber Sr. Gottseelige F. G. dasselbige und Gehoeffe der Durchl. Hochgebornen Fürstinnen und Frauen, Frau Christine, gebohrnen Landgreffin von Hessen u. s. w. Wittwen aus Ehelicher Liebe verehret und geschenket, von derö F. G. auff des auch Durchlauchtigen und Hochgebornen Fürsten und Herrn, Herrn Friedrichen Erbe u. s. w. Christmilder gedechtnus und S. F. G. fürtreffliche ansehnliche Landt und Hoffräthe (welche auß sondern F G. und Sie hiezu bewegende Ursachen solches vor guet angesehen haben) Unterhandlung von hochermeldeten fürstl. Wittwen des Herrn Cantzlers mehr berürtes Hauß hinwieder erkaufft und an sich gebracht nebst Bestätigung voriger Befreyung, so allbereits auf gedachtes Hauß und Gehoeffe erhalten worden, Wan derowegen berürter Herr Cantzler aus friedliebenden nachbarlichen Willen und Gemüht und zur Verhütung Künfftiges auffrügckens wieder willen und das Er und seine Erben ohne einige entgeltnusse exempt und entfreyet wegen solches Hauses und Gehoeffes sein wollte, Sich gutwillig bestendiglich und unwiederruflich mit gedachten Ehrbahren Rath und der Gemeine des Weichbildes Husum dahin vereiniget und verglichen, daß er seine Erben und Nachfolgere aus mehrberührten seinen Hauß und Gehoeffe Einem Erbaren Rath und Gemeine **6** Mk. lübsch Ewiger Rente, welches halber dan der Herr Cantzler bey dieser Handlung Einem Erbaren Rath und Gemeine zu Husum **100** Mk. lübsch die also forthan an gewisse Ortter belegen und die Zinse der **6** Mk. Ihres Gefallens und bestes Nutzens davon zu gewarten haben sollen, ausbezahlet und zugestellet hat, hierüber auch hat der Herr Cantzler aus Christlicher Andacht freyen guten Willen und dem Rathe und der Gemeine zu Husum und Ihrer nachkommen mit zu Ehren und Besten **20** Mk. lübsch Jahrlicher Ewiger Rente, davon die Erste den Künfftigen Martini des Neun und Achtzigsten Jahres betagt und also forthan alle Jahr auf S. Martini von dem Herrn Cantzler und seinen Erben und Nachfolgern zu ewigen Zeiten aus mehr gedachten Hauß und Höffe also lange bis das so viel gewisse Hauptsumme als **400** Mk. lübsch jahrliches abzutragen sein von Ihnen und seinen Erben auff ratification und Gutachten Eines Erbahren Raths und Gemeine zu Husum beleget worden, verordnet. Wie er dann der Hr. Cantzler Krafft dieses vor sich und seinen Erben unwiederruflich dasselbe zu erfolgen gantz bestendiglich bei guten Ehren treu und guten Glauben mit Verpfendung gemelten Hoffes und Hauses obligiret und verpflichtet hat, vorentgegen ein Ehrbarer Rath und Gemeine zu Husum nicht allein mehr gedachten Ihrem Gnädigen Landesfürsten, welche dem Hr. Cantzler und seinen Erben solche Freyheiten Gnädiglich verschrieben haben, zu unterthänigen Ehren und Gefallen, auch das der Hr. Cantzler, wie obgedacht, so gutwillig und nachbarlich mit erlegung der **100** Mk. lübsch und verordnung der jahrlichen Ewigen Rente der **20** Mk. erzeiget und beweiset hat, besondern auch das er dem Weichbilde zu Husum auff allewege viel nützliche Dienste gethan, auch ohne Zweifel ferner thun kan und wirdt sich Krafft dieses alles solches wie am beständigsten geschehen soll, kan oder mag bey gutem Ehren, Treuen und Glauben sich obligirt und verpflichtet haben, mehr berürten Hr. Cantzler, Seine Erben und Nachfolgere von Ihrem Gerichtszwange, Bottmäßigkeit, Unpflichten, Steuer, Bürde, Aufflage, wie die Nahmen haben konnten und mochten, keine ausbescheiden, durchaus frey solch Haus zu besitzen, geniesen und gebrauchen zu lassen, gutwillig zu ewigen Zeiten verstatten und nachzugeben Ihme, seine Erben und Nachfolgere allen freundtlichen und nachbarlichen Willen jederzeit zu bezeigen und bei solchen wollerlangten adeligen Freyheiten, so viel an Ihnen den von Husum ist und Ihnen dessen zu thun gebüret, helffen zu schützen und zu handthaben, jedoch das durch dieses Haus Befreyunge Ihrer habenden privilegien dermaßen kein eintrag oder praejudicium eingeführet werde, daß andere gleichermaaßen in künfftiger Zeit solches verstattet und nachgegeben werden sollte, Nach ferner Inhalt ihrer privilegien und Freiheiten, auch der darauff erlangte Fürstl. confirmation hierüber, auch das der Hr. Cantzler und seine Erben und nachfolgere nicht macht haben sollen mehr Boeden und Gebauwen zur Nahrunge und darin Kauffmannschafft oder sonsten Gewerbe mag ingetrieben werden, erbauen solle, es sey den Er und Sie aus demselben nachbarlich gleich Einem Erbaren Rath und die Gemeine zu Husum die Gebührnis davon gleich andern leisten und thun wollten, welches alles beyden Theilen beliebet und eingegangen und ist dieser Vertrag zweifach geschrieben Einem jeden eines, unter eines Erbaren Rath und der Gemeine, auch des Hr. Cantzlers gewohnlichen Insiegel zugestellet, welches geschehn auff dem Fürstl. Hause Gottorff nach der Geburt Unsers Einigen Erlösers und Seligmachers Jesu Christi in dem **1589** Jahr den **8** Januarii.

№ 55.

Heerzog Johan Adolffs *Confirmation* über alle Husumer *privilegien.*

Wir von Gottes Gnaden Johann Adolff Postulirter und erwehlter Erz= und Bischoff der Stifter Bremen und Lübeck, Erbe zu Norwegen u. s. w. Bekennen und thun kund hiemit vor Uns, Unsrer Unmündigen Brüder allerseits Erben, Nachkommen und sonst Jedermänniglich; Nachdem die Erbare und Ersame Unsere liebe getreue Unterthanen sowoll Rathleute als gantze Gemeine Unsers Weichbildes Husum auf die Uns von ihnen beschehene Erbhuldigung unterthänigst ersuchet und gebeten Ihnen Ihre habende und vorhergebrachte Privilegia und alte löbliche Statuta und gebräuche gnediglich zu confirmiren und bestetigen, Alß haben Wir insonderheit der unterthänigen getreuen Dienste halber, die sie in unterthänigen willigen gehorsam Unsrer lieben Herrn Vorfahren, Königen und Fürsten, wie den auch Unsern gnädigen lieben Herrn Vater Christmilder Gedächtnisse in Kriegesfolgung und sonsten bis in seine seelige Sterbegrube gutwillig erweiset haben, Uns und Unsern Nachkommen nicht weniger noch hinfurthan zu jeder Zeit vermittelst aller unterthänigen Bereitwilligkeit erzeigen und beweisen sollen und wollen, solcher Ihrer unterthänigen Bitte gnädiglich stattgegeben, mehr berürte ihre privilegia auch derauff gnädige Confirmation bestätiget, Confirmiren bestätigen nnd erueuern demnach auch auf vorgehenden gehabten Rathe mit Unsern lieben und getreuen Räthen ihnen alle und jede von Unsern löbl. Vorfahren ihre habende Freyheit, Gerechtigkeit Privilegia wohlhergebrachte Statuta und Gewohnheiten in allemaaßen als wan dieselbigen von Wort zu Wort enthalten, specificiret und geschrieben worden, alß:

1. Die Begnadigung auff den Zollen ihnen von König Hansen gegeben, welches Briefes Datum stehet Ao. 1488 amb Abend circum c. Dom. Relatione Paul Sehestedt.

2. Unsers löbl. Herrn Großvaters Begnadunge denen van Husum der Hopffenwagen und Cramern halber gegeben, Datum Ao. 1493 Sonntag nach Brixi, derer Begnadunge halben Henrich Rantzow Hofmeister Relation.

3. Eine Verschreibung hochgedachten Unsers Hr. Großvaters sowohl der Herren als Drosten und Amptleute Zehrunge betreffend sub Dato Husum Ao. 1511 Mittwochen nach Annun. Mariae.

4. Mehrhöchsterwehntes Unsers Herrn Großvaters Friedrich Begnadunge wegen der Accise, Item der Neustadt halber und das auch keine Häuser in Unserm Weichbilde Husum

mehr befreyet sein sollen, denn allein Herrmann Hoyers und seine Erben itzo Unses Rathes und Stallers in Eyderstät Casper Hoyers Hauß sampt seinen zugehörigen Boden immaßen sowohl von Herzog Adolffen als König Friedrichen Ihnen und seinen Erben daselbst verschrieben gewesen, doch aber Unsers gewesenen Raths und Canzlers Doctor Hieronimo Schultzen Hauß hiermit ausbeschieden, welchen Unser Gottselige Bruder Hertzog Friedrich und Wir aus sonderbaren beweglichen Uhrsachen und seiner vielfältigen Uns bewiesenen getreuen Dienste halben nach außweisung ihme darüber gegebene verschreibung die Freyheit gnediglich gegönnet und gegeben, worüber er dann auch mit dem Rath und Inwohnern zu Husum um erhaltung mehres Friedens und nachbarlichen willens sich vereiniget laut eines auffgerichteten vertrages, welchen Wir auß Unser wissenschafft und hohen Obrigkeit halben confirmiret und bestätiget haben wollen.

5. Alle die privilegia, Herrlichkeit, Freyheit, Gerechtigkeit und Gewohnheit, so die von Husum auff Gasthause, Armenhauß, Kirchen und Schulen haben und mit Briefen und Siegeln beweisen können.

6. König Christian III. de dato Donnerstag nach Invocavit Bestätigung und des mehrgedachten Unsers gnädigen lieben Hrrn Vaters Herzog Adolffen erlangte Privilegien confirmiren, welches datum helt Husum Donnerstag nach Rem. 1546.

7. Zuvor Hochgedachtes Unsers gnädigen Herrn Vaters denen von Husum gegebenen Rechts, auch policey und reformation Ordnung, sowoll auch Unsers Gottseeligen Bruders Hertzog Philipsen Begnadunge nechst verschienen 88sten Jahrs den 15ten Mai ihnen, denen von Husum zum Kyl eingetheilet, daß Gast nicht mit Gast handeln soll, in allermassen als wan diese angezogene Privilegia insonderheit und specifice in Unserm Nahmen ausgegeben und sonderlich versiegelt und unterschrieben wären, dieselbe in Krafft und Macht dieses Unsers Briefes hiemit aufs Kräfftigste confirmirende.

Sintemahlen mehrgenannte Unsere getreue Unterthanen von Husum vermittelst einer Supplication schrifft Uns unterthänig berichtet, das Sie wegen die ihnen vor etzlichen Jahren aufgesetzten accisen und anderer mehr auflagen allerhandt Beschwerunge empfunden und unterthänig gebeten, Sie dessen mit Gnaden zu entheben und zu erlassen, So haben Wir mit Rath Unser getreuen Räthe Uns kegen ihnen aus beweglichen uhrsachen darauff folgender Gestalt gnädiglich resolviret und erklähret.

Erstlich so viel die Beschwerung der Accise betrifft, das Wir in Gnaden nachgegeben und gewilliget, Immaßen Wir dan dieselbige auch hiemit vor Unsere Unmündige Brüder und Unser allerseits Erben und Nachkommen, denen von Husum gnädiglich einräumen und nachgeben, daß alle und jede Inwohnere und Unterthanen Unsers Weichbildes Husum so wenig von Weinen, den eingebrauten Husumer alß frembden Bieren, Mehde und Geträncke Jennige Accise zu geben und zu entrichten schuldig sein sollen. Wie Wir denn nicht allein solche accise hiermit wollen gentzlich abgeschaffet und aufgehoben, besondern die Impost so vor dieser Zeit von den Weinen, die zu Husum angeschiffet und durchgeführet worden gegeben sein, abgestellet haben, jedoch aber 4 ß Zollgeldt für jeden Ame Weins nicht gemeinet, die Uns und Unsern Nachkömmlingen alhier gebrauchten Gebrauch nach hinfüro entrichtet und bezahlet werden sollen.

Und alsdan weyl. Unser freundtlich lieber Bruder Friedrich Christem. Gedächtniß dem Rath und der Gemeine zu Husum den Krahn am Wasser belegen, gnädiglich vergönnet und überlassen, dergestalt, weil derselbe baufällig gewesen, daß Sie denselbigen an sich nehmen, Nottdürfftig und ansehnlicher massen erbauen, 30 Jahre innehaben und in solcher Zeit darjegen die Hebungen und Ufkünffte deselbigen zu geniesen und zu erfreuen haben sollen und mögen, daß Wir solche Begnadunge des Krahnes halber ihnen auch gegönnet solche benannte Zeit denselben ohne Abgifft zu gebrauchen.

Die Gerichtssportuln betreffende, deren halben Wir Uns vor Unsere Unmündige Brüder und unsere Erben auch gnädiglich begeben und sollen dieselben hinfüro bei dem Gerichte und dessen Personen bleiben und gelassen, die Brüche aber Uns und Unsern Erben, wie hiebevor geschehen ist, berechnet werden.

Alle diese obgedachte alte und erneuerte Privilegia, Freyheit, Herligkeit und Gerechtigkeit, auch alle alte wollhergebrachte Erbare löbliche Gebrauchen und gewohnheiten derer von Husum, confirmiren, ratificiren, bekräfftigen und bestätigen Wir Hertzog Johann Adolff und Krafft dieses uf beständigste für Uns, Unsere Unmündige Brüder Erben und Nachkommen, Gepieten und befehlen darauff auch Unsern Ambtman zu Gottorff so itzo ist oder Künfftig sein werden, sowohl auch allen und Jeden so umb Unsers willen zu thun und zu lassen haben werden, mehrberürte Unterthanen von Husum über diese Ihnen gegebene Fürstl. Begnadung und Freyheit nicht zu beschweren und zu beeinträchtigen, noch das selbige durch andere geschehe zu gestatten, besondern sie dabei vielmehr Unsernthalben für Jedermänniglichs zu schützen, zu handthaben und zu vertreten, dazu verlassen Wir Uns gäntzlich, ist auch Unser Ernstlicher und zuverlässiger Wille und Meynung, dasselbige wiederum mit Gnaden und allem Guten zu erkennen. Zu dieser Mehrer Uhrkundt haben Wir Unser Fürstl. Secret an diesen Begnadungsbrieff wissentlich hengen lassen und Uns mit eigener Handt unterschrieben, gegeben auf Unserm Hause zu Husum, den 15ten Juny Ao. 1592.

Joh. Adolff.

№ 56.

Fürstl. *Mandat* die Abschaffung des *Praesidenten* Ambts und des Herrn Ambtmanns zu Gottorff *Inspection* über Husum belanget.

Wir von Gottes Gnaden Johan Adolff ꝛc. Entbieten Unsern Rathsverwandten sowoll auch allen und jeden Bürgern und eingesessenen Unser Stadt Husum Unsere Gnade und hiemit zu wissen, Nachdeme Wir nun geraume Zeit hero, sieder das Praesidenten Ambt erlediget, erfahren, das sich die fürfallende Sachen und Handeln nicht allein gehäuffet und gemehret, besondern auch das allerhandt unrichtigkeit eingerissen und wofern demselbigen länger also zugesehen werden sollte, das es zu wenigen Nutz und Frommen dieser Unser Stadt Husum gedeyen worde, uns aber von Unsern getreuen Rathe erinnert, was maaßen für Jahren bei Christmilder Gedächtnus Unsrer geliebten Vorfahren Zeiten der Ambtmann zu Gottorff allewege die auffsicht und Inspection und also Unsere Stadt Husum mit in Befehlig gehabt. Daß Wir solcher und andrer mehr Unß hiezu bewegender Uhrsachen willen das Praesidenten oder Vicepraesidenten ambt abgeschaffet und geneigt sein, wie in andern Unsern Stedten Bürgermeister und Rath zu verordnen und die oberste Inspection Unserm Ambtmann zu Gottorff darüber zu betrauen und zu demandiren, Wie Wir denn itzo alsofort den ehrenfesten Unsern Rathe, Amptmann zu Gottorff und Steinhorst Hinrich Blohme aufferlegt und befohlen haben sich Unserntwegen solcher Inspection anzunehmen und zu verwalten, Wollen Euch demnach sampt und sonders hiemit aufferlegt und befohlen haben, obgedachten Unsern Amptmann nicht allein dafür zu Ehren und zu erkennen besondern da auch künfftig Sachen und Handeln fürfallen und zu Handen stoßen werden, dabey Ihr seines Rathes und Zuthuns von Noetten, das Ihr ihme solches entdecken und wie sichs gebüret und von Alters her geschehen, darinne verhalten wollen, daran geschieht Unserm Befehlige nebst deme, es zu Eurem Besten sonderbar gemeint ist, gebührlich Folge und Wir seint Euch zu Gnaden und Gueten wollgeneigt. Uhrkundlich haben Wir Unser Fürstl. Secret auf's spatium dieses getruckt und Uns mit eigener Hand untergeschrieben. Gegeben zu Husum den **29**sten Sept. **1592**.

№ 57.

Hochfürstl. Begnadunge und *Confirmation* wegen der Stede des Engels und dessen tobehörigung tom Rathhause.

Wir von Gottes Gnaden Johan Adolff ꝛc. bekennen und thun kund vor Männiglich, Nachdem Wir in glaubwürdige Erfahrung gekommen, daß weylandt die hochgebornen Fürsten Unsere gnädige und freundtliche vielgeliebte Herrn Vater und Bruder Christmilder Gedächtnusse den samptlichen Unterthanen und Eingesessenen Unsers Weichbildes Husum zu Guette, das Hauß der Engel genannt und der Gemeinde zu dem Ende und Grunde geschenket und verehret, daß sie allda ein Rathhauß bauen und also zu dem gemeinen Besten brauchen möchten, daß Wir demnach solche donation Krafft dieses confirmiret und bestätiget haben, dergestalt daß gedachte Unsere Unterthanen die Stede annehmen und ihrer Gelegenheit nach ein Rathhaus darauf zu erbauen ermechtigt sein sollen, jedoch aber sollen sie den Weg vor Unserm Hause nach dem Markte also groß und weit lassen, daß man mit wagen und Pferden dadurch kommen und passiren kann.

Weile auch alß Wir vermerken Gerdt Stedinge das Haus des Engels abbrechen und Holz, Kalk und Stein in seine Behältniß bringen lassen, Wollen Wir die Vorsehung thun, daß solches nach möglichkeit der Gemeinde zum Besten hinwiederum beygebracht werden möge.

Uhrkundlich Unsers zu endt auffgedruckten fürstl. Secret und unterschriebenen Handtzeichens gegeben auf Unserm Schlosse Gottorff den **29**sten Juny **1593**.

Johan Adolff.

№ 58.

Fürstl. *Mandat* den Kornhandel belangende.

Wir von Gottes Gnaden Johan Adolf ꝛc. Enbieten den sämptlichen Unterthanen und Eingesessenen Unsers Weichbildes Husum Unsere Gnade und fügen hiemit Euch zu wissen, welcher gestalt zwischen Euch allerhandt wucherliche contracte und Mißbräuche insonderheit im Kornkauffe eingerissen und in Uebunge sein, also wan ein armer Man geldes benöttiget, daß derselbe uf sein Korn, welches ihme der liebe Gott allererst wachsen lassen soll, Geldt fürgestreckt wird, dergestalt, daß der Nottdürfftige debitor seine Gläubiger für jeden Gulden oder Reichstaler eine Tonne Gersten oder ander Getreydig liefern muß, so doch in Zeit der Lieferung die Tonne solches Getreydigs bisweilen umb zwei Taler verkaufft werden kan und muß also der Debitor für einen Taler, welchen er empfangen, wiederumb zwei Taler und woll mehr dem Gläubiger bezahlen, wodurch dan die Armut außgemergelt und ins Verderben geführt wird, Weile aber Uns als der Obrigkeit gebüret, darauff mit Fleiß zu sehen und acht zu haben, daß solche hoch schedliche Mißbräuche und verbottene wucherliche contracte abgestellet werden mügen, So setzen und ordnen und wollen Wir, da einer künfftig Einem armen Mann auf Korn Geldt vorstrecken würde, daß dem creditor alßdanne das Getreidig umb den Preis, wie es zur Zeit der Lieferung Marcktgenglich ist, in der Bezahlunge annehmen, doch anstatt der Rente für sein ausgeliehendes Geldt auff Jeder Marck, wenn es ein Jahr zuvor ausgethan ist, zwei schilling und für ein Halbjahr einen schilling zu gewinnen haben soll, würde nun von Einem oder dem andern wieder diese Unsere Ordnung gehandelt und bei solchen Kornkauffe oder Vervortheilunge arge List oder Betrug gebrauchet, auch darüber einige contracte und Handlunge auffgerichtet, Sollen dieselben Vorpflichtunge an ihnen selbst nichtig, krafftlos und unbündig, auch die Helffte des von dem Gläubiger ausgethanen Geldes confisciret und an Unß als die Obrigkeit verfallen sein, daß meinen Wir ernstlich und befehlen darauff Unsern Praesidenten, Rath und Hardesvoigt Unsers Weichbildes Husum hiemit ernstlich und wollen das selbe diese Unsere constitution festelich gehalten und dawieder nicht gehandelt werden in Keinerley weise. Uhrk. ꝛc. Gottorff den 7ten December 1597.

№ 59.

Fürstliche *Mandat* wegen Verenderung der Jahrmarket zu Husum und abschaffunge des Pfingstmarket.

Wir von Gottes Gnaden Johan Adolf ꝛc. Entbieten allen und jeden dieses Unsern offenen Briefes ansichtigen, insonderheit aber denen, so mit ihren kauff, gewerben und Handlunge der Markettage in Unserm Weichbilde Husum besuchen, Unsere Gnade und fügen Euch denselben zu wissen hiemit, obwohl weylandt Unser Gottseliger Herr Vater Christmilder Gedächtnusse wohlmeintlich verordnet, daß zur Befürderunge der allgemeinen Handtirunge und Kauffmannschaft in Unserm Weichbilde Husum jahrliches zwei freye Jahrmarkte gehalten werden sollten, welches dan auch bis auf diese Zeit geschehen und verfolget worden, so hat es die erfahrunge nach der Handt mitgebracht, daß der itzigen Zeiten und Lauffte gelegenheit nach sodane beyde Jahrmarckte, wan dieselben zweymahl des Jahrs gehalten werden, Unsern Unterthanen mehr zu schaden und Nachtheil als zu gedey und auffnahme gereichen thuen, derowegen Wir dan auß erheblichen und beweglichen Uhrsachen constituiren und verordnen, Thun auch solches hiermit und in Krafft dieses aus landesfürstlicher macht und Hoheit, das hinforthan in Unserm Weichbilde Husum mehr nicht dan Ein Jahrmarckt gehalten werden, welches sich auf St. Bartholomäi anfängt und die folgende 8 Tage stehen, darin auch ein jeder seine Handtirung und Handelung gleich hiebevor auff den gemeine Jahrmarckte geschehen, zu treiben frey stehen soll, außerhalb solches Jahrmarckts aber sollen keine andere gemeine Jahrmärckte in Unserm Weichbilde Husum gehalten worden, besondern dieselben hiemit und in Krafft dieses abgeschaffet sein, Und damit nun einem Jeden dessen Wissenschafft erlangen und sich darnach richten müge, haben Wir solches menniglich durch dieses Unsers offenes außschrieben notificiren und kundt thun wollen. Uhrk. 2c. Gottorff, den 26sten Juny 1598.

№ 60.

Fürstlich Mandat wieder die Tumultuanten sie seien von Adel, Hoffdienern oder andern Standes.

Wir von Gottes Gnaden Johann Adolf 2c. Entbieten den respective Hochgelahrten und Ehrsamen Weisen Unsern Rathe Praesidenten und sämmptlichen Gerichts Personen, auch gemeinen Ingesessenen Unsers Weichbildes Husum Unser Gnade und fügen Euch hiemit zu wissen, wasmaßen unß vorgekommen, daß zu Zeiten in Unsern Weichbilde Husum sowohl bei Nacht als bei Tages Zeiten mit üppigen schießungen, überfallungen der Wechtern, außschlagen der Fenster und andere unheimbliche Bezeigungen allerhandt mutwillen getrieben, wodurch nicht allein Gott der allmechtige erzürnet und Ehrliche Leute beunruhiget, besondern auch andern muthwilligen gesindtlein ursache und anlaß gegeben wirt, sich gleicher üppigkeit zu gebrauchen, also daß in die lenge, wofern diesem Unwesen nicht gerechnet (?) werden sollte, gar keine disciplin Zucht noch Ehrbarkeit erhalten werden kann, weil Wir aber Niemande so wenig denen vom Adel als andere Standes Personen, wie sie Namen haben, solche mutwillen in Unsern Steden zu üben gestatten, viel weniger denselben Jenige Licentz oder Freiheit in so dahnen fellen für andere gönnen können oder wollen, demnach befehlen Wir Euch hiemit ernstlichen auch bei Verliehrunge eure habende privilegien im fall sich Jemandt er sei vom Adel, Hoffdienere oder anderen Standes unternehmen würde in Unserm Weichbilde Husum ungebuerliche mutwillen zu treiben, daß ihr denselben alsofort nach gestalt der übertretunge entweder in Bestrickunge nehmet oder zu gefenglicher Hafft bringet und gegen ihn ohne Jenige respect gleich andere Mitbürger procediret und verfahret, wie sich dasselbe zu rechte und eurem Stadtgebrauch nach eigenet und gebueret, wo sich auch solche muetwillige Gesellen der Captur wiedersetzen und sich davon etzliche Rottiren und zusammenschlagen würden, also daß die Stadtdienern die delinquenten zur Hafft bringen nicht stark genug sein konnten, auf solchen Fall also fort die Stormglocke gezogen und alßdann ein jeder Bürger bei Verlust seiner bürgerlichen Gerechtigkeit, auch bei Vermeidung ernster willkürlichen Straffe schuldig sein, sich mit seinen Gewehr an dem Ortte, da die muetwillige Verbrecher vorhanden, einzustellen und euserstes Vermögens mit daran zu sein, das dem Muetwillen gewehret und die delinquenten zur Hafft gebracht werden, woran dan, was also zu erlaubter defension und gegenwehr geschieht und fürgenommen wirdt, niemand gefrewelt haben, besondern von Uns jeder Zeit deswegen geschützet und berechtiget und gehandhabet werden soll. Daß meinen Wir ernstlichen und hat sich ein Jeder darnach zu richten und für schaden zu hüten. Seindt Euch zn Gnaden sambt und sonders wollgewogen. Uhrkundtlich Unsers zu Endt aufgedruchten fürstlichen secrets auch unterschriebenen Handtzeichens gegeben auff unserm Schloß Gottorff, den 23. Aug. 1600.

№ 61.

***Disposito* wie es mit verkaufunge und ausloesunge der *Creditoren* unterpfande, wann sie die gerichtliche *Immission* darinne erlanget, im Weichbilde Husum hinführo zu halten.**

Wir von Gottes Gnaden Johan Adolff ꝛc. Entbieten dem hochgelahrten, auch Ehrsamen, Weisen, Unsern lieben getreuen Praesident und Rath sowoll auch allen Jeden Unsers Weichbildes Husum Eingesessene, Imgleichen allen denjenigen so außerhalb dessen Gerichtszwanges wohnhafftig sein, Unsere Gnade und fügen Euch hiemit zu wissen. Nachdem in Unsern Weichbildes Rechten nicht außtrücklich vorsehen, was ein Pfandthaber eines Hauses und Hoffes wegen seines Schuldigers seumiger Bezahlung entweder durch gerichtliche Immission oder auf vorhergehende öffentliche proclama wan der prioritát halber zwischen den sämptlichen Creditoren gerichtlich erkandt, schaden vorzukommen, sonderlich wan das Hauß baufellig, solch ein pfandt angreifen und die Eltern Pfandthaber ausloesen muß, wasmaßen er solches seines Pfandes durch eine Kauffunge wiederumb loes werden, da die jüngern Creditoren, wan solcher Kauff öffentlich proclamiret, nicht zu tretten und einer den andern ausloesen wollen, und welchergestaldt solcher Kauff zu schließen, damit beide Käuffer und Verkäuffer der jüngern Zusprüche halber hernaher gesichert und derowegen ins Künfftige unbesprochen bleiben mögen und dann deshalber bishero zwischen den eltern und jüngern Creditoren, sintemal die jüngern Verschreibungen bei ihnen, den jüngern Creditoren behalten bleiben und offtmals nach Zehne, Zwantzig und Dreysig Jahren auf das gesetzte und vorkauffte Pfandt gesprochen wirdt, vielfeltiger streit und Irrungen sich erreget,

Alß haben Wir nöttig erachtet zu verhütunge dessen, auch diesen punct seine richtige maße und Ordnung zu geben, Setzen und Ordnen demnach hiemit und wollen, wan sich hernaher ein solcher fall wie obstehet in Unsern Weichbilde Husum zu tragen wirt und ein creditor sein pfandt Einem andern zu Erlangung seiner Bezahlung verkauffen muß, daß also danne der jünger Creditor, in was ordnung derselbe sei, schuldig sein soll, da er einigr Verbesserung in solchem verkaufften Hause oder Hoffe zu sein vermeinte, dem Käuffer sein Kaufgeldt nebst dem, was er an dem Hause und Hoffe immittelst noetwendig verbauet, innerhalb dreyen Jahren nach geschlossenen Kauffe und dessen beschehenen proclamate und öffentlichen anschlage anzurechnen, zu erlegen und zu entrichten. Würde er aber dasselbe in gesetzter Frist nicht thun, Soll er nach der Zeit mit seiner Forderung nicht gehöret, sondern ihme, dem Käuffer auf seiner ansuchen von Euch dem praesidenten und Rathe der Eigenthumb solches Hauses und Hoffes unweigerlich zuerkanndt und zugeschrieben werden und mag er der Käuffer demnach alsoforth dasselbe Erb- und Eigenthümblich ohne einige fernere einrehde und ansprüche der jungen Creditoren Innehaben, Besitzen und seines

Gefallens wiederum vereussern oder sonsten damit gebehren und soll dieser verordnung ohne unterscheitt sowoll unter den Gegenwertigen alse abwesenden, sofern sie des offentlichen anschlages wissentschafft erlangen oder probabiliter erlangen muegen und Können, stath haben.

Gebieten und Befehlen demnach Euch Unsern Praesidenten und Rathe zu Husum und wollen, daß Ihr in Schuldt Sachen und concursu creditorum in obernenten fall ins Künfftige nach dieser Unser disposition und satzung zwischen den parteien gerichtlich sprechet und erkennet, volenbringet daran Unsere zuverlässige meinung und wirt sich hiernach menniglich zu richten wissen. Uhrkundtlich Unsers zu Endt aufgedruckten fürstlichen Secrets und unterschriebenen Handtzeichens. Geben auff Unserm Schlosse Gottorff den 20. Januarii Ao. 1601.

№ 62.

Fürstliche neuwe gegebene *Confirmation* darinnen auch das Weichbilde Husum den Nahmen als ein Stadt bekommen.

Wir von Gottes Gnaden Johan Adolff ꝛc. Thun kundt und bekennen hiermit für Unß, Unsere Erben und Nachkommen am Fürstenthumb Schleswig, auch sonst jedermänniglichen, nachdeme die Ersame Unsere Unterthanen und liebe getreue Rath und Gemeine Unsers Fleckens Husum Uns gehorsamblich mittelst überreichter unterthänigen Supplication fürbringen und zu erkennen geben lassen, welche Gestalt Unsere in Gott ruhende Vorfahren sie, die Eingesessenen und ihre Vorfahren mit unterschiedtlichen Begnadungen, Freyheiten, statuten, immuniteten gnediglich begabet, wodurch dan gespüret, daß seithero gemeldter Flecken an ein- und ausländischer Kauffwahren, alle handtierlichen commercien und Handwerken zur trefflichen Nutze der Einwohner und angelegenen Lande zu gewinnen und ferner unterthäniglich gebeten, Wir möchten in Gnaden geruhen Unsere Ao. 98 d. 10. Aug. Ihnen beschehenen Vertröstung zufolge Ihrer Gemeinen Nutz, Wollfart und Gedey auch Unsers Theils zu befürdern, Sie mit Stadt Nahmen und Rechte zu begnaden, Ihr itziges Gericht zu verbessern und in andern mehr puncten, Immaßen Sie bey einem Jeden Unterthänig gesuckt Ihnen gnädige Verordnung und Freyheiten mitzutheilen, alles mehrer und weiterer einhalts Ihrer Uns allhier demüthigst eingeantworter Bittschrifft und theils hier unten erwehnte deroselbigen erholung. Das Wir demnach in erwegung Ihrer Voreltern und Ihrer getreuen Dienste so sie Unsern lobseeligen Vorfahren und Uns insonderheit in viel wege gehorsamblich und getreulich bewiesen: auch ins künfftig Uns, Unsern Erben und Nachkommen beweisen können und sollen, solch Ihrem Suchen in Gnaden Stadt gethan, thuen auch solches für Uns, Unsern Erben und nachkommende folgender gestalt.

1. Erstlich haben Wir zur vermehrung der frembden Handler wie dann auch Fortsetzung der außländischen Commercien Unseres Flecken Husum mit Stadt Nahmen und Gerechtigkeit, jedoch auf nachgesetzte masse gnediglich begabet, daß hinführo derselbige nicht mehr für einen Flecken, sondern für Unsere, Unsere Erben und Nachkommen Stadt geschrieben, genennet und gehalten, auch dieselbige für und für also genennet und der Nahme des Flecken, weil derselbe in civitatem eregiret, hiermit gänzlich abgethan und hinfüro nicht mehr gedacht werden soll.

2. Fürs ander ordnen, wollen und fürsprechen Wir das hinführo zu allen künfftigen Zeiten das praesidentenambt, so bis dahero gewesen abgeschaffet und dagegen 2 Bürgermeister, die jährlich mit der Regierung umbwechselen sollen und acht Rathleute in Unserer Stadt Husum das Ambt der Obrigkeit, als Gericht und Gerechtigkeit, wie dan auch guete policey und Ordnung handthaben, verwalten und verrichten sollen, ohne einige inspection Unsers Gottorfischen Ambtmanns, so itzo ist oder auch künfftig seyn wirdt, davon Wir Sie zu ewigen Zeiten Krafft dieses befreyet und die inspection Uns, Unsere Erben und Nachkommen allein fürbehalten haben wollen, Wir thuen Ihnen auch diese gnädige Zusage, das forderlichsten Gelegenheit Ihr Weichbildrecht in ein beharrlich Stadtrecht verendert, die mistverstendige Artikuln corrigiret und was sonsten undeutlich gesetzet, verstendlich erklehret und verbessert, Ihnen darin in bürgerlichen und peinlichen Sachen zu richten und zu exequiren anbefehlen, gewisse Grentzen und Feldtmarkt, wie weit und fern solch Recht sich erstrecken und Sie zu gebieten haben sollen, gesetzet, auch Bürgermeister und Rathleute verordnet und unter Unsern Fürstl. Secret und Handtzeichen zugestellet werden soll, So viel aber die erwehlung der Bürgermeistern und Rathleute in nachfolgenden Zeiten belanget, soll es nach gesetzter massen damit gehalten werden, daß, wan einer oder beyde Bürgermeister mit Tode abgegangen, alßdan an derselbigen stath einer oder zwei aus den Rathleuten, wan aber aus den Rathleuten verstorben, alßdann nach Anzahl der verstorbenen aus der Bürgerschafft redliche Leute, die Gott fürchten, wahrhafftig und dem Geitze feindt seyn, Uns, Unsern Erben und Nachkommen von den überlebenden Rathverwandten, die desbalb die Wahl haben, soll praesentiret und umb Gnädige ratification und confirmation gebeten werden soll, wann solches geschehen, und die Persohnen, wie obgenandt, tüch-

tig befunden werden, wollen Wir und Unsere mitbeschriebene Sie in gewöhnliche Eyde und pflicht wie hernacher im Stadtrecht gesetzet werden soll, nehmen lassen und die gesuchte confirmation unverwegerlich mittheilen. Wir behalten Uns aber für, das Wir, Unsere Erben und nachkommen jeder Zeit einen verstendigen Gerichtsschreiber aus Unsrer Canzley oder sonsten verordnen und setzen wollen, der auff Unsere Brüchesachen mit achtung haben und in dessen Gegenwart alle Gerichts- und andere Sachen, imgleichen allen beysammenkünffte und berathschlagungen tractiret und gehalten werden sollen.

3. Für Dritte dieweil durch Gottes gnedigen Segen Unsere Stadt Husum an Kauffhandlern bereits ziemblich zugenommen und noch hinferner zunehmen kan, wozu dan für allen Dingen schleunige Rechtsverhelfung in richtigen und gestandenen Schuldsachen hochnöttig, Alß geben Wir dem jedes Jahr regierenden Bürgermeister vollkommen Macht, daß er in liquidirten und bekanndten Schulden, die mit offenbahren Siegeln und Brieffen, so alle wege paratam executionem auf sich tragen oder mit Ehrlichen unverwerfflichen Leuten in continenti und also bald bescheinigt werden können, auch über zehn Mark sich nicht erstrecken, zwischen den Partheien richten und, was also den rechten gemäß verabscheidet werden, schließlich und endlich exequiren möge.

4. Fürs Vierdte Thuen Wir gnädiglich mehrgedachten Bürgermeister und Rathleuten zu Ergetzung Ihre verseumbniß mühe und auffwartung nachgeben und vergönnen, daß Sie in den nechsten 4 Jahren den dritten Theil aller Brüchen so aus bürgerlichen Sachen, dan die peinlichen und deren abdingung behalten Wir Uns allein vor jährlich berechnet, wie dan auch den dritten Theil aller accise so in derselben Zeit gehoben werden mag, zu geniesen haben sollen, wann wir den Ausgang solcher Zeit Ihren Fleiß und getreue auffmerkung im werke verspühren, Und daß Uns diese Unsere gnädige Bezeigung nicht sonderlich zu Schaden gereichet, befunden werde, wollen Wir Uns alsdan einer ewigen bestandigen Begnadung, also daß sie Unser Fürstel. Väterlich Gemüth im werk erspühren sollen und Wir Ihres Tragenden Ambts halber Ihren Schaden nicht suchen, zu erklehren wissen.

5. Fürs Fünffte, alß auch vielfältig geklaget wirdt, das bishero die bürgere Unser Stadt Husum aufm Lande mit Ihren wichtigen und gestandenen Schudtsachen mittelst gebürende execution nicht gefordert, sondern in viele wege auffgehalten, ja auch boßhafftigerweise so woll von den Schuldenern alß Richtern offtmahls umbgetrieben und Ihnen das Recht also entweder protrahiret oder auch woll gar denegiret werden

solle, so haben Wir gedachte Unsere Bürger zu Husum mit dem privilegii arresti, so viel liquidirte und confessirte Schuldsachen belangen thut und ferners nicht in Gnaden begabet, jedoch ehe und zuvor sie sich dessen gebrauchen soll dem regierenden Bürgermeister vom klagenden Theile schein und Beweiß fürgebracht werden, daß er an den Orten, da der Beklagte gesessen, sein Recht, wie daselbst gebräuchlich, zu zweien unterschiedtlichen mahlen gebührlich gesuchet und ihm dasselbe demnach kundlich verzögert oder abgeschlagen und also zu völliger seiner Bezahlung nicht verholfen worden, wann solches summarie examiniret und fürgegangen soll ihm der Bürgermeister den Kummer vergönnen und beklagten Schuldener arrestiren lassen, weil aber alle arresta bürgerlich, soll die relexatio oder Losgebung auf genugsame caution unverweigerlich und ohn allen Verzugk erfolgen.

6. Zum Sechsten Ordnen und setzen Wir, daß hinführo, wan Unser bürger in Husum Schulde halber eingelegt werden, dieselbige nicht in die Frönnerey, sondern in einem sonderbahren Gemach auffm Rathhause, so mit eisernen Stangen und Gitterwerk versehen, ohne einige Anlegung der Helden und Schlösse verwahret und mit andern Gefängniß nicht beschweret werden sollen, es wäre dan Sache, daß einer etwa sein verschriebenes Einlager nicht halten und also mit ehrlicher Herberge nicht friedlich sein wollte, auff welchem Fall er eine nacht über in die Frönnerey zur Straffe mag gehalten werden, follgens aber soll er wie andere Bürger auff dem Rathhause in die Schuldtkammer geführet werden.

7. Zum Siebenten. Ob woll für dieser Zeit die Gemeine zu Husum unterschiedtliche verordnunge erhalten, daß Ihnen auß Unsern Marschlendern Eyderstedt und Strandt von den Sehefahrenden Leuten, so sich des Heverstroms und deren darauf liegenden Tonnen und gesetzten Baken gebrauchen sollen und aber gerührte Marschlande sich solcher neuerung je und alle wege beschweret mit Einwendung, daß die Tonnen und Baken dennen von Husum, welche dan Ihre gantze Nahrung daran gelegen, mehrentheils und insonderheit zu Guete gereicheten, stünde Ihnen auch frey dieselben länger zu halten oder Ihres gefallens abzuschaffen, item obgleich Ihre Schiffer sich der Hever zur Zeiten mit gebrauchten, welches dennoch so gar offt und vielmahls nicht geschehe, so hielten sie dagegen mit schweren Unkostung Ihre Turme im Lande, nach welchen sich die Husumer Schiffer nicht weniger dan die Ihrige nach den Tonnen und Baken richteten, also das die gemachte Ordnung niemals in Observantz gekommen und auch den Marschländern als die niemals darin gewilliget oder darüber gehöret worden, zum

Verfange und praejuditz Ihrer alten gebrauchten Freyheit und Gerechtigkeit effectuiret werden können und sollen — So thuen Wir für Uns und Unsere Erben mitbeschriebene der Sachen nach folgende maße geben, wobey es auch schließlich und endlich bewenden soll, daß nemblich die Husumer die Tonnen und Baken und die Carspellkirchen in den Marschländern Ihre Turme, so viel derselbigen dem Sehefahrenden Manne nützlich und nöttig sind, jede für sich alleine ohne Zuthuen des andern halten und die Husumer von den Schiffern, so bey Ihnen anlanden, das gewohnliche Tonnen und Bakengeldt fordern, die Schiffer aber, so in die Marschländer anlegen, durchaus allerdinge davon entfreyet sein und bleiben sollen zu ewigen Zeiten.

8. zum Achten erholen und bestätigen Wir Unserer Stadt Husum erlangte und confirmirte Freyheit, so vor diesem der Gemeine daselbst den Freyhäusern halber mitgetheilet, derogestalt das ins Künfftige Niemandt, er sey wer er wolle, seine Behausung von bürgerlichen Beschwerungen frey gegeben werden solle und daferne je ein oder ander bey Uns, Unsern Erben und Nachkommen eine solche Freyheit erpractisiren würde, soll in Krafft dieses bey Uns dieselbige Krafftlos und Unsre Stadt Husum nicht daran verbunden sein.

9. zum Neundten versprechen Wir, daß alle und jede Unserer Stadt Husum erlangte privilegien, immuniteten und Begnadungen, auch alle und jede darauff erhaltene confirmationes (außerhalb der Verordnung so das Tonnen und Bakengeldt betrifft und hieroben ein ander Maaß erlanget, ingleichen der Accisse Befreiung, die auch nunmehr in Abgang gekommen) mit und neben dem neuen Stadtrechte auff ferner Unser Stadt Husum unterthänige erinnerung und ansuchung in Schleßwig gedrucket und Sie derselbigen Ihres Inhalts zu geniesen und zu gebrauchen haben sollen.

10. Zum Zehnten und letzten wollen Wir auch aus Gnaden gewilliget und dem jedes Jahr regierenden Bürgermeister vergönnet haben, das in allen künfftigen Zeit das alte gewöhnliche Stadtgeldt von den Crämern einzunehmen und für seine Versäumniß in seiner Haushaltung seines Gefallens anwenden möge.

Alle diese obgeschriebene puncten und Articuln so Wir nach vorgehabter deliberation und gehörtem Bedenken Unsrer Räthe und also mit wollbedachtem Muthe, gutem Rathe und rechter wissenschafft verabschiedet, indulgiret und gegeben, wollen Wir für Uns, Unsere Erben und Nachkommen Unser Stadt Husum festiglich halten und Sie vor allen männiglich ungehindert dabey schützen und handthaben, jedoch soll durch diese Unsere milde Begnadung Unsere Obere, Landesfürstliche Hoch- und Bottmäßigkeit in Verordnung und Handthabung der **Justitien** und gueter **Policny**, wie dan auch andrer habenden **Regalien**, der **Collecten** und sonsten nicht **praejudiciret**, sondern Uns, Unsern Erben und Nachkommen dieselbigen vorbehalten, wie dan auch die Stadt Husum nicht unter die Gemeinen dieser Fürstenthümer **Privilegien** begriffen, sondern Unsere, Unser Erben und Nachkommen Stadt Inmassen dieselbige itzo **privilegiret** worden, allein sein und bleiben.

Uhrkundlich haben Wir Unser Fürstel. Insiegel wissentlich hengen lassen an diesen Brieff und Uns mit eigener Handt unterschrieben. Gegeben im Jahr nach Christi Unsers Erlösers Geburt **1603** den **20**sten **April**.

№ 63.

Wohlmeinigliche Erinnerung *Praesidentis* und Raths an M. Johannem Neocorum.

Würdiger Herr Pastor, nachdem ihr auf des gestrengen, Edlen und Ernvesten Hans Blome Christmilden Gedächtniß **per sub et opreptionem** ahn Vns ausgebracht **promotorial** vnd **Commendation** schrifft von Vns vnd dieser gemeine, nicht allein vor Vnsern Pastoren anhero vociret, sondern auch folgendes vor Vnsern Pastoren vnd seelsorger bestellet vnd angenommen seydt: So wisset ihr nun fürs erste, daß ihr auf die alte Königl. vnd Fürstliche Kirchen-**Ordonantz**, worauf auch alle Priesterschafft und Clerisey in diesem gantzen Lande vnd Fürstenthumb bestelt vnd angenommen wird: Fürs ander auf die von F. G. allhie in die Gemeine Publicirte Polizei-Ordnung, darin euch **Tit. 4 partium** sonderlich forma vnd vnd richtschnur vorgestellet ist, wornach ihr in ewrem Leben wandeln, vnd welchen ihr folgen sollet von Vns vnd dieser Gemeine bestellet vnd angenommen seit, daß ihr euch mit **Administrirung** der Kirchen-**Ceremonien** und Gottesdienste, vnd dann auch mit ewerm Leben vnd Wandel darnach verhalten vnd derselben gänzlich nachleben sollet. Wie aber solches von ewerer Persohn bißhero gehalten worden, solches ist euch vnd jedermann vnverborgen, vnd ob wir wohl balde im anfang eweres Dienstes genugsame Fuge vnd Ursache gehabt haben, euch **causa malae adminitrationis** vnd denn auch ewrer leichtfertigen vnd ergerlichen Lebens zu beschuldigen vnd darüber zur Rede zu stellen so haben wir dennoch aus bedencklichen Vrsachen eine geraume Zeit anhero gedult mit euch getragen, ewrer, eweres Dienstes und ampt gerne verschonen wollen, damit wir nicht angesehen werden möchten, alßwan wir aus Vorwitzigkeit alzuscharpf mit geistlichen Personen fortfahren wolten, In Hoffnung es solte die vorige Veppigkeit abgealtet haben, ihr sollet ewer eigen richter geworden sein, euch haben geendert, gebessert, vnd zu Gemüth geführet, was ihr für ein ampt hattet, alle Maculen nachmals mit sonderlichem Fleiß, Gottseligkeit, ehrbarem eingezogenem Leben, studiren vnd gebührlicher gravitét ausgelöschet vnd zugedecket haben. Weil wir aber im werck nicht ohne grossen schmertzen leider erfahren, daß ihr euch nicht allein von dem vorigen Leben nicht abwendet, sondern daß ihr des ergerlichen wesens von tag zu tag mehr machet vnd Vnser vnd dieser gemeine langmüthigkeit vnd stillschweigen sehr vnd gröblich mißbrauchet, dadurch viel Christliche fromme Hertzen verwundet werden, darüber seufzen vnd auf vns sehen, ob wir solchem wesen lenger zusehen können, davon dan ausserhalb dieser gemeine viel schimpf vnd spott gemacht wird, vnd wir deshalben bey vielen, vnd insonderheit an frembdern Oertern einen bösen nahmen erlangen möchten, so können wir zwar nicht lenger still dazu sitzen, sondern müssen euch die Wahrheit sagen, damit wir Ja nicht von euch für albern vnd stumme Hunde angesehen werden, fürs erste accusiren wir euch, daß ihr die alten König vnd Fürsten dieses Landes Kirchen-Ordnung, darauf ihr doch von Vns bestellet und angenommen seyd, nicht würdiget nachzufolgen, sondern damit ihr bey den Leuten den Ruhm haben möchtet, daß ihr etwas besseres wüstet vnd fürbringen könnet, welches euch austrücklich in der Fürstlichen Polizeyordnung verbotten ist, so habt ihr Vnsere gewöhnliche Kirchenordnung beygesetzt vnd vnder die Banck geschoben, vnd dagegen die Sächsische von Pochenio gestellte Kirchenordnung eingeführet, zu geschweigen, daß ihr mit der Kirchen-Agenda sollet zufrieden seyn. So kompt Vns auch gar frembd für, daß ihr mit dem Tauffbüchlein Lutheri, darnach man allhie bevor getaufft, nicht zufrieden seit, sondern dem heiligen Luthero den Pochenium über den Kopff ziehet, damit ihr bey den einfältigen Leuten grosse nachdenckliche ergernis anrichtet, daß bey dem einen Kinde ein anders gebrauchet wirdt, alß bey dem andern, vnd tauffet also der Pastor anders alß der Capellan, daß solches nicht nachdencken vnd ergernis geben solte, hat ein jeder Vernünftiger abzumessen. Bei Verrichtung des Abenmahls ist abermahl eine Vngleichheit, wann ihr das ampt haltet, alß wen es die andern halten, mit dem Gebet mit lesen der waren explication, vnd denn auch mit der Melodia: ob dieses alles wohl adiaphora sindt, so sagen wir doch nur von der eingeführten newerung wieder Vnsere

Kirchen=Ordinantz, welches euch nicht gebühret, zu deme habt ihr es bey der Copulation nach des Lutheri trewbüchlein nicht bleiben lassen, dabei es doch die vorigen Kirchen=Diener beruhen lassen, sondern ihr habt was sonderlichs haben müssen, vnd was ihr sonst vor irrungen in dem Chor wieder diese Kirchenagenda offtmahls angerichtet habet, ist euch auch wohl bewust. So gelangen wir auch in Erfahrung weitläufftig, daß ihr mit der Kirchen disciplinen vnd so offenbahren Bus auch etwas Parteyisch handeln vnd vmbgehen sollet, welches vnverhohlen, vnd von den Leuten nicht allein hinder eweren Rücken, sondern auch ins Angesicht soll gesaget vnd vorgeworfen seyn. Ihr habet Eyde von Leuten genommen, vnd sie in eweren eigen Sachen zu eydlichen Zeugnissen gezwungen, vnd also falcem in alienam messem geworffen, welches euch nicht gebühret, sondern auch Tit. 4. 1 p. euch gänzlich verbotten ist. Vnd diß ist so viehl von vbel administrirung eweres ampts, welche Vnser Kirchen=Ordinantz e diametro zuwieder ist, worumb ihr denn in dieser Gemeine vor Vnsern seelsorger billig nicht zu dulden seidt. Fürs ander beschuldigen wir euch der Lehr halber, daß ihr in dieser Kirche euch öffentlich habt hören lassen vnd zur Bezüchtigung aller ehrlichen Jungfrawen außgeruffen, wenn nur eine Jungfrau zu 14 Jahren kommen were, da müsse man bereits ahn ihr Jungfrawschaft zweiflen, wann sie acht vnd zwantzig Jar alt were, das möchte wohl eine doppelte Jungfraw heissen, vnd wann der Sohn Gottes nicht gebohren were, vnd nun noch solte gebohren werden, solte er nunmehr schwerlich eine Jungfraw finden, davon er könnte gebohren werden. Gebühret also einem ehrlichen Prediger vor ehrlichen züchtigen Hertzen vnd Ohren zu reden, darinnen wird euch ihr eigen Hertz vberzeugen. Zum andern daß der Herr Christus ein Sohn Davids sey, nicht allein nach seiner menschlichen, sondern auch nach seiner göttlichen Natur. Vnd das Wort NB. Merck wohl dabey angehenget vnd repetiret, welches wir mit schmertzen haben anhören müssen, vnd obgleich wir keine Theologi sind, so wissen wir doch gleich wohl, daß kein Lutherischer Prediger atso lehret, vnd könnet solches auch aus der Heiligen schrifft nicht beweisen, darumb ihr dan auch dieser beyden Puncten halben billig aus der Gemeinde zu repudiren vnd zu verwerfen seidt.

Fürs dritte haben wir euch vber eweren ergerlichen leichtfertigen wandel vnd sitten, damit ihr so vngeschewet, ja vorsetzlich wieder die fürstliche Polizeyordnung, dero ihr in specie nachzuleben schuldig seidt, peccirt, justo loco zu beklagen, denn ihr wisset, daß die Leute auf das leben vnd Wandel sonderlich sehen, denn das verstehen sie am besten, daß derowegen eine geistliche Person nicht geringe Auffsicht auf sein Leben vnd Conservation haben mag, denn damit lehret er vielmehr als mit der Predigt, wenn ihr die Leute aber mit der Predigt zulehret, vnd mit dem Leben ablehret, was hilfft denn ewer Predigen, daß ist nicht anders, als wen einer mauern wollte, vnd leget den Stein mit der einen Hand auf; vnd würffe ihr mit der andern Hand wieder ab. Ein solcher Mawermann wird in Ewigkeit kein Hauß bawen können. Nun wollen wir nicht sagen von der allgemeinen Schwachheit vnd wissen wohl, daß die Geistlichen nicht Engelrein seyn können, derohalben denen, die sich der Erbarkeit vnd Gottseligkeit befleissigen, wohl etwas zu gute halten können, bey euch aber wahrlich befinden wir keinen Fleiß, noch Zuneigung zur waren Gottseligkeit, eingezogenem Leben vnd Wandel, sondern ihr lasset eweren Lüsten den Zügel gar zu lang, vnd haltet diese ehrliche Gemeine nicht so werht, daß ihr ewerthalben das geringste lassen wollet, oder euch ein wenig mit ewer Leichtfertigkeit einzöget, damit ihr so leicht niemand ergern möchtet, aber ihr fahret mit ewerer Hochmut Trutz und Frevel ohne allen schew vnd scham immerfort, es mag sich daran ergern wer da will, es gehet euch nichts an, ihr fraget auch nichts darnach, was die Leute von euch sagen, wie ihr euch dessen offtmahls habet vernehmen lassen, vnd damit wir auf die Specialia kommen, daß nur das gröbste angerühret, ist nicht zu sagen von ewer Habit, Kleidung und anderer Ueppigkeit vnd Levitet, aber mantel springen, ball spielen, leichtfertig Gesellschaft, hadern, schelm spielen vnd dergleichen, deren doch keines einem Pastoren wol anstehet, sondern sagen nur allein von eweren vbermeßigen leichtfertigen vollsauffen, nicht allein in Gastbotten vnd andern Gelagen, in welchen gleichwohl ein geystlicher Mann ahn seine Person vnd ahn seinen Stand gedencken soll, sondern in offentlichen spänkchen vnd krügen, ohne vnterscheid der Zeit vnd Tage, Ja das schrecklich vnd abschewlich ist, daß ihr den guten stillen Freytag nicht verschonet habt, sondern denselben mit sauffen zugebracht vnd ein Held zu sauffen gewest, so seydt auch selten Ja wenig im Hause, bringet die Zeit mit spatziren gehen zu auf der Gassen vom Hause zu Hause, vngerne bey den Büchern, darnach schüttelt man eine Predigt aus der mawen, bringt die Zeit zu mit vnzeitigen ruffen vnd vnbefugten schelden vnd lästern aus eigenen affecten Zorn vnd Rachgierigkeit vnd machet also aus der Cantzel ein Holhippelschuhl, welches euch austrücklich in der Policeyordnung verbotten ist, vnd wann ihr dann jemand auf das hefftigste mit schmähe worten außgemachet habt, so gehet ihr alsofort darauf auf Gottes Dische, welches dieser Gemeine kein gut Exempel vnd Beyspiel geben, sondern ist eine erschreckliche lesterliche ergernis für der gantzen Gemeine gewesen, dafür ihr schwere Rechenschafft werden geben müsset. So ist auch diß ein schreckliche vnleidliche ergernis ahn euch, daß ihr nun so lange mit etlichen verdächtigen Personen einige familiarität gehabt vnd vmbgegangen, gehet mit ihnen spatzieren in die Küsterey, auf das Kirchengewölbe, vnder euch beyden allein, ist ewer täglich Gast, muß bey euch seyn auf ewerer Stuben, ihr gehet zu ihr, vnd sie wiederumb zu euch, vnd das geschieht noch täglich ahn allen schew wans euch geliebet, es mag sich daran ergern wer da will, Ja euch auch nicht schewet ehrlichen Jungfrawen nach dem Schurteltuch zu greiffen, Ihr pfleget auch täglich die Würffel bey euch zu tragen vnd in der Faust zu haben, daß man ehe einen Juden ohne Wurffel finden sollt als euch. Vnder Verrichtung des Abendmahls Ja wohl vnder der Consecration kehret ihr dem Altar, vnd dem Ortt da das heylige Sacrament des Leibes vnd Bluts Christi ausgetheilet wird vnd genossen, den rücken zu, als wäre euch mehr am Gesicht vnd Beschawung einiger Personen gelegen als an dem grossen Geheimnis Gottes, da doch wohl ein ander sich nach dem Altar wendet, sein Betbüchlein in die Hand nimpt, vnd sich zur Andacht schicket, dagegen gewehnet ihr die Leute, daß sie sollen vmbher gaffen vnd die Mysterien gering schetzen; Ebenmäßig thut ihr vnder dem Gebete, also daß man gar keine devotion an euch verspüren kan vnd daß ihr mit so groß ergernis dastehet, daß es besser were, ihr weret vmb dieselbige Zeit gar aus der Kirchen. Wenn ihr nuhn aus diesem allen tanquam in speculo politissimo sehen vnd beschawen könnet, wie ihr wieder die alte Kirchenordinantz, Fürstliche Policeyordnung vnd diese ehrliche Gemeine, so gröblich gantz ergerlich vnd verächtlich euch verhalten vnd gelebet, so seyt ihr nicht Vnser Pastor, sondern ein Mietling in dieser Gemeine gewesen, darumb ihr dann billig eweres Dienstes zu endtsetzen seyt, wie wir denn euch eweres Pastorat Dienstes hiemit endtsetzen vnd resigniret haben wollen. Wornach ihr euch zu richten, vnd daß dieses also eines gantzen Erbaren Raths ernstlicher Wille vnd Meynung sey, darumb ihr den einen so wenig in Verdacht haben möget als den andern, so haben wir solches mit Vnserm Handzeichen bekräfftiget.

Actum Husum 1601 Meuse Julio.

№ 64.

Johann Adolff.

Ersame weise liebe getrewen beyverwahret vberschicken wir euch den Bescheid so wir auf der Gemeine zu Husum vnd ihres Pastoren ansuchung gegeben, nebenst einem Concepte einer Abbitte, so derselbe öffentlich zum erstenmahl, wen er wieder auf die Cantzel kompt vor der Predigt thun soll, vnd befehlen euch hiemit gnediglich, daß ihr ihme solches fürhaltet vnd darauf achtung gebet, daß demselbigen also richtig nachgelebet werde, geschieht daran Vnsere gnedige meinung, vnd wir sind euch zu Gnaden gewogen. Dat. Outyn den **20**. Junii Ao. **1603**.

Fürstlicher Abschied in sachen des Pastoren zu Husum.

Der Hochwürdiger Durchleuchtiger Hochgebohrner Fürst vnd Herr Herr Johann Adolff, Erwelter Bischoff zu Lübeck Erbe zu Norwegen, Herzog zu Schleßwigck Holstein 2c. vnser gnediger Fürst vnd Herr hat sich vmbstendlich referiren vnd vorlesen lassen, was bey S. F. G. die auß der Bürgerschafft vnd eingesessenen zu Husum wegen ihres gewesenen Pastoren M. Johannes Neocori, daß sie denselben ferner für ihren Pastoren behalten möchten, vnterthäniges fleisses gesucht vnd gebeten, auch der Pastor selbst ahn Ih. F. G. Supplicando gelangen lassen: vnd nach dem nuhn gemelter Pastor, wegen seiner begangenen groben Excessen seines Pfarrdienstes zu Husum durch Vrtheil vnd Recht billicht endtsetzet worden; So hatten S. F. G. wohl ein hohes vnd grosses Bedencken obgedachten Pastoren in solchem Pfarrdienste ferner zu geduldęn, Jedoch aber aldieweil die aus der Bürgerschafft zu Husum in grosser Anzahl sich gantz wehemühtig beklaget, daß sie bey diesen angehend sterbensleufften, so sich des Orts in ihrer Gemeinen leider ereuget, keines qualificirten Pastorn sobald mechtig werden konten, vnd deswegen gantz embsig vnd Instendig gebeten, daß sie mehr gedachten ihren gewesenen Pastorn noch auf eine Zeitlang behalten möchten. Alß haben S. F. G. nicht den Pastoren sondern allein der Supplicanten Bürgerschafft zu Husum zu besondern Gnaden gewilliget, daß der Past. M. Joh. Neocorus bey dem Pfarrdienste zu Husum biß auf bevorstehenden Ostern wenn man Anno 2c. der wenigern Zahl **604** schreiben wird, bleiben, sein Ampt mit predigen, austheilung der heyligen Sacramenten vnd anderer gebürnis verrichten, auch sich alles ergerlichen Lebens vnd Wandels auch insonderheit dessen endthalten soll, daß er seine Privat-affecten, oder was er sonsten gegen jemand haben mag, nicht auf die

Cantzel bringe, noch einen oder andern aus Rachgierigkeit oder Feindschaft taxire, alles bey Vermeidung S. F. G. schweren Vngnade vnd Leibes-Straffe, wie Er denn auch zum ersten mahle, wan er wieder auf die Cantzel kömpt, vor der Predigt eine öffentliche Abbitte, nach dem Concepte wie S. F. G. ihme dieselbe allhie fürstellen lassen, thun soll, vnd bleibet gleichwohl die wieder ihme ergangene vnd abgesprochene Vrtheil in ihren Würden vnd Kräfften. Vhrkundlich vnter S. F. G. zu end aufgetrücktem Fürstlichem Secrets vnd vnterschriebenen Handgezeugnüß. Geben auf Vnserm Hause Outyn den 20. Junii 1603.

Abbitte.

Es wird euch lieben Christen vnd Freunde nun mehr allerseits vnverborgen seyn, wasmassen ich für wenig Wochen durch des Fürstlichen Hoffgerichs zu Gottorff gesprochenes Vrteil meines Pfardienstes verlustig erkanndt vnd entsetzet worden bin, dieweil aber diese Christliche Gemeine, sich meiner hertzlich angenommen, vnd bey dem Hochwürdigen Durchlauchtigen ꝛc. vnserm allerseits gnedigen Fürsten und Herrn vnterthäniglich vnd flehlich angehalten, es möchten J. F. G. die scherpfe des rechten gnediglich mildern, vnd gestatten, daß ich insonderheit bey diesen angehendem sorglichem Zustande in meinem Beruffe allhie gelassen werden möchte, worauf dan J. F. G. sich endlich gnediglich erkleret, daß J. F. G. vnangesehen aller fürgelauffenen Sachen, aus sonderbarer gnedig Landes Fürstlicher vnd Vaterlicher Gewogenheit, damit sie dieser ihrer Statt vnd gantzen Gemeine zugethan gnediglich geschehen lassen, daß ich wiederumb mich meines ampts aller Dinge wie zuvor gebrauchen vnd dasselbige, auf ein Versuchen biß auf nechstkünftige Ostern verrichten müge, dancke ich derwegen dem getrewen Gott, für diese väterliche Züchtigung, damit er mich zu meinem, der meinen vnd verhoffentlich dieser gantzen Gemeyn, heyl vnd frommen heimgesuchet hat, dancke auch meinen gnedigen Fürsten vnd Herren, für diese mir bezeigte sonderbahre grosse vnverhoffte Gnade vnd Güte, bekenne hiemit für Göttlicher Majestät, dieser Kirchen vnd jedermenniglich, das ich oftermahls aus menschlicher Schwachheit mit vnbedachtsamer rede, auch vielen Excessen in meinem leben, Gott vnd Menschen beleidiget vnd geergert habe, vnd bitte meinen gnedigen Gott, daß wie mir alles solches von Hertzen leid ist, deß wolle er vmb seines Sohnes willen, mir alle meine sünde gnediglich verzeihen, bitte auch jedermenniglich wes standes dieselbigen sein müchten, die ich etwa mit worten oder wercken offendlich oder sonst erzürnet, oder geergert hette, sie wollen mir aus Christlicher Liebe solches verzeihen vnd zu gute halten, Erbiete mich auch gegen den ewigen Gott, alß meinen schöpffer vnd Heylandt, gegen F. G. alß meinem gnedigen Fürsten vnd Herren, gegen dieser gantzen Gemeine alß meinen Hochbefohlenen Pfarkindern|, mich hinfürt aller vnverweißlichen Gebür, in Lehr vnd leben Christl. vnd vnverweißlich zu verhalten, wie solches vermüge Göttliches wortts einem trewen seelsorger geziemet, vnd wohl anstehet, dazu mir der gütige Gott durch seinen Geist vmb Christi willen Gnade vnd Krafft verleyhen wolle. Amen.

№ 65.

Copia Sent. D. Philippi Meureri contra Johannem Neocorum P. zu Husum.

In injurien Sachen D. Philipp Meurers Clegern vnd injuriaten eins, wieder M. Johannem Neocorum Pastorn zu Husum Beklagten vnd injurianten anderntheils, vonwegen dessen, daß Beklagter vber dem Clegern zu 2 unterschiedlichen malen beyde schrifftlich vnd auch mündlich von der Cantzel wieder beschehenes Verbodt vnd Bedrewung auch seine selbest eigene Anlobung viel grobe ehrnverletzliche Schmehungen außgegossen die Er ad animum revociret vnd derowegen den Beklagten in ernste Straffe zu nehmen gebetten ꝛc. Nach beyder teile gehörter Notturfft vff des Beklagten eigene Bekendtniß vnd von Clegern gefurten Zeugen aussage Erkennen Wir von Gottes Gnaden Johan Adolff Erwehlter Bischoff zu Lübeck, Erbe zu Norwegen, Herzog zu Schleßwigk Holstein ꝛc. hiemit für Recht, weile Wir vor diesem dem Beklagten nicht alleine durch Vnsere Räthe ganz ernstlich bei Verlierung vnd privirung seines Dienstes vntersagen lassen, sondern auch hernacher durch ein Poenal-Mandat bey höchster Vnser Vngnade vnd willkührlicher Straffe an Leibe vnd Guette gebotten, sich alles schmehens vnd injuriirens gegen dem Cleger gentzlich zu endthalten, seines Ampts zu warten vnd Vnsere Gemeine zu Husum mit seinen vnzeitigen vnd vngebührlichen verleumbdungen vnd schelten so wol auch straffwürdigen Leben nicht mehr zu ergern, er aber dessen allen vnd deren vielfältigen beschehenen Bedrewungen vnd vermahungen, auch seiner selbst eigenen Zusage vngeachtet vnd vnbetrachtet dem Clegern nicht allein in einer injurios schrifft so Er dem Rahte in Husum in jüngster Christwoch vbergeben, an seinen ehren gantz hefftig vnd gröblich injuriiret, sondern auch folgends am nechstvergangenen Sonntage Jubilate als er damals wieder die Kirchenordnung einen vngewondlichen Text gepredigt, öffentlich von der Cantzel wo nicht expresse mit außgetrücktem Nahmen, dennoch texte vnd implicite in massen solches so woll die abgehörte Zeugen als auch der Beklagte wie obangedeutet selbest bekandt mit allerley vngebürlichen verechtlichen Schmehworten angegriffen vnd Diffamiret, das er an alledem allen zu viel vnd wieder seines Ampts Gebur gethan, vnd vnangesehen wir sonsten ihme mit höchster Straffe andern zum abschew zu belegen gute Fuge vnd Vrsache gehapt, damit seines Dienstes sich verlustig gemacht vnd derowegen solches seines Dienstes billig zu priviren vnd endtsetzen sey, immassen wir ihme dan auch davon alsofort hiemit removiren vnd endtsetzen, auch Bürgermeistern vnd Rahte Vnser Stadt Husum gnedig ernstlich vfferlegen fürderlichst an seine stat einen andern tauglichen gelarten vnd eines Christ- vnd vnstrafflichen Lebens vnd Wandels Pastorn wiederum zu vociren vnd zu bestellen, vnd immittelst sein des Beklagten Officium durch eine andere Persone verwalten zu lassen, vnd soll er Beklagter ihme dem Clegern daneben die Gerichtsexpensen, so in dieser Sachen vffgegangen, vff vnsere Richterliche Moderation zu erstatten schuldig sein von Rechtswegen. Uhrkundlich vnsers zu endt vffgedruckten Fürstlichen Secrets. Publicatum vff Vnserm Schlosse Gottorff den 28. May Anno 1603.

Beilagen II.

№ 1.

Confirmation von Königlicher Mayst. Friederich deß angefangenen Hospitals edder Gast-Huses der Armen binnen Husum sambt der Ordnung effte Geschick desselbigen von S. Gn. Segel und Brieffen ratificiret und bestediget.

Wy Friederich van Gotts Gnaden tho Dennemark, der Wenden rc. Dohn kunt vnd bekennen, vor Vns, vnse Eruen, Nakomlinge vnd alßwehme, so disser Vnser Breff vorkumpt, Nahdem wy mit wohldachtem Mohde vnd tidigem Rhade kortverschener Dage dat Grauwen Closter in Vnsem Blecke Husem, welches durch de Grauwen Bröder darsülueſt verlaten, den Armen vnd vnuermügenden Lüden ihre Behußinge vnd Vnderholdinge, dersulueſt tho hebbende, Erflichen vnd tho ewigen Tiden vor ein Hospitall vnd Gasthuse, tho gebrucken vnd tho hebben, gegeuen vnd vpgelaten, luth Vnser Segel vnd Brefe, de se deßwegen von Vns bekahmen vnd erlangt hebben: So syn doch vor Vns erschenen vnse lewe getruwen Reckens-Lüde, Karckschwaren vnd gantze Gemeinheit, dessuluigen Fleckens sich belangende, dat de Armen so in dem Hospital edder Gasthuse entholden werden, mit Liflicker Nohtdurfft nicht versorget, derhaluen sie sich einer Ordnung solches Gasthuses tho vnderholden vnd in betheringe tho bringende vereiniget, Vns demohtiglik angefallen vnd gebeden, wy ehnen solche ehre Ordnunge, ock alles wat daruther folgende vth Fürstlicher Querichheit wolden confirmeren vnd bestedigen vnd bewilligen, vnd folget solche Ordnunge von Worden tho Worden hirnach:

Wy Reckens-Lüde, Karckschworen vnd gantze Gemeinheit des Fleckens Husum, bekennen vnd dhoen kunt hiemit vor Vns, Vnser Nakömblinge vnd alswehme, Nahdeme de Durchleuchtigste Großmechtigste Hochgehohren Fürst vnd Herr, Herr Frederich tho Dennemarcken rc. Vnser gnädigste Herr, vnser Gemeinheit Armen Lüden thor Hußinge vnd Vnderholdinge dersülven, dat Closter tho Husem, gnediglich gegeuen heften, Vnd wy dat de Armen de von synen K. M. mit sodahner herrlichen Herberge begauet, mit liflicher Nohtdurfft versorget werden mochten, dewile dennoch thor Tidt weniger wisser Vpkumst vnd Rente darbi sin, vnde de Persohnen, de dar itzunder tho föden, by Soeß vnd Twietigen iß, vnder welckeren kuhme Veer syn, de de Prouenen redelicker mathen gekofft vnd bethalet hebben, kan ein jeder gutherrtich Christen Mensch woll affnehmen, dat desuluige Persohnen mit nener Besorgunge vnderholden werden, vnd des anderen Armodes ock so veele is, de thom meisten deele van buthen herinkamen, also dat fast alle Winckel full liggen de menn in dat Gasthuuß, alse frembde Inkömelinge in tho nehmende vnd tho födende nicht schuldig is, gahn dennoch by Huse lang, vnthogelaten, welches jedermann beschwerlick warumb veele Lüde solch Gasthuuß vnd de Vorstendere dessüluen lestern vnd schelden vor eine vnmilde Werck, dat men alsodahne Armoth dar nicht einnimmpt, vnd wo denne vorgemeldt is, dat det Gasthuses Rente vnd Inkamen noch thor Tidt veehl ringer sien, alse dat man vnse egenen Armen damit föden könne, vnd wy ock frembde Armen, dewyle ein jeder Karspell woll so mögende is, sinen egen Armen tho föden, tho sorgende nicht plichtig sien, geuen wy einen Christen Menschen dissen Fall tho bedencken Broderlicker Wyse seggen vnd richten vnd vortahn gude Menschen Thoneigunge vnd Willen ehre Almosen thom Gasthuse tho gewenden nicht af kehren vp dat wy mit der Tidt alle vnse egene Nohtdürfftigen Armen besorgen mögen, dat ock dessüluen Gasthuses Guder Inkahmen vnd Rente van dage tho dage, in Vermehrunge vnd Beterunge mögen gebracht werden, vnde darumb hebben wy tho dersüluigen Armen Vnderholdunge, disse nahgeschrevene Ordnunge vp solck Gasthuuß vpgerichtet.

1. Thom Ersten schölen vnser Gemeinheit rechten Armen, de hier binnen in ehren jungen Jahren gewahnet, ehre Handwerck, Nahrunge vnd Föde mit Ehren vnd fliete gesöcht vnd gebrucket, mit der Gemeinheit Schatt vnd Pflicht gegeuen vnd alle Beschwerungen mede gedragen hebben, vnd Olders effte Unglücks haluen in Armoht gefallen, vnd des guden Tüchenüsse hebben, van ehren Ambtlüden, Gilden effte Quarteerslüden vnd Nabern, dat se ock dat ehre ock nicht vnehrlick verbracht, desüluen schall men in dat Gasthuse vmb Gades Willen nehmen vnd Herberge in der Kercken verlehnen, so vehle Handreckninge dohn, alse men nah verlope der Tydt vnd Verbeterunge der Almüsen alse men allermeist kann vnd mag. Wanner nun awer Mann effte fruwe Armodes haluer dat Gasthuß begehret, vmb Gades Willen, scholen se 2 van den 12 Vollmächtigen ehres Quarteers bidden, dartho 10 frame

ehrlicke Lüde, vnd kahmen vp enen Sonndag nah de Predigt in dat Gasthuße, vor de Vorstendere de dar alle Sonndag vp de Tidt schölen versamlet sien, vnd betügen ehre vorige Leuend, wo se in Armoht gefallen, vnd dat se nichts nah hebben darvan se sick entholden mögen, dar sick denne ehre wesent, also vorgeschreuen begifft; schölen se ingenamen werden, de awer ehr Guht mit bösen Handel tho gebracht hebben, schal men sosorth nicht annehmen, vp dat men andern Lüden, kein Ohrsack vnd Ruhm geuen, dat ehre tho thobrengende, vnd sick vp dat Gasthauß endlich tho drengende, doch schall men vth Christlicher Leue andere Wege finden, darmeden ehnen icht was geholpen werde, bet tho einem tidt, den allen Armen im Gasthuse schall man alle heilige Dage eine Predigt tho thidlicker Stunde verordnet werden, dar frame Lüde thosamen kahmen, vnd de Christlicke Leue an den Armen tho bewisende mögen vermahnet gefordert vnd entholden werden. Vnd so ock de Gemeinheit mit veelen frembden Bedelern, wo verberöret, dageliks beschweret, de by huselangck vmblopen vnd thom mehrendehl van buten inkahmen, schall hiernachmals kein frembder Bedeler, he sy watterley Arth he sy, hier mehr tho bedelen tho gelaten, sondern verwieset werden, wurden ock welcke overige vnser Armen siende, de men forth ersten in Gasthuß nicht nehmen effte föden konde, effte ock dar nicht in wollen, vnd by hußlang tho bittende sick behelpen willen, desüluen schölen ock mit frahmen Lüde Tücheniſſe ein Tecken fordern van den Vorstendern welcke ehrer Gelegenheit verhören, vnd de Tecken geuen scholen, ahne sodahne Tecken schal men nemand geuen effte bedehlen laten, item de twee van den 12 Vollmächtigen in einem jeden Quarteer, schölen ehre Quarters-Lüden anholden, nemand nichts ahne de tekenden Armen tho geuenden, vnd de andern tho meldenden, de denne mit tho Dath des Vageden schölen verwiset effte gestraffet werden. Alles umb der rechten Armen willen. Ock schölen alle Freydage effte sonst vp andere Dage von der Armen wegen in demsüluigen Gasthuße, 2 Lüde vom Huß tho Huß umbgahn, vnd bidden tho behoef der Armen Brodt, Fisch, Flesch, vnd wat ein jeder geuen will, densüluigen Tween schal man geuen van der Armen wegen efte mit gude afwiesen, vnd weß desüluen dermaten bitten, scholen se trewlick inbringen vnd den Gastmeister överantworten, de solckes verwahren vnd Nohtdurfft vnd Gebühr wedderum uthdehlen schal: vor den Schrangen vnd Fisch-Bäncken schall desglicken des Dages ein stahn vnd guden Lüden Allmosen wahrnehmen, wat de Armen umb Gades Willen ingenahmen hebben, wo vorberörth nahlatende, wenden, datsülüige schal alles by dem Gasthuse sondern alle wedderspreckent bliven, idt sy watterley Gudt dat sy, vnd schal vordahn den nahkommenden Armen thom besten sien vnd bliven, item de Vorstender schölen nenen Armen effte Prövener innehmen, um Gunsten Gave, Freundschop, effte jennigerley Ohrsacken willen, sondern den Armen Lüden umb Gades willen, vnd den Ricken umb Geldes willen, vnd nene Persohn ansehen, by ehrer Seelen Seligkeiten. Averst mit de Prövenern de in thokamenden Tiden scholen angenahmen werden, schall disse Ordnung geholden werden, Prövener scholen Prövener syen, vnd de Kost nah eres Olde s Gelegenheit vnd Gesundheit bethalen, wente schall men de Armen föden, moth de Ricke Geldt geuen: Scholden awers in Gemeine so veele geuen, dat ehr Kost möge mehde entfryet werden, mit der Hüsinge vnd Wahnunge schölen sick de Vorstendere mit ehnen billig verglicken, schall man ock nah Gelegenheit Bröderlick mede handelen. De Prövenern schölen mit dem Gastmeister över Dische sitten, vnd mit guder Spiese gespieset werden, dar ehn woll an begnügen schall, twee Mahltydt des Dages. Würde ock en Prövener sien, der insonderheit in siene Wahninge wolde gespieset werden, vnd darnah Geldt geuen wolde, darmede schall man ock handelen. Wo men de Prövener intgemeen holden schall, schöln ehre Pröverbrefe mitbringen, alle krancke Prövener, schall men in ehre Wahninge nah ehrer Kranckhet Gelegenheit spiesen, vnd so veele möglick tröstlick sien mit allerley Hülpe und Handreckung, weere ock jemand van Olden ehrsahmen krancken Lüden van binnen edder buten Husum, deme gelewede ene Pröve tho kopen vnd sien Geldt vthgeuen, vnd wolde doch noch tho ener Tydt nicht int Gasthuse, demsüluen schall man Segel vnd Brefe geuen vnd sien Geldt vorrenten so lange he thor Stede kombt vnd siener Pröve gebrucket, verstorve aver middeler Tydt de Prövener, so schall de Hovetstohl by dem Gasthuse den Armen tho gude bliven; wurde ock jemands inne, de ene Prövene by dem Gasthuse gekofft hedde, vnd de Vorstendern ehme mit bequehmen Wahninge nicht versorgen könden, vnd Lust hadden in dem Gasthuse egendohm tho buwende, de willen wy bequehme Stede geuen vnd ehnen buwen helpen, jedoch det allewege dat Gebewte by dem Gasthuse vnd Armen nah sienen Dode bliewe, woll dar buwede vnd nicht in der Wahninge thehen wolden, de mach de Hure dervan böhren de tydt sienes Leuendes, jedoch huret sodahn Huß anders woll, als ene Prövener de mach des Prövenérs Fryheit nicht genethen, wente alle derjenen so van Prövenern Einsahmen Older krancken Lüden, in egendohme des Gasthuses, Wahninge kopen effte Buwen schölen mit der Fryheit des Gasthuses, alse van Schatten Schulden vnd van allen Vnplichten fry versorget sien, jedoch daß sie sich alleine der Erhaltung des Gasthuses benögen lathen, würden se aver Handthierung vnd Nahrung gedrieven schölen se andern Inwahnern tho Husum gelieck dohn, was ock van solcken Lieffgedingen Renten vnd Bauweten by des Gasthuses komt vnd anschlegl. wert, schall nah Affgange der Prövenern, den rechten Armen thom Besten vnd thor Födinge trewlick angelegt, vnd verwahret bliven; was ock hernahmals van frahmen Lüden by sunder Live effte in Krancken=Bedden, edder Testamenten gegeuen wardt, was ock Prövener vnd Armen bringen und darnah lathen, schall alles trewlich belegt vnd tho der Armen Nohtdurfft langen, vnd anders nergen tho, jedoch dat solckes mit der Eruen Will, vnd nah Land=Recht geschehe, will averst jemands Land=Güder tho dissen Gasthuse geuen edder de Vorweser dartho kopen edder pfanden, dartho schall men Konigl. Mayst. dersüluen Eruen vnd Nahkommende Willen, Gunst vnd Volbort hebben, van den vnd allen Güdern, de schölen de Vorstendere thor Tydt ehre Reckenschop nöyhaftig vnd bewiestlicke Registern hebben vnd Reckenschop dohn, van allen vnd islicken Vpkahmen vnd allen jahrlicken Renten mit dem Hövetstohl bewisen, sondern allen Mangel, vnd schall alles mit allen gegeuen Güdern darby bliven gantz vnd vnverrücket. De Vorstendern tho setten schölen Macht hebben Königl. Mayst. vnd dersüluigen Eruen vnd Nahkahmen, Hardes Vagd, so tho Husem thor Tydt siende wert, mit den 4 Karckschwaren, Reckenslüden, vnd 12 Vollmechtigen der Gemeinheit, dartho geeschet 8 Manne vth den Aembtern, de schölen ock Reckenschop empfangen vnd alle Dinge mede wehten, was dat gantze Jahr by dem Gasthuse gehandelt is, wat van Prövenern vnd Armen ingenahmen, wat de gegeuen, vnd wor dat Geld belegt ist, mit allen andern thofelligen Handeln nichts buten bescheiden. Ock schölen de Vorstendern de thor Tydt gesettet werden, deme Hardes=Vaged vnd Settern, by ehren NB. Seelen Salicheit in de Hand lawen, dat se alle vor vnd nahgeschrevenen Artickuln vnverkräncket by Macht holden willen, de Güdern vnd Rente vorbethern, vnd nicht verergern, mahnen, schütten vnd vorbidden, so veel ehne jümmer mögelick is, tho Recht darumme tho gahnde, vnd noch dorch freundschop edder Fiendschop jennig Dinck versuhmen effte nahlathen, wye truwen Vorwesern tho dohnde geborth. Vorstendere schölen 4 sien, woll besehten, frahme bestendige Lüden, vnd tho sick hebben de 2 Vorstendern der Gemeinen Kisten, vnd scholen mit ehnen des van Nöden is, So schölen se enen van den Karckschwaren vnd enen van den Reckenslüden sambt den Hardes=Vagd ansprecken vnd de tho Rhade thehen vnde gebrucken vortho ehne das van Röden sien wird. Derseluen schölen senfftlichen enen Gastmeister setten Enen redlichen frahmen Mann, de gude Tüchnisse hefft, dat he sien egen Hueß vnd Goht loslicken woll vorgestahn, vnd wethe ock van Acker vnd Bouwercke, de schall ene gude Wahninge hebben, Köcken, Keller, Prövener vnd Armen tho rechter Tydt spiesen, de Deenste annehmen vnd vorloven, heten vnd verbeden, vnd alle Dinge regeren vnd schall de Mahltidt mit den Prövenern tho Dische sitten, vnde de Vorstendere scholen alle Jahr in de Wiennachten effte vp Nie-Jahrs-Dage, den vorgenandten Hardes-Vagt, sambt allen andern so hierbaven angetöget, Reckenschop dohn, van allen Vpbringe vnd Vthgiften, vnd was des Jahres ingenahmen. Prövenern vnd Armen, wor de Prövenern Geldt bestediget sie vnd men de Armen ingetüget, wat vor Prövener vnd Armen verstorven, vp dat men wehten möge, vor veele Armen noch inne nehmen mag, dieses alles schölen se bewießliche Register hebben vnd nöyhaftige Reckenschop dohn, alsdenne schall men ock na Gelegenheit der Sacke vnd eines jeden Begehren, nie Vorstendere setten.

Nahdeme Wy awerß solcke ehre Ordenunge, ock ehre Bede vor Christlick, guth vnd nützlick angesehen hebben Wy vor Vns, Vnse Eruen vnd Nahkömlinge solckes Hospitals vnd Gasthuses, de angesetzte Ordnung vth Fürstl. Querichheit vnd Gewalt confirmeret vnd bestettiget, confirmeren, bestettigen vnd ratificeren desülven in vnd mit dissen Vnsern Brefe, vor Vns, Vnse Eruen vnd Nahkahmen vnd menniglich, wollen ock gemeldten Vnse Vndersathen by solckem Hospital vnd Gasthuse schütten, handhaven vnd menniglicbes Gewalt vnd Averfall entfryen vnd entsetten. Gebeeden darup allen vnd islicken Vnsen leuen getrewen geistl. vnd weltlicken Rehden, Amptlüden, Vageden, Bürgermeistern, Rathmannen, Befehlichhebbern vnd sonst mennichlichen Vnse Vndersathen hiemit ernstlichende gedachte van Husem an solcker ehrer Ordenunge vnd angefangenen Gasthuse ock ehnen süluest keene Verwaldunge, Hinderunge edder Verkortinge tho doende, sondern ehnen dartho veelmehr behülplick vnd forderlick to siende. Dat Lohn van den jennen, darvan alle Gnaden vnd Begnadunge herkahmen, wedderumme tho entfangende vud geschüht darnevenst, also Vnse thoverlatige ernstlicke gefellige Meinung in Gnaden, gnedigen tho beschuldende vnd erkennende, deß in Ohrkundt hebben Wy Vnsern Schwerth hieran dohn hengende. Gegeuen vp Vnserm Schlate Gottorff Donnerstage nah Andreae, Anno 1528.

№ 2.

Begnadunge König Christians des groten Huses im Gasthuse, welckes sick König Friederich hadde vorbehalten.

Wy Christian 2c. dohn kund hiemit vor Uns, Unse freundlicken lewen Brodern, Unsern sämtl. Eruen vnd Nahkömmlinge, ock sonst vor als wehme, apenbahr bekennende, dat Wy vth Christlicker vnd milder Andacht, dem Gasthuse tho Husem dat lange Huß mit sampt dem Chor darsülueſt, welcker sick Königl. Mayst. tho Dennemarcken 2c. vnse, freundlicke leue seelige Vader, lovlicker Gedächtniß, vorhenne vorbeholden hadde, jetzund thogeteckend, vereignet vnd gegeuen hebben, alse Wy ock solckes jegenwerdigen demsüluen Gasthuse van dem Reventer an, beth an den Wallen tho teckenden, vereignen vnd geuen, jedoch vnd by den Bescheden, dat Wy Uns, Unse fründlicken unmündigen Brodern vnd Unsern sambt Eruen, den Boemgarden, so wieth vnd breith, alse desuluige daby belegen, bemühret vnd bewallet ist, vorbeholden hebben willen, vnd gebeden darup ernstlick allen vnd islicken Unsen leuen getruwen Rehden, Ambtmennern, Hußvageden, Börgern vnd Gemeinheiden, Jy willen den Vorstenderen des vorberöhrten Gasthuses in dieses Unser vorgeschrewene Begnadunge gar kein Hinder edder Bewohr dohn, sondern se darby van Unsertwegen getreuwlich handhaven vnd verbitten, dat verschulden Wy um einen jeden mit Gnaden gerne. Deß tho Orkund hebben Wy Unse Secreth hierunder wittlick hengen lathen. Datum Husum nach der Geborth Christi Unsers Herrn im Jahre **1537** Frydages nach Invocavit

---

№ 3.

Der Durchleuchtiger Hochgeborner Fürst vnd Herr Herr Friedrich, Erbe zu Norwegen 2c vnser Gnediger Fürst und Herr, Erkleret sich auff der Verordneten Vorsteher des Hospitals zu Husum wegen der im Padelecker Koge belegenen, zu ermelten Hospietahl gehörigen Achtzehn Demath Landes unterthänig eingekommene Supplication in gnaden dahin, daß die Supplicanten nicht allein mit der Angeordneten Anlage der Vier Reichsthaler von Jedem Demath vbersehen sein, besondern auch mit Leistung der caution verschont pleiben vnd nur allein die Jenigen Theichfuhren, so ohne versäumung ihres Ackerbawes vnd anderer dem Armenhause Zustossenden Fuhren verrichtet werden können bei bevorstehender Theich Arbeit nach advenant ihrer Ländereien abhalten sollen. Vhrkundlich vnter Hochged. S. F. G. Handzeichen vnd Auffgetrucktem Fürstl. Secret, Geben auff dem Schlosse Gottorff den 19. Ap. Ao. 1642.

№ 4.

Auf beschehenes Ansuchen Salome Harmens haben wir Bürgermeister und Rath der Stadt Husum hierdurch attestiren und bezeugen wollen, was gestalt uns genugsahm wissend und bekannt, daß da in ao. 1711 dem damaligen Ambtspachter permittiret wurden zu Completirung seiner Pachtsumme über die auf Oster- und Nordhusumer Feldmark belegenen Geestländereien eine Anlage von 8 ß à Scheffel zu machen, dennoch von denen Geestländereien so hiesigem Gasthause und der Kirchen zugehören, keine solche Affgifft und also auch von denen Geestländereien deren Revenüen gedachte Salome Harmens in ihrer Dürftigkeit aus einem von Broder Pauli gestifteten Legato genießet und deren administration die Vorsteher dieser Kirchen haben, weder in solchen beiden Pachtjahren als 1711 und 1712 noch sonsten vorhin geschehen sei. Zu mehrer Beglaubigung dessen wir diesen Attest und Schein eigenhändig unterschrieben. Husum den 23. Decbr. 1721.

№ 5.

Wir Friedrich der Vierte u. s. w. Geben Bürgermeister und Rath der Stadt Husum ob den copeylichen Anschluß mit mehrem zu vernehmen, was bey Uns die Vorsteher des Gasthauses zu Husum wider Euch in puncto turbationis in ihrem Vorsteher- und Speisemeister-Ambte des dortigen Gasthauses und sonsten allerunterthänigst und desfalls pro mandato cum eventuali citatione supplicando gebethen.

Wann dann solches nachgesetztermaaßen an Euch zu Recht erkanndt.

Als mandiren und befehlen Wir Euch hierdurch alles Ernstes, daß Ihr Supplicantes in ihrem Vorsteher- und Speisemeister-Ambte auch was davon dependiret, unturbiret lasset, mithin diejenigen, welche in das Gasthaus aufgenommen zu werden verlangen, an gedachte Supplicanten verweiset, die von dem Prövener Pesenickel bezahlte achthundert Mark an Lobbe Hatthießen wieder ausbezahlet, auch demselben die abgepfändeten Sachen ohne Entgelt ungesäumt restituiret und die angeursachten Kosten erstattet, oder aber, falls Ihr hiewieder etwas erhebliches einzuwenden habt, solches innerhalb acht Tagen a die insinuationis zu weiterer Verordnung anhero einbringet; wornach Ihr Euch zu achten. Geben unter Unserm vorgedruckten Königl. Insiegel im Obergericht auf dem Schlosse Gottorff den 3. July 1720.

№ 6.

Wir Friedrich u. s. w. Geben Bürgermeister und Rath ob dem copeylichen Anschluß mit mehren zu vernehmen, was bey Uns Lobbe Hatthiesen, Johan Schröder, August Woldsen und Christian Moritz als resp. Speisemeister und Vorsteher des Gasthauses daselbst wegen Nichtgelebung der hieselbst den 6. Nov. a. p. abgesprochenen Urthel wieder Euch allerunterthänigst angebracht und desfalls pro executorialibus et moderatione expensarum supplicando gebethen.

Wann Wir dann darauf nachgesetztes mandatum an Euch für Recht erkandt.

Alß mandiren und befehlen Wir Euch hiedurch nachdrücklichen Ernstes und zwar bei 200 ℛ ex propriis zu erlegender Strafe, daß Ihr die wegen des Pesenickels und seiner Frau erhobenen 800 ℳ cum usuris, nicht weniger die dem Kloster wegen der geliehenen Capitalien schuldigen Zinsen in Zeit von 14 Tagen a die insinuationis an Lobbe Hatthiesen abführet, auch in obiger Frist die noch unaufgenommenen Rechnungen zum Schlusse bringet und das residuum eintreibt, imgleichen die onerose verursachten Kosten, welche hiemit ex aequo et bono zu Sechs ℛ moderiret worden, an Supplicanten bezahlet unter Verwarnung, daß in Entstehung dessen Ihr zu obigem allen resp. manu militari angehalten werden sollet. Wornach Ihr Euch zu achten. Geben unter Unserm vorgedruckten Königl. Insiegel im Obergerichte auf dem Schlosse Gottorff den 15. Febr. 1721.

№ 7.

Da der Vorsteher des Klosters zu Husum den 16. Dec. a. p. bey Ihro Königl. Majestät eingegebenes allerunterthänigstes Memorial an Uns remittiret worden und Ihro Königl. May. wir daraus devostete Relation erstattet haben, so ist nunmehro unterm 19ten dieses darauf die allergnädigste Resolution erfolget, also lautend:

Wir haben allergnädigst bewilliget, daß dem Hospital oder sogenannten Gasthause wegen des auf dessen Boden biß anhero aufgelegt gewesenen und ferner noch aufzulegenden Magazin Korns für die verstrichene Zeit Vierhundert Reichsthaler, welche Unsere Deputirte der Finanzen auf des Generalcommissariats Requisition des Endes anweisen werden, von Anfang dieses Jahrs und fürs künfftige aber gewöhnlichermaßen Ein Lübschilling für jede Tonne aus den zu dergleichen Ausgaben bestimmten Mitteln gutgethan werden mögen. Allein so viel die verlangte Miethe für die zur Fourage der dortigen Einquartirung hergegebenen Ställe betrifft, da sind die Vorsteher des besagten Hospitals solcherwegen dem allerunterthänigsten Bedenken Unsers Generalcommissariats nach an den Magistrat zu verweisen.

Wir unterlassen daher nicht von solcher Königl. allergnädigsten Resolution part zu geben, anbei eröffnende, daß wir die darnach für die verstrichene Zeit dem Hospital zu bonificirende 400 ₰ von den Herrn Deputirten der Financen requiriret haben und sobald uns Nachricht geworden, wer dafür quittiren soll, bei der Rendsburgschen Casse zu assigniren besorgt sein werden.

Gleich wie wir dan auch dem Herrn Canzleyrath und Amtsverwalter Dumreicher rescribiren, dem Kloster von Anfang dieses Jahrs an für jede auf dessen Boden aufgelegt werdende Tonne Königl. Magazinkorn a Tonne jährlich 1 ß Miethe zu entrichten. Copenhagen Land-Etat-Generalcommissariat den 23sten Juny 1750.

An die Vorsteher des Kloster Gasthauses oder Hospitals in der Stadt Husum Hr. v. Herberg, Erichsen, Woldsen und Storm jun.

№ 8.

Fürstl. *Constitution* von Freigeb. und Aufhebung der Aembter *sub dat. Gottorff* den 21. Aug. 1615.

Wir von Gottes Gnaden Johann Adolph, Erbe zu Norwegen, Herzog zu Schleswig, Holstein, Stormarn und der Ditmarschen, Graf zu Oldenburg und Delmenhorst 2c.

Entbieten allen und jeden Unsrer Fürstenthumben Schleswig-Holstein Eingesessenen, Unterthanen, vornehmlich Bürgermeister und Räthen in den Städten und darinnen gesessenen Aelterleuten, Gildemeistern, Handwerkern und Zunftbrüdern,

Unsere Gnade, und geben Euch hiemit zu wissen: welchermaaßen Wir eine Zeithero in glaubwürdige gewisse erfahrung durch des einen und andern Klagen gekommen, daß die Handwerker sich ihrer von Altershero erlangten und habende Begnadigung, sonderbahrer Amts=Gerechtigkeiten und Zunft=Rollen, zu übermäßiger unleidlicher Uebersetzung und Beschwerung Unser Armen Unterthanen und des nothdürftigen Mannes, in viele Wege mißbrauchen, indehme daß sie andern auch ausgelehrte und wohlerfahren ehrliche Handwerker (so in ihren Zünften nicht mit sind, auch darin entweder wegen Unvermögens, oder weilen die Zahl der Zunft=Brüder schon voll, nicht kommen können, oder sie sich darinnen zu begeben, wegen Vielheit der unnöthigen und übermäßigen Ambts=Unkosten, bedenken, und einen Abscheu haben) nebenst ihnen zu keiner Arbeit (unangesehen sie dieselbe eben so wohl ja besser, und umb einen leichtern Lohn machen und verfertigen können) verstatten, sondern als Bönhasen jagen, verfolgen und mit Abnahme ihrer Wahren und Werkzeuge straffen, und unter solchen Deckmantel ihre verfertigte Waaren und Arbeit, den Leuten, welche deren nicht entrathen mögen, so hoch und theuer als sie wollen, gleichsamb an= und aufbringen, wie dann unter diesem Deckmantel auch die Metziger sich behelfen lassen, welche von andern Orten kein Fleisch in die Stadt zu bringen und zu verkaufen gestatten wollen, damit sie das ihre, welches oftermahls Alt und Mager und dünstig, desto bester und in einen höhern preiß, nach ihren Willen loß werden mögen; desgleichen auch die Becker, Brauer und Krüger hin und wieder, welche unter dem Schein sonderbahrer von Uns erlangten Privilegien und Freiheiten, hindangesetzt, aller ihnen doch hiebei gegebenen und vorgeschriebenen gewissen Ordnung, ihres Gefalles, backen, brauen und Krügen, also daß darüber von dem Armen nothdürftigen Mann oft viel Klagens geschieht, deßelben Klage dann auch diese, daß der eine in des andern Arbeit nicht eintreten will, dahero die Nothdürftige Leute wieder ihren Willen gezwungen werden, wenn sie einmahl einen Handwerker angenommen und bestellt, und dieselbe entweder nothwendig verweisen, oder durch andre zufällige verhinderung, die angenommene Arbeit eine Zeitlang anstehen lassen müssen, demselben mit großer ihrer Ungelegenheit nach zu sehen und abzuwarten, da doch gleich einer die angenommene Arbeit dergestalt nicht verfertigen und ausführen kann, daß derjenige, der ihn bestellt, damit friedlich, mag nichtes destoweniger der benöthigte Keinen andern Meister annehmen, oder da schon einer zu bekommen, darf derselbe in des andern Arbeit nicht treten, ja etzliche sind der Unbescheidenheit, wann man sie umb ihre Arbeit begrüßet oder umb gebührliche Belohnung ansprechen lässet, daß sie sich erklehren dürften, man habe zu solcher Arbeit zuvor andere gebrauchet, zu demselben soll man nun auch forthin gehen und laufen. Daß also wofern man sein vorhabendes nöthiges Werk nicht darnieder liegen lassen, sondern fortgesetzet haben will, man solche Gesellen mit Gelde aufwiegen muß und was dergleichen Gebrechen und Monopolischen practiquen und Beschwerden mehr sind, so durch Aembter und Zunft-Rollen, verursacht werden.

Wann Uns dann, als der hohen Landesfürstl. Obrigkeit, Ambts halber ob lieget und gebühret, auf das gemeine Beste mehr als auf etzlicher weniger privat-Nutz zu sehen, und derowegen hierin gebührende Wandel und Aenderung zu machen. So haben Wir in sonderbahrer Betrachtung, weilen Unsere nun zu mehr mahlen, wegen Verhütung und Abschaffung solcher eingerissenen, ganz ärgerlichen und hochschädlichen Mißbräuche, ergangenen, ernstliche befehliche, Abmahnung und Erinnerung, wie auch nach Erforderung Unsere deswegen außgelaßene und erneuerte Constitutiones und Verordnung, bis daher so wenig von dem einen als andern, in gebührendem Gehorsamb respectiret und angesehen werden wollen, andrer Potentaten Chur- und Fürsten löbl. Exempeln nach, bei Uns beschlossen, solche Monopolische Ambts-Rollen, privilegia und Freiheiten, gänzlich abzustellen, und die Handwerker und Handthierung in Unsern Fürstenthumben obgenandt, und deren Landen und Stedten, ohne Unterscheydt frei zu geben, wollen auch solche Gilden, deren Rolle und andere sonderbahre erlangte privilegia und Freiheit, deren obgedacht, hiemit gänzlich abgestellet, und die Aembter Kraft dieses, freygegeben haben, also, daß ein jeder, der ein ehrlich, auffrichtig, nützlich Handwerk gelernet hat, und dasselbe zu treiben, und damit seine Nahrung ehrlich zu suchen, und zu erwerben, in Unsern offtgedachten Fürstenthumben, deren Landen und Städten, sich niederzulassen und zu setzen begehret, solches daferne sonsten er eines ehrbahren, auffrichtigen und unsträflichen Lebendes und Wandels, welches ein jeder, im Fall daran gezweifelt werden wollte, zu bescheinigen wissen, frey, und seine Wahren und Arbeit, wo es ihme geliebet, umb einen billigen Wehrt zu verkauffen und verhandthieren, ohne einigen Hinder und Einsperr zugelassen sein soll, jedoch daß er Uns gleich andern Unsern Unterthanen und in den Städten und Flecken, gleich andern Bürgern und Eingesessenen, die unterthänige schuldige und gebührliche Pflicht leisten, und die gemeine Bürde mit tragen helfe. Wir wollen gleichwohl Unsere Apotheque zu Schleswig, wie auch in andern Unsern Städten, von Uns zu gemeinen besten wohl angeordnete Apotheken, hierinnen nicht mitbegriffen, auch nicht alle Aufsicht auf die Aembter aufgehoben, und den Handwerkern ihres Gefallens sowohl sträfliche als untadelhafte Werke und Wahren zu verfertigen und zu verhandthieren freygestellet haben, sondern soll einer jeden Obrigkeit eines jeden Ohrts vielmehr hiemit eingebunden seyn, gute Aufacht zu haben, daß sich keiner dieser Unser gnädigen Freystellung zu seinem Nutz, und Unser Unterthanen und anderer Leute Schaden brauche; Derowegen da sichs begebe, daß einer oder mehr Handwerker, undüchtige, strafbare Wahren oder Werk ausfertigte oder verhandthierte, und darüber betreten würde oder einige Klage kähme, sollen die Obrigkeiten und Unsere Befehlichhabere an jedem Ohrte, den oder dieselben Handwerkern ernstlich darüber zureden, ins Register setzen und nach Befindung, mit Wiederkehrung des Schadens, auch Abnahme und confiscirung der undüchtigen Werke und Wahren, oder auch gänzlicher Niederlegung des Handwerks, sie in gebührende straffe, andern zum Abscheu, nehmen, und gegen jeden sich ihres Ambts-Gebühr unnachläßig, bis auf weitere und andere Unsere Ordnung, so wir Unß hiemit vorbehalten wollen gebrauchen.

Befehlen demnach allen und jeden Unsern Ambtleuten, Voigten und Befehlighabern, auch Bürgermeistern und Räthen in den Städten, daß sie über diese Unsere wohlangesehene und wohlgemeinte Ordnung, biß auf deren Verbesserung, Aenderung oder auch gänzlichen Abstellung ein jeder an seinem Ohrte steif und feste daran halten und niemand darüber beschweren lassen, bei Vermeidung Unserer Ungnade und 100 ℛ straffe, so oft von einem oder andern hierwieder in Thun oder laßen gehandelt wird, Uns unnachläßig zu bezahlen. Wornach sich ein jeder zu richten. Uhrkundlich Unsern aufgedruckten Fürstlichen secrets und unterschriebenen Handzeichens. Datum auf Unserm Schlosse Gottorff den 21. August Anno 1615.

L. S.

Johann Adolph.

№ 9.

Fürstlicher *limitation*bescheid, welchergestalt die neuen Meister der vier Embter allhier in Husum wieder vorige Freygebungs-*constitution* zugelassen werden sollen.

Auf der 4 Embter und Handwerkern alß Schmiede, Schneidern, Schustern und Beckern zu Husum beschehenes unterthänigstes suppliciren umb restituirung der Embter giebt der durchl. Hochgeborne Fürst und Herr, Herr Friedrich u. s. w. Unser gnädigster Fürst und Herr diesen Bescheid, wann jemandt seiner ehrlichen Geburt und guten Verhaltens genugsame Kundschafft fürbringen, auch daß er die Kunst seines Handwerkes recht gelernet mit Lehrbriefen und sonsten bescheinigen kann und darüber Bürgerrecht suchen und gewinnen wird, daß dann derselbige an jeglichem Ohrte gleich den andern Meistern zum Handwerke zugelassen und an dessen freier Uebung keineswegs verhindert werden soll. Uhrkundlich Ihr Fürstl. Gnaden aufgedrückten Fürstl. Secret. Datum Gottorff den 2. Nov. Ao. 1620.

№ 10.

Hochfürstliche *Resolution* wegen Handwerksleute, die in Husum sich häuslich niedersetzen.

Wir von Gottes gnaden Hedwig Sophia und Christian August in tutorio Domini Carl Friederich etc.

Ehrsame, weise, liebe getreue!

Wann Wir gnädigst wollen, daß Ihr zufolge der ergangenen Gnädigsten constitution alle Handtwerker, welche sich daselbst häuslich niederlassen und die Bürgerschafft zu gewinnen gedenken, ohne einige Widerspenstigkeit annehmen und nicht gestatten sollet, daß sie von den Aemtern beunruhigt oder beeinträchtigt werden mögen, Als haben Wir Euch diese Unsere Gnädigste Verordnung hiemit Gnädigst kund machen wollen, damit hierüber mit allen Ernst und Nachdruck halten sollet und befehlen Euch hiermit anbey ernstlichen, daß Ihr die sich hierunter wiederspenstig bezeigen, auf den contraventionsfall durch die in der constitution gesetzte Brüche zu unterthänigsten Gelebung dieses Unsers Gnädigsten Befehls nachdrücklich anhaltet und solche, welche Uns gewöhnlichermaaßen zu berechnen sind, executive eintreiben laßet und darin nicht eigenmächtig moderiret, widrigenfalls der regres an Euch ex propriis genommen werden soll, wornach Ihr Euch unterthänigst zu achten und Wir verbleiben Euch mit Gnaden gewogen. Geben Gottorff den 8. Oct. 1708.

№ 11.

Wy Adolf van Gottes Gnaden Erue to Norwegen ꝛc. bekennen hiermede apenbarlich alsweme, dat de Ehrsamen Unse leue getruven, die veer Empter Unses Blekes Husum mit Nahmen Schomaker, Schmede, Schräder und Becker uns an Hende dato etliche Artikel so se under sick beleuet in Underdänigkeit vorbracht und gebeden, wy wollden ehme desuluen to Beforderunge und vorbeterung gedachter ehrer Empter und vornehmlicher gemeiner wollfart Unsers Bleckes Husum gnediglichen bewilligen, beleuen und confirmiren, welcker artikeln in ehren Bockstauen klarlicken van Worden to Worden hernach folgen.

Anno na Christi Gebort vofftein hundert und ein und söstigsten Mandags na Laurentii hebben wy, de veer Empter to Husum alse Schomaker, Schmede, Schräder und Becker mit weeten willen und vollbort der Reckensluede van wegen der gantzen Gemeine to Husum, de olde Ordnung so by der Tyden des Durchl. Großmächtigst. Fürsten u. Herrn, Herrn Christians to Dennemarken ꝛc. Seliger hochlöblicher Gedächtnuß Unsers gnädigsten Herrn Weylandes angefangen und tom Deele dorch gnedige Tolatinge deß Durchl. Hochgeb. Fürsten und Herrn, Herrn Adolfs Eruen to Norwegen ꝛc. unsers jetziges gnedigen Fürsten und Herrn, vp wieder ansökinge confirmeret, renoveren, ernüen, remederen und to itziger gelegenheit verendern und verbetern laten, so vele der hochgedachten unses Gnädigen Herrn, Sr. F. Gn. Ambtmann, Vogede und Reckensluede to unser und der gantzen Gemeine Besten to düsser Tidt vnd also bestendiglich to holdene erachtet, vorendering und vorbeteringe nutte und noetig sin.

Also tom ersten schall en Knecht so unser Ampt hie binnen Husum, wenner he recht und redlichen sine Lehrjahren utgeleeret und deß von siner Lehrmeister Tugnisse hefft, tom wenigsten buten Bleckes ein Jahr lang vp dat Ampt reisen und deenen und schall ock Nemand in dat Ambt gelaten werden, he hebbe denn erst twee Jahr tovorn by enen Meister truwlichen, unbeschuldet up dat Ampt gedeenet und sick ehrlichen und redlichen geholden und in dem andern Jahr, wenner he ein Jahr to Husum up dat Ampt gedeenet hefft, mag he dat Ampt eschen und begeren tom ersten veertein Dage na Paschen, tom andern 14 Dage na St. Johannis to midden Sommer und tom Drüddenmall na Michaelis 14 Dage na gewohnheit. It. derna scholen de Werkmeister den Knecht sin egen Hand bewiesen laten und nicht instedigen, he könne den sine Ampte genöge doen und jeglicher na wiese und gewohnheit sines Amptes. It. de ein Ampt begeret, schall van einem ehrlicken und lofflicken gerücht wesen, Recht und Echte baren, frey und Niemands Egen sin, desglicken schall ock sin eheliche Husfru, deß he denen alsovort der Ehelicken gebort, ehrlichen wesend und wandelß nöghafftig Schins und Uhrkund schall to erwegende hebben.

It. ein jeglicher Knecht, er he in dat Ampt kumpt, schall geven Unsern gnedigen Herrn veer Mark, der Meenheit dre Mark, den Armen 3 ß und to des Ampts besten 3 ß. It. fryet en Knecht, de nicht mede int Ampt höret, eines Meisters Dochter in datsülve Ampt dar de Meister inne höret, desülue Knecht schall geven düsse vorgeschreuenen Pensions und Bekänndtnüsse halff; eines Meisters Sohn auerst schall sines Vaders Ampt und udgaue geneten und dorch gnedige Tolatinge unsers gnedigen Fürsten und Herrn fry sin, jedoch schall he sick ehrlicken geholden hebben, sine Handt bewiesen und geuen dem Ampte sine Tonne Behrs alse gewohnlich ist. It. so schall ock en Handtwerksmann van düssen 4 Emptern binnen Husum, de nicht mede int Ampt hören und int Ampt binnen Husum begeret, erst scheiden mit Fründschop van der Stadt dar he gewahnet hefft und schall des von siner Husfruen und siner egenen Gebort und Ehre nöghafftige Bewies bringen, vor den Werkmeister sin Handt bewiesen und geuen Unser gnedigsten Fürsten und Herrn veer Mark, der Meenheit dre Mark, den Armen dre Mark und to dem Ampte dre Mark, alse van dem Knechte hirbeuor geschreuen ist.

It. welcker Meister einen Knecht annimbt edder Wienkoppes Pfennige gifft, desülue schall den utholden edder schall up dat Ampt hier binnen Husum to deenen nicht werth sin. Idt schall ock ein Meister dem andern sinen Knecht nicht affspannen und efft sick ein Meister hirinne vorgeten und her entbauen dede, dat schall staen by des Amptsbeleuunge und schall de Amptmann effte Hardesvoigt dat to straffende hebben.

It. de Neckensluede und Vorweser der Meenheit hebben den Handtwerkslueden ingefolget, erstlichen dat kein Handtwerksman, de neene Amptsgerechtigkeit gedaen, also vorschreuen is, scholen den Emptern, so to Husum wahnen vnd Amptsgerechtigkeit gedaen hebben, ehnen tom Vorfange den Lueden in den Hüsern arbeyden by Bröcke an dem Ampte ene Tonne Beers und an Fürstl. Gnaden 15 ß lübsch. Idt scholen ock de Borger und inwahnere solche heimbliche Handtwerker nicht upholden edder de sülvigen vor geldt arbeiten laten, den Emptern to schaden effte vorfange by 15 ß Bröcke; würde sick aber hirgegen jennig Knecht edder heimbliche Handtwerksman, de nicht int Ampt is, moetwillig setten, den scholen und moegen de Amptman edder Hardesvoigt in dat Stockhus gefenglick innehmen laten und up 40 ß und sonsten ehres gefallens alse Recht is, straffen laten, wurde ock ein Inwahner sick darjegen moetwillig setten, schall an unsern gnedigsten Fürsten und Herrn 40 ß als ein moetwilliger vorfallen sein.

It. Neemand schall den Schomakern tom Vorfange Schoh van schmerde Ledder to Kope veil hebben, by Bröcke der Scho an de Armen, welche de Schomakere mit Recht dorch de Querigheit mag nehmen laten, den frembden auerst schall van dem Werkmeister alse billig is, erst waarschauet werden; de moetwillig hirentgegen schall mit 15 ß Bröcke und alse recht is, van der Querigheit gestraffet werden. Idt scholen auerst de Schomakere by Olden und jungen Kindern Scho to makende und flickende vorplichtet sin alse notturfftig und billig is. Alse nu auerst de Schoh dorch der uthlendischen fremden Verkop an Huden und fellwerck merglick verdüret werden, so scholen sick de frembden des Hudens und Fellenkopens by Verlust des Guedes gentzlichen entholden und schall neemandt Huden edder Fellen ahne den Inwahnern des Bleckes to Husum und den Forstendohmen Schleßwig und Holstein fry sin to kopende, dat alse den inlendischen Kopmann neen Inpaß geschehe und dennoch de Schomakere Nehmere und sonst Inwahnere der Notturft vor de Billigkeit bekamen und wedderumb de gemeene Mann nicht auersettet werden möge.

It. der Schmeden is ingefolget, dat neemandt schall groff Isenwerk ahne wat de Kramer föhren to Kope hebben, by Verlust des Guedes; und den Nagelkop beholden wy, wo ock Osemundt und stangen fry.

It. Alse de Becker na wicht und ehrer verplichtende Ordnung na backen, schall neen Becker ehnen binnen edder buten Husum tom verfange backen und Brodt veil hebben und de Groffbecker binnen Husum scholen nevenst den Wittbeckern na der wicht backen und na der erkändtnuß der Reckensluede, Hardesvoigt und Amptmanns, alse billig und recht is, guede Ordnung und Amptgewohnheit to holdende ehne vorgestellet werden verplichtet sin.

It. Ein Jedes Ampt schall alle Jahr twe Morgenspracke holden, de ene vor Michaelis, de ander vor Paschen, alse den da de Hardesvoigt und ene van den Reckenslueden, de de Morgenspracke anhören und darby sin scholen, dat ene Ampt na dem andern to hörende bequem is; dar schall men de Twist und Irrunge twischen den Meistern und Knechten, Meistern und den Meistern, Knechte und den Knechten hören und entscheden und wat enen jedern davor to erkandt werdt, dar schall he sick begnogen laten, jedoch der herrschaftl. Bröcke, Hoheit und Gerechtigkeit in aller Maten unversühmet.

It. de Reckensluede, de den Werkmeister to Hülpe gegeuen werden, dat se up de Dinge so der gantze Meenheit mußen nuttlich edder schedlich sin, ein upsehen und guten obacht hebben, dat Nemands worane vorkortet, auersettet, bedragen werde, vor se hirinne versuhmlichen befunden werden, scholen se an de hohe Ourigheit ein Gulden und an de Armen ein Gulden unaflaetlich verbraken hebben, desglicken ock de Olderluede und Werkmeister versuhmlich und nalattig hirinne befunden werden.

It. Offt in düßen vorgeschreuen Artikuln ichtes wat to veele edder to wenige gesettet wehre, dat enen islichen Ampt na Gelegenheit nutt und nöttig, der Meenheit und mennichlichen unschedlich und unsern gnedigen Fürsten und Herrn edder F. G. Amptmann, Vogede, Reckensluede edder Vorwesere des Bleckes to ordineerende, to vorendernde, to vorbeternde gelegen sin worde, schall alle tidt fry, unverfenglich und unverbundtlich to unsern gnedigen Fürsten und Herrn, des Bleckes Husum und unsern egenen besten apenstaen und vorbeholden syn.

To dem Schomakerampte hören de Töffelmaker, to dem Schmedeampte, Kleinschmede, Büssenschmede, Schwerdtfegers, Meßmakers, to den Schrädern de Ouerscheerer.

Wenn Wy denne vorgemeldte und hirin verlinede Artikull, Bewilligung und Beleuing gedachter unser veer Empter alse der Schomaker, Schmede, Schräder und Becker mit gnaden bewogen und vermerket, dat darin nichts anders den was to unser Hoheit erholdinge ock folgens der gerörten veer Empter ock gemeine wollfahrt Unses gantzen Bleckes Husum ock darto deenstlichen, dat darmede alle Bescheidungen, Ouersettinge und Beschweringe des' gemeinen Manß und insonderheit ock dardorch verhindert, dat dorch de intogende Handtwerker Unsern egen Unterthanen nicht dat Brodt ut dem Munde getaget werden möge, und ock vornehmlicken befunden, dat Unse geleuede Herr und Broder Christian de drüdde to Dennemark Königk rc. Christmilder gedechtnuß solches vor düsser Tidt also vor guth angesehen, demna hebben Wy uth gerordenen Ursacken gedachter veer Empter vorgemeldte Artikulln gnediglichen bewilliget und beleuet, Thuen ock desülven in Krafft disses Brefes gnediglichen confirmeren und bestedigen, jedoch alles mit düssen Vorbeholt dat Wy vorgemeldte Artikulln to vermehren, to vorbettern, to vorringern, to vorendern und to corrigeren, edder ock schlicht aller Dinge uptoheuen und to casseren, to aller tidt na unse Gelegenheit und befindunge der Handel mechtig sin willen. Des to Ohrkunde so hebben Wy Adolf Hertzoge Unse Secret hiranhengen laten Mandages na Himmelfahrt Ao. Domini Vöfftein Hundert und ein und sößtig.

№ 12.

Artikel der Vier Aemter.

Von Gottes Gnaden Wir Friedrich Erbe zu Norwegen ꝛc. Thun kund und bekennen hiemit, für Uns und Unsere Nachkommen an der Regierung gegen männigl. als weyland der Hochgebohrne Fürst, Herr Johann Adolph Erbe zu Norwegen ꝛc. Unser gnädiger geliebter Herr Vater, Christ milder Gedächtniß, aus bewegenden Uhrsachen, reiflich und wohlerwogenen Sachen, zumahl aber wegen der sich zu der Zeit allenthalben eräugenden großen, unleidlichen Mißbräuche, in Ihren Fürstenthümern und Landen, die Aembter und Gilden aufgehoben, und allen Handwerckern ihrer guten Commodität und Gelegenheit nach, darin redlich, fleißig und wohl zu arbeiten erlaubet und vergönnet, Wir aber befunden, daß auch solche indulgirte libertät und Freyheit merckliche Confusion und Ungelegenheit causirt, die Arbeit allerdings nicht recht verfertigt, auch deswegen einer oder ander zu höchster Ungebühr übersetzet, daß Wir demnach auf inständiges unterthäniges Anhalten, nachgesetzter Vier Aembter als Schuster, Schmiede, Schneider und Becker, in Unser Stadt Husum, der Ohrts ihre vormals gehabte Aembter und Gilden, nach fleißiger Revidier- und Enderung, dero hiebevor vorfasten Gilde-Briefe, und Aufhebung aller dabei verspührten Mißbräuche, mit ausdrücklichen Vorbehalt, daß denselben noch ferner abzuhelfen, gute Ordnung desfalls zu stiften, und darüber feste zu halten und sowohl vermöge Unser künfftigen Policey- und Tax-Ordnung, als sonsten heilsamer Constitutionen und Ordnungen, darnach sich alle und jede Aembter, Gilden, und deren Gilde-Brüdern, jedesmahl achten und richten sollen, zu endern, zu verbessern, zu vermehren, oder zu verringern, auch wohl gar zu cassiren, und zwar obgesetzeter Vier Aembter, nachfolgendergestalt in vorigen Stande wieder gesetzet.

Als erstlich, wann ein Geselle obgesetzeter Vier Handwercker, in Unser Stadt Husum sich niederzulassen und sein Handwerck zu gebrauchen gemeinet ist, so soll derselbe wenigsten Ein Jahr lang ausser der Stadt auf das Handwerck gewandert und gedienet, und darnach zwey Jahr lang, bei einem Meister in der Stadt, treulich und unbeschuldigt aufs Ambt gearbeitet haben, und in dem letzten Jahre, das Ambt dreymahl nach alter Gewohnheit Eschen, und Begehren, als zum ersten 14 Tage nach Ostern, zum andern 14 Tage nach Johannis Babtistae, und zum dritten 14 Tage nach Michaelis.

Zum andern soll dieser Geselle seinen Lehr- und Geburths-Brieff, daß er echt und recht gebohren, und niemand eigen, sondern frei sey, in solcher Formb, wie sich dieselben gebühren, zum Vorschein bringen und einlegen, auch sein Handt nach eines jeglichen Ambts- und Gewohnheit beweisen, und sein Meisterstück machen, doch mit der Bescheidenheit, daß ein Schumacher und Schneider-Gesell, die weil ihr Arbeit nicht einem jeglichen zu Paß kömmt, noch ohne Schaden umbgemacht werden könne, das Meisterstück nach der pro tempore wesenden manier, einer gewissen Persohn, so solche Arbeit begehrend sei, gerecht machen, und verfertigen soll, und dasselbe, wie auch in den, bey andern Aembtern, in der Zeit und Gegenwart solcher Leute, wie es vor diesen alzeit gebräuchlich gewesen, jedoch ohne jenigen Unkosten; Es soll aber dem Gesellen so sein Meisterstück machet, frei stehen, ob er den beywesenden Aelter-Leuten, ein Paar Kannen Biers, und etzliche Kringeln fürsetzen wollte, auch soll er Zeugniß bringen, daß seine Frau ehrlich gebohren, und sich ehrlich verhalten habe.

Zum Dritten soll er die Bürgerschaft gewinnen, den gewöhnlichen Bürgereid leisten und desfalls entrichten und thun, was ihm nach Stadt-Rechten gebühren will.

Zum Vierdten soll ein junger Meister, ehe er ins Ambt tritt, alter Gewohnheit nach Uns erlegen Sechs Marck lübisch, den Armen Drey Marck, und dieweilen Er des Ambts Gerechtigkeit, Krug, Laken, Zinnen und andere Gerechtigkeit geneust, in die Ambts-Lade zur Erhaltung verarmter Ambts-Brüder und andern Nothwendigen Ambts-Ausgaben, dasjenige entrichten, was von alters und bißhieher gebräuchlich gewesen, und soll ferner keine Unkosten mit Ambts-Kosten oder dergleichen, wie es Nahmen haben mag, nicht was thun oder anwenden; Jedoch weile billig, daß solche der Aembter Antretung, mit guter Christlicher Devotion geschehe, so soll ein jeder, wenn Er zum Ambt bestätiget wird, zu Unterhaltung der daselbst wohl angeordneten Schule Sechs Marck lübisch oder zween Reichsthaler geben und einbringen.

Zum Fünften befreiet sich ein Knecht mit eines Meisters Tochter desselbigen Ambts oder Handwerck, so er erlernet, derselbige Knecht soll vorernandte Pension oder Bekänntniß zur Hälfte, gleichwohl der Schule die volle 6 Marck erlegen: eines Meisters Sohn aber soll seines Vaters Ambts und Ausgabe geniessen, und durch Unsere gnädige Zulassung frey sein, jedoch daß er wegen Geniessung der Ambts-Gerechtigkeit und Pertinentien seine verordnete Gebührniß erlege, Schein und Beweiß seines wohlverhaltens einbringe, den Bürger-Eyd leiste und seine Hand beweise.

Zum Sechsten würde ein Handwercksmann von diesen Vier Aembtern, aus frembden Orten, da er schon gewohnet, und sein Handwerck gebrauchet in Unser Stadt Husum kommen und ein Handwerck daselbst zu treiben gemeinet sein, derselbige soll Zeugniß einbringen, daß er von der Stadt und Ort, da er gewohnet, mit Freundschaft und guten Willen geschieden sey, dernechst sein und seiner Haußfrauen Ehe und Ehrliche Geburth, auch sein Hand beweisen, das Bürgerrecht gewinnen und Uns, der Schulen, den Armen, und Ambte, wie beim 4. Articul von den Knechten vermeldet worden, erlegen.

Zum Siebenden, welcher Meister einen Knecht annimmt und den Weinkaufs=Pfenning giebet, derselbe soll seine Dienste aushalten, oder soll auf das Ambt in Unser Stadt Husum nicht werth zu dienen sein.

Zum Achten, es soll auch ein Meister dem andern seinen Knecht nicht abspannen, und da es geschehe, und jemand hier=wieder thäte, so soll an Uns derselbe Drey Marck l. und dem Amte Drey Marck l. verbrochen haben.

Es soll auch zum Neundten kein Meister, der zuvor einen Knecht hat, ferner einen Knecht vom Kruge zu nehmen, und zu Eschen bemächtiget seyn, ehe ein ander Meister an deme die Ord=nung, und er eines Knechtes benöthiget ist, auch einen Knecht be=kommen habe: würde dann kein Meister sich umb einen Knecht be=werben, oder aufm Kruge sich angeben, soll ein solcher Meister der schon zuvor einen hat, ferner einen anzunehmen bemächtiget sein.

Zum Zehenden, es soll kein Meister mehr als zween Knechte und einen Lehr=Jungen zu halten bemächtiget sein, damit der eine sowohl, als der ander seine Nahrung haben könne, jedoch da ein Knecht wandern käme, so mag er bei einem Meister, da schon zuvor zwei Knechte sein, auf 14 Tage angenommen werden: auch stehet einem Meister frey, in dem letzten seines Jungens bedungenen Lehr=Jahre, wann dieselbe biß auf ein halb Jahr geendiget, einen neuen Lehr=Jungen zuzusetzen inmaßen bishero allewege gebräuchlich gewesen.

Zum Eilfften gehören zu dem Schuhmacher=Ambte die Tuffelmacher, zu dem Schmiede=Ambte die Klein=Schmiede, Büchsenmachere, zu den Schneidern die Uberscherere.

Zum Zwölfften, da auch ein Handwercksmann, so die Ambts=Gerechtigkeit wie vorerwehnt, nicht gethan, diesen vier Handwerckern so in Unser Stadt Husum wohnen, und das Ambt gewonnen, zum Verfange den Bürgern in ihren Häusern zu arbeiten sich unterstehen würde, soll derselbe Uns mit 15 ℘, und dem Ambte mit 3 ℘ aufzudingen schuldig sein, wie nicht weniger die Einwohner, so solche heimliche Handwerckere, welche man Bönhasen zu nennen pflegt, aufhält und bey sich arbeiten läst, an Uns 15 ℘ verbrochen haben soll; würde sich aber derjenige Knecht, oder heimlicher Meister der nicht im Ambt ist darwieder muthwillig setzen, derselbe soll mit Gefängniß, oder 40 ℔ Brüche, so halb an Uns, der andere halbe Theil aber dem Ambte, darin der Verbrecher gehöret anfallen sollen, gestraffet werden: Imfall auch ein Einwohner sich darwieder freventlich setzen würde, derselbe soll als ein Muthwilliger an Uns Vierzig Marck l. verbrochen haben.

Zum Dreyzehenden, soll den Schuhmachern zum Verfang niemand Schuhe, von geschmiertem Leder, feil und zukauffe haben, bey Verlust der Schuhe, so den Armen zuzukehren, welche die Schuhmacher auf Vergünstigung und Verordnung des Raths mögen nehmen lassen, die frembden aber sollen vorher von den Werckmeistern gewahrschauet, und wer hiergegen muthwillig handelt auf 15 ℔ Brüche gestraffet werden; Jedoch den beyden erlaubten Jahrmärckten unverfenglich.

Zum Vierzehenden, sollen gleichwohl die Schuhmachere, beides alter Leuten und jungen Kindern Schuhe zu machen, und zu flicken verpflichtet sein, als nothdürftig und billig ist.

Zum Funffzehenden, als auch die Schuhe durch der Ausländischen frembden Vorkauff der Häute und Fellwerck mercklich vertheuert worden, so sollen sich die frembden der Häute, und Verkäuffer, bei Verlust des Genusses gäntzlich enthalten, und soll niemand Häute oder Felle, den Einwohnern Unser Stadt Husum und Fürstenthümer Schleswig, Holstein, zum Verfange zu kauffen erlaubt seyn, damit den Einländischen Kauffmannen kein Einpaß geschehe, und die Schuhmachere, Rehmere und sonsten andere Einwohner die Nohtdurfft für die Billigkeit bekommen, und der Gemeine Mann desto weniger zur Ungebühr, und über die Billigkeit übersetzet werden möge, doch soll auch niemand bemächtiget sein, vor Fastnacht einige zuvor erkauffte Häute auszuführen, weniger jemand anders, als Schuhmachere und Riemere in der Stadt zwischen Fastnacht und der Schlachter Zeit zu kauffen, bei Verlust derselben so an Uns verfallen sein soll.

Zum Sechszehenden, den Schmieden ist eingewilliget, daß niemand grob Eisenwerck, ohne was die Krämern führen, soll zukauffe haben, bey Verlust des Guthes, jedoch der Nagelkauff, Osemund und Stangen hierunter nicht gemeinet.

Zum Siebenzehenden, es sollen auch die Einwohnere, mehr gemeldter Unser Stadt Husum, obgesetzten Handwerckern zum Verfange, die Arbeit bei frembden außerhalb der Stadt, auf den Dörfern gesessenen Werckmeistern nicht verfertigen lassen, und da über Verhofften von einem oder andern darwieder gehandelt wird, so sollen der oder dieselben von Borger-Meister und Raht, willkührlich gestraffet werden.

Zum Achtzehenden, weile auch sowohl die Weiß- als Grob-Beckere, nach dem Gewichte, und nach Gelegenheit des

Weizens oder Rogen jedesmal eingekaufft wird, gemachten Ordnung zu backen verpflichtet seyn, als soll ihnen zum Verfange, in oder außerhalb Unser Stadt Husum Backen und daselbst außerhalb der Jahr=Märckten Brod feil haben und verkauffen, bei Verlust des Brodts, so an die Armen verfallen sein soll, da aber die Höcker, um des Auffbrodts willen, eine parthey Brodts allhie kauffen, sollen sie solches ohne Ausfley eines Lakens, alten Gebrauch nach wiederumb zu verkauffen bemächtiget sein.

Zum Neunzehenden, ein jedes Ambt soll und mag alle Jahr im Sommer, eine Morgensprache halten, wann es den Morgensprachs=Herren am gelegensten gilt, das eine Ambt nach dem andern zu hören, die streitige und irrige Sachen zwischen den Meistern, Meistern und Knechten, auch zwischen den Knechten scheiden und was einem jeden davon Rechtlich erkannt wird, daran soll er sich begnügen lassen, jedoch Unser und der Raths=Brüche, Hoheit und Gerechtigkeit in allen Dingen unabbrüchig und unversäumbt.

Zum Zwantzigsten, Es wird auch Bürger=Meister und Rath oder an deren Statt den Morgensprachsherren, imgleichen den Aelterleuten in jeglichem Ambte anbefohlen, auf die Dinge, so der gantzen Gemeinen nütz oder schädlich seyn, ein Aufsehen zu haben, daß niemand daran verkürtzet, übersetzet oder betrogen werde, wofern sich dann befindet, daß die Aelterleute hierin nachläßig, und säumbhafft gewesen, sollen Sie an Uns als die Hohe Obrigkeit Drey Marck und den Armen einen fl. verbrochen haben.

Was nun zum Ein und Zwantzigsten also, wie obstehet, dem Ambte an Straffen einkömbt, solches soll in keinerleywege durch Bestellung einiger Gastereyen, vertruncken oder verzehret, sondern entweder den Aembtern zum besten an gewisse Oerter auf Zinse ausgethan, oder auch alle Jahr, wann es am wohlfeilsten ist, an Weitzen, Rogcken, oder Gersten geleget, solch Getreide aufgeschüttet, in gute acht genommen, auch wenn theur Zeit einfällt, es den armen, dürfftigen Gildes=Genossen, oder wann die dessen nicht bedürfftig, andern Dürfftigen in der Stadt umb einen billigen rechten Preiß verkauffet, und alle Jahre Uns, oder dem Raht richtige Rechnung davon gethan, auch Dero Behuf zween so neben den Aelterleuten darauf Achtung geben, verordnet werden.

Und wenn auch zum Zwey und Zwantzigsten diese Rolle nur auf Unsere Stadt Husum angesehen und gemeinet, also sollen alle Böhnhasen und andere, so das Ambt nicht gebührlich gewonnen, oder noch gewinnen möchten, hiemit cassirt, und abgeschaffet seyn und wird sich ein jeder nach deme, was obstehet, unnachlästig zu richten wissen. Mit dem ausdrücklichen Anhange, da es wider Verhoffen, und gute Zuversicht, nicht geschieht, und die Aelterleute nicht feste darüber halten, daß alßdan der, oder die Contravenienten des Ambts verlustig, oder auch, nach Befindung dieser Ambts=Brief gar cassirt-seyn soll.

Wir Befehlen auch Bürgermeistern und Rath Unser Stadt Husum hiemit ernstlich und wollen daß dieselbe, über diesen Articuls-Brieff so oft es nöthig, und sie deswegen ersuchet werden, feste halten, und darwieder nichts vornehmen lassen sollen, Bei Vermeidung, Unsers ernstl. Einsehens. Uhrkundlich unter Unserm Handzeichen, und angehängten Fürstl. Cantzelley=Secret. Signatum auf Unserm Schlosse Gottorff den 2ten Sept. im Jahre nach Christi unsers Erlösers und Seligmachers Geburth Ein Tausend Sechshundert Vier und Dreyßig.

Friederich

№ 13.

Edle und Ehrenveste, Herren Bürgermeistere und Rath.

Es haben die Schneidere in der Stadt Husum ohne längst die allerunterthänigste Ansuchung gethan, daß denen dortigen Bürgern und Einwohnern inhibiret werden möge, die benöthigte Kleidung bei auswärtigen, in andern Städten wohnenden Schneidern, verfertigen zu lassen.

Gleichwie aber die desfalls von dem Schneider=Ambte angeführten Articuli 12 und 22 solche inhibition nicht in sich fassen, sondern lediglich der unzünfftigen Handwercker oder Böhnhasen Erwehnung thun: So finden Ihre Konigl. Mayst. dem supplicirenden Amte ein solches, bei andern Handtwerks=Zünfften ebensowenig hergebrachtes jus Cogendi zu ertheilen, nicht gerathen, vielmehr wollen Allerhöchst dieselben allergnädigst, daß den Einwohnern in der Stadt Husum ihr benöthigtes Zeug auch auswärtigen zünftigen Schneidern in die Arbeit zu geben, ferner verstattet bleiben und dadurch die Handwercker des Ohrtes, gute Arbeit zu machen und solchergestalt die Nahrung beizubehalten, ermuntert werden.

Es haben demnach Bürger=Meistere und Rath diese Ihro Königl. Mayst. Allergnädigste Willens=Meynung, vermöge des, unterm 12ten April a. c. an mich ergangenen Allerhöchsten Rescripti dem dortigen Schneider=Ambte zu dessen allerunterthänigsten verhalten, bekand zu machen, übrigens aber in den vorhergehenden Contraventions-Fällen bloß summariter zu verfahren, und keinen förml. Process zum praejuditz der Handwerck-Ambter zu verstatten und verbleibe ich

Deroselben

Gottorff d. 21. April 1745.

Freundwilliger
Friederich Ernst
M. z. Brandenburg.

An den Magistrat in Husum. Nottelmann.

№ 14.

Fürstl. Begnadunge deß Leinweber Handwerk.

Obwohlen der Leinweber zu Husum eine ziembliche Anzahl und dennoch viel Klagendes von der Bürgerschafft geschehen, daß sie mit deren Arbeit nicht konnten von den Meistern gefordert werden, die Meister wiederumb solche Klagen abgelehnet damit, daß sie von den Knechten würden verhindert und aufgehalten, darumb daß sie keinen Zwangk über die Knechte hätten als andere Städte. Darumb dieser und andrer Ursachen halber, auch vornehmlich da sie lauffenden verdächtigen Persohnen desselben Handwerk zu wehren haben Vicepraesident und Rath ihnen den Leinwebern eine Amtsgerechtigkeit anzufangen bewilliget auf ferner Bestätigunge Unser Gnädigen Landesfürstl. Obrigkeit, wie ihnen den ein promotorial an Bürgermeister und Rath der Stadt Lübeck umb Erlangung der Copeyen ihrer Stadt Leinenweber Ambtsrulle und Gerechtigkeit ist mitgetheilt, nach welcher und dieser Lande Gelegenheit sie die Leinenweber zu Husum etzliche nützliche Beliebungen und Willkor auffgerichtet, denen sie sich jetzo, jedoch auf ein Versuch gebrauchen und darauf confirmation unterthänig bitten werden und weile sie sich der Knechte halber mit den andern Städten in derselben auffgerichteten Beliebung untergegeben, folgendt dieselben hernach beschrieben.

Ao. Dom. 1562 den 17ten Dag des Monats Octobris sein Wy Olderlüde und Ambtsbrodere des Ambts der Leinwäbers sampt den Nahbenöhmden und bewilligten Städten mit Nahmen und tonahmen, wo folget, Vorerst to Lübeck Lex Voldeck, Hanß Kleen, Peter Meyer und Steffen Aulosse, van Hamburg Jochim Bolling und Hanß Schede, van Lüneburg Hanß Dedeke und Jürgen Schermer, van Wißmar Christop Werdenhagen und Hanß Voß, van Rostock Jochim Badekaw, Jost Giese, Hans Schuldt, van Sunde Hinrich Ewert, Bartholomäus Müller, van Gripswalde Christoffer Berßberg und de van alten Städten Stargard, Piritz, Prentzlo,

Gulnov, Griffenhagen, Damen unde Pasewalk, de van Lützow, Steinberg, Rebbeniß, Parchim und Husum, Doen kundt mannichlichen so dissen Bref ansehen, lesen edder hören lesen, dat Wy tidtlicher Vorbetrachtunge Unser itzigen und nachkommen Knechte mit to fordern und schaden to verhöden mit den ehrbaren und Hochgelahrten, fürsichtigen und hochwiesen Hr. Bürgermeister und Rathmann der Stadt Lübeck (ock den Unß darto van Ehrbaren Rathe geordneten Herrn, Hr. Volmar Waderndorf, Hr. Jochim Knepel mit Rathsverwandten und Weddemen consens und vollbort) ingangen, troffen und beschlaten, in der allerbesten Form und Wiiß, so Wy sollen und mögen vor Unß und alle Unse Nahkommen verwilliget und darto mit dissen Unsern Breffe Unsen Willen geven denselben mit allen sinen puncten und Artickuln laven, bewisen, bestedigen und beweldigen, ock by trew und by Unsen Ehren hiemit vor Unß und genannte Unser Nahkommlinge redlichen gelaven, solche contract und verbundtnisse, wo in dissen Bref nahfolglich begrepen, darto Wy dorch hochdringende und geforderte Noth bewogen und gereitzet worden willen ansehen, van stede veste holden und nicht dawedder striden noch doen.

1. So dat nen Knecht mehr den umb den 14 Tag einen Krogdag machen soll, so he averst darentbaven dede, schal he sinen Meister geven vor de Versümbenisse 1 ß des Dages, und an die Herrn verfallen sin 5 ß lübsch und ant Ambt 5 ß; so ock Jemand, so in disse straffe verfallen, sick unwillig worde gegen sin Meister schicken und de Bröcke nicht willig uthgewen, so dat sine Meister daraver klagende, deselve Knecht soll de Bröcke dobbelt geven, idt sy denne, dat he bewisen möge, dat ehme de Noth darto gefordert hebbe, dat hefft he to geneten.

2. So en schal nen Knecht van sinen Meister heimblich noch schwiegende afthehen, den he schal, wenn ehme nicht lenger levet to denende und sine versprakene Tydt gegen sin Meister ut ist, fordern und eschen, enen schrifftlichen Bewiß dat he tügen und bewisen könne, darhenne he kehme, dat he nicht unehrlich, sondern ehrlich und uprichtig van sinen Meister gescheden sy und so he sodanne Bewiß hinterlethe, schal he wedderumkehren in de Stadt und to dem Meister, darby he lest gearbeitet hefft, und sin schriffliche Bewiß fordern, eh schal he nergend in dissen benannten und bewilligten Städen, so jetzo hirin bewilliget und hinfüro bewilligen mögen, to arbeitende to laten werden, So awerst en Meister sick unwillig und weigerlich stellen worde und dem de Knecht nicht anders, dann der Ehren tobehörig gedenet hadde, sodane schrifftliche Bewiß nicht folgen laten wollte, wo deselbe Meister

schal gestraffet werden, schal an de Olderlüde stahn, sy se ehm to schrack, so scholen se de Herrn to Hülpe nehmen.|

3. So ein ehrlich Knecht wandern quäme in eines Meisters Huus unde sin schrifflich Bewiß hadde van dem Meister dar he lest by gearbeitet, so en scholen de Meister nicht uth effte wegwisen, sondern schall ehm de Nacht Herberge geven by Brocke 4 ß lübsch, de Helffte an de Herrn, de Helffte ant Ambt.

4. So schal de Meister sick höden und vorsehen, dat he einem wandernden Knecht nicht mehr lehne edder vorstrecke boven sin verdende Lohn alse 6 ß dede ein Meister darenthaven, so dar Klage darever queme, de schal verbrocken hebben einen Daler, de Helffte an de Herrn, de andere Helffte ant Ambt, doch mag ein jeder Meister de Gelegenheit des Knechtes ansehen.

5. So schal nen Knecht sich verdristen mit worpel edder Karte umb Geld to spelende by Bröck 8 ß de Helffte an de Herrn, und de andere Helffte ant Ambt.

6. So schal ock nen Meister einen Lehrbaden annehmen under 2 Jahre, effte were dan, dat Sacke vorfielen, darmit de Olderlüde bewege, se van ander to scheden; so de Lehrbade uth den 2 Jahren der Lehre van sinen Meister entlepe und sin tidt nicht uthelde, gedenckt he sick den by enen andern to geven, deselbe scholen nicht ringer und weniger annehmen den 2 Jahre.

7. So ehn schal nen Meister einen Lehrjungen annehmen, den dat he ein ehrlich fram Kind is, ock neen Schotte (?) ock neen Schottischen Knecht by sick arbeiten laten by Brocke ones Dalers de Helffte an de Herren, de andere Helffte ant Ambt, noch vel weniger schal den Schotten vergönt und togelaten werden, Meister to werden.

8. So ehn schal nen Meister edder Knecht mit den Butenwebern Beertage machen, damit he dissen vorschreven Artickeln, so Ehrbar wollwisen Rath günstlichen vergünet und togelaten, to weddern by Brocke 8 ß lübsch de Helffte an de Herrn, de Helffte ant Ambt.

9. So van dissen hie bevor genohmeden und bewilligden Städten sampt denjenen, so noch hierin bewilligen mochten jemands worde befunden, degegen disse vorgemelte puncte und Artickeln worde doen und se nicht stediglich glick den andern mitholde, Desülve schall und will verbracken hebben ant Ambt 6 Daler. Des to Ohrkundt und mehrer Deel der Wahrheit und in Krafft dieses von Ehrbahre Hochgelahrten fürsichtigen und hochwisen Rahde der Stadt Lübeck consentirten und confirmirten Brefe hefft ein Jeder besonder ehre des Ambts-

gewohnlichen Insiegel beneden an disse Breff doen hengendes ock ein Jeder van diese benohmenden und bewilligten Städten so baven gemeltet, und hiernach hierto kehsen und kohren mögen, ene Uthcopey dieses Hauptbrefes mit des Ambtes Insiegel to Lübeck versegelt, by sick hefft und diejenen so noch hierin von ander Städten mit bewilligen, kriegen mögen, welcher gegeven und geschreven, wo baven gemelt na Christi Unsers Heylandes und Seligmachers gebort im **1562** Jahr den **17**ten Oct.

Im Nahmen der Heyl. Dreyfaltigkeit Amen. Kund und apenbar sy Jedermanniglich dem hiran gelegen, dat in Jahr und Datum unden gemeldet uth bewegliche Ursacken binnen der Stadt Lübeck vor den Hovetbref Unsers Amptes Belewinge eindrächtlichen versamlet und erschienen syn de Ehrsame Werckmeistere und Olderlüde des löflichen Leinenwerkes des verwandten, nachbemelte Städte als nemlich van Lübeck Casp. Behde, Jacob Sander, Daniel Budelmacher, Pavel Nagel und Hinrich Thyle, van Hamburg Pavel Gedes und Jochim Ripe, van Lünenburg Hinrich Dedeke und Jochim Sallingk, van Wißmar Peter Greseke und Michel Kalhaven, van Rostock Andres Krackan und Claus Boddeger, van Stralsund Casper Hevedmann und Hanß Gruß, van Griffswale Marten Kolff und Claus Mauß, van Güstrow Claus Barentin, Parcken, Hanß Schröder, Schwerin Thoms Albrecht, Steinberg Lorentz Beckermann, Nie Buckow Asmus Gresinger, Rebbeniß Hanß Rackow, Husum Jürgen van Brunßwig und hebben sick wegen etzliche ingefallende Mängel und Gebrecke fründtlichen unterredet und endlich dorch Gades Hülpe alle fernern Ungelegenheit to verhöden broderlich verpflichtet und beschlaten als hierin folget:

Erstlich ist einhellig verwilligt künfftig to alle Tyden stets fast to bliven ohne jenige Veränderinge by de versegelte belewinge so Ao. **62** by den nachbarten Städte under ehre anhangende Segel damahl berahmt ist. Darnah ist ock to disser Tydt by den jetzt samptliche anwesende gemelte Städte einhelliglich to holden beschlaten und angelavet, dat na dato kein Gesell to einem Meister vortgestattet schal werden, he bringe den tovorn enen lofwerdigen Lehrbreff van der Stadt dar he sin Ampt **2** gantze Jahr lang loflich und uprichtig gelernet hefft und sodan Bewiß scholen alle mitlevede Städte sowoll to gevende alß to nehmende schuldig sin. Ock schal kein Gesell vorgestadet werden, he hebbe den na verlop siner Lehrjahre noch ein Jahr gewandert by Brocke **2** Tonnen Beers, ock schal sodane Gesell so vorttokamen willens in desülve Stadt, darinne he gedencket sick to setten, sinen Deenstbreff losen, dem Ambt mit 1 Tonnen Beers edder $3^1/_2$ marck lübsch davor und den Olderlüden 1 Daler, deß schal he mit andern Bewist tho holden, verhaven und verschont sin und blyven. Dar averst sodane Meister sin Bewiß und Lehrbreff ingelegt und glickwoll nachmals et sy aver 1, 2, 3 oder mehr Jahren loswerdig Bericht und Klage kehme alse dat he sick der Gebör na nicht verholden hedde schal he stracks vam Ambt upgedreven um na deselben Stadt gewieset werden und enne Affdracht daselfsten to maken op sin egen Unkosten und Schaden, ferner is ock bewilliget so hinferner etzliche kleine benachbarte Städte sick to dieser Unser Belewinge in to geven willens und begierig is, de scholen to Lübeck mit ehres Ambtes Vollmacht nnd Segel by dem Hovekbreffe erschienen und daby 3 Daler erleggen edder so dane Geld mit sampt ehres amptssegel by dem Hovetbrefe schicken und dessen to mehrer versicherunge, dat alles wat vorgemelt stedes, fast und unverbracken unter Unß to allen Tyden schal geholden werden alß hebben Wy baven gedachte Städe vor Uns und Unse Nahkommlinge an de van Lübeck ehren Breff unsern samptlichen besondern Segel witlichen anhengen laten, und wedderumb van Lübeck unse Breffe insonderheit ehren Segel anhengen laten, welches alles geschehen im Jahr 1600 d. 17. Sept.

№ 15.

Der Lein-Weber in Husum Amts-*Articuln.*

(Der Eingang wie bei den vier Aemtern.)

Als, 1stens Ordnen setzen und wollen Wir, daß derjenige der sich auf seine eigene Hand zu setzen und ein Meister besagten Ambts zu werden gedencket, auf das Amt zum wenigsten 2 Jahr lang in Unser Stadt Husum für einen dienen und in dem ersten Jahre mit Erlegung 1 ℔ sich bei den Aelterleuten angeben, und einschreiben lassen, und zum andernmahl im selbigen Ambte oder auf die Rechnung mit Entrichtung 2 ℔ und zum drittenmahl mit geendigten 2 Jährigen Diensten in der Morgensprache für den verordneten Morgensprachs-Herrn, und dem ganzen Ambte mit Erlegung 10 ℔ würdig seine Eschung thun und damit unseumbhaft in solchen Jahren verfahren soll, wofern aber solches in selbigem Jahr zu rechter Zeit nicht geschieht, soll er aufs neue dienen und wie vorgemeldet, eschen.

2. Soll er mit glaubwürdigen Geburths-Briefen beweisen, daß seine Frau echt und recht gebohren, teutsch und nicht wendisch sei.

3. Soll er seinen Lehr=Brief einbringen, daß er recht und redlich gelernet, und die Dienst=Briefe losen, im Maßen die Lübsche Artikuln, so mit ehnen in viele Wege gehalten werden, ausweisen: hiebeneben und

4. Soll er zuvor den Aelterleuten doch ohne Unkosten seine Hand beweisen, und zum Meisterstück eine sieben Beuren und elfe Leinwand und wofern er hinführo Drellwerck zu machen gedencket auch ein Stück Drellwerck machen von jeglichen 10 Ellen.

5. Soll er sein Bürgerrecht gewinnen, seinen Eyd leisten und ferner thun was ihm deswegen zustehet und obliegt.

6. Dernechst soll derselbige Uns in Unser Register entrichten 6 ℔, der Schulen daselbst zu Unterhaltung deren Dienern 6 ℔ und den Armen 24 ß auch dem Ambte für Genießung dero Laken, Kruges und andern Amtsgerechtigkeit, anstatt der dabevorn gethanen kostbahren Ambts=Kosten 15 ℔ welches Geld die Aelterleute zu den Armen und andrer Nohtdurfft im Ambte aufheben und anwenden, und davon in der Morgensprache jederzeit gute Rechnung thun; auch die jungen Meistere, welche Zeit der aufgehobenen Aembter, und daß dieselbe frey gewesen, ins Ambt gekommen, schuldig sein sollen, nicht allein Uns, sondern auch den Schulen und Armen das, was obstehet zu geben.

7. Welcher eines Meisters Wittwe oder eines Meisters Tochter freyet, giebet von den vorgeschriebenen Ausgaben die Hälfte, ohne was zur Schule verordnet, dasselbe soll er ganz erlegen und der Diensten frey seyn.

8. Eines Meisters Sohn soll von allen Ausgaben außerhalb der Schul=Gelder frey seyn, jedoch sofern er außerhalb Ambts freyet, soll er anstatt der Ambtkosten 8 ℔ geben: befreyet er sich aber binnen Ambts, alsdann sind es 4 ℔.

9. Würde sich auch ein Meister, dem seine Frau abgestorben wiederumb außerhalb Ambte befreyen, soll er dem Ambte erlegen 4 ℔, befreyet er sich aber mit einer Meisters Wittwe oder Tochter, ist er aller Ausgaben frey.

10. Es soll auch niemand er sei Meisters Sohn oder nicht, zu einem Meister zugelassen werden, er habe denn zuvor ein Jahr lang auf seyn Handwerck gewandert.

11. Soll kein Weber in Unser Stadt Husum wohnen, er habe denn sein Bürger und Ambts=Gerechtigkeit, wie vorgewehnet, gewonnen, bei der Obrigkeits=Brüche.

12. Es soll auch nach diesem Tage keine Schmal=Webersche einig Stell aufzurichten bemächtiget seyn.

13. Sollen bei einem Meister nicht mehr als 5, bei einem Aelter=Mann aber 6 Stellen seyn, wofern aber jemand

darüber handelt, der soll an Uns 6 ℳ und dem Ambte 3 ℳ verbrochen haben.

14. Wenn jemand einer Frauen Werck liegen ließe, und nicht auf Zeit und Stunde, als sie solches mit einander beschieden, verfertigte, und solches für die Aelter-Leute gebracht würde: So soll der Aelter-Mann demjenigen der das Werck angenommen auferlegen, sothanes Werck, innerhalb 14 Tagen, aufzubringen. Wird derselbige Meister solches nicht thun, so soll er brechen an Uns 6 ℳ, dem Ambte 3 ℳ und den Aelter-Leuten für ihre Versäumbniß und Mühe 8 ß, wofern er aber also fort das Werck von sich giebt, soll der Aelter-Mann dasselbige einem andern wohlerfahrenen Meister ihres Handwerck überantworten, welcher es auf das erste Tauw oder Stelle bringen soll, bei vorgemelter Brüche: behält es aber der Aelter-Mann selber und bringet es nicht auf das erste Tauw, so verwürcket er die Brüche doppelt.

15. Wer mehr scheeren läßt, und annimbt als er in seinem Haus verarbeiten kann oder selber zu machen verstehet, das soll er Wetten mit 6 ℳ der Obrigkeit, und 3 ℳ dem Ambt.

16. Wer ein Werck, so bei einem andern Meister geschoren, und doch demselben von den Aelter-Leuten nicht genommen worden, ohne Bewilligung der Alterleute fertig machet, der soll demjenigen geben, so es geschoren hat, den 3ten Pfenning des Arbeitslohn, gleich wäre auf desselbigen eigen Tauw gemacht worden.

17. Niemand soll außer Hauses, auch am Sonntage nicht, scheren noch Wircken bei Brüche der Obrigkeit 8 ß, den Armen 8 ß, und dem Ambte 8 ß.

18. Ein jeglicher Meister soll am Sonntage zur Kirchen gehen, und ohne erhebliche Ursachen, als Gottes Gewalt, nicht aus der Kirchen bleiben, bei Brüche im vorigen Artikul erwehnet.

19. Der ein Werck verdirbet, soll dasselbige nach Erkänntniß der Aelterleute des Ambts bezahlen.

20. Wer in diesen und andern Sachen, die Aelter-Leute zusammen zu kommen begehret, der soll 8 ß vorher erlegen, welche der verlustige Theil zu bezahlen.

21. Wann das Ambt zusammen beschieden wird, in was Sachen es auch sey, so soll derjenige, so an zugesagten Glockenschlage, nicht erscheinet 2 ß und der ohne erhebliche Ursachen und Entschuldigung ganz ausen bleibet 8 ß ans Ambte, und wofern er solches zu erlegen sich erweigern würde an die Obrigkeit 24 ß verbrochen haben.

22. Wer in der Ambts Zusammenkunfft mit groben Schelt-Worten, oder mit der That, auf was weise, es geschehe, Unlust anrichtete, der soll dem Ambte bessern 10 rℳ, und sonsten der Herren Brüche nach Erkänntniß Bürgermeistern und Raths, oder der Morgensprachs-Herren.

23. Wer den Nahmen Gottes mit Fluchen und Schweren bei den Heiligen Wunden und Sacramenten mißbrauchte, soll so oft es geschieht, an die Obrigkeit 24 ß und den Armen auch so viel verbrochen haben, und woferne es nach beschehener Warnung ferner aus Frevel geschieht, soll die Strafe gedoppelt erleget werden.

24. Wer einem andern Bey-Nahmen gibt, der soll es Wetten mit 12 ß und dem Ambte 12 ß, die andern groben injurien gehören für die Obrigkeit.

25. Da eine Frau dieses Ambts wider ihre Ehre handelte, dieselbe ist des Ambts nicht würdig.

26. Wann einem Meister oder Gesellen Unserntwegen etwas geboten oder verboten wird, und derselbe dawider handelte, und ein Meister, dem sein Handwerck geleget, gleichwohl arbeitete, oder einem Gesellen, der in Strafe erkanndt, vor errichteter Strafe, Arbeit gebe, derselbe soll an die Obrigkeit 6 ₰ und dem Ambte 3 ₰ verbrochen haben.

27. Welcher Knecht bei einem Meister den Winter über gearbeitet, demselben soll ein ander Meister, ohne des vorigen Meisters Willen, vor nechsten Michaelis Tage keine Arbeit geben, bei Brüche 6 ₰ an die Obrigkeit und 3 ₰ dem Ambte.

28. Wer dem andern seine Gesellen, Mägde, oder Spul-Dirnen, so vor Kost und Lohn bedinget seyn, außer der Zeit abspenstig machet, der bricht an die Herrschaft 6 ₰ und dem Ambte 3 ₰.

29. Welcher Knecht seinen Meister heimlich ohne Uhrlaub und stillschweigends entgehet, und seinen Beweiß hinterlässet, der verbricht 3 ₰ halb der Obrigkeit und halb dem Ambte.

30. Wann aber ein Knecht von einem Stück Arbeits, darauf er zu wirken angefangen entgehet, verbricht er 2 ₰ halb der Obrigkeit und halb dem Ambte.

31. Wann ein Knecht von seinem Meister gedencket zu wandern, der dem Meister nichts gelobet hat, so soll er Uhrlaub nehmen, wann er zugedrehet hat, desgleichen soll der Meister beim Knecht wiederum handeln, wofern aber dawider geschicht, und desfals Klage dawider entstehet, so ists vorige Brüche.

32. Es sollen keine Dienstboten, so vor Kost und Lohn dem Meister dienen, eigene Arbeit, es sei denn zu ihrem eigenen Leibe verfertigen, bei 6 ₰ Brüche der Obrigkeit und dem Ambte 3 ₰.

33. Und woferne ein Meister, solches in seinem Hause arbeiten und wirken liese, so soll derselbe eben solche Brüche leiden und auszahlen.

34. Es sollen Meister und Gesellen unter sich kein Doppelspiel gebrauchen, bei Strafe **1** ℳ, halb der Herrschaft und halb dem Ambte.

35. Es soll auch kein Gesell mehr als um den vierzehenden Tag einen Krug-Tag machen, bei Strafe **8** ß der Obrigkeit, **8** ß dem Ambte, und dem Meister wegen seiner Versäumnis **8** ß.

36. Es soll auch kein Meister oder Knecht zur Kirchen Markte oder Kruge mit blosen Beinen gehen, bei Strafe **8** ß, wer aber solche Brüche nicht gutwillig erleget, bricht an die, Obrigkeit über voriges noch **1** ℳ.

37. Es soll kein Meister einen Lehr-Jungen, derselbe sei ein frembder oder sein eigener Sohn zusetzen, er habe denn zuvor solches den Aelter-Leuten angemeldet, thut er solches nicht, so bricht er dem Ambte **2** ℳ und soll ein Lehr-Junge dem Meister zum wenigsten geben **20** ℳ, ins Ambt **20** ß, den Armen **8** ß und soll **2** Jahre lehren: würde aber ein Meister hiewieder handeln, und sich solche Gelder nicht entrichten lassen, noch den Jungen angeben, so soll er über voriges an die Herrschaft **5** ℳ, ins Ambt **24** ß und den Armen **8** ß verbrochen haben, und nicht desto weniger von neuen den Jungen, er sey frembd oder Eigen, anzugeben schuldig seyn.

38. Es soll auch dem Lehr-Jungen vom Ambte kein Lehr-Brief gegeben werden, er sey denn vorher probiret, daß er recht aus und so viel gelernet hat, daß er eines Gesellen Arbeit ziemlicher maßen verrichten kann.

39. Würde ein Knecht, Bürgerinne oder Magd außer der Stadt, und innerhalb eine Meile weges vor sich, oder bey jemand der nicht im Ambte ist, arbeiten oder arbeiten lassen, der soll allhie nicht zugelassen werden, er erlege den zuvor **2** ℳ Brüche, halb der Obrigkeit und halb dem Ambte.

40. Soll auch kein Meister seinen Lehr-Mädgen oder Knäbischen, dieweilen dieselbe zu schwach sein andere starke Arbeit zu regieren, nicht mehr als Leinen zu arbeiten lernen, oder vorgeben, bei Brüche **6** ℳ, halb der Obrigkeit und halb dem Ambte.

41. Wann ein alter Mensch in besagtem Ambte stirbet, dem sollen zu Begräbnis Mann und Frau aus dem ganzen Ambte folgen, bei Brüche **8** ß, und woferne sich jemand solche Brüche zu erlegen weigert, soll er darüber noch **1** ℳ der Obrigkeit erlegen und soll der jüngste des Ambts auf Anordnung und Geheiß der Aelter-Leute, solches Tages zuvor, einem jeden Ambts-Bruder und Ambts-Schwester anmelden.

42. Desgleichen sollen Mann und Frau einem verstorbenen Knecht folgen, bei voriger Brüche, stirbet aber ein Kind, soll zum wenigsten von Mann und Frau einer folgen, bei voriger Brüche, hinwiederum sollen die Knechte, den Meistern und deren Frauen zum Begräbnis folgen bei Brüche **12** ß.

43. Der junge Mann soll den Aelter-Leuten und dem Ambte jederzeit gehorsam seyn und sich diensthaft beweisen.

44. Sollen die zweene Jungen alle vier Zeiten im Jahr, von jedem Meister auch jedem Knecht und Werck-Magd **1** ß Zeit-Geld einfordern und solch Geld den Aelter-Leuten überantworten, die es auf der Morgensprache berechnen.

45. Soll man von solchen und andern Geldern, so in die Lade gesamlet werden, den Kranken zu ihrer Nothdurft geben bis sie wieder gesund werden, alsdann sollen es dieselbigen nach gerade wider bezahlen; würden sie aber sterben, so soll man sie ehrlich zu Erde bestätigen, und die Unkosten aus ihren Kleidern und Gütern widersuchen, wieferne aber nichts vorhanden, so soll es ihnen um Gottes willen geschehen seyn.

46. Da jemand aus obgesetztem Ambte der Lein-Weber unehrliche Laute hausete oder beherbergte, der soll der Obrigkeit **3** ₰ und dem Ambte **24** ß Lübisch geben.

47. Wer den Aelter-Leuten ungehorsam ist, der soll es wetten, dem Ambte mit **8** ß, wollte er dieselbe aber nicht mit gutem Willen ausgeben, so verbricht er an die Obrigkeit **1** ₰, und so er Unsernt und des Raths wegen vorbeschieden würde, und doch ungehorsamlich ausbliebe, so verbricht er an die Obrigkeit **6** ₰.

48. Wer auch in der Zusammenkunft des Ambts, sein Messer oder ander Gewehr nach der Aelter-Leute Abforderung bei sich behielte und nicht von sich gebe, der bricht dem Ambte **24** ß. Behielt er aber solch Messer oder Gewehr bey sich vorsätzlich, alsdann stehet die willkührliche Strafe bei den Morgensprachs-Herren.

49. Andere streitige Sachen, so hierin nicht begriffen, sollen nach Gelegenheit der Umstände und Billigkeit geschieden werden, der Obrigkeit Brüche unabsäumig.

50. Schließlich sollen und wollen die sämbtlichen Meistere sich nach der Beliebung der Knechte und Lehr-Jungen belangend, so Ao. **1562** den **17.** Oct. und Ao. **1600** den **17.** Sept. zu Lübeck aufgerichtet, die sie mit versiegelt haben sollen, und unter des Amts zu Lübeck Siegel ihnen hinwieder gleichmäßig mitgetheilet ist, bei Brüche darin vermeldet, halten und richten. Und wie auch diese Rolle, oder Amtsbrief nur einzig und allein auf das Leinweber-Amt in Unser Stadt

Husum gemeinet, also sollen diejenigen, so das Ambt nicht auf Maaße wie vorgeschrieben, gewonnen, oder auch gewinnen möchten, hiemit cassiret und abgeschaffet seyn, und wird sich ein Jeder nach dem was obstehet unnachlässig zu richten wissen, mit dem ausdrücklichen Anhange, da es über verhoffen, und gute Zuversicht nicht geschiehet, und Aelter-Leute nicht fest darüber halten, daß alsdann der oder die Contravenienten des Ambts verlustig seyn, oder nach Befindung unnachlässig gestraft werden sollen.

Wir befehlen auch Bürgermeistern und Rath daselbsten hiemit ernstlich und wollen, daß dieselbe über diesen Articuls-Brief, so oft es nöthig, und sie deswegen ersuchet werden, feste halten, und dawider nichts vornehmen lassen sollen. Uhrkundlich Unsers Handzeichens, und aufgedrucktem Fürstlich. Secrets. Geben auf Unserm Schlosse Gottorff den 25sten Febr. 1635. Friedrich.

(L. S.)

№ 16.

Königs *Christiani VIti*, *Declaratio* und *Extensio* der Weber Ambts-Articuln, auf das Weben des Wollen-Zeuges in der Stadt Husum, doch daß denen Juwohnern frei bleiben, ihre Wollen-Arbeit auch in andern Städten weben zu lassen.

Wir Christian der Sechste 2c. Thun kund hiemit, daß Uns die privilegirte Weber-Zunft in Unserer Stadt Husum allerunterthänigst angelanget und gebeten, Wir geruheten die ihnen von der vorm. fürstl. Landesherrschaft ertheilte, und von Uns allergnädigst bestätigte Ambts-Articuln, dahin zu decla-riren und zu extendiren, daß selbige, so von der Leinen-Arbeit, also auch von der Wollen-Arbeit, zu verstehen, und daß das Amt solche in der Stadt Husum zu verfertigen alleine berech-tigt seyn solle. Wir dann solchem der Supplicanten allerun-terthänigsten Gesuch auf den vorhero darüber erforderten und abgestatteten Bericht unsers freundlichen lieben Vettern und Schwagern, des Markgrafen, Herrn Friedrich Ernst zu Bran-denburg Culmbach, Lbd. als Statthaltern in Unsern Fürsten-thümern Schleswig, Holstein, in Königl. Gnaden stattgegeben. Als declariren und extendiren Wir vorbemeldte, der Weber-Zunft in Unser Stadt Husum verliehene Amts-Articuln und Gerechtigkeit hiemit und Kraft dieses allergnädigst und wollen, daß selbige sich gleichfalls auf die Wollen-Arbeit erstrecken, folglich die Supplicantes, und die sich in ihre Zunft begeben werden, allein befugt und berechtigt seyn sollen, in der Stadt

Husum Wollenes Zeug zu weben, außerhalb ihrer Zunft sich niemandt das unterstehen und sie in dieser ihrer Nahrung zu behindern und zu beeinträchtigen suchen sollen. Jedoch sollen die Bürger und Einwohnere der Stadt Husum hiedurch nicht genöthiget seyn, ihre etwanige Wollen-Arbeit, bei den Impetranten zu verdingen, sondern es ihnen nach wie vor unbenommen und stehet ihnen frei selbige nach eigenem Gefallen in andern benachbarten Städten weben und Leinen verfertigen zu lassen. Wornach rc.

Fridrichsberg den 19ten Nov. 1736.

Christian R.
(L. S.)
J. S. Schulin.

№ 17.

Confirmirte Artikuln der Tischler.

Wir Friedrich rc. Thun kund hiemit, waßmaßen Uns die gesamten Meistere des Ambtes der Tischler zu Husum, unterthänigst zu vernehmen gegeben, gestalten Unser in Gott ruhender Groß Herr Vater, ihren Vorwesern Dero Ambts-Rolle 1635 den 24sten Martii gnädigst erneuert, welche nachgehends Anno 1664 den 11ten Martii von Unserm nun auch in Gott selig entschlafenen Herrn Vater, ihnen gleichfalls wären bestättiget worden, allermaaßen sie Uns dieselbe in originali vorzeigen lassen, mit unterthänigster Bitte: Wir bemeldte Amts-Rolle und Gerechtigkeit, mit Unsrer Fürstlichen Confirmation zu authorisiren; und weilen ihnen von den Fuschern große Beeinträchtigung in ihrer Nahrung zugefüget würde, den 7ten Artikul also abfassen zu lassen, geruhen wollten, daß solches fernerhin abgestellet, und in dessen Entstehung, ihnen dawider von Unserm Amt-Manne zu Husum als auch Bürgermeister und Rath selbiger Stadt, die hülfreiche Hand geleistet werden möchte.

Wann Wir nun solchem der Supplicanten unterthänigstem Suchen in Gnaden statt gethan, und demnach obangezogene Amts-Rolle, also wie sie folgenden wörtlichen Inhalts allhier einverleibet:

Erstlich sollen alle diejenige, so in besagtem Amte der Tischler oder Schnitger, Meister werden wollen, ehrliche, Gottesfürchtige und unberüchtigte Meister oder Gesellen sein, die ihr Handwerck redlich gelernet, von einem ehrlichen Meister welcher sein Amte mit ehrlichen Gesellen und Lehrjungen treibet und hält, wie solches in benachbarten Städten gewöhnlich ist.

Zum Andern, wann ein Gesell in besagter Unser Stadt Husum will Meister werden, so soll er vorhin, zum wenigsten 4 Jahr an frembden Oertern außer dieser Stadt gewandert und in bemeldter Stadt, bey einem Meister, oder so derselbe des Gesellen nicht so lange bedürfte, und von ihm einen guten Abschied bekäme, bey einem andern zusammen mit der Eschungs-Zeit, zwey Jahr gedienet haben.

Zum Dritten soll ein jeglicher Gesell, oder der daselbst nach Gelegenheit dieses Amts Meister werden will, zu dreyen unterschiedlichen mahlen, und nach Verlauf vier Wochen zum wenigsten, oder länger, wann es den Gesellen gelegen kömpt, das Ambt eschen, und geben darin zum ersten mahl, vier Schilling, zum andernmahl acht Schilling und zum dritten mahl zwölf Schilling; darauf soll er seinen Lehr- und Gebuhrts-Brief, inmaßen in andern Aembtern gebräuchlich ist, daß er nemlich von ehrlichen, unverweislichen Leuten, echt und recht gebohren sey, sein Handwerck redlich gelernet, sich in seinen Lehr-Jahren unsträflich verhalten, und selbige fürbringen, und demnach sein Kunst- und Meister-Stück, nach vorher verfertigtem und übergebenen Abriß machen, als einen ausgezogenen Tisch, oder eine große Kiste in der Grösse, als er dieselbige wiederumb zu verkauffen wisse, eins umbs andere, und daneben allezeit einen Brettspiel mit seiner Abtheilung, und allen Zubehörungen, ohne die Bricken; wann er solches verfertiget, soll es den Meistern zu ihrer Erkänntniß, ob es recht und wohl gemachet, fürgestellet werden, und soll er bei Vorzeigung seines Meister-Stückes dem Amte aufsetzen, Käse, Butter, Brodt und daneben einen Trunk Biers, doch daß keine Zecherey oder Trunkenheit daraus entstehe, und keine fernern Unkosten dabey gemachet werden, und soll solcher junger Meister und Geselle, keinen Gesellen oder Lehrjungen zu halten, oder sein Handwerck zu treiben mächtig seyn, ehe und bevor er dieses Ambts vorgesetzte und nachfolgende Gebühr gethan und ausgerichtet habe.

Zum Vierten, da auch jemand, so sich schon anderwärts befreyet hätte, das Ambt eschen werde, soll derselbe gehörigen Schein seiner Frauen ehrlichen Geburth und ordentlicher christlicher Copulation einbringen.

Zum Fünften, soll ein solcher Gesell, ehe er ins Ambt tritt, sein Bürgerrecht gewinnen, Uns in Unser Register geben oder entrichten sechs Marck, der Schulen sechs Marck, den Armen drey Marck, und sonsten zu Unterhaltung des Ambts Gerechtigkeit, dem Ambte, was in andern Aembtern daselbst gebräuchlich ist; eines Meisters Sohn aber, und ein Gesell, der eines Meisters Tochter oder Wittwe freyet, soll in deme, was dem Ambte gebühret, die Helfte geniessen, und frey haben, auch mit den zween Jahren, wie vorerwehnet, verschonet seyn, und nur ein Stück zum Meister=Stück verfertigen, im übrigen aber vollkomlich erlegen: und sollen diejenige junge Meister, welche seit der aufgehobenen Aembter, und daß dieselben frey gewesen, ins Ambt gekommen nicht allein Uns, sondern auch der Schulen und den Armen, das was obstehet geben.

Zum Sechsten, soll eines Meisters Wittibe, wofern es ihr geliebet, Macht haben, in ihrem Wittwen=Stande, jedoch daß sie sich darinnen unsträflich verhalten, das Ambt zu gebrauchen, und Gesellen darauf zu halten, doch daß sie der Ambts=Rolle gemäß sich bezeigen, und das gewöhnliche Zeit=Geld erlegen.

Zum Siebenden, alle frembden Meister und Gesellen, so in mehr besagtes Ambt der Tischler nicht gehören, imgleichen Zimmerleute, Mauerleute, Müller und dergleichen, die das Tischler=Handwerck von ehrlichen Meistern nicht gelernet, noch die drey Lehr=Jahre ausgestanden haben, weniger darauf gewandert, sollen in Unser Stadt Husum so wenig als ausserhalb derselben auf eine Meile kein Schnitger= oder Hövelwerck treiben, noch verfertigen, worunter jedoch diejenige, so anjetzo sich schon würklich innerhalb besagten District niedergelassen haben möchten, nicht mit zu verstehen, wie dann dies Tischler=Amt, bei solchen frembden Meistern, Gesellen und andern außer Amts, solche Hövel= oder Schnitger=Werck zu treiben nicht verstatten, sondern ihr Werckzeug und Geräthschafft innerhalb der Stadt, mit Bürgermeister und Raths, ausserhalb derselben aber, auf eine Meile, auf Unsers Amt=Manns zu Husum Wissen und Willen, zu nehmen Macht haben.

Zum Achten, es soll auch hiemit ernstlich verboten seyn, einer dem andern, in seine verdingte Arbeit, wofern mit derselben die Inwohner über bestimmte Zeit nicht aufgehalten werden, einzufallen und abzudingen, woferne sothanes sich begeben, und über Zuversicht geschehen würde, soll solcher Meister von den Aelterleuten und dem ganzen Ambte auf 6 ß, davon Uns drey und dem Ambte drey zu erlegen, gestraffet werden. Würde aber ein Meister mit der Arbeit jemand aufhalten, soll dem andern frey stehen, die Arbeit anzunehmen ohne alle Straffe.

Zum Neundten, da auch etwa ein Gesell oder Lehr=Junge, der nicht recht ausgelernt hätte, oder in keines Meisters Dienste oder Bestellung wäre, und nur allein für sich, oder sonsten mit einem andern insgemein, innerhalb oder außerhalb Unser Stadt, es wäre an was Ort es seyn möchte, auf sein eigen Hand gearbeitet hätte und sich hernacher in die Stadt begeben wollte, denselben sollen dieses Ambts Meister und Gesellen nicht gedulden, ihnen auftreiben, und für keinen ehrlichen Gesellen halten, bis so lange er des Ambts und Handwercks Gerechtigkeit ausgerichtet und vom Handwerck redlich erkannt worden.

Zum Zehenden, da auch ein Meister dieses Ambts einen Lehr-Jungen anzunehmen und ihm das Handtwerck zu lernen gedächte, derselbe Junge soll öffentlich für die Aelterleute angenommen werden, und der Junge, soll gestracks Angesichts, den Aelterleuten in ihre Lade 3 Marck zu geben schuldig seyn, wenn solches geschehen, soll der Meister den Jungen anzunehmen bemächtiget seyn, ihn zu aller Gottesfurcht, guter Lehre, Zucht und Sitten halten, ihn drey Jahre voll auslernen und für seinen Jungen und keinen Gesellen halten; nach Ausgang der 3 Jahren, soll der Lehr-Meister seinen Jungen, den Aelterleuten wiederumb vorstellen und präsentiren, und der Junge soll alsdann abermahlen drey Marck Lübisch erlegen, davon soll die Helffte in der Meister Büchse geleget und mit der andern Helfte der ausgelernte Junge, von den Aelterleuten und anwesenden Meistern, zu seiner Glückwünschung beschenket, also bestättiget, und für einen genüghaften Gesellen, in ihr Buch eingeschrieben und dafür auch geachtet werden. So ein Meister aber einen Sohn hätte, so mag er demselben das Ambt selber lernen, doch nach Ausgang seiner drey Jahren, den Aelterleuten mit halber Entrichtung vorgesetzter beyden Geldt-Posten vorstellen und bestättigen, und angezeigtermaaßen in ihr Buch für einen Gesellen anschreiben lassen.

Zum Eilften, der Junge, so in der Lehre angenommen werden soll, soll Echt und Recht von ehrlichen, frommen Eltern (so auch unberüchtigt) gebohren sein. Ob auch ein Meister sei, der einen wissentlich unredlichen Gesellen oder Jungen in seiner Arbeit behalten wollte, derselbe Meister soll Uns einen Rthlr. und dem Ambte einen Rthlr. verbrochen haben.

Zum Zwölften, es soll auch ein Meister nicht mehr als 2 Gesellen und einen Lehrjungen halten, jedoch mag er im letzten Jahr seines Jungen Lehr einen neuen zusetzen, seine eigenen Söhne aber, und einen Bildhauer darunter nicht gemeinet, welche er über vorige Zeit, nach erforderter Gelegenheit halten mag.

Zum Dreyzehnten, soll ein Aeltermann, der hierzu von dem ganzen Ambte für tüchtig erkannt und erwählet wird, die Zeit seines Lebens bey solchem Ambte verbleiben, und demselben alle Jahr auf Johannis einer adjungiret und zum jungen Aeltermann zugeordnet werden, welche dann auch beiderseits solch Ambt zu bedienen, bey Verlust des Ambts schuldig sein sollen, und soll die Ambts-Lade in des alten Aeltermanns Hause jederzeit seyn und bleiben.

Zum Vierzehenden, sollen die sämmtlichen Meister einmahl im Jahre in des ältesten Aeltermanns Hause zusammenkommen, als den Montag nach Johannis Baptistä, die Gebrechen und Mängel unter den Meistern, Gesellen und Lehr-Jungens, und sonsten bereden, verhören, nach Gelegenheit vortragen und strafen, und dero Behuef eine Lade oder Ambts-Büchse halten, darinnen eines Theils Brüche und andere Nohtdurft dem Ambte und verarmten Ambts-Brüdern, deren Handreichung hieran geschehen, zum Besten gesamlet, und geleget werden möge, und auf solche Zusammenkunft richtige Rechnung davon halten und thun, was bey andern Aembtern alle Jahr gebräuchlich ist.

Zum Funfzehenden, so sollen vorerwehnte zwey Aelterleute, die andern Ambts-Brüdern ordentlicher Weise regiren, und soll keiner dem andern, außer der vorbestimmten Zeit der Zusammenkunft, oder aus Ambts ohne Vorwissen und Willen der Aelterleute vor sich Zusammenkunft zu halten, und einige Klagen und Händel fürzunehmen bemächtiget seyn und wofern sothanes, über Zuversicht geschehen, soll derselbe an Uns **24** ß Schilling, und an das Ambt auch so viel verwirket haben.

Zum Sechszehenden, wann die Aelterleute das Ambt zusammenfordern, oder sonsten zusammen kommen, wann etwas im Ambte zu thun oder zu verrichten, soll ein jeder Ambts-Bruder auf einen gewissen Glockenschlag bey Brüche **2** ß zu erscheinen schuldig seyn, und soll sich ein jeder gegen die Aelterleute mit allem Gehorsamb und auch sonsten nach Alters Gewohnheit, mit Ehrerbietung einer gegen den andern, fein ordentlich, im sitzen, stehen und gehen, züchtig und mäßig in Worten und Werken, mit allen Gebehrden zu verhalten wissen, und soll in solcher Zusammenkunft aller freventlicher Muhtwille bei höchster Strafe verbohten seyn.

Zum Siebenzehenden, der jüngste unter den Ambts-Brüdern soll allezeit der Ambts-Bohte und Schenke seyn, bis daß ein Junger ankommt und soll hierin sein Ambt fleißig wahrnehmen, und was ihm befohlen und eingethan wird, mit allen getruen Fleiß verrichten.

Zum Achtzehenden, es soll auch hiemit verbohken seyn, frembde Gäste ins Gelach zu bitten, da aber einer ohngefähr darein käme und sonsten mit den Ambts-Brüdern zu thun hätte, und also bey denselben zu bleiben genöthiget und gebeten würde, soll er sich dennoch allenthalben dem Ambte gemäß und gefällig zu verhalten wissen, doch daß der Gast erstlich den Aelterleuten angemeldet, und sonsten auch gar keiner, ohne Vorwissen und Willen der Aelterleute eingeführet werde; da aber der Gast etwas im Gelache verbreche, soll derjenige, so ihn eingebeten, die verwürkte Strafe für ihn erlegen.

Zum Neunzehnden, muhtwillige, leichtfertige, Gottlose Gesellen und Lehrjungen, die sich nicht in der Güte wollen vermahnen lassen, dieselben sollen von diesem Ambte der Tischler nicht gelitten, besondern dem Rahte angezeigt werden, damit hierin die Gebühr verschaffet werde.

Zum Zwanzigsten, alle Schmach- und Nachrede, Gotteslästerung, Fluchen, Schweren, übermäßig Fressen und Sauffen, unverschämte Schand-Wörter, Schand- und Huren-Lieder, und unaufhörliches Höhnen und Spotten, Schandflecken, desgleichen unzüchtige Gebehrden in Worten und Werken, das unnöthige Bierspillen, und Ausgießen, das Umstossend der Kannen und Zerbrechen der Glässer, auch sonstend das unartige Umlaufend und umrückend, von einer Stette zu der andern; diese Laster alle, sollen nicht gelitten, besondern nach Gutdünken und Naht der Aelterleute billicher Weise, und nach Gelegenheit der Person ernstlich gestrafet, und solche Geld-Strafen, in des Ambts Büchse geleget werden, jedoch Unsere Strafe, wegen groser Injurien vorbehältlich.

Zum Ein und Zwanzigsten, alle Hals-Sachen, Bluth-Wunden, tödtliche Stiche und Schläge, und was sonsten mit Gewalt geschehen möchte, imgleichen große Injurien und Verbrechungen sollen Bürgermeister und Naht allein, immaßen in vorigen Artikuln reserviret ist, zu richten vorbehalten seyn.

Zum Zwey und Zwanzigsten, welcher auch wann das Ambt zusammen ist, Ungelegenheit, Hader, Zank, Keiff und dergleichen anrichtet, oder auch Nachtsitzend, Nacht-Tänze oder Nacht-Sauffend halten möchte, derselbe soll ohne alle Mittel an Uns **24** ß und an das Ambte eben so viel verbrochen haben.

Zum Drey und Zwanzigsten, so auch einer aus dem Ambte der Tischler verstürbe, es sey Mann, Frau, Knecht, Magd, Kind oder Junge, sollen alle Ambts-Brüder und Ambts-Schwestern, Jung und Alt, so bey gutem Verstande und Vollmacht seyn, den Leichnamb zum Grabe nachfolgen und ihn also christlich zur Erden bestättigen helfen, bei Brüche 4 Marck.

Zum Vier und Zwanzigsten, wofern ein Meister, Meisterin oder Geselle des Sonntags ohne Leibes Schwachheit **NB.** nicht zur Kirche gehet, sollen sie oder dieselben allemahl 4 ß. Lübisch in die Ambts-Büchse zu geben, und sich sonsten auch des Werkeltages so viel als müglich bey Brüche zur Kirchen zu halten, schuldig seyn.

Zum Fünf und Zwanzigsten, es soll auch kein Fremder oder Bürger, in mehrbesagter Stadt Husum Tischler-Arbeit verkaufen, ausser den beyden Jahrmärckten, würde aber solches einer sich unterstehen, soll derselbe von den Aelterleuten, bey dem Worthabenden Bürgermeister angegeben werden, und auf Erlaubniß durch den Diener, solche Waaren oder Arbeit genommen und auf des Bürgermeisters Dehle gebracht werden, davon die Hälfte an Uns, und die andere Hälfte an das Ambt verfallen seyn.

Zum Sechs und Zwanzigsten, es soll auch im Oster-Ende von keinem außer dem Ambte das Holz, so zum Tischlerhandwerck bequem und gehörig, Verkaufs-Weiße, ohne was einer selber zu seiner eigenen Nohtdurft bedürftig, angekauft, besondern zum Markte gebracht werden, damit die Tischler es nicht wiederumb aus der Verkäufer Händen kaufen, und also der Bürger Arbeit dadurch vertheuert werden möge.

Endlich zum Sieben und Zwanzigsten, haben Wir bewilliget, wann ein Meister im Ambte strafbahr, oder sonsten etwas schuldig wäre, das ihnen die Mittel der execution, gleich wie in andern Ambtern besagter Unserer Stadt Husum gebräuchlich, vergönnt seyn soll, und wie auch diese Rolle oder Ambts-Brief, einzig und allein auf das Tischler-Ambte in vielerwehnter Unserer Stadt Husum gemeinet, also sollen Böhnhasen und andere, so das Ambt nicht gebührlich gewonnen, oder noch gewinnen möchten, hiemit cassiret und abgeschaffet seyn und wird ein jeder nach dem, was obstehet ohnnachlässig sich zu richten wissen, mit dem ausdrücklichen Anhang, da es über Verhoffen und gute Zuversicht nicht geschicht, und Aelterleute nicht feste darüber halten, daß alsdann der oder die Contravenienten, des Ambtes verlustig, oder nach Befindung, unnachläßig gestrafet werden sollen.

Hiemit in Gnaden bestätigt und confirmiret derogestalt und also, daß es dabei hinführo allerdings gelassen, und sowohl die jetzige als die künftige Ambts-Meistere des Tischler-Ambts zu Husum sich darnach unterthänigst achten sollen.

Als befehlen Wir Unsern Ambt-Leuten zu Husum, wie auch Bürgermeistern und Raht selbiger Stadt, welche jetzo seyn oder künftig kommen werden, daß Sie die Impetrantes und Dero Nachfolgere, bey dem Inhalte dieser Ambts-Rolle nachdrücklich schützen, und es nicht gestatten, daß sie dawieder von den Fuschern beeintrechtigt-werden.

Uhrkundlich Unsers Handzeichens und fürgedruckten Fürstlichen Cammer-Insiegels, geben auf Unserm Schlosse Gottorff den 11 März, Anno 1697. Friedrich.

(L. S.)

It. Brammer.

№ 18.

Wir von Gottes Gnaden Johan Adolf ꝛc. thun kund und bekennen hiemit vor Uns Unsere Erben und jedermänniglichen, daß Uns die Ehrbare Unsern liebe getreue Vicepräsident und Rath, auch gemeine Sehefahrende Leute zu Husum unterthänig zu erkennen gegeben, welchergestalt weylandt der Hochgeborne Fürst, Herr Adolf Erbe zu Norwegen ꝛc. Unser freundlich geliebter Herr Vater hochselig und Christmilde Gedächtnuß zur Befürderung der gemeinen Segelation und Schiffart zu Husum, der Sehefahrende Leute daselbst eine Verordnung gemacht, wie die Tonnen und Baken von Ihnen unterhalten und was dagegen von denen so sich solcher Tonnen und Baken gebrauchen, zu Unterhaltung derselben gegeben werden soll, welche Verordnung sie Uns in originali angebracht, die dann von Worten zu Worten lautet, wie folget:

Wy Adolff van Gottes Gnaden, Erwe to Norwegen ꝛc. Bekennen hiermede apenbar teegen jeder Man, nahdem Wy mit Beschwehr und in werk befunden, wat menniglichen Schaden den Ehrsamen Unsen leven underthanen, Neckenslüden, Vorwesern und Gemeinen Einwohnern Unses Bleckes Husum, desglicken den frembden und Uthheimischen Koopmann an Verlehrung ehrer Schepe, Leven, Have und Güdern etlicke Jahrelangk her, dorch godes Wind, Wedder und Straffe ock darumb dat se (wo etwan van Olders by Unser Seligen Vorolders gebruckliche gewesen) vor dem Husumer Depe und den Grunden keene Tonnen effte Baken gesettet, geholden und gelegt to gefanget worden, So hebben Wy alse de christlige Ovrigheit und de ferners Schaden so vele muglichen und erheflich nicht alleine in Gnaden gerne verhindern, sondern ock umb so vele mehr gemelte Neckenslüede, Vorwesere, Koeglüden, Schipper und allgemeine Inwahnere gemeltes Unses Bleckes Husum wollfart gedeyen und Nahrung vorgesettet und befürdert sehen wolden und demsülven to sondern Gnaden up ere unterthanig Bitte und erfordern mit tidtlicken gnädiglicken Vorbedenken und Rathe folgende Artikel gnädiglicken bewilliget und nagegeven:

Erstlichen, eth scholen und wollen de Schippers Unses Blekes Husum up ere egene Unkosining van dem Husumer Deepe und den Grunden de Baken wederum utpricken nnd de Tonnen mit dem allerersten so moglicken leggen und beyde Baken und Tonnen to aller Notturfft in guden Wesende und bestande holden, wor ehre Vorfahren, de up der Sehe fahrende Luede Unkosten by den Tiden weylandt des durchlauchtigsten, Großmächtigsten Fürsten, Herrn Friederichs to Dennemarcken ꝛc.

Königs, Unses freundlichen leve Herrn Vadern hochlöflicker Gedachtnuß und Leven van Olders her gesettet gelegt und geholden hebben; item de Shipper und ehre Nakomblinge scholen und willen up ehre egen Unkost und Schaden Schepe und Luede darto verordnen, de up de Baken und Tonnen sehen, dat se fertig geholden und to rechter Tiden alse 8 Dage na S. Martini upgenahmen und up St. Petersdag sofern idt muglick, wedder uthgelegt und gesettet werden by Bröcke an Uns als de Hohe Ovrigheit und auch an de Armen so ehnen nah befindung der Tiden vorgestellet und uperlegt werden scholen; item offt idt sick begeve, dat de Tonnen effte Baken na St. Petersdag und vor Martini wegkdreven edder Vorbettering bedorffende, und scholen se up alle Schipper unkost und Schaden mit det allerfürderste wedder gelegt, gemacket und verbetert werden by Bröcke, wo gehöret. Item to Behoeff der Tonnen und Baken to holende scholen jeder Shipper, de uth dem Lande und van Husum fahret van de Lastruhme up Garsten edder Molt 1 ß lübsch und de Kopman van de Last Gudes 6 ₰ geven und wat de Inwahnerns, so stedes de Tonnen und Baken holden, einfoldig geven, dat schall de frembde duppelt geven, alse dat by hochgemeldter Königl. Majestet Tiden einig gebruck gewesen und buden Landes allenthalven gebrucklich und gewohnlick is. Item idt scholen de twe Tonnenmeisters alle Jahr gesettet werden, dat se de Tonnen und Baken by ehren Eyden fertig holden und Schepe darto schicken, desülvigen scholen alle Jahr den 4 Reckenslüeden to Husum van den gebörrende Tonnen Geldt und wat se to dero Behuef utgegeven sampt den 4 Olderslüeden der Shipper nöghafftige uprichtige Reckenschop doen. Item, dat sick dat Tonnengeld so hoch na Verlop etlicker Jahre belopen, dat de erste Unkost erlächt werden konte und darnach up de Last Gudes ein Pennige edder 3 konte verrtugert werden, und dennoch beide Tonnen und Baken konden in Guden Stande erholden werden, datsulvige schal also mit aller Shipper und Sehefahrende Luede rechten Rahde und Vollborde und vornemblich Unser alse der hohen Ovrigheit gnedigk Bewilligung unweygerlicke geschehen und also wedderumb effte man befunde, dat sick de Unkost der Tonnen nnd Baken so hoch erstrecket, dat de Shipper darvan Jahre to Jahren alletid großen schaden behebben und mit der tolage to sehr beschwehret würden, so moegen se dat Tonnengeld up de Last Gudes 1 ₰ edder twee na Gelegenheit verhogen, jedoch schall hierinne keine verenderung geschehen ahne mit der Reckensluede und aller Koegluede und Shipper und toforderst Unsern gnedigen consens und vollbort, damit alse keine unnottige Unplickt gemachet und nemandt ohne Nodt beschweret, noch vel weniger dardorch de Gemeine Segelation und wollfart Unses Blecks Husum verhindert werden möge. Item im Fall to tiden des Jahrs was avrig, det man to erholdunge der Tonnen und Baken nicht nödig bedarvend, dat schal nicht in egen Nutt, sondern mit Unsen vorwetende und gnedige Bewilligung den gemeinen Nottdurfftigen Armen und vornemlich den verarmten Sehefahrenden Lueden, idt. sy Shipper edder Koegluede, tombesten sien, de dat ehre nicht verbracht edder vermutlichen verspildet und sick ehrlich geholden hebben und to andern christlichen vornehmen uthgedehlet und bestetiget werden, desglicken so schall darvan alle Jahr im Bywesende der verordneten Vorstender gude Reckenschop geschehen. Item idt. schall mit den Strandigern ehrer Tolage halven ein gudt Bescheidt durch gemeldte Unse Unterthanen gemacket und Uns vor Beschlute deßsülvigen Nottdurfftiger Bericht gedan werden, darmede Uns an Unsen gebörrenden Hoheiten nichts afgaen moege und scholen sick gedachte Unse Underdahnen vorgeschreven in jedem christlichen Werke na Unse Bewilligung allenthalven unsumlichen und flitigen verholden by vermeidung Unser hohen Ungnade und Straffe. Wy beholden Uns averst vor Uns und Unse Erven in Krafft dieses Unses Breves uthdrucklichen bevör, gehörde articul na künfftiger Befindunge in allen wegen na Unsern gnedigen gefallen to verbetern, to vermehren, to verringern, to corrigiren effte gantz und gar to cassiren und uptohevende, alse dat sulve in der tiden vor Nutte und gelegen angesehen werde, des allen to Ohrkunde so hebben wy Unsen Secret wittlicken an dussen Unsen Breff hengen laten, welcker gegeven und geschreven in Unsem Blecke Husum am Tage Marien Himmelfarth Ao. Domini vofftein hundert ein und sechszig.

Wann nun obgemelt Unse liebe getreue vice praesident und Rath, auch gemeine Sehefahrende Leute zu Husum untertänig gebeten, Wir alß der Landesfürst ob inserirten Unsers Gottseligen Herrn Vaters Brieff gnedigk zu confirmiren und zu besteitgen, so haben Wir solcher Ihrer unterthänigen Bitte in Gnaden staht gethan und obinserirte Unsers Gottseligen Herrn Vaters den van Husum gegebene Ordnung bekrefftigt und erneuert, confirmiren, erneuern und bestetigen auch dieselbige in allen Ihren puncten, Clausuln, articuln, Inhalt, Meinungen und Begriffen hiemit und Krafft dieses, wie solches am Kräfftigsten geschehen kan soll oder mag und befehlen hierauf allen und jeden Unsern Amptlueden, Landvagten und Underthanen, so umb Unsertwillen zu thun und zu lassen haben, hiemit ernstlich und wollen, daß Sie obgemeldte Vicepraesident, Rath und Sehefahrende Leute zu Husum an der von weylandt Unsern Gottseligen Herrn Vatern Ihnen gegebenen Tonnen und Bakenordnung auch dieser darauff erlangte Confirmation keineswegs irren oder hindern, auch solches dorch andere zu geschehen gestatten, besundern sie Unsertwegen dabei schützen, vertheidigen und handthaben. Urkundtlich Unsers anhengenden fürstl. Secrets und unterschriebenen Handtzeichens. Gegeben auff Unserm Slchoß Gottorff den 4ten Mart. 1597.

№ 19.

Supplica des Kirchspiels Pillworm wegen der Tonnen und Baken.

Hochw. ꝛc.

Ew. Hochf. Durchl. können wir erheischen der Notturfft nach unterthänigst supplicando vorzubringen nicht geübrigt sein, welchergestalt die Sehefahrende zu Husum sich anjetzo widerrechtlich unterfangen von Uns Tonnen und Baken geldt eigenmächtig zu fordern, Immassen Sie weyland Mume Johansen weiter derohalben zu exequiren sich vernehmen lassen, alß nun ein sothanes so wenig vorhin jemals geschehen, solches auch wieder Unsere uhralte Königl. und Fürstl. privilegia lautet, gestalt E. F. D. auß eingelegten extract Ihro unterthänigst referiren zu lassen geruhen wollen, daß wir auß erheblichen angeführten rationibus pure davon absolviret seyn.

So thun E. F. D. wir unterthänigst bitten uns bei hergebrachten Rechten und privilegien fernerweit zu schützen und solchemnach der Seefahrende Leuten zu Husum p. decretum zu injungiren, daß zum Fall Sie einige rechtmäßige praetention wegen abstattung Tonnen und Bakengeldes wieder unß zu haben vermeynen, Sie für Ew. Hochf. D. Hoffgericht unß förmblich belangen und daselbsten rechtlicher entscheidung gewärtig sein, bis dahin aber unß so wenig alß gedachte Wittwe mit einigen abforderungen beschweren sollen, welches der höchsten Billigkeit unserer habenden privilegien gemäß und E. F. D. sind wir alle schuldige devotion und gehorsam zu leisten ohne dem verpflichtet.

Ew. F. Durchl.
unterth gehorſ. treupflichtige unterthanen
sämptl. eingesessen des Kirchsp. Pillworm
und zu Nordstr. gehörige Halligen.

Extract Herzog Johan Adolffs Begnadigung alß der Flecken Husum zur Stadt erhoben worden Ao, 1603 vide Artic. 7 pag.

№ 20.

Hochfürstl. *Mandat* an die Seefahrende und *in specie* die Aelterleute der Stadt Husum den samptl. Eingesessenen des Kirchspiels Pellworm und der zum Nordstrand gehörigen Halligen belangendt die Befreiung von Tonnen und Bakengeldt.

Wir von Gottes Gnaden Christian Albrecht ꝛc. Geben den Seefahrenden und in specie den Aelterleuten in Unser Stadt Husum nebst erbietung Unserer Gnade den Beyschluß mit mehren zu vernehmen, was an Uns die sämbtl. Eingesessenen des Kirchspiels Pillworm und der zum Nordstrande gehörigen Halligen wider Euch in pto. unfüglich geforderten Tonnen und Bakengeldts supplicando an Uns gelangen lassen, dabey angeführet und unterthänigst gebeten. Gestaltsame nun auß deme mit beygefügten extract weylandt Unses in Gott ruhenden Großherrn Vaters Hertzog Johan Adolffen ꝛc. hochseel. andenkens und zwar art. 7 in der Ao. 1603 erhaltenen Begnadigung ausdrücklich dargethan, daß die Marschen, alß Eyderstedt und Nordstrand auß denen angefürten erheblichen ursachen von sothanen Tonnen und Bakengelde zu ewigen Zeiten entfreyet sein und bleiben sollen, dannenhero auch die supplicanten eingeklagtermassen dawider zu graviren Euch keineswegs zustehet, So mandiren und befehlen Wir Euch hiemitt gnädigen Ernstes und wollen, daß Ihr Euch der abforderung obgesagten Tonnen und Bakengeldes gäntzlich enthaltet und zum Fall ihr einige rechtmäßige praetension und Zusprüche wider die supplicanten und wider die Seefahrende Leute haben vermeynet, dasselbe durch ordentlicher wege Rechttens suchet und Euch an dessen ausschlag ersattigen lasset, habet Euch darnach zu richten, geben auf unserm Schloß Gotrorff den 1. Sep. 1662.

Christ. Albrecht.

№ 21.

Urtheil in Sachen der Seefahrenden und Aelterleute zu Husum Klägern und *Citanten* Eines entgegen und wieder die Eingesessenen zu Pillworm Beklagte wegen abstattung Tonnen und Bakengeldes.

Ist von Uns Christian Albrecht von Gottes Gnaden ꝛc. bey der Theilung Mundtl. proponirten Notturfft und Beleuchtigung deshalber allegirten Uhrkunden nach zu Recht erkandt, daß die Beklagte und Citaten noch zur Zeit bey ihrer hergebrachten possesion libertatis zu lassen, bis und so lange die Kläger und Citanten besser alß zur Zeit geschehen, daß Beklagte zu abstattung solch Tonnen und Bakengeldes rechtswegen schuldig und gehalten darthun und erweisen werden, compensatis expensis von Rechtswegen. Publ. Gottorff den 13ten mart. 1663.

Christ. Albrecht.

№ 22.

Fürstl. *Resolutio* die abstattung des Tonnen und Bakengeldes betreffend.

Der Hochwürd. durchl. Fürst und Herr Hr. Christian Albrecht etc. Unser gnädigster Fürst und Hr. erklähret sich auff der Aelterleute und Sehefahrenden in der Stadt Husum wegen abstattung des Tonnen und Bakengeldes wider die participanten der Nordstrandischen Beteichung unterthänigst eingelegten Bittschrift in Gnaden dahin, weile befindlich, daß besagte Participanten vermöge der fürstl. Beteichungsoctroy, auch darauf am 3ten Nobr. 1657 erfolgten resolution von dero gleichen abgifften auff 14 Jahr befreyt worden, welche Jahre denn nunmehr abgelauffen, daß Sie dannenhero nicht weniger alß Ihre Kaufleute, an welche Sie Ihre Wahren im Lande verhandeln, wie auch die Schiffer einheimische und Frembde, welche allerhandt Wahren aus und einführen, schuldig und gehalten seyn sollen vermöge der Fürstl. Verordnung vom 3ten April 1655 bey Vermeydung der darin comminirten 20 ℛ︀ Straffe, so offt deme zuwieder gehandelt wird, was einem jedweden laut confirmirten Rolle an Tonnen und Bakengeld zu erlegen beykomt, von der ersten dicage des Friedrichs Koeges an. 1654 eingeteichet worden und also die indulgirte 14 Jahre längst abgelauffen seyn, sofort an den verordneten Einnehmer abzustatten, wie nicht weniger sobald die Zeit der andern und dritten dicage verflossen, von dem andern und 3ten Koege ebenmäßig dergleichen Tonnen und Bakengeldt, so offt man sich der supplicanten auff dem Heverstrom liegenden Tonnen und Baken wird bedienen, von den Wahren und Schiffen obberührtermassen an die Impetranten oder deren Einnehmer zu erlegen, mit dieser ausdrückl. Verwarnung, daferne sich hierin Jemand sperren oder wiedersetzlich erzeigen möchte, die Impetranten solche wiederspenstige auff J. F. D. Strohmen anzuhalten und so woll durch die abnehmung des Ruhders als andere zulangende Zwangsmittel zu leistung ihrer schuldigkeit als abstattung des Bakengeldes mit verwirkter Straffe dieselbe zu compelliren und anzuhalten befuget seyn sollen, zu solchem Ende denn alle und Jede J. F. D. Beambte den impetranten auf ihr ansuchung die hülffliche Hand zu leisten Krafft dieses befehliget werden. Uhrkundlich J. F. D. Handzeichen und auffgedrucktem decret geben auf dero Schloß Gottorff den 13ten Sept. 1670.

Christ. Albrecht.

№ 23.

Fürstl. *Resolutio* wegen der auf dem HeverSthrom geforderten Havengeldes.

Dem Hochw. Durchl. Fürsten und Herrn, Hr. Christian Albrecht ꝛc. ist unterthänigst referiret worden, was Bürgermeist. und Rath sambt der gantze Gemeine der Stadt Husum wegen der an dem Heversthrom zu Sieversfleth und bey Ulfsbüll von dem Wagen- Haffen-Meister zu Tönningen August Axen geforderten Havengelder von denjenigen wahren, welche nicht seewärts ausgeschiffet, besondern mit kleinen fahrzeugen aufwerts nach der Stadt Husum geführet und daselbsten gesoldert werden, in einer deshalben gar weitläufftig abgefaßten und durch die aus ihrem mittel desfals anhero abgefertigten übergebenen Schrifft remonstriret und angefüret, auch unterthänigst gebeten. Wie nun J. Hfürstl. D. diese vorhin ziemblich gravirte Stadt und deren traficquirende Bürger mit neuerungen belegen zu lassen gar nicht gemeynet, alß erklähren anch Höchstgeehrt. J. H. D. hiemit in Gnaden dahin, das die Husumer alleine von denen Gütern und Wahren, welche sie Seewährts ausschiffen, das gewöhnliche Havengeld zu erlegen gehalten, sonst aber von allen obmentionirten an den Heverstrohm als zu Sievertsfleth und bey Ulfsbüll in kleines Fahrzeug einschiffende auffwärts nacher Husum bringende und daselbsten auffsoldernde Güter uud Wahren kein Havengeld zu erlegen schuldig, besondern damit anjetzo und hinkünfftig gäntzlich übersehen sein und verschonet bleiben sollen, wie denn J. H. F. D. vorged: dero Haffenmeister zu Tönningen sich hinfüro allerdings zu achten und keinen Husumer mit abforderung derogleichen Havengelder zu beschweren hiemit gnädigsten Ernstes anbefehlen. Uhrk. unter J. F. D. Handzeichen und auffgedruckten Fürstl. Secrets geben auf dero Schloß Gottorff d. 3 mart. Ao. 1673.

Christ. Albrecht.

№ 24.

Fürstl. *resolution* wegen Haven und Brückengeld in der Stadt Husum.

Wir Friedrich von Gottes Gnaden ꝛc. Thuen kund und bekennen hiemit, als Uns Bürgermeistern Rath und Deputirte Unsrer Stadt Husum unterthänigst zu vernehmen gegeben, was gestalten in andern an der See belegenen Handelsplatzen von denen ab und einschiffenden wahren ein billiges Hafen und Brückengeldt zum Unterhalt des Hafens erleget würde, welches auch vor diesem in Husum geschehen von denen ein- und ausschiffenden wahren nach der hiebei angehefften Designation wäre erleget worden, mit unterthänigster Bitte, weile zu unterhaltung ihres Hafens und Schleuses große Kosten erforderlich würden, Wir die Uns von ihnen unterthänigst exhibirte und hiebei copeyl. angefügte specificationem dessen, was von denen ab- und einkommenden wahren an Brückengeld zu bezahlen in gnaden zu renoviren und zu bestätigen geruhen wollten, daß Wir in Betrackt der zum unterhalt des Hafens und Schleusen zu Husum nohtwendig anzuwendenden Kosten der Supplicanten billig mäßigen Suchen in Gnaden Stat gethan, renoviren demnach und erneuern vorbemelte specificam designationem hiemit und verstatten der Stadt Husnm Krafft dieses gnädigst, daß dieselbe einhalt solcher designationem von allen daselbst einkommenden und abgehenden Schiffen das specificirte Hafen- und Brückengeld erheben und zu unterhalt ihres Hafens und Schleuse anwenden mögen lassen. Uhrk. Unsers Handzeichens und fürgedruckten Fürstl. Cammersecret geben auff Unserm Schlosse Gottorff d. 26sten Juny Ao. 1696.

Friedrich.

№ 25.

Copia des Abscheides wegen der Tonnen- und Bakengelder vom 19ten *Jan. ao.* 1667.

Nachdem Bürgerm. und Rath vor nicht langer Zeit inne worden und darauf durch angestellte Nachfrage mehr und mehr in Gewißheit gekommen, wasgestalt etliche Jahre her im Gelage der Seefahrenden die Tonnen und Bakengelder übel und untreulich verwaltet, zum theil undergeschlagen, verpartirt, durch die Gurgel gejaget, ansehnliche Capitalien ohne Nachricht wo sie geblieben, auf den Lauf gebracht, die, welche von Oberkeit wegen die Rechnung aufgenommen, mit Felschung der Ausgaben geteuscht, Summa dabey geschehen ist, was nicht taugt und der Seefahrt, wenn ihm nicht zur hohen Zeit noch würde vorgekommen, den Garaus verursachen würde, so haben zwar denen Schuldigen die Straffe von Rechts- und Ambtswegen vorbehalten, bisdahin aber und daß Sie in einem oder andern sich weiter entschliessen, zu Verhütung weitern Inrisses verabschiedet, daß

1. dieselbe welche eine Zeit her als Aelterleute bey diesen handeln das Redlein geführet oder deren zu ihrem eigenen Nutzen sich vornehmlich theilhafftig gemacht, indem sie ohne das schifflos und solcher Verwaltung nicht capabel, von dem Gelage gäntzlich sollen ausgeschlossen und dasselbe fürerst besetzet werden mit denen zwar weinigern Shiffern, die wirklich Schiffere sind und Ihrer ein Theil nach neu, ein Theil nicht dafür angesehen werden, daß Sie an der andern ihren practiken so eben Part haben, alß da sein mögen von anwesenden diesmal, 1) Hans Claussen, 2) Adolff Sivertsen, 3) Jürgen Truelsen, 4) Jacob Behrendsen und welche ihnen 5) und 6) als alte Schiffere zu diesem mahl zugeordnet werden, Michel Petersen und Nickels Carstensen.

2. Sollen aus solcher geringen Anzahl fürerst nur Ihrer Zweene, alß nemlich diesmahl Michel Petersen und Hans Claussen zu Aelterleuten ingesetzet und dabey Ihnen ingebunden sein, daß Sie auf die Tonnen und Baken allenthalben ein wachsames Auge haben, diese in gutem baulichem Wesen unterhalten, jene bey Zeiten auslegen und aufnehmen lassen, die Innahme und Ausgabe der Tonnen und Bakengelder, daß daran unnützlich nichts werde verthan, weiniger unterschlagen beobachten, die übermessigen Zehrungen und expensen inziehen, was erobert wird, mit Raht des Hr. Bürgermeisters und Cämmerers wol belegen, der gemeinen Seefahrt nicht ihr eigenes noch der Ihrigen Bestes suchen und zu dem Ende wissen sollen, daß die Gelder nicht sein ihr noch der andern Seefahrenden privat Gut, das Sie unter einander partiren, einander zuschantzen und damit eigenes Gefallens zu ihrem Nutzen geberden mögen, sondern daß es sey ein gemeines zum Behuf der Seefahrt Ihnen anbetrautes Guth, das Sie schuldig und nicht anders mechtig als zur Erhaltung der Tonnen und Baken fleissig einzuheben, nützlich anzuwenden und auf künfftige Nothfelle sorgfältig beyzulegen.

3. Soll der Tonnen und Bakenmeister, welcher noch jetzund ist oder künfftig succediren wird (alßden E. E. Rath über dessen Ambt und Besoldung sich die weitere disposition vorbehalten) einen körperlichen Eydt schweren, daß er in seinem Ambte Fürstl. Durchl. wie auch B. und Rath getreu, gehorsam

und gewärtig sein, seiner Ambtes Gebühr fleißig abwarten, die Tonnen und Bakengelder davon vorsätzlich nichts zu underschlagen, noch Jemanden zu Liebe was übersehen, was er ausgiebt, aufrichtig zu Rechnung setzen und darin selber so weinig Gefehrde brauchen, als andern in dergleichen die Hand zu leihen, sondern wie überall nicht der Aelterleute und beysitzenden Schiffer, sondern der gemeinen Seefahrt bestes wissen also insonderheit allen Eigennutz vorsein und so etwas, daß der Seefahrt zum Schaden erfahren oder ihm das etwas als dabevor geschehen, angemuthet würde, dasselbe alles treulich von sich sagen und E. E. Raths weitere Befehle erwarten, summa sich also erweisen wolle, alß es einem treuen und unverdrossenen Tonnen- und Bakenmeister eigenet und gebühret, So wahr ihm Gott soll helfen.

4. Das tägliche Zehren und Sauffen auf gemeinen Seckel alß die calamitas fundi nostri wird hiemit zu einem mahl abgeschaffet und wäre es, daß je das Gewerbe so important und die Verrichtung so mühesam wäre, daß den Aelterleuten dabey ein paar Kannen Bier mögten gelanget werden, daß soll der Tonnen- und Bakenmeister unbementelt mit Benennung des Tages und Gewerbes zu Rechnung setzen, damit es die Herren des Rathes auf den Fall der Masse oder Unmasse wissentlich entweder passiren lassen oder aus der Rechnung es aussetzen und die Nothdurfft dawieder zu gäntzlicher Abstellung all solcher Unkosten zu Heller und Pfennig beschaffen mögen.

5. Alß auch mit den jährlichen Rechnungskosten weidtlich bisher excediret, es sey, daß sie würklich darauff gegangen oder von den Aelterleuten der Gelder ein Theil verpartiret worden, so ist es, daß B. und Rath bis sie diesem Dinge eine andere Masse finden, die Rechnung rebus sic stantibus auff dem Rathhause dies Jahr abhören lassen und also die Zehrung der gemeinen Seefahrt besparen, künfftig aber sich resolviren werden, was nnd wie viel dem Gelage zur Zehrung nach Anzahl der Beysitzenden Schiffer gut zu thun.

6. Befinden Bürgerm. und Rath, daß die Verspildung der capitalien daher den grössesten Anlaß und Fortgang genommen, daß die jedesmahl inkommenden Tonnen und Bakengelder allein und nicht auch die Zinsen von den eroberten Capitalien zu Rechnung gesetzet, sondern diese von Ihrer etlichen under der Degke quasi ausgetheilet werden. Und weil Ihnen den hierin mehr als in jeniges ander Ding gebühret Insehen zu haben, so wollen Sie, daßhinführo unterschiedlich und distincte nicht allein die Tonnen- und Bakengelder, sondern auch die Zinsen der außstehenden Hauptgelder und was überall ordentlich oder zufällig inkompt, jedes under seiner

rubrik zur Innahme und dagegen auch wiederumb specifice und bey Nahmen, wo solche Zinsen geblieben, summa, was überall ausgegeben, zur Außgabe gesetzet werde.

7. Und damit diese Berechnung desto besser geschehen und die jetzund verordneten Aelterleute mögen wissen, was zu Ihrer künfftigen Verwaltung Ihnen die Hand und Gurgel ihrer Vorweser übergelassen, so sollen vorderlichst bey der Lade die übrigen obligationes, Inschulde, Pfandgüter und was denen mehr anhängig, mit Zuthun des Gerichtssecretarii ordentlich inventiret werden und was den scheinet nicht sicher beleget zu sein, das sollen die Aelterleute ungesäumt infordern oder daß es anderweit werde versichert Verfügung thun.

8. Und was denn endlich mit denen vorzunehmen, welche der Seefahrt als gedacht so übell und untreulich vorgestanden, es sey, daß das Gelag sich seines Schadens an Ihnen erholen oder andere durch ihre Abstraffung scheu gemachet werden, darüber wollen B. und Rath wie auch in etlichen andern Dingen sich weitern Bescheid vorbehalten. Geschehen ist dieses auf dem Rathhausse und denen neuen Verordneten zum Seegelage vorgehalten. Den 19. Januarii 1667.

Corrigenda.

Seite 12.	Zeile	13	v. O.	1418 statt 1428.
„ 32.	„	4	v. U.	not. plancis st. plaucis.
„ 41.	„	13	v. O.	des Weßh. st. der.
„ 55.	„	20	v. O.	Zehrung st. Zahlung.
„ 81.	„	17	v. O.	hinter: der Besitzer ist „sich" ausgefallen.
„ 83.	„	10	v. O.	Gentzel st. Güntzel.
„ 88.	„	6	v. U.	not. fehlt „wer" vor vortrefflich.
„ 113.	„	10	v. U.	fehlt nach Gewohnheiten „aufgehoben."
„ 129.	„	7	v. U.	von st. vor.
„ 147.	„	20	v. U.	in den st. in Streit.
„ 161.	„	9	v. U.	not. sollen st. tellen.
„ 166.	„	19	v. U.	Dibler st. Dibber.
„ 183.	„	17	v. O.	wandte st. verwandte.
„ 189.	„	23	v. O.	Vollig Bürgermeister st. Vollig, Bürg.
„ 225.	„	16	v. U.	Hartinghausen st. Hert.
„ 248.	„	17	v. U.	Sl. st. Se.
„ 258.	„	2	v. U.	not. un st. an.
„ 260.	„	13	v. O.	krech st. brach.

I.

Geschichte

der

Stadtverfassung von Husum

nebst einer

Charakteristik des dortigen Stadtrechtes.

Von

Herrn Advocaten Beccau
daselbst.

Vorbemerkung.

§. 1.

Obgleich Husum, Friedrichstadt ausgenommen, die jüngste der schleswigschen Städte ist, so dürfte doch die Geschichte der Verfassung dieses Orts, dessen Aufblühen und Entwickelung einer frühern Zeit angehört als die endliche Ertheilung des Stadtrechtes, nicht ohne rechtshistorisches Interesse sein. Der Ort entsteht auf einem freien, bäuerlichen Boden, sein Emporkommen fast einzig der günstigen Lage und den Verhältnissen der Umgegend verdankend, nicht dem Schutz einer Burg oder der Begünstigung des Krumstabes, unter dem es sich in früherer Zeit übrigens recht gut wohnen ließ. Seine Verfassungsgeschichte durchläuft verschiedene Stadien, und erst spät als sich das Aeußere längst zu einer Stadt herangebildet hat, wird die städtische Gerechtsame verliehen. Anfänglich ein Dorf, dann ein Flecken, Birk genannt, wird es Weichbild und endlich Stadt; eine Bildung, die im Gegensatze zu dem Entwickelungsgange der deutschen Städte, welche mehr eine künstliche, aber die allgemeine Regel ist, die natürliche genannt werden kann, und es ist, wenn auch nicht mit Glück, versucht worden, den Ursprung des germanischen Städtewesens sich auf diese natürliche Weise zu erklären. Die neuere Zeit hat diese Theorie als eine solche verworfen, besonders seit Eichhorn sich um die Aufklärung der Städtegeschichte so großes Verdienst erworben, und seine Ansicht im Allgemeinen wohl Anerkennung gefunden hat.

1*

Die Geschichte der Städte im Herzogthum Schleswig ist im Ganzen noch wenig aufgeklärt; nur Schleswig und Flensburg sind einer rechtsgeschichtlichen Behandlung unterworfen: für Husum ist, wenn gleich vaterländische Schriftsteller hie und da auf den merkwürdigen Entwickelungsgang aufmerksam gemacht haben, fast gar nichts geschehen, und die Vorarbeiten, die zur Hand waren, sind von geringer Bedeutung.

In den älteren deutschen Städten giebt das Stadtrecht und dessen Ertheilung den Hauptpunkt bei einer rechtsgeschichtlichen Untersuchung ab; hier wird aus innern Gründen die historische Darstellung vor ertheiltem Stadtrecht die Hauptsache sein, und das erst spät verliehene Stadtrecht einen Nebenpunkt bilden, jedoch nicht außer Acht gelassen werden. Hiernach wird die Abhandlung in zwei verschiedene Theile zerfallen; in dem ersten wird die Entwickelung der Verfassung des Orts bis zur Ertheilung des Stadtrechts dargestellt werden, und dann eine kurze Charakteristik des Stadtrechtes vom Jahre 1608 folgen.

Geschichte der Entstehung der Husumer Stadtverfassung bis 1603.

§. 2.

Ueber die Entstehung der deutschen Städte im Allgemeinen. *)

Die Befreiung einzelner, anfänglich meist geistlichen Districte von der ordentlichen Gerichtsbarkeit der Bezirksbeamten (Gaugrafen) gab die erste Veranlassung zur

*) Eichhorn u. Savigny Zeitschrift Bd. 1 u. 2 und dessen Rechtsgeschichte.

Entstehung der Städteverfassung im Mittelalter. In Folge dieser Exemption (immunitas, Mundat) erhielten diese Bezirke ihre eigenen Beamten. Bald wurde diese Immunität auch auf andere, volkreiche und befestigte Oerter (villae) übertragen, welche alsdann eigentlich einen besondern Gau bildeten, nur daß die localen Grenzen, deren Bewohner nun in eine Gemeinde, wie verschieden sie auch ursprünglich gewesen sein mochten, vereinigt wurden, enger als die der übrigen Gauen waren. Ohne Zweifel geschah dies zuerst bei Plätzen, die schon von den Römern angelegt und befestigt waren, und die sich nach Eroberung der römisch-germanischen Provinzen durch die Franken wenigstens theilweise in einer gewissen Selbstständigkeit erhielten. Das Dasein einer römischen Municipalverfassung, da die siegenden Deutschen die Ueberwundenen nach ihrem eignen Rechte (Volksrecht) leben ließen und sie auch im Uebrigen glimpflich behandelten, mag zur Ausbildung der städtischen Verfassung den ersten Grund gelegt haben, und manche Einrichtung sich aus dem Römischen oder der Vermischung desselben mit dem Germanischen herleiten und erklären lassen. Es kam hinzu, daß solche Oerter gerne von den Bischöfen zu Wohnsitzen erwählt wurden, wie z. B. schon früh Köln und Straßburg. Diese nun, denen die weltliche Gerichtsbarkeit über ihre Diener und Hintersassen vorzüglich lästig erscheinen mußte, suchten dem Geiste und dem Streben des Klerus im Mittelalter gemäß für ihre Residenzen solche Immunitäten am ersten zu erhalten, und durch mancherlei Umstände begünstigt gelang ihnen dieses zeitig. So erzählt Adam von Bremen, *) daß schon im zehnten Jahrhundert alle villae

*) Histor. eccles. I. 2. 1: Adaldagus Bremam longo prius tempore potestatibus et judiciaria manu oppressam praecepto regis absolvi et instar reliquarum urbium immunitate simulque libertate donari fecit.

und civitates, die bischöfliche Sitze waren, das Glück hatten, der ordentlichen Gerichtsbarkeit der Gaugrafen entzogen zu sein. Oft finden sich neben dem bischöflichen Vogt solcher Oerter, dem ursprünglich wohl nur die Gewalt über die Hausgenossen (familia) des Bischofs zustand, königliche Beamte im Besitz eines Theils der Gerichtsbarkeit, welches sich daher schreibt, daß nach canonischem Recht ein Geistlicher den Blutbann nicht ausüben, also ihn selbst nicht besitzen und auf seinen Vogt übertragen konnte. Wurde auch später der königliche Beamte fast allenthalben verdrängt und dem Vogt auch der Blutbann verliehen, so beruhte dies doch immer auf einer ausdrücklichen Verleihung von Seiten des Königs.

Gleichzeitig, wenigstens nicht viel später, wurde das Mundat auch auf solche Villen übertragen, in denen oder deren Nähe sich königliche Schlösser befanden. In diesen Villen fanden sich im südlichen Deutschland meistens zwei königliche Beamte, Vogt und Schultheiß; ersterer mit der Verwaltung der Kriminal-, letzterer mit der Civilgerichtsbarkeit im Allgemeinen beauftragt. Sehr wurden diese Exemptionen dadurch befördert, daß sich in den bischöflichen Residenzen und den königlichen Pfalzen leicht durch den lebhaftern Verkehr angelockt eine größere Volksmenge, namentlich Handwerker und Kaufleute, ansiedelten. Diese waren gewöhnlich ohne Grundeigenthum, die Bedingung echter Freiheit in diesem Zeitraum, und da nach den damaligen Grundsätzen Jeder entweder als Eigenthümer freies Mitglied einer Gemeinde, oder im Schutz einer solchen oder eines Freien stehen mußte, die für ihn bürgten und ihn zu Recht vertraten (Gesammtbürgschaft), so geriethen solche An- und Einwohner der erwähnten Oerter meistens in ein mehr oder minder strenges Hörigkeitsverhältniß zu dem Herrn des von ihnen bewohnten Grundes und Bodens. Eine Vermischung und Verwechselung der ursprünglich wirklich Hörigen mit persönlich freien Einwohnern trat hier nun leicht ein, so daß alle, welche die Villa bewohnten, auf gewisse Weise als Hörig betrachtet wurden. Dieses beweist unter Andern das in frühern Zeiten bei allen Städtern vorkommende mortuarium.

Als diese Plätze durch Handel und Gewerbe zu höherer Kraft und Blüthe gelangten, errangen sie allmählich Antheil an der innern Verwaltung, hatten auch wohl noch hin und wieder einen Theil ihrer ursprünglichen Freiheit gerettet, den sie zu erweitern strebten. So erwarben sie zuerst Theilnahme an der Polizei im Innern der Gemeinde, vor allen an der Marktpolizei und ein Aufsichtsrecht über Gewicht, Maaß und Münze, Gegenstände, welche für sie als Handel- und Gewerbtreibende vorzüglichen Werth haben mußten, von den Landesherren damals weniger beachtet wurden. Zum Zweck der Beaufsichtigung dieser bildeten sich unter dem Namen eines Raths, dessen einzelne Mitglieder consules genannt wurden, eigene Collegien, denen es nach und nach gelang, die Vogtei und auch die Gerichtsbarkeit zu erwerben, und den herrschaftlichen Vogt, der bis dahin in den Gerichtssitzungen noch den Vorsitz geführt hatte, zu verdrängen. Die richterliche und administrative Behörde wurde so zu einer einzigen vereinigt. Je nachdem die Umstände einem Ort mehr oder weniger günstig waren und benutzt wurden, setzte sich früher oder später der Rath in den Besitz der Vogtei. In Lübeck geschah dieses schon im vierzehnten Jahrhundert; die schleswigschen Städte behielten ihren Vogt noch lange, und er verschwand wohl erst dann, als er dadurch, daß Bürgermeister und Rath in der Folge mehr als königliche Beamte betrachtet wurden, überflüssig ward.

Dieser Rath in den deutschen Städten, der gewöhnlich aus bevorrechteten Familien (Geschlechtern), oft aus einzelnen Ständen, so in Lübeck aus dem Kaufmannsstande, besetzt wurde, hatte jetzt, obgleich anfänglich im Kampf gegen die herrschaftlichen Beamten von den Bürgern unterstützt, eine ganz andre Stellung erhalten; statt die Bürgerschaft noch zu repräsentiren, bedurfte diese jetzt einer Vertretung gegen ihn, und nach dem natürlichen Lauf der Dinge traten nun die Bürger gegen den Rath und dessen Anmaßungen in die Schranken. Bei dem meist glücklichen Kampfe kräftigten und unterstützten die als Handwerksvereine bestehenden Innungen die Bürger im bedeutenden Maaße und erleichterten ihnen den Sieg. Es bestanden die Innungen, sei es, daß sie noch aus den Ueberresten römischer Municipalverfassung sich herschrieben, sei es, daß sie aus den unter Hofrecht stehenden Hausgenossen hervorgingen oder im Allgemeinen durch den Korporationsgeist des Mittelalters hervorgerufen waren, aus den unter eignen Vorstehern vereinigten Mitgliedern der einzelnen Gewerbe. Mit einer Art gewerbspolizeilicher Gewalt über die Einzelnen versehen, beaufsichtigten sie anfangs mit dem Rath Handel und Gewerbe. Kräftig zu einem Ganzen vereinigt traten sie nun zum Kampf mit den Bürgern gern gegen den Rath und errangen bald früher, bald später, nach den begünstigenden Umständen, wirkliche Theilnahme an der Besetzung der Rathsstellen, oder doch so viel, daß aus ihnen und den übrigen Bürgern eine beaufsichtigende Behörde, ein großer, weiter Rath, gebildet wurde. Ja, durch besondere Verhältnisse begünstigt erhielten sie in einigen Städten oft nach blutigen Siegen ein solches Uebergewicht, daß blos aus ihrer Mitte der Rath besetzt werden durfte, wodurch alle Bürger, um sich ihre politischen Rechte zu erhalten, gezwungen wurden in irgend eine Zunft einzutreten; auf die Weise verwischte sich der ursprüngliche Charakter dieser Innungen und sie bildeten nur verschiedene Korporationen der Bürgerschaft. Das Bild eines vollständigen Zunftregiments gewährt die Verfassung Lübecks, die in gleicher Form bis auf die jetzige Zeit besteht. Die Zunftstreitigkeiten entstanden im dreizehnten und dauerten bis ins fünfzehnte Jahrhundert hinein, als wann man sie als auf der einen oder andern Seite entschieden ansehen kann.

Im Allgemeinen nahm die Ausbildung der deutschen Städteverfassung überall dieselbe Richtung, nur war bei den meisten später entstandenen Städten der Ursprung ein anderer. Schon im zwölften Jahrhundert nämlich hatte sich ein ziemlich bestimmter rechtlicher Begriff von Stadtrecht und Stadtverfassung gebildet, und die einzelnen Oerter erwarben nun nicht erst allmählich die verschiedenen Gerechtsame durch besondere Privilegien, sondern die Landesherrschaft, denn auch diese schritt hier ein, übertrug mit der Exemption von der ordentlichen Gerichtsbarkeit zugleich, wenn auch oft etwas modificirt, auf einmal die Privilegien und die Verfassung einer andern Stadt; so verliehen die Zähringschen Herzöge das Kölner Stadtrecht an Freiburg; dasselbe ging wahrscheinlich auf Soest über und von da durch Heinrich den Löwen auf Lübeck und verbreitete sich alsdann längs den Ostseehäfen, über ganz Holstein und bis nach Schleswig hinein. *) Vorzüglich im Norden nannte man diesen Act Ertheilung des Weichbildes oder des Weichbildrechts. **)

§. 3.

Weichbild. ***)

Sehr streitig ist zuvörderst die Etymologie des Wortes Weichbild. Eichhorn meint, es bedeute eben so viel als

*) Falck Handb. Th. 1, §. 125. — Michelsens Oberhof zu Lübeck, 1839.

**) Eichhorn Staats- u. Rs. G., Bd. 2, S. 607. Savigny Zeitschr. Bd. 1, S. 235.

***) Eichhorn Staats- u. Rs. G., §. 224, 284. Savigny

immunitas ecclesiastica; man habe nämlich die Grenzen der eben erwähnten geistlichen Immunitäten durch geweihte Bilder bezeichnet und davon habe der ganze District den Namen erhalten. Abgesehen davon, daß der Ausdruck nur von städtischen, nie von geistlichen Immunitäten gebraucht wird, daß ferner die Immunität der Städte, wofür der Ausdruck vor dem zwölften Jahrhundert gar nicht vorkommt, eine ganz andere Bedeutung hat als die der schon viel früher eximirten geistlichen Districte, denn zu jener Zeit war die alte Gauverfassung schon ganz aufgelöst und das deutsche Reich fast in lauter Immunitäten zerfallen, von denen die Städte wieder befreit wurden, wird sich die Ableitung der Sylbe Weich von geweiht schwerlich rechtfertigen lassen. In der Sprache alter Urkunden heißt es immer Wicbelde, Wicbelede, und die Annahme von Bildern als Grenzzeichen möchte nicht weniger der Culturgeschichte widersprechen als die Ableitung der Etymologie, wenn auch Kreuze als Grenzzeichen hie und da vorkommen, z. B. bei Lübeck und Itzehoe. *) Noch weniger haltbar und ganz gewiß verwerflich ist die Ableitung des Wic von dem lateinischen vicus. **)

Am natürlichsten und einfachsten ist übrigens ohne Zweifel die von Gaupp***) angenommene Erklärung, um so mehr da der Name nur im Norden von Deutschland vorkommt. Das hier und im höhern Norden einheimische

---

Zeitsch. Bd. 1, S. 224, 2. S. 233. — Gaupp: Ueber deutsche Städtegründung, Städteverfassung, Weichbild ꝛc. Jena, 1824. S. 98. — Falck, Handb. Bd. 3, §. 32 und 35.

*) Falck, Handb. Bd. 1, Zusätze u. Berichtigung zu S. 25. — Westph. Mon. ined. III, 989.

**) Staatsbürg. Magaz. Bd. 3, S. 533.

***) Gaupp: Ueber deutsche Städtegründung, S. 98.

Wic, Wig bezeichnet einen gesicherten, geschützten Ort und wird deshalb oft von einem Meerbusen gebraucht. Belede, Belde ist gleichbedeutend mit Recht, wie wir es noch haben in dem Worte Unbill, Unbilde, billig und im Englischen Bill. Demnach ist Weichbild in der Bedeutung gleich Stadtrecht, das Recht eines gesicherten, gefriedeten Ortes. Die Ausdehnung desselben auf das der städtischen Gerichtsbarkeit unterworfene Gebiet und auf die städtischen Gerechtsame selbst läßt sich leicht erklären und begreifen und eben so wenig dürfte der spätere Ausdruck Weichbildsrecht dieser Ableitung entgegen sein. Er erklärt sich als ein Pleonasmus entweder nachdem die ursprüngliche Bedeutung sich verwischt hatte, oder man kann Recht hier in dem Sinne von Gesetz, Statut, lex nehmen, wie im frühern Mittelalter lex Saxonum, Frisonum u. s. w., und ihn für Stadtfreiheit und Stadtgerechtigkeit nehmen. Diesem entspricht dann ungefähr das Süddeutsche Burgfrieden und das Dänische Byfred.

Der Umfang der in dem Weichbilde liegenden Befugnisse ergiebt sich aus dem vorigen Paragraphen. Die Exemption von der ordentlichen Gerichtsbarkeit, Anstellung eines eignen Vogts und Schultheißen statt des alten Gaugrafen und Centenarius waren die Hauptsache nebst der Einsetzung eines Stadtraths oder Magistrats, anfänglich blos mit polizeilicher Gewalt, später, nach Verdrängung der herrschaftlichen Beamten, als einziger städtischer Behörde. Daneben wurden mehrere Privilegien, welche der Stadt zustanden, von welcher das Weichbild übertragen wurde, verliehen: Marktgerechtigkeit mit dem Anspruch auf eine Art Zoll, Münzrecht, Weidefreiheit, Holzschlag auf benachbarten Gründen, oft auch Schenkungen von Ländereien. Diese Vorrechte sich zu erwerben mochte nicht selten der Grund für einen Ort sein ein fremdes Stadtrecht zu erhalten. Bei der mehr ausgebildeten Städteverfassung wurde sogleich die Gerichtsbarkeit mit der Verwaltung der innern Angelegenheiten dem Magistrat, an dessen Spitze ein Bürgermeister stand, übertragen. Auch das Recht Beliebungen zu machen **jus statuendi, civiloquia,** (Bauernsprache), welches jede freie Gemeinde hatte, wurde durch das Weichbild entweder der jungen Stadt bestätigt oder auf's Neue ertheilt.

§. 4.

Die schleswigschen Städte.

Auch die schleswigschen Städte entstanden entweder in der Nähe königlicher Burgen, wie Schleswig, Flensburg, oder auf geistlichem Boden (?) wie Tondern. Daß auch sie früher, wenn auch nur in einem schwachen Hörigkeitsverhältniß standen, beweist das Arfkop, Laegkop (**mortuarium**) und das Arnegeld. *) Auch sie erwarben sich allmählich die städtischen Gerechtsame und Freiheit in Bezug auf Handel und Gewerbe; die Bürger wählten ihren Magistrat, und der von der Landesherrschaft ernannte Vogt mußte aus den Bürgern genommen werden, ja vielleicht stand diesen nach dem ältern schleswigschen Stadtrecht auch die Wahl dieses Beamten zu. **) Sie gelangten aber nie zu der Blüthe, Bedeutsamkeit und Selbstständigkeit, mit welchen uns das deutsche Städteleben so kräftig entgegen tritt. Es scheint überall je weiter nach Norden, um so mehr das Eigenthümliche des Städtewesens zu verschwinden, und Luft und Boden dem Gedeihen derselben nicht sehr förderlich gewesen zu sein. Bis weit über das Mittelalter hinaus behaupten sich mit mehr oder minderer Gewalt die Vögte in den Städten des Herzogthums, und es verliert sich

---

*) Paulsen, Staatsb. M., Bd. 5, S. 61. — Falck, Handb. Bd. 1, S. 264.

**) Falck, Handb. Bd. 2, §. 69; 3, §. 35.

ihre Bedeutsamkeit erst dann, als Bürgermeister und Magistrat, statt Communalbeamte zu sein, fast gänzlich den Charakter königlicher Behörden annahmen und dadurch die das Interesse der Landesherrschaft vertretenden Vögte überflüssig wurden. Nach dem Mittelalter aber wurde überhaupt das innere Leben der einzelnen Staatsglieder gedrückt und gehemmt und konnte zu einem selbstständigen sich nicht mehr emporarbeiten. Früher mag die Fürstengewalt, die in den Händen der schleswigschen Herzöge und dänischen Könige kräftiger gehandhabt wurde und werden konnte, als in den deutschen Gauen, das Emporstreben der städtischen Gemeinden nach höherer Freiheit gehindert haben; auch mag das drückende Uebergewicht, welches die Hansa im Mittelalter in der nordischen Geschichte sich zu sichern wußte, und deren Politik andern Handelsplätzen nie gewogen war, kein unbedeutendes Hinderniß für das Aufblühen der schleswigschen Städte gewesen sein. Ja, wenn die politische Klugheit den deutschen Königen gebot, durch Begünstigung der Städte die übermächtigen Vasallen und spätern Landesherren zu bändigen und ihnen die Stange zu halten, so mußte auch dies hier wegfallen, und nur der Eifersucht der Herzöge und Könige gegen einander verdanken die Städte Schleswigs einigen Schutz und Aufmunterung, so daß sie nicht wie die meisten dänischen der Aufsicht des Districtsbeamten unterworfen blieben.

§. 5.

Die friesischen Harden und die Vorgeest. *)

Die sowohl zum deutschen Volk als zum dänischen Reich gehörigen Nordfriesen verdanken ihre lange behauptete

*) Michelsen: Nordfriesland im Mittelalter. Schleswig, 1828, S. 154. — Falck, Handb. Bd. 2, §. 50, 95, 105; 3, §. 22, 23.

Freiheit nicht minder der Unabhängigkeitsliebe und Tapferkeit als der unzugänglichen Lage ihrer sumpfigen Heimath. Als in Deutschland schon längst die alte Gauverfassung mit der Freiheit der Volksgemeinden untergegangen und das Landvolk fast überall hörig und leibeigen geworden war, blieben die Friesen freie Bauern und lebten noch Jahrhunderte nach ihren eigenen Rechten und Gesetzen in der von den Vätern angeerbten Form, so auch in den schleswigschen Marschen.

Die Utlande vertheidigten am längsten mit Glück gegen Könige und Herzöge ihre Rechte und Freiheiten, und wußten die oft versuchten Eingriffe in dieselben mit Muth und Beharrlichkeit abzuwehren, öfter auch durch ihren zur rechten Zeit benutzten Reichthum, so daß ihnen bis auf die neueste Zeit noch schätzenswerthe Ueberreste einer einst ganz freien Gemeindeverfassung blieben. Das ganze Utland zerfiel in Harden, die aus Quartieren bestanden; diese Eintheilung leitet Falck *) aus dem Jütschen Low ab, nach welchem jede Harde in 4 Trinten zerfiel, Michelsen **) schreibt sie den leges Haraldinae zu. Die einzelnen Harden waren zu Landschaften vereinigt, an deren Spitze selbstgewählte, eingeborene Staller und Rathleute standen, welche die Gerichtsbarkeit und Leitung der innern und äußern Angelegenheiten in Verbindung mit der Gemeinde hatten. Daneben bewahrten die kleinern Districte, eifersüchtig auf ihre Freiheit, ein öfterer Grund innerer Spaltungen, eine große Unabhängigkeit.

Die sogenannte friesische Vorgeest, die norder und süder Goesharde und die Karrharde, erstere beiden zum Istathesysel, letztere zum Ellemsysel gerechnet, wurden früh dem Herzogthum incorporirt, während die Außenlande selbst nach ihrer Unterwerfung immer noch als

---

*) Falck, l. c.

**) l. c. S. 49.

eine eigene Provinz betrachtet wurden, und nur im Laufe der Zeit gewöhnte man sich, sie als einen Theil des Herzogthums anzusehen. Es scheint, daß sich in den beiden Goesharden die Quartierseintheilung bald verwischte. So lange sie historisch bekannt sind, waren sie den Königen oder Herzögen unterthänig, und schon das alte schleswiger Stadtrecht unterscheidet die Bewohner der Vorgeest als Friesen nach dänischem Recht von denen in den Marschen nach friesischem Recht. Immer aber erhielten sich auch hier die Bauern ihre persönliche Freiheit, und wenn in späterer Zeit einzelne Beispiele von kirchlichen zum Bisthum Schwabstedt gehörigen oder herrschaftlichen Hintersassen vorkommen, so befanden sie sich doch nur in Bezug auf die von ihnen bewohnten Stellen, nicht für ihre Person in Abhängigkeit. Hier auf diesem freien, den Fürsten freilich unterworfenen Boden in der Südergoesharde bildete sich Husum allmählich aus einer ländlichen Commüne, einem Dorfe, zu einer Stadt, also auf einem ganz entgegengesetzten Wege, als auf welchem gewöhnlich die germanischen Städte entstanden.

§. 6.

Kurze Geschichte Husums bis ungefähr 1460. *)

Gerade im Jahre 1098 soll, nach Laß, ein durch eine Wasserfluth vertriebener Nordstrander Namens Husen sich in der Südergoesharde angebaut, zur fernern Ansiedlung wie zum Namen des Orts Veranlassung gegeben und sich durch Wohlthätigkeit gegen seine ebenfalls verunglückten Landsleute ein dankbares Andenken erworben

---

*) Laß, Sammlung einiger Husumschen Nachrichten. Flensburg, 1750, und Fortsetzung. — Dankwerth, Landesbeschreibung, S. 138 — 147. — Michelsen, l. c. S. 177 und das angehängte Urkundenbuch.

haben. Die Sage im Süden wie im Norden knüpft von jeher gerne an den Namen des Orts und des Stammes den des ersten Gründers und Urvaters. Das bekannte Waldemarische Erdbuch *) von 1240 oder 31 kennt den Ort noch nicht. **)

Fischer ***) und Kaufleute mögen sich hier zuerst neben den Ackerbau treibenden Vorgeestfriesen niedergelassen haben. Durch die gesicherte Lage auf dem hohen Geestrücken des Landes nahe an der Milde und der Hewer und durch den Reichthum der anwohnenden Marsch- und Inselfriesen herbeigelockt, sammelte sich hier schon früh, vorzüglich wohl da nach Abels unglücklichem Feldzuge gegen Eiderstedt (1252) die Mildesburg von den Marschfriesen zerstört wurde oder doch um die Zeit nach und nach zerfiel, †) eine Anzahl Handelsleute und Handwerker. Bei Abels unglücklichem Zuge wird wenigstens schon einer Brücke bei Husum, Husembro, ††) erwähnt. Als ein großes Dorf erscheint der Ort 1372, und 1398 finden wir zwei: Oster- und Westerhusum, wovon das erste nicht das noch jetzt nach Mildstedt eingepfarrte Dorf gleichen Namens ist, sondern wahrscheinlich die Mitte der

*) Langebeck Scriptores etc. Tom. VII.

**) Was die Ableitung des Namens betrifft, so erklärt man diesen wohl am leichtesten und richtigsten für den friesischen Dativ, tho Husum, zu den Häusern, vorzugsweise die angesehensten in dieser Gegend. Die friesische Sprache ist in den Goesharden auch noch jetzt die vorherrschende. Für diese Ableitung spricht auch das Stadtwappen, welches drei Häuser im Felde führt und die Analogie im Plattdeutschen, z. B. to Lin oder Lunden. Eine andere Ableitung bei Heimreich B. 2, c. 2.

***) Die Fischerstraße ist der Sage nach die älteste gewesen.

†) Iven Knutzen, Manusc. cap. 2.

††) Staatsb. M. Bd. 4, S. 182, 446.

jetzigen Stadt, da es für das vornehmste gilt. In dem noch sogenannten Osterhusum hatte der spätere Hardesvogt seinen Sitz, wird aber immer als vor Husum wohnend bezeichnet und hält dort das Hardesding. Dieses Südergoesharder Ding bestand aus 12 Bonden, unter dem Vorsitz des Amtmanns von Gottorp, und auch Husum war demselben unterworfen. Handel und Verkehr nach der reichen Marschgegend begünstigten ein baldiges Emporblühen des Orts. Das Recht der Kühr stand ohne Zweifel den beiden Dorfschaften wie jeder Gemeinde auf freiem Eigenthum angesessener Bauern ziemlich unbeschränkt zu, und die Landbesitzer bildeten noch den vornehmsten Theil der Einwohner.

Kirchpflichtig war bis dahin der Ort nach Mildstedt. Nach Heimreich *) sollen die Husumer sich schon 1400 eine eigene Kapelle gebaut haben. 1410 findet Dankwerth zuerst den Namen Husums, und 1413 wird die Mühle zu Husum sammt der Kirche in Mildstedt von den Ditmarschern in ihrer großen Fehde mit den Eiderstedtern abgebrannt. 1431 tritt die Gemeinde selbstständig handelnd auf, indem sie auf dem Südergoesharder Ding mit Genehmigung des Bischofs zu Schleswig und des Amtmanns, Drosten über Südjütland, Ritters Heinrich Rixdorf, von dem Mildstedter Kirchherrn das Recht erkauft eine eigene Kapelle zu erbauen; die Herzöge bestätigten diesen Vertrag, und für die Erfüllung desselben, die jährliche Zahlung von 20 Mark an den frühern Kirchherrn, der im Fall der Nichtzahlung das Recht behält so lange den Gottesdienst zu suspendiren, verbürgt sich die ganze Gemeinde. So wurden Oster- und Westerhusum zu einer Gemeinde vereinigt. **) 1448 stellt die Gemeinde nach

*) Nordfriesische Chronik, Buch 2, c. 2.

**) Laß, S. 24, 25. — Staatsb. M. Bd. 4, S. 446. — Michelsen, Urkundenbuch No. 30.

einem neuen Vertrage mit dem Kirchherrn einen eigenen Pfarrer an. Auch bei diesem Vertrage auf dem Dingtage hat noch der Amtmann Otto Spliet den Vorsitz, nicht der Hardesvogt, der erst 1477 zum erstenmal genannt wird. *) Daß Husum keine der ursprünglichen 4 Hardeskirchen war, **) sondern erst später die dortige Kirche eingeschoben wurde, beweist der Umstand, daß das nahe Rödemis und die unmittelbar an Husum grenzenden Dörfer Oster- und Nordhusum noch jetzt zu dem entferntern Mildstedt eingepfarrt sind.

Es scheint als habe Husum um diese Zeit die Periode der höchsten und schönsten Blüthe gehabt, und die Bewohner des Orts erwarben sich von Christian I., nachdem er 1460 auch zum Herzog erwählt war, bedeutende und merkwürdige Privilegien, die hier näher in Betracht gezogen werden sollen.

§. 7.

Das Privilegium Christians I. ***)

Die Urkunde, worauf sich diese Privilegien gründen, ist von dem Herrn Prof. Michelsen in dem sogenannten Regestum Christian's I., einem originalen Staatsprotocoll für die Herzogthümer, welches viele Documente aus der Zeit dieses und der vorhergehenden Herzoge, sofern sie damals noch Gültigkeit hatten, enthält, aufgefunden. †) Gerade weil diese Urkunde aus dem officiellen Staatsarchiv genommen ist, läßt sich ihre Authentie eben so

---

*) Falck Handb. Bd. 3, S. 115. — Laß, S. 28.

**) Staatsb. M. Bd. 8, S. 606.

***) Heimreichs Chronik, Ausgabe von Falck, S. 287. — Laß, S. 30—32. — Michelsen, Nordfriesland, S. 175.

†) Michelsen, l. c. S. 26. Urkundenbuch No. 45. — Staatsb. M. Bd. 8, S. 680.

wenig wie ihre wirkliche Ertheilung bezweifeln, obwohl es höchst merkwürdig ist, daß von den bedeutenden Veränderungen, welche sie in der Ortsverfassung hervorbringen mußte, sich nur wenig Spuren zeigen, auch weder Dankwerth noch Laß dieselbe kennen. Wie sie aber so unbekannt hat bleiben können, erklärt sich zur Genüge aus dem Verlauf der Geschichte in diesem Decennium.

Als der König Christian Herzog in Schleswig und Holstein geworden war, machten ebenfalls seine beiden Brüder, Gerhard und Moriz, Ansprüche auf diese Länder, lassen sich aber gegen eine Summe Geldes diese vom Könige abkaufen. Inzwischen stirbt Moriz, und Gerhard statt Bezahlung zu erhalten, zum Statthalter in den Herzogthümern ernannt, faßt den Plan Schleswig und Holstein für sich zu erwerben. Er weiß sich bei den Bürgern und Bauern, vorzüglich aber in den Marschen beliebt zu machen und gerne wird ihm eine Bede bewilligt, mit der er einen bedeutenden Theil der auf den Landen haftenden Schulden des Königs bezahlt (1468). Da er sich jedoch an einigen Stellen geradezu huldigen läßt, und seine Absicht überall deutlich an den Tag legt, wird er 1470 von dem Könige vertrieben. Von mehreren Seiten, besonders von den Marschleuten, dringend aufgefordert, kehrt er schon 1472 mit einer kleinen bewaffneten Macht zurück, um mit Gewalt dem Könige die Herzogthümer zu entreißen. Auch Husum war ihm sehr geneigt und nimmt ihn mit offenen Armen bei seiner Landung auf; der wahrscheinlich erst vor Kurzem etwas befestigte Ort mochte seinen Operationen einen passenden Stützpunkt darbieten. Wie überall für die Sache des Grafen nahm auch für Husum die Sache einen üblen Ausgang. Es wurde schnell vom König in Vereinigung mit hanseatischen Hülfsvölkern erobert, und kaum entrann Gerhard selbst durch schleunige Flucht seinen Feinden. Husum sollte nun zur Strafe, und es wird behauptet aus Neid über das

Aufblühen des Orts und den Abbruch, „den es besonders dem Handel Hamburgs drohte," wäre dieses die Bedingung der Unterstützung des Königs durch die Hansestädte gewesen, an allen vier Ecken angezündet und gänzlich zerstört werden. Die Fürsprache des Amtmanns Peter von Ahlefeld (Nefelde durch einen Druckfehler bei Heimreich, alte Ausgabe) *) und des eiderstedter Stallers Tete Feddersen wandte freilich das Schrecklichste ab, konnte aber nichtsdestoweniger den Zorn des Königs gegen die unglücklichen Anhänger des Grafen nicht beschwichtigen; streng wurden sie bestraft, Viele hingerichtet, Vieler Vermögen confiscirt und ihre Häuser eingezogen und mit einer ewigen Erdheuer belegt, **) eine Strafe des Hochverraths, die das Andenken des Verbrechens nicht allein in dem fernsten Enkel, sondern sogar in dem späten Besitzer seiner Güter verewigte, aber den Ansichten einer Zeit entsprach, die Majestätsverbrechen nicht streng genug strafen zu können glaubte. Noch jetzt bezahlen die Besitzer der Häuser, welche damals von Rebellen bewohnt wurden, diese Erdheuer als Rebellengeld. Bei dieser Gelegenheit wurde der Ort zugleich aller Privilegien beraubt, ein Umstand, von dem auch Laß und Dankwerth sprechen; unter diesen befanden sich natürlich auch die städtischen Freiheiten, und wahrscheinlich wurde die Urkunde wieder aus dem Archiv genommen und blieb so der spätern Zeit unbekannt. Auf die Weise wurde Husum binnen kurzer Frist wieder, was es gewesen, ein Ort ohne besondere Freiheiten und Rechte, und als bald nachher (1475) die Husumer Kirche ihre eingezogenen Güter zurückerhielt, erfreute sich die städtische Gemeinde keineswegs eines solchen Glücks. ***) Aus dieser historischen Darstellung

*) S. 163, 196.

**) Michelsen, Urkundenbuch No. 50—52.

***) Michelsen, Urkundenbuch No. 58.

erklärt es sich wie die Ertheilung der Urkunde ohne besonders sichtbare Folgen bleiben konnte, es lohnt sich aber dennoch wohl der Mühe ihren Inhalt näher zu betrachten.

Die Zeit derselben anlangend, so ist sie zwar aus der Regierung Christian's I., aber ohne Jahreszahl; letztere läßt sich jedoch ziemlich genau bestimmen. 1460 wird Christian Herzog, schon 1468 zeigen die westlichen Districte offenbare Anhänglichkeit an den Grafen Gerhard, und 1472 bricht diese zum vollständigen Aufstand aus. Nach dieser Zeit hat der König schwerlich Husum, das sich besonders für den Grafen interessirte, begünstigt, viel weniger würde er noch 1468 die Befestigung dieses wichtigen Platzes erlaubt haben. Die Zeit der Urkunde muß also zwischen 1460 — 68 fallen. Für die bestimmte Jahreszahl 1465, die Herr Prof. Michelsen annimmt, spricht, daß in diesem Jahr der König sich der Husumer Kirche gnädig zeigte und ihr bedeutende Schenkungen zuwandte, vielleicht in der Hoffnung die ihm noch nicht ganz abspenstigen Einwohner auf dem Wege der Güte zu gewinnen. *)

§. 8.

Verschiedene Arten deutscher Stadtrechte früherer Zeit. **)

Die Privilegien der Urkunde, welche sich die Husumer für eine jährliche Recognition von 300 lübschen Marken erkauften, aber damit auch zugleich von der ihnen obliegenden Bede befreit wurden, sind rechtshistorisch insofern merkwürdig, als sie uns am Ende des Mittelalters einen Ort auf der Stufe der städtischen Bildung zeigen, auf welcher wir

*) Laß, S. 29; zweite Fortsetzung, S. 47, 48 und die daselbst abgedruckte Schenkungsurkunde.

**) Eichhorn, Staats= u. R. G., §. 433.

die germanischen Städte ungefähr bei ihrem Beginn antreffen. Die Grundlage einer städtischen Verfassung, nicht die Verfassung selbst, wie sie sich der Zeit schon bestimmt ausgebildet hatte und vollständig auf andere Oerter übertragen wurde, wird hier ertheilt; die Privilegien sind also nur die Keime, aus welchen unter günstigern Umständen eine städtische Verfassung sich hätte vollständiger entwickeln können.

Vergleicht man die Privilegien mit den germanischen Stadtrechten, bei denen man 4 Classen unterscheiden kann, so ergiebt sich, daß sie den ältern Statuten der ersten und zweiten Classe sehr nahe kommen. In der ältesten Zeit wurde den Oertern, wo sich die einzelnen Elemente der Verfassung gleichsam von selbst gebildet hatten, diese durch Privilegien abseiten der Landesherrschaft bestätigt oder auch solche Elemente auf einmal übertragen. Die Gerechtsame solcher neuen Städte hatten aber meist den Charakter des öffentlichen Rechtes, das Privatrecht war das auf Gewohnheit beruhende Landrecht der Umgegend. Bald aber, wie die Verhältnisse durch Handel und Verkehr lebhafter, mannichfaltiger und verwickelter wurden, reichte dieses nicht aus; dem entstandenen Mangel suchten nun Rath und Gemeinde durch Kühren, welche abzufassen sie entweder noch eine ursprüngliche Befugniß hatten oder sich bestätigen ließen, abzuhelfen. Diese Beliebungen, verbunden mit den Erkenntnissen der Schöffen, die als Weisthümer schon früh schriftlich aufgezeichnet wurden, bildeten die privatrechtlichen Normen für die Städter, und gingen meistens mit den Privilegien zusammen auf die neue Stadt bei Verleihung des Weichbildes über. Beispiele der ersten Art, die sich durch ihren kurzen Inhalt auszeichnen, geben die Statuten von Köln, Freiburg, Schwerin. *) Die zweite Classe, welche aus den

*) Westph. Mon. ined. I, p. 2007.

Privilegien, Kühren und Urtheilen bestand, gehört einer etwas spätern Zeit an. Durch Uebertragung dieser Art erhielt die Stadt dann gewöhnlich auch das Zugrecht, eine Appellationsinstanz an die Mutterstadt, entweder weil man dafür hielt, daß Rath und Schöffen dieser von dem unter ihrer Leitung entstandenen Recht eine bessere Kunde hatten, oder weil man das Zugrecht vorzüglich darum schätzte, weil die Landgerichte meist von Ritterbürtigen besetzt waren, bei denen die Städter nicht so gerne ihr Recht holten als bei ihren Genossen, wenn sie einer höhern Instanz nicht entrathen konnten. Dies wird mindestens in späterer Zeit oft der Grund des Zugrechtes gewesen sein. Mit diesem verbunden ging das lübsche Recht auf viele norddeutsche, auch holsteinische Städte über.*)

§. 9.

Allgemeiner Inhalt der Urkunde von 1465.

Vergleicht man die erwähnte Urkunde mit dem Vorhergehenden, so ergiebt sich, daß sie zu der ersten Classe der eben charakterisirten Statuten gehört. Die dem Weichbilde im ältern Sinne entsprechenden Rechte, welche Husum hiedurch erhielt, beziehen sich allein auf das öffentliche Recht der Gemeinde und setzen das auf dem jütschen Low beruhende Landrecht voraus. Hätte die Gemeinde ihrem Wunsche gemäß **) das schleswiger oder flensburger Stadtrecht zugleich mit erhalten, würde ein Statut zweiter Classe vorliegen. Die Urkunde aber so wie sie bei Michelsen ***) abgedruckt ist, besteht aus zwei verschiedenen Stücken, nämlich der königlichen Confirmation

---

*) Von den beiden andern Classen der Stadtrechte zur passenden Vergleichung späterhin, §. 23.

**) §. 14.

***) l. c. Urkundenbuch No. 45. — Staatsb. M. Bd. 8, S. 680.

oder Bewilligung, und dem angehängt die Bitte, das Gesuch der Husumer um diese Privilegien. Wenn auch im Allgemeinen beide Stücke übereinstimmen, so geht aus der Vergleichung hervor, daß nicht Alles und nicht so wie gebeten, bewilligt wird und die gewünschte Bestätigung erhält, sondern das in der letztern stillschweigend Uebergangene als abgeschlagen anzusehen ist.

Wie sich nun dem Inhalt der Urkunde gemäß die Verfassung gestaltete, wird im Folgenden erörtert.

§. 10.

Buvogt und Rath.

Von dem Könige wird der Gemeinde ein Buvogt, Stadtvogt, gesetzt, der jedoch der Aufsicht des Gottorper Amtmanns unterworfen bleibt, denn nur in dessen Abwesenheit soll er Recht sprechen. Der Amtmann erscheint als Stellvertreter des Königs, wie denn auch noch später die Gegenwart des Landesherrn die Thätigkeit der Gerichte suspendirte. Dem Vogt zur Seite steht ein von und aus der Gemeinde gewählter Rath. Beide zusammen verwalten die Gerichtsbarkeit und haben mit der Gemeinde das Recht Willkühren über marktpolizeiliche Gegenstände zu machen; dem gemäß statuirte und verfallene Brüchen kommen nur zur Hälfte, nicht ganz, wie gebeten, der Stadt zu Gute; die dem Landesherrn von je zuständigen Brüchen, Sühnen für Verbrechen, bleiben ihm nach wie vor ungetheilt und ungekränkt. *)

Durch die Errichtung eines eigenen Gerichts wurde die Gemeinde von dem Südergoesharder Ding eximirt und zu einem eigenen Gerichtsbezirk erhoben. Wahrscheinlich war der Ort, hier Blek, Flecken, genannt, schon

*) Ueber städtische Brüchen cf. Falck, Bd. 3, S. 157, 165, 176.

vor 1465 mit Marktfreiheit begünstigt, und es mochte sich auch factisch daselbst schon eine Art Marktpolizei gebildet haben, ohne welche der Verkehr damals nicht gut bestehen konnte. Hiefür sprechen einzelne historische Andeutungen.

Dem Vogt, der aus den ansässigen Einwohnern ernannt werden mußte, wie dieses bei den meisten schleswigschen Städten der Fall war, *) steht aber nur die Civilgerichtsbarkeit zu, nur rechtsstreitige Sachen nennt die Urkunde; dem Amtmann bleibt die Kriminalgerichtsbarkeit, der Blutbann, im Hardesding, welches auch daraus erhellt, daß dem Landesherrn die von Alters her zuständigen Brüchen, und dieses sind die Sühnen für Verbrechen, vorbehältlich bleiben; sollte als landesherrlicher Beamter der Amtmann diese einfordern, so mußte er im Kriminalgericht den Vorsitz haben und dem neuen Gericht die Competenz hierüber entzogen werden. Der deutsche Vogt, hier der Amtmann, urtheilt über Freiheit und Leben, der Schultheiß, hier der Buvogt, über rechtsstreitige Sachen, der Rath über polizeiliche Vergehen in Betreff des Handels und der Märkte; nur ist hier die Competenz des Raths und des Vogts sogleich in eine Behörde vereinigt. In den norddeutschen Städten kommen übrigens die beiden Beamte, Vogt und Schultheiß, Bardewiek ausgenommen, nicht vor; hier bei Husum der Sache, nicht dem Namen nach. **) Aus dem Gesuche scheint auch die Absicht hervorzugehen eine richterliche und eine polizeiliche Behörde neben einander, letztere vielleicht schon als eine Analogie der Deputirtencollegien in den andern Städten, beide aus 12 Personen zusammengesetzt, zu erhalten, aber unter einem und demselben Vogt. Die Confirmation berücksichtigt aber diese Bitte nicht, sondern

*) Falck, Bd. 2, §. 69.

**) Falck, Bd. 3, §. 35.

erlaubt nur für beide Zweige der städtischen Gewalt eine Behörde.

Der Vogt hat zunächst die Pflicht den Einwohnern behülflich zu sein beim Einmahnen ihrer Schulden außerhalb und innerhalb der Stadt; er hat also eine Art Schutz- und Schirmrecht, eine Vogtei. Die Mahnung innerhalb der Stadt, vielleicht durch Gebotsbrief oder eine der Art ähnliche Einrichtung, erklärt sich freilich leicht aus seiner vogteilichen Gewalt über die Einwohner; daß er aber auch außerhalb der Stadt soll Schulden mahnen können, kann vielleicht auf eine außergerichtliche Verwendung bei dem Gericht des Schuldners sich beziehen. Bedenkt man, daß die Einwohner mit den Ditmarschern, die ganz unabhängig waren, und mit den Friesen, die zum Königreich gehört hatten, während die Vorgeest und somit Husum unter den Herzögen stand, mannichfachen Verkehr hatten, so mag für den Gläubiger das Einklagen einer Schuld bei den fremden Gerichten nicht allein oft fruchtlos, sondern auch eine Mahnung schon gefährlich und eine kräftigere Verwendung als eben in der Macht bloßer Privaten lag, nöthig und wünschenswerth gewesen sein. Vielleicht kann hiebei auch daran gedacht sein, daß der Vogt einen auswärts domicilirten Schuldner oder dessen Sachen im Betretungsfall sollte mit Arrest belegen und so den Bürgern zu ihrem Rechte helfen können. Auch andere Städte hatten ein solches privilegium arresti, und in dem Husumer Stadtrechtsprivilegium von 1603 geschieht dessen ebenfalls Erwähnung. *)

---

*) Neues Staatsb. M. Bd. 1, S. 577, Note 5. — Husumer Stadtrecht III, 52, 2.

§. 11.

Das Recht der Kühr.

Jede freie Gemeinde hatte ursprünglich das Recht über ihre Communalangelegenheiten unbeschränkt Beschlüsse zu fassen, welche sich auf die Feldgemeinschaft, Weide, Holzschlag, Forstfrevel und dergleichen bezogen, und Brüchen für vorkommende Fälle bestimmten. Je mehr aber allgemach die Gemeinden in Hörigkeit oder Leibeigenschaft geriethen, andererseits die Landeshoheit sich ausbildete, wurde dies Recht beschränkter und für Deutschland fast ganz verloren. Nur die friesischen Gemeinden behaupteten ihre Beliebungen im umfassendern Sinne in der spätern Zeit. Wie schon bemerkt, wurden anfangs auch die Einwohner in den Städten hörig und unter Hofrecht gestellt und ging hiemit größtentheils das Recht der Kůhr für sie verloren. Bei Ertheilung des Weichbildes wurde dieses Recht der Gemeinde wieder verliehen oder sie erlangten Aehnliches durch Bestätigung gefaßter Willkühren. Hier in den Städten mußte natürlich der Gegenstand desselben ein anderer werden als auf dem Lande; es bezog sich auf Handel, Gewerbe, Märkte und später auf das eigentliche Privatrecht. Es wurde eine ordentliche Gesetzgebung, und man gewöhnte sich es als einen nothwendigen Theil der städtischen Gerechtsame anzusehen und zu übertragen. In dem ersten ursprünglichen Umfange wird es den Husumern verliehen; über Elle, Maaß, Gewicht, Krämerei, Waage, Bäckerei, Brauerei und dergleichen sollen sie eine Willkühr machen dürfen, und es tritt auch hier wieder die Kindheit der deutschen Städteverfassung uns entgegen. Den gewillkührten Satzungen Gültigkeit zu verschaffen, hat der Rath die polizeiliche Strafgewalt, und er strafte Uebertretungsfälle durch Brüchen, von denen ein Theil zu des Fleckens Verbesserung, Nutz und Bedarf kommen sollte.

§. 12.

Befestigungsrecht.

Befestigte Plätze waren die ersten, welche städtische Privilegien erhielten. Wurden sie einem offenen Orte ertheilt, so lag in dem Weichbilde gewöhnlich das Recht eine Befestigung zu errichten, und diese wurde ein Theil der Merkmale einer Stadt; mit der rechtlichen Trennung der Gemeinde wurde eine örtliche verbunden. In jener Zeit, wo die Kraft des Gesetzes minder stark, oft ganz ohnmächtig war, wo der Ritter, dem Raub- und Fehdewesen ergeben, mit neidischen Augen den Reichthum der Städte betrachtete, durfte der Bürger sich schwerlich blos auf seine pergamentene Urkunden verlassen, und eine Befestigung mußte für nöthig erachtet werden, um wenigstens den Frieden für Handel und Verkehr innerhalb der Ringmauern zu schützen.

Auch Husum wird die Befestigung erlaubt, aber nur eine leichte; mit einem Pfahl- und Gitterwerk von Holz (Hackelwerk und Spyltun) soll man die Stadt gegen Räuber und Diebe umgeben. Mauern und Gräben werden nicht gestattet, vielleicht aus dem Grunde, weil die Friesen überall befestigte Plätze in ihrem Lande und an ihren Grenzen nicht gerne litten und dem auch hier vorzubeugen wußten, oder weil vielleicht der König selbst nicht gerne einen starkbefestigten Ort hier anlegen ließ, der im Unglücksfall diesen stets zweideutigen Unterthanen eine drohende Stellung gab; bewog doch schon die leichte Befestigung den Grafen Gerhard Husum zum Mittelpunkt seines Unternehmens zu machen und zeigte wie gefährlich der Platz dem Könige hätte werden können und wie wichtig er sei.

§. 13.

Fremde Rechte.

Am Schlusse ihres Gesuches verlangen die Einwohner Verleihung des flensburger oder schleswiger Rechtes oder Birkrecht. Es war der Zeit schon ganz allgemein, daß einem Ort, der zu einer Stadt erhoben wurde, neben dem Privilegium zugleich das Statut einer andern Stadt übertragen wurde. Dieses gab der neuen Stadt ein geschriebenes Recht und oft das Zugrecht; letzteres war im Herzogthum Schleswig, Tondern und Burg ausgenommen, ein unbekanntes Institut, und es war den Husumern wohl nicht so sehr darum zu thun als um die privatrechtlichen Normen der beiden Städte, da das jütsche Low für die mannichfachen Verhältnisse des aufblühenden Verkehrs nur dürftig aushelfen konnte. Diese Bitte, deren Umfang und Bedeutung aus der Urkunde dunkel ist, wird in der königlichen Confirmation der bewilligten Privilegien nicht mit aufgeführt, also abgeschlagen. Erhielt die Stadt nun auch das Birkrecht nicht, von dem gleich die Rede sein wird, so blieb sie dem gemeinen Landrechte unterworfen, und war blos durch ihr Gericht, nicht durch ihr Recht, die Beliebungen abgerechnet, eximirt, ein Umstand, der ebenfalls an die frühere Periode der deutschen Städteverfassung erinnert.

§. 14.

Das Birkrecht. *)

Merkwürdig ist die Erwähnung des Birkrechtes und die Bitte um dasselbe. Der Name Birk kommt in Schleswig und dem höhern Norden in der Bedeutung des deutschen Mundats vor; es leitet sich das Wort ähnlich

*) Rosenvinge, danske Retshistorie. Kiøbenhavn, 1830. §. 190.

wie Wik von dem skandinavischen bergia, d. h. sich bergen, schützen, ab. Die Birkqualität entzog einen Bezirk dem ordentlichen Hardesding und gab ihm ein eignes Gericht. Auch hier waren die geistlichen Birke die ersten, ihnen folgten die königlichen und adeligen. Ursprünglich wurde das Birkding wie das Hardesgericht von Dingmännern gehegt unter Leitung des Birkvogtes, später trat aber auch hier die Gewalt des Dinges hinter der des Vogts zurück. In Dänemark fanden sich solche eximirte Districte häufig, auch in Schleswig waren sie zahlreicher wie jetzt, wo sie bis auf fünf verschwunden sind. *) So führt Dankwerth Hattstedt als ein Birk oder eine Mark in der Südergoesharde an; **) auch Husum bildete eine Zeitlang ein Birk, wobei derselbe Schriftsteller ausdrücklich bemerkt, ***) weil es ein eigenes Gericht oder Birkding einstweilen gehabt habe, dürfe man es nicht für eine Stadt, natürlich in dem Sinne zu seiner Zeit, halten. Für eine Trennung der Stadt von der Harde in früherer Zeit spricht auch eine Bemerkung im Husumer Stadtrecht von 1608, †) und noch deutlicher das Weichbild von 1582, wo in der Einleitung erzählt wird, der Flecken Husum habe früher ein von der Harde getrenntes Gericht gehabt, dieses sei aber unter Friedrich I. mit dem Hardesding vereinigt und dieses dann im Flecken gehegt worden, da aber diese Vereinigung nicht mehr den erwünschten Erfolg habe, werde eine abermalige Trennung für ersprießlich gehalten.

Verbindet man diese historischen Notizen mit der Bitte um Birkrecht, so erscheint es sehr wahrscheinlich, daß

---

*) Falck, Handb. Bd. 1, S. 27, 28.

**) Dessen Landesbeschreibung, S. 138.

***) Ebendaselbst S. 140.

†) Theil 1, Tit. 1, §. 2.

Husum, wenn nicht in Folge des Privilegiums von 1465, so doch bei einer andern Gelegenheit ein solches Recht erhalten habe. Daß es um diese Zeit ein geschriebenes, aber nicht weiter bekanntes Birkrecht im Herzogthum gegeben habe, ist wohl anzunehmen, denn nach dem Geiste des Zeitalters konnte die Erlangung eines geschriebenen Rechtes nur der Zweck der Bitte sein, da durch die Anstellung des Raths und Buvogtes der Ort schon eximirt war. Für diese Vermuthung spricht auch die Verbindung, in die das Birkrecht mit dem schleswiger und flensburger Recht in dem Gesuch gebracht wird. Nun findet sich allerdings auch in Jütland *) ein solches geschriebenes Recht, welches von Erich Glipping nach dem Ripener Stadtrecht bearbeitet sein soll und für die dasigen Birke galt, späterhin aber gegen die für die Städte erlassene Gesetzgebung vertauscht wurde, als sich die Birke einer städtischen Commüne mehr näherten. Ob dieses dasselbe war, welches in Schleswig galt, läßt sich aus Mangel an Nachrichten mit Bestimmtheit nicht entscheiden, da aber hier wie dort das jütsche Low galt, so ist es immer möglich, daß auch hier neben diesem in einzelnen Fällen jenes Gültigkeit erhielt.

§. 15.

Die städtische Feldmark.

Eines Gegenstandes, der gewöhnlich in den Stadtprivilegien nicht übergangen wird, muß hier noch erwähnt werden, der Feldmark oder des Weichbildes im örtlichen Sinne. Wird die Entstehung der Städte auf natürlichem Wege, d. h. aus der Vergrößerung und Erweiterung der Dörfer angenommen, **) so findet diese Theorie einen

*) Rosenvinge, l. c. §. 31.

**) Falck, Handb. Bd. 1, S. 263.

Beweis für sich darin, daß bei jeder Stadt eine Feldmark angetroffen wird, und meint, diese schriebe sich aus der Zeit her, als der Ort noch eine ackerbautreibende Commüne gewesen; den mit städtischen Gewerben beschäftigten Bürgern könne an einem Landbesitz wenig gelegen gewesen sein. Dieses scheint auf den ersten Blick sehr natürlich, aber es scheint auch nur. Man übersieht dabei, daß erweislich theils die Städte Weidegerechtigkeit und Holzschlag auf benachbartem Boden, oft den Boden selbst durch Schenkung und auf andere Weise erworben haben, theils daß die Städte beim Weiterausbauen oft mit einer Dorfschaft zusammenstießen, die anfänglich als Vorstadt, später mit der Stadt gänzlich vereinigt wurde und das Land in der Nähe der Städte aus mehr als einem Grunde bedeutend an Werth gewann, weshalb solche Erwerbungen den Bürgern sehr wünschenswerth sein mußten. Daß die Städte meist nicht aus Dörfern entstanden sind, beweist der Umstand, daß einzelne Städte ursprünglich fast gar keine Feldmark hatten oder sie entweder erst mit oder nach dem Stadtrecht erwarben. So wird, um Beispiele aus der Nähe zu nehmen, Schleswig von Svend Grathe mit der Königswiese beschenkt; *) Kiel erwirbt von den holsteinischen Grafen Ländereien, **) und diese Grundstücke liegen nahe an der Stadt. Apenrade und Sonderburg ***) haben noch jetzt keine Feldmark. Umgekehrt mußte dies Verhältniß sich freilich bei Husum bilden. Ausnahmsweise entstand die Stadt, wie bemerkt, auf dem von Burgen und geistlichen Stiftern freien Boden, erweislich aus einem Dorfe wie Garding und Tönning. Hier mußte nun nothwendig vom

---

*) Staatsb. M. Bd 3, S. 529, 542.

**) Ebendaselbst Bd. 4, S. 201.

***) Falck, Handb. Bd. 1, S. 49.

Anfang her eine Feldmark bei der Dorfschaft sich finden und brauchte nicht erst erworben oder geschenkt zu werden, wenn diese auch immer nur wegen der nahe angrenzenden Dörfer einen geringen Umfang hatte. Auch konnte von dem freien Boden der Umgegend die Landesherrschaft schwerlich etwas vergeben. Husum blieb sogar noch lange mit den Dorfschaften Oster- und Nordhusum in Feldgemeinschaft, welche erst durch einen Grenzrezeß von 1609 aufgehoben wurde. *)

§. 16.

Schilderung der Lage Husums nach dem Privilegium von 1465.

Durch die Ertheilung dieser Privilegien kam Husum ungefähr in dieselbe Lage wie die Städte Deutschlands nach Ertheilung des Weichbildes älterer Zeit. Der Ort war von der Harde eximirt, hatte seine eigenen Beamten und eigenes Gericht, Markt-, Handels- und Gewerbfreiheit unter Aufsicht dieser Beamten, eigene innere Verwaltung und war befestigt. Man darf aber nicht, wogegen schon Dankwerth warnt, **) und was neuerdings wieder geschehen ist, ***) darum Husum für eine Stadt im spätern Sinne halten, wie denn auch die Urkunde von 1465 es immer Blek, d. h. Weichbild, Flecken nennt. Damals hatte sich nämlich schon die Stadtverfassung so weit ausgebildet, daß ein an der Spitze stehender Bürgermeister und Magistrat, im Besitz der vollen Rechtspflege, zum Begriff einer Stadt gehörte. Dieses war aber nicht der Fall, und der Ort blieb der Aufsicht des Amtmanns von Gottorp unterworfen, den die Commüne während seines auf 3 Tage bestimmten Aufenthalts gastfrei halten mußte:

*) Laß, l. c. S. 57, 79. — Hus. Stadt-R. I, 1, 3.

**) Landesbeschreibung, S. 140.

***) Neues Staatsb. Mag. Bd. 1, S. 574.

eine Last, von der sie sich erst später durch eine bestimmte Abgabe befreite. *) So ward Husum ein Birk, aber noch keine Stadt. Die Urkunde bezeichnet den Vogt als Buvogt; Bu, dänisch Bye, bezeichnet ganz im Allgemeinen jeden Ort, Dorf wie Stadt. Auch kann man gerne die Bezeichnung Stadt für den Ort gebrauchen, wenn man nur den frühern, nicht den spätern Begriff damit verbinden will. Zweifelsohne hätte sich aber Husum sehr bald die vollen städtischen Gerechtsame erworben, wozu schon ein breiter Grund gelegt worden war, wenn nicht Gerhards unglücklicher Kriegeszug dem fernern Emporkommen des Ortes vorläufig mit einem Schlage ein Ende gemacht und ihn seiner Privilegien wieder beraubt hätte. Sobald erholte Husum sich nicht von diesem Unfalle.

§. 17.

Geschichte der Stadt bis 1582. **)

König Christian betrachtete Husum mit Ungunst, und schwerlich gereichte es dem tiefgedrückten Ort zum Nutzen, daß in demselben eine Zollstätte für die Friesländer angelegt wurde, die solcher Beschränkungen nicht gewohnt waren. ***) Im Gegentheil lag es gewiß in der vernünftigen Politik der dänischen Könige und der Herzöge von Gottorp einen Ort zu heben, der selbst dem Hamburger Handel gefährlich zu werden drohte. Der Geist jener Zeit suchte aber nur auf directem Wege die Einkünfte der Staatscasse zu vermehren, den Zuwachs nicht beachtend, den dieselbe sicherer und reichlicher durch die Begünstigung des allgemeinen Wohlstandes erhielt.

---

*) Laß, S. 40.

**) Derselbe zu diesen Jahren, S. 30—39.

***) Michelsen, l. c. S. 180.

1488 ertheilte König Johann dem Orte wenigstens für die eigenen Kaufmannsgüter wieder Zollfreiheit, und es geschahen nach und nach einzelne Schritte zur Belebung des Wohlstandes. Die meisten Begünstigungen aber verdankt Husum den Gottorper Herzögen, in deren Interesse es lag, die nicht gemeinschaftlichen Städte vor den übrigen zu bevorzugen.

Immer aber erscheint Husum als ein mit manchen Freiheiten versehener Flecken, und wird auch 1493, nicht minder im Anfang des folgenden Jahrhunderts, so genannt. *) Es bilden sich am Orte bedeutende Innungen, deren älteste Amtsartikel weit früher entstanden sind, als die Ertheilung des Weichbildes von 1582 statt fand, bei welcher Gelegenheit Herzog Adolf ihnen diese nur bestätigt. Hin und wieder nehmen die Aemter an der Gemeinde-Verwaltung Antheil, ohne jedoch bedeutenden politischen Einfluß zu gewinnen. **)

Im Aeußern, im localen Sinne, näherte Husum sich einer Stadt, ja, galt im Allgemeinen als eine solche. Bewiesen wird dieses unter andern dadurch, daß ein neu-angebauter Theil unter dem Namen der Neustadt mit der alten Commüne vereinigt wurde. Handel und Schifffahrt kamen wieder in Aufnahme und machten den Haupterwerbzweig der Einwohner aus. Die fremden Kaufleute, besonders die Kleinhändler, wurden vom gewöhnlichen Markt ausgeschlossen oder doch beschränkt, wie auch in den deutschen Städten die Fremden manchen Beschränkungen unterworfen waren, wenn ihnen nicht gar, Messen und Jahrmärkte ausgenommen, jeder Verkehr untersagt war. Hingegen befanden sich die dänischen Städte in einer ganz andern Lage; allgemeine Klagen waren dort

*) Laß, l. c. zweite Fortsetzung, S. 48, 49 in mehreren Urkunden.

**) Laß, zweite Fortsetzung, S. 47.

darüber, daß die fremden, besonders die hanseatischen, Kaufleute, welche die Bedrängniß des dänischen Throns zu ihrem Vortheil schlau zu benutzen wußten, durch Handelsprivilegien auf Kosten der Einwohner unmäßig begünstigt waren. Waldemar Atterdag und Erich von Pommern befreiten zuerst einige seeländische Städte von diesem Fremdenjoch, Christian I. einige jütländische, aber erst Christian II. wagte dasselbe für alle Städte. *)

Das Vorkaufsrecht auf die zu Markt gebrachten Landesproducte, ja selbst auf das im Nordstrand gewonnene Korn wird den Husumern vor den Fremden gesichert zum Schutze für die bedeutenden Brauereien und Malzereien. Zur Sicherung und Beförderung der Schifffahrt und des Handels wurden in der Hewer Tonnen und Baken, an der Schiffbrücke ein Krahn angelegt; die Leitung dieser Einrichtung wird den Schiffern und Kaufleuten überlassen, die sich zu einem Commerzcollegium für den Ort bilden und der Ueberschuß des Tonnen- und Bakenregisters den verarmten Genossen dieser Innungen zugewandt. Ohne Ausnahme müssen alle Einwohner städtische Lasten tragen, selbst der dort wohnhaftige Adel, welcher die ihm für seine Güter zustehende Abgabenfreiheit auch auf seine städtischen Grundstücke zum Nachtheil der Communalcasse auszudehnen strebte. 1522 wird ein Münzmeister angestellt und die Umschrift der Münze: **Moneta nova argentea Husumensis**, möchte darauf hindeuten, daß dem Orte selbst das Münzrecht zugestanden; **) wahrscheinlich aber behielt doch der Herzog dieses Recht, indem, nach Falck, ***) ein solches von allen Städten des Herzogthums, Schleswig allein zustand.

---

*) Rosenvinge, Retshistorie, §. 62.

**) Laß, l. c. S. 41, Anm.

***) Falck, Handb. Bd. 2, §. 80.

Die innere Verwaltung und die Rechtspflege betreffend, so scheint es, daß diese noch eine Zeitlang von der Harde getrennt blieb. Die einmal statt gefundene Exemtion mußte um so mehr geschätzt werden, je weniger das Hardesding geeignet war in den Handelsverhältnissen des Orts eine passende Rechtshülfe zu geben. Bestimmte historische Beweise lassen sich aus Mangel an Quellen nicht anführen. Vielleicht stand der Ort als ein Birk mit unter dem herzoglichen Hardesvogt, dessen 1477 zuerst erwähnt wird, so daß dieser in einer Person den Vorsitz in dem Birkding wie in dem Hardesding führte, dies Amt des Buvogts aber ging jedenfalls wieder ein. Vieles deutet auf einen eigenen Gerichtsbezirk; wie die Harde *) ist der Ort in 4 Quartiere eingetheilt. Aus diesen Quartieren wurden 4 Rechensleute und 12 Quartiersmänner gewählt. Als Vorstände des Gemeindewesens erlassen diese förmlich unter Mitwirkung des Vogtes eine Feuerordnung, treffen Bestimmungen über Maaß, Gewicht, Tonnen und Baken, welche ohne Gerichtsbarkeit für diese Fälle nicht leicht hätten getroffen werden können. Sie beaufsichtigen die Aemter, ziehen aber deren Aelterleute nicht selten mit zur Berathung, verwalten mit diesen nach der Reformation die eingezogenen und zu einer milden Stiftung verwandten Klostergüter, und haben die Predigerwahlen. Auch nach dem Stadtrecht von 1608 **) war Husum schon von altersher mit Gerichtsbarkeit über alle zum Bezirk gehörigen Sachen begnadigt, ja es hatte wohl gar eigene Criminaljurisdiction, da die angeführte Stelle von einer Jurisdictio omnimoda spricht und sich nicht gut auf das erst kurz vorher ertheilte Weichbild beziehen läßt. Daneben erwähnt Laß zum Jahre 1511, es sei den Einwohnern die Freiheit bestätigt, keine Sandleute und

---

*) Falck, Handb. Bd. 1, S. 24, Note 32.

**) Stadt-R. 1, 1, 2.

Neffninge nach dem Südergoesharder Ding zu senden, eine Freiheit, in deren Besitz sie schon lange gewesen wären. Als eine Begünstigung kann dieses nur dann angesehen werden, wenn sie nicht selbst unter dem Hardesgericht standen. Daß Dankwerth *) von einem Birkdinge für Husum spricht, ist schon bemerkt, und ohne eigenes Gericht hätte schwerlich das Wisbyer Seerecht Eingang gefunden, dessen Anwendung nur durch das Weichbild von 1582 bestätigt wird. **)

Wie dem auch sei, es wurde das Husumer Gericht später wieder mit dem Hardesding vereinigt, welches nach einer Andeutung in der Einleitung zu der Gerichtsordnung von 1582 wahrscheinlich unter Friedrich I. geschah, und dieses Gericht, das früher vor Husum gehegt worden war, nach Husum verlegt, wohl um durch die Anwesenheit der dazu nöthigen Bunden und Partheien den Einwohnern eine Nahrungsquelle zu eröffnen. Diese Vereinigung führte aber von Seiten der Husumer bald zu Beschwerden, und durch das Weichbild von 1582 erlangten sie eine abermalige Trennung von dem Hardesding, dessen Unterhaltung ihnen große Kosten verursachte ohne dafür eine ihrem Verkehr entsprechende, schnelle und gerechte Justizverwaltung zu bewirken. Ein trauriges Bild von dem damaligen Zustande der Volksgerichte giebt die schon erwähnte Einleitung zu der im Manuscript mir vorliegenden Gerichtsordnung von 1582. Bis ins neunte Jahr wird die Entscheidung selbst geringfügiger Sachen hingeschleppt; die Bunden liegen von einem Dingtage zum andern unter Versäumung des eigenen Hauswesens und zur Beschwerde der Husumer, die sie mit Speise und Trank überflüssig versehen müssen. Dann entscheiden sie

*) Landesbeschreibung S. 140.

**) Corp. Stat. Slesv. II., p. 675, 700 n. tt. — Laß, S. 66, 67.

trunkenen Muths über Hals und Kopf die Sachen, eben so zugänglich den Bestechungen der Reichen als durch die Drohungen der Mächtigen erschrocken; diese Verirrungen der Bunden wirken um so viel nachtheiliger als der Hardesvogt nicht wie in den andern Harden an der Abscheidung im Gerichte Theil hat.

Ohne Wahrheit mag diese Schilderung nicht sein, man muß indeß nicht außer Acht lassen, daß die Zeit den Volksgerichten nicht mehr hold war und man leicht hingerissen wurde die Mängel derselben mit nicht allzu freundlichen Farben zu malen. Auch lag den Husumern selbst natürlich sehr daran, des Bundengerichtes, das dreimal 12 Beisitzer zählte, ledig zu werden, da dieses für einen gewerbtreibenden Ort kein sehr günstiges Vorurtheil erwecken konnte, und fremde Kaufleute die complicirten Handelsverhåltnisse gewiß ungerne der Bundenentscheidung zur Entwicklung überließen, die sich sonst überall des Schutzes der Gastrechte erfreuten. Deshalb suchten die Kaufleute, Aemter und Handwerker des Orts, wie sie es schon vergeblich früher gethan hatten, bei der Landesherrschaft Abhülfe. Durch Herzog Adolf, an dessen für Husum glückliche Zeiten noch ein Sprichwort im Volke erinnert, wird ihnen diese durch Trennung vom Hardesding und nach angehörtem Rath der herzoglichen Råthe, unter Zuziehung eines Ausschusses von Gemeindebevollmåchtigten, die Gerichts- und Polizeiordnung zu Stande gebracht, wie denn auch schon damals Ditmarschen, Eiderstedt und die nachher durch die Fluthen zerstörten Nachbarsdistricte, Simonsberg, Lundenberg und Padeleck ihr sonderbares Recht erhalten hatten. *)

*) Die Einleitung zur Gerichtsordnung.

§. 18.

Das Weichbild von 1582. *)

So kam die Gerichts- und Polizeiordnung 1582 zu Stande; gedruckt wurde sie, da sie nur kurze Zeit galt, nicht, eben so wenig läßt sich bei dem Schweigen der Quellen der eigentliche Concipient derselben ermitteln. Unbezweifelt wurde bei derselben das Eiderstedter Landrecht und die sogenannte Reformation zu Grunde gelegt und benutzt, mit denen sie in einzelnen Ausdrücken wie in ganzen Abschnitten übereinstimmen; auch wird in der Einleitung auf das Ditmarscher und Eiderstedter Landrecht verwiesen, jedoch machten die städtischen Verhältnisse natürlich Modificationen nöthig.

Husum erhielt nun vorläufig einen Präsidenten (Gerichtsverwalter), einen Rath von acht Mitgliedern und einen Gerichtsschreiber. Alle Stellen werden lebenslänglich und durch den Herzog besetzt, die Wahl der Gemeinde ganz ausgeschlossen. Dem so gebildeten Rath wird die ganze Kriminal- und Civilgerichtsbarkeit übertragen, und es kann von seinen Urtheilen ohne Mittel nur an den Herzog appellirt werden. So erscheint nach dem ersten Theil der Gerichtsordnung die Verfassung, und wenn Falck **) hier einen eigenthümlichen Begriff vom Weichbilde finden will, so ist dieses insofern richtig, als er hier nur einen privilegirten Flecken bezeichnet, nicht im ältern Sinne eine Stadt, welche als nothwendiges Merkmal Bürgermeister und Magistrat voraussetzte, welche die Gemeindeangelegenheiten besorgten.

Der zweite Theil der Gerichtsordnung enthält Bestimmungen über das Verfahren in gerichtlichen Sachen;

---

*) Laß, l. c. S. 66. — Hus. Stadt-R. I. 1. — Das Manuscript der Gerichts- und Polizeiordnung.

**) Handbuch, Bd. 1, S. 22.

die erwähnten Statuten wurden hiebei benutzt, und es wurde sicher in den Gerichten die erst eben entstandene alte Landgerichtsordnung wie auch die Praxis angewandt, da die kurzen, statutarischen Bestimmungen nicht ausreichen konnten. Der Gebotsbriefe und des Gastrechtes geschieht hier Erwähnung; abgeschafft wird der Zwölfmanneneid, an dessen Stelle das Juramentum suppletorium tritt, das durch einen Generalbevollmächtigten geleistet werden kann. Die Störung des Gerichtsfriedens wird mit 30 Mark Brüche belegt, und die Strafe der temere litigantium ist 1 Schilling von der Mark der Hauptsumme. Die alleinige Competenz des Gerichtsverwalters in geringfügigen Sachen ist festgesetzt für Streitgegenstände, die den Werth von 4 Mark nicht übersteigen.

Der Titel 27 dieses Theils handelt von den Deichen in den Marschlanden; als Commüne besaß Husum keine Deiche und hatte nur Geestländereien. Die Einwohner nahmen aber damals, wie Iven Knutzen öfter erwähnt, sehr thätigen Antheil an den Deicharbeiten, die in diesen Zeiten von den Herzögen fast mit zu großem Eifer und zur großen Beschwerde der anliegenden Geestdistricte betrieben wurden, und nicht selten sah die Regierung sich veranlaßt durch Zwangsmaaßregeln die Arbeiter herbeizuschaffen. Durch diese ihre Theilnahme erwarben sich die Husumer Marschbesitzungen in den neuen Köögen, und man mag diese Bestimmungen um so williger aufgenommen haben, weil man sie in dem Eiderstedter Recht vorfand, wenn auch die Competenz des Gerichtes sich nicht über die Deiche erstreckte. Das Husumer Stadtrecht *) enthält nur eine strafrechtliche Bestimmung über den Deichfrieden für die Deicharbeiten, und hier konnte das Gericht der Stadt leicht zuständig werden.

*) Stadt=R. IV. 15.

Der dritte Theil, so ziemlich mit dem zweiten und dritten des spätern Stadtrechtes übereinstimmend, enthält Grundsätze über die einzelnen Rechtsverhältnisse. Im Eingang werden diese Bestimmungen als christlich, billig und dem dänischen Lowbuch conform bezeichnet. Das römische Recht wird noch nicht als subsidiäres autorisirt, doch läßt sich gerade hier am wenigsten verkennen, wie die derzeitige Doctrin einen größeren Einfluß auf den Verfasser äußerte als das jütsche Low und als er sich selbst vielleicht hat gestehen wollen; dieses tritt besonders bei den Bestimmungen über die Vormundschaft, Testamente, Legitima, Concubinat und andern hervor und war wohl um so weniger zu vermeiden, weil gerade in diesem Theil das vom römischen Recht schon stark durchdrungene und dieses in subsidium voraussetzende Eiderstedter Landrecht excerpirt wurde. — Die zweite Hälfte dieses dritten Theils umfaßt das peinliche Recht, in welchem auch das jütsche Low und die Carolina concurriren.

Der Gerichtsordnung beigefügt ist noch eine Polizeiordnung, wie schon erwähnt, mehr verwandt mit der Eiderstedtischen Reformation. Kirchenrechtliche Bestimmungen machen den ersten Theil derselben aus; nicht unter diesen begriffene Fälle sollen nach der allgemeinen Kirchenordnung und den Specialdecisionen entschieden werden. Der zweite Theil normirt die Communalökonomie mit Bezug auf die Ortsprivilegien; es finden sich hier Bestimmungen für Jahr- und Wochenmärkte, über Geld- und Kornwucher, Zoll, Accise, Maaße, Gewicht, Tonnen und Baken in der Hewer, und über die einzelnen Handwerke, wobei sogar die Preise der Arbeiten festgesetzt werden, z. B. für Schuhe und Stiefeln und sogar für rohe Häute.

Das Recht Verbesserungen und Veränderungen mit diesen Statuten zu treffen behält sich die Landesherrschaft vor, damals ein ziemlich gewöhnliches Reservat. Am Schlusse finden sich noch die Ernennungen des Präsidenten, der Räthe und des Gerichtsschreibers nebst einer Einführung in ihr Amt.

Von nun an bis zur Ertheilung der eigentlichen Stadtgerechtigkeit verfloß nicht lange Zeit; die Präsidentenstelle wurde nicht einmal ordentlich, sondern nur interimistisch besetzt. Inzwischen erwarb sich der Flecken mehrere Freiheiten; so wurde das Verbot, daß Gast mit Gast daselbst nicht handeln solle, erneuert, ein Verbot, von dem nur die Eiderstedter zum Theil ausgenommen wurden; *) gleichfalls wird die Accise für fremdes und eingebrautes Bier, wie auch für andere Getränke aufgehoben, und den Rathsherren werden die Gerichtssporteln bewilligt.

§. 19.

Das Wisbyer Seerecht. **)

Zugleich mit der Weichbildsverleihung wird der Gebrauch des sogenannten Wisbyer Seerechtes für den Ort selbst und die umliegenden Inseln und Halligen bestätigt, das sich schon lange vorher geltend gemacht hatte. Seitdem 1561 das dänische Seerecht in den schleswigschen Städten als allgemeines Gesetz anerkannt worden, erhielt sich nur hier in den den deutschen näher stehenden Districten dieses Statut. Die Aufnahme desselben läßt sich nicht genau bestimmen, wahrscheinlich erlangte es durch die Handelsverbindungen mit den Hansestädten seine Geltung in Husum. Mit diesem verbunden ist ein eigenes Seegericht. Kaufleute und Schiffer finden in See- und Schifffahrssachen das Urtheil, von dem nur an die Landesregierung appellirt werden kann. Für Nordstrand und die

*) Corp. Stat. Slesw. II. p. 708.

**) Falck, Handb. Bd. 1, §. 139. — Corp. Stat. Slesv. II. p. 675. — Schrader, Lehrb. Bd. 1, §. 92. — Laß, l. c. S. 67, Note.

Inseln war es zugleich eine Mittelinstanz für streitige Sachen der Art. In spätern Zeiten wurde es in dem Hause des Tonnen- und Bakenmeisters gehalten und bestand aus 4 Kaufleuten und 4 Schiffern, unter dem Vorsitz des worthabenden Bürgermeisters als Protocollführer. Als Appellationsinstanz für die Inseln dauerte es noch bis in die Mitte des vorigen Jahrhunderts; *) als erste Instanz wird es noch jetzt, obgleich selten, berufen.

§. 20.

Die Verfassung nach Ertheilung des Stadtrechtes von 1603. **)

Die Ertheilung des Weichbildes erscheint fast nur wie eine transitorische Verfügung; schon 1598 verspricht der Herzog Johann Adolf dem Flecken die Stadtgerechtigkeit und 1603 wird sie wirklich ertheilt; das Stadtrecht erschien 1608 und wurde auch in diesem Jahr gedruckt. Die Präsidentschaft ging hiemit schon zu Ende und es wurde ein Magistrat von 8 Mitgliedern aus und von der Bürgerschaft gewählt; nachher ergänzt er sich selbst und wählt aus seiner Mitte zwei Bürgermeister, die abwechselnd Jahr um Jahr das Wort führen; alle diese Aemter dauern lebenslänglich. Der Jurisdictionsbezirk der Stadt wird genau bestimmt ***) und der wortführende Bürgermeister hat zur Beschleunigung des Verfahrens die Cognition in auf klarer Hand und Siegel beruhenden Sachen, wie auch in Bagatellen unter 10 Mark. †) Der

*) Laß, S. 128.

**) Neues Staatsb. M. Bd. 1, S. 574. Hier findet sich das eigentliche Privilegium ganz abgedruckt, nur theilweise im Corp. Stat. Slesv. II. p. 701. — Laß, l. c. S. 76. — Hus. Stadt-R. Th. 1, Tit. 1—7.

***) Laß, l. c. S. 83.

†) Privilg. §. 3. — Stadt-R. 1, 3.

Gerichtsschreiber *) wird von der Landesherrschaft angestellt und nimmt ihre Gerechtsame vorzüglich in Betreff der Brüchen wahr; er führt alle Protocolle und fertigt die Urkunden über Verträge u. s. w. aus. Die Regierung behält sich die Regalien und Steuern vor, wie auch das Recht in Justiz- und Polizeisachen Verordnungen zu erlassen, sofern sie es nöthig findet. Hiedurch wurde die Antonomie der Gemeinde fast vernichtet, die denn überall in dieser Zeit sehr beschränkten Umfanges ist; ganz aufgehoben und abgeschafft wurden endlich für Husum 1736 **) alle im Schwange gehende Willkühren und Beliebungen.

Von den gemeinen Privilegien der Herzogthümer, also auch von dem Landtage wurde die Stadt ausdrücklich ausgeschlossen, wohl nur aus dem Grunde, weil die Städte, die den Landtag beschickten, der gemeinsamen Regierung unterworfen waren, und die Herzöge bei den neuerrichteten Städten in ihren Landschaften und Aemtern allein die Oberhand behalten wollten, wie derselbe Fall bei Tönning, Garding und Friedrichstadt eintrat. Daneben stand die friesische Provinz überall nie mit dem Landtage in Verbindung und unterhandelte in Betreff der Steuern immer selbstständig mit dem Landesherrn. Deshalb blieb Husum auch von den Landtagsabgaben frei, obgleich man nachher die Stadt für dieselben in Anspruch nehmen wollte.

Bis auf die jetzige Zeit blieben zwei Bürgermeister, doch so, daß der eine, ein studirter, für immer das Wort hat, trotz der gegentheiligen Anordnung des neuen Stadtreglements von 1712, ***) durch welches die Zahl der Senatoren auf vier herabgesetzt wurde. †) Die Stelle

---

*) Stadt-R. 1, 4.

**) Laß zu diesem Jahr.

***) In Corp. Stat. Slesv. II. p. 744, §. 34.

†) Daselbst §. 6—30.

eines dritten Bürgermeisters, welcher 1742 *) eingesetzt wurde, ging bald wieder ein, so wie auch in neuerer Zeit die 1722 eingerichtete Präsidentschaft oder das Oberdirectorium des jeweiligen Amtmanns, nachdem erst 1639 die Südergoesharde zu einem eigenen Amte erhoben war, wieder aufgehört hat.

Außer dem Stadtgericht und dem schon erwähnten Seegericht befand sich in Husum auch noch ein eigenes städtisches Unterconsistorium (consistorium civicum) für geistliche Gerichtsbarkeit. Dieses faßte in Consistorialsachen Urtheile ab, konnte aber weder Strafen noch Brüchen bestimmen. Es bestand aus den drei Stadtpredigern ohne Einmischung weltlicher Behörden. **) Aufgehoben wurde es 1811 ***) nachdem schon die dritte Predigerstelle eingegangen war; die demselben zuständigen Sachen wurden dem Amtsconsistorium untergelegt, welches aus dem Amtmann, dem Probsten, dem andern Stadtprediger und den beiden Mildstedter Pastoren besteht. †)

Ein eigenes Gericht über Kirchenstände und Begräbnisse ††) bildeten die vier Kirchenvorsteher, wobei der Küster, in dessen Haus es sich versammelte, die Geschäfte eines Secretärs versah. Dieses Gericht ist wohl von selbst außer Gebrauch gekommen.

---

*) Laß, l. c. zweite Fortsetzung S. 169, 353.

**) Laß, l. c. S. 67. Zweite Fortsetzung, S. 2, Note 86.

***) Verordnung vom 11. Nov. 1811.

†) Corp. Stat. Slesv. II. p. 752. — Staatsb. Mag. Bd. 4, S. 344.

††) Laß, S. 106, 107.

§. 21.

Die Zünfte. *)

Schließlich ist hier noch der Bildung zweier städtischer Institute zu erwähnen, die gewöhnlich in einem historischen Zusammenhange stehen, hier aber ohne bemerkbaren Einfluß auf einander bleiben, nämlich der Zünfte und des Deputirtencollegiums. Schon vor Ertheilung des Weichbildes, die Polizeiordnung setzt sie voraus, hatten sich die Gewerke zu Corporationen vereinigt, ohne aber jenen politischen Einfluß zu erlangen, der in den deutschen Städten eine so bedeutende Umwälzung herbeiführte. Man kann sie also nicht als Zünfte im eigentlichen Sinn, die politische Rechte ansprechen, betrachten. Bereits 1562 werden vier bestehende Aemter, Schuster, Schmiede, Schneider, Bäcker, genannt und zu einem großen Amte vereinigt; **) einzelne Innungen kommen schon 1527 vor. Immer aber blieben diese Aemter sogenannte offene; trotz mannichfacher Versuche sie zu schließen, blieb es jedem Handwerksgenossen unbenommen in ein Amt einzutreten und seine Handthierung zu treiben, falls er zünftig gelernt und die Qualität eines Bürgers erwerben konnte. Die Bedingungen Amtsmeister zu werden, wurden nie sehr erschwert, und das Barbieramt ist das einzige, welches ein geschlossenes wurde. Dagegen erhielten die Aemter das Recht der Bannmeile für die Umgegend und durften die Bönhasen treiben, jedoch nur mit specieller Erlaubniß des Bürgermeisters und unter Zuziehung eines Gerichtsdieners. ***) Als merkwürdig für die vaterländische Zunftgeschichte möge hier noch angeführt werden,

---

*) Eichhorn, Staats- u. R. G. §. 432. — Savigny Zeitschrift Bd. 1, S. 240.

**) Laß, l. c. S. 35, 37.

***) Laß, l. c. S. 127.

daß die Innung der Weber zu einer Hauptlade in Lübeck gehörten, und die Reifschläger sich der Statuten desselben Amts in Flensburg bedienten. *)

§. 22.

Das städtische Deputirtencollegium.

Es ist schon bemerkt, daß in den germanischen Städten mit der Ausbildung der Zünfte und Gelangung derselben zur Theilnahme an der Verwaltung durch eine controllirende Behörde aus ihrer Mitte der weitere, große Rath, das Deputirtencollegium in Verbindung stand. Bei dem geringen Einfluß der Innungen in Husum auf das Stadtregiment kann hiervon nicht die Rede sein, dessenungeachtet aber finden wir hier wie in allen norddeutschen Städten, wo eben so wenig Kämpfe des Raths mit den Zünften bekannt sind, Deputirte. In solchen Fällen leitet man sie am besten aus dem Bedürfniß der Repräsentation, welches die Bürger fühlten, ab, seitdem der Rath die eigentliche repräsentative Qualität verloren hatte. Später sah man sie überall als nothwendig in einer Stadt an. Diejenigen, welche den Ursprung der Städte aus Erweiterung der Dörfer ableiten, versuchen es die Entstehung dieser Collegien aus den bäuerlichen Commünen nachzuweisen, und sie wollen den Grund dazu in der Verfassung der Bauerschaften finden. Selbst bei dem aus einem Dorfe entstandenen Husum trifft dieses nicht ein, denn die Deputirten der Stadt erscheinen als ein Bürgerausschuß, dessen weder im Stadtrecht noch in der Polizeiordnung gedacht wird; die aus der frühern Verfassung herstammenden Quartiersleute bestehen noch neben demselben, verlieren sich aber bald.

---

*) Laß, l. c. S. 103, 158.

Eines von der Gemeinde gewählten Ausschusses geschieht bei der Errichtung der Gerichts- und Polizeiordnung Erwähnung; bei der Entwerfung dieser Statuten wird derselbe zu Rath gezogen, löste sich aber dann wahrscheinlich wieder auf und findet sich auch nicht mehr bei der Abfassung des Stadtrechtes. Erst 1630 *) wird ein aus 11 Bürgern bestehender, beständiger Ausschuß angeordnet, der dem Rath zur Seite stehen, die Stadtangelegenheiten wahrnehmen und was beschlossen, in's Werk zu richten helfen sollte. Die feindlichen Ueberzüge, die während des dreißigjährigen Krieges auch Husum erfuhr, so wie eine heftig grassirende Pest scheinen zu diesem Schritte den Rath genöthigt zu haben. Der Ausschuß ist aber sehr beschränkt und vom Rathe abhängig; Versuche seinen Einfluß zu erweitern mißlingen, und 1634 wird ihm verboten ohne Erlaubniß des Raths die Bürger zu versammeln und mit ihnen Beschlüsse zu fassen. **) Hauptsächlich über die Theilnahme an den Predigerwahlen führen die Deputirten mit dem Magistrat einen heftigen Streit, dessen Entscheidung aber gegen sie ausfällt. ***) Nach mannichfachen Beschwerden über den Mangel der Communalverfassung und die lebenslängliche Amtsdauer der Deputirten, die übrigens von dem Magistrat gewählt werden, wird endlich die Einrichtung getroffen, daß 6 auf Lebenszeit ihr Amt behalten sollten (eiserne Deputirte), die andern 6 dagegen alle 4 Jahre abgehen und dem Magistrat dann einige Bürger zur Wiederbesetzung der erledigten Stellen vorschlagen sollten. Die eisernen Deputirten sind von allen andern bürgerlichen Aemtern frei. †)

*) Laß, l. c. S. 94.

**) Resolution von 1634 in Corp. Stat. Slesv. II. p. 712.

***) Laß, l. c. Anlage No. 1.

†) Neues Staatsb. M. Bd. 1, S. 638. — Verodn. v. 1689 u. Resolution v. 1742 in Corp. Stat. Slesv. II. p. 734, 752.

Bei dieser Einrichtung ist es geblieben, nur wurde die Zahl beider Classen auf 4 herabgesetzt.

Charakteristik, Quellen und System des Stadtrechtes von 1608.

§. 23.

Allgemeiner Charakter der verschiedenen Statuten späterer Zeit.

Nachdem im Vorhergehenden die Geschichte der Verfassung der Stadt bis zur Ertheilung der Stadtgerechtigkeit geführt ist, sollen hier noch kurz der Charakter, die Quellen und das System des Stadtrechtes von 1608 auseinandergesetzt werden. Schon bei einer andern Gelegenheit *) ist bemerkt, daß man im Allgemeinen der Zeit und dem Charakter nach die mittelalterlichen Statuten in vier Classen theilen könne, und sind die aus der frühern Periode stammenden daselbst angegeben; hier muß nun eine kurze Charakteristik der beiden andern Classen folgen, um in einer derselben dem Husumer seine Stelle anzuweisen.

Nach Verbreitung der Rechtsbücher in Deutschland, besonders des Sachsen- und Schwabenspiegels, fing man an bei der Abfassung des privatrechtlichen Theils der Statuten diese zu benutzen und strebte, diesen als Vorbild folgend, nach einer umfassenderen Vollständigkeit, welche durch die städtischen Verhältnisse jetzt nothwendig erscheinen mochte. Man reformirte das alte Recht und legte bei dieser Revision die Rechtsbücher zu Grunde, indem man sie bald mehr, bald weniger excerpirte und mit dem alten Recht, sofern es noch gelten konnte, in ein Werk zusammenfaßte oder mit den statutarischen Bestimmungen den

---

*) §. 8.

Codex des Rechtsbuches in einen Band zusammenfaßte, um auf diese Weise ihm Gültigkeit zu verleihen oder Eingang zu verschaffen, indem diese Revisionen oft nur Privatwerke waren. So wurde das Sachsenrecht mit dem Lübschen Recht vereinigt und in den holsteinischen Städten aufgenommen; eben so bei dem Stadtrechte von Bergen das Gulethingslow und bei der Abfassung des Flensburger und Apenrader Stadtrechtes das oft wörtlich benutzte jütsche Low für übergangene Fälle eingeführt. Hiedurch gingen natürlich die particulären Eigenheiten des Rechtes immer mehr verloren, die statutarischen Bestimmungen nahmen einen allgemeinern Charakter an, wenn auch bei manchen das alte Particularrecht zum Theil in seinen Singularitäten bestehen blieb, oder die sich ihnen nur widerstrebend anschließende Praxis der Gerichte dieselben nicht immer ganz aufgeben konnte. Hie und da machten auch schon jetzt, als des deutschen Reichs geschriebenes Recht, römische Normen sich geltend. *)

Aber erst als durch die Reichspraxis das römische Recht nach und nach allgemein aufgenommen wurde, gewannen die Statuten einen noch gleichförmigern Charakter, besonders in den reichsunfreien Städten, wo das heimische Recht wenig Ausbildung mehr gewann. Römisch gebildete Juristen erwarben überall die Leitung der Rechtspflege nicht nur in den Städten, sondern auch auf dem Lande, und in Uebereinstimmung mit der autokratisch aufstrebenden Landesherrschaft betrachteten sie die Autonomie der Gemeinden und das Particularrecht mit Ungunst, nicht vergeblich beides zu beschränken strebend. Wohl mochte ihnen das römische Recht empfehlungswerther erscheinen, als ein ihnen fremdes Gemisch von allerlei Normen, deren Sinn und Geist sie nicht begriffen noch zu begreifen suchten. Von solchen Männern wurden nun die Statuten

*) Eichhorn, Staats- u. R. G. §. 434, 561.

reformirt, und etwa neuentstehende Städte erhielten jetzt ein von ihnen abgefaßtes Recht. Konnten sie sich nicht ganz und gar in manchen Fällen losmachen von dem Particularrecht, so wurde dieses doch so viel wie möglich mit römischen Bestimmungen untermischt, und das gemeine kaiserliche Recht als ein subsidiarisches zur Anwendung gebracht. In diesem fand man oder glaubte man wenigstens vollständige Normen für alle Verhältnisse, wie abweichend die deutschen auch von den römischen sein mochten, zu finden, und so unterblieb eine fernere lebendige Ausbildung des Landesrechtes, welches im besten Fall durch landesherrliche Verfügungen späterer Zeit näher bestimmt und festgesetzt wurde. Die Autonomie verlor in dem Maaße, in welchem die Doctrin vorherrschend wurde, und selbst in Verwaltungsangelegenheiten wurde die Theilnahme der Gemeinde nicht selten ganz ausgeschlossen.

§. 24.

Historischer Zusammenhang einiger vaterländischer Statuten aus dieser Zeit.

Zu dieser letzten Classe sind nun die verschiedenen Stadt- und Landrechte zu rechnen, welche am Ende des sechszehnten Jahrhunderts und am Anfang des siebenzehnten in den Herzogthümern entstanden und im engen historischen Zusammenhang stehend, gleichsam eine Familie bilden. Der allgemeine Charakter dieser Statuten ist, daß man in ihnen, was besonders für das Herzogthum Schleswig bemerkenswerth ist, auf Kosten des particulären das gemeine Recht geltend zu machen suchte, deshalb viele rein römische Grundsätze aufnahm und jedenfalls die sogenannten Kaiserrechte als eine subsidiäre Quelle autorisirte.

Als 1559 Ditmarschen durch den König und die Fürsten unterworfen und der bisherige Freistaat in eine Provinz verwandelt wurde, mußte das alte Landrecht, über dessen Mängel außerdem schon viele Klagen geführt wurden, aus mehr als einem Grunde eben so unzureichend als unzulässig erscheinen, und die Sieger konnten Gesetze vorschreiben. Nach vorgängiger Erlassung einer provisorischen Gerichtsordnung wurde deshalb 1567 dem Lande ein in niedersächsischer Sprache abgefaßtes und von Ranzau und dem Gottorper Kanzler A. Thraziger concipirtes Landrecht ertheilt. Man darf sich nicht darüber wundern, wenn das der Alleinherrschaft zusagende, im übrigen Deutschland bereits geltende gemeine Recht hier den an die eben verlorene Freiheit schmerzlich erinnernden Beliebungen vorgezogen, da ja außerdem Ditmarschen für einen Theil des deutschen Reichs angesehen wurde. *)

Gründe, welche um diese Zeit überall eine Verbesserung des Rechtszustandes wünschenswerth und nothwendig machten, bewirkten ebenfalls in Eiderstedt eine Umgestaltung der Rechtsquellen. Diese früher mit dem übrigen Nordfriesland, wenn auch nur lose verbundenen drei Landschaften lebten nach friesischem Rechte eigener Beliebung; nach ihrer historisch unbekannten und der Zeit unbestimmten Trennung von den andern Harden wurde schon im fünfzehnten Jahrhundert eine Sammlung dortiger Rechtsgewohnheiten unter dem Titel: „Krone der Wahrheit“ veranstaltet. 1572 kam die erste Revision des noch geltenden Landrechtes unter autonomischer Mitwirkung der Landschaften, welche damals eine sehr unabhängige Stellung gegen das Herzogthum Schleswig behaupteten, aber unter Aufsicht und Leitung der Regierung zu Stande, bei der das neue Ditmarscher als Vorbild diente. Eine Umarbeitung desselben durch den Staller Caspar Hoyer gab 1591 dem Statut seine jetzige Gestalt.

---

*) Falck, l. c. Bd. 1, §. 137, 138. — Kronhelm, Historischer Bericht in Corp. constit. Holsat. Bd. 1, S. 66.

Husum, 1582 mit dem Weichbilde begnadigt, erhielt, wie früher bemerkt, eine Gerichts- und Polizeiordnung; eine der Zeit beliebte Bezeichnung für Bestimmungen, welche das Gemeinwohl und die Oekonomie der Gemeinde betrafen und nicht zum eigentlichen Recht gezählt werden konnten. Bei der Ausarbeitung dieser beiden Werke lag nun natürlich nichts näher, als die neuen Statuten der benachbarten Districte zum Muster zu nehmen. Ein Blick der Vergleichung zeigt, daß das Landrecht Eiderstedts bei der Gerichtsordnung und die Reformation bei der Polizeiordnung oft wörtlich benutzt wurden. Von der Gerichtsordnung konnte bei der Abfassung des Stadtrechtes von 1608 aus innern Gründen nicht abgewichen werden, und es bedurfte nur einer Revision derselben, um sie den städtischen Verhältnissen anzupassen, wobei das inzwischen entstandene neue Eiderstedter Landrecht nicht unbeachtet blieb. Wenn der Zusammenhang aus Mangel an äußern Quellen, wie auch die eigentlichen Concipienten der Husumer Statuten, sich nicht bestimmt nachweisen lassen, so beweist doch die innere Uebereinstimmung die Verwandtschaft und den gleichen Ursprung. Zur Vergleichung genüge die Hinweisung auf die sorgfältig in den Anmerkungen bezeichneten Parallelstellen bei dem Husumer und Eiderstedter Statut in Corp. Stat. Slesv.

Auf die Verbindung des etwas später entstandenen und aus den mannichfaltigsten Quellen compilirten Friedrichstädter Stadtrechts mit den vorigen, deren römisch-deutschen Charakter es im Allgemeinen trägt, ist es hier hinlänglich blos aufmerksam zu machen, so wie auf die Abweichungen des Nordstrander Landrechtes, das statt der gemeinen geschriebenen Rechte das Naturrecht oder die Billigkeit zur subsidiären Quelle bestimmt. *)

---

*) Nordstr. Land-Recht. III. 61

§. 25.

Das römische und gemeine Recht im Herzogthum Schleswig.

Während das ganze Herzogthum Schleswig wenn auch nicht von dem Einfluß, so doch von der förmlichen Aufnahme des gemeinen Rechtes frei blieb, griff letzteres an der südwestlichen Seite des Herzogthums über das deutsche Reich und damit über die ihm angewiesenen Grenzen hinaus, indem es sich wenigstens, als in der natürlichen Billigkeit begründet, für die in den Statuten übergangenen Fälle Eingang zu verschaffen wußte, *) dann aber seinen Einfluß selten auf den zugewiesenen, subsidiarischen Kreis zu beschränken nöthig hatte.

Der Grund, weshalb sich diese Districte dem Eingreifen und Andringen des großen deutschen Rechtsgebietes, welches ähnlich einem großen Sprachgebiet das kleinere zu vertilgen und sich zu assimiliren droht, minder erwehrten, als das übrige Schleswig, dem das jütsche Low zum Schutze diente, liegt in den historischen Verhältnissen. Eiderstedt sowohl als die Goesharden gehörten ursprünglich dem friesischen Recht an. Als ersteres sich von den übrigen Harden trennte, blieb ihm die Ausbildung seines Rechts allein überlassen. Bei der Nähe und der Verbindung, worin die Landschaft mit den Hansestädten und Ditmarschen stand, wenn diese Berührungen auch nicht immer freundschaftlicher Art waren, mußte das gemeine Recht bald bekannt werden und seine Aufnahme vorbereiten, zumal da die Eiderstedter nicht selten ihre Bildung von deutschen Universitäten holten und das jütsche Low ihnen ebenfalls ein fremdes Recht war, dem sie aus guten Gründen nicht sehr gewogen sein mochten. Das Ansehen, in welchem das römische Recht damals überall

*) Die vorletzten Artikel des Husumer, Friedrichstädter und Eiderstedter Statuts.

stand, und welches jene Gelehrten in ihrem Vaterlande zu verbreiten gewiß kein Bedenken trugen, konnte nicht ohne Gewicht bleiben.

Anders ging es freilich mit den erwähnten beiden Goesharden, die früher und enger mit dem Herzogthum verbunden wurden. Sie nahmen das schleswiger Landrecht auf, welches noch jetzt gilt. Dieses war auch für die Stadt Husum der Fall, so lange sie mit der Harde vereinigt war; selbst nach der Trennung von derselben bezieht sich die Gerichtsordnung von 1582 noch auf das jütsche Low. *) Indeß gab sich an diesem Ort doch schon mehr eine Hinneigung zu den deutschen Instituten kund, welche der Einführung des gemeinen Rechtes den Weg bahnte. So galt daselbst die lübsche Elle, **) nicht zu gedenken des Wisbyer Seerechtes; gleichfalls wurde in dem Gerichte ein Reichsgesetz von 1520 über wucherliche Contracte angewandt. Diese Hinneigung zu Deutschland, in rechtlicher wie in sprachlicher Hinsicht, wurde gewiß nicht wenig durch die Handelsverbindungen unterstützt, die Husum enger mit dem deutschen Reich verknüpften, als politische Grenzen es zu scheiden vermochten. Als das Stadtrecht abgefaßt und bei diesem das neue Eiderstedter Landrecht benutzt wurde, mußte man auf die Reception der gemeinen Rechte gewissermaaßen von selbst fallen.

§. 26.

Charakter und System des Husumer Stadtrechtes.

Nach dem Vorhergehenden stellt sich unser Stadtrecht von selbst als ein der jüngsten Classe angehöriges Statut dar. Kraft fürstlicher Auctorität wurde die Stadt

*) §. 18. Laß, l. c. S. 66.

**) Falck, Handb. Bd. 2, S. 62.

damit bewidmet und dasselbe von der Regierung abgefaßt; die Selbstthätigkeit der Gemeinde blieb ohne allen Einfluß, und der Zuziehung eines Ausschusses, wie bei der Gerichtsordnung, geschieht keine Erwähnung mehr; die salvatorische Clausel *) reservirt den Herzögen das Recht Veränderung beliebig eintreten zu lassen, wenn sie es für nöthig halten.

In der äußern Anordnung und in den einzelnen Artikeln stimmen, wie schon bemerkt, die erwähnten vier Statuten so ziemlich überein; doch erscheinen auch hier das Eiderstedter und Husumer als am nächsten verwandt, indem beide in vier Theile zerfallen. Das Friedrichstädter, im Ganzen das weitläuftigste, hat nur drei Theile, deren zweiter jedoch in zwei Sectionen zerfällt und dadurch die äußere Gleichheit so ziemlich wieder herstellt; das Ditmarscher, das älteste und kürzeste, läuft in einzelnen Artikeln fort. Der Schematismus der ersten drei erinnert im Allgemeinen an die Ordnung der römischen Pandecten. In dem Systeme der privatrechtlichen Normen zunächst des Husumer Stadtrechtes zeigt sich, wie überall der Zeit, das römische Recht mit vorherrschendem Einfluß; das germanische ist auf die ihm eigenthümlichen Institute beschränkt, deren Umfang dem Geiste dieser Periode gemäß mehr der Wissenschaft zu bestimmen überlassen bleibt, als daß die Statuten selbst immer eine sichere Grenze zwischen beiden Rechtsgebieten zögen. Insofern aber das Eiderstedter Landrecht bei der Abfassung vorlag, welches, abgesehen von den einheimischen Bestimmungen, wieder aus dem das lübsche und sächsische Recht benutzende Ditmarscher schöpfte, wird es nicht auffallen, wenn in dem Husumer Elemente der verschiedenen Zweige deutscher Rechtsbildung sich finden, besonders wenn in Betracht gezogen wird, daß die localen Verhältnisse der Stadt es den unbekannten

*) Hus. Stadt=R. IV. 75.

Compilatoren nicht erlaubten sich von dem Einflusse des friesischen und jütschen Rechtes frei zu machen. Es genüge hier Einzelnes kurz anzudeuten.

Am bedeutsamsten tritt das römische Recht in den obligatorischen Bestimmungen hervor, in denen es wohl überall dem germanischen Rechte an sichern und vollständigen Normen fehlen mochte, und das fremde Recht sich am leichtesten anwenden ließ, wie man denn hier fast immer auf römische Regeln stößt, *) und bei den Ueberschriften der Titel nicht einmal die römische Terminologie ausgelassen ist. Auch im Erbrecht, sofern es nicht die eigentlichen Familienverhältnisse beherrscht, die nicht so leicht einem fremden Recht sich unterwerfen ließen, blieben die römischen Grundsätze nicht unbenutzt, wenn auch die Erbfolgeordnung und die Theilnahme an der Erbschaft, bei der die weiblichen Erben und die Halbgeburt immer um die Hälfte gegen die Vollgeburt und die männlichen zurückstehen, **) nach friesischem oder jütschem Recht geregelt wurde. Die Lehre von den Testamenten in canonischer Form, in Schleswig ohne Confirmation sonst nicht vorkommend, wie die von der Collation sind gemeinrechtlich. Sklavisches Ankleben an letzteres, nach dem Vorgange des Ditmarschers und Eiderstedters, verräth die Aufnahme des Erbrechtes der Concubine und ihrer Kinder, obgleich dieses Verhältniß den christlichen Ansichten von der Ehe eben so sehr widerspricht als es dem jütschen Low entgegen ist, das unehelichen Kindern überall kein Erbrecht nach dem Vater gestattet. ***) Folgerichtig macht sich dagegen das Husumer Statut von den Dotalbestimmungen des Eiderstedter Landrechtes los, die in dem

*) Der ganze dritte Theil des Hus. Stadt=R.

**) Hus. Stadt=R. II. 14—16. — Nordstr. Land=R. II. 29. — Jüt. Low. I. 5.

***) Hus. Stadt=R. II. 15, 5. — Jüt. Low. I. 22, 4. 25.

Ditmarscher bei der particulären Gütergemeinschaft freilich eine gute Bedeutung haben, von denen aber weder in Husum noch in Eiderstedt die Rede sein kann, da in beiden Orten durch die Statuten ganz allgemein und unbedingt eine allgemeine eheliche Gütergemeinschaft eingeführt ist. Eine Constitution von 1604*) hebt für Eiderstedt die Dotalrechte, als der Gütergemeinschaft widersprechend, auf, und diese ist wohl bei dem Husumer Stadtrecht schon berücksichtigt. **) Bei den vormundschaftlichen Bestimmungen haben die gemeinrechtlichen das Uebergewicht, doch tritt nach dem Stadtrecht die Mündigkeit mit dem 21sten Jahr ein, entgegen dem Eiderstedter und dem jütschen Low,***) welche, als die frühern, auch einen frühern Mündigkeitstermin ansetzen. — In Rücksicht auf die Verjährung, die das jütsche Low nicht in dem Umfange kennt, sind die sächsischen Fristen aufgenommen, doch zeigt sich hier ein Gemisch von römischen und deutschen Bestimmungen. †) Als ein ganz eigenthümliches Institut des friesischen Rechtes sind hier die prozessualischen Bestimmungen über die Gebotsbriefe zu betrachten. ††)

*) Corp. Stat. Slesv. I. p. 227.

**) Eiderst. Land=R. II. 16, 22, 23. — Hus. Stadt=R. II. 17.

***) Hus. Stadt=R. II. 159. — Eiderst. Land=R. II. 132 u. Anmerkung im Corp. Stat. Slesv.

†) Hus. Stadt=R. III. 49.

††) Hus. Stadt=R. I. 11. III. 2. — Nordstr. Land=R. I. 26. II. 73. — Eiderst. Land=R. I. 19. III. 23. — Staatsb. M. Bd. 3, S. 42. Nachträge, S. 246.

Ulf Dietrich v. Hielmcrone

Christian Ulrich Beccau

Leben und Werk eines Husumer Historikers des 19. Jahrhunderts

Nachwort zur Wiederauflage seiner Werke

Husum 1988

III

Nachwort

Christian Ulrich Beccaus umfangreiche Arbeit „Versuch einer urkundlichen Darstellung der Geschichte Husums bis zum Jahre 1603" erschien 1854 in Schleswig. Dieses Buch ist ein Standardwerk für die Husumer Geschichtsschreibung geblieben, der bis heute eine umfassende und kritische Gesamtdarstellung fehlt.

Das zweite wichtige Werk Beccaus: „Geschichte der Stadtverfassung von Husum, nebst einer Charakteristik des dortigen Stadtrechtes", veröffentlicht im „Archiv für Staats- und Kirchengeschichte der Herzogthümer Schleswig, Holstein und Lauenburg", ist weniger bekannt. Und die Tatsache schließlich, daß Beccau auch durchaus passable Gedichte schrieb, ist heute auch Kennern nicht bewußt. Die Bedeutung der Arbeiten Beccaus, aber auch ihre schwere Zugänglichkeit außerhalb öffentlicher Bibliotheken rechtfertigen eine Neuausgabe, um die Werke dieses, einem größeren Publikum weitgehend in Vergessenheit geratenen, Husumer Chronisten wieder zu erschließen.

Leben und Werk des Husumer Advokaten Beccau wirft außerdem ein aufschlußreiches Licht auf die politischen und geistesgeschichtlichen Zusammenhänge seiner Zeit. Die Einordnung der Schriften und des politischen Handelns dieses Mannes zeigt darüber hinaus auf, daß auch Husum Anteil an dem Geschehen der vierziger und fünfziger Jahre des vorigen Jahrhunderts in Schleswig-Holstein hatte.

Diese Epoche war für die Geschichte des Landes, aber auch für Dänemark und Deutschland von großer Bedeutung, da sie vom endgültigen Auseinanderfallen des dänischen Gesamtstaates und schließlich dem Anschluß Schleswig-Holsteins an Preußen gezeichnet ist.

Es erscheint deswegen sinnvoll, der Wiedergabe der beiden wesentlichen Werke Beccaus in dem hier vorliegenden Buch, „Geschichte der Stadtverfassung von Husum" und „Versuch einer urkundlichen Darstellung der Geschichte der Stadt Husum" eine Biographie des Autors folgen zu lassen und ihn in die wichtigsten geistigen und politischen Strömungen seiner Zeit einzuordnen.

I

Christian Ulrich Beccau wurde am 20. März 1809 in Friedrichstadt geboren. Sein Vater war der Barbier und Chirurg Carl Benedict Vollrath Beccau, gestorben am 1. April 1834, die Mutter Marie Beccau, geb. Sieverts, die am 18. Februar 1860 in Husum starb. Der Großvater hieß ebenfalls Christian Ulrich und soll Advokat gewesen sein, er wohnte auch in Friedrichstadt. Angeblich ist die Familie Hugenottischer Abstammung.[1] Die Eltern sind anscheinend wohlhabende Leute gewesen. Sie haben ihren Sohn studieren lassen können, was damals ein kostspieliges Unterfangen war, auch galt Beccaus Mutter, als sie später in Husum lebte, als „vornehme Dame".[2] Wieweit die Familie auf Vermögen zurückgreifen konnte, wissen wir nicht, doch dürfte der Beruf des Vaters das Einkommen ausreichend gesichert haben. Der Barbier und Chirurg war Vorläufer des heutigen Arztes. Zwar gab es damals auch schon Mediziner mit einer akademischen Ausbildung, doch lag die gesundheitliche Versorgung der Bevölkerung vor allem auf dem Lande noch häufig in der Hand der Barbiere und Chirurgen.[3]

Man wird also annehmen können, daß Beccaus Vater durchaus ein erfolgreicher und tüchtiger Mann war. Doch auch künstlerische Neigungen gehörten zum Erbe Christian Ulrich Beccaus. So war der bedeutende schleswig-holsteinische Schriftsteller Joachim Beccau (1690–1754) ein naher Verwandter.[4]

Die erste schulische Ausbildung des jungen Christian Ulrich Beccau erfolgte auf der Friedrichstädter Bürgerschule unter dem Kantor Flüh. Ab Ostern 1825, also im Alter von 16 Jahren, kam er auf die Husumer Gelehrtenschule, die er bis Michaelis 1831 besuchte.[5]

Husum, damals wie heute Hauptort des südlichen Nordfriesland, war eine Kleinstadt, deren Enge und bedrückende Verschlafenheit treffend von Georg Friedrich Schumacher in seinem Buch „Genrebilder aus dem Leben eines siebzigjährigen Schulmannes"[6] beschrieben wurden. Schumacher war um die Jahrhundertwende, von 1798 bis 1802, Lehrer an der Husumer Gelehrtenschule gewesen. Seitdem hatten sich die Verhältnisse nicht geändert.

Der Geist einer neuen Zeit, der andernorts durch die Ereignisse der Französischen Revolution, durch die Aufklärung und den in Europa entstehenden Liberalismus Einzug gehalten hatte, erreichte die kleine Stadt an der Westküste mit ihrer schmalen Schicht eines wohlhabenden Bürgertums und ihrer festgefügten sozialen Ordnung noch nicht. Zwar war bereits 1775 eine Freimaurerloge gegründet worden[7], durch die immerhin gewisse geistige Impulse nach Husum hätten kommen können, sie war indessen längst wieder sanft entschlafen.

Gerade im ausgehenden 18. und beginnenden 19. Jahrhundert spielten die Logen für die Verbreitung fortschrittlichen Gedankenguts in Europa eine wichtige Rolle. Doch auch der politisch eher konservativ eingestellte, aber geistesgeschichtlich für Schleswig-Holstein so bedeutsame Emkendorfer Kreis gbildeter Adeliger und Intellektueller wäre ohne die gemeinsame Logenzugehörigkeit vieler seiner Mitglieder wohl nicht denkbar gewesen.[8]

Das Zeugnis Schumachers, damals der ganzen Stadt ausgestellt, traf auch für die Gelehrtenschule zu. Über die Zustände an dieser Bildungsanstalt wissen wir durch Beccaus Zeitgenossen Theodor Storm recht gut Bescheid. Der achtjährige Storm trat 1826, ein Jahr nach Beccau, in die Quarta der Schule ein. Die Schulszenen in seiner Novelle „Böttcher Basch" schildern die Verhältnisse anschaulich. Sie gehen offenbar auf die Erlebnisse des Dichters selbst zurück[9], der sich später darüber beklagen sollte, daß ihm an seinem Husumer Gymnasium nur geistige „Hausmannskost" vorgesetzt worden sei.[10] Beccaus und Storms Schulbesuch fällt in die Amtszeit des Rektors Friedrichsen.[11]

II

1831 verließ Beccau die Husumer Schule, zunächst um Theologie zu studieren. Nach einem Semester wechselte er jedoch das Fach zugunsten der Rechtswissenschaft. Zu seinen Lehrern in Kiel gehörte Nikolaus Falck[1], bei dem auch Storm gehört haben wird und der ihm später im Examen die Dänisch-Prüfung abnahm[2], ebenso wie zwei weitere bedeutende Husumer, Wilhelm Hartwig und Georg Beseler.[3]

Auf der Universität eröffnete sich für Beccau eine neue Welt. Hier sah sich der 22jährige inmitten der auch in Kiel aufregenden Ereignisse der Zeit nach dem

Revolutionsjahr 1830. Diese Epoche war geprägt von den Folgen der Pariser Juli-Revolution, von denen eine die Trennung Belgiens von den Niederlanden, also das Auseinanderfallen eines bedeutenden europäischen Staates war. Auch die Herzogtümer Schleswig und Holstein wurden durch das kurze aber wirkungsvolle Auftreten Uwe Jens Lornsens von dem Strudel der Ereignisse erfaßt.

Das 18. Jahrhundert war für das Königreich Dänemark und die Herzogtümer die glückliche Epoche des Gestamtstaates. Durch seine Neutralitätspolitik hielt sich Dänemark aus den europäischen Konflikten heraus, gleichzeitig bestimmte eine fortschrittliche Reformpolitik im Innern die Entwicklung.[4]

Doch tauchen bereits Ende des Jahrhunderts die Schatten eines aufkommenden Nationalismus auf, der für die Jahrzehnte danach in ganz Europa die Geschicke bestimmen sollte. Lange Zeit waren Beamtenschaft und der dänische Königshof durch viele Schleswig-Holsteiner stark deutsch geprägt worden, bis unter dem Einfluß des früheren Altonaer Arztes Struensee, des Geliebten der jungen Königin Karoline Mathilde, der Bogen überspannt wurde. Der von einem blinden Rationalismus geprägte Reformeifer des Deutschen führte zu einer starken nationaldänischen Reaktion.[5]

Eine neue Regierung in Kopenhagen betrieb eine scharfe Danisierungspolitik in den Herzogtümern, die mit Dänemark „amalgamiert" werden sollten. Außerdem wollte man die dänische Sprache in den deutschen Gebieten als Amts- und Umgangssprache durchsetzen, zudem sollten die Vorrechte des Adels beschnitten werden. Dies mußte den Widerstand in den Herzogtümern wecken. Die Ritterschaft und Professoren der Kieler

Universität wandten sich gegen diese Politik, die eine Gefährdung der bisher ausgewogenen Verhältnisse im Gesamtstaat bedeutete.[6] So wurde dann auch in Emkendorf während der deutschen Befreiungskriege zum ersten Mal der Gedanke einer Trennung Schleswig-Holsteins von Dänemark erörtert. Luise Stolberg formulierte dies drastisch: »Wie sollte uns das Herz nicht laut schlagen, *solche* Bande zu zerreißen?«[6a]

Zu einer ersten Vertrauenskrise größeren Ausmaßes kam es, als Dänemark, das damals ohnehin wirtschaftlich schwierige Zeiten erlebte, in die napoleonischen Kriege hineingezogen wurde. Die Folgen des Bündnisses mit Napoleon waren nicht nur wirtschaftlich nachteilig für das Land, sondern hatten auch langfristig negative Auswirkungen auf das Verhältnis zwischen dem Königreich und den Herzogtümern. Schleswig-Holsteiner mußten erstmals als Soldaten gegen andere Deutsche, nämlich die Preußen, Krieg führen, obwohl sie für deren Freiheitskampf gegen den französischen Kaiser Sympathie empfanden.[7]

Im Kieler Frieden von 1814 mußte das mitunterlegene Dänemark Norwegen abtreten, während der absolutistisch regierte Staat durch die Bundesakte von 1815 auch noch verpflichtet wurde, dem Herzogtum Holstein, seinem deutschen Teilgebiet, eine Verfassung zu geben.

Holstein war seit alters Teil des deutschen Reiches und nach dessen Untergang des Deutschen Bundes. Damit war der dänische König als Herzog von Holstein deutscher Bundesfürst und insofern gewissen Beschränkungen unterworfen, die sich aus dieser Besonderheit ergaben. Die Forderung nach einer Verfassung beschäftigte nach 1815 aber nicht nur die Holsteiner, sie wurde auch im Herzogtum Schleswig für diesen Teil des Landes verlangt, dessen Bewohner sich durch die gemeinsame Sprache und Geschichte mit Holstein verbunden fühlten und die sich in ihren Forderungen auf den Vertrag von Ripen aus dem Jahre 1460 stützen konnte, nach dem Schleswig und Holstein zusammenbleiben sollten, „up ewig ungedelt".

Erste nationaldeutsche Töne wurden im Lande auf der berühmten „Waterloo-Rede" des Kieler Professors Dahlmann laut, die dieser vor der Universität zur Feier des Sieges über Napoleon hielt. Auch fällt in diese Zeit die Gründung der „Kieler Blätter", eines Presseorgans, durch das Männer wie Falck, Dahlmann, Hegewisch, Welcker und andere die Ideen des liberalen Bürgertums, publizieren konnten.

Am hinhaltenden Widerstand der Regierung in Kopenhagen und dem Erstarken konservativer Kräfte scheiterten zunächst auf längere Zeit die Bemühungen um eine Verfassung für die Herzogtümer. Unter den Kieler Professoren und sonst im Lande machte sich Resignation breit.[9] So verließ Dahlmann 1829 Kiel, wo er ganze Studentengenerationen durch seine Vorstellungen geprägt hatte, um einem Ruf nach Göttingen zu folgen. Falck dagegen blieb und widmete sich seinen rechtshistorischen Studien, die ihn zum Begründer der schleswig-holsteinischen Rechtsgeschichte machten.[10]

Nikolaus Falck stand der Historischen Rechtsschule, wie sie von Savigny begründet wurde, jedenfalls nahe.[11] Diese Rechtsschule hatte sich in Lösung von den Gedanken der Aufklärung und ihrem Rationalismus um Rückwendung zum historischen Bewußtsein und um Erkenntnis nationaler Identität bemüht, von der Romantik beeinflußt und unter Wahrung streng wissenschaftlicher Methoden.[12]

Friedrich Carl von Savigny hat die Grundsätze seines wissenschaftlichen Vorgehens so formuliert: „Jeden gegebenen Stoff bis zu seiner Wurzel verfolgen, und so sein organisches Prinzip zu entdecken, wodurch sich von selbst das, was noch Leben hat, von demjenigen absondern muß, was schon abgestorben ist und nur noch der Geschichte angehört."[13]

Nach Ansicht der Historischen Rechtsschule konnte sich das Recht nur aufbauend auf den alten Wurzeln weiterentwickeln, wozu deren Kenntnisse unabdingbar waren. Eine Neuschöpfung von Rechten lehnte diese Schule ab. Dies mußte konsequenterweise auch für das Staatsrecht gelten. Auch hier war es notwendig, bis an die Wurzeln vorzustoßen, um festzustellen, „was bereits abgestorben war und der Geschichte angehört". Für die Frage einer Verfassung und ihrer Ausgestaltung eine entscheidende Überlegung, da sie weder den bedingungslosen Erhalt einer bestehenden Ordnung, noch deren Umsturz beinhaltet. Aus diesem gedanklichen Ansatzpunkt, der sicherlich von Falck geteilt wurde, erklärt sich sein Interesse an den heimatlichen Rechten, die als Quellen von großer Bedeutung waren.[14]

In diesem Zusammenhang erscheint ein Hinweis auf die Herkunft Falcks wesentlich. Nikolaus Falck wurde am 25. November 1784 in Emmerlev, an der Nordseeküste, nordwestlich von Tondern geboren.[15] Sein Vater war wohlhabender Hofbesitzer. In Nordfriesland galten noch vielfach die alten freiheitlichen Rechte einer weitgehend autonomen bäuerlichen Region, wobei das nahegelegene Mögeltondern als dänische Exklave in adeligem Besitz eine Ausnahme bildete. Möglicherweise fielen damals bereits dem jungen Falck die Spannungen zwischen einem freien Bauerntum und dem Adel auf.

Im Sinne der Historischen Rechtsschule, nicht unbedingt als deren erklärter Anhänger, hat Falck die Legitimation seines und seiner Zeit Streben nach einer Verfassung in den alten Partikularrechten, insbesondere deren an der Westküste, also Nordfrieslands und Dithmarschens gesucht, die wegen ihrer Bodenständigkeit und Ursprünglichkeit am deutlichsten und unverfälscht die Quellen des Rechts darzustellen schienen.

Für eine Beteiligung des Bürgers an den Geschäften des Staates bedarf es aber nicht nur einer entsprechenden Verfassung, sondern einer staatspolitischen Erziehung eben jenes Bürgers; vor allem für die Zeit Falcks, in der der Untertan weitgehend in der Wahrnehmung von Bürgerrechten unerfahren war.

Es war dagegen konsequent, daß Falck ein Bildungs- und Informationsblatt schuf, um die Kenntnis politischer und staatlicher Zusammenhänge und Fakten zu vertiefen, das „Neue Staatsbürgerliche Magazin". Im Vorwort zum ersten Band, der 1821 erschien, forderte er dazu auf, die Gemeinde-Verfassungen der Heimat zu erforschen und zu beschreiben, da er – ähnlich wie der Freiherr vom Stein in Preußen – die Beteiligung des Bürgers am Staate auf der untersten Ebene, der Gemeinde, beginnen lassen wollte.[16] Dieser Aufforderung ist später dann auch der Husumer Christian Ulrich Beccau nachgekommen.

Die Faszination, die für Falck von den Rechten der Heimat ausging, erklärt sich daraus, daß diese für ihn die originären Rechtsvorstellungen der Bewohner einer Landschaft oder einer Stadt aufzeigten, Rechte also, die aus dem Lande selbst entstanden waren und die das rechtliche Denken seiner Bewohner widerspiegelten. Damit waren sie Inbegriff einer wahren, gewachsenen und althergebrachten Volkssouveränität, die nicht revolutionär erkämpft wurde oder werden mußte, sondern dem Lande innewohnte.

Die ganze, heute etwas eng und wenig weltoffen wirkende Wertschätzung für die Rechte seiner engeren Heimat drückt Falck in folgenden Worten aus[17]:

> „Vielleicht gibt es kein Land in Europa, das demjenigen Rechtszustand, den wir für den besten halten, näher steht, als das Herzogthum Schleswig. Das Gesetz und die Verordnungen haben nicht viel mehr als das durchaus Notwendige fixiert und die Erkenntnis aller übrigen Rechtsnormen dem Verstand der Richter und der Wissenschaft überlassen."

Bei dieser Art eigener Begeisterung und unverkennbarem Stolz auf die eigen- und bodenständigen Rechte der Heimat, kann man sich leicht vorstellen, daß er diese Einstellung auch an die dafür empfänglichen Studenten weitergeben konnte, zumal er als hervorragender akademischer Lehrer galt mit einem großen Einfluß auf seine Hörer.[18] Wenn seine Husumer Schüler, wie Wilhelm Hartwig Beseler, Theodor Storm oder Christian Ulrich Beccau nicht schon zuvor ihre Liebe zur Heimat empfunden hätten, Falck hätte sie in ihnen wohl wecken können, jedenfalls aber hat er sie darin bestärkt und ihre ohnehin vorhandenen Einstellung durch die Wissenschaft untermauert.

An zwei Beispielen soll Falcks Interesse an seiner nordfriesischen Heimat und die Bedeutung, die er ihren Rechten und ihrer Geschichte beimaß, verdeutlicht werden: 1819 gab er die 1666 erstmals erschienene „Nordfresische Chronik" des Anton Heimreich neu heraus, außerdem beabsichtigte er eine Gesellschaft zu gründen, die sich mit der Erforschung der Geschichte Nordfrieslands beschäftigen sollte, zu dem er im weiteren Sinne auch Dithmarschen zählte.[19] Später wurde dieser Plan in der Form der Schleswig-Holsteinischen Geschichtsgesellschaft verwirklicht. Aufschlußreich aber bleibt die Tatsache, daß Falck Nordfriesland für so wichtig hielt, daß er für dieses Gebiet eine eigene Gesellschaft dieser Art gründen wollte und nicht gleich für ganz Schleswig-Holstein.

Ein weiterer Lehrer, der Einfluß auf Beccau während seiner Studienjahre genommen hat, war Andreas Ludwig Michelsen. Dieser hatte bei Savigny und einem anderen führenden Mann der Historischen Rechtsschule, Eichorn in Göttingen, gehört. Zu seinen Kieler Lehrern gehörte Dahlmann, über den er schreibt: „. . . dessen Zuhörer ich mit Liebe gewesen bin, dessen Schüler zu seyn ich mich stets rühmen werde . . ."[20] Michelsens Forschungsgebiet war die nordische Rechtsgeschichte, wofür er sogar isländische Sprachstudien betrieb. Doch galt sein Interesse auch den hiesigen Partikularrechten. So veröffentlichte er zunächst im „Staatsbürgerlichen Magazin" sein noch heute wichtiges Werk „Nordfriesland im Mittelalter" mit einem beigefügten „Urkundenbuch". Als 28jähriger begann er zum Wintersemester 1829/30 seinen Vorlesungsbetrieb an der Kieler Universität.[21]

III

Während Beccau sein wissenschaftliches Rüstzeug von Lehrern wie Falck und Michelsen erhielt, um diese beiden zu nennen, so bekam er seine wesentlichen politischen Impulse wohl durch das Wirken eines anderen

Nordfriesen, der das Land wie kein anderer nur ein Jahr vor Beginn der Studienzeit Beccaus aufgewühlt hatte: Uwe Jens Lornsen.

Lornsen wurde 1793 in Keitum auf Sylt als Sohn eines Kapitäns geboren. In Kiel und Jena studierte er Jura, um danach als Beamter nach Kopenhagen an die Schleswig-Holsteinisch-Lauenburgische Kanzlei zu gehen, wo er als brillanter Kopf schnell Karriere machte. Dennoch bewarb er sich, als die Stelle frei wurde, um das Amt des Landvogten von Sylt, wozu er auch 1830 berufen wurde.

Der Nordfriese war von freiheitlichen und „vaterländischen" Ideen geprägt worden, die er als Student vor allem im thüringischen Jena in sich aufgenommen hatte. So schloß er sich der Burschenschaft an und vertrat auf dem ersten deutschen Burschentag in Jena die Universität Kiel.[22] Die Burschenschaften waren im frühen 19. Jahrhundert die Fackelträger freiheitlichen Gedankenguts und der Forderung nach einem geeinten Deutschland, ihre Farben waren Schwarz-Rot-Gold, die Farben der Lützowschen Jäger, aber auch des ersten untergegangenen Kaiserreiches, also Symbole des Kampfes gegen den Unterdrücker Napoleon und für die Freiheit und Einheit ganz Deutschlands. Die Lützowschen Jäger hatten sich in den Freiheitskriegen besonders hervorgetan und waren das Idol der damaligen akademischen Jugend.[22a]

Am 18. Oktober 1830 verließ Lornsen an Bord des Dampfschiffes „Caledonia" Kopenhagen, um zu einer folgenschweren Reise aufzubrechen. Offiziell sollte er sein Amt als Landvogt von Sylt antreten, tatsächlich aber fuhr er auch in einer anderen, selbstgewählten Mission. Beflügelt von den Ereignissen der Julirevolution desselben Jahres in Frankreich wollte er die Frage einer Verfassung für die Herzogtümer in Schleswig und Holstein neu aufrollen. In Kiel angekommen, scharte er schnell eine große Anzahl von Anhängern um sich und gab seine berühmt gewordene Flugschrift „Über das Verfassungswerk in Schleswigholstein" heraus, wobei die Schreibweise bereits Programm war.

In dieser Flugschrift fordert Lornsen eine Verfassung für „Schleswigholstein" mit einem Parlament für das ganze Land und einer Regierung in Kiel, die Trennung von Justiz und Verwaltung – heute eine Selbstverständlichkeit – und vor allem die Lösung der Herzogtümer vom Königreich. Beide Staaten sollten nur noch in der Person des Staatsoberhauptes, also des Königs von Dänemark und Herzog von „Schleswigholstein", verbunden sein, der zudem während der Wintermonate in dem leichter zu erreichenden Schleswig residieren sollte.
In seiner Schrift betonte Lornsen zwar die Liebe des Landes zu seinem angestammten Herrscher und vermeidet offene revolutionäre Worte, spricht aber unterschwellig durchaus Drohungen aus: Zum einen zitiert er einen damals wahrscheinlich nur sehr Gebildeten, bestimmt aber der Regierung bekannten Ausspruch „Wir stehen am Vorabend großer Ereignisse" und schließt seine Flugschrift mit den Worten: „Unser König ist kein gemachter, sondern ein geborener Bürgerkönig". Mit dem ersten Satz greift Lornsen eine Formulierung Frans de Potters auf, einer der führenden Persönlichkeiten des belgischen Aufstandes[25], und der zweite ist eine Anspielung auf den Bürgerkönig Louis Philippe, der durch die Juli-Revolution auf den französischen Thron kam. Gerade diese Anspielung erhielt ihre Brisanz dadurch, daß der dänische König damals durchaus König „von Gottes

Gnaden" war, da der Absolutismus in Dänemark Verfassungsrang hatte, also eben kein „Bürgerkönig".

Lornsen und seine Freunde bereisten im Oktober und November des Jahres 1830 das Land und riefen zu einer Petitionsflut an den König auf, um der Forderung nach einer Verfassung Nachdruck zu verleihen.[26] Trotz großer Resonanz in weiten Teilen der Bevölkerung blieb die erhoffte Bewegung weitgehend aus. Nach etwa einem Monat agitatorischen Handelns trat Lornsen schließlich sein Amt auf Sylt an, wurde aber bald seines Postens enthoben und verhaftet. Nach der Verbüßung einer relativ milden Haftstrafe verließ er Europa, kehrte aber später wieder zurück und nahm sich 1838 in Genf als gebrochener Mann das Leben.[27]

Lornsens Forderungen wurden nicht überall im Lande begeistert aufgenommen, der Widerstand der alt-liberalen und konservativen Kreise, vor allem der Ritterschaft, war groß. Aber auch Falck mochte sich Lornsen nicht anschließen.[28] Jener hatte erkannt, daß Veränderungen, wenn sie nicht durch einen Gnadenakt des Königs selbst erfolgten, nur durch eine Revolution zu erreichen waren, die er jedoch als Jurist mit einem tiefen Respekt für geschichtliche Kontinuität ablehnte. Eine Weiterentwicklung bestehender oder überkommener Verfassungsansätze hätte indes, so Falcks Befürchtungen, zu einer von ihm keinesfalls gewollte Stärkung des Adels und seiner Privilegien geführt. Als Mann des Gesamtstaates stand er zudem den Trennungstendenzen ablehnend gegenüber.[29]

Während Falck allmählich die intensive Beschäftigung mit der heimischen Rechtsgeschichte zur Begründung tagesaktueller Forderung als problematisch empfinden mußte, wuchs ihre Bedeutung für die fortschrittlichen Kräfte im Lande, die Uwe Jens Lornsen nahestanden.[30]

Diese sahen ihr Streben nach Einschränkung fürstlicher Macht und eigener Beteiligung an den Staatsgeschäften durch die alten Rechte legitimiert, die ebenfalls die absolute Fürstenmacht nicht kannten und eine gewisse Beteiligung an der Verwaltung und sei es nur auf der Ebene der Gemeinden vorsahen. Doch fühlten sie sich freier im Umgang mit dieser rechtlichen Tradition, da sie keineswegs die Vorrechte des Adels und der Ritterschaft für ihre Vorstellungen übernehmen wollten. Für Lornsen sollte der Mittelstand, also das Bürgertum, die Geschicke des Landes leiten, denn dieses habe sich als „Resultat der großen Kämpfe der vergangenen Zeiten (als) Wahrheit herausgearbeitet", wie er es ausdrückt. Doch betont Lornsen auch, daß es sich bei den „Schleswigholsteinern" um Deutsche handele und spricht davon, daß „Schleswigholstein zu der blühendsten Provinz in Deutschland erhoben werden kann"[31].

Für solche Ideen wird Beccau empfänglich gewesen sein, gehörte er doch wie Lornsen und Michelsen einer Burschenschaft an, die deutsch gesonnen war. In seine Studienzeit fällt zudem das Hambacher Fest von 1832, auf dem angeblich etwa 20000 Bürger, darunter viele Studenten, zusammengekommen waren, um ihren Forderungen nach Freiheit, Aufklärung und Volkssouveränität zu stellen und die sich wiederum um die Farben Schwarz-Rot-Gold sammelten, die Farben der Freiheit und nationalen Einigung.[32]

Auf dem Hambacher Fest trat auch der damals berühmte nordfriesische Landsmann Beccaus, Harro Harring, auf.[33] Ob Beccau auch in Hambach war, wissen wir nicht, jedenfalls aber wird er die Ereignisse verfolgt haben. Als Burschenschafter scheint er nicht nur Mitläufer gewesen zu sein, denn seine Mitgliedschaft wird als Grund dafür angegeben, daß er nicht bereits zu Michaelis 1835, sondern erst zu Ostern 1838 zum Examen zugelassen wurde.[34] Nach dem Sturm auf die Frankfurter Hauptwache, dem Sitz der Bundesversammlung, 1833, sahen sich die deutschen Burschenschaften erhöhten Pressionen ausgesetzt. Kieler Studenten waren an den Ereignissen allerdings nicht beteiligt, so daß Beccau aus anderem Grunde mißliebig aufgefallen sein muß.[35] Übrigens hatte Beccau auch mit dem Karzer Bekanntschaft gemacht, worauf sein „Cercerlied" in der Gedichtsammlung von 1836 hinweist.

Im Verhalten der Kieler Burschenschaften deutete sich bereits an, welchen Verlauf die Entwicklung in den nächsten Jahren nehmen würde. Die Verbindung „Holsaten" gab sich im Jahre 1836 den Namen „Slesvico-Holsatia" und wählte an Stelle der bisherigen – holsteinischen – Farben Rot und Weiß die Farben Blau-Weiß-Rot, um auf diese Weise von Dänemark, in dessen Flagge ebenfalls Rot und Weiß vorkommen, abzurücken.[35] Der Wunsch nach einer Verfassung für die dänischen Teilländer war im übrigen 1834 in Erfüllung gegangen. Am 15. Mai dieses Jahres trat die Provinzialständeverfassung in Kraft, auch wurde eine Verwaltungsreform durchgeführt. Viele Wünsche blieben jedoch offen, auch konnte nur etwa zwei bis drei Prozent der Bevölkerung das Wahlrecht ausüben, da der Zensus sehr hoch war.[36]

IV

Nach Ablegung des Examens, das er mit dem „2. Charakter", der gleichen Note wie Storm, bestand, begann für Beccau ein neuer Lebensabschnitt. Er ließ sich als „Unteradvokat" in Husum nieder, wo er bei seiner Mutter in einem Hause an der Schiffbrücke lebte.[1]

Zu diesem Zeitpunkt war Beccau bereits als Schriftsteller hervorgetreten. 1836 erschien in „Commission bei K. Aue" in Altona ein Gedichtband, der bei Meyler in Husum gedruckt worden war. Die Gedichte wurden wohlwollend aufgenommen. So lobte man in einer Kritik aus dem Jahre 1836 den Rhythmus durchaus als fließend, doch wurde der Reim als „unrein" bezeichnet.[2] Noch heute lesen sich die Gedichte Beccaus angenehm. Sie sind zwar gefühlsbetont, doch ohne übertriebenes Pathos. Ihre Sprache, wie auch die seiner Geschichtswerke, erscheint klar und straff. Die Gedichte tragen Überschriften wie „Was ich liebe", „Lina", „An den Rosenstrauch", „Frohsinn", „Gruß aus der Ferne". Sie beschäftigen sich mit Sagenstoffen der Heimat, wie „Die Wogemannsburg", andere sind ebenfalls heimatbezogen: „Der Meeresstrand", „Abschied von Hudsum". In einem Gedicht bezeichnet sich Beccau selbst als frohsinnig und schreibt:

„Gerne gäb ich alles hin,
Aber tauschte nimmer
Mir für meinen frohen Sinn
Leeren Tand und Schimmer,
Tauscht' ihn nicht um Peru's Gold
Nicht um eitlen Ehrensold."[3]

Diese eigene Charakterisierung stimmt überein mit Berichten der Zeitgenossen. Der körperlich kleine Beccau galt als lebenslustig, aber auch leichtsinnig. Neben Gedichten veröffentlichte er rechtshistorische Abhandlungen in den Wochenblättern von Husum, Itzehoe und Altona, darunter über das Rebellengeld in Husum.[4]

In einigen Gedichten Beccaus, so etwa in „Die Müller", ist ein sozialkritischer Ton unverkennbar (Gedichte, S. 48), ein anderes, „Beruhigung", nimmt die politischen Verhältnisse aufs Korn:

Beruhigung

Was seufzest Du? mein Volk, sei stille,
Sei still und mach' ein froh Gesicht
So ist es Deiner Fürsten Wille
Und schlimm sind Seine Fürsten nicht.

Was fehlt Dir denn, was kannst Du klagen?
Hast Du nicht Wasser noch und Brod?
Dich wird nicht Durst, nicht Hunger plagen
Und Salz erhältst Du gar zur Noth.

Im Himmel lebst Du ja hienieden,
Dich schützt die weise Polizei,
Drum sei, mein gutes Volk, zufrieden,
Was wärst Du mehr, meinst Du Dich frei?

Die Freiheit wohnt hier nicht auf Erden;
Man schläft, erwachet, ißt und trinkt;
Was braucht man mehr zum Glücklichwerden;
Wer ist der Mensch, der's weiter bringt?

Wie kannst Du Dich darob beschweren,
Daß man die Rede Dir verbot?
Wer mag denn Deine Klagen hören?
Und Deine Klagen machen roth.

Drum still und wolle Dich bescheiden,
Sei still, sonst kommt sie noch her,
Dir Deine Zunge abzuschneiden –
Dann klagt Dein Mund wohl nimmermehr.

Drum still und wolle nicht vergessen,
So schlimm sind Deine Herrscher nicht,
Du hast zu trinken und zu essen –
Nun frage ich was Dir gebricht?

Der offenbar vielfältig begabte junge Mann schien eine ansehnliche Karriere vor sich zu haben. Er hatte einen angesehenen Beruf ergriffen und war im Lande durch seine Publikationen in Erscheinung getreten. Auch die Beziehungen zu seiner alten Universität waren nicht abgebrochen.

Im vierten Band des „Archivs für Staats- und Kirchengeschichte der Herzogthümer Schleswig, Holstein und Lauenburg und der angrenzenden Länder und Städte" veröffentlichte er 1840 seine erste größere wissenschaftliche Arbeit „Geschichte der Stadtverfassung von Husum nebst einer Charakteristik des dortigen Stadtrechtes". Diese Abhandlung sollte zunächst als Examensarbeit vorgelegt werden[5], wurde jedoch nicht angenommen.

Seit dem Jahre 1833 war das „Archiv für Staats- und Kirchengeschichte" in unregelmäßiger Reihenfolge erschienen. Herausgegeben wurde es von Michelsen und Asmussen, zunächst unabhängig, dann als offizielle Zeitschrift der ebenfalls 1833 gegründeten „Schleswig Holsteinisch Lauenburgischen Gesellschaft für vaterländische Geschichte"[6]. Es ist damit der Vorläufer der heutigen Zeitschrift der Gesellschaft für Schleswig-Holsteinische Geschichte.

Michelsen war von 1833 bis 1842 Sekretär der Gesellschaft.[7] Wenn er die Arbeit Beccaus in seiner Zeitschrift abdruckte, muß er von deren wissenschaftlicher Qualität überzeugt gewesen sein.

Bereits bei Abfassung seiner „Geschichte der Stadtverfassung von Husum" hat Beccau Zugang zu den in Husum sich befindlichen Archivalien gehabt. Er erwähnt in dieser Arbeit, daß ihm im „Manuscript" die Einleitung für die Gerichtsordnung von 1582 vorgelegen habe.[8] Und im Vorwort zum „Versuch einer urkundlichen Darstellung der Geschichte Husums" bezieht sich Beccau auf Handschriften aus einer Sammlung wahrscheinlich des Bürgermeisters Michael Jovers und eine weitere Sammlung des „Stadtsecretairs" August Giese unter anderem mit Berichten über dessen Amtsführung. Wie diese Dokumente in den Besitz Beccaus gekommen sind, ist heute nicht mehr nachvollziehbar.

Im zweiten Heft des „Staatsbürgerlichen Magazins" für das Jahr 1833 befindet sich ohne Angabe einer Quelle auf Seite 580ff ein Beitrag mit dem Titel „August Gisen Bericht über den vorigen Wohlstande der Stadt Husum und was durch Unfälle dieselbe gerade heruntergekommen, aufgesetzt im Jahre 1655", außerdem (S. 574ff) das „Husumer Stadtprivilegium wegen ihrer erlangten Stadtgerechtigkeit anno 1603".

In einer Einleitung, als „Vorwort" bezeichnet, wird darauf hingewiesen, daß Husum „bereits in der Zeit Christian des Ersten eine Weile die Stadtgerechtigkeit gehabt habe", was die Urkunde „des genannten Regenten im Staatsb. Mag. 8ter Bd. S. 680", beweise. Da Beccau sich einerseits des Besitzes der Schriften Gieses rühmt, andererseits die Frage des Alters der Husumer „Stadtgerechtigkeit" ihn auch in seinem Beitrag über die „Geschichte der Stadtverfassung" beschäftigt, erscheint es möglich, daß diese Veröffentlichungen im Staatsbürgerlichen Magazin bereits auf ihn zurückgehen. Dann hätte er sich schon sehr früh mit der Geschichte der Stadt Husum befaßt.

Beccaus Interesse an der Geschichte dieser Stadt ging einher, so dürfen wir annehmen, mit dem Interesse am politischen Geschehen seiner Zeit. So trägt seine „Geschichte der Stadtverfassung" durchaus Züge, die als Anspielung auf das Tagesgeschehen und einen gewissen politischen Zweck der Arbeit – durchaus im Sinne des frühen Falck und Michelsens – verstanden werden können. So betont er etwa, daß im Bereich des Herzogtums Schleswig die städtischen Freiheitsrechte „nie zu der Blüthe" gelangten, mit „welcher das deutsche Städteleben uns so kräftig entgegen tritt"[9]. Außerdem unterstreicht er die Unabhängigkeitsliebe der Friesen und die Tapferkeit, mit der sie ihre Freiheit gegenüber dem König und Herzog verteidigt hätten, schließlich, ganz im Sinne von Falck: „Jede freie Gemeinde hatte ursprünglich das Recht, über ihre Communalangelegenheiten unbeschränkt Beschlüssen zu fassen . . . Je mehr aber allgemach die Gemeinden in Hörigkeit oder Leibeigenschaft geriethen, andererseits die Landeshoheit sich ausbildete, wurde dieses Recht beschränkter und für Deutschland fast ganz verloren. Nur die friesischen Gemeinden behaupteten ihre Beliebungen im unfassenden Sinne in der späteren Zeit."[10]

Beccau und seine Zeit bemühten sich ihrerseits gerade, jene freiheitlichen Rechte zurückzuerhalten, die sie in den alten deutschen Städten annahmen und wie sie sich in Friesland erhalten hatten. Die Provinzialständeverfassung von 1834 hatte hier nicht die erhoffte Befriedung gebracht; das Konfliktpotential zwischen Deutschen und Dänen, vor allem im Herzogtum Schleswig, wuchs weiter an. 1838 wurde in Hadersleben die erste dänische Wochenschrift „Danevirke" gegründet, deren Name mit dem darin enthaltenen Hinweis auf die alte Grenzbefestigung Dänemarks gegen Süden allein schon ein Programm darstellte; dänisch sprechende Nordschleswiger forderten die Anerkennung ihrer Muttersprache in der Ständeversammlung, und Orla Lehmann verkündete 1842 sein Programm des Eiderdänentums, also der Eingliederung Schleswigs in Dänemark.

National betonte Volksfeste folgten, das der Dänen auf der Samlingsbanke 1843 und 1844 das deutsche Sängerfest in Schleswig, auf dem zum ersten Mal das Schleswig-Holstein-Lied erklang. Der nationale Gegensatz zwischen Deutschen und Dänen brach offen aus.[12]

Auch Nordfriesland stand nicht abseits. 1844 wird in Bredstedt das erste Volksfest der Nordfriesen veranstaltet, weitere folgten in den nächsten Jahren. Zu einer eigenständigen nordfriesischen Bewegung kam es jedoch nicht. Auch das Auftreten Harro Harrings auf einer den Volksfesten nachempfundenen Veranstaltung im Revolutionsjahr 1848, konnte hieran nichts ändern. Durch eine flammende Rede versuchte Harring die Nordfriesen von ihrer nationalen Eigenständigkeit zu überzeugen. Doch sprachen sich die weiteren Redner, die Advokaten Lorenzen und Krebs, eindeutig für eine Zugehörigkeit Nordfrieslands zu Deutschland aus, so daß Harring mit seinen Ideen die Menge nicht überzeugen vermochte, was ihn persönlich enttäuschte.[12]

Auch die vorausgegangenen Volksfeste in Bredstedt

hatten bereits deutlich einen nationaldeutschen Charakter getragen. Diese Tatsache ist damit erklärt worden, daß der nationale Gegensatz zwischen Dänisch und Deutsch für eine friesische Sonderentwicklung keinen Platz gelassen habe.[13] Dies ist richtig, erklärt sich aber nicht so sehr aus der abseitigen Lage ihres Siedlungsgebietes und der verhältnismäßig geringen Zahl der Friesen. Im Verständnis der Zeit wurden sie nicht als eine dritte sprachliche oder gar nationale Gruppe angesehen, sondern – jedenfalls von deutscher Seite – als ein deutscher Stamm, der seinen deutschen Charakter sogar noch reiner als andere erhalten hatte. So schreibt Michelsen, um nur dieses Beispiel zu zitieren: „Die Nationalität der Deutschen offenbarte sich von jeher in sehr schöner und eigenthümlicher Erscheinung durch den Charakter und das Leben der Friesen."[14]

Da die Friesen der nationaldeutschen Bewegung als „Kronzeugen" wichtig waren, mußten die Bredstedter Volksfeste dieser Funktion dienen. Eine Artikulation eigenständiger nationaler Identität, wie durch Harro Harrings, bedeutete die Gefährdung der unter anderem von Falck und Michelsen ausgehenden Vorstellungen zur Legitimierung des eigenen deutschen Strebens nach Freiheitsrechten. Dies mußte um so schwerer wiegen, weil die führenden Männer Juristen waren, juristisches Denken aber auf dem Suchen nach der Begründung eines Anspruches aus bestehenden Rechtsnormen aufgebaut ist. Durch ihre zum Teil erhalten gebliebenen alten Rechte hatten die Friesen bewiesen, daß „die Deutschen" diese Freiheitsrechte von alters her besessen, die ihnen durch Fürstenmacht später genommen wurden und die es zurückzufordern galt.

Die noch bestehende Existenz solcher Rechte war also

die „Anspruchsgrundlage" für die eigenen Forderungen. Deswegen war die Beschäftigung mit diesen Rechten so wichtig, und deswegen konnte auf den friesischen Volksfesten und beim Auftreten Harrings eine Darstellung eigener friesischer Nationalität, etwa noch unter skandinavischen Aspekten nicht gebilligt werden.[14a]

Während der vierziger Jahre des 19. Jahrhunderts hatte sich eine entscheidende Wandlung in den Forderungen der damals politisch progressiven Kreise vollzogen von der Forderung nach größeren Rechten der Herzogtümer im dänischen Gesamtstaat hin zu einer Verselbständigung des Landes und einer Hinwendung zu Deutschland in seiner damals noch nicht ausgereiften Form, wobei Schleswig nie Teil des Deutschen Reiches war und seine Bevölkerung auch nur teilweise, vor allem in der südlichen Hälfte, deutsch sprach.

Diese Lage wurde durch einen weiteren Umstand verschärft: Der dänische Kronprinz Friedrich war kinderlos, so daß mit ihm der Mannesstamm des Oldenburger Hauses aussterben würde. Im Königreich und den Herzogtümern galten aber unterschiedliche Erbrechte. Während in Dänemark die Erbfolge über die weibliche Linie durch die „lex regia" von 1665 möglich war[15], legte der Vertrag von Ripen aus dem Jahre 1460 für die Herzogtümer die Herrschaft der Oldenburger fest, solange der Mannesstamm bestand. In einer Resolution vom 12. Dezember 1844 betonte die Holsteinische Ständeversammlung, daß die Herzogtümer selbständige Staaten seien, in ihnen der Mannesstamm herrsche und sie untereinander eng verbunden seien. König Christian VIII. antwortete mit einem „Offenen Brief", in dem er die „rex regia" als geltendes Recht auch für die Herzogtümer bezeichnete. Trotz gewisser Zugeständnisse des

Königs vertiefte sich der nationale Gegensatz noch mehr dadurch, daß er das Herzogtum Schleswig als einen mit der Monarchie „unzertrennlichen Landesteil" bezeichnete, was die Eiderdänen in ihren Forderungen unterstützte.[16]

V

Auch in Husum war die Zeit nicht stehen geblieben. Im rechten Moment kam Beccau hierher zurück, um Anteil an der weiteren Entwicklung zu nehmen und sie nach seinen Fähigkeiten und Kräften zu beeinflussen. Sein beruflicher Werdegang ließ sich dabei gut an, denn am 2. Januar 1844 wurde er zum Notar ernannt.[1]

Auch Beccaus alter Mitschüler, Theodor-Woldsen-Storm, wie er sich jetzt nannte, war ebenfalls nach Husum zurückgekommen und hatte eine Rechtsanwaltspraxis eröffnet. – Überhaupt hatte sich viel verändert. Die Zeit rationalistischer Nüchternheit, wie sie der alte Storm personifizierte, ging ihrem Ende entgegen. Ein letztes Denkmal hatte sie sich mit dem Neubau der klassizistisch strengen Marienkirche gesetzt (erbaut 1828 bis 1833), die deutlich die enge Verknüpfung des Landes mit der damaligen Hauptstadt Kopenhagen dokumentierte, war ihr Architekt doch der dänische Staatsbaumeister Christian Frederik Hansen, dessen beide Eltern allerdings Husumer waren. Theodor Storm war diese Kirche stets ein Greuel[2], sie widersprach zu sehr den geänderten und von der Romantik geprägten Auffassungen der jungen Generation, die nach der Ausbildung an den deutschen Universitäten nun in Husum ihre gewandelten Vorstellungen verwirklichen wollten.

Es kam wesentlich hinzu, daß nun auch die „Medien” eine Rolle in Husum zu spielen begannen! Um das Jahr 1800 hatte es den ehemaligen Offizier eines sächsischen Garderegiments, Heinrich August Meyler, nach Husum verschlagen. Hier gründete er zunächst eine Leihbibliothek und lernte die Tochter des Buchbinders Asmus Christian Delff, Anna Agatha Delff, kennen, die er heiratete. Wohl mit finanzieller Hilfe des Schwiegervaters wurde das Haus Krämerstraße 6 erworben, in ihm eine Buchdruckerei eingerichtet und eine Zeitung gegründet, die am 1. Januar 1813 unter dem Titel „Gemeinnütziges Wochenblatt für Husum und die umliegende Gegend”, später unter dem Namen „Königlich privilegirtes Wochenblatt” erschien[3], dann hieß es nur noch „Husumer Wochenblatt”.

Bis zum Jahre 1840 spielte die Politik in dieser Zeitung keine Rolle, sie sollte lediglich unterhalten, allerdings wurde das Auftreten Uwe Jens Lornsens kritisiert. Im Jahre 1835 starb Meyler, und seine beiden Söhne Christian August und Heinrich Meyler übernahmen Zeitung und Druckerei. Nach 1840 bestimmt dann ein deutlich schleswig-holsteinisch-deutscher Zug den Inhalt des Blattes[4], das ohnehin bereits durch die Herkunft Meylers kulturell nach Deutschland orientiert war. Ab 1847 lag die Redaktion allein in den Händen von Heinrich Meyler, nachdem sein Bruder gestorben war. Die Beziehung zwischen der Familie Meyler und Beccau scheint enger gewesen zu sein. So ließ Beccau seinen Gedichtband bei Meyler drucken, auch veröffentlichte er einen Teil seiner rechtshistorischen Abhandlungen im Husumer Wochenblatt.[5]

Zur Verbreitung deutscher Gesinnung trug außerdem die 1844 gegründete Liedertafel bei. Hier wurde neues deutsches Liedgut gepflegt, aber auch schleswig-holsteinische Überzeugung propagiert.[6]

Aus einem weiteren wichtigen Grund stand Husum außerdem am Beginn einer neuen Zeit: Ein großes Bauprojekt sollte verwirklicht werden, das die Phantasie fortschrittlicher und zukunftsorientierter Geister anregen mußte, der Ausbau des Hafens.

Schon im Jahre 1842 hatte der Deichkommissar H. Petersen von Pellworm der Regierung, wahrscheinlich auf Anregung des Commerziums der Stadt Husum, einen Plan zum Ausbau eines großen Hafens unmittelbar vor Husum vorgelegt.[7] Dieser Plan wurde genehmigt, da man sich eine Belebung des Handels mit England und damit wohl auch eine geistige Orientierung zu den angelsächsischen Nachbarn erhoffte, wodurch der nationale Konflikt im Lande hätte entschärft werden können. Mit den Bauarbeiten wurde 1846 begonnen. Dadurch wurde die Anwerbung von Arbeitskräften notwendig, 1848 – die Arbeiten wurden durch die Provisorische Regierung fortgesetzt – gelang es, 1500 bis 1600 Arbeiter[8] für das Projekt anzuwerben, eine beträchtliche Zahl, wenn man bedenkt, daß die Stadt selbst etwa nur 4000 Einwohner hatte.[9] Man wird sich vorstellen können, wie durch diese Ereignisse die provinzielle Ruhe und Abgeschiedenheit dahin war. Es herrschte eine Stimmung des Aufbruchs und der Unruhe, die sich auch schon einmal handgreiflich entladen konnte.[10]

In diese Zeit der Veränderung für die Stadt Husum fallen die Ereignisse des Revolutionsjahres 1848, mit denen die endgültige Trennung Schleswig-Holsteins von Dänemark eingeleitet wurden.

Am 20. Januar starb König Christian VIII., voraussehbar und nach einer kurzen, schweren Krankheit. Der neue König Friedrich VII. war in seinem politischen Handeln zaudernd und unentschieden. Um so mehr wußten die fortschrittlichen Kreise in Dänemark, was sie wollten: eine freie Verfassung und die Sicherung des Dänentums in Schleswig durch konstitutionelle Vereinigung des Herzogtums mit dem Königreich. Gleich nach dem Tode des alten Königs wurden diese Forderungen in einer bereits vorbereiteten Schrift aufgestellt und durch Orla Lehmann auf einer Veranstaltung im „Casino-Theater" am 11. März 1848 in Kopenhagen noch einmal in einer beeindruckenden Demonstration öffentlich erhoben.[11]

Die Ereignisse in der dänischen Hauptstadt mußten zu einer Reaktion in den Herzogtümern führen, wobei verschärfend hinzukam, daß in ganz Europa ein revolutionäres Klima herrschte. Im Februar 1848 war es in Paris erneut zu einer Revolution gekommen, die auch die deutschen Staaten erfaßt hatte. Fast überall in Deutschland kam es zu Aufständen, Throne wackelten, die Forderungen nach den Grundrechten der Bürger, nach Pressefreiheit, einem Volksheer, der Errichtung eines deutschen Parlaments wurden unüberhörbar laut.

Die erste Antwort auf das Geschehen in Kopenhagen erfolgte in den Herzogtümern bereits am 18. März, sieben Tage nach der Veranstaltung im Casino-Theater. Siebzig Abgeordnete beider Ständeversammlungen kamen in Rendsburg zusammen und beschlossen unter Leitung Wilhelm Hartwig Beselers eine Deputation von fünf Männern nach Kopenhagen zu entsenden, um dort dem König ihre Forderungen vorzutragen: eine gemeinsame Verfassung für Schleswig-Holstein, die Aufnahme Schleswigs in den Deutschen Bund, Presse- und Versammlungsfreiheit, die Entlassung der leitenden Beamten. Eine gewisse Vergleichsbereitschaft bestand nur in einem Punkt: Der Bevölkerung Schleswigs zu gestatten, durch Stimmabgabe kirchspielsweise zwischen Deutschland und Dänemark zu entscheiden.[12]

Als die Delegation in Kopenhagen eintraf, war es bereits zu spät. Am 21. März war auf durchaus friedliche Weise der bis dahin herrschende Absolutismus beseitigt worden, Orla Lehmann hatte eine Regierung gebildet, und der König mußte die Forderungen der Liberalen zusammen mit deren eiderdänischem Programm anerkennen. So konnte er der Rendsburger Deputation eine freiheitliche Verfassung nur noch für das Herzogtum Holstein zusichern.[13]

Diese Nachricht aus Kopenhagen brachte die Männer der schleswig-holsteinischen Landespartei dazu, zur Selbsthilfe zu greifen. Nach einem langen Ringen zwischen den gemäßigt liberalen und den scharf demokratisch-liberalen Kräften kam es am 24. März 1848 zur Proklamation einer „Provisorischen Regierung", die zur „Aufrechterhaltung der Rechte des Landes" und seines angestammten Fürsten, des König-Herzogs, die Regierungsgeschäfte führen wollte, denn sie postulierte „der Wille des Landesherrn ist nicht mehr frei". Damit stellten sich die Männer der „Provisorischen Regierung" auf den Boden der Legitimität, indem sie behaupteten, Fürst und Land gegen die Revolution in Dänemark zu verteidigen. Andererseits aber hieß es auch: „Wir werden uns mit aller Kraft den Einheits- und Freiheitsbestrebungen Deutschlands anschließen."

Die Provisorische Regierung erreichte rasch ihre Anerkennung sowohl durch Preußen als auch durch den infolge der revolutionären Ereignisse in Deutschland neugebildeten Deutschen Bundestag in Frankfurt. Zuvor war es allerdings schon zu militärischen Auseinandersetzungen zwischen der dänischen und der neu gebildeten schleswig-holsteinischen Armee gekommen, die sich als zu schwach erwies. In dieser Situation wurden preußischen Truppen und solche des Bundes unter General Wrangel zu Hilfe geschickt, die siegreich bis Fredericia vormarschierten.

Diese Entwicklung, die das bisherige europäische Gleichgewicht zu stören drohte, stieß bei den Großmächten auf wenig Gegenliebe. Vor allem Rußland befürchtete ein Erstarken Preußens. So kam es aufgrund äußeren Drucks im schwedischen Malmö zu einem Waffenstillstand auf die Dauer von sieben Monaten und der Einsetzung einer aus konservativen Kräften bestehenden „Gemeinsamen Regierung", die jedoch im Frühjahr des Jahres 1849 zurücktrat und durch eine vom Deutschen Bund eingesetzte „Statthalterschaft" unter Beseler und Graf Friedrich Reventlou ersetzt wurde.

Der Waffenstillstand wurde im April 1849 aufgekündigt. Erneut kam es zu einem siegreichen Vormarsch der alliierten Truppen, bis diese nun ihrerseits vor Fredericia einen Rückschlag erleben. Unter dem Druck Rußlands schlossen Preußen und Dänemark in Berlin einen neuen Waffenstillstand, nach dessen Vereinbarung das Herzogtum Schleswig von norwegischen, schwedischen und preußischen Truppen besetzt und der Wirkungsbereich der „Statthalterschaft" auf Holstein beschränkt wird, während eine gemischte Kommission von Preußen und Dänen mit einem Engländer als „Schiedsmann" die Verwaltung des Gebietes übernimmt. Diese zivile „Landesverwaltung für das Herzogthum Schleswig" mit dem Sitz in Flensburg stand praktisch ganz unter dem Einfluß der starken Persönlichkeit des dänischen Repräsentanten Ferdinand von Tillisch und war deswegen stark dänisch orientiert.

Der Berliner Friede vom 2. Juli 1850 führte zum Rückzug Preußens aus seinem schleswig-holsteinischen Engagement und das erste Londoner Protokoll vom 2. August desselben Jahres zur Anerkennung der Integrität des dänischen Gesamtstaates. Die Schleswig-Holsteiner fühlten sich dadurch im Stich gelassen, wollten aber nicht kampflos aufgeben. Am 25. Juli 1850 kam es bei Idstedt zur entscheidenden Schlacht, in der die Schleswig-Holsteiner vernichtend geschlagen wurden. Kleinere Gefechte bei Friedrichstadt und Missunde konnten das Blatt nicht wenden, das Land nördlich der Eider war wieder fest in dänischer Hand. Schließlich wurden im zweiten Londoner Protokoll vom 8. Mai 1852 die Rechte Dänemarks an Holstein durch die ausländischen Mächte anerkannt, und sogar eine Bundesexekution, an der auch Preußen teilnahm, gegen Holstein entsandt. – Die dänische Regierung konnte nun wieder an die Herstellung staatlicher Ordnung gehen, aber auch an die Durchsetzung ihrer Danisierungspolitik vor allem im Herzogtum Schleswig, um das der Kampf letztlich gegangen war. Für Dänemark war Schleswig immer dänisches Gebiet geblieben, während die Zugehörigkeit Holsteins zu Deutschland nie zweifelhaft war. Die Spannungen hatten sich ergeben, weil die Bevölkerung im südlichen Schleswig seit Jahrhunderten deutsch war und die Herrschaft der Gottorfer Herzöge seine Sonderentwicklung begünstigte.

VI

Wie reagierten nun die Husumer, insbesondere Beccau, auf die Entwicklung, und wie haben sie sich an ihr beteiligt? Bereits im Jahre 1844 hatten sich etwa 70 Husumer Bürger in einer Adresse an die Ständeversammlung von Holstein, die in Itzehoe tagte, gewandt, um für deren Eintreten für die Einheit der Herzogtümer zu danken. Zu den Unterzeichnern gehörten Männer wie C. F. Delff, August Meyler, Theodor Woldsen-Storm und auch „Beccau, Advocat"[1]. Dennoch war die Einstellung der Husumer keineswegs einhellig gegen die dänische Regierung gerichtet. Das Hafenprojekt und der Plan einer Eisenbahn-Querverbindung von Flensburg nach Husum und der damit zu erwartende wirtschaftliche Aufschwung bildeten Anreize, sich nicht mit Kopenhagen zu überwerfen. So bereitete die Stadt dem König Christian VII. auf seiner Durchreise nach Wyk/Föhr 1845 einen durchaus herzlichen Empfang, für den Storm mit seinem Gesangverein sogar ein selbstkomponiertes Lied einstudiert hatte.[2]

Doch im Jahre 1848 war auch für die Husumer die Zeit der Entscheidung gekommen. Am 26. März dieses Jahres, einem Sonntag, wurde nach dem Gottesdienst von der Treppe des Rathauses vor einer angeblich tausendköpfigen Menge die „Provisorische Regierung" proklamiert. Überall in der Stadt sollen die Bürger die Fahnen der neuen Regierung „Blau-Weiß-Rot" gezeigt haben, aber auch schwarz-rot-goldene Fahnen waren zu sehen. Abends wurde illuminiert und die ersten Freiwilligen verließen Husum, um in der Schleswig-Holsteinischen Armee zu dienen. In den nächsten Tagen wurde eine Bürgerwehr gegründet, und es kam sogar zu einem

Zwischenfall mit der dänischen Armee, als einem kleinen Trupp dänischer Soldaten, der durch die Husumer aufgehalten wurde, beim Abzug etwa in Höhe des Klosters aus der undisziplinierten Gruppe abenteuerlich bewaffneter Bürger der Stadt ein Schuß hinterhergesandt wurde. Nach dieser unrühmlichen „Schlacht am Kuhsteig" rückte eine Einheit der königlichen Armee in Husum ein, verließ die Stadt aber bald wieder.[3] – Die erste Zeit der neuen Freiheit schien sich danach gut anzulassen.

Wie Beccau diese Zeit erlebt hat, können wir erahnen; es gibt aber aus Husum ein aufschlußreiches politisch-literarisches Zeugnis von Beccaus Kollegen Theodor Storm. Beide waren von derselben Liebe zur Sache Schleswig-Holsteins durchdrungen, beide gehörten derselben Generation an und kannten sich gut, bei denselben Berufen und in einer so kleinen Stadt eine Selbstverständlichkeit. Storms Stimmungen und Gefühle können deswegen so oder so ähnlich auch für Beccau angenommen werden. Die ganze Hoffnung, Begeisterung und Optimismus der Zeitgenossen, soweit sie sich durch dieselben politischen Ziele verbunden wußten, kommt in seinem Ostergedicht zum Ausdruck[4]:

„Im tiefen Koog bis zum Deichesrand
War sammetgrün die Wiese aufgegangen;
Der Frühling zog prophetisch über Land,
Die Lerchen jauchzten und die Knospen sprangen. –

Entfesselt ist die urgewalt'ge Kraft,
Die Erde quillt, die jungen Säfte tropfen,
Und Alles treibt, und Alles webt und schafft,
Des Lebens vollste Pulse hör' ich klopfen.«

Der Euphorie des Jahres 1848 folgte eine erste Ernüchterung im darauffolgenden Jahr, als es zur Einsetzung der Zivilverwaltung in Flensburg kam, die als „Zwangsverwaltung" empfunden wurde. Als rechtmäßige Regierung wurde weiter die vom Deutschen Bund eingesetzte Statthalterschaft anerkannt, zu der sich in verschiedenen Resolutionen viele Beamten im Herzogtum Schleswig bekannten.[5]

Auch Beccau trat öffentlich für die Sache Schleswig-Holsteins ein. Zusammen mit etwa 250 weiteren Husumer Bürgern, darunter Theodor Storm, unterschrieb er am 14. Mai 1849 eine folgenschwere Aufforderung an den Husumer Magistrat, den dänischen König der Krone als „Schleswig-Holsteins Herzog" für verlustig zu erklären und die Personalunion aufzuheben. Mitunterzeichnet wurde diese Resolution auch von Meyler, dem Herausgeber des „Husumer Wochenblattes"[6].

Mit dieser Resolution verließen die Unterzeichner eindeutig den Boden der Legitimität und begingen einen Akt revolutionärer, auf Umsturz gerichteter Gesinnung. Storm und Beccau finden wir im Jahre 1849 noch öfter Seite an Seite: Die Flensburger Landesverwaltung hatte den Husumer Bürgermeister Thomsen und den ganzen Magistrat wegen ihres offenen Bekenntnisses zur Regierung der Statthalterschaft ihrer Ämter enthoben und den Friedrichstädter Stadtsekretär David als neuen Bürgermeister sowie drei Husumer Bürger eingesetzt, die eine „interiministische Verwaltungskommission für die Stadt Husum" bilden sollten.[7]

Da Verwaltung und Rechtsprechung noch nicht streng getrennt waren, lag auch die Rechtsprechung für das Gebiet der Stadt Husum in der Hand des Magistrats. Der neue Bürgermeister David stieß bei den

Husumern auf geradezu feindselige Ablehnung, und es kam zu Akten zivilen Ungehorsams bei seiner Amtseinsetzung.[8] Auch die vier Husumer Anwälte Beccau, Rehder, Storm und Woldsen-Storm gingen gegen den Magistrat vor. Am 2. Oktober 1849 wandten sie sich an das Obergericht in Schleswig und beschwerten sich über die „Mißstände in Betreff Ausübung der Rechtspflege", die sie als „rechtlos" bezeichneten, da ein ordnungsgemäß zustandegekommener Magistrat nicht vorhanden sei, so daß kein „forum ordinarium", also kein ordentliches Gericht, bestehe.[9]

Als auf die Resolution keine Antwort erfolgte, wurde eine zweite noch schärfere Eingabe an das Obergericht entsandt und in der „Norddeutschen Freien Presse" am 13. Oktober 1849 veröffentlicht, sie wurde unterzeichnet von Woldsen-Storm, Rehder und Beccau.[10] Ihre „Renitenz" stellten die Husumer Anwälte ein weiteres Mal unter Beweis, als sie eine ihnen direkt von der Zivilverwaltung übersandte „Verordnung über Postintraden" zurückschickten, die nicht den bisher üblichen Weg über den Bürgermeister genommen hatte. Wörtlich heißt es in dem Anschreiben, für dessen Veröffentlichung sie ebenfalls sorgten: „Unterzeichnete Anwälte erlauben sich, die ihnen übersandten Drucksachen ... unter höflicher Verbittung ähnlicher Zusendungen hineben zu remittieren. Husum, den 18. Oktober 1849. Beccau, Wolden-Storm, Rehder. (Der ältere Herr Storm ist auf einer Reise in Deutschland abwesend)."[11] Wahrscheinlich wollten sie mit dieser „Annahmeverweigerung" dokumentieren, daß man die „Zivilverwaltung" als rechtmäßige Regierung nicht anerkannte.

Beccaus Aktivitäten gegen die Obrigkeit im Herbst des Jahres 1849 waren vielfältig. Im Husumer Wochenblatt vom 21. 10. 1849 wurde eine Protesterklärung von etwa 150 Husumer Bürgern – darunter Beccau – veröffentlicht, in der diese sich gegen eine Weitervermietung der in der Kirche freigewordenen Plätze durch das „Kirchenpatronat" verwehrten. Das Kirchenpatronat war in Husum der Magistrat, der nach Auffassung vieler Husumer, insbesondere auch der Juristen, nicht ordnungsgemäß besetzt war, so daß diese Maßnahme ebenfalls als „rechtswidrig und ungesetzlich" bezeichnet wurde. Unter dieser Protesterklärung findet sich folgende redaktionelle Mitteilung: „Ein eingegangener Protest hiesiger Stadtbeamter und Bürger . . . konnte wegen Mangel an Raum keinen Platz finden." Dieser Protest, der ebenfalls von Beccau, aber auch von Storm und Tycho Mommsen, einem Bruder Theodor Mommsens, unterschrieben wurde, hat folgenden Wortlaut:

> „Wir unterzeichnete Stadtbeamte, Bürger und sonstige Einwohner von Husum erklären hiermit, daß wir gegen die von der „Landesverwaltung" als einer ungesetzlichen Gewalt, verfügte Aufhebung bestehender Gesetze, namentlich des Staatsgrundgesetzes als einen neuen Akt reiner Willkür protestieren und jene Gesetze nach wie vor als gültig betrachten. Husum, den 5. Oktober 1849."[12]

Überhaupt zeigte sich die Husumer Bevölkerung als ziemlich aufsässig gegenüber den staatlichen Organen, soweit sie die Landesverwaltung und die von ihr eingesetzten Beamten betraf. Bei jeder sich bietenden Gelegenheit kam es zu Unruhen und anderen Protestmaßnahmen, die sich gegen die jeweiligen dänisch eingestellten Beamten und Bürger der Stadt richteten. Häufig mußte dabei das Militär eingreifen.[13]

VII

Beccau war also, wie aus den Quellen hervorgeht, ein engagierter Schleswig-Holsteiner, der seine Meinung deutlich zum Ausdruck brachte und auch vor kräftigen Worten nicht zurückschreckte. Wieweit er sich sonst, etwa in politischen Versammlungen hervortat, wissen wir nicht. Eine politische Führungspersönlichkeit scheint er jedoch nicht gewesen zu sein, wie aus einem später von offizieller Seite erstellten Bericht zu entnehmen ist.[1] – Als die schleswig-holsteinische Armee am 25. Juli 1850 bei Idstedt geschlagen wurde, rückten am 6. August dänische Truppen auch gegen Husum vor. Diese Nachricht verbreitete sich rasch in der Stadt und führte zu einer panikartigen Reaktion. Die schleswig-holsteinisch gesinnten Beamten und Führer dieser Bewegung, aber auch viele einfache Husumer Bürger flohen überstürzt aus der Stadt, darunter Rehder und Beccau. Am 7. August wurde die Stadt besetzt und der Belagerungszustand ausgerufen. Eine Zeit großer wirtschaftlicher und persönlicher Probleme folgte für die Angehörigen der geflohenen Husumer, soweit sie in der Stadt zurückgeblieben waren.[2]

Das Ziel der Flüchtlinge war Dithmarschen, das nur wenige Meilen südlich von Husum jenseits der Eider lag und da zu Holstein gehörig, nicht von dänischen Truppen besetzt war. Während Rehder bei einem Kollegen in Wesselburen Aufnahme fand[3], mit dem zusammen er auch praktizierte, ging Beccau nach Hemmingstedt, wo er bei dem dortigen Kirchspielsvogt Ottensen unterkommen konnte. Erst im Herbst 1851 durfte er auf „spezielle Erlaubnis des Königl. Ministerii" wieder nach Hause zurückkehren und erhielt am 29. November 1851 auch die Bewilligung zum Betreiben einer Praxis unter bestimmten Bedingungen vorläufig zurück.[5]

Durch Patent vom 22. April 1851 wurde allen Inhabern von Bestallungen und Privilegien, die bis zum Jahre 1848 durch König Christian VIII. ausgestellt wurden, also auch den Advokaten, aufgegeben, bis zum 1. Juli 1851 ein Gesuch um Bestätigung durch König Friedrich VII. einzureichen.[6] Ein solches Gesuch wurde auch von Theodor Storm und Beccau gestellt. Zur Beurteilung der Anträge forderte das Ministerium Berichte der zuständigen Amtmänner, also der leitenden Beamten in den einzelnen Bezirken, den Ämtern, an. Der Bericht des Husumer Amtmannes Johannsen vom 23. Juli 1852 liegt in einer im Reichsarchiv Kopenhagen aufbewahrten Akte vor und soll hier auszugsweise zitiert werden[7]:

An das Königlich Ministerium für das
Herzogthum Schleswig
Pflichtgemäßer Bericht
des Husum.Bredstedter Amtshauses und der
Oberstallerschaft der Landschaft Eiderstedt
betreffend das Verhalten der Untergerichtsadvocaten . . .
Christian Ulrich Beccau und Hans Theodor Woldsen
Storm in Husum, . . .
vor dem Ausbruch des Aufruhrs und während desselben.

. . .

4. Dem Untergerichtsadvocaten H. T. Woldsen-Storm in Husum wirft der dortige Magistrat vor, daß er während der Insurrection seine politisch separatistische Tendenz durch Unterschrift illegaler Addressen und Renitenz gegen die vormalige Lanesverwaltung manifestiert habe, wenn er gleich bei einem höchst zurückgezogenen Leben aufrührerische Agitation sich nicht habe zuschulden kommen lassen. Dieser Vorwurf ist allerdings nicht grundlos, denn der Advocat W. Storm hat im May 1849 eine Addresse mehrer Einwohner der Stadt Husum an den dortigen Magistrat mit

unterschrieben, in welcher darauf angetragen wird, daß es Namens der Stadt Husum erklärt und zur Kenntnis der Landesverwaltung gebracht werden möge, daß die Stadt den König Frederik VII. von Dänemark nicht mehr für „Schleswig-Holsteins" Herzog erkenne und die Personalunion mit Dänemark für ewig aufgehoben wünsche . . ."
5. In Betreff des Verhaltens des Advocaten Beccau, welchem das Königliche Ministerium unterm 29. Nov. v.J. gestattet hat, die ihm untersagt gewesene Praxis als Untergerichtsadvocat im Herzogthum Schleswig bis weiter wiederum auszuüben, darf ich mich ehrerbietigst auf die von mir resp. unterm 21sten und 22sten März so wie unterm 9ten August und 15. Nov. 1851 erstatteten Bericht beziehen, kann übrigens für nicht unerwähnt lassen, daß ebenfalls der Advocat Beccau seiner Zeit die oben erwähnte Addresse an den Husumer Magistrats mit unterschrieben hat."

Johannsen hatte zur Abfassung seines Berichtes an das Ministerium eine Stellungnahme des Husumer Magistrats erbeten, auch diese ist vorhanden und soll ebenfalls zitiert werden:

„2. Der Untergerichtsadvocat Hans Theodor Woldsen Storm hieselbst. Von einer politischen Thätigkeit desselben vor dem Aufbruche des Aufruhrs, ist dem Magistrat nichts bekannt geworden, und glaubt er auch nicht, daß solche überall von demselben entwickelt worden ist. Während des Aufruhrs hat er dagegen allerdings seine schleswig-holsteinische Gesinnung durch Unterschrift illojaler Addressen und Renitenz wider die von der vormaligen Landesverwaltung für das Herzogthum Schleswig in der Person des jetzigen Amtmanns David hier eingesetzten Obrigkeit mannigfach manifestiert, dagegen bei einem höchst zurückgezogenen Leben aufrührerische Agitation sich nicht zu Schulden kommen lassen. Bei dem Einzug der Königl. Truppen in der Stadt blieb er hier und hat sich seit der Zeit stets ruhig und gesetzlich betragen.
3. Der Untergerichtsadvocat Beccau. In Betreff seines Verhaltens vor dem Aufruhr und während desselben bis zum

Einzug der Königl. Truppen in die Stadt wird das man dem Advocaten Hans Theodor Woldsen Storm daselbst Gesagte gelten können, etwa mit dem Zusatze, daß er bei einem weniger eingezogenen Leben vielleicht häufiger Gelegenheit gefunden hat, sich an illojalen Demonstrationen zu beteiligen, ohne jedoch irgendwie hier eine herorragende und einflußreiche politische Rolle, wogegen ihn seine Persönlichkeit vollkommen sicher stellte, gespielt zu haben. Bei dem Einzuge der Königl. Truppen in die Stadt lief er davon, und kehrte erst im Herbste v.J. auf desfällige spezielle Erlaubnis des königl. Ministerii hierher zurück. Seit der Zeit hat er sich stets gesetzlich und ruhig betragen und zum Verdacht irgendeiner unerlaubten politischen Thätigkeit oder Verbindung keinerlei Veranlassung gegeben.

. . .
Husum, d. 6ten July 1851
Der Magistrat
Hakon Grüner . . ."

Die endgültige Bestätigung der Zulassung Beccaus als Anwalt hat anscheinend lange auf sich warten lassen. In einer Nachricht im Husumer Wochenblatt vom 12. 6. 1853 heißt es, daß Beccau „nicht für geeignet" befunden worden sei.[8] Erst 1855 erhielt er nach „vielen Mühen und Reisen" die Zulassung zurück, das Notariat sogar erst 1861.[9] Ob ihm zwischenzeitlich auch die vorläufige Erlaubnis zum Betreiben einer Rechtsanwaltspraxis entzogen wurde, ist nicht bekannt, erscheint aber denkbar.

Beccau selbst schreibt in seinem Vorwort zu seinem Werk „Versuch einer urkundlichen Darstellung der Geschichte der Stadt Husum", daß dieses Buch „das Erzeugnis einer unfreiwilligen Muße" sei. Es ist angenommen worden, er habe damit die Zeit seines Aufenthaltes in Hemmingstedt gemeint[8a], dann hätte er dort die von ihm zitierten Urkunden und Unterlagen zur Hand haben müssen, was unwahrscheinlich erscheint. Da das Vorwort aber erst im August 1854 geschrieben wurde, könnte die Zeit der „unfreiwilligen Muße" auch nach seiner Rückkehr nach Husum gewesen sein.

Wie aus den Berichten des Husumer Magistrats und des Amtmanns hervorgeht, hat man Beccau die Flucht aus Husum beim Einmarsch der dänischen Truppen verübelt, vor allem aber seine Unterschrift unter die Adresse an den Magistrat, in der dieser aufgefordert wurde, den König nicht mehr als „Schleswig-Holsteins Herzog" anzuerkennen. Darauf weist auch noch einmal das der erwähnten Akte im Reichsarchiv beigefügte zusammenfassende „Verzeichnis (hin) aller Schleswigschen Advocaten, welche um Bestätigung ihrer . . . Bestallung nachgesucht haben . . .", das Anmerkungen zu den einzelnen „Supplicanten" enthält.[9]

Wie schwer die Unterschrift unter die „berüchtigte Adresse" wog, geht auch aus der Tatsache hervor, daß 1860 eine Deputation Husumer Bürger bei König Friedrich VII. auf Schloß Glücksburg vorstellig wurde „zum Zwecke der allerhöchsten Verzeihung". Erst dadurch erhielten sie ihr Wahlrecht zur Ständeversammlung zurück.[10]

VIII

Im Jahre 1860 starb Beccaus Mutter. Er heiratete darauf im Alter von 51 Jahren Brigitte Clausen, die Tochter eines Lehrers, die bereits im Haushalt lebte, da sie die Haushälterin seiner Mutter war. Aus dieser Ehe gingen fünf Kinder hervor. Die Anwaltspraxis warf nicht viel Geld ab, es reichte wohl gerade, um die Familie notdürftig zu ernähren, wahrscheinlich hat sich Beccau auch nicht ausreichend um seinen Beruf gekümmert. Am 3. Oktober 1867 starb er im Alter von 58 Jahren, noch vor der Geburt des fünften Kindes. Damals wohnte die Familie bereits in bescheidenen Verhältnissen in einem kleinen Haus Ecke Westerende/Rosenstraße (Westerende 13). Der Raum war so beschränkt, daß nicht einmal die Leiche im Hause aufgebahrt werden konnte, sondern in eines der winzigen Häuser in der Kleinen Straße gebracht werden mußte.

Nach dem Tode des Ehemanns und Vaters brach noch größere Not über die Familie herein. Das jüngste Kind litt unter einer Augenkrankheit, die anderen Kinder mußten die gehobene Vorschule verlassen und wurden bei verschiedenen Bürgern in der Stadt untergebracht. Die Witwe Beccaus mußte sich durch Austragen von Brot und das Anfertigen von Arbeitskitteln durchschlagen. Erst als sie einige Jahre später den Gartenarbeiter Lorenz Hoffmann in der Süderstraße heiratete, konnten die Kinder zurückgeholt werden. Mit Hoffmann hatte sie noch zwei weitere Kinder.[1]

Im Nachlaß von Beccau fanden sich die in seinem Buch benutzten und veröffentlichten Urkunden, insgesamt 640. Sie wurden versteigert und gelangten in den Besitz des Bürgermeisters Emanuel Gurlitt, der sie später der Stadt Husum vermachte.[2] Anderes ist verloren gegangen, wie etwa die Aufzeichnungen des Stadtsekretärs Giese.

Auch Beccaus Manuskripte und die Vorarbeiten zu der von ihm geplanten Fortsetzung der Geschichte der Stadt Husum sind ebensowenig vorhanden wie eine Bearbeitung der Schriften von Peter Sax, die Beccau „unter der Hand" gehabt haben soll.[3]

Der Grund für den sozialen Abstieg und wohl auch für den frühen Tod war seine Trunksucht.[4] Als leichtsinnig und fröhlich galt Beccau ohnehin, doch wird ihm der Alkohol zusätzlich eine willkommene Droge gewesen sein, um ihn von den bedrückenden politischen Zuständen abzulenken.

Bereits der verlorene Krieg von 1850 brachte Beccau große Schwierigkeiten, doch bestand noch Hoffnung auf eine spätere Verwirklichung des Jugendtraums von einem eigenständigen Schleswig-Holstein. Dieser scheiterte allerdings vollends nach dem Sieg der preußischen Truppen und ihrer Verbündeten 1864 und der darauf folgenden weiteren politischen Entwicklung, die zur Einverleibung Schleswig-Holsteins in Preußen führte. Das entsprechende Annexionsgesetz wurde am 24. Dezember 1866 erlassen, und durch Patent vom 12. Januar 1867 wurden die Herzogtümer zur preußischen Provinz gemacht.[5]

Im Frühling 1848 glaubte man noch an den Aufbruch der Freiheit und zwar aus dem eigenen Land und mit den eigenen Kräften. So wie im „Kooge" – also der ureigenen, dem Meer abgerungenen Erde – „die Wiese aufgegangen war", so hatte sich das Land selbst – das eigene Volk – nach schweren Stürmen und einem langen Winterschlaf zur Verwirklichung seiner angestammten Rechte erhoben:

> O wehe fort, bis jede Knospe bricht,
> Daß endlich uns ein ganzer Sommer werde;
> Entfalte Dich, du gottgebornes Licht,
> Und wanke nicht, du feste Heimaterde! –

So dichtete Storm in seinem Ostergedicht 1848. – Nun, die eigenen Kräfte hatten sich als zu schwach erwiesen, um die lang erträumte Schaffung eines eigenen Schleswig-Holsteins in einem deutschen Bundesstaat durchzusetzen. Die legitimen Rechte auf Volkssouveränität und Selbstbestimmung, um einen modernen Ausdruck zu gebrauchen, wurden erst von den Dänen und schließlich von den Preußen nachhaltig zerstört, wie es Beccau und Storm empfinden mußten.

Beide traf diese Entwicklung schwer. Von Storm wissen wir es aus verschiedenen Quellen genau, von Beccau dürfen wir es annehmen, weil beide Männer dieselben Ideale verband. So schreibt Storm, ihm bliebe nichts, „als wie zur Dänenzeit . . . stumm, die Fäuste geballt, den Schrei des Zorns in (der) Brust (zu) ersticken." Und noch 1870 heißt es bei ihm: „Niemand kann das spezifisch preußische Wesen mehr hassen als ich, denn ich halte es für den Feind aller Humanität."[6] Storm resigniert und meint sogar, nicht mehr als Dichter schöpferisch tätig sein zu können . . .

Auch Beccau wird resigniert haben, seine – nota bene – zweite Flucht war die in den Alkohol . . .

IX

Beccaus Arbeit über die Geschichte der Stadt Husum ist die dritte nach Kraffts „Von der Stadt Husum Zweyhundert-jährigen kurtzen Kirchen- und Schul-Historie" von 1723 und Laß' „Sammelung einiger Husumischen Nachrichten" von 1750. Art der Darstellung und die Gliederung mit einem beigefügten Urkundenteil lassen das Vorbild Falcks und Michelsens erkennen. Der Urkundenteil soll den Leser in die Lage versetzen, die schwer oder gar nicht zugänglichen Quellen selbst auszuwerten, natürlich aber auch die Darstellung des Autors belegen und beweisen.

In beiden hier wiedergegebenen Arbeiten Beccaus wird die politische Absicht des Autors deutlich: die Eigenständigkeit der heimischen Rechte und deren alte Freiheiten sollen nachgewiesen werden, aber auch die Einbindung in die deutsche Rechtsgeschichte. Husum war als Teil Frieslands und dieses wiederum als ein Teil Deutschlands darzustellen. Dabei ging Beccau bei der Bearbeitung und Auswertung seiner Quellen nach heutigen Begriffen wissenschaftlicher vor, als es seine Vorgänger Krafft und Laß noch getan hatten, und so weist er nicht ohne Stolz darauf hin, daß die von Laß behandelte Periode bei diesem „dürftig und unkritisch" sei, „desgleichen Krafft, der außerdem nur die kirchlichen Verhältnisse behandelt".

Doch auch die Arbeit Beccaus bedarf der kritischen Würdigung, da manches im Lichte heutigen Wissens nicht haltbar sein dürfte. Als Beispiel sei hier seine Theorie von der Entwicklung der Stadt Husum genannt. Wenn Beccau das alte Osterhusum etwa auf dem Gebiet des heutigen Stadtkerns vermutet, erscheint dies nicht vertretbar.[1] Vielmehr dürfte sich wohl zwischen den Ortschaften Wester- und Osterhusum ein freier Platz befunden haben, dessen Funktion sich aus der Existenz schon früh abgehaltener Viehmärkte erklären läßt. Nach der Sturmflut 1362 und des damit möglich gewordenen Hafens wurde dieser Bereich benötigt und besiedelt und schließlich dort auch eine Kirche errichtet.

Andere Überlegungen Beccaus scheinen durchaus interessant und bedenkenswert, etwa der Hinweis, daß gerade in den südwestlichen Gebieten des Herzogtums Schleswig durch die Kofikationen des 16. und frühen 17.

Jahrhunderts das „gemeine Recht", also der Bereich des deutschen Rechtes, die Eider übersprang und damit das Gebiet des Deutschen Reiches verließ. Ob dies allerdings, wie Beccau meint, allein auf die historischen Gegebenheiten der friesischen Entwicklung zurückzuführen ist, mag dahingestellt bleiben.[2] Beachtung verdienen auch die Ausführungen Beccaus über eine frühe Entwicklung zu einem eigenen Stadtrecht bereits zur Zeit König Christians I., die durch den Aufstand der Husumer 1472 zunichte gemacht wurde.[3] Danach hätte Husum bereits im Jahre 1465 einen stadtähnlichen Rang besessen, wobei Stadtrechte nicht nur das Privileg einer weitgehenden Selbstverwaltung beinhalteten, sondern vor allem ein eigenes Zivil- und Strafrecht mit dem Bürgermeister und dem Rat als Richterkollegium.

Problematisch erscheint jedoch die „Einvernahme" der Friesen als deutschen Stamm durch Beccau und die „Schule", der er – wenn auch nicht als führender Kopf – angehörte. Trotzdem ist gerade diese Tatsache wegen der damit verbundenen Betonung und des Rückgriffs auf alte freiheitliche Volksrechte für die Geschichte des Landes außerordentlich bedeutungsvoll, da sich hierauf eine eigenständige demokratische Tradition des Landes stützen kann. Es waren diese Gedanken, die zu einer originären, ganz eigenen und von außen weitgehend unabhängigen Verfassungsgeschichte des Landes geführt haben, die fast Erfolg hatten und die erst nach 1945, dann allerdings durch Einwirkung von außen, verwirklicht wurden.

Die Neuausgabe der beiden wesentlichen Werke Beccaus gibt Gelegenheit, sich mit ihnen zu befassen, vor allem sie kritisch zu bearbeiten, um so neue Erkenntnisse über die Geschichte Husums zu gewinnen, die nach wie vor wegen der besonderen Lage der Stadt zwischen den Kulturkreisen interessant und aufschlußreich ist und zu der auch Christian Ulrich Beccau mit seinem Werk, aber auch seinem Leben gehört.

L

Literaturverzeichnis und Anmerkungen

Kapitel I

1 Eduard Alberti, Lexikon Schleswig-Holsteininischer Schriftsteller von 1829 bis Mitte 1866, Kiel 1867, Bd. 1 Nr. 98 (C. U. Beccau)

2 Goslar Carstens, Zum Gedenken Christian Ulrich Beccau, 10. März 1809 bis 3. Oktober 1867, in Nordfriesisches Jahrbuch, 1966, S. 5ff(7)

3 Sönke Thomsen, Die Medizinalgeschichte der Stadt Husum bis zum Ausgang des 19. Jahrhunderts unter Einbeziehung medizinischer Themen im Werke Theodor Storms, Diss. Kiel 1985, S. 59ff

4 Alberti, aaO.

5 ebendort

6 Georg Friedrich Schumacher, Genrebilder aus dem Leben eines siebzigjährigen Schulmannes, ernsten und humoristischen Inhalts, Nachdruck der Ausgabe Schleswig 1841, Flensburg 1983, S. 272ff

7 Zu den bekannten Freimaurern des Emkendorfer Kreises gehörten: Carl von Hessen, Klopstock, Lavater, Claudius; sicherlich weitere, wobei diese Zusammenhänge, soweit ich sehe, bisher weitgehend unerforscht sind. Allerdings gehörten Freimaurer auch zu den Gegnern der häufig religiös überspannten und politisch eher konservativ eingestellten Mitgliedern des Emkendorfer Kreises, so etwa Voß. (Zur Logenmitgliedschaft der Genannten: Lenhoff, Posner, Internationales Freimaurerlexikon, Nachdruck der Ausgabe Wien 1932, Dießen 1980.)

8 Hans-Jochen Feddersen, u.a. 1775–1975, 200 Jahre Freimaurerei in Husum, Husum 1975

9 Karl Ernst Laage, Theodor Storm, Leben und Werk, 4. Auflage, Husum 1986, S. 10

10 ebendort S. 11

11 Ernst Möller, Schüler und Lehrer der Husumer Gelehrtenschule von 1448–1852, Neumünster 1939, S. 77

Kapitel II und III

1 Alberti, aaO.
2 Landesarchiv Schleswig, Fotokopie des Zeugnisses im Storm-Haus Husum (Theodor-Storm-Gesellschaft)
3 Rainer Polley, Carl Christoph (Georg) Beseler, in Biographisches Lexikon für Schleswig-Holstein und Lübeck, Bd. 8, Neumünster 1987, S. 37f
derselbe, Wilhelm Hartwig Beseler, ebendort, S. 43
4 Alexander Scharff / Jessen-Klingenberg, Schleswig-Holsteinische Geschichte, Freiburg/Würzburg, 4. Aufl. 1984, S. 54
5 Otto Brandt, Geschichte Schleswig-Holsteins, 5. Aufl. Kiel 1957, S. 170
6 ebendort, S. 183, außerdem Degn in Olaf Klose und Christian Degn, Die Herzogtümer im Gesamtstaat 1721–1830, in Geschichte Schleswig-Holsteins, Neumünster 1960, S. 316
6a Otto Brandt, Geistesleben und Politik in Schleswig-Holstein um die Wende des 18. Jahrhunderts, Kiel 1927, S. 345
7 Hermann Hagenah, Geschichte Schleswig-Holsteins, Bd. 6, Neumünster 1933, S. 9; und Brandt, Gesch. S.-H. aaO., S. 189
9 ebendort, S. 190
10 Volquart Pauls, Hundert Jahre Gesellschaft für Schleswig-Holsteinische Geschichte, Neumünster 1933, S. 5
11 hierzu: Eugen Wohlhaupter, Nikolaus Falck und die Historische Rechtsschule, Historisches Jahrbuch 1939, S. 388ff(399)
12 Ulrich Eisenhardt, Deutsche Rechtsgeschichte, München 1984, S. 303
14 Carl Petersen, Nikolaus Falck politische Wandlung in den Jahren der Reaktion 1819–1834, in Zeitschrift für Schleswig-Holsteinische Geschichte 1939, S. 243ff(248)
15 Wohlhaupter, aaO., S. 253
16 Carl Petersen, aaO., S. 253
17 nach Wohlhaupter, aaO., S. 298
18 Wohlhaupter, aaO., S. 392; Hagenah aaO., S. 55; Erich Hoffmann, Nicolaus Falck und die Schleswig-Holsteinische Frage, in Zeitschrift der Gesellschaft für Schl.-Holst. Geschichte, 1986, S. 143
19 Volquart Pausl, aaO., S. 6f
20 Sigrid Wiedt, Die Entwicklung der Geschichtswissenschaft an der Christian Albertina im Zeitalter des dänischen Gesamtstaates (1773–1852), Neumünster 1973, S. 108f(109)

21 ebendort, S. 108
22 Hagenah, aaO., S. 108
22a Uwe Schlicht, Vom Burschenschafter bis zum Sponti, Berlin 1980, S. 15–16
23 Roar Skovmand, in Skovmand, Dybdahl, Rasmussen, Geschichte Dänemarks, 1830–1939, Neumünster 1973, S. 52
24 Hagenah, aaO., S. 13ff, außerdem Alexander Scharff, Nachwort zum Reprint der Flugschrift Lornsens „Über das Verfassungswerk in Schleswigholstein", Schleswig 1980
25 Scharff, ebendort, (3)
26 Skovmand, aaO., S. 55; Hagenah, aaO., S. 20; Brandt, Gesch. S.-H. S. 191
27 Hagenah, aaO., S. 92
28 Brandt, aaO., S. 191, 192
29 Carl Petersen, aaO., S. 260ff(267–268)
30 ebenda, S. 260ff
31 Uwe Jens Lornsen, Ueber das Verfassungswerk in Schleswigholstein, S. 13 und 12
32 Schlicht, aaO., S. 20
33 Joachim Kermann, „. . . und läßt die Freiheitsliedlein ins Land hinaus fliegen . . .", in Mitteilungen der Harro-Harring-Gesellschaft, Husum 1988
34 Alberti, aaO.
35 Hagenah, aaO., S. 65
36 Brandt, aaO., S. 192/193

Kapitel IV

1 Alberti, aaO.
2 Goslar Carstens, aaO., S. 6
3 C. U. Beccau, Gedichte, Altona 1836, Gedicht „Frohsinn", S. 102
4 Goslar Carstens, aaO., S. 7
5 derselbe, S. 6
6 Volquart Pauls, aaO., S. 64f
7 ebendort, S. 28
8 Beccau, Geschichte der Stadtverfassung, S. 38
9 ebendort, S. 12
10 ebendort, S. 27
11 Brandt, aaO., S. 194, 195, 199

12 hierzu: Johannes Jensen, Nordfriesland in den geistigen und politischen Strömungen des 19. Jahrhunderts (1797–1864), Neumünster 1961, S. 157

13 Thomas Steensen, Die friesische Bewegung in Nordfriesland im 19. und 20. Jahrhundert, 1879–1945, Neumünster 1986, S. 40

14 A. L. J. Michelsen, Nordfriesland im Mittelalter, Nachdruck der Ausgabe von 1828, Wiesbaden 1969, S. 5

14a Es gab auch eine Gruppe von Friesen, die eine nordfriesische Sonderrolle erkannten, so etwa der Kieler Privatdozent Knut Jungbohm Clement, der sich bitter über das Unverständnis, das der friesischen Sache entgegengebracht wurde, beklagte. In einem Brief an die westfriesische „Selskip for fryske Tael- en Skriftekennisse" aus dem Jahre 1850 heißt es sinngemäß: „Die Dänen seien Nordfrieslands Erbfeinde und hätten es in den letzten Jahrhunderten ruiniert. Auch darum halte er es mit den Schleswig-Holsteinern. Doch selbst diese oder ihre Anführer an der Universität Kiel und den anderen Hochschulen und an den Zeitungen seien den Friesen niemals gut gewesen und hätten es schon immer gesagt und geschrieben, ihre Sprache müsse untergehen und sie müßten deutsch werden. Ihn, der jahrelang gegen ihre falsche Lehre geeifert habe und nicht vom Friesischen lassen wollte, hätten sie gehaßt und zurückgesetzt. Er müßte deshalb Unrecht leiden und könnte nicht länger an der Universität Kiel bleiben. Keiner im ganzen Lande sehe und fühle, daß recht und wahr sei, was er sage." (zitiert nach: Jensen, aaO., S. 168)

15 Brandt, aaO., S. 163

16 derselbe, S. 201

Kapitel V

1 Alberti, aaO.

2 Theodor Storm, Sämtliche Werke, herausgegeben von Peter Goldammer, Berlin/Weimar 1986, 4. Aufl., 4. Bd. S. 519 („. . . der abscheuliche Turm der abscheulichen neuen Kirche . . .")

3 Ferdinand Trömel, Das Buch- und Pressewesen im alten Husum, Husum 1975, S. 24f

4 Jensen, aaO., S. 120f

5 Goslar Carstens, aaO., S. 6f

6 Jensen, aaO., S. 123

7 Jensen, aaO., S. 153; dazu auch: Friedrich Müller, Otto Fischer, Das Wasserwesen an der Schleswig-Holsteinischen Westküste, III. Teil, das Festland, Berlin 1955, S. 337
8 Jensen, aaO., S. 154
9 Ingwer-Ernst Momsen, Die Bevölkerung der Stadt Husum von 1769 bis 1860, Kiel 1969, S. 58
10 Jensen, aaO., S. 156
11 Skovmand u.a., aaO., S. 91 und 95f
12 ebendort, S. 92ff, Brandt, aaO., S. 205
13 hierzu und zum folgenden: Brandt, aaO., S. 204ff

Kapitel VI

1 Zeitung für die Verhandlungen der fünften Holsteinischen Ständeversammlung, Beilagen II, Sp. 713; eine gleiche Adresse sandten unter anderem auch die Bürger von Tondern (abgedruckt ebendort)
2 Jensen, aaO., S. 126
3 zu den Vorgängen in Husum: Felix Schmeißer, Eine westschleswigsche Stadt in denJahren 1848–51, Husum 1914, S. 1ff; zur Schlacht am Kuhsteig: S. 7
4 Zur Entstehung des Ostergedichtes: Theodor Storm, Sämtliche Werke, herausgegeben von Karl Ernst Laage, Dieter Lohmeier, Frankfurt/Main 1987; Bd. 1, Gedichte und Novellen, 1848–1867, S. 818
5 Schmeißer, aaO., S. 32ff; Jensen, aaO., S. 179; Dieter Lohmeier, Die Berichte der Husumer Behörden über Storms politische Haltung während der schleswig-holsteinischen Erhebung, in Schriften der Theodor-Storm-Gesellschaft, 1985, S. 39ff(40)
6 Jensen, aaO., S. 175; Goslar Carstens, aaO., S. 8 Anm. 2
7 Hans-Ulrich Teitge, Theodor Storms Briefwechsel mit Theodor Mommsen, Weimar 1966, S. 20
8 Schmeißer, aaO., S. 37
9 Teitge, aaO., S. 21
10 ebendort
11 ebendort
12 Schmeißer, aaO., S. 48
13 Schmeißer, aaO., S. 42ff

Kapitel VII

1 Bericht des Husumer Magistrats an den Amtmann von Husum, siehe Anm. 3; in diesem Bericht heißt es sinngemäß, daß Beccaus Persönlichkeitsstruktur ihn nicht zu einem politischen Führer machte
2 zu diesen Vorgängen: Felix Schmeißer, aaO., S. 82
3 Reicharchiv Kopenhagen: Mins. for Hertogdommet Slesvig, Alm. Del. 1. dept. A 54, Sager ang. advokater 1852–62 (seddelreg. 44) im folgenden zitiert: RAK, aaO.
4 Goslar Carstens, aaO., S. 6
5 RAK, aaO.
6 Lohmeier, aaO., S. 39f(41)
7 RAK, aaO.
8 Goslar Carstens, S. 5(8)
8a ebendort
9 RAK, aaO.
10 Jensen, aaO., S. 238

Kapitel VIII

1 Biographische Angaben zum Leben Beccaus: Goslar Carstens, aaO.
2 ebendort, S. 7
3 ebendort
4 Felix Schmeißer, in Flensburger Tageblatt vom 5. 5. 1949
5 Brandt, aaO., S. 227
6 zitiert nach Laage, aaO., S. 55

Kapitel IX

1 hierauf weist auch Christian M. Sörensen hin (Husumer Nachrichten, 6. 11. 1987). Er nimmt ein rechtliches Sondergebiet an zwischen der Hohlen Gasse und dem Plan, also etwa dem Gebiet, für das ein freier Platz angenommen werden könnte. Noch heute sind im Grundriß der Stadt zwei alte Siedlungskerne auszumachen, einer im Westen und einer etwas weniger deutlich im Osten. Beide weisen sich durch ein Straßennetz, also Querstraßen neben den Hauptstraßen

auf (im Osten: Plan, Hinter dem Plan). Gerade am Marktplatz, der „normalerweise" das Zentrum einer Stadt ist, von dem die Straßen ausgehen, befindet sich in Husum die „dünnste" Stelle der Altstadt, die, sieht man einmal von der Neustadt ab, etwa die Form einer Eieruhr besitzt. Bereits dies deutet darauf hin, daß am Marktplatz zwei Siedlungsgebiete zusammengewachsen sind

2 Beccau, Geschichte der Stadtverfassung; S. 55(56); hierzu auch U. D. v. Hielmcrone, Die Darstellung der Justitia im Landesteil Schleswig, Diss., Kiel 1974, S. 82, 85

3 Beccau, Geschichte der Stadtverfassung, S. 18ff(20)

Bis zum 30. März 1988 haben das vorliegende Buch subskribiert:

Alkersum/Föhr

Frederik Paulsen

Bad Oldesloe

Ernst-August Kasten

Barum

Uwe Meixner

Behrendorf

Dr. Kurt Peter

Bonn – Bad Godesberg

Ludwig J.A. van Hamme

Bordesholm

Olaf Hans

Bredstedt

Nordfriisk Instituut

Dormagen

Ulrich Bahr

Drage

Günter Gräwert

Eckernförde

Otto Pauls

Elmshorn

Jan-Holger Frank

Flensburg

Dr. Langmaack

Frankfurt/Main

Kristine Betschka-Schulz und Hans-Peter Betschka

Ulrich Fritz

Marie-Louise Gandert

Friedrichstadt

Friedrichstädter Buchhandlung

Marianne Rasenack

Karl Michelson

Joh. Preuschmann

Garding

Ewald Hansen

Kirchenkreis Eiderstedt Propst Hans-Walter Wulf

Garding

Dipl.-Ing. Franz Reimers

Dr. Henning Sattler

Gettorf

Hans Brink

Halebüll

Claus Clausen

Gesine Ehlers

Hamburg

Jebens-Friccius Planungsbüro

Friderike Kardel

Erika Meyer

Herta Meyer

Dr. Klaus Röber

Hamburg 1

Paul Hennings Antiquariat

Hamburg 13

Maria Otto

Hamburg 50

Dipl. Ing. Gerhard Deutschmann

Hamburg 60

Jan Kötz

Hamburg 63

D. Hans A. Mestern

Harrislee

Christian Panhans

Hattstedt

K. Doose

Hans-Jürgen Molzen

Hattstedtfeld

Dr. Joachim Löllke

Heinsberg

Friedrich Wilhelm Pullwer

Hellschen

Dierk-Marten Scheller

Herdecke

Ralf Morgenstern

Husum

Frauke Albat

Husum

Hans-Peter Bartels

Holger Borzikowsky

Edda u. Günter Boyens

Peter Cohrs

Dansk Bibliotek

Antje Katharina Dehning

C.F. Delff
Buchhandlung

Jürgen E. Dietrich

Flach

Dr. jur. Walter Fuglsang

Helga Gilde

Johannes Carl Hahn

Hans-Thomas Hansen, STD

Johannes Hansen

Hajo Hartkopf

Hermann Henningsen

Hermann-Tast-Schule

Dr. Ulf u. Annegret v. Hielmcrone

Eike Hollmer

Dr. Holze

Walter Keßler

Kirchenkreis Husum-Bredstedt

Dr. rer. nat. Günther Klatt

Hermann Knudsen, VDI

Kreisarchiv Nordfriesland

Heiko Kuschel

Hermann Lörchner

Werner Lonsdorfer

Lissi u. Peter Marcussen

Klaus Martens

Nissenhaus
Nordfriesisches Museum

Claus Paulsen
Malermeister

Chr. Petersen

Hannelore Petersen

Peter Petersen

Hans-Heinrich Pingel

Dr. Ottokar Poeppel

Dr. Hermann Reinbold

Erika u. Herbert Runz

Werner Sarau

Inge Schleth

Hans Seifert
Rentmeister a.D.

Husum

Uwe Th. Siemens
Architekt

Hans-Jürgen Sievers

Stadt Husum

Dr. Thomas Steensen

Frauke Süchting

Theodor-Storm-Gesellschaft

Hans Hinrich Thun

Joachim Tobien

Prof. Dr. habil. Erich Wohlenberg

W. Zielke

Kaufungen

Dipl. Ing. Walter Eickhoff

Keitum/Sylt

Wilhelm Borstelmann
Organist

Kiel

Buchhandlung
Hans Windschild

Universitätsbuchhandlung
Walter G. Mühlau

Koldenbüttel

Frau Dau

Holger Piening

Labenz

Rektor Gerd Andresen

Leeuwarden/Niederlande

Provinciale Bibliotheek van Friesland

Leinsfelden

Lotti Bussinger

Lübeck

Arno Adler
Buchhandlung und Antiquariat

Uwe Kröger

Lüneburg/Ebersberg

Edgar Schröder

Lunden

Henning Peters, jun.

Meldorf

Pfr. Gosch Möller
Domgoldschmiede zu Meldorf

Mildstedt

Franz Bertram

Gemeinde Mildstedt

Johannes Henkens

Uwe Lucassen

Hark Martinen

Christian M. Sörensen

Mülheim/Ruhr

Hans-Joachim Meggers

Niebüll

Friesische Buchhandlung Uwe Andresen

Albert A. Panten

Heinz Sandelmann

Dr. Malte Schmans

Horst Stute

Nordenham

Dr. med. U.Börger

Norderstedt

Jutta Clausen Buchhandlung am Rathaus

Helmut Sanitz

Bodo Uhlig

Nordstrand

Heinrich Sörensen

Northeim

Dr. Hans Martensen

Olderup

Pastor Herbert Kiers

Pellworm

Lore Boysen

Plön

Hans Uwe Simonsen

Quern-Roikier

Erik Osterloh Hauptlehrer a.D.

Rantrum

Dirk Lafrenz

Reinbek

Ernst Lorenz

Scharbeutz

Friedrich Rentsch

Schleswig

H. Seider

Prof. Dr. Rainer Winkler

Schobüll

Dr. Andreas Reinhardt

Dieter u. Esta Riedel

Dr. Günther u. Rosemarie Schmeling

Karin Wille, geb. Hansen

Simonsberg

Friedrich Clasen

Soholm – Enge

Carsten Block

St. Peter-Ording

Wilhelm Bahrenfuß

Buchhandlung Miessner Inh. Evi Miessner

Bücherstube St. Peter Diedrich Olroth

Gemeinde Sankt Peter-Ording

Claus Heitmann

Olaf Jensen

Heinz Erwin Jungjohann

Dieter Wellmann

Strande

Dr. h. c. Reinhold Borzikowsky

Tating

Annelene Sachau

Tellingstedt

Dieter Helm

Uelsby

Frieda Callsen

Viöl

Heinrich Schmidt-Durdaut

Viöl-Mühle

H. Schülke

Wittbek

Fred-Heinrich Höpfner

Friedel Oskar Höpfner

Hans-Dieter Höpfner

Westerland

Wildor Möller

Westerrönfeld

Wilhelm Jensen

Wien / Österreich

Dr. Ulrike Welzel

Wittenborn (Krs. Segeberg)

Uwe Hollstein